O PODER LEGISLATIVO NO DESENHO INSTITUCIONAL DA POLÍTICA DE PRESERVAÇÃO DO PATRIMÔNIO CULTURAL NO BRASIL

O PODER LEGISLATIVO NO DESENHO INSTITUCIONAL DA POLÍTICA DE PRESERVAÇÃO DO PATRIMÔNIO CULTURAL NO BRASIL

MILA BATISTA LEITE CORRÊA DA COSTA

CASA DO DIREITO

Diretor Editorial | **Gustavo Abreu**

Diretor Administrativo | **Júnior Gaudereto**

Diretor Financeiro | **Cláudio Macedo**

Logística | **Vinícius Santiago**

Designer Editorial | **Luís Otávio Ferreira**

Assistente Editorial | **Giulia Staar e Laura Brand**

Capa | **Luís Otávio Ferreira**

Diagramação | **Gustavo Zeferino**

Revisão | **Daniel Rodrigues Aurélio (Barn Editorial)**

Conselho Editorial | **Alessandra Mara de Freitas Silva;
Alexandre Morais da Rosa; Bruno Miragem; Carlos María Cárcova;
Cássio Augusto de Barros Brant; Cristian Kiefer da Silva; Cristiane Dupret;
Edson Nakata Jr; Georges Abboud; Henderson Fürst; Henrique Garbellini
Carnio; Henrique Júdice Magalhães; Leonardo Isaac Yarochewsky;
Lucas Moraes Martins; Luiz Fernando do Vale de Almeida Guilherme;
Nuno Miguel Branco de Sá Viana Rebelo; Renata de Lima Rodrigues;
Rubens Casara; Salah H. Khaled Jr; Willis Santiago Guerra Filho.**

Dados Internacionais de Catalogação na Publicação (CIP) de acordo com ISBD

C837p   Costa, Mila Batista Leite Corrêa da

O poder legislativo no desenho institucional da política de
preservação do patrimônio cultural no Brasil / Mila Batista Leite Corrêa
da Costa. - Belo Horizonte : Casa do Direito, 2019.
524 p. ; 15,5cm x 22,5cm.

Inclui bibliografia.
ISBN: 978-85-9530-327-0

1. Direito. 2. Patrimônio Cultural. 3. Preservação. 5. Direito cultural.
6. Brasil. 7. Poder legislativo. I. Título.

2019-1909

CDD 353.7
CDU 34:316.7

Elaborado por Vagner Rodolfo da Silva - CRB-8/9410

Índice para catálogo sistemático:
1.   Direito cultural 353.7
2.   Direito cultural 34:316.7

Belo Horizonte - MG
Rua Magnólia, 1086
Bairro Caiçara
CEP 30770-020
Fone 31 3327-5771
contato@editoraletramento.com.br
editoraletramento.com.br
casadodireito.com

Casa do Direito é o selo jurídico do
Grupo Editorial Letramento

*Por Elísio Batista Leite, pai, avô,
meu "acontecimento auspicioso" – de muitas vidas.*

*À Márcia Helena Batista Corrêa da Costa,
mãe-professora-mãe, referência intelectual desde o berço.*

*À Liana Portilho,
por me dar meu tema-presente, "amarelo".*

AGRADECIMENTOS

Agradeço à minha família, meu vínculo de origem com o patrimônio cultural – na coleção de fotografias do bisavô fotógrafo; na história em oralidade da avó materna; no gosto pela folia de reis da tia que me carregava rua afora, absorta pela Ave Maria que tocava na Matriz; na liturgia da avó paterna que me fez Santa Isabel no congado. Sigo, equilibrista, nos trilhos do "Noturno" – trem que aportava em Carmo do Cajuru, transportando, com guarda-pó, minha avó Olímpia Guimarães e seu querido Elísio Batista Leite, meu acontecimento auspicioso, de muitas vidas –, "dicas que surgem como respostas furadas à orfandade irrespondível, dicas que eu, 'nascida' no auge da modernidade mais moderna, não cheguei a escutar".[1]

Termino a Rua Aquiles Guimarães (antiga Rua da Estação) – em busca de –, quedo na rua da ponte, atravesso o Ribeirão do Empanturrado, subo a rua do cemitério, de ar quente e pesado, mas prefiro voltar, na boleia de um carro de boi, ouvindo o barulho bonito do chumaço, e seguir, correndo, pela rua do Grupo, passar pelo beco dos Epifânio e virar na esquina do vô Canuto e da vó Chiquinha, para cair na Igrejinha do Rosário: oralidade que lastreou infâncias em ruas que não existem mais. Queria sentir o gosto de flor de abóbora frita, dançar no cinema, hoje, vazio, convertido no espaço opaco de uma serralheria – e esperar o Noturno das oito, sobressaltada, "apalpando meu pulso para sentir onde estará o latejar dolorido de antes",[2] ultrapassando "narrativas de subjetividades originárias",[3] focalizando momentos de rudeza "produzidos na articulação de diferenças".[4]

---

1 PESSANHA, Juliano G. Província da Escrita. *Revista Cult,* São Paulo, n.48, p.26-31, junho 2001.

2 LISPECTOR, Clarice. A alegria mansa-trecho. In: LISPECTOR, Clarice. *A descoberta do mundo.* Rio de Janeiro: Rocco, 1999, p. 98-99.

3 BHABHA, Homi. *O Local na Cultura.* Belo Horizonte: Editora UFMG, 2003, p.20.

4 BHABHA, Homi. *O Local na Cultura.* Belo Horizonte: Editora UFMG, 2003, p 20

O patrimônio é meu entre-lugar, "terreno para a elaboração de estratégias de subjetivação – singular ou coletiva",[5] capaz de forjar meus signos de identidade e meus postos de contestação.[6] Patrimônio semeado no leito da vida, (re)contado em reminiscências, recordações e vivências presas à memória do tempo, desfiando as teias de significados dos fragmentos de realidade que traduzem o mundo. "Dizia que o ar estava com cheiro de lembrança",[7] desafio que a pós-modernidade tece: delinear uma epistemologia vertida para apreender as marcas de oralidade e a pluralidade discursiva embrenhadas em cada recorte de espaço e tempo, narrando as nuanças da concretude do passado e das expressões do cotidiano presente que constroem, no dia a dia, a rotina futura, entendendo-lhe as "mínimas entonações",[8] na "linguagem de em-dia-de-semana".[9] Vou perpetuar a narrativa da arquitetura das ruas e becos do mosaico da urbe, permeado de casos comuns na ambiência do imaginário e da oralidade da lida prosaica, registrando a multiplicidade de significados impressos na construção discursiva da linguagem do tempo. "Era, outra vez em quando, a Alegria",[10] de perpetuar, em escuta atenta, o lastro da lembrança em fragmentos não coesos de vida – território inaudito da poesia –, onde as pessoas tornam-se "objetos históricos de uma pedagogia":[11] sujeitos de um processo de significação que concede sentimento de continuidade.

E, assim, reverbero, com gratidão, lealdade e reconhecimento, a compreensão da minha família, de tantos pertencimentos. Agradeço, em especial, aos meus avós Elísio e Olímpia, pela proteção e acolhimento; à minha mãe e seu "excesso de zelo", que me ampara, ao longo da existência – da infância à maturidade –, nos caminhos da vida e da Academia, até em Bourdieu; ao meu pai, referência de disciplina, seriedade e puro afeto, amor de pai; à Larissa Batista

5 BHABHA, Homi. *O Local na Cultura*. Belo Horizonte: Editora UFMG, 2003, p.20.

6 BHABHA, Homi. *O Local na Cultura*. Belo Horizonte: Editora UFMG, 2003, p.20.

7 ROSA, João Guimarães Rosa. *Primeiras Estórias*. 44ª impressão. Rio de Janeiro: Nova Fronteira, 1988, p.23.

8 ROSA, João Guimarães Rosa. *Primeiras Estórias*. 44ª impressão. Rio de Janeiro: Nova Fronteira, 1988, p.15.

9 ROSA, João Guimarães Rosa. *Primeiras Estórias*. 44ª impressão. Rio de Janeiro: Nova Fronteira, 1988, p.16.

10 ROSA, João Guimarães Rosa. *Primeiras Estórias*. 44ª impressão. Rio de Janeiro: Nova Fronteira, 1988, p.12.

11 LASMAR, Jorge M. O Fluxo de Arte e as Relações Internacionais: narrativa, circulação e Identidade. *Revista Fronteira*, Belo Horizonte, v. 1, n.1, p. 83-102, nov. 2001, p.90.

Leite Tredezini e sua irmandade perene, serena e constante, irmã de sangue e de devoção sempre leal e terna; à tia Maria Elisa Batista, tia-mãe de sentir compartilhado, música semeada e muitas confidências; à tia Lúcia Tredezini, tia-mãe artista do cuidado e das palavras sensíveis; aos avós e tios que também foram meus pais. Agradeço, com admiração, à amiga Batistina Maria de Sousa Corgozinho, *in memoriam*, pelo estímulo impregnado em cada dó de peito partilhado. À Dona Eliane Portilho, Sr. Lúcio Mattos e os seus: Luciano, Lúcia, Ricardo, Marcela e Joãozinho, pelo refúgio e abrigo que só família concede. À Liana Portilho, com carinho sincero pelo recorte do tema, pelo auxílio no desenho final da tese de doutorado e pela tutoria de aprendizado e amizade sem palavras. Ao meu amigo-tutor Humberto Rodrigues Gomes, *in memoriam*, pelo afeto, saudade e ensinamentos muitos, amigo querido que me ensinou coragem e enfrentamento, força e intensidade em tantos relatos partilhados, e, com carinho, à Luisa Portilho Gomes, menina-sobrinha que me enternece, me enche de orgulho e muitos significados.

Às professoras Maria Coeli Simões Pires, e sua querida família (Beto, Alexandre, Chris e todos de Dona Bembém), meu espelho, herdança e referência fundante no caminho das letras e da vida, do Direito, do Esquerdo e do Meio; Miracy Barbosa de Sousa Gustin, meu apoio nas quinas, protótipo de força e obstinação, meu exemplo de contemplação desde criança; Mônica Sette Lopes, minha orientadora querida, companheira de palavras partilhadas, dores sentidas e constante alento, a professora do Direito, da Música e da Poesia que aguçou em mim o gosto pelo patrimônio cultural e pelo pé-de-moleque. Às professoras Adriana Goulart de Sena Orsini, minha orientadora no Mestrado e em projetos muitos, Fabiana de Menezes Soares, Maria Tereza Fonseca Dias e ao professor Florivaldo Dutra de Araújo: interlocução permanente e amiga desde a graduação.

Aos colegas da Assembleia Legislativa de Minas Gerais, em especial, àqueles que participaram, de algum modo, desta pesquisa, agora publicada em livro: Ana Carolina Pinheiro Euclydes; Ana Paola Amorim, Dalton Macedo, Jacqueline Passos; Guilherme Wagner; Luiza Homem. Aos consultores da Gerência de Educação, Cultura e Esporte, meu afeto especial, sobretudo à Ana Cristina Pontes, amiga interlocutora na rotina da Comissão de Cultura; Cristiane Marçal; Gustavo Faria, Adriana Souza e Celina Teixeira. Aos colegas da Gerência de Meio Ambiente, consultores que estiveram comigo no cotidiano e me ensinaram o valor da ALMG – Ana Carolina Euclydes, Mariana Navarro, Patrícia Vitelli, Luciana Curi, Júlio Bedê, Rodrigo Baêta e Marise Martorano.

À Consultoria da Câmara dos Deputados e do Senado Federal, por intermédio dos consultores Victor Carvalho Pinto e Cláudia Neves Coelho de Souza Nardon.

Aos Professores convidados para a banca de doutoramento, Victor Carvalho Pinto e Wilba Maia Bernardes, pela gentileza e pelo momento de compartilhamento deste trabalho.

Ao Instituto Estadual do Patrimônio Histórico e Artístico de Minas Gerais – Iepha-MG –, em nome de Adalberto Andrade Mateus –, e ao Instituto do Patrimônio Histórico e Artístico Nacional – Iphan –, nomeadamente à Diretoria de Patrimônio Imaterial e ao Conselho Consultivo – pelo cuidado afetuoso e marcante de Maria Cecília Londres Fonseca e pela disponibilidade de Hermano Queiroz.

À Universidade Federal de Minas Gerais, à Faculdade de Direito, pelo aprendizado e pela oportunidade única de ser sua filha na Graduação, no Mestrado e no Doutorado, orgulho e gratidão de ser parte dos corredores da Casa de Afonso Pena.

Ao Grupo Editorial Letramento e a João Leonardo Silva Costa, pelo imenso apoio, estímulo e auxílio para a publicação deste trabalho.

As leis, em seu significado mais extenso,

são as relações necessárias que derivam da natureza das coisas.

(Montesquieu, *O espírito das leis*)

O passado leva consigo um índice secreto pelo qual é remetido à redenção. Não nos afaga, pois, levemente, um sopro de ar que envolveu os que nos precederam? Não ressoa nas vozes a que damos ouvido um eco das que estão, agora, caladas? E as mulheres que cortejamos não têm irmãs que jamais conheceram? Se assim é, um encontro secreto está então marcado entre as gerações passadas e a nossa. Então fomos esperados sobre a terra. Então nos foi dada, assim como a cada geração que nos procedeu, uma fraca força messiânica, à qual o passado tem pretensão. Essa pretensão não pode ser descartada sem custo.

(Walter Benjamin, Tese II)

LISTA DE IMAGENS

IMAGEM 1 – Bonde, Nova Orleans (1955-1956)

IMAGEM 2 – Parque das Águas de Caxambu e Estância Hidromineral de Caxambu

IMAGEM 3 – Estrada de Santa Clara

IMAGEM 4 – Modo de fazer pijama do município de Borda da Mata

IMAGEM 5 – Modo de fazer crochê do município de Inconfidentes

IMAGEM 6 – Festa do Vaqueiro de Nanuque e Região

IMAGEM 7 – Pão de Queijo

IMAGEM 8 – Clubes Sociais de Negro do Estado

IMAGEM 9 – Parque de Exposições Bolivar de Andrade – Parque da Gameleira em Belo Horizonte

IMAGEM 10 – Festa de Nossa Senhora da Abadia no Município de Romaria

IMAGEM 11 – Fabricação de panelas de pedra-sabão no distrito de cachoeira do Brumado, município de Mariana

IMAGEM 12 – Queima de Fogos da TV Alterosa na Lagoa da Pampulha em Belo Horizonte

IMAGEM 13 – Ofício de Seleiro

IMAGEM 14 – Polo moveleiro de Belo Horizonte, situado na Avenida Silviano Brandão

IMAGEM 15 – Concurso Comida di Buteco

IMAGEM 16 – Gastronomia Mineira

IMAGEM 17 – Feira de Arte e Artesanato da Avenida Afonso Pena em Belo Horizonte

IMAGEM 18 – Cavalgadas e o Tropeirismo

IMAGENS 19 e 20 – Folia de Reis, Reisados, Ternos, Congado e seus congêneres

IMAGEM 21 – Processo de fazer tricô do município de Monte Sião

IMAGEM 22 – Vesperata de Diamantina

IMAGEM 23 – Festa Nacional do Biscoito em Japonvar

LISTA DE TABELAS

LISTA DE GRÁFICOS E DE MAPAS

SUMÁRIO

OS GOSTOS DA MEMÓRIA DOS LUGARES, O PATRIMÔNIO CULTURAL E OS MEIOS LEGÍTIMOS PARA SUA DECLARAÇÃO

Na minha casa, naquela em que vivi minha história de amor, a chegada dos pés de moleque de Piranguinho eram certeza de festa. Meu marido, o Professor Paulo Emílio Ribeiro de Vilhena, os recebia de todos os amigos que vinham do sul de Minas. E todos sabiam que, para ele, o embrulhinho de papel pardo, todo amarrado em barbantes, era coisa preciosa. Das mais preciosas. Havia o granulado, com os grãos do amendoim inteiros. Havia o moído. E ainda há. Apesar de não os receber mais, na frequência antiga e de estarem proibidos para mim, eles continuam lá, disponíveis nas barracas, cada uma com sua cor a vender tradição, fazendo ao mesmo tempo gosto e subsistência da cultura e da economia daquela região.

Essa história, cuja singela incipiência pode parecer frágil na sustentação de uma pesquisa jurídica, está na raiz daquela de que se originou este livro, *"O Poder Legislativo no Desenho Institucional da Política de Preservação do Patrimônio Cultural no Brasil"*, de Mila Batista Leite Corrêa da Costa.

No processo de definição de problema e de encaminhamento da pesquisa para o doutoramento no Programa de Pós-Graduação da Faculdade de Direito da Universidade Federal de Minas Gerais, a autora escavou várias vertentes da preservação do patrimônio cultural no Brasil. Sua experiência como servidora da Assembleia Legislativa do Estado de Minas Gerais levou-a, então, a um ponto que se modula na avaliação da possibilidade (jurídica) de o Poder Legislativo produzir leis que concedem o título de *Patrimônio Cultural* infringindo limites de competência do Poder Executivo.

Não se tratava, porém, de simplesmente dizer sim ou não a uma avaliação analógica de textos normativos de variada estatura e de fixar a regra incidente, afastando a antinomia. Este *e-foram-felizes-para-sempre* no tratamento das questões jurídicas não se apresenta na experiência de entraves da realidade observada ou observável. Na escala da pesquisa do direito, como objeto de ciência social aplicada, o itinerário dos processos interpretativos e/ou de aplicação e das dinâmicas de produção dos fenômenos jurídicos é mais caótico ou dinâmico do que supõe a vã filosofia dos observadores apressados.

Há histórias a contar, as quais se passam na cena produzida pelos atores-humanos no uso criativo de sua existência. Há conflitos. Há necessidades. Há imaginação. Há desejo. Há a improvisação constante pelo uso da palavra na exposição dos interesses para a formação da norma jurídica em seu variado âmbito de abertura e de posição na hierarquia do sistema entre abstração e concreção. E isso inclui o desejo de declaração pela lei da qualidade integrante de Patrimônio Cultural de algum bem qualquer vislumbrado na perspectiva de um lugar e das pessoas que nele vivem. Pode ser um fundo de terra, um município, um estado, o país inteiro.

Como pesquisadora entusiasmada, Mila Batista Leite Corrêa da Costa perscrutou com paixão os fenômenos que expunham, em última análise, a intensidade com que o Poder Legislativo pode reverberar o imediato e o muito intenso da cultura e das demandas das comunidades. Essa constatação, no particularismo que possibilitou a pesquisa bem delimitada, envolveu o levantamento dos projetos de lei, em curso na Assembleia Legislativa do Estado de Minas Gerais, seu foco principal, e em Assembleias Legislativas pelo Brasil afora. A ideia, que é também certeza, de que não cabe ao Poder Legislativo a declaração de que um bem compõe o Patrimônio Cultural esbarrou numa prática ou num costume que compreende essas declarações fora do esquadro normativo. Mas é preciso escrutinar o fato como um problema a ser exposto claramente para a efetividade do conhecimento que se presume do direito.

O modo de fazer crochê do Município de Inconfidentes. O modo de fazer pijama do Município de Borda da Mata. A Festa de Nossa Senhora da Abadia, no Município de Romaria. O processo de fazer tricô do Município de Monte Sião. A Festa Nacional do Biscoito em Japonvar. A bucha vegetal produzida no Município de Bonfim. Esses são alguns dos exemplos levantados por ela.

Todos esses temas circularam pela Assembleia Legislativa do Estado de Minas Gerais em projetos de lei visando à declaração de integrarem o Patrimônio Cultural mineiro. Alguns foram arquivados. Alguns continuam em tramitação. Alguns viraram lei como a de n. 8.057, de 2009, que trata do valor cultural do processo artesanal de fabricação do doce pé-de-moleque, produzido no Município de Piranguinho.

A obra de Mila Batista Leite Corrêa da Costa não despreza a força cultural, política e, especialmente, econômica de todas essas vivências e/ou atividades, de todos esses fazeres na esfera local e na extensão imensurável da realidade mineira. Ela não desconhece a força aglutinadora de uma casa legislativa como caixa de ressonância de um povo (esse termo de tantas nuances).

A questão, porém, versa a compatibilização disso com a base normativa que atribui ao Poder Executivo a competência para a declaração de pertença ao Patrimônio Cultural, para além do campo simbólico que enfrenta a partir de Bourdieu. Há um rito vinculante que parte da Constituição e se compõe de procedimentos que extrapolam mera apropriação política, cuja relevância não se desconhece, como não se desconhecem as limitações que, neste caso, se impõem para a execução de uma política pública ligada à preservação das tradições e dos valores de significação para a vivência coletiva da memória, esse vínculo que transfunde passado em futuro.

Este *"O Poder Legislativo no Desenho Institucional da Política de Preservação do Patrimônio Cultural no Brasil"* atravessa a essencialidade de valores da tradição como o gosto acolhedor do pé-de-moleque que impregna a cultura e a economia de um lugar e da pertinácia de vários fazeres, às vezes invisíveis fora das realidades particularizadas. Mas acentua a cadeia de legalidade que deve ser aplicada para que os valores expressos na tradição possam ser igualmente absorvidos pela visibilidade da designação e do reconhecimento como bens importantes da cultura.

Aos leitores, fica o convite para participar do sempre fundamental exercício de conhecer.

Belo Horizonte, primavera de 2019.

Mônica Sette Lopes
Professora Associada da Faculdade de Direito da UFMG.
Doutora em Filosofia do Direito.
Desembargadora (aposentada) do TRT da 3ª Região.

APRESENTAÇÃO

Casarões

Eles continuam lá
todos no mesmo lugar
eternamente quedos
nas ruas e becos
[...]
Uns corcundas e empoeirados
alquebrados, quase escorados às bengalas,
pedem socorro
quem sabe ao céu
quem sabe ao morro?!...
(Maria Coeli Simões Pires)[12]

O patrimônio da cultura ou patrimônio cultural é, por definição doutrinária, bem de interesse público, sujeito à tutela jurisdicional e à das demais instâncias de controle próprias. Ao definir, no art. 216, §1º, como dever do Poder Público, com a colaboração da comunidade, preservar o patrimônio cultural, a Constituição da República de 1988 ratificou sua natureza jurídica de bem difuso, protegido por regramentos e processualidades especiais.[13]

A cidade, especialmente em recorte democrático pós-moderno, é o pano de fundo compartilhado que sedia a universalização do exercício da cidadania, "campo", pensado a partir da sociologia de Pierre Bourdieu, ocupado pelos atores na dinâmica dos encaminhamentos simbólicos, com recortes da realidade urbana.

---

12 PIRES, Maria Coeli Simões. *Serro Serro*. Belo Horizonte: Mazza Edições, 1989, p. 12.

13 PIRES, Maria Coeli Simões; COSTA, Mila Batista Leite Corrêa da; MATTOS, Liana Portilho. Patrimônio Cultural. In: CASTRO, Carmem L. F; GONTIJO, Cynthia R. B.; PINTO, Luciana Moraes R. S. (Org.). *Dicionário de Políticas Públicas*. V. 2. Barbacena: Editora da Universidade do Estado de Minas Gerais, 2015.

Nesse sentido, Mila Batista Leite Corrêa da Costa, advogada, Consultora Legislativa da Assembleia Legislativa de Minas Gerais, Mestre e Doutora pela Universidade Federal de Minas Gerais, propõe-se a oferecer uma contribuição para o desenho institucional da política de preservação do patrimônio cultural no Brasil, nomeadamente, em Minas Gerais. O texto constitucional consolidou a atuação dos três poderes no cenário político brasileiro e institucionalizou a participação popular nos processos decisórios, dilatando o espectro de possibilidades de preservação. É nessa fenda que se centra o problema enfrentado pela autora, no dissenso estabelecido entre os órgãos de proteção do Poder Executivo e as Casas Legislativas brasileiras no que toca à produção de leis de iniciativa parlamentar declaratórias de patrimônio cultural.

De notável bagagem intelectual e afeiçoada ao campo de aplicação dos postulados constitucionais de proteção do patrimônio cultural, Mila Costa possui experiência bastante densa junto aos conselhos de política pública do Estado, na função consultiva no âmbito da agenda parlamentar e, ainda, na articulação de dissertações democráticas em torno de algumas pautas específicas. Por seu domínio do direito urbanístico e por sua experiência em vários temas, mas, sobretudo, dada sua condição de consultora do quadro técnico do legislativo mineiro, Mila fala do patrimônio de um lugar de autoridade que lhe é próprio, conquista amparada pelo fio da sensibilidade, pelo trato dos referentes e, também, por sua capacidade de internalização dessa dimensão viva do patrimônio, que lhe autoriza a analisar os processos e mecanismos de compartilhamento.

É no bojo dessa produção renovada e intensa do saber e do conhecimento, especialmente em torno do tema do patrimônio cultural, que vem a lume a presente obra, que é uma contribuição de excelência – e efetivamente é –, notadamente no campo da legística formal, que, de modo sistemático e bastante completo, analisa a atuação do Parlamento na construção de política patrimonial. A obra adota como suplemento téorico conceitos bourdieusianos importantes para vascular toda a produção legislativa da Assembleia de Minas Gerais – referência em legística no âmbito nacional – e a prática do Parlamento Mineiro afeta à proteção do patrimônio, além de realiza uma abordagem que, em verdade, constitui um referencial de universalidade diante do traço transdisciplinar do trabalho, que permeia o campo da ciência politica, da história, do direito e da administração.

Nesse passo, o traçado textual de Mila Batista Leite Corrêa da Costa, com zelo linguístico, contextualiza a temática com o intuito de sedimentar compreensões e uma discursividade que lhe é muito própria. A obra busca responder a muitas perguntas que são recorrentes na seara de atuação do Parlamento e, notadamente, aborda a polêmica questão dos limites da lei como mecanismo de proteção direta do patrimônio.

O tema é provocativo e enseja muitas reflexões. As linhas de realidade da matriz pós-moderna que traceja as relações jurídicas sobejam complexidade e multidimensionalidade. A agenda do patrimônio cultural contemporâneo compõe-se de pautas densificadas pela necessidade de ressignificação de desenhos institucionais tradicionais. Os bens culturais, imersos no complexo cotidiano do espaço urbano, "pedem socorro", "uns corcundas e empoeirados, alquebrados, quase escorados às bengalas" e, nessa linha, estudos como o da autora comprometidos, com fineza teórico-metodológica, com as agruras do patrimônio cultural representam relevante contributo à literatura jurídica, ao pautar, com densidade, as incertezas no plano epistemológico e ao trazer contraponto do esforço de revisita e reconstrução ao debate que ultrapassa a formulação meramente conceitual, problematizando práticas, modelos, institucionalidades e propondo soluções.

Maria Coeli Simões Pires

Advogada. Mestre e Doutora em Direito pela Universidade Federal de Minas Gerais – UFMG. Professora Adjunta na mesma universidade.

PRÓLOGO

O texto de Mila Batista Leite Corrêa da Costa trata seu objeto com profundidade e beleza de linguagem. Beleza que, desde o início, já se apresenta com vigor. São frequentes trechos como "meu vínculo com o patrimônio cultural se inicia na coleção de fotografias do bisavô fotógrafo, na história em oralidade da avó materna, no gosto pela missa conga da tia que me carregava rua afora, pela avó paterna que me fez Santa Isabel no congado". Sua tese não é apenas um texto fechado do tipo mais usado em nossa academia. A riqueza de suas lembranças está sempre presente: "Sigo, equilibrista, nos trilhos do noturno – trem que aportava em Carmo do Cajuru". E, assim, a autora segue levando o leitor a desejar ler cada vez mais e se aprofundar nesse trabalho que é um relato de vida.

Miracy Barbosa de Sousa Gustin.

Doutora em Filosofia do Direito pela Universidade Federal de Minas Gerais. Pós-Doutora em Metodologia do Ensino e da Pesquisa pela Universidade de Barcelona/CAPES. Professora do Corpo Permanente do Programa de Pós-Graduação em Direito da UFMG. Prêmio Jabuti de produção literária na área do Direito.

As abordagens sobre a pós-modernização da cultura têm ressaltado debates sobre nossa conjuntura, marcada por ameaças de ruptura e de desaparecimento de recursos culturais. Esse comportamento tem gerado na contemporaneidade, a valorização das identidades coletivas locais, desentimentos e práticas de recuperação do passado em formas diversas de patrimonialização.

As leis declaratórias de patrimônio cultural de iniciativa parlamentar, hoje disseminadas entre os Poderes Legislativos municipais, estaduais e federal e analisadas neste livro expressam o apelo da sociedade pelo reconhecimento do patrimônio, assim identificado pelo senso comum, e o esforço pelo seu registro formal, em um afã pela preservação da memória ameaçada.

Ao analisar a atuação do Poder Legislativo no desenho institucional da política de preservação do patrimônio cultural no Brasil, Mila Batista Leite Corrêa da Costa nos apresenta essa realidade com riqueza de informações e dados, inclusive fotográficos. O fundamental no estudo realizado pela autora foi desenvolver análise sustentada em Pierre Bourdieu, ao tratar da necessidade de uma aproximação prudente e propositiva entre os poderes legislativo e executivo em torno de respostas para a questão do patrimônio no Brasil.

Márcia Helena Batista Corrêa da Costa

Doutora em Ciências Sociais pela Universidade Estadual de Campinas – Unicamp. Professora da Universidade do Estado de Minas Gerais.

INTRODUÇÃO

O Estado não é um todo estático que deixa surgir diversas manifestações da vida, leis, actos diplomáticos, sentenças, actos administrativos. Antes pelo contrário, o Estado, no fundo, apenas existe nestas diversas manifestações da vida, na medida em que são acções de uma conexão espiritual total. (Rudolf Smend)[14]

Imagem 1
Bonde, Nova Orleans (1955-1956)

Fonte: Foto de Robert Frank[15]

---

14 Grafia mantida conforme original. SMEND, R. Staatsrechtliche Abhandlungen. In: ZIPPELIUS, Reinhold. *Teoria Geral do Estado*. Tradução de Karin Praefke-Aires Coutinho. Coordenação de J. J. Gomes Canotilho. Lisboa: Fundação Calouste Gulbenkian, 1997, p.46.

15 FRANK, Robert. *Os Americanos*. Fotografias de Robert Frank. Introdução de Jack Kerouac. Tradução de Jorio Dauster. São Paulo: Instituto Moreira Sales, 2017.

A comunidade estatal configura-se como uma integralidade de indivíduos com condutas coordenadas de modo específico: "A comunidade, no fundo, constitui-se como estrutura de condutas orientadas por um determinado sentido, e a comunidade estatal, em especial, constitui-se como estrutura de acção juridicamente organizada",[16] embasada em narrativas como modalidades discursivas, cujo propósito fundamental é a construção de uma memória e de uma identidade nacionais para além dos laços jurídicos.

A consolidação do poder político no Estado moderno, caracterizado pelos elementos essenciais "soberania", "povo" e "território",[17] foi garantidora da paz jurídica, fazendo nascer as instituições do moderno Estado constitucional e de Direito como "resposta ao desafio de um absolutismo absoluto".[18] Com vistas a garantir liberdades individuais e a prevenir o arbítrio da atuação estatal, fazia-se necessário estabelecer condições para que a ação do Estado se conformasse em consonância com determinada distribuição de papéis e com regramentos preestabelecidos e garantidos.

> Através de uma distribuição e coordenação organizada das funções de regulação do Estado era necessário **instalar um sistema de separação e de controlo dos poderes**. Tratava-se em especial de vincular o executivo à lei e ao direito. Também a acção do Estado devia ser controlada através de regras procedimentais (relativos aos procedimentos legislativos, administrativos e jurisdicionais), protegendo-a contra o arbítrio. Deviam também ser criados mecanismos de controlo judicial e outros cuja função era fiscalizar a observância das regras do jogo do sistema de regulação jurídico. Atendendo ao facto de todas estas medidas dizerem respeito às formas de acção do Estado, podem designar-se também como princípios do Estado de Direito "formal" (grifo nosso).[19]

---

16 ZIPPELIUS, Reinhold. *Teoria Geral do Estado*. Tradução de Karin Praefke-Aires Coutinho. Coordenação de J. J. Gomes Canotilho. Lisboa: Fundação Calouste Gulbenkian, 1997, p. 61.

17 "Os tratados de paz de Westfália tiveram o caráter de documentação da existência de um novo tipo de Estado, com a característica básica de unidade territorial dotada de um poder soberano". DALLARI, Dalmo de Abreu. *Elementos de Teoria Geral do Estado*. 2 ed. São Paulo: Saraiva, 1998, p. 29.

18 ZIPPELIUS, Reinhold. *Teoria Geral do Estado*. Tradução de Karin Praefke-Aires Coutinho. Coordenação de J. J. Gomes Canotilho. Lisboa: Fundação Calouste Gulbenkian, 1997, p. 384.

19 ZIPPELIUS, Reinhold. *Teoria Geral do Estado*. Tradução de Karin Praefke-Aires Coutinho. Coordenação de J. J. Gomes Canotilho. Lisboa: Fundação Calouste Gulbenkian, 1997, p. 385.

Este livro não desenvolverá os temas referentes à formação do Estado, à divisão originária de poderes e às mudanças de paradigmas constitucionais modernos por não ser objeto desta pesquisa, cujo recorte centra-se na participação do Poder Legislativo na elaboração de políticas de preservação do patrimônio cultural no Brasil, à luz do texto constitucional de 1988. Entretanto, diante da fundamentalidade do tema para a localização do problema proposto, faz-se necessária breve incursão sobre a matéria.

Em apertada síntese, nas origens do moderno Estado constitucional e de Direito encontra-se o postulado da limitação da ação estatal por meio do equilíbrio e do sopesamento dos poderes, exigência que se tornou efetiva na Inglaterra, "no contexto da Revolução Gloriosa (1688), impondo-se, progressivamente, no restante do continente e, sobretudo, na elaboração da constituição norte-americana".[20] A consolidação do princípio da legalidade, nesse enquadramento, carreava legitimidade democrática à ação do Estado, pelo fato de se nortear por leis aprovadas diretamente pelo povo – "na aprovação democrática da lei deveria residir igualmente uma garantia de justiça".[21]

A divisão de poderes no nível organizativo do Estado criou, nesse sentido, um sistema de exercício moderado de poder, tanto no que se refere à configuração da descentralização/desconcentração – sob a forma de estados federados ou de entidades administrativas autônomas – quanto ao desenho da distribuição das funções estatais: "a ideia da divisão dos poderes alcançou desde John Locke (1632-1704), Henry Bolingbroke (1678-1751), Charles de Montesquieu (1689-1755) e David Hume (1711-1776) uma importância política fundamental",[22] tendo se convertido em postulado do equilíbrio dos poderes.

A divisão clássica de poderes assenta-se na distinção entre as esferas funcionais mais importantes do Estado e respectivas competências, mediante adoção dos meios políticos e jurídicos necessários à consecução dos objetivos máximos da atividade estatal – legislação, jurisdição e administração executiva.

---

20 ZIPPELIUS, Reinhold. *Teoria Geral do Estado*. Tradução de Karin Praefke-Aires Coutinho. Coordenação de J. J. Gomes Canotilho. Lisboa: Fundação Calouste Gulbenkian, 1997, p. 387.

21 ZIPPELIUS, Reinhold. *Teoria Geral do Estado*. Tradução de Karin Praefke-Aires Coutinho. Coordenação de J. J. Gomes Canotilho. Lisboa: Fundação Calouste Gulbenkian, 1997, p. 387.

22 ZIPPELIUS, Reinhold. *Teoria Geral do Estado*. Tradução de Karin Praefke-Aires Coutinho. Coordenação de J. J. Gomes Canotilho. Lisboa: Fundação Calouste Gulbenkian, 1997, p. 407.

Para a concretização destes objetivos, devem, desde logo, ser **decretadas normas jurídicas com força vinculativa geral**, ou seja, regulações gerais que designem, segundo o seu género, as pessoas e situações concretas, produzindo efeitos jurídicos em relação a todos os afectados. **Esta é a função da legislação em sentido material. A administração executiva deve aplicar as normas jurídicas na medida em que a sua execução seja considerada como fim público.** Além disso, **através da administração da justiça deve prover-se para os casos em que sejam infringidas normas jurídicas.** Partindo-se da distinção feita entre decisões programantes e programadas, então – numa generalização positivista – **os actos administrativos de execução das leis e os actos jurisdicionais surgem como atividades genericamente pré-programadas por leis** (grifo nosso). [23]

Em suas origens, portanto, o parlamento surgiu para limitar o poder absoluto do príncipe,[24] para além de assegurar a consubstanciação dos princípios materiais do Estado de Direito, em especial, a garantia dos direitos fundamentais. Em Reinhold Zippelius, "as normas jurídicas determinam não só a ordem 'primária' de condutas, mas as normas ('secundárias') regulam também o procedimento através do qual são executadas aquelas normas 'primárias'".[25]

O autor afirma que a divisão dos poderes é tratada como princípio fundamental nas democracias ocidentais, mas não concretizada rigorosamente conforme seu modelo de tipo ideal – há intervenções do Poder Legislativo na administração e, de outro lado, influência do Executivo no âmbito de decisões do parlamento, dado corroborável quando se analisa, por exemplo, o direito orçamentário, uma vez que os recursos requerem a aprovação do Poder Legislativo, concedendo-lhe a possibilidade de controlar, pelo menos em termos financeiros, os projetos planejados pelo Executivo. E, de igual modo, o Executivo influencia o escopo decisório do Legislativo – o que será tratado, neste livro, como poder de agenda – na

---

23 ZIPPELIUS, Reinhold. *Teoria Geral do Estado*. Tradução de Karin Praefke-Aires Coutinho. Coordenação de J. J. Gomes Canotilho. Lisboa: Fundação Calouste Gulbenkian, 1997, p. 413.

24 POLVEIRO JÚNIOR, Elton E. *Desafios e Perspectivas do Poder Legislativo no Século XXI.* Brasília: Núcleo de Estudos e Pesquisas/CONLEG/SENADO, Abril/2006 (Texto para Discussão n. 30). Disponível em: https://www12.senado.leg.br/publicacoes/estudos-legislativos/tipos-de-estudos/textos-para-discussao/td-30-desafios-e-perspectivas-do-poder-legislativo-no-seculo-xxi . Acesso em: 10 out. 2019.

25 ZIPPELIUS, Reinhold. *Teoria Geral do Estado*. Tradução de Karin Praefke-Aires Coutinho. Coordenação de J. J. Gomes Canotilho. Lisboa: Fundação Calouste Gulbenkian, 1997, p. 413.

medida em que detém extenso rol de competências legislativas e vasta capacidade de armazenamento informacional, destinada à elaboração de projetos de lei por uma "burocracia ministerial especializada".[26]

É no domínio de delineamento das funções do Estado, na interseção entre a atuação dos Poderes Executivo e Legislativo – especificamente no âmbito da formulação de políticas públicas –, que se situa a investigação proposta. O problema central enfrentado surge em razão do arranjo normativo adotado pelo Poder Legislativo na seara da proteção e salvaguarda do patrimônio cultural,[27] detectado em todas as esferas da federação brasileira, e que tem sido objeto de dissenso entre os órgãos de proteção patrimonial do Poder Executivo e as casas legislativas brasileiras: a produção maciça de leis de iniciativa parlamentar que declaram variados bens, sobretudo os de natureza imaterial, como representantes do patrimônio cultural de municípios, estados e da União.

O Poder Legislativo, ao produzir leis que concedem o título de "Patrimônio Cultural" aos bens culturais que seleciona – sem análise prévia de um corpo técnico especializado e sem interlocução com a comunidade –, tornando-os referenciadores de identidade e de laços sociais culturalmente legitimados, apropria-se de instrumentos de acautelamento já existentes no ordenamento jurídico brasileiro inseridos na esfera de competência do Poder Executivo, em razão da natureza jurídica administrativa do procedimento, conforme se posiciona a doutrina administrativista majoritária. É o caso do *tombamento*, destinado à proteção dos bens

---

26 ZIPPELIUS, Reinhold. *Teoria Geral do Estado*. Tradução de Karin Praefke-Aires Coutinho. Coordenação de J. J. Gomes Canotilho. Lisboa: Fundação Calouste Gulbenkian, 1997, p. 416.

27 Foram utilizados os termos "proteção" e "salvaguarda", como adota o Instituto do Patrimônio Histórico e Artístico Nacional – Iphan –, em referência à distinção entre patrimônio cultural material e imaterial, conforme será abordado em capítulo pertinente. O termo "preservação" será adotado como gênero, para menção a ambas as categorias: "Preservação é o conceito genérico. Nele podemos compreender toda e qualquer ação do Estado que vise conservar a memória de fatos ou valores culturais de uma Nação. É importante acentuar esse aspecto já que, do ponto de vista normativo, existem várias possibilidades de formas legais de preservação. A par da legislação, há também as atividades administrativas do Estado que, sem restringir ou conformar direitos, se caracterizam como ações de fomento que têm como consequência a preservação da memória. Portanto, o conceito de preservação é genérico, não se restringindo a uma única lei, ou forma de preservação específica". RABELLO, Sonia. *O Estado na preservação dos bens culturais*: o tombamento. Rio de Janeiro: IPHAN, 2009, p. 19.

materiais, e do *registro*, relacionado à salvaguarda dos bens intangíveis, que são, atualmente, os mais relevantes instrumentos adotados pelos órgãos de proteção patrimonial no Brasil.

Dessa feita, o problema analisado centra-se nos meandros do *princípio da separação dos poderes,* insculpido no art. 2º do texto de 1988, referenciado no início desta seção como pressuposto principiológico e normativo das democracias ocidentais. Espera-se lançar luz sobre o debate relativo aos limites da intervenção do parlamento na formulação das políticas públicas, considerado o esboço de competências definidas pela Constituição da República de 1988 que sedimentam o Estado Democrático de Direito no Brasil.

O objetivo geral da investigação proposta é demonstrar que, considerado o quadro normativo-constitucional vigente, a promoção da proteção e da salvaguarda do patrimônio cultural mediante produção normativa de iniciativa parlamentar – ao modo como tem sido conduzido o processo legislativo pelo Congresso Nacional e pelos parlamentos subnacionais no Brasil – não se mostra efetiva. Este trabalho propõe, ainda, meios de democratização e de qualificação do processo de elaboração normativa na seara das políticas de patrimônio e apresenta ferramentas alternativas para que o Poder Legislativo possa contribuir de forma concreta para a configuração democrática das políticas públicas afetas ao patrimônio cultural.

O propósito último, para além de diagnosticar a inefetividade dessas normas atualmente produzidas, é contribuir para a consolidação do Poder Legislativo como espaço majoritário democrático e ator de relevo nas políticas públicas de preservação do patrimônio cultural, um dos grandes desafios postos neste século XXI, a par de outros temas importantes a serem enfrentados pelas casas legislativas.[28] A complementaridade entre democracia representativa e participativa é o desafio maior imposto ao parlamento: uma "proposta participativa de democracia tem se manifestado por meio dos espaços públicos que representam experiências onde os membros da sociedade civil praticam sua capacidade de interferir nos

---

28 POLVEIRO JÚNIOR, Elton E. *Desafios e Perspectivas do Poder Legislativo no Século XXI.* Brasília: Núcleo de Estudos e Pesquisas/CONLEG/SENADO, Abril/2006 (Texto para Discussão n. 30). Disponível em: https://www12.senado.leg.br/publicacoes/estudos-legislativos/tipos-de-estudos/textos-para-discussao/td-30-desafios-e-perspectivas-do-poder-legislativo-no-seculo-xxi. Acesso em: 10 out. 2019.

processos de tomada de decisão,"[29] sem linearidade, com prevalência de "esforços de negociação em torno de consensos tensos, devido à diversidade dos atores e às concepções diferentes de sociedade defendidas".[30] É esse o grande desafio de conciliação posto ao parlamento no Brasil.

PRIMEIRA SÍNTESE[31]

Patrimônio – ou Herança Cultural – pode ser definido como tudo o que é valorizado, transmitido e perpetuado entre gerações, de modo a provê-las de um relativo senso de continuidade,[32] tornando-se fator constitutivo de identidade[33] e de diversidade cultural local.[34] O patrimônio imaterial ou *Living Cultural Heritage* é caracterizado pelos aspectos efêmeros ou, como conceitua a Organização das Nações Unidas para a Educação, a

---

29 COSTA, Márcia Helena Batista Corrêa da. *Participação democrática e planejamento urbano*: o Conselho de Política Urbana e as Conferências de Política Urbana em Belo Horizonte. 2011. Tese (Doutorado) – Programa de Pós-graduação em Sociologia, Universidade Estadual de Campinas, 2011.

30 COSTA, Márcia Helena Batista Corrêa da. *Participação democrática e planejamento urbano*: o Conselho de Política Urbana e as Conferências de Política Urbana em Belo Horizonte. 2011. Tese (Doutorado) – Programa de Pós-graduação em Sociologia, Universidade Estadual de Campinas, 2011.

31 "Primeira Síntese" e "Segunda Síntese" são recursos metodológicos utilizados por Pierre Bourdieu em *O Poder Simbólico*. BOURDIEU, Pierre. *O Poder Simbólico*. 4. ed. Rio de Janeiro: Bertrand Brasil, 2001.

32 DEACON, Harriet et al. *The Subtle Power of Intangible Heritage*. Cape Town: HSRC Press, 2004.

33 A identidade será tomada, segundo Castells, como o processo de construção de significados com base em um atributo cultural ou, ainda, um conjunto de atributos culturais inter-relacionados, o(s) qual (ais) prevalece(m) sobre outras fontes de significado. CASTELLS, Manuel. *O Poder da Identidade*. v. 2. São Paulo: Paz e Terra, 1999.

34 Conceito trabalhado no artigo COSTA, Mila Batista Leite C.; PIRES, C. A. S. Memória e Patrimônio Cultural no Mosaico da Urbe: Dimensões do Direito, do Esquerdo e Narrativas do Estado Pós-moderno. In: Maria Tereza Fonseca Dias; Maria Elisa Braz Barbosa; Mila Batista Leite Corrêa da Costa; Caio Barros Cordeiro. (Org.). *Estado e Propriedade*. Estudos em Homenagem à Professora Maria Coeli Simões Pires. 1ed. Belo Horizonte: Fórum, 2015, v. 1, p. 130.

Ciência e a Cultura[35] – Unesco –,[36] é constituído de práticas, representações, expressões ou de conhecimento associado que comunidades, grupos[37] e, em casos específicos, indivíduos, reconhecem como parte de sua herança cultural.[38]

Importante esclarecer a escolha realizada pelo Instituto do Patrimônio Histórico e Artístico Nacional – Iphan – pela expressão "patrimônio cultural imaterial", considerada a variedade de significantes:

> As expressões patrimônio cultural intangível, ou mesmo cultura tradicional e popular e patrimônio oral recobrem muitas vezes o mesmo universo de significados acima mencionados. O Ministério da Cultura e o IPHAN optaram pela expressão patrimônio cultural imaterial, tendo por fundamento o art. 216 da Constituição Federal de 1988, alertando, entretanto, para a falsa dicotomia sugerida por esta expressão entre as dimensões materiais e imateriais do patrimônio. As dimensões materiais e imateriais do patrimônio são conceitualmente entendidas como complementares [...] (grifo nosso).[39]

---

35 *Organization for Education, Science and Culture.*

36 Regra de grafia de siglas utilizada conforme o "Manual de Redação Parlamentar da Assembleia Legislativa de Minas Gerais" e que será adotada para este trabalho: "Devem ser grafadas com apenas a inicial maiúscula as siglas com mais de três letras que sejam pronunciadas como palavras, no todo ou em parte". MINAS GERAIS. Assembleia Legislativa. *Manual de Redação Parlamentar*. 3 ed. Belo Horizonte: ALMG, 2013, p. 326.

37 O conceito de grupo social a ser utilizado terá como enfoque a perspectiva durkheimiana, qualificadora da sociedade como o não resultado de um somatório ou de uma mera justaposição das consciências, ações e sentimentos particulares. É mais do que a soma dos indivíduos vivos que a compõem. O grupo, nesse viés, é o reflexo de um estado de consciência coletiva, "o produto de uma imensa cooperação que se estende não apenas no espaço, mas no tempo também; [...] uma multiplicidade de espíritos diversos associaram-se, misturaram e combinaram suas ideias e sentimentos [...]". QUINTANEIRO, Tânia. *Um Toque de Clássicos*: Durkheim, Weber e Marx. Belo Horizonte: Editora UFMG, 1999, p.19.

38 A herança intangível é transmitida oralmente ou por gestos, ao longo das gerações, sendo modificada em períodos determinados mediante processo de recriação coletiva. Vide *Convention for the Safeguarding of Intangible Cultural Heritage*, concebida, em 2003, pela Conferência Geral da Unesco (*United Nations Educational, Scientific and Cultural Organization*).

39 CAVALCANTI, Maria Laura Viveiros de Castro; FONSECA, Maria Cecília Londres. *Patrimônio Imaterial no Brasil*: Legislação e Políticas Estaduais. Brasília: UNESCO, 2008, p. 13.

O tratamento dispensado à cultura e à preservação do patrimônio cultural possui raízes no pacto colonial e em concepções teóricas ortodoxas, o que tem reflexo na forma como o Direito regula seu objeto de contemplação. As transformações paradigmáticas ocorridas no plano internacional, em especial, o processo de descolonização e o robustecimento do movimento pós-moderno globalizatório e, em âmbito nacional, a redemocratização jurídico-política e a abertura do conceito de patrimônio cultural promovida pela Constituição da República de 1988 – CR/88 –, impactaram o *modus operandi* de concepção de instrumentos jurídico-normativos e de políticas públicas voltadas para a cultura e para a preservação patrimonial.

Embora seja longa e intricada a trajetória de institucionalização da "proteção e da revitalização do patrimônio cultural no Brasil",[40] a atual conformação das políticas de preservação patrimonial é recente e encontra-se em acomodação e moldagem. Isso em razão do processo ainda em alicerçamento de redemocratização do país, que ampliou o repertório de atores legitimados no tratamento do tema, e de alargamento conceitual promovido pelo art. 216 da Constituição da República de 1988 – CR/88 –, ao incorporar a noção de imaterialidade à definição jurídica de patrimônio cultural, antes sedimentada pelo Decreto-Lei n. 25, de 30 de novembro de 1937, que "organiza a proteção do patrimônio histórico e artístico nacional":

> Art. 1º Constitue o **patrimônio histórico e artístico nacional** o conjunto dos **bens móveis e imóveis** existentes no país e cuja conservação seja de **interêsse público**, quer por sua vinculação **a fatos memoráveis da história do Brasil**, quer por seu **excepcional valor arqueológico ou etnográfico, bibliográfico ou artístico.**
>
> § 1º Os bens a que se refere o presente artigo só serão considerados parte integrante do patrimônio histórico o artístico nacional, depois de inscritos separada ou agrupadamente num dos quatro Livros do Tombo, de que trata o art. 4º desta lei.
>
> § 2º Equiparam-se aos bens a que se refere o presente artigo e são também sujeitos a tombamento os **monumentos naturais, bem como os sítios e paisagens que importe conservar e proteger pela feição notável com que tenham sido dotados pela natureza ou agenciados pela indústria humana** (grifo nosso).[41]

40 BRASIL. Ministério da Educação e Cultura *Proteção e revitalização do patrimônio cultural no Brasil*: uma trajetória. Brasília: Ministério da Educação e Cultura; Secretaria do Patrimônio Histórico e Artístico Nacional; Fundação Nacional Pró-Memória, 1980.

41 BRASIL. Decreto-Lei n. 25, de 30 de novembro de 1937. Organiza a proteção do patrimônio histórico e artístico nacional. *Diário Oficial da União*, Brasília, 02 dez. 1937. Disponível em: http://www.planalto.gov.br/ccivil_03/decreto-lei/Del0025.htm. Acesso em: 11 out. 2019. Grafia original.

A amplificação do conceito de patrimônio para agasalhar, também, os bens de natureza imaterial, inaugurou um novo paradigma na seara da preservação do patrimônio cultural brasileiro, reconhecendo-lhe maior riqueza e complexidade,[42] alargando a "visão da proteção do Estado em relação ao patrimônio não consagrado, vinculado à cultura popular e aos cultos afro-brasileiros",[43] e carreando graus de complexificação ao feixe de possiblidades, de ações de fomento e de formas de preservação dos bens culturais:

Art. 216. Constituem patrimônio cultural brasileiro os bens de natureza **material e imaterial, tomados individualmente ou em conjunto, portadores de referência à identidade, à ação, à memória dos diferentes grupos formadores da sociedade brasileira**, nos quais se incluem:
I – as formas de expressão;
II – os modos de criar, fazer e viver;
III – as criações científicas, artísticas e tecnológicas;
IV – as obras, objetos, documentos, edificações e demais espaços destinados às manifestações artístico-culturais;
V – os conjuntos urbanos e sítios de valor histórico, paisagístico, artístico, arqueológico, paleontológico, ecológico e científico.
§ 1º O Poder Público, com a colaboração da comunidade, promoverá e protegerá o patrimônio cultural brasileiro, por meio de inventários, registros, vigilância, tombamento e desapropriação, e de outras formas de acautelamento e preservação.
§ 2º Cabem à administração pública, na forma da lei, a gestão da documentação governamental e as providências para franquear sua consulta a quantos dela necessitem. (Vide Lei nº 12.527, de 2011)
§ 3º A lei estabelecerá incentivos para a produção e o conhecimento de bens e valores culturais.
§ 4º Os danos e ameaças ao patrimônio cultural serão punidos, na forma da lei.
§ 5º Ficam tombados todos os documentos e os sítios detentores de reminiscências históricas dos antigos quilombos.
§ 6º É facultado aos Estados e ao Distrito Federal vincular a fundo estadual de fomento à cultura até cinco décimos por cento de sua receita tributária líquida, para o financiamento de programas e projetos cul-

---

42 ALVES, Flávia Lima e. *Patrimônio imaterial*: disposições constitucionais, normas correlatas, bem imateriais registrados. Brasília: Senado Federal, Subsecretaria de Edições Técnicas, 2012.

43 CAVALCANTI, Maria Laura Viveiros de Castro; FONSECA, Maria Cecília Londres. *Patrimônio Imaterial no Brasil*: Legislação e Políticas Estaduais. Brasília: UNESCO, 2008, p. 15.

turais, vedada a aplicação desses recursos no pagamento de: (Incluído pela Emenda Constitucional nº 42, de 19.12.2003)

I – despesas com pessoal e encargos sociais; (Incluído pela Emenda Constitucional nº 42, de 19.12.2003)

II – serviço da dívida; (Incluído pela Emenda Constitucional nº 42, de 19.12.2003)

III – qualquer outra despesa corrente não vinculada diretamente aos investimentos ou ações apoiados. (Incluído pela Emenda Constitucional nº 42, de 19.12.2003) (grifo nosso).[44]

A noção de imaterialidade que foi incorporada ao texto constitucional "permitiu destacar um conjunto de bens culturais que, até então, não era oficialmente incluído nas políticas públicas de patrimônio, antes orientadas pelo critério de excepcional valor artístico e histórico do bem a ser protegido",[45] bens imateriais ancorados na oralidade, nos conhecimentos tradicionais, nos saberes, nos sistemas de valores e nas manifestações artísticas, "constituindo-se objeto de fomento de políticas públicas nesse setor".[46]

Aliada à inovação conceitual que ampliou o espectro de possibilidades de preservação no "campo" do patrimônio cultural, a redemocratização do país, com ênfase na constituinte de 1987-1988, alicerçou a atuação dos três poderes da República na democracia brasileira, institucionalizou a participação popular nos processos decisórios e dilatou o plexo de competências dos "agentes" inseridos nos "campos" analisados – "campo político" e "campo de preservação patrimônio cultural", conceitos teóricos referenciados em Pierre Bourdieu,[47] conforme será abordado ao longo da exposição argumentativa –, densificando, sobremaneira, o *modus operandi* de formulação e execução de políticas de proteção e salvaguarda patrimonial.

---

44 BRASIL. Constituição da República Federativa do Brasil de 1988. Nós, representantes do povo brasileiro, reunidos em Assembléia Nacional Constituinte para instituir um Estado Democrático, destinado a assegurar o exercício dos direitos sociais e individuais.... *Diário Oficial da União*, Brasília, 05 out. 1988. Disponível em: https://www.planalto.gov.br/ccivil_03/constituicao/constituicao.htm. Acesso em: 11 out. 2019.

45 CAVALCANTI, Maria Laura Viveiros de Castro; FONSECA, Maria Cecília Londres. *Patrimônio Imaterial no Brasil:* Legislação e Políticas Estaduais. Brasília: UNESCO, 2008, p. 13.

46 CAVALCANTI, Maria Laura Viveiros de Castro; FONSECA, Maria Cecília Londres. *Patrimônio Imaterial no Brasil:* Legislação e Políticas Estaduais. Brasília: UNESCO, 2008, p. 13.

47 BOURDIEU, Pierre. *O Poder Simbólico*. 4. ed. Rio de Janeiro: Bertrand Brasil, 2001.

Apoiado no marco constitucional da década de oitenta, ano a ano, o patrimônio imaterial – cujos bens são a expressão dos modos de criar, fazer e viver das várias comunidades formadoras da sociedade brasileira e são transmitidos, no tempo e no espaço, de pai para filho – vem angariando visibilidade. Todavia, foi preciso aguardar o limiar do século XXI para que tivéssemos uma legislação específica para a preservação desses bens culturais de tipo novo e, sobretudo, para que as políticas públicas para sua apreensão e defesa começassem a se firmar.[48]

O giro constitucional ampliou, nesse sentido, o acervo de medidas e de atribuições voltadas para a preservação, empoderou a comunidade para participação nos processos de acautelamento de seus bens culturais e inseriu na disputa os poderes Legislativo e Judiciário – debate antes monopolizado pelo Executivo –, gerando um amálgama de possibilidades de atuação e de regulamentação. Verifica-se, nessa linha, a imposição de uma modificação no tratamento da cultura dado pelas políticas patrimoniais recentes e pelo arcabouço jurídico-normativo arregimentado na garantia de exercício de direitos culturais. Instrumentos, espaços institucionalizados para a interlocução com a sociedade civil, bem como para o amadurecimento da pauta relativa à proteção ao patrimônio cultural, foram concebidos e consolidados, referenciando um novo momento de reflexão na alçada da cultura.

Nessa linha, o art. 216 da CR/88 estabeleceu no ordenamento jurídico brasileiro um "Estatuto Constitucional da Cultura" e inaugurou, para alguns autores, o "Estado Sociocultural e Democrático de Direito",[49] em razão da consolidação do patrimônio cultural como direito de natureza fundamental. O patrimônio cultural é, por definição doutrinária, "bem de interesse público, sujeito à tutela jurisdicional e à das demais instâncias de controle próprias".[50] Ao definir, no art. 216, §1º, como dever do poder

---

48 ALVES, Flávia Lima e. *Patrimônio imaterial*: disposições constitucionais, normas correlatas, bem imateriais registrados. Brasília: Senado Federal, Subsecretaria de Edições Técnicas, 2012, p. 11.

49 Cf. QUEIROZ, Hermano Fabrício Oliveira Guanais e. *O registro de bens culturais imateriais como instrumento constitucional garantidor de direitos culturais*. 2014. 301f. Dissertação (Mestrado Profissional) – Instituto do Patrimônio Histórico e Artístico Nacional, Rio de Janeiro, 2014. Hermano Queiroz é, atualmente, diretor do Departamento de Patrimônio Imaterial do Iphan e possui importantes publicações na área.

50 PIRES, Maria Coeli Simões; COSTA, Mila Batista Leite Corrêa da; MATTOS, Liana Portilho. Patrimônio Cultural. In: CASTRO, Carmem L. F.; GONTIJO, Cynthia R. B.; PINTO, Luciana Moraes R. S. (Org.). *Dicionário de Políticas Públicas* – volume 2. Barbacena: Editora da Universidade do Estado de Minas Gerais, 2015, p. 319.

público, com a colaboração da comunidade, preservar o patrimônio cultural, a Constituição da República de 1988 ratificou sua natureza jurídica de bem difuso, "protegido por regramentos e processualidades especiais".[51]

O texto constitucional ampliou a legitimação ativa para a promoção e proteção do patrimônio cultural mediante definição da atuação colaborativa entre "poder público" e comunidade na seleção, no acesso e na fruição dos bens selecionados como objeto de preservação, autorizando a inserção de "vozes dissonantes",[52] antes silenciadas, e a participação de outros intérpretes constitucionais. "O processo de identificação, reconhecimento e valorização do patrimônio cultural imaterial é o campo propício para o exercício dessa democracia cultural".[53]

Nesse quadro de transformações, tem despontado o Poder Legislativo no espectro das políticas públicas de preservação do patrimônio cultural no Brasil, mediante produção de leis que reconhecem como patrimônio cultural determinados bens, notadamente de natureza imaterial. Entretanto, com baixa interlocução com os atores do campo da preservação – em especial, com a comunidade produtora do bem cultural e com o corpo técnico especializado dos órgãos patrimoniais do Poder Executivo, responsável pela realização dos estudos verificadores do valor cultural do bem analisado, como preceitua a Constituição da República e a legislação em vigor, bem que deve ser portador "de referência à identidade, à ação, à memória dos diferentes grupos formadores da sociedade."[54]

51 PIRES, Maria Coeli Simões; COSTA, Mila Batista Leite Corrêa da; MATTOS, Liana Portilho. Patrimônio Cultural. In: CASTRO, Carmem L. F.; GONTIJO, Cynthia R. B.; PINTO, Luciana Moraes R. S. (Org.). *Dicionário de Políticas Públicas* – volume 2. Barbacena: Editora da Universidade do Estado de Minas Gerais, 2015, p. 319.

52 BHABHA, Homi. *O Local da Cultura*. Belo Horizonte: Editora UFMG, 2003.

53 QUEIROZ, Hermano Fabrício Oliveira Guanais e. *O registro de bens culturais imateriais como instrumento constitucional garantidor de direitos culturais*. 2014. 301f. Dissertação (Mestrado Profissional) – Instituto do Patrimônio Histórico e Artístico Nacional, Rio de Janeiro, 2014.

54 BRASIL. Constituição da República Federativa do Brasil de 1988. Nós, representantes do povo brasileiro, reunidos em Assembléia Nacional Constituinte para instituir um Estado Democrático, destinado a assegurar o exercício dos direitos sociais e individuais.... *Diário Oficial da União*, Brasília, 05 out. 1988. Disponível em: http://www.planalto.gov.br/ccivil_03/constituicao/constituicaocompilado.htm. Acesso em: 15 dez. 2017.

A prática de produção de leis declaratórias de patrimônio cultural de iniciativa parlamentar não se mostra adequada e ganhou contornos potencializados após a promulgação da Constituição 1988 – conforme demonstrado pelo levantamento da legislação em vigor em todos os estados brasileiros e das proposições em tramitação na Assembleia Legislativa de Minas Gerais – ALMG (vide anexos) –, em razão da inclusão dos bens de natureza imaterial, pelo art. 216 da CR/88, no conceito de patrimônio, arena recentemente regulamentada e ainda em definição. [55]

A conduta legislativa tem focalizado o patrimônio imaterial em razão do capital simbólico que carreia e pelo fato de já existir entendimento assentado na doutrina e na jurisprudência contrário à intervenção do Poder Legislativo em relação ao tombamento de bens culturais materiais por intermédio de leis de iniciativa parlamentar – dada a longevidade do Decreto-Lei n. 25, de 1937, e a intensa judicialização de demandas envolvendo a definição de limites para a intervenção do Estado no direito de propriedade.[56] Na prática normativa adotada pelas casas legislativas, portanto, tem-se avolumado o "registro" de bens culturais imateriais por leis de iniciativa parlamentar.

Há, portanto, dissenso entre os poderes Executivo e Legislativo em relação à possibilidade técnico-jurídica de adoção da via legislativa para efetivação das declarações de patrimônio, uma vez que os principais instrumentos hoje regulamentados e utilizados para a preservação do patrimônio cultural material e imaterial no Brasil – respectivamente, o tombamento e o registro, regulamentados pelo Decreto-Lei n. 25, de 1937, e pelo Decreto n. 3.551, de 4 de agosto de 2001 – são processos de natureza administrativa conduzidos e implementados pelo Poder Executivo, mediante competência atribuída pelas normas citadas, conforme corroborado por esta pesquisa.

A prática adotada pelo Poder Legislativo, embora juridicamente questionada por esta investigação, é, contudo, de grande relevância para o debate teórico-conceitual acerca i) dos limites da atuação do parlamento na seara da formulação das políticas públicas – *in casu*, política pública de cultura; ii) dos meios dotados de legitimidade e de juridicidade para esse intento; e iii) das possibilidades de abertura democrática recente

---

55 Em 2001, foi editado o Decreto n. 3.551, de 4 de agosto, norma federal que regulamentou o texto constitucional ao instituir o Registro de Bens Culturais de Natureza Imaterial que constituem patrimônio cultural brasileiro e criar o Programa Nacional do Patrimônio Imaterial".

56 Embora ainda existam posicionamentos da doutrina permissivos. Cf. Carlos Magno de Souza Paiva e Marcos Paulo de Souza Miranda.

imposta aos procedimentos públicos, que permitem "a participação dos envolvidos no processo de patrimonialização, detentores e produtores",[57] fortalecendo uma concepção de cidadania ativa por meio do Direito.

Sob o prisma da doutrina e do ordenamento jurídico em vigor, buscou-se analisar o papel do Poder Legislativo, do processo de confecção da lei, das práticas normativas e não normativas do parlamento e suas contribuições no campo da preservação do patrimônio cultural, uma vez que a questão central que ressai do problema analisado refere-se à principal consequência oriunda da inadequação do meio utilizado pelo Poder Legislativo: a inefetividade da proteção do patrimônio cultural e suas consequências para o Direito e sua teia de significações. "O direito é um discurso performativo, um tecido de ficções operatórias que redizem o sentido e o valor da vida em sociedade"[58] e que, no caso das leis declaratórias, não tem atribuído valor protetivo e simbólico ao bem normatizado.

As leis declaratórias analisadas não concedem aos bens culturais a mesma proteção que os instrumentos de acautelamento em vigor no ordenamento pátrio e a atuação dos órgãos de proteção do Poder Executivo, em interlocução com a comunidade: tombamento e registro, que instituem, significam, atam o laço social e oferecem "aos indivíduos as marcas necessárias para sua identidade e sua autonomia".[59]

Embora o art. 216, §1º, deixe transparecer o intuito de construção de um campo discursivo, simbólico e fático, aberto à composição entre os atores abrangidos pelo acautelamento do bem a ser preservado, o que legitima a atuação do parlamento, há que se perquirir sobre meios efetivos de ação do Poder Legislativo que não passem pelo uso dos instrumentos de preservação já consolidados no escopo de competência do Poder Executivo. O tombamento e o registro somente possuirão eficácia e garantirão a efetiva proteção e salvaguarda do bem cultural objeto de tratamento protetivo se resultarem de procedimento administrativo executado no âmbito da

---

57 QUEIROZ, Hermano Fabrício Oliveira Guanais e. *O registro de bens culturais imateriais como instrumento constitucional garantidor de direitos culturais*. 2014. 301f. Dissertação (Mestrado Profissional) – Instituto do Patrimônio Histórico e Artístico Nacional, Rio de Janeiro, 2014.

58 OST, François. *O Tempo do Direito*. Trad. Élcio Fernandes. Bauru: Edusc, 2005, p. 13.

59 OST, François. *O Tempo do Direito*. Trad. Élcio Fernandes. Bauru: Edusc, 2005, p. 13.

administração pública com fulcro no contraditório e no "devido processo constitucional",[60] com a necessária participação da comunidade.

O regramento dos instrumentos citados insere-se em um plexo normativo que prevê a atuação, no bojo do procedimento administrativo, dos vários agentes inseridos na dinâmica e no contexto cultural do bem analisado – em especial, a comunidade –, em conformidade com a CR/88 e com as regulamentações federal e estadual pertinentes. E, nessa linha, resta evidenciado que a edição de leis declaratórias de iniciativa parlamentar, além de negligenciar a necessidade de participação democrática: i) descura-se da relevância da realização de estudos técnicos; ii) invade o feixe de competências do Poder Executivo ao "registrar" o bem cultural como patrimônio, impondo atribuições à administração pública – responsável pela gestão urbanística e cultural no cenário constitucional brasileiro –, em afronta ao Princípio da Separação dos Poderes; iii) produz leis autorizativas, uma vez que "ostentam apenas um valor simbólico ou não passam de sugestões ao Poder Executivo, sem caráter cogente, para que tome determinadas providências".[61]

Como exemplo ilustrativo, cite-se a Lei Estadual n. 22.455, de 23 de dezembro de 2016, de Minas Gerais, que "declara patrimônio cultural do Estado a Festa Nacional do Biscoito em Japonvar". A estrutura da norma reproduz o padrão que tem sido adotado na ALMG, ao declarar determinado bem "patrimônio cultural do Estado" no art. 1º e atribuir ao Poder Executivo, no art. 2º, a necessidade de adoção das medidas necessárias ao registro, em conformidade com o regramento estadual em vigor:

> Art. 1º – Fica declarada patrimônio cultural do Estado a Festa Nacional do Biscoito em Japonvar.
> Art. 2º – Compete ao Poder Executivo adotar as medidas cabíveis para o registro do bem cultural de que trata esta lei, nos termos do Decreto nº 42.505, de 15 de abril de 2002.
> Art. 3º – Esta lei entra em vigor na data de sua publicação [...].[62]

---

60 PIRES, Maria Coeli Simões; COSTA, Mila Batista Leite Corrêa da; CARDOSO, José Luiz F. O Princípio Constitucional do Devido Processo e a Proteção do Patrimônio Cultural: Ressignificando o Instituto do Tombamento. *Revista de Direitos e Garantias Fundamentais (Faculdade de Direito de Vitória)*, Vitória, 2013.

61 REZENDE, Renato. M. *O Sistema Nacional de Viação e a Correção de Rota no Processo Legislativo.* Brasília: Núcleo de Estudos e Pesquisas/CONLEG/Senado, mar./2014 (Texto para Discussão nº 144). Disponível em: www.senado.leg.br/estudos. Acesso em: 11 out. 2019.

62 MINAS GERAIS. Lei n. 22.455, de 23 de dezembro de 2016. Declara patrimônio cultural do Estado a Festa Nacional do Biscoito em Japonvar. *Diário Oficial de Minas*

Nessa linha, em realidade, a lei declaratória não possui efetividade do ponto de vista protetivo, permanecendo a salvaguarda dependente de ações concretas do Poder Executivo, como estatui a própria norma. O registro somente concederá real proteção ao bem cultural se realizado mediante procedimento administrativo democrático – conduzido pelo órgão patrimonial do Poder Executivo que detém corpo técnico especializado – quando, então, será capaz de absorver os significados da cultura e do patrimônio imersos no arranjo argumentativo dos grupos e na própria legitimidade da ordem institucional legal para atender a critérios técnicos e de participação.

O direito discursivo e o poder democrático institucionalizado carecem de costura, via procedimento e argumentação, para a concessão de validade e controle social à preservação do patrimônio cultural.[63] Nesse sentido, os procedimentos institucionalizados devem ser aptos a propiciar a construção do sentido da norma no caso concreto e assegurar aos grupos sociais "oportunidade para reconhecimento de seus bens culturais imateriais e os direitos que decorrem desse reconhecimento pelo Registro".[64]

> E essa é uma das maiores razões pelas quais o Registro tem sido bem-sucedido na prática. **O envolvimento e participação da comunidade desde o pedido de Registro é um dos elementos que legitima ainda mais o processo de reconhecimento dos bens culturais imateriais.** Com essa participação efetiva das comunidades, evita-se que o sistema seja formado apenas "por interesses corporativos [...]. Esses processos devem garantir a plena vivência da cultura imaterial pelas comunidades, assegurando a continuidade das suas manifestações pelos grupos envolvidos [...].[65]

Gerais, Belo Horizonte, 24 dez. 2016.

63 PIRES, Maria Coeli Simões; COSTA, Mila Batista Leite Corrêa da; CARDOSO, José Luiz F. O Princípio Constitucional do Devido Processo e a Proteção do Patrimônio Cultural: Ressignificando o Instituto do Tombamento. *Revista de Direitos e Garantias Fundamentais (Faculdade de Direito de Vitória)*, Vitória, 2013.

64 QUEIROZ, Hermano Fabrício Oliveira Guanais e. *O registro de bens culturais imateriais como instrumento constitucional garantidor de direitos culturais*. 2014. 301f. Dissertação (Mestrado Profissional) – Instituto do Patrimônio Histórico e Artístico Nacional, Rio de Janeiro, 2014.

65 QUEIROZ, Hermano Fabrício Oliveira Guanais e. *O registro de bens culturais imateriais como instrumento constitucional garantidor de direitos culturais*. 2014. 301f. Dissertação (Mestrado Profissional) – Instituto do Patrimônio Histórico e Artístico Nacional, Rio de Janeiro, 2014.

O processo de seleção dos bens merecedores da consagração como "patrimônio cultural" do país, do estado ou do município, portanto, deve envolver concertação e diálogo entre Estado – Poderes Executivo e Legislativo – e sociedade, de modo que a escolha reflita o texto constitucional: bens de natureza material e imaterial "portadores de referência à identidade, à ação, à memória dos diferentes grupos formadores da sociedade".[66]

A apreensão dos valores culturais dos bens, por meio da permeabilidade do procedimento – do tombamento ou do registro –, possibilita a reconstrução histórica e social da realidade mais fidedigna e mais justa, "dotando a política de preservação do patrimônio de real capacidade de formação de molduras simbólicas e identitárias que se expressam pela memória preservada e dinâmica",[67] o que realça a política de preservação do patrimônio cultural como "campo", em sentido bourdieusiano.

Maria Cecília Londres argumenta que os processos de preservação do patrimônio cultural nacional são regrados por normas, procedimentos e rituais específicos, com base em instrumentos jurídicos particulares, conduzidos por "agentes com um perfil intelectual definido" [68] e, "por esse motivo, é pertinente considerar que esta política estatal constitui um campo"[69] bourdieusiano, campo autônomo que demanda análise contextual e plasticidade dos instrumentos jurídicos e normativos concebidos para lidar com os bens culturais.

---

66 BRASIL. Constituição da República Federativa do Brasil de 1988. Nós, representantes do povo brasileiro, reunidos em Assembléia Nacional Constituinte para instituir um Estado Democrático, destinado a assegurar o exercício dos direitos sociais e individuais.... *Diário Oficial da União*, Brasília, 05 out. 1988. Disponível em: http://www.planalto.gov.br/ccivil_03/constituicao/constituicaocompilado.htm. Acesso em: 15 dez. 2017.

67 PIRES, Maria Coeli Simões; COSTA, Mila Batista Leite Corrêa da; CARDOSO, José Luiz F. O Princípio Constitucional do Devido Processo e a Proteção do Patrimônio Cultural: Ressignificando o Instituto do Tombamento. *Revista de Direitos e Garantias Fundamentais (Faculdade de Direito de Vitória)*, Vitória, 2013.

68 FONSECA, Maria Cecília Londres. *O Patrimônio em Processo*: trajetória da política federal de preservação no Brasil. 2 ed. rev. ampl. Rio de Janeiro: Editora UFRJ; MinC-Iphan, 2005, p. 22.

69 FONSECA, Maria Cecília Londres. *O Patrimônio em Processo*: trajetória da política federal de preservação no Brasil. 2 ed. rev. ampl. Rio de Janeiro: Editora UFRJ; MinC-Iphan, 2005, p. 31

A política de constituição do patrimônio cultural é um campo que atua no nível simbólico e se consubstancia como elemento estruturador do Estado moderno na medida em que possui o condão de institucionalizar práticas formadoras ou mantenedoras de uma identidade nacional ou regional, desempenhando o Estado e o Direito, nessa perspectiva, papel decisivo para o desenho e a conformação da memória coletiva, por eleger os elementos culturais representativos de dada comunidade.

"Pelo valor que lhes é atribuído, como manifestações culturais e símbolos da nação, esses bens passam a ser merecedores de proteção, visando à sua transmissão para as gerações futuras [...], tendo como objetivo reforçar uma identidade coletiva [...]".[70] Ao Estado é atribuído o papel primordial de narrador e construtor da memória e da identidade, da criação e veiculação de uma imagem unívoca e de uma narrativa que tende a focalizar as preferências e interesses nacionais que são gerados a partir da construção imaginada do "eu" e do "outro", de forma que as inter-relações entre os atores e a estrutura ocorrem não apenas no sentido de se alcançar a sua realização, mas, também, para sustentar uma identidade antagônica (eu e outro),[71] reflexo, ainda, de uma lógica colonial arraigada.

As políticas patrimoniais de construção identitária nacional vinham se consolidado na perspectiva de forjar uma identidade e uma ideia de nação estáveis, mas são perpassadas, hoje, no interstício da história moderna europeia e das histórias contra-modernas coloniais,[72] por novas concepções de manifestações culturais, dando vazão às chamadas vozes dissonantes em Bhabha,[73] o que complexifica, sobremaneira, o campo da preservação pela ampliação objetiva e subjetiva de agentes legitimados no bojo da política patrimonial, corroborada pelo texto constitucional.

Nesse compasso, hoje, a política de preservação do patrimônio cultural pressupõe a seleção de bens da cultura por agentes do Estado – intelectuais dos órgãos de proteção patrimonial do Poder Executivo com elevado grau

---

70 FONSECA, Maria Cecília Londres. *O Patrimônio em Processo*: trajetória da política federal de preservação no Brasil. 2 ed. rev. ampl. Rio de Janeiro: Editora UFRJ; MinC-Iphan, 2005, p. 21.

71 LASMAR, Jorge M. O Fluxo de Arte e as Relações Internacionais: narrativa, circulação e Identidade. *Revista Fronteira*, Belo Horizonte, v. 1, n.1, p. 83-102, nov. 2001, p. 92.

72 MIGNOLO, Walter. La Razón Postcolonial: Herencias Coloniales y Teorias Postcoloniales. In *Gragoatá*. Niterói: EDUFF, 1996.

73 BHABHA, Homi. *O Local na Cultura*. Belo Horizonte: Editora UFMG, 2003.

de especialização –, mas, também, pela comunidade e terceiros interessados, fruto da movimentação no contexto internacional, em especial dos processos de descolonização. No Brasil, o movimento ocorreu com maior intensidade após a abertura conceitual proposta pela Carta Constitucional de 1988, que incorporou os bens culturais imateriais, representativos de grupos antes alijados do processo de escuta da política patrimonial.

A atuação do Poder Legislativo nessa seara, representante de uma função essencial do Estado, o transforma, igualmente, em agente desse campo, demonstrando que o Estado tem interesses difusos e atuação não uníssona e polissêmica, considerada as ações divergentes entre os dois poderes. É justamente pelo poder simbólico inerente à execução da política patrimonial que o Poder Legislativo, ator também do "campo político", surge como agente interveniente no "campo" da formulação das políticas públicas de patrimônio, em razão do empoderamento que carreia e o fato de agir o corpo parlamentar legitimado, do ponto de vista procedimental, pelos mecanismos de representação democrática.

O patrimônio cultural é um importante indicador de valor simbólico da formação e da estrutura de identidades sociais e culturais e, portanto, estabelecer diretrizes e balizamentos para a definição de conceitos como "relevante valor cultural", "herança cultural" e instituir "declarações" do que seja constitutivo do "patrimônio cultural" – nacional, estadual ou municipal – implica gestar identidades mais ou menos inclusivas, mais ou menos legitimadas, demonstrando o poder simbólico de autoridade embutido na possibilidade de seleção dos bens aptos a serem consagrados como patrimônio.

> O poder simbólico como **poder de constituir o dado pela enunciação, de fazer ver e fazer crer, de confirmar ou de transformar a visão do mundo e, deste modo, a seção sobre o mundo, portanto o mundo; poder quase mágico que permite obter o equivalente daquilo que é obtido pela força** (física ou econômica), graças ao efeito específico de mobilização, **só se exerce se for reconhecido, quer dizer, ignorado como arbitrário.** Isto significa que o poder simbólico não reside nos 'sistemas simbólicos' em forma de uma *illocutionary force* mas que **se define numa relação determinada** – e por meio desta – **entre os que exercem o poder e os que lhe estão sujeitos,** quer dizer, isto é, **na própria estrutura do campo em que se produz e se reproduz a crença.** O que faz o poder das palavras e das palavras de ordem, poder de manter a ordem ou de a subverter, é a **crença na legitimidade das palavras e daquele que as pronuncia,** crença cuja produção não é da competência das palavras.[74]

---

74 BOURDIEU, Pierre. *O Poder Simbólico*. 4. ed. Rio de Janeiro: Bertrand Brasil, 2001.

O campo, em Bourdieu, representa um estado de relações de força, de estratégias de conservação e luta que supõe acordo entre antagônicos sobre os objetos em disputa, pactos pela conservação do que é produzido[75] nesse "microcosmo autônomo no interior do macrocosmo social. Autônomo, segundo a etimologia, significa que tem sua própria lei, seu próprio *nomos*, que tem em si próprio o princípio e a regra de seu funcionamento".[76]

Todo campo possui particularidades e mecanismos próprios: é configurado como o lugar ocupado pelos atores na dinâmica dos encaminhamentos simbólicos – espaço estruturado de correlação de forças, de posições em disputa, em movimento tensional e relacional – que atuam mantendo ou modificando sua estrutura a partir do *habitus* de cada agente. O campo é um lugar de luta entre os agentes – instituições, indivíduos, grupos – que o compõem em busca da mantença ou da modificação de posições hierárquicas na disputa de capitais específicos – *in casu*, capital simbólico. O campo político:

> É um universo no qual operam critérios de avaliação que lhe são próprios e que não teriam validade no microcosmo vizinho. Um universo que obedece a suas próprias leis, que são diferentes das leis do mundo social ordinário. Quem quer que entre para a política, assim como alguém que ingresse em uma religião, deve operar uma transformação, uma conversão. Mesmo que esta não lhe apareça como tal, mesmo que não tenha consciência disso, ela lhe é tacitamente imposta, e a sanção em caso de transgressão é o fracasso ou a exclusão. Trata-se, portanto, de uma lei específica e que constitui um princípio de avaliação e eventualmente de exclusão.[77]

Segundo o autor, assim como no campo religioso, o campo político é separado do restante do mundo e "repousa sobre uma separação entre os profissionais e os profanos. No campo religioso, há os laicos e os clérigos;"[78] no campo político, somente os políticos têm "competência (uma palavra muito importante, simultaneamente técnica e jurídica) para falar de política. Cabe a eles falar de política. Eis uma proposição tácita que está inscrita na existência do campo político".[79]

---

75 BOURDIEU, Pierre. *O Poder Simbólico*. 4. ed. Rio de Janeiro: Bertrand Brasil, 2001.

76 BOURDIEU, Pierre. O Campo Político, *Revista Brasileira de Ciência Política*, n.5 Brasília, p. 193-216 Jan./July 2011.

77 BOURDIEU, Pierre. O Campo Político, *Revista Brasileira de Ciência Política*, n.5 Brasília, p. 193-216 Jan./July 2011, p. 195.

78 BOURDIEU, Pierre. O Campo Político, *Revista Brasileira de Ciência Política*, n.5 Brasília, p. 193-216 Jan./July 2011.

79 BOURDIEU, Pierre. O Campo Político, *Revista Brasileira de Ciência Política*, n.5 Brasília, p. 193-216 Jan./July 2011.

O Poder Legislativo enquadra-se, na análise teórica proposta, no conceito de "campo político" bourdieusiano, significando um microcosmo, "pequeno mundo social relativamente autônomo no interior do grande mundo social [...]", onde se acha um número elevado de "propriedades, relações, ações e processos que se encontram no mundo global", mas se revestem de uma forma particular.[80] Simultaneamente, no atual quadro democrático constitucional brasileiro, o Poder Legislativo desponta como ator do "campo" específico das políticas de preservação.

E, nessa linha, a sobrevivência do campo patrimonial no Estado Democrático de Direito – influenciado por fatores externos como o encadeamento dos processos de descolonização, a abertura de instâncias internacionais como a Unesco, a reivindicação de países periféricos para o reconhecimento de bens culturais fora do eixo padrão de proteção, em especial de natureza imaterial – demanda concessões. A luta no "campo", hoje, pressupõe um acordo entre antagonistas, abertura para inserção da comunidade, diálogo interpoderes e porosidade democrática. A sobrevivência do futuro depende de negociação, assentamentos e fendas de interlocução e vocalização de vozes dissonantes.

> Compreender a gênese social de um campo e apreender aquilo que faz a necessidade específica da crença que o sustenta, do jogo de linguagem que nele se joga, das coisas materiais e simbólicas em jogo que nele se geram, é explicar, tornar necessário, subtrair ao absurdo do arbitrário e do não motivado os atos dos produtores e as obras por eles produzidas e não, como geralmente se julga, reduzir ou destruir.[81]

O Poder Legislativo posiciona-se, portanto, como agente privilegiado em dois campos bourdieusianos distintos, fazendo-se necessário repensar seus meios de atuação para que se legitime, em ambos os campos, como espaço majoritário democrático por excelência, de modo que o processo legislativo e os mecanismos de atuação parlamentar se consolidem como núcleos de convergência "intercampos", loci onde o campo político e o campo da preservação possam se encontrar em movimento confluente pela busca do acautelamento dos bens culturais representativos da sociedade brasileira.

Nesse sentido, tem o Direito papel de relevo na tarefa de sedimentar meios possíveis de convergência entre os legisladores e os agentes do campo do patrimônio cultural. O "campo" jurídico – como substrato de invenção do

---

80 BOURDIEU, Pierre. O Campo Político, *Revista Brasileira de Ciência Política*, n.5 Brasília, p. 193-216 Jan./July 2011, p. 195.

81 BOURDIEU, Pierre. *O Poder Simbólico*. 4. ed. Rio de Janeiro: Bertrand Brasil, 2001.

próprio Estado –, atado ao "campo" do patrimônio cultural, carrega em si, portanto, no bojo de sua conformação, a dialética entre "estruturas objetivas e estruturas incorporadas no sujeito",[82] enquanto tece a particularidade de uma relação intrínseca entre temperança – a sabedoria do tempo – e a Justiça – a sabedoria do Direito –, definidora, para François Ost, de um bom ou mau governo,[83] de uma boa ou má gestão dos bens culturais de um povo.

A relação dialética entre tempo e Direito é evidente no campo do patrimônio em razão do próprio objeto em disputa no seio da correlação de forças e, por isso, em razão da capacidade instituidora do tempo e da formação do capital simbólico que o poder de seleção dos bens culturais eleitos como patrimônio carrega em si. O objeto de análise, portanto, como cita Maria Cecília Londres, não é um produto[84] – as leis de declaração de patrimônio –, mas o processo de inserção do Poder Legislativo no campo da preservação, suas práticas institucionais e, notadamente, a constatação da necessidade premente de consolidação de canais de interlocução interpoderes em prol do acautelamento das manifestações culturais no Brasil.

ASPECTOS METODOLÓGICOS

Este livro – parafraseando Victor Carvalho Pinto, em sua obra *Direito urbanístico: Plano diretor e direito de propriedade*[85] – tem por objetivo, portanto, oferecer singela contribuição para o desenho institucional da política de proteção e salvaguarda do patrimônio cultural no Brasil, especialmente em Minas Gerais, estudo de caso desta análise. Por meio da interpretação da legislação em vigor e dos institutos de proteção e salvaguarda delineados no ordenamento jurídico federal e estadual e, bem assim, pela compreensão do *modus operandi* do processo legislativo, buscou-se verificar a efetividade do uso da via legislativa, mediante iniciativa parlamentar, para preservação efetiva e agasalho do patrimônio cultural.

---

82 SOUZA, Jessé. *A construção da subcidadania*: para uma sociologia política da modernidade periférica. 2 ed. Belo Horizonte: Editora UFMG, 2012, p. 44.

83 OST, François. Contar a lei: as fontes do imaginário jurídico. Porto Alegre: Editora Unisinos, 2005, p. 12.

84 FONSECA, Maria Cecília Londres. *O Patrimônio em Processo*: trajetória da política federal de preservação no Brasil. 2 ed. rev. ampl. Rio de Janeiro: Editora UFRJ; MinC-Iphan, 2005, p. 29.

85 PINTO, Victor Carvalho. *Direito Urbanístico*: Plano Diretor e Direito de Propriedade. São Paulo: LTr, Editora Revista dos Tribunais, 2005.

O tema investigado enquadra-se nesse compasso de alargamento da noção de patrimônio cultural e de institucionalização da democracia brasileira, mediante robustecimento do equilíbrio entre os três poderes, com impacto na ampliação da composição subjetiva no campo das políticas de preservação patrimonial, recorte temático desta pesquisa. Buscou-se, a partir da dupla fenda criada pela Carta Constitucional de 1988 – ampliação do conceito de patrimônio e consolidação de um novo concerto entre os três poderes após mais de duas décadas de regime autoritário – identificar, no feixe de competências constitucionalmente atribuídas ao Poder Legislativo, qual seu papel no desenho institucional das políticas públicas de preservação do patrimônio cultural no Brasil.

O objeto deste livro lança luz, portanto, no contexto narrado de sedimentação do Estado Democrático de Direito no Brasil pós-1988, ao movimento de consolidação do Poder Legislativo como agente de atuação no campo das políticas de preservação do patrimônio cultural. Para além de sua composição no "campo político",[86] como define Bourdieu, as casas legislativas – e seu corpo técnico e parlamentar –, dotadas de instrumentos específicos de produção legislativa (normativa e não normativa), tornaram-se agentes empoderados de atuação no "campo do patrimônio cultural".

Entretanto, ainda que embaraços jurídicos possam sobrepujar, hoje, a atuação do Poder Legislativo no campo do patrimônio, esta pesquisa, pelas razões que serão expostas, parte da premissa preambular de que o reconhecimento da preocupação das casas legislativas em agasalhar o patrimônio cultural nas diversas esferas da federação brasileira, com fulcro em sua competência constitucional legislativa e fiscalizadora, merece acolhida e tratamento teórico adequado. Este livro, portanto, almeja contribuir para a consolidação do Poder Legislativo como *locus* por excelência de reverberação de demandas e de interesses coletivos, nos termos da ordem constitucional consolidada após 1988, por meio da "construção de capacidades institucionais que deem suporte às funções de representar, legislar e fiscalizar em ambientes decisórios cada vez mais complexos.[87]

A escolha do problema para a pesquisa realizada, com foco no interesse recente da agenda legislativa e do "campo político" parlamentar pelo "campo do patrimônio cultural", justifica-se por diversas razões. Para além da preexistência de uma trajetória de pesquisa sobre memória, identidade e patrimônio cultural, que se iniciou, em 2003, direcionada para as ações da

---

86 BOURDIEU, Pierre. *O Poder Simbólico*. 4. ed. Rio de Janeiro: Bertrand Brasil, 2001.

87 ANASTASIA, Fátima; INÁCIO, Magna. Democracia, Poder Legislativo, interesses e capacidades. *Cadernos Aslegis* (Impresso), v. 40, p. 33-54, 2010.

Unesco na seara do denominado *"intangible heritage"*, a atuação da autora como consultora legislativa na Gerência-Geral de Projetos Institucionais da ALMG – acompanhando a realização de eventos institucionais da Casa – e, depois, na Gerência-Geral de Consultoria Temática, monitorando a Comissão de Cultura do parlamento mineiro, permitiu constatar, na *práxis* do processo legislativo, a consolidação da rotina de concessão do título de "Patrimônio Cultural do Estado" a um extenso rol de bens culturais por meio de "declarações de patrimônio" consubstanciadas em lei de iniciativa parlamentar. Para além, a ALMG é considerada "instituição pioneira, e, por isso, tomada como modelo das inovações e mudanças ocorridas, em maior ou menor grau, nos legislativos estaduais brasileiros, no sentido da democratização de processos e procedimentos de atuação e tomada de decisões".[88]

Nesse sentido, esta investigação adotou como estratégia metodológica a realização de estudo de caso no parlamento mineiro – Capítulo 3 –, incorporando como procedimentos a coleta e análise de documentos – em especial, produzidos no âmbito do processo legislativo –, de proposições normativas e não normativas relacionadas ao objeto de pesquisa e da legislação em vigor, colhimento e verificação sempre permeados pela interlocução com parlamentares e sua assessoria nos bastidores do processo legislativo, atividades que informam e qualificam o procedimento de pesquisa.

O estudo de caso é considerado uma das principais pesquisas de campo, estratégia integrada de investigação desenhada a partir da problematização do tema e da resposta preliminar que foi testada, mediante adoção do "processo de distanciamento",[89] por intermédio do uso dos conceitos de Bourdieu e Ost, marco teórico escolhido, considerando a inserção da pesquisadora nas atividades cotidianas do parlamento mineiro.

O estudo das proposições arquivadas ou em tramitação na ALMG empregou dados quantitativos e qualitativos, observação e análise dos documentos citados durante 2 (dois) anos de experimentação e assessoramento na Comissão de Cultura da casa legislativa mineira – de janeiro de 2016 a dezembro de 2017 –, comissão à qual são distribuídos, juntamente com a Comissão de Constituição e Justiça, os projetos de lei investigados neste trabalho. A prática verificada na ALMG não é exclusividade do parlamento mineiro e realça, conforme será demonstrado:

---

88 CASTRO, Mônica Mata Machado de. Prefácio. In: SANTOS, Manoel Leonardo; ANASTASIA, Fatima (Org.). *Política e desenvolvimento institucional no Legislativo de Minas Gerais.* Belo Horizonte: Editora Puc Minas, 2016, p. 16.

89 GUSTIN, Miracy Barbosa de Sousa; DIAS, Maria Tereza Fonseca. *(Re)Pensando a Pesquisa Jurídica:* Teoria e Prática. 3. ed. Belo Horizonte: Del Rey, 2015, p. 83.

a) descompasso na interlocução e na cooperação entre os poderes Executivo e Legislativo, que compromete o desenho institucional concertado da política de preservação do patrimônio cultural – e que deve estar costurada à política de gestão urbana;

b) sobrepujamento dos papéis dos poderes Executivo e Legislativo na formulação, execução e fiscalização da política pública analisada, gerando, ainda, "apropriação" dos instrumentos de proteção disponibilizados pelo ordenamento jurídico pátrio;

c) edição de normas declaratórias inefetivas, que não ensejam efeitos protetivos por carecerem da atuação dos órgãos de proteção patrimonial da administração pública municipal, estadual ou federal, gerando precarização da proteção do patrimônio;

d) produção legislativa com traços de fragilidade democrática, considerando a não adoção de um "devido procedimento na elaboração normativa"[90] e, essencialmente, a não participação dos diversos agentes do campo do patrimônio cultural na elaboração das normas citadas, em especial, de representantes das secretarias de cultura, dos órgãos de proteção patrimonial e da comunidade "produtora" do bem cultural declarado patrimônio, como estabelece o art. 216, §1º da CR/88;

e) fluidificação e excessiva ampliação do conceito de patrimônio cultural que está sedimentado no texto constitucional, uma vez que inexiste nos projetos de lei do Poder Legislativo verificação – pela técnica e pela *práxis* – do indicador de relevância cultural do bem no caso concreto, aferível somente mediante realização de estudos técnicos por corpo de peritos especializados, em colaboração com a comunidade.

Para alcançar o objetivo geral e realizar a testagem da hipótese tracejada, a investigação adotou como objetivos específicos:

a) realizar breve levantamento da origem do Estado moderno e de suas funções típicas, com ênfase no Poder Legislativo, à luz da constitucionalização de suas competências institucionais na CR/88, para identificação dos aspectos relevantes destinados à aplicação ao problema proposto e à análise sob o prisma dos conceitos selecionados de Pierre Bourdieu e François Ost;

b) identificar os aspectos relevantes do processo legislativo, definidos no texto constitucional e nos Regimentos Internos das casas

---

90 BARCELLOS, Ana Paula de. *Direitos Fundamentais e Direito à Justificativa:* devido procedimento na elaboração normativa. Belo Horizonte: Fórum, 2016.

legislativas, para sua identificação como instrumento do "campo político" bourdieusiano, apto a contribuir para a proposição de soluções juridicamente viáveis para o problema analisado;

c) descrever, a partir do estado da arte relacionado à preservação do patrimônio cultural, os conceitos, as transformações estruturais e os referenciais relevantes para o objetivo geral da pesquisa, delineando a trajetória histórico-conceitual normativa e doutrinária da preservação, seus principais instrumentos de proteção e salvaguarda e sua interlocução com os conceitos selecionados de Pierre Bourdieu e François Ost;

d) analisar os instrumentos do tombamento e do registro à luz da doutrina e da jurisprudência sobre o tema, verificando-se a possibilidade de utilização pelo Poder Legislativo;

e) pesquisar a produção normativa do Congresso Nacional, dos estados e do Distrito Federal sobre o tema, selecionando, a partir dos bancos de dados das Assembleias Legislativas e das Secretarias Estaduais de Casa Civil, as leis declaratórias de patrimônio cultural de iniciativa parlamentar em vigor, para verificação da existência do fato analisado nas outras esferas federativas;

f) identificar e registrar todas as leis em vigor, bem como os projetos de lei de iniciativa parlamentar em tramitação ou arquivados na ALMG relacionados à declaração de patrimônio cultural para realização de estudo de caso relativo ao comportamento do Poder Legislativo, em Minas Gerais, no que se refere ao objetivo geral investigado;

g) proceder ao levantamento de dados relacionados aos pedidos de registro de bens culturais imateriais oriundos da ALMG, encaminhados, por intermédio de ofício, diligência ou projeto de lei, ao Instituto do Patrimônio Histórico e Artístico de Minas Gerais – Iepha-MG;

h) identificar as principais normas mineiras que compõem o arcabouço jurídico de regulamentação da preservação do patrimônio cultural no Estado;

i) proceder ao levantamento e estudo crítico sobre a trajetória de institucionalização do Poder Legislativo em Minas, com a identificação dos aspectos relevantes à proposição de soluções para a questão posta no objeto geral;

j) analisar a viabilidade de proposição de adoção de instrumentos regimentais e de outra natureza hábeis a contribuir para a preservação do patrimônio no âmbito do processo legislativo ou fora dele, no escopo de atuação das casas legislativas;

k) proceder ao levantamento das atas das reuniões do Conselho Consultivo do Iphan que abordem o problema analisado e identificar as manifestações jurídicas do instituto, bem como da Advocacia-Geral da União – AGU –, em âmbito federal, e do Iepha-MG, no estado, relativas a projetos de lei de declaração de patrimônio de iniciativa parlamentar em tramitação nas casas legislativas.

Originalmente, previa-se, para além dos objetivos específicos citados, realizar estudo comparado, na legislação e na doutrina, com vistas a identificar a utilização da via legislativa para proteção do patrimônio pelo Poder Legislativo no Brasil e em Portugal, considerado o binômio colônia/metrópole e a influência portuguesa na configuração dos instrumentos de preservação brasileiros. Contudo, após ampla pesquisa normativa e doutrinária e interlocução com doutrinadores portugueses da Universidade de Lisboa,[91] restou constatado que a única competência destinada ao Poder Legislativo português seria traçar o quadro de ação do Poder Executivo, conforme se depreende da legislação em vigor naquele país – Lei n. 107, de 8 de setembro de 2001, "Lei de bases da política e do regime de protecção e valorização do Patrimônio Cultural", e Decreto-Lei 309, de 23 de outubro de 2009, sobre "Procedimento de classificação dos bens imóveis de interesse cultural, bem como o regime jurídico das zonas de protecção e do plano de pormenor de salvaguarda".

Ademais, como a professora Sônia Rabello, na obra *O Estado na preservação de bens culturais: o tombamento*,[92] optou-se por não abordar o estudo de sistemas legislativos estrangeiros de preservação neste trabalho, que objetiva a análise vertical de uma questão absolutamente brasileira, intrínseca ao sistema normativo brasileiro e às particularidades da interlocução interpoderes e da composição do poder simbólico no campo político.

Dessa feita, como demonstrado, o problema analisado apresenta incursões importantes e variáveis com repercussão na realidade das comunidades, no cotidiano do processo legislativo, na gestão dos órgãos de

---

91 Menção especial à professora Carla Amado Gomes, Professora Auxiliar da Faculdade de Direito da Universidade de Lisboa, Investigadora do Centro de Investigação de Direito Público (CIDP); Supervisora científica da linha de pesquisa Energia, Recursos Naturais & Ambiente; Professora Convidada da Faculdade de Direito da Universidade Católica Portuguesa (Porto).

92 CASTRO, Sônia Rabello de. O Estado na preservação dos bens culturais: o tombamento. Rio de Janeiro: IPHAN, 2009, p. 16.

proteção patrimonial, no comprometimento da efetividade da política de proteção e salvaguarda do patrimônio cultural e, em última análise, na sedimentação e na formação social e identitária de um povo, no destino de bens e de manifestações culturais referenciadores da formação do Estado-nação brasileiro, conforme delineado no Capítulo 2.

Nesse compasso, diante da complexidade do objeto analisado, não há a pretensão de se produzir respostas acabadas às muitas perguntas técnico-jurídicas suscitadas durante a rotina de trabalho dos técnicos que lidam na labuta do processo legislativo e dos procedimentos administrativos de tombamento e de registro. Buscou-se apontar, como se verá no Capítulo 4, respostas provisórias e soluções jurídicas possíveis pautadas por reflexões jurídico-filosóficas com embasamento na teoria democrática, na repartição de competências constitucionalmente estabelecida pela Carta de 1988 – e pela Constituição do Estado de 1989, diante do estudo de caso proposto –, no arcabouço legal vigente que ampara o tema analisado e, ainda, em uma concepção de gestão pública pós-moderna minimamente coerente e democrática que preveja a atuação concertada entre os atores que compõem o campo bourdieusiano de pesquisa: Poder Executivo, Legislativo e sociedade civil, nos termos dos arts. 215 e 216 da CR/88.

A escolha das duas variáveis estruturantes – Poder Legislativo e Patrimônio Cultural, temas de relevo no cenário democrático brasileiro –, do marco teórico em François Ost e Pierre Bourdieu e da questão formulada a partir da interação entre os campos político e de proteção do patrimônio cultural ancora-se na percepção de que a esfera de elaboração/ execução das políticas de preservação do patrimônio cultural no Brasil padece de problemas institucionais que merecem tratamento cuidadoso.

Faz-se necessária uma reflexão comprometida com a principiologia constitucional para a definição de papéis mais bem delineados para a atuação dos atores nos campos analisados, o que permitirá, em última medida, a ampliação da efetividade da preservação de bens culturais carreados de relevante valor cultural, nos termos da Constituição de 1988, objetivo primeiro de toda e qualquer política pública de cultura vertida para o acautelamento de bens culturais.

Como define François Ost, em sua reflexão sobre a tese de doutorado em Direito,

> De minha parte, considero três elementos essenciais que contribuem a essa motivação para a aventura doutoral, que se caracteriza como uma "travessia no deserto": paixão, trabalho e método [...]. Eu não

digo: motivação, interesse, assiduidade; digo: paixão [...]. Mas como se apaixonar por um tema? Honestamente, concordo que não é possível ser apaixonado por um tema, nem mesmo por uma teoria. **Em contrapartida, sustento que é provável se apaixonar por uma questão, um problema, um enigma teórico. Um enigma que resiste a soluções convencionais e, por essa razão mesma, desperta sua curiosidade e estimula sua sagacidade.** Chegamos aqui ao ponto essencial da minha proposta: uma tese é, em primeiro lugar e antes de tudo, uma questão [...]. Aqui se situa, muito precisamente, o valor agregado, dir-se-ia a originalidade que necessita uma tese, uma vez que, por definição, a questão vai além do estado atual do conhecimento [...] (grifo nosso).[93]

O enigma teórico-prático analisado impõe desafios interpretativos, escolhas teórico-metodológicas e soluções propositivas. Nesse sentido, responder à indagação central relativa à possiblidade ou não de produção normativa de iniciativa parlamentar para concessão de títulos de "patrimônio cultural", embora tarefa complexa em razão do não consenso sobre a matéria, conforme será demonstrado, não auxilia de modo efetivo, *per se*, a construção de um desenho institucional da política de preservação patrimonial.

E, assim, questões derivadas serão abordadas para o delineamento de proposições para o enigma posto, referentes: i) à maneira como o ordenamento jurídico brasileiro regulamenta os instrumentos de proteção e salvaguarda do patrimônio cultural e estabelece o feixe de competências relacionadas à política de preservação; ii) ao modo de atuação do Poder Legislativo, por intermédio de seus parlamentares, em relação ao manejo os instrumentos de proteção estabelecidos pelo ordenamento vigente para reconhecer a relevância cultural de bens da cultura relevantes para seu eleitorado; iii) à possibilidade de adoção dos instrumentos já previstos regimentalmente pelas casas legislativas e de criação de outros arranjos jurídicos para proteção do patrimônio cultural; e iv) ao aprimoramento do processo legislativo pela via da democratização do processo por meio do devido procedimento de elaboração normativa, da interlocução com o Poder Executivo e da ampliação do acesso à participação democrática pelo uso dos eventos institucionais previstos como ferramentas regimentais.

---

93 OST, François. A tese de doutorado em Direito: do projeto à defesa. *Revista de Estudos Constitucionais, Hermenêutica e Teoria do Direito (RECHTD)*, São Leopoldo, 7(2):98-116, p. 98-116, maio-agosto 2015, p. 101.

OS PROJETOS DE LEI DE DECLARAÇÃO DE PATRIMÔNIO CULTURAL EM IMAGENS: DA INTANGIBILIDADE À CONCRETUDE DOS BENS CULTURAIS NORMATIZADOS EM MINAS

A fotografia de abertura, selecionada em exposição visitada no Instituto Moreira Salles, em São Paulo, durante a escrita deste livro, traduz o silêncio do cotidiano da vida comum, que é a fonte e o substrato do patrimônio cultural em qualquer lugar do mundo, apreensível como cultura somente pelo olhar sensível: "que poema isso é, quantos poemas [...] poderia inspirar um dia a algum jovem novo autor que, à luz de velas, se curvasse [...], descrevendo cada detalhe plúmbeo e misterioso, a película cinzenta que colheu a própria seiva rosada da espécie humana".[94]

Essa é a comunidade, integralidade de indivíduos com condutas orientadas por um determinado sentido: "é assim que somos na vida real [...]",[95] sujeitos culturais imersos em narrativas cotidianas que compartilham identidades e "relevantes valores culturais", e que concedem ao Direito a justa medida que "torna livres os cidadãos e harmoniosas as cidades"[96].

Ao final desta introdução, são apresentadas as imagens dos bens culturais, objeto de cada um dos projetos de lei que tramitou ou tramita na ALMG, bens que, referenciadores ou não de "relevante valor cultural" apto a ser atestado por estudos técnicos necessários a serem realizados pelos órgãos patrimoniais, estão imersos no cotidiano da vida, da escrita e da palavra de cada mineiro, por vocação, por pertença ou por ouvir dizer. No processo de registro, o acervo fotográfico, quando existente, compõe a documentação mínima exigida pelos órgãos de proteção para instrução do requerimento – art. 4º, V, da Resolução n. 1, de 3 de agosto de 2006, do Iphan e art. 3º, V, da Portaria n. 47, 28 de novembro de 2008, do Iepha-MG.

---

94 KEROUAC, Jack. Introdução. FRANK, Robert. *Os Americanos*. Fotografias de Robert Frank. Introdução de Jack Kerouac. Tradução de Jorio Dauster. São Paulo: Instituto Moreira Sales, 2017.

95 KEROUAC, Jack. Introdução. FRANK, Robert. *Os Americanos*. Fotografias de Robert Frank. Introdução de Jack Kerouac. Tradução de Jorio Dauster. São Paulo: Instituto Moreira Sales, 2017.

96 OST, François. *O Tempo do Direito*. Tradução Élcio Fernandes. Bauru: Edusc, 2005, p. 17

As fotografias e as manifestações que elas materializam são histórias intercaladas, pedaços de "memória", "perdão", "promessa" e "questionamento"[97] – narrativa, que, assim, chega ao ponto culminante.[98]

Imagem 2
Parque das Águas de Caxambu e Estância Hidromineral de Caxambu
PL 4658, de 2017; PL 626, de 2011; PL 3217, de 2009

Fonte: [99]

---

97 OST, François. *O Tempo do Direito*. Tradução Élcio Fernandes. Bauru: Edusc, 2005.

98 LOPES, Mônica Sette. Clarice Lispector e o perdão: incidências e coincidências. In: LOPES, Mônica Sette; LACERDA, Bruno Amaro. *Imagens da Justiça*. São Paulo: LTr, 2010, p. 71.

99 PERRONI, Vanessa. Importante estância hidromineral, Caxambu é palco de festival de música. 2016. Hoje em Dia. Disponível em: http://hojeemdia.com.br/horizontes/importante-estância-hidromineral-caxambu-é-palco-de-festival-de-músi-ca-1.389050. Acesso em: 12 out. 2019.

Imagem 3
Estrada de Santa Clara
PL 4648, de 2017

Fonte: SANTOS, Márcio Achtschin; BARROSO, Leônidas C.[100]

Imagem 4
Modo de fazer pijama do município de Borda da Mata
PL 4445, de 2017

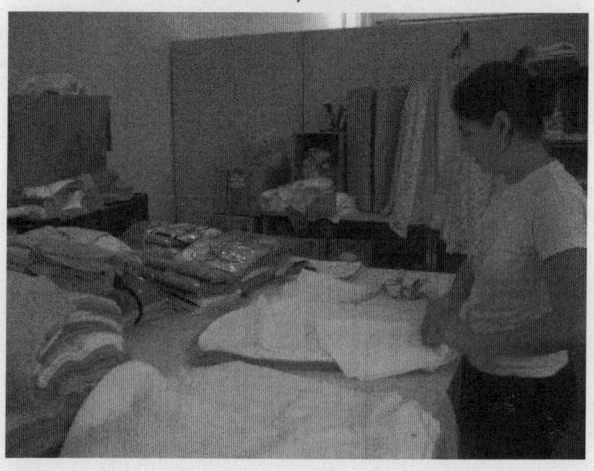

Fonte: [101]

100 SANTOS, Márcio Achtschin; BARROSO, Leônidas C. A Estrada Santa Clara no Século XIX: Caminho de "Gentes" e Vivências no Mucuri.

101 Disponível em: http://blocodenoticias.blogspot.com/2010/06/em-borda-da-mata-aumenta-producao-de.html . Acesso em: 17 nov. 2017.

Imagem 5
Modo de fazer crochê do município de Inconfidentes
PL 4390, de 2017
(Transformado na Lei n. 22.896, de 2018)

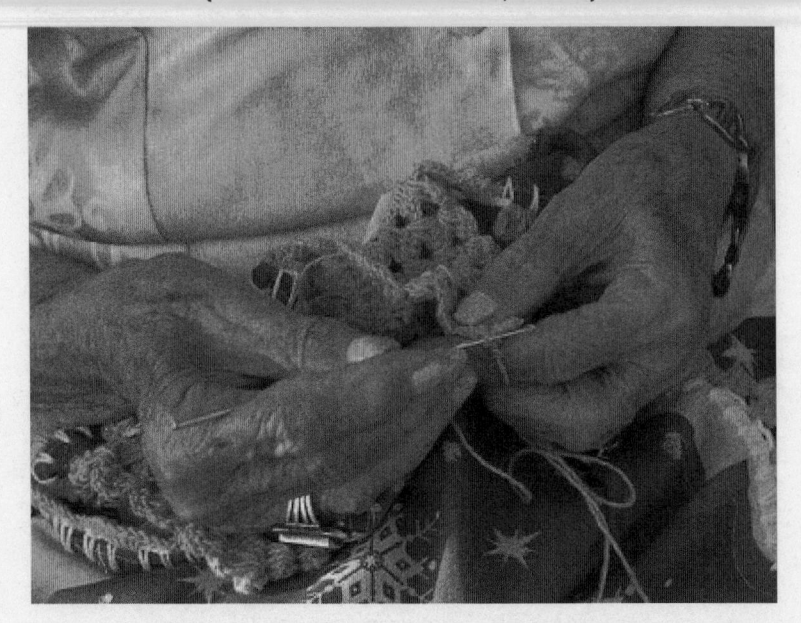

Fonte:[102]

---

102 Disponível em: http://blocodenoticias.blogspot.com.br/2010/06/neuber-fis-cher-inconfidentes-cidade-com.html. Acesso em 12 out. 2019.

Imagem 6
Festa do Vaqueiro de Nanuque e Região
PL 4328, de 2017

Fonte:[103]

Imagem 7
Pão de Queijo
PL 4002, de 2017

Fonte:[104]

103 Disponível em: http://www.minasgerais.com.br/pt/eventos/festa-do-vaquei-ro-de-nanuque. Acesso em: 12 out. 2019.

104 PARACATU. *par*: Capital Mundial do Pão de Queijo. Disponível em: http://para-catu.mg.gov.br/noticia/114/PARACATU:-CAPITAL-MUNDIAL-DO-PAO-DE-QUEIJO. Acesso em: 12 out. 2019.

Imagem 8
Clubes Sociais de Negro do Estado
PL 3920, de 2016

Fonte: [105]

Imagem 9
Parque de Exposições Bolivar de Andrade – Parque da Gameleira em Belo Horizonte
PL 3423, de 2016

Fonte: [106]

---

105 Disponível em: http://catarinas.info/pesquisadora-resgata-historia-dos-clubes-negros-em-santa-catarina/. Acesso em: 12 out. 2019.

106 PARQUE da Gameleira será reinagurado este mês. Estado de Minas, Belo Horizonte, 22 mai. 2017. Disponível em: https://www.em.com.br/app/noticia/agropecuario/2017/05/22/interna_agropecuario,870722/parque-da-gameleira-sera-reinagurado-este-mes.shtml. Acesso em: 12 out. 2019.

Imagem 10
Festa de Nossa Senhora da Abadia no município de Romaria
PL 3316, de 2016
(Transformado na Lei n. 22.898, de 2018)

Fonte:[107]

107 CONGADO em Romaria reúne ternos de várias cidades da região. G1 Triângulo Mineiro, 30 mai. 2016. Disponível em: http://g1.globo.com/minas-gerais/triangulo-mineiro/noticia/2016/05/congado-em-romaria-reune-ternos-de-varias-cidades-da-regiao.html. Acesso em: 12 out. 2019.

Imagem 11
Fabricação de panelas de pedra-sabão no distrito de Cachoeira do Brumado,
município de Mariana
PL 3219, de 2016

Fonte:[108]

---

108 FONSECA, Renato. Panelas de pedra-sabão alimentam cultura imaterial em Mariana. Hoje em Dias, Belo Horizonte, 02 fev. 2014. Disponível em: http://hojeemdia.com.br/horizontes/panelas-de-pedra-sabão-alimentam-cultura-imaterial-em-mariana-1.238431. Acesso em: 14 out. 2019.

Imagem 12
Queima de Fogos da TV Alterosa na Lagoa da Pampulha em Belo Horizonte
PL 3186, de 2016

Fonte:[109]

Imagem 13
Ofício de seleiro
PL 2952, de 2015

Fonte:[110]

109 CONTAGEM regressiva para o show de fogos da Lagoa da Pampulha. Estado de Minas, Belo Horizonte, 28 dez. 2016. Disponível em: https://www.em.com.br/app/noticia/gerais/2016/12/28/interna_gerais,835557/contagem-regressiva-para-o-show-de-fogos-da-lagoa-da-pampulha.shtml. Acesso em: 17 out. 2017.

110 EBC. Você sabe o que um seleiro faz? 2013. Disponível em: http://www.ebc.com.br/infantil/voce-sabia/2013/06/voce-sabe-o-que-um-seleiro-faz. Acesso em: 17 out. 2017.

Imagem 14
Polo moveleiro de Belo Horizonte, situado na Avenida Silviano Brandão
PL 2903, de 2015

Fonte:[111]

Imagem 15
Concurso Comida di Buteco
PL 2878, de 2015; PL 460, de 2015; PL 3959, de 2013

Fonte: http://www.comidadibuteco.com.br/belo-horizonte/

---

111 BELO HORIZONTE. Polo Moveleiro de Belo Horizonte. Disponível em: http://www.belohorizonte.mg.gov.br/compras/polo-moveleiro. Acesso em: 17 out. 2017.

Imagem 16
Gastronomia Mineira
PL 2761, de 2015
(Transformado na Lei n. 22.458, de 2016)

Fonte: Secretaria de Estado de Cultura de Minas Gerais.

Imagem 17
Feira de arte e artesanato da Avenida Afonso Pena, no município de Belo Horizonte
PL 2732, de 2015; PL 1483, de 2015; PL 806, de 2015; PL 2427, de 2011;
PL 1456, de 2011; PL 1057, de 2011; PL 2603, de 2008.

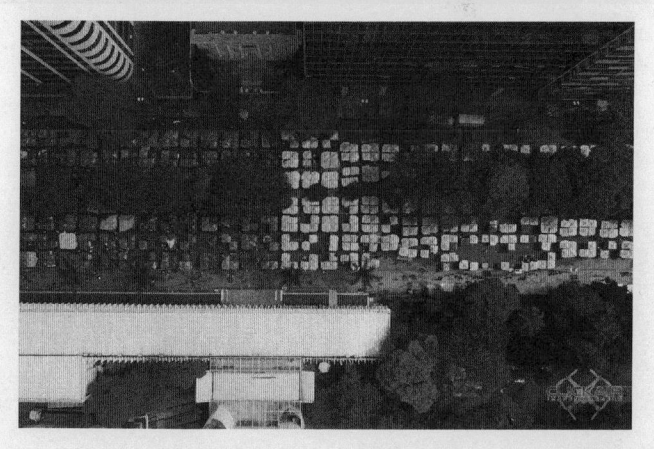

Fonte:[112]

---

112 FEIRA HIPPIE. 2017. Disponível em: http://www.feirahippie.com/ fim-de-ano-na-feira-hippie/. Acesso em 17 set. 2017.

Imagem 18
Cavalgadas e o tropeirismo
PL 2679, de 2015

Fonte:[113]

---

113 Congada e tropeirismo: devoção a Aparecida preserva tradições. G1 Vale do Paraíba e Região, 25 set. 2017. Disponível em: https://g1.globo.com/sp/vale-do-paraiba-regiao/aparecida-300-anos/2017/noticia/congada-e-tropeirismo-devocao-a-aparecida-preserva-tradicoes.ghtml. Acesso em: 17 out. 2017.

Imagens 19 e 20
Folia de Reis e Congado
PL 2730, de 2015; PL 744, de 2011; PL 2975, de 2009
Reisados, Ternos ou Folias-de-Reis
PL 3194, de 2009
Congado e seus Congêneres
PL 3193, de 2009
(As Folias de Minas – também denominadas ternos ou companhias – foram registradas como Patrimônio Cultural Imaterial de Minas pelo Iepha-MG em 06 de janeiro de 2017)

Fonte: Sítio oficial do Iepha-MG

Imagem 21
Processo de fazer tricô do município de Monte Sião
PL 2130, de 2015
(Transformado na Lei n. 22.457, de 2016)

Fonte:[114]

---

114 FEIRA Nacional do Tricô espera superar 2015 em negócios em Monte Sião, MG. G1 SUL DE MINAS, 04 Jun. 2016. Disponível em: http://g1.globo.com/mg/sul-de-minas/noticia/2016/06/feira-nacional-do-trico-espera-superar-2015-em-negocios-em-monte-siao-mg.html . Acesso em: 17 out. 2017.

Imagem 22
Vesperata de Diamantina
PL 2038, de 2015
(Transformado na Lei n. 22.456, de 2016)

Fonte:[115]

115 VESPERATA de Diamantina é reconhecida como patrimônio cultural de Minas Gerais. G1 MINAS GERAIS, Belo Horizonte, 27 dez. 2016. Disponível em: https://g1. globo.com/minas-gerais/noticia/vesperata-de-diamantina-e-reconhecida-como-patri-monio-cultural-de-minas-gerais.ghtml. Acesso em: 17 out. 2017.

Imagem 23
Festa Nacional do Biscoito em Japonvar
PL 2037, de 2015
(Transformado na Lei n. 22.455, de 2016)

Fonte:[116]

---

116 VELOSO, Valdivan. Festa Nacional do Biscoito Movimenta Economia em Japonvar, MG. G1 Grande Minas, 15 jun. 2016. Disponível em: http://g1.globo.com/mg/grande-minas/noticia/2016/06/festa-nacional-do-biscoito-movimenta-economia-em-japonvar-mg.html. Acesso em: 17 out. 2017.

Imagem 24
Manifestação musical Viola Caipira Mineira
PL 1921, de 2015

Fonte:[117]

Imagem 25
Ofício das Quitandeiras
PL 1615, de 2015
(Transformado na Lei n. 22.454, de 2016)

Fonte: Frente da Gastronomia Mineira[118]

---

[117] Disponível em: http://violamineira.blogspot.com.br/2008/02/papel-de-pare-de-violamineira-para-o-seu.html. Acesso em: 17 nov. 2017.

[118] Disponível em: http://frentedagastronomiamineira.org/. Acesso em 14 out. 2019.

Imagem 26
Vaquejada
PL 1466, de 2015; PL 5340, de 2014

Fonte:[119]

Imagem 27
Imprensa Oficial do Estado de Minas Gerais
PL 1124, de 2015

Fonte: Sítio Oficial da Imprensa Oficial de Minas Gerais.

---

119 POLÊMICA, vaquejada é uma das grandes atrações da Região Norte de Minas. Estado de Minas, Belo Horizonte, 13 nov. 2016. Disponível em: https://www.em.com.br/app/noticia/gerais/2016/11/13/interna_gerais,823527/polemica-vaquejada-e-uma-das-grandes-atracoes-do-norte-de-minas.shtml. Acesso em: 17 out. 2017.

Imagem 28
Orquestra Sinfônica da Polícia Militar de Minas Gerais
PL 784, de 2015
(Transformado na Lei n. 22.453, de 2016)

Fonte:[120]

Imagem 29
Comunidades Quilombolas, Caipiras, Caboclas e de Pescadores localizadas
em unidades de conservação da natureza em Minas Gerais
PL 706, de 2015; PL 5620, de 2014

Fonte:[121]

---

120 POLÍCIA MILITAR DE MINAS GERAIS. *Concerto da Orquestra Sinfônica da PMMG lota Palácio das Artes.* Disponível em: https://www.policiamilitar.mg.gov.br/portal-pm/conteudo.action?conteudo=137990&ttipoConteudo=noticia. Acesso em: 17 out. 2017.

121 COSTA FILHO, Aderval. *Os Gurutubanos:* territorialização, produção e sociabilidade em um quilombo do centro norte-mineiro. 2008. 293 f. Tese (Doutorado em Antropologia) – Universidade de Brasília, Brasília, 2008.

Imagem 30
Banda Sinfônica do Corpo de Bombeiros Militar de Minas Gerais
PL 450, de 2015; PL 5581, de 2014
(Transformado na Lei n. 22.462, de 2016)

Fonte:[122]

Imagem 31
Feiras Livres, a Feira Modelo e a Feira Direto da
Roça, no município de Belo Horizonte.
PL 397, de 2015; PL 2501, de 2011

Fonte:[123]

---

122 Disponível em: http://www.bombeiros.go.gov.br/noticias/banda-sinfo-nica-do-corpo-de-bombeiros-militar-faz-apresentacao-na-assembleia-legislati-va-de-goias.htm. Acesso em: 11 nov. 2017.

123 BELO HORIZONTE. Feira Modelo. Disponível em: http://www.belohorizonte.mg.gov.br/local/comercio/feiras-e-mercados/feira-modelo-rua-araguari. Acesso em: 17 out. 2017.

Imagem 32
Repúblicas Federais de Estudantes de Ouro Preto, de Propriedade da
Universidade Federal de Ouro Preto
PL 5501, de 2014

Fonte:[124]

124 FONSECA, Joyce et al. Entre trotes e batalhas: entenda as mudanças no estatuto das repúblicas federais de Ouro Preto. 2014. Disponível em: http://www.jornalismo. ufop.br/tecer/?p–3757. Acesso em: 17 out. 2017

Imagem 33
Festa do Carro de Bois de Congonhal
PL 5292, de 2014

Fonte:[125]

Imagem 34
Parque Ipanema, localizado no município de Ipatinga
PL 3050, de 2012

Fonte:[126]

---

125 Disponível em: https://www.google.com.br/search?q=FESTA+DO+-CARRO+DE+BOIS+congonhal&client=safari&rls=en&dcr=0&source=l-nms&tbm=isch&sa=X&ved=0ahUKEwixs_P6mf7XAhVID5AKHTiKCzAQ_AUIDSgE&biw=678&bih=598#imgrc=O_cf8DxeiyCSeM. Acesso em: 14 out.. 2019.

126 WIKIPÉDIA. Parque Ipanema. Disponível em: https://pt.wikipedia.org/wiki/Parque_Ipanema. Acesso em: 17 out. 2017.

Imagem 35
Cenário bíblico «Monte das Oliveiras» no município de Alpinópolis
PL 2193, de 2011; PL 3208, de 2009

Fonte:[127]

Imagem 36
Processo artesanal de fabricação do salgado denominado Pastel
de Farinha de Milho do município de Pouso Alegre
PL 1383, de 2011; PL 3222, de 2009

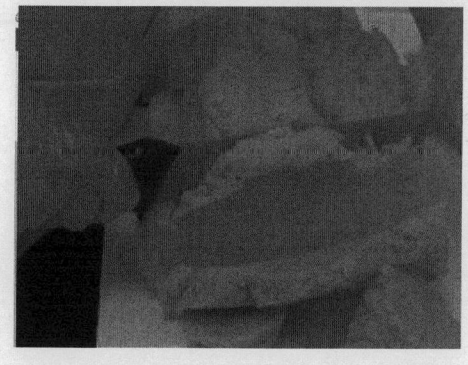

Fonte:[128]

127 SILVA. Samantha. Fiéis revivem Paixão de Cristo no Monte das Oliveiras, em Alpinópolis. G1. 2014. Disponível em: http://g1.globo.com/mg/sul-de-minas/noticia/2014/04/fieis-revivem-paixao-de-cristo-no-monte-das-oliveiras-em-alpinopolis.html. Acesso em 17 out. 2017.

128 G1. Festa distribui 30 mil pastéis gratuitamente em Pouso Alegre, MG. 2012. Disponível em: http://g1.globo.com/mg/sul-de-minas/noticia/2012/09/festa-distribui-30-mil-pasteis-gratuitamente-em-pouso-alegre-mg.html. Acesso em: 17 out. 2017.

Imagens 37 e 38
Mercados distritais do Cruzeiro e de Santa Tereza no município de Belo Horizonte
PL 1494, de 2011; PL 1016, de 2007

Fonte:[129]

---

129 BELO HORIZONTE. Mercado Distrital do Cruzeiro. Disponível em: http://www.belohorizonte.mg.gov.br/local/atrativo-turistico/mercado-distrital-do-cruzeiro. Acesso em: 17 out. 2017.

FERREIRA, Pedro. Movimento pela reabertura do Mercado Distrital de Santa Tereza promove festa. *Estado de Minas*, Belo Horizonte, 15 mai. 2016. Disponível em: https://www.em.com.br/app/noticia/gerais/2016/05/15/interna_gerais,762868/movimento-pela-reabertura-do-mercado-de-santa-tereza-promove-festa.shtml. Acesso em: 14 out. 2019.

Imagem 39
Queijo Tipo Artesanal do planalto de Poços de Caldas
PL 1382, de 2011; PL 4923, de 2010

Fonte:[130]

Imagem 40
Lago de Furnas
PL 1162, de 2011; PL 1654, de 2007

Fonte:[131]

---

130 GLOBO RURAL. Produção de queijo é importante fonte de renda para famílias de MG. G1, 22 set. 2011. Disponível em: http://g1.globo.com/economia/agronegocios/noticia/2011/09/producao-de-queijo-e-importante-fonte-de-renda-para-familias-de-mg.html. Acesso em: 17 out. 2017.

131 SILVA. Anna Lúcia. Lago de Furnas atinge menor nível nos últimos dois anos no Centro-Oeste. G1. 2017. Disponível em: https://g1.globo.com/mg/centro-oeste/noticia/lago-de-furnas-atinge-menor-nivel-nos-ultimos-dois-anos-no-centro-oeste.ghtml . Acesso em 17 set. 2017.

Imagem 41
Renda Turca de Bicos originária de Sabará
PL 751, de 2011; PL 2000, de 2008

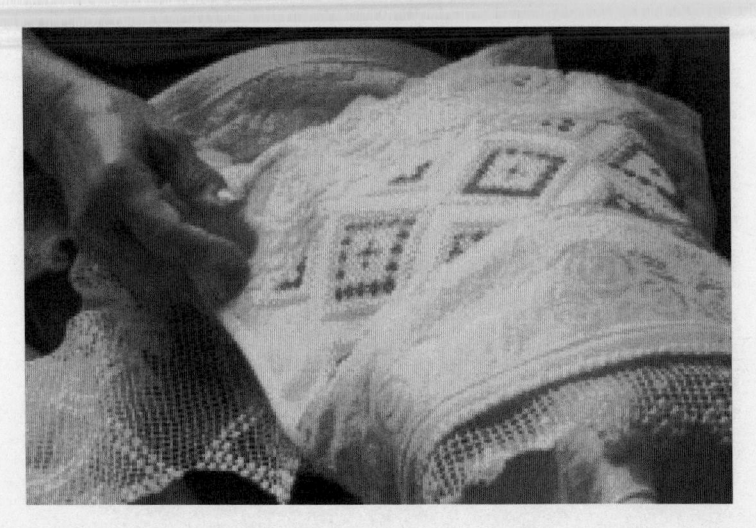

Fonte:[132]

---

132 POMPEU, Helga Maria Costa Freitas; PEREIRA COSTA, Staël de Alvarenga. Fortalecendo A Identidade Relacionada À Paisagem Cultural Em Sabará: O Papel Da Tradições. 2014. Disponível em: http://www.forumpatrimonio.com.br/paisagem2014/artigos/pdf/186.pdf . Acesso em 17 set. 2017.

Imagem 42
Café produzido no Sul de Minas
PL 613, de 2011; PL 3258, de 2009

Fonte:[133]

133 SOARES, Lucas. Base da economia no Sul de Minas, café movimenta R$ 7 bilhões ao ano. *G1 Sul de Minas*, 04 abr. 2017. Disponível em: http://g1.globo.com/mg/sul-de-minas/grao-sagrado/noticia/2017/04/base-da-economia-no-sul-de-minas-cafe-movimenta-r--7-bilhoes-ao-ano.html. Acesso em: 17 out. 2017.

Imagem 43
Orquestra Sinfônica do Estado de Minas Gerais
PL 274, de 2011; PL 1328, de 2007
(Transformado na Lei 20.628, de 2013)

Fonte: Orquestra Sinfônica de Minas Gerais

Imagem 44
Comunidade dos Arturos no município de Contagem
PL 4481, de 2011
(A Comunidade foi registrada como Patrimônio Imaterial pelo Iepha-MG em 2014)[134]

---

134 MINAS GERAIS. Instituto Estadual do Patrimônio Histórico e Artístico de Minas Gerais. *Comunidade dos Arturos.* Disponível em: http://www.iepha.mg.gov.br/index.php/programas-e-acoes/patrimonio-cultural-protegido/bens-registrados/details/2/2/bens-registrados-comunidade-dos-arturos. Acesso em 17 dez. 2017.

Fonte: Iepha-MG

Imagem 45
Rádio Motobras, produzido no município de Brazópolis
PL 3872, de 2009

Fonte: http://www.motobras.com.br

Imagem 46
Catira ou Cateretê
PL 3195, de 2009

Fonte:[135]

Imagem 47
Bucha vegetal produzida no município de Bonfim
PL 3177, de 2009

Fonte:[136]

---

135 PELLEGRINE, Denise. Conheça a Dança Folclórica Catira. 2002. Disponível em: https://novaescola.org.br/conteudo/2446/sapateie-bata-palmas-isso-e-catira . Acesso em: 17 out. 2017.

136 TAGUCHI, Viviane. A Volta da Bucha. 2010. Disponível em: https://www. dinheirorural.com.br/secao/agronegocios/a-volta-da-bucha. Acesso em: 17 out. 2017.

Imagem 48
Processo artesanal de fabricação do Pão-de-Canela no município de Lima Duarte
PL 3091, de 2009

Fonte:[137]

---

137 PESSÔA, Júlia. Festival gastronômico movimenta Ibitipoca e Lima Duarte. 2017. Disponível em: http://tribunademinas.com.br/especiais/gastro/14-10-2017/festival-gastronomico-movimenta-ibitipoca-e-lima-duarte.html. Acesso em 17 out. 2017.

Imagem 49
Processo artesanal de fabricação do doce Pé-de-
Moleque no município de Piranguinho
PL 2719, de 2008
(Transformado na Lei n. 18.057, de 2009)

Fonte:[138]

---

138 AYRES, Daniela. Pé de moleque dá fama e alavanca desenvolvimento no Sul de Minas. 2015. Disponível em: http://g1.globo.com/mg/sul-de-minas/noticia/2015/06/pe-de-moleque-da-fama-e-alavanca-desenvolvimento-no-sul-de-minas.html. Acesso em 17 set. 2017.

Fonte: Sítio Oficial do Caminho da Fé

Imagem 51
Caminho da Luz,
Rota de peregrinação nos municípios de Tombos, Pedra Dourada, Faria
Lemos, Carangola, Caiana, Espera Feliz, Caparaó e Alto Caparaó.
PL 1271, de 2008
(Transformado na Lei n. 18.086, de 2009)

Fonte: Sítio Oficial do Caminho da Luz

Imagem 52
Patrimônio cultural de origem africana no estado
PL 1048, de 2007
PL 2119, de 2005

Fonte: Iepha-MG

Imagem 53
América Futebol Clube
PL 171, de 2007; PL 2068, de 2005

Fonte: Sítio Oficial do América

Imagem 54
Clube Atlético Mineiro – CAM
PL 170, de 2007; PL 2066, de 2005

Fonte: Clube Atlético Mineiro

Imagem 55
Cruzeiro Esporte Clube
PL 2067, de 2005

Fonte: Cruzeiro Esporte Clube

Imagem 56
Cachaça de alambique de Minas
PL 1911 2004
(Transformado em Norma Jurídica - Lei n. 16.688, de 2007).

Fonte:[139]

---

139 MAPA DA CACHAÇA. Diferenças entre Cachaça Artesanal X Cachaça Industrial. 2011. Disponível em: http://www.mapadacachaca.com.br/artigos/diferencas-entre-cachaca-artesanal-e-cachaca-industrial/ . Acesso em 17 set. 2017.

Imagem 57
Fábrica de Fiação e Tecidos Santa Bárbara
PL 1185, de 2003; PL 1878, de 2001

Fonte: Estado de Minas[140]

---

140 Disponível em: https://www.em.com.br/app/noticia/gerais/2016/07/19/interna_gerais,785359/antigo-imovel-da-tecelagem-santa-barbara-ganha-tombamento-municipal-em.shtml. Acesso em: 10 fev. 2017.

Imagem 58
Trecho mineiro do Rio São Francisco, de sua nascente até a divisa com Bahia
PL 1392, de 2001
(Transformado na Lei n. 14007, de 2001)

Fonte: Iepha-MG[141]

141 MINAS GERAIS. Instituto Estadual do Patrimônio Histórico e Artístico de Minas Gerais. *Rio São Francisco*. Disponível em: http://iepha.mg.gov.br/index.php/programas-e-acoes/patrimonio-cultural-protegido/bens-inventariados/details/3/3/bens inventariados-rio-s%C3%A3o-francisco Acesso em 17 dez. 2017.

Imagem 59
Imóvel da antiga Estação Ferroviária da Central do Brasil do município de Mercês
PL 2536, de 1990

Fonte: Estações Ferroviárias do Brasil[142]

---

142 Disponível em: http://www.estacoesferroviarias.com.br/efcb_mg_ramais/fotos/merces061.jpg. Acesso em: 14 out. 2019.

Imagem 60
Cachoeira do Tombo da Fumaça
PL 28, de 1999
(Transformado na Lei n. 13.370, de 1999, revogada pela Lei nº 14.324, de 2002).
(O Conjunto Paisagístico das Cachoeiras do Tombo da Fumaça foi tombado
pelo Conselho Curador do Iepha-MG em 11 de agosto de 1999)

Fonte: Iepha-MG[143]

143 MINAS GERAIS. Instituto Estadual do Patrimônio Histórico e Artístico de Minas Gerais. *Legislação*. Disponível em http://www.iepha.mg.gov.br/index.php/institucional/legislacao/14-patrimonio-cultural-protegido/bens-tombados/158-conjunto-paisag%C3%ADstico-das-cachoeiras-do-tombo-da-fuma%C3%A7a. Acesso em: 17 dez. 2017.

1. ESTADO, PODER LEGISLATIVO E POLÍTICAS PÚBLICAS: *OUTPUTS* E DESENVOLVIMENTO INSTITUCIONAL

O Estado como sujeito, como natureza naturante seria, segundo o Dicionário Robert, "a autoridade soberana exercendo-se sobre o conjunto de um povo e de um território determinado: por exemplo, o conjunto dos serviços gerais de uma nação. Sinônimos: poder público, administração, poder central". Segunda definição: "Agrupamento humano fixado num território determinado, submetido a uma autoridade e podendo ser considerado como uma pessoa jurídica. Sinônimos: nação, país, potência. (Pierre Bourdieu)[144]

---

144 BOURDIEU, Pierre. *Sobre o Estado*. Tradução Rosa Freire d'Aguiar. São Paulo: Companhia das Letras, 2014, p. 65.

Imagem 61
Início da concretagem da cúpula do Senado Federal. Brasília, 1958.

Fonte: Foto de Marcel Gautherot – Instituto Moreira Salles[145]

---

145 ESTADÃO. Brasília por Gautherot. 2010. Disponível em: http://internacional. estadao.com.br/blogs/olhar-sobre-o-mundo/brasilia-por-gautherot/. Acesso em: 17 dez. 2017.

1.1. ESTADO MODERNO E DEMOCRACIA: PRESSUPOSTOS INTRODUTÓRIOS

Motor de reflexão de extensas obras na ciência política, na sociologia e no Direito, a remodelagem sofrida pelo Estado[146] diante das transformações ocorridas no seio da sociedade moderna é notória.[147] No escopo deste trabalho, as conformações da modernidade impactam o objeto de estudo em duas vertentes essenciais: a estruturação dos Estados nacionais modernos e de suas funções – executiva, legislativa e jurisdicional –, nomeadamente após a Revolução Francesa de 1789, e a conceituação dos bens da cultura, do patrimônio cultural e do *modus operandi* de sua preservação, considerando a fluidez das características da modernidade que influenciam a reformulação das relações com passado, presente e futuro.

Giddens define modernidade[148] como o estilo, costume de vida ou organização social que emergiu, na Europa, a partir do século XVI, e que, posteriormente, tornou-se mundial pela via da expansão de tal modelo.[149] Marshall

---

146 Cf. COSTA, Mila Batista Leite Corrêa da. *Tutela e Efetividade dos Direitos Trabalhistas no Procedimento Licitatório*: Esteios de Sustentabilidade e Ressignificação. 2012. Dissertação (Mestrado) – Programa de Pós-Graduação em Direito, Universidade Federal de Minas Gerais, Belo Horizonte, 2009; PIRES, Maria Coeli Simões ; COSTA, Mila Batista Leite Corrêa da. Sustentabilidade, Licitação e Pós-Modernidade: Pluridimensionalidade e Releituras Necessárias. In: Alécia Paolucci Nogueira Bicalho; Maria Tereza Fonseca Dias. (Org.). *Contratações Públicas:* Estudos em Homenagem ao Professor Carlos Pinto Coelho Motta. 1ed:Belo Horizonte: Fórum, 2013, v. 1, p. 341-356.

147 Os delineamentos traçados são relacionados à modernidade ocidental. As sociedades orientais apresentam particularidades e conformações histórico-culturais que peculiarizaram a formação e evolução do ordenamento jurídico-estatal no Oriente, como cita Max Weber, na obra *Economia e Sociedade*: WEBER, Max. *Economia e Sociedade:* fundamentos da sociologia compreensiva. v.2. Tradução Regis Barbosa e Karen Elsabe Barbosa. Revisão Técnica de Gabriel Cohn. Brasília: Editora Universidade de Brasília, 1999.

148 PIRES, Maria Coeli Simões; COSTA, Mila Batista Leite Corrêa da. Estado Democrático. In: CASTRO, Carmem L. F.; GONTIJO, Cynthia R. B.; PINTO, Luciana Moraes R. S. (Org.). *Dicionário de Políticas Públicas*. V. 1. Barbacena: Editora da Universidade do Estado de Minas Gerais, 2013, p. 171-174

149 GIDDENS, Anthony. *As consequências da modernidade*. Tradução Raul Fiker. São Paulo: UNESP, 1991.

Berman a divide em três fases:[150] uma primeira, que se estende do início do século XVI até o final do século XVIII, quando se inicia um processo de experimentação da vida moderna; uma segunda, iniciada com a onda revolucionária de 1790 – pelas conformações geradas em todos os níveis de vida social e política; e uma terceira e última fase, marcada pela perda com as raízes de sua própria modernidade,[151] também conhecida por "pós-modernidade".[152]

A formatação dos padrões da modernidade foi alimentada, no entendimento de Berman, pelas grandes descobertas científicas, com deslocamento do senso de pertencimento do indivíduo e impacto nas configurações sofridas na seara da preservação do patrimônio cultural; pela industrialização da produção, que transforma conhecimento científico em tecnologia e produz sistemas de comunicação de massa; pela explosão demográfica, acompanhada de crescimento urbano; pela estruturação burocrática e legitimada dos Estados nacionais; pela consolidação de movimentos sociais de massa, com grande capacidade de mobilização e organização; por um mercado capitalista mundial, virtualmente global e em franca expansão.[153]

---

150 PIRES, Maria Coeli Simões; COSTA, Mila Batista Leite Corrêa da. Estado Democrático. In: CASTRO, Carmem L. F.; GONTIJO, Cynthia R. B.; PINTO, Luciana Moraes R. S. (Org.). *Dicionário de Políticas Públicas.* V. 1. Barbacena: Editora da Universidade do Estado de Minas Gerais, 2013, p. 171-174.

151 BERMAN, Marshall. *Tudo que é Sólido Desmancha no Ar:* a aventura da modernidade. Tradução Carlos Felipe Moisés e Ana Maria L. Ioriatti. São Paulo: Companhia das Letras, 1986.

152 "Alguns falarão de modernidade 'tardia', 'reflexiva' ou ainda de 'segunda modernidade' (U. BECK, 1986; A. GIDDENS, 1994), insistindo sobre os elementos de continuidade com a sociedade precedente, que não teriam levado a lógica de continuidade às suas últimas consequências. Outros que, ao contrário, privilegiam os elementos de ruptura, falarão de modernidade 'líquida' (Z. Baumann, 2000) (a 'liquidez' das sociedades atuais, caracterizadas pela precariedade extrema dos vínculos sociais, contrastando com a 'solidez' das instituições do mundo industrial), ou ainda de 'hipermodernidade' (F. ASCHER, 2000) ou de 'sobremodernidade' (a radicalização da modernidade envolvendo importantes mutações)". CHEVALLIER, Jacques. *O Estado Pós-moderno.* Tradução Marçal Justen Filho. Belo Horizonte: Editora Fórum, p.19-20. Opta-se pela nomenclatura "pós-modernidade", seguindo entendimento de Jacques Chevallier, na medida em que se percebe a exacerbação de dimensões da modernidade e, simultaneamente, potencialidades diferentes, sendo, portanto, "hipermodernidade" e, ao mesmo tempo, "antimodernidade".

153 BERMAN, Marshall. *Tudo que é Sólido Desmancha no Ar*: a aventura da modernidade. Tradução Carlos Felipe Moisés e Ana Maria L. Ioriatti. São Paulo: Companhia das Letras, 1986.

No esteio da terceira fase, mormente nos anos 60 do século XX, o sentido último de modernidade foi modificado, representando uma ruptura, no aspecto cultural, em relação à totalidade da existência moderna e rompimento com as tradições:

> Ser moderno é viver uma vida de paradoxo e contradição. É sentir-se fortalecido pelas imensas organizações burocráticas que detêm o poder de controlar e frequentemente destruir comunidades, valores, vidas. É ser ao mesmo tempo revolucionário e conservador: aberto a novas possibilidades de experiência e aventura, aterrorizado pelo abismo niilista ao qual tantas das aventuras modernas conduzem, na expectativa de criar e conservar algo real, ainda quando tudo em volta se desfaz.[154]

Os modos de vida produzidos pela modernidade desvencilharam a sociedade contemporânea dos tipos tradicionais[155] de ordem social – no plano extensional, serviram para estabelecer formas de interconexão em todos os continentes; em termos intensionais, alteraram padrões de vida cotidianos. Giddens identifica, nesse esteio, descontinuidades que separam as instituições modernas das ordens sociais tradicionais: o ritmo de mudança, permeado pelo desenvolvimento de tecnologias; o escopo da mudança, quando ondas de transformação social percorrem, virtualmente, todo o globo; e a natureza intrínseca das instituições modernas, caracterizada pelo sistema político do Estado-nação, pela dependência da produção de fontes de energia inanimadas e pela completa transformação em mercadoria de produtos e do trabalho assalariado:[156]

> Uma das características distintivas da modernidade é uma interconexão crescente entre os dois extremos da "extensionalidade" e da "intencionalidade": de um lado influências globalizantes e, de outro, disposições

---

154 BERMAN, Marshall. *Tudo que é Sólido Desmancha no Ar*: a aventura da modernidade. Tradução Carlos Felipe Moisés e Ana Maria L. Ioriatti. São Paulo: Companhia das Letras, 1986, p. 13-14.

155 Agnès Heller salienta que a modernidade é um arranjo social novo, orientado para o futuro, e sustentado na ideia da liberdade, marcado pela constante transformação. O arranjo pré-moderno legitimou-se pela tradição, a partir de definições hierárquicas determinadas, prevalecendo a repetição de ciclos rígidos, sustentados em fortes bases morais. HELLER, Agnès. Uma crise global da civilização: os desafios futuros. In: HELLER, Agnes et al. *A crise dos paradigmas em Ciências Sociais e os desafios para o século XXI*. Rio de Janeiro: Contraponto, 1999, p. 13-32.

156 GIDDENS, Anthony. *As consequências da modernidade*. Tradução Raul Fiker. São Paulo: UNESP, 1991.

> pessoais... Quanto mais a tradição perde terreno, e quanto mais se reconstitui a vida cotidiana em termos da interação dialética entre o local e o global, mais os indivíduos veem-se forçados a negociar opções por estilos de vida em meio a uma série de possibilidades...[157]

As sociedades modernas são, dessa forma, caracterizadas por uma multiplicidade de sistemas de significação, representação cultural e antagonismos sociais, movidas pela mudança permanente, por um processo de compressão espaço-tempo – causando o que Stuart Hall denomina "desalojamento do sistema social" – e pela globalização, definida como o complexo de processos e forças de alteração, que ocorrem em escala global, interconectando comunidades e organizações e deslocando as identidades culturais.[158] Nesse sentido, vale também mencionar o pensamento de Giddens sobre a questão:

> Nas sociedades pré-modernas, espaço e tempo coincidiam amplamente, na medida em que as dimensões espaciais da vida social são, para a maioria da população, e para quase todos os efeitos, dominadas pela "presença" – por atividades localizadas. O advento da modernidade arranca crescentemente o espaço do tempo, fomentando relações entre outros "ausentes", localmente distantes de qualquer situação dada ou interação face a face. Em condições de modernidade, o lugar se torna cada vez mais fantasmagórico: isto é, os locais são completamente penetrados e moldados em termos de influências sociais bem distantes deles. O que estrutura o local não é simplesmente o que está presente na cena; a "forma visível" do local oculta as relações distanciadas que determinam sua natureza.[159]

A globalização refere-se, em Giddens, ao processo de compressão espaço-tempo, na medida em que as modalidades de conexão entre diferentes regiões e contextos sociais alastraram-se por meio da atuação das organizações modernas, capazes de conectar o local e o global de maneiras impensáveis em sociedades tradicionais,[160] constituindo-se o sistema de Estados nacionais uma das dimensões que compõem o fenômeno globalizatório.

---

157 GIDDENS, Anthony. *As consequências da modernidade*. Tradução Raul Fiker. São Paulo: UNESP, 1991, p. 15.

158 HALL, Stuart. *A Identidade Cultural na Pós-modernidade*. Rio de Janeiro: DP&A, 2000.

159 GIDDENS, Anthony. *As consequências da modernidade*. Tradução Raul Fiker. São Paulo: UNESP, 1991, p. 27.

160 GIDDENS, Anthony. *As consequências da modernidade*. Tradução Raul Fiker. São Paulo: UNESP, 1991.

Na compreensão weberiana, essa modernidade[161] seria caracterizada pela confluência de elementos – técnico, econômico e político – facilitadores do desenvolvimento científico, pela concentração dos meios de produção e pelo surgimento do Estado, que traduzem, respectivamente, a racionalidade, o "desencantamento do mundo"[162] e a centralização da sociedade no indivíduo, com o rompimento dos laços de fidelidade comunitária. A centralidade provocada pelo foco na razão e pela dominação do indivíduo gera a racionalização da organização política, personificada no Estado.[163]

Nesse contexto, o Estado moderno apresenta-se como expressão da racionalidade, sustentado em bases jurídicas, na constituição de um corpo burocrático e no cotidiano das administrações, quando se manifestam, na concepção weberiana, formas de dominação, expressões do exercício do poder aplicado, distribuído e apropriado pelas forças que compõem sua estrutura. Em Weber, existiria uma vinculação entre dominação e administração, que envolve o poder de mando e as motivações da aceitação – que dependem de fatores diversos, dos interesses, das correlações de força –,[164] pelo que a moderna ordem econômica capitalista, legalista e burocrática, seria uma espécie de cárcere de ferro, determinadora da vida dos indivíduos imersos em sua estrutura.[165]

161 PIRES, Maria Coeli Simões; COSTA, Mila Batista Leite Corrêa da. Estado Democrático. In: CASTRO, Carmem L. F.; GONTIJO, Cynthia R. B.; PINTO, Luciana Moraes R. S. (Org.). *Dicionário de Políticas Públicas*. V. 1. Barbacena: Editora da Universidade do Estado de Minas Gerais, 2013, p. 171-174.

162 "Weber partilhava a visão do avanço da racionalidade como uma decadência geral da cultura clássica, em especial da alemã. O processo de evolução se dá num sentido tal que 'limita cada vez mais o alcance das escolhas efetivas abertas aos homens'. [...] Tudo isso é consequência do que Weber chama de o *desencantamento do mundo*. A humanidade partiu de um mundo habitado pelo sagrado, pelo mágico, excepcional e chegou a um mundo racionalizado, material, manipulado pela técnica e pela ciência". QUINTANEIRO, Tânia; BARBOSA, Maria Lígia de O.; OLIVEIRA, Márcia Gardênia. *Um toque de clássicos*: Durkheim, Marx e Weber. Belo Horizonte: Editora UFMG, 1999, p. 140-141.

163 WEBER, Max. *Economia e Sociedade*: fundamentos da sociologia compreensiva. v.2. Tradução Regis Barbosa e Karen Elsabe Barbosa. Revisão Técnica de Gabriel Cohn. Brasília: Editora Universidade de Brasília, 1999.

164 WEBER, Max. *Economia e Sociedade*: fundamentos da sociologia compreensiva. v.2. Tradução Regis Barbosa e Karen Elsabe Barbosa. Revisão Técnica de Gabriel Cohn. Brasília: Editora Universidade de Brasília, 1999.

165 WEBER, Max. *A Ética Protestante e o Espírito do Capitalismo*. São Paulo: Abril, 1974.

A sociologia política weberiana distingue dois conceitos: poder e dominação – o poder seria sociologicamente amorfo, entendido como "a probabilidade de impor a própria vontade, dentro de uma relação social, ainda que contra toda resistência e qualquer que seja o fundamento dessa probabilidade".[166] A dominação, por seu turno, seria um caso especial de poder, conceituada como "um estado de coisas pelo qual uma vontade manifesta (mandato) do dominador ou dos dominadores influi sobre os atos de outros (do dominado ou dos dominados), de tal modo que em um grau socialmente relevante, estes atos têm lugar como se os dominados tivessem adotado, por si mesmos e como máxima de sua ação, o conteúdo do mandato (obediência)",[167] com três tipos de dominação legítima: a legal, a tradicional e a carismática,[168] legitimando-se o Estado moderno pela via da dominação legal:

> O Estado, do mesmo modo que as associações políticas historicamente precedentes, é uma relação de dominação de homens sobre homens, apoiada no meio da coação legítima (quer dizer, considerada legítima). Para que ele subsista, as pessoas dominadas têm que se submeter à autoridade invocada pelas que dominam no momento dado. Quando e por que fazem isso, somente podemos compreender conhecendo os fundamentos justificativos internos e os meios externos nos quais se apoia a dominação.[169]

O Estado permanece, hoje, na concepção weberiana clássica,[170] como comunidade humana que detém o monopólio da coação física legítima em um

---

166 QUINTANEIRO, Tânia; BARBOSA, Maria Lígia de O.; OLIVEIRA, Márcia Gardênia. *Um toque de clássicos:* Durkheim, Marx e Weber. Belo Horizonte: Editora UFMG, 1999, p. 120.

167 QUINTANEIRO, Tânia; BARBOSA, Maria Lígia de O.; OLIVEIRA, Márcia Gardênia. *Um toque de clássicos:* Durkheim, Marx e Weber. Belo Horizonte: Editora UFMG, 1999, p. 120.

168 Os tipos de dominação weberiano, extensamente teorizados pelo autor, não serão aprofundadas em razão do recorte dado à pesquisa.

169 WEBER, Max. *Economia e Sociedade:* fundamentos da sociologia compreensiva. v.2. Tradução Regis Barbosa e Karen Elsabe Barbosa. Revisão Técnica de Gabriel Cohn. Brasília: Editora Universidade de Brasília, 1999, p.526.

170 PIRES, Maria Coeli Simões; COSTA, Mila Batista Leite Corrêa da. Estado Democrático. In: CASTRO, Carmem L. F.; GONTIJO, Cynthia R. B.; PINTO, Luciana Moraes R. S. (Org.). *Dicionário de Políticas Públicas.* V. 1. Barbacena: Editora da Universidade do Estado de Minas Gerais, 2013, p. 171-174.

dado território,[171] tendo como características essenciais, a tradução de valores da modernidade; a institucionalização do poder; a produção de um novo quadro de submissão – a cidadania; o monopólio da força; e a consagração de um princípio fundamental de unidade: Estado como ordem estruturada.[172]

As fontes do interesse estatal, no nível global, têm sido foco de análise no campo das relações internacionais. O desempenho de comunidades epistêmicas, das ideias e das relações transnacionais como atores em nível sistêmico tem cumprido função importante no exame dos processos de tomada de decisão estatal – para a linha socialmente mais receptiva que a teorização *mainstream* de relações internacionais.[173] Entretanto, a despeito da relevância da abordagem, o enfoque na seara internacional não será aprofundado, em prol de questões jurídico-estruturais endógenas de maior impacto para o tema proposto.

Importante salientar, contudo, que, a partir de transformações tão impactantes no *modus operandi* da vida em sociedade nesse contexto pós-moderno, algumas teorizações e interpretações preconizam, diante do quadro posto, a decadência do Estado como forma de organização política: o movimento globalizatório teria proporcionado o esvaziamento do modelo estatal, pela consolidação de uma nova ordem internacional, a partir dos atentados de 11 de setembro e da crescente interdependência, pautada pela cooperação internacional, e pela perda, por parte do Estado, de suas funções essenciais.[174]

---

171 WEBER, Max. *Economia e Sociedade:* fundamentos da sociologia compreensiva. v.2. Tradução Regis Barbosa e Karen Elsabe Barbosa. Revisão Técnica de Gabriel Cohn. Brasília: Editora Universidade de Brasília, 1999.

172 CHEVALLIER, Jacques. *O Estado Pós-moderno.* Tradução Marçal Justen Filho. Belo Horizonte: Editora Fórum.

173 Importante ressaltar a necessidade de se considerar, em qualquer análise que envolva a caracterização do Estado, a força exercida pelo sistema internacional, à luz das teorias de relações internacionais. No entendimento de Martha Finnemore, para a teoria neorrealista, a força exercida pelo sistema internacional sobre os Estados é cerceada; o sistema é passivo, e, no limite, reativo, apenas impedindo que atores estatais adotem determinadas políticas, mas a determinação da agenda, a identificação e definição de políticas preferenciais partem do próprio Estado, nos termos comportamentais da teoria microeconômica neoclássica. FINNEMORE, Martha. *International Organizations as Teachers of Norms: The United Nations Educational, and Cultural Organization and Science Policy. International Organization,* v. 47, n. 4, p. 565 – 597, outono de 1993.

174 CHEVALLIER, Jacques. *O Estado Pós-moderno.* Tradução Marçal Justen Filho. Belo Horizonte: Editora Fórum.

De outro lado, interpretações consideram que a globalização, ao contrário de afirmar a obsolescência, corrobora a hegemonia do modelo estatal, vigente desde a primeira fase da modernidade. A pesquisa acompanha a tese de Jacques Chevallier, pautada pela historicidade do modelo estatal, construído na Europa Ocidental, que vem sofrendo o que autor chama de "*glocalisação*"[175] – homogeneização pelo global e diferenciação pelo local: "as pesadas tendências que estão na origem da evolução dos Estados na sociedade contemporânea são assim especificadas em função da irredutível singularidade dos contextos locais".[176]

As sociedades contemporâneas têm sofrido transformações desestruturantes: revoluções tecnológicas, transformações do sistema produtivo, mutações na estratificação social, inflexão dos comportamentos e das relações sociais, hiperindividualismo e "absolutização do eu",[177] com enfraquecimento do coletivo, como valor inerente à modernidade. E o Estado, nessa linha, tem sofrido mutações a partir da movimentação inserida no pano de fundo da pós-modernidade e, por isso, não deve ser lido como forma de organização política ultrapassada, em razão da remodelagem de seus elementos constitutivos à luz de nova configuração jurídica, política e social.[178]

A especificidade do modelo estatal resulta, em Chevallier, da conjugação de cinco elementos essenciais: existência de uma nação, grupo humano sustentado por vínculos de solidariedade e implantado sobre determinado território; construção de uma figura abstrata de Estado, fonte de autoridade, referência e identidade sociocultural; percepção do Estado como pressuposto de ordem, coesão social e representação do interesse coletivo, necessário à mantença da unificação da sociedade; detentor

---

175 No original, "*glocalisation*": junção de *globalization* e *localization*. CHEVALLIER, Jacques. *O Estado Pós-moderno*. Tradução Marçal Justen Filho. Belo Horizonte: Editora Fórum.

176 CHEVALLIER, Jacques. *O Estado Pós-moderno*. Tradução Marçal Justen Filho. Belo Horizonte: Editora Fórum.

177 CHEVALLIER, Jacques. *O Estado Pós-moderno*. Tradução Marçal Justen Filho. Belo Horizonte: Editora Fórum, p.18.

178 O Estado pós-moderno, nesse quadro, como reflexo do desalojamento e da acomodação social e cultural, provocada pelo movimento pós-moderno, pode ser caracterizado pela complexidade, desordenação e indeterminação, sofrendo releituras e ressignificações relevantes no bojo do processo de transformações inerentes ao contexto em que está inserido. CHEVALLIER, Jacques. *O Estado Pós-moderno*. Tradução Marçal Justen Filho. Belo Horizonte: Editora Fórum.

do monopólio legítimo da coerção, como definido por Max Weber; e, na mesma concepção weberiana, existência de um aparato burocrático funcional estruturado de dominação.[179]

Para o autor, a remodelação do modelo estatal ocorreu, a partir dos anos 60 do século XX e, com mais propriedade, ao redor dos anos 70, em quatro pontos: reestruturação do conceito de soberania pelo processo globalizatório, pelo viés da interdependência estrutural;[180] redefinição da atuação estatal pela perda de controle sobre variáveis essenciais; esmorecimento das fronteiras entre público e privado; fragmentação dos aparelhos estatais, nomeadamente, em organizações unitárias.[181]

Propagado pela globalização, o modelo de racionalidade ocidental, que hoje pauta os processos de ressignificação das estruturas estatais, preconiza, como padrão econômico, a superioridade dos mecanismos

---

179 CHEVALLIER, Jacques. *O Estado Pós-moderno*. Tradução Marçal Justen Filho. Belo Horizonte: Editora Fórum.

180 Importante salientar que o conceito de soberania é extremamente caro à teorização em relações internacionais, pressuposto essencial para a definição das intercessões interessados no bojo do sistema internacional. O conceito se delineia com o tratado de Westphalia de 1648, que "determinou o término da Guerra dos Trinta Anos, instituindo princípios hoje essenciais para as Relações Internacionais e para o Direito Internacional. O tratado representou a superação do modelo feudal, a separação do poder espiritual e temporal, a ascensão das cidades e da burguesia, a criação de um Estado centralizado com um ordenamento jurídico-administrativo, moeda e forças armadas unificadas, além de simbolizar a cristalização de conceitos e princípios como os de soberania nacional, igualdade formal dos Estados, autonomia, independência entre as políticas interna e externa, o nascimento do Direito Internacional moderno, e o equilíbrio de poder". LASMAR, Jorge M. *O Fluxo de Arte e as Relações Internacionais*: narrativa, circulação e Identidade. Revista Fronteira, Belo Horizonte, v. 1, n.1, p. 83-102, nov. 2001, p.91.

181 Os elementos essenciais de conformação estatal passaram a ser questionados por "**Fatores ideológicos**: uma crítica do movimento de expansão estatal se desenvolve por meio da tripla denúncia do Estado totalitário, das disfunções do Estado-Providência e do desvio estatal nos países em desenvolvimento. **Fatores econômicos**: a crise que atinge o conjunto das economias, a partir de dois choques petrolíferos, revela de maneira tangível a redução de capacidade de ação do Estado, consecutiva ao processo de internacionalização. **Fatores políticos**: assiste-se ao retorno com toda força do liberalismo e à decadência dos regimes de partido único. Todos esses fatores vão se conjugar e se catalisar, provocando um movimento de retração estatal" (grifo nosso). CHEVALLIER, Jacques. *O Estado Pós-moderno*. Tradução Marçal Justen Filho. Belo Horizonte: Editora Fórum, p. 29.

de mercado e de concorrência, que geraria competitividade, inovação, modernização, abertura de fronteiras e meios de troca; como modelo político, a consolidação da hegemonia da democracia liberal; e, como modelo jurídico, o Estado de Direito. Diante da reconfiguração posta e, embora seja possível traçar características dominantes, o Estado "não tem mais essência estável e seu futuro torna-se indeterminado".[182]

A redefinição das funções estatais está pautada, nessa linha, por premissas gerais – alinhavadas pelas transformações pós-modernas – como a *subsidiariedade*, delineando a atuação estatal somente quando houver falha dos mecanismos de autorregulação social; *supletividade*, determinando a não substituição dos atores sociais pelo Estado, que deve encorajar a gestão das funções coletivas; *proximidade*, postulando que as questões devam ser resolvidas, primeiramente, pelos cidadãos; e *parceria*, preconizando a associação de atores sociais nos processos de criação e implementação de políticas públicas.

Diante de tantas remodelações, questões essenciais surgem, por consequência, para reestruturar não apenas o papel e o *modus operandi* da atuação estatal, mas da própria teorização e práxis do Direito pós-moderno, à luz das novas concepções traçadas pela constitucionalização de um sistema de direitos fundamentais e pela adoção de vetores axiológicos democráticos,[183] uma vez que, no escopo jurídico, "trata-se de uma teoria elaborada tendo em vista a preservação de uma *lógica da autoridade*,[184] e não a construção de uma lógica cidadã".[185]

---

182 CHEVALLIER, Jacques. *O Estado Pós-moderno*. Tradução Marçal Justen Filho. Belo Horizonte: Editora Fórum, p.59.

183 BINENBOJM, Gustavo. *Uma Teoria do Direito Administrativo*: direitos fundamentais, democracia e constitucionalização. 2.ed. rev. atual. Rio de Janeiro: Renovar, 2008, p.2.

184 No campo do Direito Administrativo, a exemplo, ocorre que o instrumental teórico "se reporta ao século XIX. Assim se passa com os conceitos de Estado de Direito, princípio da legalidade, discricionariedade administrativa. A fundamentação filosófica do direito administrativo se relaciona com a disputa entre DUGUIT e HAURIOU, ocorrida nos primeiros decênios do século XX. [...] O conteúdo e as interpretações do direito administrativo permanecem vinculados e referidos a uma realidade sociopolítica que há muito deixou de existir". JUSTEN FILHO, Marçal. *Curso de Direito Administrativo*. São Paulo: Saraiva, 2005, p. 13.

185 BINENBOJM, Gustavo. *Uma Teoria do Direito Administrativo*: direitos fundamentais, democracia e constitucionalização. 2.ed. rev. atual. Rio de Janeiro: Renovar, 2008, p.2.

Os vetores axiológicos, inerentes ao sistema democrático, convergem no princípio da dignidade da pessoa humana, por se situarem acima da lei, vincularem juridicamente o conceito de interesse público, definirem padrões principiológicos para o exercício da discricionariedade administrativa, no entendimento de Gustavo Binenbojm,[186] e, no recorte adotado por este livro, estabelecerem uma moldura para atuação do Poder Legislativo no esquema de separação de poderes e na lógica do regime democrático.

Nessa guisa de raciocínio, portanto, a tessitura constitucional assume papel de relevo na ressignificação dos institutos, premissas e conceitos jurídicos, atuando como diretriz normativa legitimadora. As feições jurídicas dos três poderes estão alicerçadas na Constituição, "entendida em sua dimensão material de estatuto básico de direitos fundamentais e da democracia".[187]

Para Antonio Henrique Perez Luño, há uma relação intrínseca entre Estado de Direito e direitos fundamentais: o Estado de Direito demanda a garantia de direitos fundamentais e, por sua vez, os direitos fundamentais exigem a existência de um Estado de Direito. O tipo de Estado de Direito – social ou liberal –, inclusive, depende do significado atribuído aos direitos fundamentais pela carta constitucional: "As normas que sancionam o estatuto dos direitos fundamentais, junto àquelas que consagram a forma de Estado e [...] o sistema econômico, são as decisivas para definir o modelo constitucional de sociedade".[188]

No entendimento de Gilmar Mendes, os direitos fundamentais apresentam dupla acepção: são direitos subjetivos, outorgando aos titulares a possibilidade de imposição de seus interesses, e elementos fundamentais da ordem constitucional objetiva, formando "a base do ordenamento jurídico de um Estado de Direito democrático":[189]

---

186 BINENBOJM, Gustavo. *Uma Teoria do Direito Administrativo:* direitos fundamentais, democracia e constitucionalização. 2.ed. rev. atual. Rio de Janeiro: Renovar, 2008, p. 25.

187 BINENBOJM, Gustavo. *Uma Teoria do Direito Administrativo:* direitos fundamentais, democracia e constitucionalização. 2.ed. rev. atual. Rio de Janeiro: Renovar, 2008, p. 26.

188 No original: "Las normas que sancionam el estatuto de los derechos fundamentales, junto a aquéllas que consagram la forma de Estado y [...] el sistema económico, son las decisivas para definir el modelo constitucional de sociedad". PEREZ LUÑO, Antonio Enrique. Los derechos fundamentales. Madrid: Tecnos, 2004, p. 19.

189 MENDES, Gilmar Ferreira. Os Direitos Fundamentais e seus múltiplos significados na ordem constitucional. *Revista Jurídica Virtual*, Brasília, vol. 2, n. 13, junho/1999.

Na sua concepção tradicional, os direitos fundamentais são *direitos de defesa* (*Abwehrrechte*), destinados a proteger determinadas posições subjetivas contra a intervenção do Poder Público, seja pelo (a) não-impedimento da prática de determinado ato, seja pela (b) não-intervenção em situações subjetivas ou pela não-eliminação de posições jurídicas. [...] Tal como observado por Hesse, a garantia de liberdade do indivíduo que os direitos fundamentais pretendem assegurar somente é exitosa no contexto de uma sociedade livre. Por outro lado, uma sociedade livre pressupõe a liberdade dos indivíduos e cidadãos, aptos a decidir sobre as questões de seu interesse e responsáveis pelas questões centrais de interesse da comunidade. Essas características condicionam e tipificam, segundo Hesse, a estrutura e a função dos direitos fundamentais. **Eles asseguram não apenas direitos subjetivos, mas também os princípios objetivos da ordem constitucional e democrática** (grifo nosso).[190]

Dessa forma, o moderno sistema democrático distingue-se pelo regramento procedimental, marcado pela regra da maioria, amadurecido ao longo da trajetória política da sociedade moderna e, hoje, constitucionalizado pela maior parte dos Estados nacionais ocidentais.[191] É a democracia, portanto, forma de governo afirmada pela via da garantia de direitos fundamentais. [192] A evolução do Estado moderno desencadeou o surgimento do Estado Absolutista e do Estado Liberal, sendo o último bipartido em Estado Legal e Estado de Direito.[193] A partir do século XIX, inicia-se o processo gradual de integração entre Estado e sociedade civil, alterando a forma jurídica do Estado, a estrutura da administração e os respectivos processos de legitimação.

---

190 MENDES, Gilmar Ferreira. Os Direitos Fundamentais e seus múltiplos significados na ordem constitucional. *Revista Jurídica Virtual,* Brasília, vol. 2, n. 13, junho/1999.

191 PIRES, Maria Coeli Simões; COSTA, Mila Batista Leite Corrêa da. Estado Democrático. In: CASTRO, Carmem L. F.; GONTIJO, Cynthia R. B.; PINTO, Luciana Moraes R. S. (Org.). *Dicionário de Políticas Públicas.* V. 1. Barbacena: Editora da Universidade do Estado de Minas Gerais, 2013, p. 171-174.

192 Para maior detalhamento, Cf. Norberto Bobbio, Hannah Arendt e David Held. BOBBIO, Norberto. *Dicionário de Política.* 5. ed. Vol. 1. Brasília: UnB, 1993; BOBBIO, Norberto. *Liberalismo e Democracia.* Tradução Marco Aurélio Nogueira. São Paulo: Brasiliense, 1997. BOBBIO, Norberto. *O filósofo e a política: antologia.* Trad. César Benjamim e Vera Ribeiro. Rio de Janeiro: Contraponto, 2003; BOBBIO, Norberto. *O Futuro da Democracia.* São Paulo: Paz e Terra, 1992; ARENDT, Hannah. *A condição humana.* Rio de Janeiro: Forense Universitária, 1999; HELD, David. *Modelos de Democracia.* Belo Horizonte: Paidéia, 1996.

193 STRECK, Lênio Luiz; MORAIS, José Luís Bolzan. *Ciência Política e Teoria Geral do Estado.* Porto Alegre: Livraria do Advogado, 2000.

Norberto Bobbio delineia o Estado de Direito como: 1) estrutura formal do sistema jurídico, garantidora de liberdades fundamentais pela aplicação da lei geral-abstrata por juízes independentes; 2) estrutura material do sistema jurídico, marcando a liberdade de concorrência de mercado; 3) estrutura social do sistema jurídico, preocupada com questões sociais e inclusão da classe trabalhadora; e 4) estrutura política do sistema jurídico, afirmada pela separação e distribuição do poder.[194]

> O Estado de Direito é, por sua vez, tripartido em Estado Liberal de Direito, Estado Social de Direito e Estado Democrático de Direito: o primeiro, em breves linhas, caracterizado pela preponderância de liberdades negativas, limitadoras da atuação estatal; o segundo, também caracterizado pelo ideário liberal, sustenta-se não apenas na tutela de direitos fundamentais, afetos às liberdades burguesas, mas, igualmente, na de direitos sociais, representativos da emergência de lugares de enunciação de demandas da sociedade; por fim, o Estado Democrático de Direito, modelo estruturado, fundamentalmente, na conformação de uma vontade geral, conciliadora da vontade do indivíduo e da vontade do Estado. Consolida-se como estrutura vocacionada à permanência, comprometida com a função social e a garantia de direitos fundamentais e sociais, constitucionalmente assegurados, assumindo, a democracia, portanto, papel civilizatório na relação sociedade-Estado.[195]

O Estado Democrático de Direito, portanto, para além de primar pela proteção de direitos individuais e sociais, possibilitou a semeadura de novas concepções de direitos e novas modelagens de interação Estado, direito e sociedade, em face da complexa trama societária que questiona a categorização clássica das esferas, em prol de releituras de categorias sociais, jurídicas e políticas que pleiteiam legitimidade, reconhecimento e construções pelo veio da filtragem constitucional. A sistematização de direitos fundamentais e normas definidoras do regime democrático alcançam posição central e fundante no contexto do Estado Democrático de Direito.

No século XX, o modelo democrático pauta-se, portanto, pela conformação de regras formais e materiais para o exercício do poder, formando-se um "consenso em torno da democracia constitucional como regime de

---

194 BOBBIO, Norberto. *Dicionário de Política*. 5. ed. Vol. 1. Brasília: UnB, 1993.

195 PIRES, Maria Coeli Simões; COSTA, Mila Batista Leite Corrêa da. Estado Democrático. In: CASTRO, Carmem L. F.; GONTIJO, Cynthia R. B.; PINTO, Luciana Moraes R. S. (Org.). *Dicionário de Políticas Públicas*. V. 1. Barbacena: Editora da Universidade do Estado de Minas Gerais, 2013, p. 171-174.

governo ideal",[196] estruturada na separação dos poderes, na hierarquização das normas e na proteção jurisdicional. "A separação dos Poderes favorece o controle do exercício do Poder e a sua alocação por meio de regras de competência",[197] propiciando o incremento "da cognoscibilidade, confiabilidade e calculabilidade do ordenamento jurídico".[198]

O Estado Democrático de Direito, amparado pelo desenho relacional estabelecido pela disposição pós-moderna, consolidou diretrizes para a atuação estatal orientada pela via da "formulação e da implementação de políticas públicas pelo Poder Executivo; da execução da atividade legiferante pelo Poder Legislativo; e do exercício do controle jurisdicional pelo Poder Judiciário".[199] "O princípio constitucional da separação dos poderes sustenta-se, portanto, na divisão segundo o critério funcional, distinguindo três funções estatais precípuas: legislação, administração e jurisdição",[200] pressupondo uma atuação estatal concertada e o exercício das atividades fundamentais mediante colaboração entre os poderes.

---

196 BINENBOJM, Gustavo. *A Nova Jurisdição Constitucional Brasileira*: legitimidade democrática e instrumentos de realização. 3. ed. rev. atual. Rio de Janeiro: Renovar, 2010, p. 1.

197 ÁVILA, Humberto. *Segurança Jurídica*: entre permanência, mudança e realização no Direito Tributário. 2. ed. ver. atual. ampl. São Paulo: Malheiros Editores, 2012, p. 214.

198 ÁVILA, Humberto. *Segurança Jurídica*: entre permanência, mudança e realização no Direito Tributário. 2. ed. ver. atual. ampl. São Paulo: Malheiros Editores, 2012, p. 214.

199 MINAS GERAIS. Secretaria de Estado de Casa Civil e de Relações Institucionais. *Plano de Governança Institucional*: Assembleia Legislativa do Estado de Minas Gerais. V.2. Belo Horizonte: Imprensa Oficial, 2013.

200 COSTA, Mila Batista Leite Corrêa da; JABER, Samy C. A.; CORDEIRO, Caio B.; TORRES, Letícia M. Inovações Introduzidas no Acompanhamento da Agenda Institucional da Assembleia Legislativa de Minas Gerais, visando a Subsidiar a Tomada de Decisões Estratégicas do Chefe do Poder Executivo. In: VI Congresso Consad de Gestão Pública - Conselho Nacional dos Secretários de Estado de Administração, 2013, Brasília. *Anais...* Brasília: Consad, 2013.

1.2. ESTADO DEMOCRÁTICO DE DIREITO E A CONSTITUIÇÃO DA REPÚBLICA DE 1988: O PODER LEGISLATIVO E O BALIZAMENTO CONSTITUCIONAL[201]

A temática relacionada ao Poder Legislativo é extensa e, por isso, abordada em diversas obras e com contornos diversos. Nessa linha, a formação histórica, a sistemática de escrutínio – majoritário e proporcional –, os critérios de elegibilidade, o sistema de apresentação de candidaturas, a organização detalhada e o *modus operandi* em minúcias do processo legislativo não serão objeto de exposição em razão do recorte adotado neste trabalho.

A Constituição da República de 1988 estabeleceu, inserida na moldura do Estado Democrático de Direito,[202] uma nova ordem institucional, balizada pela harmonia e independência entre os três poderes, em que ocupa o Poder Legislativo posição central no sistema decisório democrático, conforme as condições de atuação e desempenho da instituição, em especial, do ambiente intra e extralegislativo.[203]

> A atuação dos poderes Executivo e Legislativo, nesse sentido, demanda concertação e harmonia, sem usurpação de atribuições ou preponderância, mas em colaboração consciente e controle recíproco para preservação dos valores democráticos consagrados pela conformação pós-moderna, sendo esse um verdadeiro desafio da governança democrática.[204]

Diante do quadro de transformações e de redesenho das formatações alinhadas na atuação dos três poderes no século XXI, conjugado à crise da representação política e da democracia representativa no Brasil e no mundo, o papel do parlamento tem sido objeto de reflexão e aprimoramento à luz de teorias norteadoras de um direito parlamentar que reverbera modificações

---

201 Cf. Marcelo Andrade Cattoni, João Trindade, José Afonso da Silva e teóricos dos Estudos legislativos, como Fátima Anastasia e Magna Inácio.

202 MORAES, Alexandre de. *Direito Constitucional*. 21ª ed. São Paulo: Atlas, 2007.

203 INÁCIO, Magna; ANASTASIA; Fátima; SANTOS, Fabiano. O Parlamento na atualidade: tendências de mudanças e inovações. In: SANTOS, Manoel Leonardo; ANASTASIA, Fatima (Org.). *Política e desenvolvimento institucional no Legislativo de Minas Gerais*. Belo Horizonte: Editora Puc Minas, 2016, p. 33.

204 MINAS GERAIS. Secretaria de Estado de Casa Civil e de Relações Institucionais. *Plano de Governança Institucional:* Assembleia Legislativa do Estado de Minas Gerais. V.2. Belo Horizonte: Imprensa Oficial, 2013.

na forma de laboração do Poder Legislativo,[205] atingida por intensa retração a partir do avanço do Poder Judiciário, da tendência de judicialização excessiva[206] de matérias que permeiam a atividade parlamentar e da grande ampliação do rol de competências atribuídas ao Poder Executivo, com consequente redução da margem de desempenho e de iniciativa parlamentar.

Poder Legislativo, na teoria da divisão dos poderes, exprime dois conceitos: o sentido de "função legislativa", nos termos do art. 44 da CR/88,[207] e a acepção de "órgãos que exercem a função legislativa", em consonância com o art. 2º. da CR/88, que declara ser poderes da União, independentes e harmônicos entre si, o Legislativo, o Executivo e o Judiciário, mediante interdependência orgânica.[208] Poder Legislativo é, nesse sentido, o órgão coletivo composto de membros eleitos pelo povo, destinado a exercer, com autonomia – em decorrência da teoria da distinção de funções –, atribuições fundamentais de *representação, de legislação, de legitimação da atuação governamental e de controle*",[209] poder concebido, em sua origem histórica, para cercear o poder do soberano e, portanto, "instituição fundamental da democracia representativa".[210]

---

205 BARACHO JÚNIOR, José Alfredo O.; PEREIRA, Bruno C. P. A. Direito Constitucional e Direito Parlamentar. In: BARACHO JÚNIOR, José Alfredo O.; PEREIRA, Bruno C. P. A (orgs.). *Direito Parlamentar:* discussões contemporâneas. Belo Horizonte: Editora Vorto, 2018, p. 11.

206 COSTA, Mila Batista Leite Corrêa da; SENA, A. G. O. Judicialização das Relações Sociais e Desigualdade de Acesso: Por uma Reflexão Crítica. In: ORSINI, Adriana Goulart de Sena; COSTA, Mila Batista Leite Corrêa da; ANDRADE, Oyama Karyna Barbosa (Org.). *Justiça do Século XXI*. São Paulo: LTr, 2014, p. 51-68.

207 Art. 44. O Poder Legislativo é exercido pelo Congresso Nacional, que se compõe da Câmara dos Deputados e do Senado Federal. Parágrafo único. Cada legislatura terá a duração de quatro anos (grifo nosso). BRASIL. Constituição da República Federativa do Brasil de 1988. Nós, representantes do povo brasileiro, reunidos em Assembléia Nacional Constituinte para instituir um Estado Democrático, destinado a assegurar o exercício dos direitos sociais e individuais.... *Diário Oficial da União*, Brasília, 05 out. 1988. Disponível em: https://www.planalto.gov.br/ccivil_03/constituicao/constituicao.htm. Acesso em: 15 out. 2016.

208 SILVA, José Afonso da. *Processo Constitucional de Formação das Leis*. 3 ed. São Paulo: Malheiros Editores, 2017.

209 SILVA, José Afonso da. *Processo Constitucional de Formação das Leis*. 3 ed. São Paulo: Malheiros Editores, 2017, p. 59.

210 SILVA, José Afonso da. *Processo Constitucional de Formação das Leis*. 3 ed. São Paulo: Malheiros Editores, 2017, p. 62.

Em apertada síntese histórica,[211] no cenário colonial do Brasil, existiam "Juntas-Gerais", convocadas para tratamento de questões emergenciais graves, mediante deliberação da nobreza, da milícia e do clero, em simulação ao modelo francês,[212]; e, para resoluções cotidianas, atuavam as câmaras municipais ou Senado da câmara, provenientes do sistema português, possuidoras de funções judiciárias e compostas por juízes pedâneos, seus presidentes, e por vereadores eleitos pelos "homens bons da terra", "cidadãos que haviam ocupado cargos da Municipalidade ou governança da terra".[213]

Após a declaração de Independência, a Constituição Política do Império, de 25 de março de 1824, acolheu a especialização de funções, formalizada na separação dos poderes – poderes Legislativo, Moderador, Executivo e Judicial –[214], com delegação pela Nação da função legislativa à Assembleia-Geral, bicameral, representada pela Câmara dos Deputados e pela Câmara dos Senadores, a primeira eletiva e temporária, e a segunda, vitalícia e organizada por eleição provincial, em escrutínio censitário, mediante elaboração de lista tríplice para escolha do imperador:

> À Assembleia-Geral competia a legislação, em que o Poder Executivo tomava parte pelo direito de proposição legislativa e o Pode Moderador pela sanção e promulgação, além de denegar assentimento ao projeto de lei aprovada, com caráter suspensivo por duas legislaturas.[215]

---

211 Para história minudenciada do Poder Legislativo no Brasil, cf. GARCIA, Rodolfo. *Ensaio sobre a História Política e Administrativa no Brasil*. Rio de Janeiro: José Olympio Editor, 1956.

212 GARCIA, Rodolfo. *Ensaio sobre a História Política e Administrativa no Brasil*. Rio de Janeiro: José Olympio Editor, 1956.

213 SILVA, José Afonso da. *Processo Constitucional de Formação das Leis*. 3 ed. São Paulo: Malheiros Editores, 2017, p. 68.

214 Art. 10. Os Poderes Politicos reconhecidos pela Constituição do Imperio do Brazil são quatro: **o Poder Legislativo, o Poder Moderador, o Poder Executivo, e o Poder Judicial** (grifo nosso). BRASIL. *Constituição Política do Imperio do Brazil*. Rio de Janeiro, 25 de março de 1824. Disponível em: http://www.planalto.gov.br/ccivil_03/constituicao/constituicao24.htm . Acesso em: 13 out. 2019.

215 Art. 13. **O Poder Legislativo é delegado á Assembléa Geral com a Sancção do Imperador**.Art. 14. A Assembléa Geral compõe-se de duas Camaras: Camara de Deputados, e Camara de Senadores, ou Senado.
Art. 15. **E' da attribuição da Assembléa Geral**
I. Tomar Juramento ao Imperador, ao Principe Imperial, ao Regente, ou Regencia.
II. Eleger a Regencia, ou o Regente, e marcar os limites da sua autoridade.

Com a Proclamação da República, a Constituição de 1891 estabeleceu o formato federativo, com distribuição da função legislativa entre União – via Congresso Nacional,[216] bicameral, com sanção do presidente – e estados-membros. A Câmara dos Deputados era composta por representantes do povo, eleitos pelos estados e pelo Distrito Federal,[217] por sufrágio direto, e o Senado, por três representantes por Estado. "A sanção foi atribuída

---

III. Reconhecer o Principe Imperial, como Successor do Throno, na primeira reunião logo depois do sem nascimento.

IV. Nomear Tutor ao Imperador menor, caso seu Pai o não tenha nomoado em Testamento.

V. Resolver as duvidas, que occorrerem sobre a successão da Corôa.

VI. Na morte do Imperador, ou vacancia do Throno, instituir exame da administração, que acabou, e reformar os abusos nella introduzidos.

VII. Escolher nova Dynastia, no caso da extincção da Imperante.

VIII. Fazer Leis, interpreta-las, suspende-las, e rovoga-las.

IX. Velar na guarda da Constituição, e promover o bem geral do Nação.

X. Fixar annualmente as despezas publicas, e repartir a contribuição directa.

XI. Fixar annualmente, sobre a informação do Governo, as forças de mar, e terra ordinarias, e extraordinarias.

XII. Conceder, ou negar a entrada de forças estrangeiras de terra e mar dentro do Imperio, ou dos portos delle.

XIII. Autorisar ao Governo, para contrahir emprestimos.

XIV. Estabelecer meios convenientes para pagamento da divida publica.

XV. Regular a administração dos bens Nacionaes, e decretar a sua alienação.

XVI. Crear, ou supprimir Empregos publicos, e estabelecer-lhes ordenados.

XVI. Determinar o peso, valor, inscripção, typo, e denominação das moedas, assim como o padrão dos pesos e medidas.

Art. 16. Cada uma das Camaras terá o Tratamento - de Augustos, e Dignissimos Senhores Representantes da Nação (grifo nosso). BRASIL. *Constituição Política do Imperio do Brazil*. Rio de Janeiro, 25 de março de 1824. Disponível em: http://www.planalto.gov.br/ccivil_03/constituicao/constituicao24.htm . Acesso em: 13 out. 2019.

216 Art 16 - **O Poder Legislativo é exercido pelo Congresso Nacional, com a sanção do Presidente da República** (grifo nosso). BRASIL. *Constituição da República dos Estados Unidos do Brasil*. Rio de Janeiro, 24 de fevereiro de 1891. Disponível em: http://www.planalto.gov.br/ccivil_03/constituicao/constituicao91.htm. Acesso em: 17 dez. 2017.

217 Art 2º - **Cada uma das antigas Províncias formará um Estado e o antigo Município Neutro constituirá o Distrito Federa**l, continuando a ser a Capital da União, enquanto não se der execução ao disposto no artigo seguinte (grifo nosso). BRASIL. BRASIL. *Constituição da República dos Estados Unidos do Brasil*. Rio

ao chefe do Poder Executivo, que poderia negá-la, mas o projeto assim recusado poderia transformar-se em lei se obtivesse dois terços a favor da aprovação",[218] e a sanção competia ao presidente da República ou ao presidente do Senado, não tendo sido vetada a delegação de atribuições.[219]

A Reforma de 1926 não promoveu grandes alterações, ao contrário da Revolução de 1930 na Era Vargas, quando se instituiu um "Governo Provisório, a que coube exercer discricionariamente em toda sua plenitude as funções a atribuições, não só do Poder Executivo, como também do Poder Legislativo",[220] desempenhadas por meio de decretos-leis promulgados pelo presidente da República, até que fosse eleita a Assembleia Constituinte, o que ocorreu somente em 1934.

A Constituição de 1934, por seu turno, sob incisiva influência da Constituição de Weimar, adotou conteúdo de viés fortemente social e, ao lado da representação popular, estabeleceu a representação classista. O bicameralismo foi mantido, mas, nos termos do art. 22 do texto de 1934, o Poder Legislativo era exercido pela Câmara dos Deputados, somente com a colaboração do Senado Federal,[221] que foi inserido no capítulo referente à Coordenação dos Poderes, com competências reduzidas, quase restritas à temática da federação.[222] As delegações de atribuições, nesse contexto, foram expressamente proibidas.

---

de Janeiro, 24 de fevereiro de 1891. Disponível em: http://www.planalto.gov.br/ccivil_03/constituicao/constituicao91.htm. Acesso em: 17 dez. 2017.

218 SILVA, José Afonso da. *Processo Constitucional de Formação das Leis*. 3 ed. São Paulo: Malheiros Editores, 2017, p. 70.

219 Cf. ainda, art. 34, referente as competências privativas do Congresso Nacional, e art. 35, relativo às competências não privativas. BRASIL. *Constituição da República dos Estados Unidos do Brasil*. Rio de Janeiro, 24 de fevereiro de 1891. Disponível em: http://www.planalto.gov.br/ccivil_03/constituicao/constituicao91.htm. Acesso em: 17 dez. 2017.

220 SILVA, José Afonso da. *Processo Constitucional de Formação das Leis*. 3 ed. São Paulo: Malheiros Editores, 2017, p. 70.

221 Cf. arts. 39 e 40, referentes, respectivamente, às competências privativas e exclusivas do Poder Legislativo. BRASIL. *Constituição da República dos Estados Unidos do Brasil*. Rio de Janeiro, 16 de julho de 1934. Disponível em: http://www.planalto.gov.br/ccivil_03/constituicao/constituicao34.htm. Acesso em: 17 dez. 2017.

222 Art 91 - **Compete ao Senado Federal**: I - colaborar com a Câmara dos Deputados na elaboração de leis sobre: a) estado de sítio;

Com o golpe de Estado de 10 de novembro de 1937, e com a nova Constituição da República, daquele ano, o órgão legislativo passou a denominar-se "Parlamento Nacional", dividido em Câmara dos Deputados e Conselho Federal,[223] e a função legislativa foi atribuída ao Conselho de Economia Nacional[224] e ao presidente da República, que podia "expedir livremente decretos-leis sobre a organização do Governo e da Administração Federal, o comando supremo e a organização das Forças Armadas (art. 14)",[225] no

---

b) sistema eleitoral e de representação;

c) organização judiciária federal;

d) tributos e tarifas;

e) mobilização, declaração de guerra, celebração de paz e passagem de forças estrangeiras pelo território nacional;

f) tratados e convenções com as nações estrangeiras;

g) comércio internacional e interestadual;

h) regime de portos; navegação de cabotagem e nos rios e lagos do domínio da União;

i) vias de comunicação interestadual;

j) sistema monetário e de medidas; banco de emissão;

k) socorros aos Estados;

l) matérias em que os Estados têm competência legislativa subsidiária ou complementar, nos termos do artigo 5º § 3º. [...] (grifo nosso). BRASIL. *Constituição da República dos Estados Unidos do Brasil*. Rio de Janeiro, 16 de Julho de 1934. Disponível em: http://www.planalto.gov.br/ccivil_03/constituicao/constituicao34. htm. Acesso em: 17 dez. 2017.

223 Art 38 - O Poder Legislativo é exercido pelo **Parlamento Nacional com a colaboração do Conselho da Economia Nacional e do Presidente da República**, daquele mediante parecer nas matérias da sua competência consultiva e deste pela iniciativa e sanção dos projetos de lei e promulgação dos decretos-leis autorizados nesta Constituição. § 1º - O **Parlamento nacional compõe-se de duas Câmaras: a Câmara dos Deputados e o Conselho Federal** (grifo nosso). BRASIL. *Constituição da República dos Estados Unidos do Brasil*. Rio de Janeiro, 30 de novembro de 1937. Disponível em: http://www.planalto.gov.br/ccivil_03/constituicao/constituicao37. htm. Acesso em: 17 dez. 2017.

224 Cf. art. 61, referente às atribuições do Conselho da Economia Nacional. BRASIL. *Constituição da República dos Estados Unidos do Brasil*. Rio de Janeiro, 30 de novembro de 1937. Disponível em: http://www.planalto.gov.br/ccivil_03/constituicao/constituicao37.htm. Acesso em: 17 dez. 2017.

225 SILVA, José Afonso da. *Processo Constitucional de Formação das Leis*. 3 ed. São Paulo: Malheiros Editores, 2017, p. 71.

recesso do parlamento – que nunca foi instalado durante o Estado Novo – ou na dissolução da Câmara dos Deputados, e deliberar sobre várias matérias de competência legislativa.[226]

A redemocratização do país foi marcada, em 1946, por novo texto constitucional,[227] que resgatou, em relação à atividade legislativa no Brasil, os princípios das Constituições de 1891 e de 1934.[228] A Constituição de 1967,[229] por sua vez, manteve a atribuição da função legislativa ao Congresso Nacional[230] e inovou ao criar uma seção, no capítulo referente ao Poder Legislativo, para dar disciplina mais rigorosa ao processo legislativo – arts. 49 a 62 –, que se manteve na Emenda n. 1, de 1969, e na Constituição de 1988.[231]

A Carta Constitucional de 1988, em vigor, manteve o bicameralismo (art. 44) – Câmara dos Deputados e Senado Federal – e a função legislativa da União é exercida pelo Congresso Nacional, mediante projeto de lei ordinária ou complementar, de decreto legislativo, de resoluções ou de emendas à Constituição – respectivamente arts. 48, 49, 51, 52 e 60

---

226 SILVA, José Afonso da. *Processo Constitucional de Formação das Leis*. 3 ed. São Paulo: Malheiros Editores, 2017.

227 Art 37 - O **Poder Legislativo é exercício pelo Congresso Nacional, que se compõe da Câmara dos Deputados e do Senado Federal** (grifo nosso). BRASIL. *Constituição da República dos Estados Unidos do Brasil*. Rio de Janeiro, 18 de setembro de 1946. Disponível em: http://www.planalto.gov.br/ccivil_03/constituicao/constituicao46.htm. Acesso em: 17 dez. 2017.

228 Cf. arts 65 e 66, referentes, respectivamente, às competências privativas e exclusivas do Congresso Nacional. BRASIL. *Constituição da República dos Estados Unidos do Brasil*. Rio de Janeiro, 18 de setembro de 1946. Disponível em: http://www.planalto.gov.br/ccivil_03/constituicao/constituicao46.htm. Acesso em: 17 dez. 2017.

229 Art 29 - O **Poder Legislativo é exercido pelo Congresso Nacional, que se compõe da Câmara dos Deputados e do Senado Federal** (grifo nosso). BRASIL. *Constituição da República Federativa do Brasil*. Brasília, 24 de janeiro de 1967. Disponível em: http://www.planalto.gov.br/ccivil_03/constituicao/constituicao67.htm. Acesso em: 17 dez. 2017.

230 Cf. arts. 46 e 47, referentes, respectivamente, às matérias de competência privativa e exclusiva do Congresso Nacional. BRASIL. *Constituição da República Federativa do Brasil*. Brasília, 24 de janeiro de 1967. Disponível em: http://www.planalto.gov.br/ccivil_03/constituicao/constituicao67.htm. Acesso em: 17 dez. 2017.

231 SILVA, José Afonso da. *Processo Constitucional de Formação das Leis*. 3 ed. São Paulo: Malheiros Editores, 2017.

–,[232] embora a Câmara "goze de certa primazia relativamente à iniciativa legislativa, pois é perante ela que o Presidente da República, o Supremo Tribunal Federal, o Superior Tribunal de Justiça e os cidadãos promovem a iniciativa do processo de elaboração das leis (arts. 61, § 2º. e 64)".[233] Nos estados-membros e nos municípios, adotou-se o unicameralismo.

A Constituição definiu, ainda, um sistema de competência legislativa privativa para cada uma das entidades federativas, combinado com uma estrutura de competências concorrentes, cabendo à União o estabelecimento de políticas, diretrizes e normas gerais e aos estados, Distrito Federal e municípios, competência legislativa suplementar. A normatividade principiológica da União foi ampliada[234] – art. 24, § 1º. –, bem como dos estados, Distrito Federal – art. 24, §§ 2º. a 4º. – e dos municípios – art. 30, II.[235]

---

232 Art. 59. O processo legislativo compreende a elaboração de:I - emendas à Constituição;

II - leis complementares;

III - leis ordinárias;

IV - leis delegadas;

V - medidas provisórias;

VI - decretos legislativos;

VII - resoluções.

Parágrafo único. Lei complementar disporá sobre a elaboração, redação, alteração e consolidação das leis. BRASIL. Constituição da República Federativa do Brasil de 1988. Nós, representantes do povo brasileiro, reunidos em Assembléia Nacional Constituinte para instituir um Estado Democrático, destinado a assegurar o exercício dos direitos sociais e individuais.... *Diário Oficial da União*, Brasília, 05 out. 1988. Disponível em: https://www.planalto.gov.br/ccivil_03/constituicao/constituicao.htm. Acesso em: 14 out. 2019.

233 SILVA, José Afonso da. *Processo Constitucional de Formação das Leis*. 3 ed. São Paulo: Malheiros Editores, 2017, p. 73.

234 SILVA, José Afonso da. *Processo Constitucional de Formação das Leis*. 3 ed. São Paulo: Malheiros Editores, 2017.

235 BRASIL. Constituição da República Federativa do Brasil de 1988. Nós, representantes do povo brasileiro, reunidos em Assembléia Nacional Constituinte para instituir um Estado Democrático, destinado a assegurar o exercício dos direitos sociais e individuais.... *Diário Oficial da União*, Brasília, 05 out. 1988. Disponível em: https://www.planalto.gov.br/ccivil_03/constituicao/constituicao.htm. Acesso em: 14 out. 2019.

Em linhas gerais, define a moldura constitucional em vigor que a Câmara dos Deputados – com atribuições privativas, nos termos do art. 59 da CR/88 – é composta por representantes do povo, eleitos pelo sistema de representação proporcional, para um mandato de 4 (quatro anos), que corresponde a uma legislatura, e o Senado Federal – competências privativas definidas no art. 52 da CR/88 –, é formado por representantes dos estados e do Distrito Federal, eleitos pelo sistema majoritário, para mandato de 8 (oito) anos, renovando-se de quatro em quatro anos por um e dois terços, alternadamente. Nos estados, mantendo o paralelismo constitucional, o Poder Legislativo é exercido pelas Assembleias Legislativas, com sanção do governador do estado, salvo em matérias de competência exclusiva – no Distrito Federal, por uma Assembleia Distrital – e, nos municípios, pelas Câmaras Municipais, com sanção do prefeito, excepcionadas, igualmente, as matérias de competência exclusiva.

O contexto democrático e o texto constitucional de 1988, portanto, propiciaram a consolidação do Poder Legislativo no cenário político-administrativo brasileiro, considerada a trajetória constitucional de sedimentação da instituição como espaço democrático, e a densificação da administração no esteio do Estado Democrático de Direito, em que as funções estatais encontram-se em redefinição – formulação e implementação de políticas públicas pelo Poder Executivo; produção da atividade legiferante pelo Poder Legislativo; e exercício do controle jurisdicional pelo Poder Judiciário.

Em síntese, de acordo com José Afonso da Silva, "a administração expande-se e a sociedade volta-se cada vez mais para os serviços públicos, buscando respostas às suas necessidades e reivindicações; donde se alarga, mais e mais, o escopo da atividade legiferante",[236] para satisfazer aos novos encargos, razão pela qual resta "evidente urgência na adoção de novos processos e procedimentos para atender à demanda crescente de novas leis e reformulações na legislação que não mais corresponde ao meio social que lhe serve de substrato, de suporte".[237]

Nesse quadro, de acordo com Fernando Meneguin e Magna Inácio, a avaliação do papel do "Poder Legislativo no processo decisório persiste como um dos mais instigantes temas na área de estudos legislativos. Em parte, o desafio se renova com as mudanças nada triviais na dinâmica

---

236 SILVA, José Afonso da. *Processo Constitucional de Formação das Leis*. 3 ed. São Paulo: Malheiros Editores, 2017, p. 88.

237 SILVA, José Afonso da. *Processo Constitucional de Formação das Leis*. 3 ed. São Paulo: Malheiros Editores, 2017, p. 88.

de produção de políticas públicas nas democracias contemporâneas".[238] Segundo os mesmo autores, essas mudanças estão direcionadas para o aumento exponencial da atividade legislativa, ao mesmo tempo em que ocorre o incremento da atuação legiferante de outros atores e o enfoque cada vez maior nas fases não legislativas de tomada de decisão, nos *outputs* do processo legislativo e na capacidade do parlamento de moldá-los.[239]

A atuação do Legislativo no processo de elaboração das políticas públicas é tema complexo quando analisado no contexto de um "sistema político aparentemente contraditório",[240] marcado pelo presidencialismo de coalisão, em que além das "prerrogativas institucionais, as vantagens informacionais do Executivo e das burocracias alteraram as condições de influência deste Poder no processo legislativo".[241] Há um claro fortalecimento institucional do Executivo que sinaliza para o controle da agenda do Legislativo, para o quase monopólio da elaboração das políticas públicas e que condiciona o desempenho do parlamento.

Na seara dos estudos legislativos, portanto, a avaliação da distribuição de poderes de agenda entre os atores do processo legislativo no escopo da formulação das políticas públicas está diretamente relacionada ao modelo de organização legislativa, ao nível de desenvolvimento institucional e aos "*outputs* políticos que se pretende produzir".[242]

---

238 MENEGUIN, F. B.; MAGNA, I. *Desempenho do Poder Legislativo*: como avaliar? Brasília: Núcleo de Estudos e Pesquisas/CONLEG/Senado, Setembro/ 2014 (Texto para Discussão n° 155). Disponível em: www.senado.leg.br/estudos. Acesso em: 11 set. 2017, p. 5.

239 MENEGUIN, F. B.; MAGNA, I. *Desempenho do Poder Legislativo*: como avaliar? Brasília: Núcleo de Estudos e Pesquisas/CONLEG/Senado, Setembro/ 2014 (Texto para Discussão n° 155). Disponível em: www.senado.leg.br/estudos. Acesso em: 11 set. 2017, p. 5.

240 PEREIRA, Carlos; MUELLER, Bernardo. *Comportamento estratégico em presidencialismo de coalisão*: as relações entre Executivo e Legislativo na elaboração do Orçamento brasileiro. *Dados*, v. 45, n. 2, p. 265-301, 2002.

241 MENEGUIN, F. B.; MAGNA, I. *Desempenho do Poder Legislativo*: como avaliar? Brasília: Núcleo de Estudos e Pesquisas/CONLEG/Senado, Setembro/ 2014 (Texto para Discussão n° 155). Disponível em: www.senado.leg.br/estudos. Acesso em: 11 set. 2017, p. 5.

242 ANASTASIA; Fátima; SANTOS, Manoel Leonardo. Conclusões. In: SANTOS, Manoel Leonardo; ANASTASIA, Fátima (Org.). *Política e desenvolvimento institucional no Legislativo de Minas Gerais*. Belo Horizonte: Editora PUC Minas, 2016, p. 493.

1.3. O PODER LEGISLATIVO E AS POLÍTICAS PÚBLICAS: MOLDURA E DESENVOLVIMENTO INSTITUCIONAL

Os estudos legislativos, uma das áreas fundadoras da ciência política, ao lado dos estudos sobre comportamento eleitoral, tem ganhado contornos densos – especialmente nos Estados Unidos,[243] com eixo no acúmulo de conhecimento em relação ao Congresso norte-americano –[244] e "se confunde com a própria ciência política no período pós-Segunda Guerra Mundial".[245]

No Brasil, "apesar de as pesquisas remontarem à década de 1980 ou ainda antes, a quase totalidade das publicações remonta aos últimos 15 anos [...], ou seja, a área é muito nova e isso repercute claramente em sua abrangência temática e institucionalização".[246] Tradicionalmente, os estudos legislativos brasileiros consolidaram-se em torno do debate acerca da matriz institucional brasileira e seu impacto na estabilidade política do país, havendo nítido deslocamento, em linha evolutiva, do "foco analítico das intersecções entre as macroinstituições políticas – notadamente sistemas eleitorais, partidários e de governo e o Legislativo – para o funcionamento propriamente da organização legislativa".[247]

Nesse sentido, ênfase passou a ser dada na estrutura de incentivos endógena à organização legislativa, em alinhamento com abordagens neoinstitucionalistas,[248] centrada nas soluções institucionais para os problemas

---

243 Cf. Robert Dahl; George Tsebelis; Arend Lijphart.

244 Vide manuais importantes como *The American Legislative Process: Congress and the States* (OGUL, Morris, KEEFE, William) e *Congress Reconsidered* (DODD, Lawrence; OPPENHEIMER, Bruce).

245 INÁCIO, Magna; RENNÓ, Lucio. Estudos Legislativos no Brasil. In: INÁCIO, Magna; RENNÓ, Lucio (Orgs.). *Legislativo Brasileiro em Perspectiva Com*parada. Belo Horizonte: Editora UFMG, 2009, p. 17.

246 O Legislativo brasileiro parece ser o que acumula maior número de estudos no continente americano, perdendo apenas para o Congresso Norte-americano. INÁCIO, Magna; RENNÓ, Lucio. Estudos Legislativos no Brasil. In: INÁCIO, Magna; RENNÓ, Lucio (Orgs.). *Legislativo Brasileiro em Perspectiva Com*parada. Belo Horizonte: Editora UFMG, 2009, p. 18.

247 INÁCIO, Magna; RENNÓ, Lucio. Estudos Legislativos no Brasil. In: INÁCIO, Magna; RENNÓ, Lucio (Orgs.). *Legislativo Brasileiro em Perspectiva Com*parada. Belo Horizonte: Editora UFMG, 2009, p. 19.

248

de ação coletiva, na análise da relação entre os principais *agenda setters* do cenário político brasileiro – Executivo e partidos políticos – e, ainda, nos efeitos da organização interna na produção legal, na coordenação partidária do comportamento parlamentar e na distribuição de direitos legislativos e de recursos parlamentares, com realce para o protagonismo do Poder Executivo mediante integração à arena legislativa.

> As consequências distributivas de regras constitucionais e de organização interna do Legislativo circunscreveram parte importante das hipóteses sobre o fortalecimento institucional dos partidos no Legislativo e a sua conversão em agentes centrais do jogo parlamentar. Em boa medida, o debate acerca do caráter estratégico da delegação de poderes aos líderes partidários e institucionais propiciou uma compreensão importante sobre as arenas (comissões, Plenário, colégio de líderes etc.) e os procedimentos (relativos aos regimes de tramitação, ao acesso aos cargos e recursos institucionais etc.) mobilizados no enfrentamento dos problemas de ação coletiva no nível partidário e institucional.[249]

Três grandes temas ressaem da análise de publicações no período 1960 – 2008, proposta por Magna Inácio e Lucio Rennó: *reeleição de legisladores*; *partidos políticos* e *relação Executivo-Legislativo*. As subáreas de destaque, em ordem de frequência, são:[250] partidos políticos, eleição/reeleição, relação Executivo-Legislativo, carreiras/recrutamento, processo decisório, comportamento legislativo, produção legislativa, migração partidária, orçamento público, processo legislativo, conexão eleitoral, comissões parlamentares, legislativo subnacional, modelo espacial de voto e lideranças/mesa diretora.[251]

Este livro não tem a pretensão de aprofundamento na seara dos estudos legislativos e não se debruça sobre as áreas/subáreas citadas, mas apenas utiliza elementos já consolidados neste ramo da ciência política para aden-

---

249 INÁCIO, Magna; RENNÓ, Lucio. Estudos Legislativos no Brasil. In: INÁCIO, Magna; RENNÓ, Lucio (Orgs.). *Legislativo Brasileiro em Perspectiva Com*parada. Belo Horizonte: Editora UFMG, 2009, p. 21.

250 INÁCIO, Magna; RENNÓ, Lucio. Estudos Legislativos no Brasil. In: INÁCIO, Magna; RENNÓ, Lucio (Orgs.). *Legislativo Brasileiro em Perspectiva Com*parada. Belo Horizonte: Editora UFMG, 2009, p. 24.

251 "As Casas do Congresso Nacional possuem órgãos internos que desenvolvem atividades essenciais no processo de formação das leis, como a "Mesa Diretora; as Secretarias; as Comissões Parlamentares; as Bancadas e as Lideranças Partidárias; o Colégio de Líderes; os Blocos Parlamentares". SILVA, José Afonso da. *Processo Constitucional de Formação das Leis*. 3 ed. São Paulo: Malheiros Editores, 2017, p. 89.

samento da compreensão sobre a atuação do Poder Legislativo no campo político bourdieusiano, com foco de atenção no desenho da política de preservação, mediante interseção com o campo do patrimônio cultural.

Para a investigação proposta, são pontos de análise relevantes alguns elementos centrais relativos à relação Executivo-Legislativo; ao processo legislativo; ao comportamento parlamentar; às características essenciais dos Legislativos subnacionais – *in casu*, a ALMG; e os *outputs* políticos do Legislativo, "definidos, pelo menos nos estudos legislativos mais canônicos, tanto como os resultados da produção legislativa quanto como os resultados das atividades de fiscalização do Poder Executivo". [252]

É, também, relevante, a compressão do papel desempenhado pelas comissões parlamentares, organismos compostos «de um número geralmente restrito de membros, encarregados de estudar, examinar as proposições legislativas e apresentar pareceres»,[253] considerando que um dos pressupostos da elaboração legislativa é a submissão dos projetos ao exame de uma ou mais comissões parlamentares, para estudo das propostas legislativas antes da apresentação ao plenário.[254] No estudo de caso proposto no Capítulo 3, a Comissão de Cultura, em articulação com a Comissão de Constituição e Justiça, desempenha papel central na análise dos projetos de lei de declaração de patrimônio cultural. Conforme afirma José Afonso da Silva:

> As Comissões Permanentes são as de caráter técnico-legislativo ou especializado integrantes da estrutura institucional da Casa, copartícipes do processo legislativo, que têm por finalidade apreciar os assuntos ou proposições submetidos ao seu exame e sobre eles deliberar, assim como exercer o acompanhamento dos planos e programas governamentais e a fiscalização orçamentária da União, no âmbito dos respectivos campos temáticos e areas de atuação.[255]

252 ANASTASIA; Fátima; SANTOS, Manoel Leonardo. Introdução. In: SANTOS, Manoel Leonardo; ANASTASIA, Fatima (Org.). *Política e desenvolvimento institucional no Legislativo de Minas Gerais*. Belo Horizonte: Editora PUC Minas, 2016, p. 19.

253 SILVA, José Afonso da. *Processo Constitucional de Formação das Leis*. 3 ed. São Paulo: Malheiros Editores, 2017, p. 101.

254 O sistema de Comissões do Congresso Nacional no Brasil está definido no art. 58 da CR/88, com atribuições definidas nos Regimentos Internos das Casas. As Comissões podem ser **permanentes**, **temporárias** e **mistas**, sendo as permanentes as destacadamente relevantes para esse estudo. SILVA, José Afonso da. *Processo Constitucional de Formação das Leis*. 3 ed. São Paulo: Malheiros Editores, 2017. (grifo nosso)

255 SILVA, José Afonso da. *Processo Constitucional de Formação das Leis*. 3 ed. São Paulo: Malheiros Editores, 2017, p. 109.

São variados os resultados políticos possíveis, oriundos das atividades de produção legislativa e de fiscalização do Poder Executivo – funções constitucionais do Poder Legislativo –, e que permitem a análise de questões de destaque como representação e participação política, boas práticas, deliberação, legitimidade e desenvolvimento institucional. O tema no escopo dos estudos legislativos é complexo e demanda imersão e pesquisa de campo que ficará como objeto de investigação subsequente. Vale mencionar, no entanto, ainda que brevemente, o escopo dos estudos sobre comportamento parlamentar que vêm sendo desenvolvidos hodiernamente, especialmente no modelo clássico de política legislativa norte-americano.[256]

1.4. ESTUDOS LEGISLATIVOS: COMPORTAMENTO PARLAMENTAR, ORGANIZAÇÃO E A CONTRIBUIÇÃO DA CIÊNCIA POLÍTICA

A vertente americana sobre estudos legislativos apresenta suposições que, convertidas em variáveis para aplicação em contextos de estudos comparativos, pode ser bastante útil para aferição de resultados referentes à relação Executivo-Legislativo; partidos e política eleitoral; representação e apoio democrático; e organização legislativa.

Scott Morgenstern e Juan Negri propõem a aplicação de "aspectos-chave" do modelo americano para uma "teoria de comportamento legislativo" a partir de proposições relativas ao desenvolvimento legislativo; à organização legislativa e atividade do legislador; e à relação entre líderes partidários e bancadas dos partidos, subdivididas em "objetivos específicos de pesquisa e cada um destes tem implicações observáveis mais específicas e uma série de variáveis explicativas potenciais",[257] com uma "grande variedade de abordagens metodológicas"[258]. Tais abordagens, de substancial riqueza, são amplas o suficiente para que desbordem dos

---

[256] Serão adotados como referência três estudos americanos: POLSBY, Nelson. The Institutionaliation of the U.S House of Representatives. *American Political Science Review*, 62, p. 144-168, 1968; MAYHEW, David. *The Electoral Connection*. New Haven: Yale University Press, 1974; COX, Gary W.; McCUBBINS, Mathew. *Legislative Leviathan*. Los Angeles: University of California, 1994.

[257] MORGENSTERN, Scott; NEGRI, Juan. Metas e Desafios do Estudo Comparativo de Legislativos. In: INÁCIO, Magna; RENNÓ, Lucio (Orgs.). *Legislativo Brasileiro em Perspectiva Comparada*. Belo Horizonte: Editora UFMG, 2009, p. 38.

[258] MORGENSTERN, Scott; NEGRI, Juan. Metas e Desafios do Estudo Comparativo de Legislativos. In: INÁCIO, Magna; RENNÓ, Lucio (Orgs.). *Legislativo Brasileiro em Perspectiva Comparada*. Belo Horizonte: Editora UFMG, 2009, p. 38.

limites da investigação proposta neste livro. Contudo, vale mencionar algumas das possibilidades de estudos e variáveis citados pelos referidos autores, de modo que se delineie o vasto campo para novos desafios de pesquisa acadêmica, como se depreende das tabelas que seguem:

Tabela 1
Temas de estudo e variáveis

Principais temas de estudo	Principais variáveis independentes
Relações Executivo-Legislativo; Partido e política eleitoral; Representação (incluindo gênero e apoio democrático); Organização legislativa.	Fatores institucionais: Federalismo e papel de políticos regionais; Regras eleitorais; Sistemas partidários; Poderes constitucionais. Não institucionais: Demografia do país; Demografia de membros partidários; Condições econômicas; Ideologia; Identificação partidária dos eleitores; Interesses de carreira dos políticos.

Fonte: MORGENSTERN, Scott; NEGRI, Juan.[259]

---

[259] MORGENSTERN, Scott; NEGRI, Juan. Metas e Desafios do Estudo Comparativo de Legislativos. In: INÁCIO, Magna; RENNÓ, Lucio (Orgs.). Legislativo Brasileiro em Perspectiva Comparada. Belo Horizonte: Editora UFMG, 2009, p. 38.

Tabela 2
Relações Executivo-Legislativo

Variáveis dependentes	Variáveis intermediárias	Variáveis independentes
Produtos: Trancamento de pauta e progresso político; Influência legislativa em políticas; Responsabilização horizontal; *Impeachment*.	Aprovação de política (produto da política); Apoio à democracia; Papéis políticos percebidos dos legisladores da oposição; Papel de estabelecimento da pauta do presidente.	Autoridade constitucional do presidente e Legislativo. Autoridade de decreto executivo; Governo dividido; Coalizões de gabinete; "Aproveitamento da popularidade dos outros inversa"; Efeito de apoio público para ambos sobre apoio ao outro; Apoio partidário do Executivo; Apoio do presidente/ controle do próprio partido; Importância da ideologia; Período das eleições (concomitante *versus* não concomitante); Legisladores orientados localmente *versus* nacionalmente (partidário).
Resultados: Estabilidade/crescimento econômico; Política fiscal; Opinião pública; Estabilidade democrática.		

Fonte: MORGENSTERN, Scott; NEGRI, Juan.[260]

---

[260] MORGENSTERN, Scott; NEGRI, Juan. Metas e Desafios do Estudo Comparativo de Legislativos. In: INÁCIO, Magna; RENNÓ, Lucio (Orgs.). *Legislativo Brasileiro em Perspectiva Comparada*. Belo Horizonte: Editora UFMG, 2009, p. 40.

Tabela 3
Partido e Política Eleitoral

Variáveis dependentes	Operacionalização	Variáveis independentes
Intrapartidário; Coesão; Disciplina; Ideologia; Nacionalização; Poderes da liderança; Metas partidárias (cargo, política),	Vocação nominal; Respostas de pesquisas legislativas; Mudança de partido; Distribuição de apoio eleitoral do partido; Distribuição de agrados, designações em comissões; Distributivismo, clientelismo; Apoio de projetos de lei; Desenvolvimento de carreiras de candidatos: ambição estático-progressiva; Partidos de número efetivo; Representação partidária no gabinete.	Instituições formais; Sistemas eleitorais; Incentivos para voto pessoal; Financiamento de campanha; Federalismo.
Interpartidário; Multipartidarismo; Política de coalisão; Polarização; Coalisões de cooperação; Resultados eleitorais.		Instituições informais; Regras partidárias; Seleção de candidatos; Efeitos de aproveitamento da popularidade dos outros; Características do eleitorado; Ideologia partidária; Institucionalização partidária; Partidarismo do eleitorado.

Fonte: MORGENSTERN, Scott; NEGRI, Juan.[261]

---

261 MORGENSTERN, Scott; NEGRI, Juan. Metas e Desafios do Estudo Comparativo de Legislativos. In: INÁCIO, Magna; RENNÓ, Lucio (Orgs.). *Legislativo Brasileiro em Perspectiva Comparada*. Belo Horizonte: Editora UFMG, 2009, p. 41.

Tabela 4
Representação

Variáveis dependentes	Operacionalização	Variáveis independentes
Apoio da população nos legisladores, legislativo ou democracia; Conexões entre eleitor-legislador-partido; Representação de gênero; Direita-esquerda e populismo; Oposição.	Número de legisladoras; Papel feminino em designações para comissões de mulheres; Apoio à democracia/legislativo; Protestos da população; Distribuição de vagas eleitorais; Volatilidade; papel de novos partidos; Inclusão no processo político (veto, coalisões de políticas); Papéis políticos percebidos de legisladores da oposição.	Institucional: Cotas; Sistema eleitoral; Poder do legislativo. Não institucional: Condições econômicas; Discriminação de gênero; Percepção da população; Distribuição de renda – pobreza; Variáveis internacionais; Cultura; Fraqueza dos partidos; Institucionalização partidária; Incorporação partidária histórica; Extensões de franquia; Organizações societárias.

Fonte: MORGENSTERN, Scott; NEGRI, Juan.[262]

262 MORGENSTERN, Scott; NEGRI, Juan. Metas e Desafios do Estudo Comparativo de Legislativos. In: INÁCIO, Magna; RENNÓ, Lucio (Orgs.). *Legislativo Brasileiro em Perspectiva Comparada*. Belo Horizonte: Editora UFMG, 2009, p. 43.

Tabela 5
Organização Legislativa

Variáveis dependentes	Operacionalização/ variáveis intermediárias	Variáveis independentes
Complexidade institucional; Capacidade organizacional; Desenvolvimento organizacional.	Prerrogativas das comissões; Poderes do líder da plenária; Determinação e estabilidade de membros de comissão; Padrões de votação em comissões e na plenária. Número e profissionalização de funcionários; Senioridade.	Dispersão ideológica; Número de partidos; Composição da coalisão majoritária; Preocupações eleitorais – reeleição. Relações de líder/seguidores; Carga de trabalho.

Fonte: MORGENSTERN, Scott; NEGRI, Juan.[263]

A análise das variáveis propostas, aplicada ao mapeamento dos projetos de lei de declaração de patrimônio, ao desenho cartográfico de sua distribuição em território mineiro e à origem regional do autor da proposição, acena com resultados auspiciosos para uma pesquisa que se desenvolva, no futuro, lastreada, sobretudo, nos estudos legislativos e em teorias de política pública da ciência política. Para o propósito deste livro, considerado o objetivo geral delineado, esses subsídios cumprem a missão de ilustrar e corroborar a resposta provisória de inadequação da via escolhida pelo Legislativo para o acautelamento do patrimônio cultural e apontar vias juridicamente possíveis.

> The response that animated much of his work was, 'how much policy-making power does a legislature have?' This is the 'Mezey question' [...]. In his search for a model of legislative politics in Latin America, Scott Morgenstern poses two basic questions. First, how do the Latin American legislatures function in the new democratic period and, second, what are the ways in which legislators involve themselves in the policy process? [...]. The primary aim of this Conclusion is to broaden the notion of 'legislative performance' from various measures of legislative output – which, when combined, serve as a proxy for 'legislative autonomy' or 'policy power' – to an analysis of the performance of legislatures in the totality of the legislative process. The shift is from

---

[263] MORGENSTERN, Scott; NEGRI, Juan. Metas e Desafios do Estudo Comparativo de Legislativos. In: INÁCIO, Magna; RENNÓ, Lucio (Orgs.). *Legislativo Brasileiro em Perspectiva Comparada*. Belo Horizonte: Editora UFMG, 2009, p. 47.

the relatively narrow-gauge 'how much?' question prompted by Mezey to the broad-gauge 'how?' question, with the emphasis on process and the anatomy of legislative influence. [264]

O comportamento parlamentar e suas motivações, aliadas às variáveis postas, é relevante para o debate, em especial quando se avalia a representatividade do Poder Legislativo como "poder e voz do cidadão", mas este não foi objeto de análise, que demandaria a formulação de outra pesquisa, como uma plêiade de objetivos específicos, estratégias e procedimentos metodológicos, inclusive com pesquisa de campo destinada à testagem da aplicação das variáveis, e que será objeto de pesquisa em sede de pós-doutorado.

No que toca ao âmbito deste trabalho, o uso da teoria bourdieusiana e do conceito de campo buscou dar amparo ao objeto geral traçado de modo que as variáveis e os atores abordados nos estudos legislativos – e acima referenciados – pudessem ser reconhecidos e considerados como intervenientes no comportamento dos parlamentares e, por conseguinte, definidores da atuação do Poder Legislativo. É assim que, no Capítulo 3, identifica-se a consistência das variáveis adotadas mediante imersão no estudo de caso ali examinado e nos bastidores do processo legislativo.

Nesse sentido, a modernização e o desenvolvimento institucional[265] dos parlamentos – referente "à produção e disponibilização, para os participantes do processo legislativo, de um conjunto de recursos e procedimentos orientados para maximizar as chances de consecução dos objetivos perseguidos na casa legislativa"[266] – tracejam o mapeamento de tendências

---

264 ARTER, David. Conclusion. Questioning the 'mezey question': an interrogatory framework for the comparative study of legislatures. *The Journal of Legislative Studies*, 2006, p. 462-482.

265 Detectado na ALMG, conforme será abordado em capítulo específico, e, "notadamente na Câmara dos Deputados, e, mais recentemente, do Senado Federal, onde foram observadas iniciativas consideráveis de institucionalização de estruturas especializadas no armazenamento e na disseminação das informações legislativas. Como observado em outros contextos, a informatização dessas Casas Legislativas propiciou condições excepcionais para pesquisa empírica, particularmente àquelas baseadas em desenhos longitudinais". INÁCIO, Magna; RENNÓ, Lucio. Estudos Legislativos no Brasil. In: INÁCIO, Magna; RENNÓ, Lucio (Orgs.). *Legislativo Brasileiro em Perspectiva Comparada*. Belo Horizonte: Editora UFMG, 2009, p. 30.

266 ANASTASIA; Fátima; SANTOS, Manoel Leonardo. Introdução. In: SANTOS, Manoel Leonardo; ANASTASIA, Fatima (Org.). *Política e desenvolvimento institucional*

e experiências em quatro dimensões, observáveis nos Legislativos mais organizados, dentre eles a ALMG: agenda, processo e produção legislativa; controle e fiscalização do Poder Executivo; interlocução com a sociedade; e transparência no exercício da atividade legislativa.

Os parlamentos têm promovido, no Brasil, experiências amplamente democráticas e participativas que demonstram abertura e inovação institucional, mas que expõem, de outro lado, lacunas nos processos de deliberação e de participação efetiva nesses espaços – "quanto maior a participação, independentemente da natureza do evento, maior a chance de o indivíduo adotar uma atitude positiva em relação ao Legislativo [...]".[267]

Transparência e participação são pressupostos da conformação pós-moderna do Poder Legislativo e da gestão pública, definidoras da essência e do núcleo duro conformador da política de preservação do patrimônio cultural, conforme será abordado no Capítulo 2, e do próprio conceito constitucional vigente de patrimônio, fruto de longo aperfeiçoamento e ampliação teórica. A participação da sociedade e a possibilidade de incremento de mecanismos de deliberação pública que permitam o engajamento dos agentes e atores sociais no processo legislativo é, hoje, ponto alto da literatura e dos estudos legislativos, além de eixo de convergência dos campos analisados: campo político e campo de preservação do patrimônio.

A aplicação do conceito de campo permite analisar a dimensão da formulação das políticas públicas – escopo do problema de pesquisa – à luz da distribuição dos poderes de agenda entre os atores relevantes, uma vez que os legisladores trabalham individual e coletivamente "para realizar suas funções legislativas em três fases do processo legislativo, relativas à formulação e deliberação de políticas públicas e na fiscalização do Poder Executivo.[268] pressupondo uma atuação estatal concertada e o exercício das atividades fundamentais mediante colaboração entre os Poderes.

---

no Legislativo de Minas Gerais. Belo Horizonte: Editora PUC Minas, 2016, p. 18-19.

267 ANASTASIA; Fátima; SANTOS, Manoel Leonardo. Introdução. In: SANTOS, Manoel Leonardo; ANASTASIA, Fatima (Org.). *Política e desenvolvimento institucional no Legislativo de Minas Gerais*. Belo Horizonte: Editora PUC Minas, 2016, p. 25.

268 ARTER, David. Conclusion. Questioning the 'mezey question': an interrogatory framework for the comparative study of legislatures. *The Journal of Legislative Studies*, 2006, p. 462-482.

Nesse sentido, a questão de Mezey, citada por Arter, referente à influência do Legislativo na elaboração de políticas é essencial como ponto
de partida para análise do problema,[269] e a agenda do debate político e
jurídico atual tem como pauta central o limite das competências entre
poderes para emanar e formular atos e decisões (jurídicos e legislativos,
sobretudo) que repercutam na esfera da execução de politicas públicas,
não sendo diferente no campo da preservação e das políticas de cultura:

> Assim, se o Estado garante o pleno exercício dos direitos culturais, isso
> significa que o interessado em certa situação tem o *direito* (faculdade
> subjetiva) de reivindicar esse exercício, e o Estado o dever de possibilitar
> a realização do direito em causa. *Garantir o acesso à cultura nacional* (art.
> 215) – norma jurídica, *norma agendi* – significa conferir aos interessados
> a possibilidade efetiva desse acesso – *facultas agendi*. Quando se fala
> em *direito à cultura* se está referindo a essa possibilidade de agir confe-
> rida pela norma jurídica de cultura. Ao direito à cultura corresponde a
> obrigação correspectiva do Estado.[270]

Nesse sentido, o escopo da atuação do parlamento na formulação da
política pública de patrimônio perpassa a distribuição dos poderes de
agenda entre os atores envolvidos, o grau de interlocução institucionalizada com a sociedade – especialmente mediante representação, participação e deliberação – e, *a posteriori*, a eficiência na fiscalização do Poder
Executivo, com transparência e possibilidade de *accountability* vertical,
tendo como resultado, portanto, os "*outputs* políticos do Legislativo".[271]

Sem dúvida, torna-se relevante indagar, como propõe David Arter, como
o Poder Legislativo atua para realizar suas funções, nas três fases do processo legislativo,[272] em relação à política de preservação do patrimônio

---

269 "*How much policy-making power does a legislature have?*". ARTER, DAVID.
Conclusion. Questioning the 'mezey question': an interrogatory framework for the
comparative study of legislatures. *The Journal of Legislative Studies*, 2006, p. 462-482.

270 SILVA, José Afonso da. *Ordenação Constitucional da Cultura*. São Paulo:
Malheiros, 2001.

271 ANASTASIA; Fátima; SANTOS, Manoel Leonardo. Introdução. In: SANTOS,
Manoel Leonardo; ANASTASIA, Fátima (Org.). *Política e desenvolvimento institucional
no Legislativo de Minas Gerais*. Belo Horizonte: Editora PUC Minas, 2016, p. 29.

272 MENEGUIN, F. B.; MAGNA, I. Desempenho do Poder Legislativo: como avaliar? Brasília: Núcleo de Estudos e Pesquisas/CONLEG/Senado, Setembro/ 2014
(Texto para Discussão nº 155). Disponível em: www.senado.leg.br/estudos. Acesso
em: 11 Set. 2017.

cultural: formulação e deliberação de políticas públicas e na fiscalização do Poder Executivo.[273] Contudo, como anteriormente se registrou, cabe ao trabalho em curso perquirir acerca dos objetivos a que se propôs, buscando identificar, no recorte adotado, qual a propriedade da atuação do Poder Legislativo na elaboração de leis declaratórias que tenham por pretensão influenciar políticas públicas de preservação do patrimônio cultural, notadamente de competência exclusiva do Poder Executivo.

---

273 ARTER, David. Conclusion. Questioning the 'mezey question': an interrogatory framework for the comparative study of legislatures. *The Journal of Legislative Studies*, 2006, p. 462-482.

2. PATRIMÔNIO CULTURAL: NARRATIVA, PÓS-COLONIALISMO E TRAJETÓRIA NO CAMPO DA POLÍTICA PÚBLICA DE PRESERVAÇÃO NO BRASIL

> A fronteira se torna o lugar a partir do qual algo começa a se fazer presente [...]. Gosto de pensar que, do lado de cá da psicose do fervor patriótico, há uma evidência esmagadora de uma noção mais transnacional e translacional do hibridismo das comunidades imaginadas. (Homi Bhabha)[274]

> Eu disse: O Estado é uma ficção jurídica, portanto ele não existe. (Pierre Bourdieu)[275]

---

274 BHABHA, Homi. *O Local da Cultura.* Belo Horizonte: Editora UFMG, 2003, p. 24)

275 BOURDIEU, Pierre. *Sobre o Estado.* Tradução Rosa Freire d'Aguiar. São Paulo: Companhia das Letras, 2014, p. 57.

Imagem 62
Modo de fazer o queijo artesanal da região do Serro
Primeiro bem registrado como Patrimônio Cultural Imaterial de Minas (2002)[276]

Fonte: Foto de Maria Coeli Simões Pires[277]

Patrimônio cultural, como já conceituado, pode ser definido como tudo o que é valorizado, transmitido e perpetuado entre gerações, tornando-se fator constitutivo de identidade e de diversidade cultural local. Durante o século XX, houve a prevalência da valorização de bens culturais ma-

---

276 "O Modo de fazer o queijo artesanal da região do Serro foi o primeiro bem registrado como Patrimônio Cultural Imaterial do estado de Minas Gerais, em agosto de 2002. Esse registro busca preservar as práticas de produção do queijo artesanal desde sua chegada dos colonizadores pelas trilhas do ouro por diversas cidades mineiras, que se tornou um importante elemento econômico, cultural e simbólico". MINAS GERAIS. Instituto Estadual do Patrimônio Histórico e Artístico de Minas Gerais. *Modo de fazer o queijo artesanal da região do Serro*. Disponível em: http://www.iepha.mg.gov.br/index.php/programas-e-acoes/patrimonio-cultural-pro-tegido/bens-registrados/details/2/4/bens-registrados-modo-de-fazer-o-queijo-arte-sanal-da-regi%C3%A3o-do-serro. Acesso em: 14 out. 2019.

277 PIRES, Maria Coeli Simões. *Memória e Arte do Queijo do Serro*: O Saber sobre a Mesa. Belo Horizonte: Editora Ufmg, 2013, p. 141.

teriais, especialmente na Europa, definidos como ícones de civilização, permanência e modernidade,[278] tendência que sofreu profunda transformação ao final do século em virtude do processo de globalização,[279] de certa forma ameaçador de manifestações culturais locais. E, ainda, em razão do amadurecimento de um enfoque político pós-colonial na democracia e na diversidade cultural,[280] que ocorreu na interseção entre a história moderna europeia e as histórias contra-modernas coloniais, fazendo emergir outros *loci* de enunciação.[281]

Em 1945, com o fim da Segunda Guerra Mundial, a independência de colônias europeias, o surgimento de movimentos sociais – feministas, ambientalistas, indígenas, por direitos civis e culturais –, dentro e fora dos novos Estados, a falência do modelo nacionalista unitário e a ampliação da participação democrática semearam novas formas de interpretação e de delineamento de políticas patrimoniais, enraiadas na diversidade cultural e social das realidades pós-coloniais.

> Na esfera de análise internacional, países em desenvolvimento nos continentes africano e asiático, em especial, os recém-descolonizados, cujo patrimônio cultural é composto, predominantemente, por bens de natureza imaterial, não apenas alcançaram espaços institucionalizados em organismos internacionais, mas contribuíram, de forma definitiva e paradigmática, para a ampliação do conceito de patrimônio cultural e para a obsolescência da consolidada dicotomia "ocidente civilizado" – associado ao patrimônio material – e "não-ocidente primitivo", marcado pela prevalência de bens culturais imateriais – caracterizados, como conceitua a Organização das Nações Unidas para a Educação, a Ciência e a Cultura (UNESCO), por práticas, representações, expressões

---

278 DEACON, Harriet et al. *The Subtle Power of Intangible Heritage*. Cape Town: HSRC Press, 2004.

279 Aqui definido como o complexo de processos e forças de alteração, que ocorrem em escala global, interconectando comunidades e organizações e deslocando as identidades culturais.

280 COSTA, Mila Batista Leite C.; PIRES, C. A. S. Memória e Patrimônio Cultural no Mosaico da Urbe: Dimensões do Direito, do Esquerdo e Narrativas do Estado Pós-moderno. In: Maria Tereza Fonseca Dias; Maria Elisa Braz Barbosa; Mila Batista Leite Corrêa da Costa; Caio Barros Cordeiro. (Org.). *Estado e Propriedade*. Estudos em Homenagem à Professora Maria Coeli Simões Pires. 1ed. Belo Horizonte: Fórum, 2015, v. 1, p. 132.

281 MIGNOLO, Walter. La Razón Postcolonial: Herencias Coloniales y Teorias Postcoloniales. *In Gragoatá*. Niterói: EDUFF, 1996.

ou conhecimento associado que comunidades, grupos e, em casos específicos, indivíduos, reconhecem como parte de sua herança cultural.[282]

Aliadas a essa conformação na ordem internacional, as políticas culturais em âmbito nacional têm desempenhado papel primordial para o estabelecimento de prioridades e de diretrizes para a promoção e preservação de manifestações culturais. Deve-se ter em vista que uma política cultural tem o condão de fundar certas práticas como essenciais em virtude de sua função relevante para a formação e a manutenção de uma identidade nacional ou regional, desempenhando o Estado atribuição decisiva nesse processo de legitimação.[283]

Para Maria Cecília Londres, "a produção de um universo simbólico é, nesse caso, o objeto mesmo da ação política, daí a importância do papel que exercem os intelectuais na construção dos patrimônios culturais",[284] que possuem dois grandes desafios no campo: construir uma representação da nação propiciadora de um senso partilhado de pertencimento e promover uma seleção de bens que seja inclusiva e consensual, buscando, simultaneamente, diversidade e consenso.[285]

Em consonância com essa perspectiva, o patrimônio torna-se espaço de reflexão crítica referente à construção de heranças e significados, especialmente no contexto pós-colonial, em que surge a incorporação das dimensões e pressupostos da imaterialidade e novas formas de identificação e apoio a manifestações culturais diversas, fundamentais para a formação identitária dessas novas nações e de países como o Brasil que, embora independente desde 1822,

---

282 COSTA, Mila Batista Leite C.; PIRES, C. A. S. Memória e Patrimônio Cultural no Mosaico da Urbe: Dimensões do Direito, do Esquerdo e Narrativas do Estado Pós-moderno. In: Maria Tereza Fonseca Dias; Maria Elisa Braz Barbosa; Mila Batista Leite Corrêa da Costa; Caio Barros Cordeiro. (Org.). *Estado e Propriedade*. Estudos em Homenagem à Professora Maria Coeli Simões Pires. Belo Horizonte: Fórum, 2015, v. 1, p. 133.

283 COSTA, Mila Batista Leite C.; PIRES, C. A. S. Memória e Patrimônio Cultural no Mosaico da Urbe: Dimensões do Direito, do Esquerdo e Narrativas do Estado Pós-moderno. In: Maria Tereza Fonseca Dias; Maria Elisa Braz Barbosa; Mila Batista Leite Corrêa da Costa; Caio Barros Cordeiro. (Org.). *Estado e Propriedade*. Estudos em Homenagem à Professora Maria Coeli Simões Pires. 1ed. Belo Horizonte: Fórum, 2015, p. 133.

284 FONSECA, Maria Cecília Londres. *O Patrimônio em Processo*: trajetória da política federal de preservação no Brasil. 2 ed. rev. ampl. Rio de Janeiro: Editora UFRJ; MinC-Iphan, 2005, p. 22.

285 FONSECA, Maria Cecília Londres. *O Patrimônio em Processo*: trajetória da política federal de preservação no Brasil. 2 ed. rev. ampl. Rio de Janeiro: Editora UFRJ; MinC-Iphan, 2005.

inicia intenso trajeto de ressignificação e de questionamento da construção de seu patrimônio cultural, de sua identidade e de suas raízes coloniais a partir da década de 1920 com o movimento modernista, com impacto decisivo no desenho contemporâneo das políticas de preservação em construção.

O passado, impregnado no patrimônio cultural preservado, é repetido como signo da memória histórica para a significação do presente, com o cuidado de se realçar que "nenhuma cultura é jamais unitária em si mesma, nem simplesmente dualista na relação do Eu com o Outro".[286] Nessa linha, no escopo da cultura e dos fragmentos selecionados para a eternização do vivido, percebe-se que a interação dialética entre tempo e Direito permite a interveniência do Direito na temporalização do tempo, *pari passu* à influência do tempo na força instituinte do próprio Direito.

No campo da preservação do patrimônio cultural, resta evidenciado, diante do capital simbólico que emerge da disputa pela correlação de forças e pela escolha de bens aptos ao carreamento do significado de identidade e de pertencimento, o risco da construção de uma narrativa artificial de nação, mediante seleção autoritária da amostragem patrimonial a ser representativa da identidade cultural nacional, provocando "destemporalização",[287] questionamento suscitado pelos modernistas: "o pensamento determinista [...] gera a representação de um tempo homogêneo e uniforme, pleno e contínuo", que não traduz as nuanças da realidade.[288]

Os riscos de destemporalizações no campo da preservação do patrimônio são reais: a nostalgia da eternidade, segundo Ost, engendra ideologias totalitárias, apoiando-se na "instituição jurídica de um tempo social portador de sentido".[289] A reflexão sobre o patrimônio segue o tracejo dos quatro pontos cardeais propostos pelo autor: memória, perda, promessa e questionamento, categorias normativas e temporais – "cada uma delas traduz, a seu modo, uma dimensão da temporalização normativa que buscamos, cada uma exprime uma faceta da instituição jurídica de um tempo portador de sentido".[290] O Estado, portanto, por intermédio do Direito e

---

286 BHABHA, Homi. *O Local na Cultura*. Belo Horizonte: Editora UFMG, 2003, p. 65.

287 OST, François. *O Tempo do Direito*. Trad. Élcio Fernandes. Bauru: Edusc, 2005.

288 OST, François. *O Tempo do Direito*. Trad. Élcio Fernandes. Bauru: Edusc, 2005, p. 16.

289 OST, François. *O Tempo do Direito*. Trad. Élcio Fernandes. Bauru: Edusc, 2005.

290 OST, François. *O Tempo do Direito*. Trad. Élcio Fernandes. Bauru: Edusc, 2005, p. 18.

de seus instrumentos de seleção, "dá o espetáculo de uma paisagem em recomposição permanente".[291]

Assim como o próprio Direito em Ost, o "patrimônio cultural" pode ser caracterizado como um "tecido de ficções operatórias que reduzem o sentido e o valor da vida em sociedade".[292] O Direito, a lei e a escolha do patrimônio cultural instituem o significado do tempo, das narrativas fundantes do Estado-nação e dos laços sociais, oferecendo "aos indivíduos as marcas necessárias para sua identidade e autonomia".[293]

> É o primeiro tempo, propriamente político e presentista, prontamente seguido de um outro, que leva a reconhecer o tempo como ator. Um ator pioneiro e duplamente da operação. Há o tempo longo, aquele que restitui e a quem é preciso restituir; e o tempo imediato, aquele da experiência inédita da aceleração. A antiga ordem do tempo se quebra e, uma vez passado o momento tábula rasa, a ordem moderna não sabe ainda muito como se formular.[294]

Nesse compasso, no campo do patrimônio, em que há sempre o risco de representação artificial de um tempo homogêneo, uniforme, pleno e contínuo, ligar e desligar o tempo com temperança é essencial para a construção dos laços sociais e identitários mais inclusivos, sedimentados na escolha de bens e de manifestações culturais efetivamente referenciadores da sociedade e das práticas sociais – e a trajetória de patrimonialização, no Brasil, corrobora e, simultaneamente, desconstrói esse paradigma na prática dos órgãos de proteção patrimonial, em especial, após a abertura promovida pela Constituição de 1988.

---

291 OST, François. *O Tempo do Direito*. Trad. Élcio Fernandes. Bauru: Edusc, 2005, p. 310.

292 OST, François. *O Tempo do Direito*. Trad. Élcio Fernandes. Bauru: Edusc, 2005.

293 OST, François. *O Tempo do Direito*. Trad. Élcio Fernandes. Bauru: Edusc, 2005.

294 HARTOG, François. *Regimes de Historicidade*: presentismo e experiências do tempo. Belo Horizonte: Autêntica, 2013, p. 229-230.

2.1. ESTADO, NARRATIVAS NACIONAIS E POLÍTICAS DE PRESERVAÇÃO DO PATRIMÔNIO CULTURAL[295]

> O valor da herança é algo inscrito no presente porque representa aquilo que quase perdemos e gostaríamos de utilizar como prova do que somos e de onde queremos chegar no futuro. Identificar o que constitui a herança é designar o seu valor e, portanto, um processo subjetivo profundo, que acontece no atual contexto das tendências sociais e políticas no âmbito nacional e internacional e que, frequentemente, favorece certos grupos em detrimento de outros (tradução nossa).[296]

Ao influxo da proeminência da atuação estatal na condução das políticas patrimoniais, para enfrentamento do problema investigado, merece tratamento a relação nação/soberania, consolidada a partir do discurso político da Revolução Francesa, por vincular o conceito de "Nação" ao Estado, "tornando-a uma construção de grupos sociais determinados e objeto de uma política de identidade que recairia sobre três componentes: o sentimento e a consciência nacionais e a identidade social".[297]

A invenção do conceito moderno de patrimônio cultural surge com a consolidação dos Estados nacionais e das figuras estruturantes *povo*, *território*, *cultura* e *língua comuns*, nomeadamente com a Revolução Francesa de 1789, elementos construídos e sedimentados via *habitus*, naturalização inconsciente promovida por intermédio de mecanismos de reprodução social.

---

295 Não é objetivo desta pesquisa debruçar-se sobre a gênese da preservação do patrimônio, mas apenas demonstrar, com o recorte proposto, como sua construção, vinculada à formação do Estado-nação e das identidades nacionais pós-Revolução Francesa, pode ser compreendida pelo olhar bourdieusiano da conformação do poder simbólico e como a ampliação do conceito, após o processo de descolonização, promove um giro paradigmático que amplia o escopo de agentes legitimados para a preservação no campo e insere o Poder Legislativo no debate.

296 DEACON, Harriet et al. Legal and financial instruments for safeguarding our intangible heritage. In: *14th ICOMOS General Assembly and International Symposium*: Place, memory, meaning: preserving intangible values in monuments and sites, *Proceedings* ... 27 – 31 oct 2003, p. 3.

297 COSTA, Mila Batista Leite C.; PIRES, C. A. S. Memória e Patrimônio Cultural no Mosaico da Urbe: Dimensões do Direito, do Esquerdo e Narrativas do Estado Pós-moderno. In: Maria Tereza Fonseca Dias; Maria Elisa Braz Barbosa; Mila Batista Leite Corrêa da Costa; Caio Barros Cordeiro. (Org.). *Estado e Propriedade*. Estudos em Homenagem à Professora Maria Coeli Simões Pires. 1ed. Belo Horizonte: Fórum, 2015.

> O *habitus* seria um sistema de estruturas cognitivas e motivadoras, ou seja, um sistema de **disposições duráveis** inculcadas desde a mais tenra infância que pré-molda possibilidades e impossibilidades, possibilidades e proibições, liberdades e limites de acordo com as condições objetivas. [...] O *habitus* **seria, portanto, um esquema de conduta e comportamento que passa a gerar práticas individuais e coletivas** (grifo nosso).[298]

A seleção de bens constituidores do patrimônio cultural, nesse contexto, sedimentou as bases materiais para a concepção de uma cultura e identidade em formação naquele momento embrionário do Estado francês, datando a primeira lei de proteção ao patrimônio de 1887, para preservação dos monumentos nacionais que representariam a nação francesa, quando, "pela primeira vez, a gestão das antiguidades recebe uma delimitação jurídica, administrativa e territorial fundada sobre um trabalho científico e sistemático".[299]

A Revolução Francesa teve impacto significativo na formação dos Estados modernos e "respectivos processos de constitucionalização e na formatação do corpo legislativo a formar seus quadros jurídicos".[300] E, no campo do patrimônio, "a preocupação com a conservação de objetos materiais em pertencentes a todo um grupo-nação – contida na intenção mais ampla de resgatar um passado nacional – data, sem dúvida, do período pós-Revolução Francesa".[301]

A definição hoje sedimentada de patrimônio – "objetos visíveis investidos de significação" – [302] é, portanto, simulada pelo Estado moderno. O conceito de nação é forjado via políticas culturais de identidade ou por intermédio de discursos retórico-nacionalistas de grupos determinados, tornando-se objeto de apropriação pautada pela construção de identidades e de memórias unas

---

298 SOUZA, Jessé. *A construção da subcidadania*: para uma sociologia política da modernidade periférica. 2 ed. Belo Horizonte: Editora UFMG, 2012, p.45-46.

299 CHOAY, Françoise. O Patrimônio em Questão: antologia para um debate. Belo Horizonte: Fino Traço, 2011, p. 89.

300 CAMPOS, Yussef Daibert Salomão de. O Patrimônio Cultural como objeto de Lei: legalização, constituinte, revolução. In: CAMPOS, Yussef Daibert Salomão de (Org.). *Patrimônio Cultural Plural*. Belo Horizonte: Arraes Editores, 2015.

301 CHUVA, Márcia Regina Romero. *Os Arquitetos da Memória*: sociogênese das práticas de preservação do patrimônio cultural no Brasil (anos 1930-1940). Rio de Janeiro: UFRJ, 2009, p. 47.

302 HARTOG, François. *Regimes de Historicidade*: presentismo e experiências do tempo. Belo Horizonte: Autêntica, 2013, p. 197.

e homogêneas e pela apropriação de um elemento subjetivo: a narrativa, reconhecida como sistema de significação e de representação cultural.[303]

A nação, constrói-se, portanto, à medida que vai sendo narrada, formatada, discursivamente, pelo veio da apropriação de culturas ou de tradições como produtos de ações humanas histórica e socioculturalmente situadas, ganhando a definição de:

> território cultural disputado, onde o povo tem de ser pensado em um tempo duplo, as pessoas são "objetos" históricos de uma pedagogia nacionalista, atribuindo ao discurso uma autoridade que se baseia no pré-estabelecido ou a origem histórica construída ou no evento. As pessoas são também os sujeitos de um processo de significação que deve obliterar qualquer presença anterior ou originária do povo-nação para demonstrar o prodigioso princípio ativo do povo como aquele processo contínuo através do qual a vida nacional é redimida e significada como um processo repetitivo e reprodutivo.[304]

Em José Reginaldo Gonçalves, "narrativas nacionais são modalidades discursivas cujo propósito fundamental é a construção de uma memória e de uma identidade nacionais".[305] De acordo com o autor, a nação, vista como uma comunidade imaginada,[306] pode ser construída discursivamente por meio da apropriação de culturas ou tradições como produtos de ações humanas histórica e socioculturalmente situadas,[307] processo definido como "objetificação cultural", caracterizado como a tendência da lógica cultural ocidental a imaginar fenômenos não materiais como se fossem concretos, objetos físicos existentes.

---

303 COSTA, Mila Batista Leite C.; PIRES, C. A. S. Memória e Patrimônio Cultural no Mosaico da Urbe: Dimensões do Direito, do Esquerdo e Narrativas do Estado Pós-moderno. In: Maria Tereza Fonseca Dias; Maria Elisa Braz Barbosa; Mila Batista Leite Corrêa da Costa; Caio Barros Cordeiro. (Org.). *Estado e Propriedade*. Estudos em Homenagem à Professora Maria Coeli Simões Pires. 1ed. Belo Horizonte: Fórum, 2015.

304 BHABHA, Homi. *O Local na Cultura*. Belo Horizonte: Editora UFMG, 2003, p. 206-207.

305 GONÇALVES, José Reginaldo Santos. *A Retórica da Perda*. Rio de Janeiro: Editora UFRJ, 1996.

306 ANDERSON, Benedict. *Comunidades Imaginadas*. São Paulo: Companhia das Letras, 2008.

307 As expressões história e política devem ser consideradas como construções culturais e não realidades preexistentes, substantivamente concretas. GONÇALVES, José Reginaldo Santos. *A Retórica da Perda*. Rio de Janeiro: Editora UFRJ, 1996.

A forma narrativa é diferenciada pelo uso de um "enredo" por meio do qual os acontecimentos são rigorosamente interconectados em uma estrutura sequencial, com um começo, um meio e um fim. O enredo torna possível a apresentação dos eventos históricos como um todo coerente e interconectado [...] de acontecimentos [imersos em] uma estrutura ficcional que os reapresenta como se possuíssem em si mesmos atributos de coerência e objetividade.[308]

No cerne da narrativa, o universo social apresenta as condições e possibilidades de produção e de circulação linguísticas – "economia das trocas linguísticas".[309] Os discursos, em Bourdieu, dependem dessas relações de produção linguística e de correlação de força entre os grupos que possuem "competência" para produzir os discursos, no direito à palavra e no poder de impor a recepção. A estrutura da relação de produção linguística depende das relações de força simbólica entre os locutores, em consonância com a relevância de seu "capital de autoridade" e de sua capacidade de se fazer ouvir – a palavra só existe submersa em situações e condições de instauração da comunicação.[310]

No campo da construção das políticas de preservação, avaliadas as condições de produção e circulação dos discursos dos atores, percebe-se a sobressalência da competência discursiva estatal – com a proeminência do Poder Executivo por intermédio dos órgãos patrimoniais. Essa narrativa histórica transforma o real em objeto de desejo, na medida em que o apresenta a partir de "um todo coerente e distante, inibindo a dimensão caótica e arbitrária do real"[311] e trata a nação – assim como seu passado e cultura – como entidade dotada de coerência e continuidade.

São narrativas contadas e recontadas indefinidamente como tentativa de forjar sua legitimidade por meio da repetibilidade ao longo do processo de construção da identidade nacional. A produção e reprodução simbólicas funcionam como elemento de integração moral, legitimam uma determinada ordem e reproduzem "distinções" – além de funcionar

---

308 GONÇALVES, José Reginaldo Santos. *A Retórica da Perda*. Rio de Janeiro: Editora UFRJ, 1996, p. 16.

309 BOURDIEU, Pierre. A Economia das Trocas Linguísticas. In: ORTIZ, Renato (org.). *A Sociologia de Pierre Bourdieu*. São Paulo: Olho d'Água, 2003, p. 145.

310 BOURDIEU, Pierre. A Economia das Trocas Linguísticas. In: ORTIZ, Renato (org.). *A Sociologia de Pierre Bourdieu*. São Paulo: Olho d'Água, 2003, p. 145.

311 GONÇALVES, José Reginaldo Santos. *A Retórica da Perda*. Rio de Janeiro: Editora UFRJ, 1996, p.17.

como força de dominação de classes e frações de classe, que estão em luta simbólica pela definição do mundo social.[312]

A nação, de acordo com o José Reginaldo Gonçalves, passa a ser concebida como um distante objeto de desejo, uma ausência – com um longínquo passado nacional e identidade cultural autêntica – perpassada pela narrativa imposta pela estratégia do discurso nacional que tenta, por meio desse processo ilusório, transcender essa distância.[313] Nesse sentido, consolida-se um sistema de objetos e referências, que desempenha papel fundamental no processo de formação de identidades de grupos sociais na sociedade moderna e se perpetua por meio de práticas culturais de preservação histórica desde fins do século XVIII e início do século XIX.[314] São diferentes formas de objetos utilizados com o intuito de retratar categorias sociais e culturais binárias como primitivo/civilizado, passado/ presente, cultura estrangeira/cultura nacional que estão sendo ameaçadas pela perda progressiva estabelecida pela concepção moderna de história.

> A referência ao passado serve para manter a coesão dos grupos e das instituições que compõem uma sociedade, para definir seu lugar respectivo, sua complementariedade, mas também as oposições irredutíveis. Manter a coesão interna e defender as fronteiras daquilo que um grupo tem em comum, em que se inclui o território (no caso de Estados), eis as duas funções essenciais da memória comum. Isso significa fornecer um quadro de referências e de pontos de referência.[315]

O robustecimento de um discurso estatal baseado na ideia de que o passado, bem como as diferenças entre as culturas, tende a desaparecer, de forma a manifestar um espaço marcado pela reificação e pela uniformidade do local, legitima práticas e políticas de preservação de bens culturais representativos de determinados grupos sociais, oferecendo as sementes dialógicas desse processo de destruição, bem como de sua pró-

---

312 BOURDIEU, Pierre. *O Poder Simbólico*. 4. ed. Rio de Janeiro: Bertrand Brasil, 2001.

313 Essa distância é aquela estabelecida entre linguagem e experiência, símbolo e o que é simbolizado, significante e significado, desejo e objeto de desejo, sempre recriada na tentativa de superá-la. GONÇALVES, José Reginaldo Santos. *A Retórica da Perda*. Rio de Janeiro: Editora UFRJ, 1996.

314 GONÇALVES, José Reginaldo Santos. *A Retórica da Perda*. Rio de Janeiro: Editora UFRJ, 1996.

315 POLLAK, Michael. Memória, Esquecimento, Silêncio. Tradução Dora Rocha Flaksman. *Estudos Históricos*, Rio de Janeiro, vol. 2, n. 3, 1989, p. 3-15.

pria formação. Esse poder simbólico é determinado por sua capacidade de construção da realidade, que "tende a estabelecer uma ordem gnosiológica: o sentido imediato do mundo (e, em particular, do mundo social) supõe aquilo a que Durkheim chama o conformismo lógico",[316] significando "uma concepção homogênea do tempo, do espaço, do número, da causa, que torna possível a concordância entre as inteligências"[317] e, igualmente, da memória, da identidade e do patrimônio cultural.

O presente parece ser corroído por esse suposto processo de perda que o distancia de sua situação originária, fomentando a estruturação de políticas patrimoniais com o intuito de restabelecer uma continuidade com aquela situação anterior: o processo de fragmentação coexiste com o esforço de preservação no cerne do discurso patrimonial. Para José Reginaldo Gonçalves, "é o distanciamento dos objetos no tempo e no espaço que os transforma em objetos de desejo: objetos autênticos, que merecem ser resgatados como parte representativa de um patrimônio cultural"[318] e, por isso, são apropriados, restaurados e preservados.

> A noção de apropriação desempenha uma função central nos discursos do patrimônio cultural. [...]. No contexto dos discursos sobre o patrimônio cultural, a apropriação é entendida como uma resposta necessária à fragmentação e à transitoriedade dos objetos e valores. **Apropriar-se é sinônimo de preservação e definição de uma identidade, o que significa dizer, no plano das narrativas nacionais, que uma nação torna-se o que ela é na medida em que se apropria do seu patrimônio. [...] um esforço no sentido de restabelecer ou defender a continuidade e a integridade do que define a identidade e a memória nacional;** um esforço no sentido de transcender a inautenticidade e garantir a "'autenticidade" ao restaurar e defender um evanescente "sentimento de ser [...]. **As práticas de apropriação, restauração e preservação desses objetos são estruturalmente articuladas por um" desejo permanente e insaciável" pela autenticidade, uma autenticidade que é o efeito da sua própria perda** (grifo nosso).[319]

316 BOURDIEU, Pierre. *O Poder Simbólico*. 4. ed. Rio de Janeiro: Bertrand Brasil, 2001, p. 9.

317 BOURDIEU, Pierre. *O Poder Simbólico*. 4. ed. Rio de Janeiro: Bertrand Brasil, 2001, p. 9.

318 GONÇALVES, José Reginaldo Santos. A Retórica da Perda. Rio de Janeiro: Editora UFRJ, 1996, p. 25.

319 GONÇALVES, José Reginaldo Santos. A Retórica da Perda. Rio de Janeiro: Editora UFRJ, 1996, p. 24.

Essas narrativas, consubstanciadas em políticas de preservação patrimonial, são capazes de assegurar que a cultura nacional permaneça ilusoriamente como algo coerente, íntegro, projetando a perda "para fora do discurso, como se representasse uma violência externa".[320] O conceito de perda utilizado pelos intelectuais nacionalistas, contudo – nomeadamente nas fases iniciais de construção de políticas patrimoniais –, nada mais simboliza que o efeito de diferenças analisadas como pré-condições existentes no interior das práticas de apropriação e das culturas nacionais. Museus e coleções ocidentais buscam realizar a infindável tarefa de "cobrir o intervalo entre linguagem e experiência",[321] quando o símbolo se manifesta via assassinato do objeto que é desejado, constituindo-se no sujeito a eternalização de seu desejo, simbolizando uma realidade que nunca será resgatada, em verdade.

Em suma, pode-se apreender que as narrativas nacionais sobre patrimônios são ancoradas sobre a memória e a identidade nacionais consoante determinada "estrutura de desejo",[322] retirando a nação da história e transformando-a em um distante, coerente e permanente objeto desse desejo. A interminável dialética entre desaparecimento e reconstrução é o motor dessas narrativas nacionais "patrimoniais" em busca de autenticidade e redenção, que não é finalizada com o resgate por meio da preservação do patrimônio. Elas são, a bem da verdade, "o efeito da diferença entre a busca do passado autêntico ou da cultura popular autêntica, ou ainda da identidade nacional autêntica e essas entidades objetificadas".[323]

Nesse viés, essa narrativa pressupõe uma situação originária de pureza, integridade e continuidade, seguida, *a posteriori*, de impureza, desintegração e descontinuidade. O discurso constrói a história, portanto, como um movimento destrutivo em que a nação é colocada em constante processo de perda de seu patrimônio cultural e, por conseguinte, com sua própria existência ameaçada, somente restando como alternativa defender, proteger, preservar, restaurar e apropriar-se de seu patrimônio. A missão dos técnicos e intelectuais que se propõem a pensar o patrimônio seria a de proteger os valores supostamente ameaçados e redimi-los em sua dimensão de permanência e transcendência.

---

320 GONÇALVES, José Reginaldo Santos. A Retórica da Perda. Rio de Janeiro: Editora UFRJ, 1996, p. 25.

321 GONÇALVES, José Reginaldo Santos. *A Retórica da Perda*. Rio de Janeiro: Editora UFRJ, 1996, p. 25.

322 STEWART, Susan. *On longing:* narratives of miniature, the gigantic, the souvenir, the collection. Baltimore: Johns Hopkins University Press, 1984.

323 GONÇALVES, José Reginaldo Santos. *A Retórica da Perda*. Rio de Janeiro: Editora UFRJ, 1996, p.31.

Nesse quadro, o processo de perda desse patrimônio seria propiciado pelas próprias narrativas partilhadas por esses intelectuais, na medida em que os valores em "desaparecimento" são por eles produzidos quando se (re)apropriam de vários objetos e os (re)contextualizam por meio de políticas de Estado em nome da nação ou de um grupo social. O poder simbólico subjacente e inscrito no processo de resgate do patrimônio cultural pelo Estado tende a reproduzir as formas simbólicas estabelecidas no universo maior – que consagra categorias de distinção –,[324] em reprodução de uma lógica simbólica que envolve pactos e concessões. O contexto democrático reposiciona a sociedade civil, o mercado e também o Poder Legislativo no campo, que, nessa moldura, busca posição distintiva e lugar de competência discursiva, frente aos intelectuais e ao Poder Executivo, sob o argumento de vetor dos anseios e demandas da sociedade.

As relações simbólicas entre esses atores definem a transmissão do capital cultural entre as gerações, cujo sistema de hereditariedade social, de reprodução do capital acumulado, interfere na perpetuação das estruturas sociais. O poder simbólico funciona impondo e inculcando instrumentos de conhecimento e expressão – por isso compõe e "recompõe" o *habitus* de todos os atores em luta no campo – sendo exercido para promover interferências e desvios sobre frações dominadas. É importante destacar que, apesar do reposicionamento da sociedade, devido aos avanços democráticos, e de sua capacidade de consolidar certa competência discursiva, ela se apresenta como fração dominada na disputa simbólica da correlação entre os grupos em disputa.

Em Bourdieu, "os sistemas simbólicos distinguem-se fundamentalmente conforme sejam produzidos e, ao mesmo tempo, apropriados pelo conjunto do grupo ou, pelo contrário, produzidos por um corpo de especialistas [...]".[325] Para o autor, "a história da transformação do mito em religião (ideologia) não se pode separar da história da constituição de um corpo de produtores especializados de discursos e de ritos religiosos [...]"[326] – *in casu*, produtores

---

324 As análises de Bourdieu sobre dominação e reprodução da dominação passam pela dominação simbólica, que na origem está relacionada às classes. O modo de existência das classes sociais são mecanismos para se compreender o corpo social, definidas economicamente e por seus registros simbólicos relacionados a concepções de mundo e práticas de vida BOURDIEU, Pierre. Trabalhos e Projetos. In: ORTIZ, Renato (org.). *A Sociologia de Pierre Bourdieu*. São Paulo: Olho d'Água, 2003, p. 32-38.

325 BOURDIEU, Pierre. *O Poder Simbólico*. 4. ed. Rio de Janeiro: Bertrand Brasil, 2001, p. 12.

326 BOURDIEU, Pierre. *O Poder Simbólico*. 4. ed. Rio de Janeiro: Bertrand Brasil, 2001, p. 12.

especialidados de discursos e de ritos de preservação do patrimônio que reproduzem o sistema de dominação simbólica no campo da cultura e, por conseguinte, da memória e da identidade nacional.

A cultura, nesse sentido, quando apropriada, pressupõe a possibilidade de sua perda, considerando ser uma estratégia discursiva que apresenta a cultura nacional como uma realidade objetiva: "a identidade nacional existe como uma resposta positiva à possibilidade de sua irreparável perda".[327] Bhabha define a nação moderna como uma forma obscura e ubíqua de viver a localidade,[328] em que estratégias complexas de identificação cultural e de indagações discursivas atuam em nome do povo e da própria nação. A cultura e a tradição tornam-se figuras retóricas de um passado nacional que transformam a nação em realidade objetiva e processo temporal:[329]

> O conceito de povo não se refere simplesmente a eventos históricos ou a componentes de um corpo político patriótico. Ele é também uma complexa estratégia retórica de referência social: sua alegação de ser representativo provoca uma crise dentro do processo de significação e interpelação discursiva. [...] o povo consiste em "objetos" históricos de uma pedagogia nacionalista, que atribui ao discurso uma autoridade que se baseia no preestabelecido ou na origem histórica constituída no passado [...]; na produção da nação como narração ocorre uma cisão entre a temporalidade continuística, cumulativa, do pedagógico e a estratégia repetitiva, recorrente, do performativo. É através deste processo de cisão que a ambivalência conceitual da sociedade moderna se torna o lugar de escrever a nação.[330]

A singularidade ensejada pelo tempo pós-colonial no processo de construção do sentido de povo e de nação é o questionamento das tradições de passado e presente, redefinindo o processo simbólico que transforma a nação, a cultura ou a comunidade em sujeitos do discurso. O elemento "povo" não significa nem o princípio nem o fim da narrativa nacional. Representa o limite entre "os poderes totalizadores do social como comunidade homo-

---

327 GONÇALVES, José Reginaldo Santos. A Retórica da Perda. Rio de Janeiro: Editora UFRJ, 1996, p.32.

328 BHABHA, Homi. O Local na Cultura. Belo Horizonte: Editora UFMG, 2003.

329 GONÇALVES, José Reginaldo Santos. A Retórica da Perda. Rio de Janeiro: Editora UFRJ, 1996.

330 BHABHA, Homi. O Local na Cultura. Belo Horizonte: Editora UFMG, 2003, p. 207.

gênea, consensual, e as forças que significam a interpelação mais específica a interesses e identidades desiguais no interior de uma população".[331]

Nesse sentido, a nação passa a ser articulada entre conceituar o povo como uma presença histórica – um objeto pedagógico, cuja autoridade se legitima em uma tradição – ou construir o povo a partir da performance da narrativa, que acaba por inseri-lo no interstício como imagem e sua significação. A consequência seria sua desestabilização como figura homogênea, uma cisão no interior da própria nação, que proporcionaria a articulação da heterogeneidade, o que implicaria a formação de um "espaço liminar de significação, que é marcado internamente pelos discursos de minorias, pelas histórias heterogêneas de povos em disputa, por autoridades antagônicas e por locais tensos de diferença cultural".[332]

A nação deixa de ser, nessa linha, o signo de modernidade homogeneizadora de diferenças culturais no plano horizontal da sociedade e a significância dessa inversão narrativa é refletida na impossibilidade de manifestação de qualquer reivindicação hegemônica ou nacionalista de domínio cultural – que é concebida como horizontal, homogênea e simbólica. O povo deixa de estar engajado no discurso nacional progressista, horizontal, homogeneizador, se inscrevendo como objeto pedagógico e sujeito performativo ao inverter os princípios da cultura nacional que tenta voltar a um passado nacional autêntico, "frequentemente representado nas formas reificadas do realismo e do estereótipo".[333]

Surge, nessa perspectiva, uma "zona de instabilidade oculta", nascida desses conhecimentos pedagógicos e narrativas nacionais continuístas, em que a cultura nacional será articulada como "uma dialética de temporalidades diversas – moderna, colonial, pós-colonial, nativa".[334] "Essas temporalidades pós-coloniais nos forçam a repensar a relação entre o tempo do significado e o signo da história no interior destas linguagens,

---

331 BHABHA, Homi. *O Local na Cultura*. Belo Horizonte: Editora UFMG, 2003, p.207.

332 BHABHA, Homi. *O Local na Cultura*. Belo Horizonte: Editora UFMG, 2003, p. 210.

333 BHABHA, Homi. *O Local na Cultura*. Belo Horizonte: Editora UFMG, 2003, p. 215.

334 BHABHA, Homi. *O Local na Cultura*. Belo Horizonte: Editora UFMG, 2003, p. 215.

políticas ou literárias, que designam o povo 'como um'".[335] A memória nacional, especialmente a memória nacional pós-colonial, é o lugar do hibridismo e do deslocamento de narrativas que possibilita a emergência de novas perspectivas de preservação e apropriação que incluem as manifestações culturais imateriais.[336]

Nesse sentido, tendo por base o conceito de narrativa da nação moderna, entende-se que o incremento do debate relativo à inclusão da preservação de bens culturais de natureza imaterial ocorreu a partir do processo de descolonização desencadeado após a Segunda Guerra Mundial, como consequência da formação de hibridismos culturais e raciais que sustentam os discursos nacionais do patrimônio cultural,[337] especialmente em países recém-descolonizados.[338] O período pós-colonial, portanto, foi marcado pela emergência de novos Estados-nação nos territórios colonizados após a Segunda Guerra Mundial, herdeiros de um modelo de nacionalidade europeu do século XVII, consolidado no século XIX, representativo de uma nação tratada como comunidade simbólica[339], mas que passam a questionar a ordem identitária e cultural vigente.

Até 1945, contudo, mormente durante o século XIX, a política em torno do patrimônio cultural foi resultado de um projeto iluminista de inclusão de objetos exóticos – especialmente aqueles originários de civilizações caracterizadas como não ocidentais –, em pesquisas e colecionamentos de arquivos e museus, tornando as instituições vinculadas ao patrimônio instrumentos consolidados de construção da identidade nacional que não apenas registravam a história, mas também a legitimavam.

---

335 BHABHA, Homi. *O Local na Cultura*. Belo Horizonte: Editora UFMG, 2003, p.217.

336 BHABHA, Homi. *O Local na Cultura*. Belo Horizonte: Editora UFMG, 2003.

337 Os bens patrimoniais são materialidades e práticas culturais que se destacam do tecido social por mediarem distintos fatos históricos memoráveis, personagens ilustres ou por representarem heranças técnicas, estéticas e culturais de temporalidades passadas. PELLEGRINO, Carlos T. *Patrimônio Cultural Urbano:* de quem? Para o quê? 2002. Disponível em: http://www.equiponaya.com.ar/congreso2002/ponencias/carlos_tranquilli_pellegrino.htm. Acesso em 14 out. 2019.

338 COSTA, Mila Batista Leite Corrêa da. *A Preservação da Herança Cultural Intangível:* A Contribuição das Nações Unidas. Guia de Estudos, Belo Horizonte, p.198-211, set. 2004.

339 FAIRWEATHER, Ian. Anthropology, Postcolonialism and the Museum. *Social Analysis*, v. 48, Issue 1, p1, 4p, Spring2004.

Os impérios coloniais iniciaram um processo de intercâmbio e de consumo de bens culturais oriundos das colônias, ampliando a diversidade cultural no âmago das instituições culturais europeias, mas, simultaneamente, fomentando o nascimento e a institucionalização de uma estrutura de proteção nas colônias, via construção de museus, bibliotecas e arquivos que preservavam, especialmente, trabalhos arquitetônicos indígenas.

Ao longo dessa trajetória de preservação iniciada no século XIX, as instituições culturais vinculadas ao patrimônio passaram a refletir e assimilar os processos históricos em que se inseriam: os museus, imersos e engajados na ideia de globalização, acabaram por cumprir o papel de disseminadores de informações de povos e países distantes da realidade europeia – ainda ocidentalizada, mas aberta à diversidade e à curiosidade propiciada pelos estudos antropológicos iniciados naquele período. Em muitos casos, o acesso a informações históricas das colônias era mais facilitado nas capitais dos impérios coloniais que nas próprias colônias.

Nesse viés, no escopo das políticas museológicas, eram adotados dois padrões de seleção de objetos para a preservação: o clássico e o romântico[340] – o primeiro focado em objetos e monumentos que deveriam refletir a excelência e a qualidade da produção humana no campo artístico, científico e tecnológico, enfatizando, desse modo, a materialidade dos bens da cultura, de acordo com a definição cultural europeia em voga; o segundo, por sua vez, propondo uma base de preservação calcada na identidade: instrumentos, comportamentos e performances eram alvos desse processo de seleção, gravados como testemunhos da atividade humana no âmbito da religião, estruturas sociais, comércio, artes e cultura popular. Objetos materiais eram considerados tão significantes quanto os traços imateriais dos costumes e das tradições.

Já no início do século XX, organizações para a preservação do patrimônio nasceram de políticas culturais nacionais próprias, não apenas em países colonizados pelo ocidente, mas, também, em Estados independentes fora do continente europeu. O processo de descolonização produziu uma nova geração de instituições culturais cuja ideologia e *modus operandi* determinaram a independência cultural de muitos Estados, preservando a unidade interna com base em uma cultura compartilhada e mesclando os dois tipos de padrões de preservação. Até 1945, portanto, coletar e preservar

---

340 HALBERTSMA, Marlite; LUÏSCIUS, Alex Van S. *Globalization and Cultural Heritage*. 2004. Disponível em: www.fhk.eur.nl/onderzoek/globalisation/ globalisationandculturalheritage.pdf. Acesso em 2 nov.2015.

o patrimônio cultural em instituições públicas ou semipúblicas, como museus e arquivos, eram atividades predominantemente ocidentais.[341]

Após 1945, para as nações emergentes, promover a perfeita identificação entre o Estado e a cultura nacional tornou-se um desafio, bem como para as metrópoles, que acabaram por sofrer forte influência multicultural com a queda das barreiras entre "os dois mundos": o apelo à tradição foi alçado a referencial, no intuito de justificar os arranjos sociais presentes com base em origens remotas, em uma autenticidade questionável.[342]

Nesse compasso, o número de instituições vinculadas ao patrimônio ampliou-se sobremaneira quando a Unesco introduziu, simultaneamente, as noções de herança mundial e herança intangível,[343] convertendo em uma temática global a discussão referente à definição, à função e ao uso do patrimônio cultural e suas respectivas instituições de fomento e proteção.

> Ao final do século XX, o museu veio a ser concebido como fórum para debater o passado, mais do que um espaço onde modelos objetivos da realidade são dispostos para a edificação do público. Entretanto, tentativas recentes para a inclusão das vozes daqueles antes silenciados pela voz da autoridade do poder colonial nos debates têm suscitado questões acerca de quem deve participar nesse fórum. Qualquer exibição que tente representar todo um grupo ou região está fadada a ser controversa, mas em alguns casos, ela fornece às populações uma oportunidade de controlar a maneira por meio da qual elas são representadas (tradução nossa).[344]

---

341 HALBERTSMA, Marlite; LUÏSCIUS, Alex Van S. *Globalization and Cultural Heritage.* 2004. Disponível em: www.fhk.eur.nl/onderzoek/globalisation/ globalisationandculturalheritage.pdf. Acesso em 2 nov.2015.

342 COSTA, Mila Batista Leite Corrêa da. Patrimônio Cultural e Identidade Pós-colonial: Memória, Hibridismo, Violência e Representação. In: LOPES, Mônica Sette; MATOS, Andityas Soares de M. C.; SANTANA, Eder Fernandes. (Org.). *Representações da violência:* direito, literatura, cinema e outras artes. 1ed.Belo Horizonte: D'Plácido, 2017, v. 1, p. 69-96.

343 Cf. Principais convenções internacionais da Unesco: *World Heritage Convention* (Unesco, 1972), *Intangible Heritage Convention* (Unesco, 2003) e *Convention on the Protection and Promotion of the Diversity of Cultural Expressions* (Unesco, 2005). E, ainda, a Carta de Veneza (1964) e a Declaração de Amsterdã (1975). UNESCO. Carta de Veneza. Carta Internacional sobre Conservação e Restauração de Sítios. 1964. Disponível em: http://portal.iphan.gov.br/uploads/ckfinder/arquivos/Carta%20 de%20Veneza%201964.pdf. Acesso em: 15 fev. 2017.

344 FAIRWEATHER, Ian. Anthropology, Postcolonialism and the Museum. *Social Analysis,* v. 48, Issue 1, p1, 4p, Spring2004, p.2.

Hoje, apesar de a retórica do patrimônio nacional – no escopo da permanência de fórmulas tradicionais positivistas de leitura e tradução do *modus operandi* de preservação –, ainda reproduzir a ideia de que a nação é unívoca e centrada em uma cultura unívoca, um espaço discursivo foi aberto para a expressão e representação do local.[345] Teóricos dos estudos pós-coloniais têm reconhecido a importância de se conservar as tradições culturais indígenas e nativas, mas, também, de se reaver as histórias coloniais de opressão com o intuito de construir objetos e conteúdos para uma análise mais fidedigna da cultura moderna, mesmo que represente a possibilidade de estabelecimento e de reconhecimento de identidades em imagens romantizadas do passado. O fim do período colonial representou, assim, o desmoronamento de uma visão hegemônica de mundo e provocou o nascimento de desafios às instituições culturais na maneira de representar a cultura, tanto para o colonizado quanto para o colonizador[346] ao definirem, dialeticamente, o próprio conteúdo do patrimônio.[347]

Nesse contexto, o grande desafio da cultura pós-colonial moderna, especialmente nas nações recém-descolonizadas, é conseguir criar estratégias de representação que não reproduzam os meios organizacionais da experiência colonial e sua estrutura de teias de submissão cultural, mas que reflitam os meios representacionais dessas "vozes dissonantes" da pós-modernidade, considerando, para esse fim, inadequado o papel de narrativa majoritária atribuída ao Estado.[348] O princípio exclusivo de autoridade já não mais se sustenta em um quadro pós-moderno democrático, que pressupõe a organização da própria sociedade para que a diversidade de interesses prevaleça[349] e não aqueles relativos a classes – na acepção de Bourdieu –,[350]

---

345 FAIRWEATHER, Ian. Anthropology, Postcolonialism and the Museum. *Social Analysis*, v. 48, Issue 1, p1, 4p, Spring2004.

346 FAIRWEATHER, Ian. Anthropology, Postcolonialism and the Museum. *Social Analysis*, v. 48, Issue 1, p1, 4p, Spring2004

347 HALBERTSMA, Marlite; LUÏSCIUS, Alex Van S. *Globalization and Cultural Heritage*. 2004. Disponível em: www.fhk.eur.nl/onderzoek/globalisation/ globalisationand**culturalheritage**.pdf. Acesso em 2 nov.2015.

348 FAIRWEATHER, Ian. Anthropology, Postcolonialism and the Museum. *Social Analysis*, v. 48, Issue 1, p1, 4p, Spring2004

349 FONSECA, Maria Cecília Londres. Referências Culturais: Base para Novas Políticas de Patrimônio. In: CORSINO e outros. *Inventário Nacional de Referências Culturais:* Manual de Aplicação. Brasília: Instituto do Patrimônio Histórico e Artístico Nacional, 2000.

350 BOURDIEU, Pierre. *O Poder Simbólico*. 4. ed. Rio de Janeiro: Bertrand Brasil, 2001, p. 12.

de grupos de maior poder econômico ou intelectual que falam em nome de um conceito unívoco de nação.

> Os sistemas ideológicos que os especialistas produzem para a luta pelo monopólio da produção ideológica legítima – e por meio dessa luta –, sendo instrumentos de dominação estruturantes pois que estão estruturados, reproduzem sob forma irreconhecível, por intermédio da homologia entre o campo de produção ideológica e o campo das classes sociais, a estrutura do campo das classes sociais.[351]

A mudança de paradigma no campo do patrimônio cultural, em que a noção jurídica de bem cultural rompe com o conceito anterior dado e definido exclusivamente pela vontade estatal – *autoridade* –, impõe novo modelo de densificação do conteúdo aberto de patrimônio: "identidade", "memória", "ação" passam a ser definições determináveis pela via da *alteridade*.[352]

O trabalho fronteiriço da cultura demanda o encontro com o novo que não apenas retome o passado como causa social ou precedente estético; que não seja parte do *continuum* do passado e do presente, de forma a renovar o passado, reconfigurando-o como o entre-lugar que inova e interrompe a atuação do presente. Somente quando se percebe que os sistemas culturais são construídos nesse espaço ambivalente da enunciação é que se pode compreender porque as reivindicações de originalidade e pureza inerentes às culturas são insustentáveis. "O intelectual nativo que identifica o povo com a verdadeira cultura nacional ficará desapontado".[353]

> O povo é agora o próprio princípio de reorganização dialética e constrói sua cultura a partir do texto nacional traduzido para formas ocidentais modernas de tecnologia de informação, linguagem, vestimenta. O novo lugar de enunciação político e histórico transforma os significados da herança colonial nos signos liberatórios de um povo livre e do futuro.[354]

Nesse sentido, verifica-se, nas últimas décadas, por todas as transformações narradas, uma modificação na forma de compreender o patrimônio,

---

351 BOURDIEU, Pierre. *O Poder Simbólico*. 4. ed. Rio de Janeiro: Bertrand Brasil, 2001, p. 12.

352 MATTOS, Liana Portilho. *A Coisa Literária Como Fonte da Norma Jurídica:* o Movimento Modernista e o Patrimônio Cultural. 2018. Tese (Doutorado) – Programa de Pós-graduação em Direito, Universidade Federal de Minas Gerais, 2018.

353 BHABHA, Homi. *O Local na Cultura*. Belo Horizonte: Editora UFMG, 2003, p.68.

354 BHABHA, Homi. *O Local na Cultura*. Belo Horizonte: Editora UFMG, 2003, p. 68.

especialmente pela passagem da noção de patrimônio histórico para patrimônio cultural,[355] referendando uma ruptura com uma "visão histórica reducionista respaldada por uma historiografia oficial que converte em patrimônio bens de origem aristocrática, religiosa, bélica ou estatal"[356] e fazendo nascer uma nova concepção em que há a inclusão das "dimensões testemunhais do cotidiano e os feitos intangíveis".[357]

> A Tradição é aquilo que diz respeito ao tempo, não ao conteúdo. Por outro lado, o que o ocidente deseja da autonomia, da invenção, da novidade, da autodeterminação, é o oposto – esquecer o tempo e preservar, acumular conteúdos; transformá-los no que chamamos história e pensar que ela progride porque acumula. Ao contrário, no caso das tradições populares... Nada se acumula, ou seja, as narrativas devem ser repetidas o tempo todo porque são esquecidas todo o tempo. Mas o que não é esquecido é o ritmo temporal que não para de enviar as narrativas para o esquecimento.[358]

François Ost cita como uma das formas de destemporalização "o pensamento determinista que gera a representação de um tempo homogêneo e uniforme, pleno e contínuo",[359] fazendo-se relevante "ligar e desligar o tempo", como já citado:[360]

> A memória que liga o passado, garantindo-lhe um registro, uma fundação e uma transmissão. O perdão, que desliga o passado, imprimindo-lhe um

355 PELLEGRINO, Carlos T. *Patrimônio Cultural Urbano:* de quem? Para o quê? 2002. Disponível em: http://www.equiponaya.com.ar/congreso2002/ponencias/carlos_tranquilli_pellegrino.htm. Acesso em 19 set. 2016, p.1.

356 FONSECA, Maria Cecília Londres. Referências Culturais: Base para Novas Políticas de Patrimônio. In: CORSINO e outros. *Inventário Nacional de Referências Culturais:* Manual de Aplicação. Brasília: Instituto do Patrimônio Histórico e Artístico Nacional, 2000.

357 Essa nova perspectiva criada em torno do patrimônio desloca o foco dos bens, que normalmente se impõem por sua monumentalidade, peso material e simbólico, para uma dinâmica de atribuição de valores, colocando em questionamento os critérios até então adotados para a constituição de patrimônios culturais. FONSECA, Maria Cecília Londres. Referências Culturais: Base para Novas Políticas de Patrimônio. In: CORSINO e outros. *Inventário Nacional de Referências Culturais:* Manual de Aplicação. Brasília: Instituto do Patrimônio Histórico e Artístico Nacional, 2000.

358 BHABHA, Homi. *O Local na Cultura.* Belo Horizonte: Editora UFMG, 2003, p. 93.

359 OST, François. *O Tempo do Direito.* Trad. Élcio Fernandes. Bauru: Edusc, 2005, p. 15.

360 OST, François. *O Tempo do Direito.* Trad. Élcio Fernandes. Bauru: Edusc, 2005, p. 15

sentido novo, portador de futuro [...]. A promessa, que liga o futuro através dos comprometimentos normativos, desde a convenção individual até a Constituição, que é a promessa que a nação fez a si própria. O questionamento, que em tempo útil desliga o futuro, visando operar as revisões que se impõem, para que sobrevivam as promessas na hora da mudança.[361]

Tem-se enfatizado a necessidade de se formar acervos de capital simbólico, imbuídos de representações e significados que os sujeitos dialeticamente constroem, contribuindo para o fortalecimento das diferenças culturais que manifestam.[362] Aliados às relações de poder, esses acervos podem constituir espaços de dominação simbólica,[363] considerando que diferentes grupos sociais e sujeitos estabelecem laços de identificação com os bens que melhor os representem, refletindo a pluralidade de elementos que constituem um patrimônio e os variados conflitos acerca da legitimidade de determinados bens para a representação de um passado nacional comum.

Nessa perspectiva, percebe-se o papel primordial desempenhado pelos discursos e políticas de patrimônio convenientes às "estruturas de poder constituídas, às instituições em vias de consolidação e ao mercado".[364] Faz-se necessária a criação de formas de identificação e de apoio que, "sem tolher ou congelar essas manifestações culturais, nem as aprisionar a valores discutíveis como o de autenticidade, favoreçam sua continuidade".[365]

---

361 OST, François. *O Tempo do Direito*. Trad. Élcio Fernandes. Bauru: Edusc, 2005, p. 15

362 PELLEGRINO, Carlos T. *Patrimônio Cultural Urbano:* de quem? Para o quê? 2002. Disponível em: http://www.equiponaya.com.ar/congreso2002/ponencias/carlos_tranquilli_pellegrino.htm. Acesso em 19 set. 2016, p.1.

363 BOURDIEU, Pierre. *O Poder Simbólico*. 4. ed. Rio de Janeiro: Bertrand Brasil, 2001.

364 PELLEGRINO, Carlos T. *Patrimônio Cultural Urbano:* de quem? Para o quê? 2002. Disponível em: http://www.equiponaya.com.ar/congreso2002/ponencias/carlos_tranquilli_pellegrino.htm. Acesso em 19 set. 2016, p.1. A exemplo, no Brasil, nos anos setenta, ocorreu uma reorientação de uma prática implementada pelo Estado desde 1937 – a preservação de bens culturais – quando, agentes vinculados a outras áreas, passaram a incorporar em seu discurso a noção de referência cultural, remetendo primordialmente ao patrimônio não consagrado, alargando o conceito de bens culturais ao abarcar os de natureza material e imaterial. FONSECA, Maria Cecília Londres. Referências Culturais: Base para Novas Políticas de Patrimônio. In: CORSINO e outros. *Inventário Nacional de Referências Culturais:* Manual de Aplicação. Brasília: Instituto do Patrimônio Histórico e Artístico Nacional, 2000.

365 FONSECA, Maria Cecília Londres. Referências Culturais: Base para Novas Políticas de Patrimônio. In: CORSINO e outros. *Inventário Nacional de Referências Culturais:* Manual

2.2. PÓS-COLONIALISMO E PATRIMÔNIO CULTURAL IMATERIAL

Acompanhando a transição pós-colonial presenciada no campo do patrimônio, a Unesco, por meio de sua Convenção para a Herança Intangível,[366] a distingue como sendo aquela que compreende todos os elementos criados pela sociedade ou comunidade no passado, fornecendo-lhe valores próprios e senso de continuidade, fundamental para a definição de identidade cultural. A consagração de uma convenção internacional específica para essa finalidade representou uma resposta da organização a uma demanda de países de tradição não ocidental, como Japão e nações africanas, tendo sido aprovada, por unanimidade, em conferência realizada em 2003.

Como resultado, o conceito de herança cultural imaterial compreende todo o patrimônio de determinada comunidade que, através dos tempos, se imortaliza no consciente coletivo de seu povo e lhe confere identidade e noção de pertencimento. Os bens imateriais, segundo a Unesco, são, portanto, produtos e processos de aprendizado imbuídos de conhecimento, habilidade e criatividade que são criados por indivíduos, bem como por recursos, espaços e aspectos do contexto social e natural necessários à sustentabilidade da vida em comunidade. É um tipo de herança transmitida oralmente ou por gestos, ao longo das gerações, sendo modificada em períodos determinados mediante processo de recriação coletiva em resposta ao ambiente, à interação com a natureza e às condições históricas de existência.

Na origem, a definição de bem imaterial, de acordo com Harriet Deacon et al, referia-se à natureza tradicional ou indígena[367] da herança, termos

---

de Aplicação. Brasília: Instituto do Patrimônio Histórico e Artístico Nacional, 2000, p. 2.

366 A herança cultural pode ser descrita como o uso atual do passado. No ocidente, o termo se referia, essencialmente, a objetos tangíveis, produtos da criação humana, de um passado recente ou distante. Todos esses objetos – obras de arte, livros, monumentos, documentos – demonstram aspectos e características importantes da história da humanidade, em particular, na história da arte, da ciência e da tecnologia, situando indivíduos, grupos e nações no tempo e no espaço. HALBERTSMA, Marlite; LUÏSCIUS, Alex Van S. *Globalization and Cultural Heritage*. 2004. Disponível em: www.fhk.eur.nl/onderzoek/globalisation/ globalisationandculturalheritage.pdf. Acesso em 2 nov.2015.

367 Indígena é um termo utilizado pelas comunidades e pela própria Unesco para definir aqueles grupos de pessoas que têm o primeiro status de nação em um país.

complexos porque indicam que ocupa o mesmo espaço discursivo de cultura primitiva ou de sua derivação, o folclore, consolidando uma visão de bem imaterial como antigo, pré-industrial, imutável ou relativamente estável ao longo do tempo, relacionado a uma identidade étnica – especialmente marginalizada, não ocidental – e regionalmente específica.[368]

Como o conceito de "indigineidade"[369] faz referência a um estado de coisas normalmente anterior à colonização ocidental, é atribuído, principalmente, a comunidades não ocidentais ou comunidades marginalizadas inseridas em países ocidentais. A maneira pela qual as palavras "tradicional" e "indígena" atuam na definição de herança imaterial constituiu a noção de que tal herança seria, usualmente, não ocidental, regionalmente específica, pré-moderna, pré-literária e passada por gerações. O uso daqueles termos sugere que algumas comunidades e suas práticas são relíquias de uma era pré-industrial, o que na realidade implica que todo bem cultural – nomeadamente o de caráter

"Comunidades, povos e nações indígenas são aqueles que, tendo uma continuidade histórica com a pré-invasão ou as sociedades pré-coloniais que desenvolveram em seus territórios, consideram-se distintos de outros setores das sociedades agora prevalentes nesses territórios. Eles formam no presente, setores não dominantes da sociedade e estão determinados a preservar, desenvolver e transmitir a futuras gerações seus territórios ancestrais e suas identidades étnicas, como base para sua existência continuada como povos, de acordo com seus próprios padrões culturais, instituições sociais e sistemas legais" (tradução nossa). DEACON, Harriet et al. *The Subtle Power of Intangible Heritage*. Cape Town: HSRC Press, 2004.p. 31.

368 Nos primórdios das discussões acerca do tema, as questões relativas à herança intangível se referiam explicitamente à noção de "cultura tradicional", como constatado na *Recommendation on the Safegarding of Traditional Culture and Folklore* (Unesco, 1989). Essa convenção definia folclore (ou cultura popular e tradicional) como a totalidade de criações tradicionais de uma comunidade cultural, expressa por um grupo ou indivíduos e reconhecida como refletora de expectativas de uma comunidade e também sua identidade cultural e social. Folclore, hoje, pode ser identificado como processos de aprendizado dos povos, embasados no conhecimento, técnicas e criatividade, que informam e são por eles desenvolvidos, seus produtos e os recursos, espaços e outros aspectos do contexto natural e social necessários para a sua sustentabilidade. A Unesco focaliza os meios de transmissão ou expressão como o núcleo da definição de herança cultural intangível.

369 O termo "conhecimento indígena" é utilizado como sinônimo de conhecimento tradicional ou local para diferenciar o conhecimento desenvolvido por uma comunidade de sistemas de conhecimento internacionais, denominado também sistemas ocidentais, gerados por meio de universidades, centros de pesquisas governamentais e indústrias privadas. DEACON, Harriet et al. *The Subtle Power of Intangible Heritage*. Cape Town: HSRC Press, 2004.

imaterial, em virtude de sua peculiaridade de ser constantemente recria-do – carrega o passado com o intuito de informar o presente: "é sempre uma construção moderna, embora sejam antigas suas raízes" (tradução nossa).[370]

Durante o século XX, os bens culturais materiais, cobrindo da Europa foram predominantes nas listas internacionais de bens culturais definidos como ícones de civilização, modernidade e permanência. A leitura ociden-tal tradicional referente à valoração do patrimônio privilegiava as formas monumentais em detrimento de outras. Nesse sentido, o interesse pelos bens culturais imateriais foi intensificado, como já citado, após o processo de descolonização, em razão da tendência de reavaliar os efeitos trazidos pela modernidade em razão das possíveis consequências do processo de globalização,[371] considerado diluidor de modos culturais marginais, acentuando a busca por identidades construídas em microescalas locais.

A variedade de instituições não ocidentais para a preservação do patri-mônio cultural, e o fato de que o estilo de organização ocidental para o patrimônio coexiste com formas de gerenciamento "indígenas", implica a necessidade de construção de uma perspectiva inclusiva e culturalmente múltipla de globalização.[372] A existência diversificada dessas instituições não ocidentais pode ser avaliada como resultado de um processo de "hibridização

---

370 DEACON, Harriet et al. *The Subtle Power of Intangible Heritage*. Cape Town: HSRC Press, 2004, p. 32.

371 Se a globalização das instituições vinculadas à herança for analisada como um processo que se move do centro para a periferia, um desenvolvimento atropelado oriundo do ocidente para o restante do mundo, então os conceitos ocidentais de herança e as ideias sustentadoras da noção de "ação apropriada" irão determinar os meios utilizados pelas comunidades para lidar e reavaliar seu passado em detrimento dos modos "indígenas" de comunicação. HALBERTSMA, Marlite; LUÏSCIUS, Alex Van S. *Globalization and Cultural Heritage*. 2004. Disponível em: www.fhk.eur.nl/onderzoek/globalisation/ globalisationandculturalheritage.pdf. Acesso em 2 nov.2015.

372 Os países não ocidentais, nas últimas décadas, têm desenvolvido novas manei-ras de preservação da herança cultural, criando instituições como centros culturais e comunitários sem precedentes na trajetória institucional ocidental. O modelo ocidental de tratamento dispensado à herança cultural (aquisição, preservação, restauração, investigação e apresentação) foi apropriado pela estrutura organizacio-nal cultural não-ocidental, mas por meio de uma leitura que focaliza a integração cultural/social, especialmente em virtude do passado de opressão colonial reinante. HALBERTSMA, Marlite; LUÏSCIUS, Alex Van S. *Globalization and Cultural Heritage*. 2004. Disponível em: www.fhk.eur.nl/onderzoek/globalisation/ globalisationand-culturalheritage.pdf. Acesso em 2 nov.2015.

cultural" pós-colonial. O termo sugere a equivalência de práticas culturais diferentes que contribuem para a formação de um novo híbrido – política de preservação híbrida, definição de patrimônio cultural e de bens culturais passíveis de conversão em patrimônio também híbrida, resultado da intensa interação no âmbito do processo colonial entre o original indígena e o referencial europeu ocidental metropolitano; novas práticas e produtos são igualmente atrativos para o público ocidental e não ocidental.

Hibridização é a mistura de duas línguas sociais dentro da arena e dos limites de uma única declaração, entre duas consciências linguísticas separadas por uma época, por diferenciações sociais ou por algum outro fator.[373] Em alguns países de história colonial, versões representativas da cultura indígena existem, simultaneamente, ao lado de formas autênticas de bem cultural, apresentando "infraestruturas combinantes que não são idênticas às formas indígenas originais, não são cópias das apresentações das heranças ocidentais, nem uma mescla das duas" (tradução nossa).[374]

A própria ambivalência da autoridade cultural tem origem no conceito de diferença cultural, uma vez que a tentativa de dominar em nome de uma supremacia cultural é produzida no momento da diferenciação, colocando em questão a própria autoridade da cultura quando de sua enunciação e problematizando a divisão binária entre passado e presente, tradição e modernidade, no plano da legitimidade. O passado será repetido pelas narrativas patrimoniais como signo da memória histórica para a significação do presente, mas essa fidelidade deve ser posta em questão: "nenhuma cultura é jamais unitária em si mesma, nem simplesmente dualista na relação do Eu com o Outro".[375]

Nesse quadro, haveria descompasso na conformação da política de preservação patrimonial, em países de história colonial, caso a herança cultural do colonizador fosse negligenciada – assim como fora, anterior-

---

373 BHABHA, Homi. *O Local na Cultura*. Belo Horizonte: Editora UFMG, 2003.

374 Halbertsma e Luïcius sugerem que o melhor termo para descrever a interação entre as culturas, instituições para a herança e públicos ocidentais e não-ocidentais seria "**zonas de contato**", o que tornaria possível investigar o possível impacto das práticas não-ocidentais nas instituições ocidentais que estão sendo desafiadas a atender partes de uma demanda nacional, antes unívoca, que não apresentam raízes no ocidente. HALBERTSMA, Marlite; LUÏSCIUS, Alex Van S. *Globalization and Cultural Heritage*. 2004. Disponível em: www.fhk.eur.nl/onderzoek/globalisation/globalisationandculturalheritage.pdf. Acesso em 2 nov.2015, p.2.

375 BHABHA, Homi. *O Local na Cultura*. Belo Horizonte: Editora UFMG, 2003, p. 65.

mente, a herança do nativo colonizado –, em prol do resgate de formas puras de bens culturais capazes de fornecer o sentido identitário que a nova nação independente almeja. Como demonstra Bhabha, não existe patrimônio cultural puro, alienado, que não tenha sofrido apropriações ao longo do tempo e do processo de colonização, elementos que, impreterivelmente, contribuíram para a hibridização das heranças culturais em ambas as direções, do colonizado e do colonizador. [376]

A emergência das chamadas sociedades mestiças, como cita Silviano Santiago,[377] ou de um espaço de tradução híbrido – um entre-lugar –, em Bhabha, é a constatação do entrelaçamento entre o elemento europeu e o autóctone que desconstruiu a unidade cultural prevalente baseada no pressuposto da fixidez das culturas do colonizado e do colonizador.

> Ainda de forma mais marcante do que para a herança material, a herança imaterial com ênfase rural de ontem se tornou, para a massa de residentes urbanos em que a população mundial vem se transformando, uma espécie de quebra-cabeças que necessita ser reconstituída, uma massa de conhecimento fragmentado, cujas amarras precisam ser conectadas. A confecção de um novo tecido de significados para a herança cultural é, por ela mesma, um desafio para a nossa criatividade (tradução nossa).[378]

Dessa maneira, o contexto pós-moderno lança como desafio aos gestores das políticas de proteção e salvaguarda do patrimônio cultural: confeccionar, em compartilhamento democrático, em cada nação pós-colonial, um novo tecido de significados para o patrimônio cultural, que costure o passado histórico de opressão colonial com o valor e a importância das formas tradicionais dos bens culturais locais, arranjo vital para a criação de um senso de autovaloração e inclusão. No plano nacional, portanto, políticas culturais necessitam legitimar identidades nacionais que acomodem uma grande variedade de manifestações culturais, incluindo a cultura tradicional ou indígena.

A busca pela preservação do patrimônio imaterial, nas esferas nacional e internacional, é um indício da sedimentação de um novo contexto, em que a periferia do poder, com especial atenção nos países recém-desco-

---

376 BHABHA, Homi. *O Local na Cultura*. Belo Horizonte: Editora UFMG, 2003.

377 SANTIAGO, Silviano. O Entre-lugar do Discurso Latino-americano. In: SANTIAGO, Silviano. *Uma Literatura nos Trópicos*. 2.ed. Rio de Janeiro: Rocco, 2000. p. 9-26.

378 DEACON, Harriet et al. *The Subtle Power of Intangible Heritage*. Cape Town: HSRC Press, 2004, p. 7.

lonizados, antes negligenciados como autônomos, consegue ter voz no sistema de Estados que caracterizam as relações internacionais.

> Graças à descolonização, emancipação, migração internacional e à globalização, o silêncio foi quebrado e o assunto relativo à escravidão [e à herança intangível] tornou-se o primeiro tópico da agenda internacional de discussões políticas e culturais [...]. Em virtude da permanência da escravidão na invisibilidade, com a consequente negação de direitos de propriedade, a busca pela herança intangível aparenta ser mais importante e valiosa hoje, [...] como legado pós-colonial (tradução nossa).[379]

A descolonização lançou luz sobre a real representatividade do patrimônio cultural mundial pelos bens culturais materiais, sustentada, até então, pela tradicional dicotomia antropológica entre cultura primitiva e civilizada, que se tornou enraizada no Ocidente durante o iluminismo. A materialidade dos bens culturais foi elemento de sustentação, portanto, para representação de identidades nacionais homogêneas, unívocas, referencial desconstruído pela pós-modernidade, pelo fim do período colonial e por seu terceiro espaço de enunciação. Todo significado atribuído a objetos ou lugares é, por definição, como cita Deacon et al, intangível, significando que a o patrimônio imaterial agrega valores e conteúdos a bens materiais: "a tangibilidade é secundária: o tangível só pode ser interpretado por meio do intangível" (tradução nossa).[380]

A crescente preocupação com a preservação da herança pré-moderna ou rural, de bens imateriais, foi lançada a partir de uma nova ênfase política pós-colonial na democracia e na diversidade cultural, incorporando formas marginais de patrimônio. Comunidades rurais tradicionais antes marginalizadas tornaram-se foco de importância política e cultural no cerne da busca por novas identidades. Simultaneamente, países em desenvolvimento na Ásia e na África ganharam voz em órgãos de cunho internacional, como a Unesco, o que propiciou a tentativa de ampliação da definição de patrimônio cultural, para reverenciar bens imateriais como ponto de análise e de interpretação nas relações internacionais.[381]

379 HALBERTSMA, Marlite; LUÏSCIUS, Alex Van S. *Globalization and Cultural Heritage*. 2004. Disponível em: www.fhk.eur.nl/onderzoek/globalisation/ globalisationand**culturalheritage**.pdf. Acesso em 2 nov.2015, p. 6.

380 DEACON, Harriet et al. *The Subtle Power of Intangible Heritage*. Cape Town: HSRC Press, 2004, p. 10.

381 A Conferência Intergovernamental em Políticas Culturais para o Desenvolvimento de 1998 sugeriu que a herança cultural intangível mundial necessita hoje de meios

Nesse sentido, investigar o conceito de patrimônio cultural imaterial[382] ajuda a rever e expandir a noção de patrimônio *lato sensu*, possibilitando o desenvolvimento de novas formas de preservação de bens imateriais e ampliando meios e práticas de gerenciamento do patrimônio material.[383] Embora o patrimônio imaterial consista em práticas culturais dinâmicas que requerem meios criativos de preservação conduzidos pela própria comunidade, faz-se relevante a convergência entre meios de gerenciamento desses dois tipos de patrimônio.[384]

---

especiais de gerenciamento e preservação, em caráter de urgência, como parte de uma agenda para o desenvolvimento. A Conferência identificou uma lacuna no processo de *policy-making* no que se refere ao seu gerenciamento e apontou que os programas criados pela Unesco bem como a implementação de políticas culturais poderiam auxiliar na preservação da herança cultural intangível. Nesse sentido, inclusive, a Unesco criou a Convenção para a Herança Intangível, em 2003, com o intuito de estabelecer princípios e medidas universalmente aceitáveis.

382 A Convenção para a Herança Intangível identifica os seguintes princípios básicos: que a herança cultural intangível seja preservada por meio da criatividade e da atuação de agentes da comunidade; que a perda dessa herança somente será evitada caso os significados, as condições favoráveis e as técnicas envolvidas em sua criação, promulgação e transmissão possam ser reproduzidos; que todos os instrumentos que lidem com esse tipo de herança facilitem, encorajem e protejam o direito e a capacidade de comunidades para continuar gerenciar e sustentar sua própria herança cultural intangível; e, por fim, que compartilhar cultura e desenvolver diálogos culturais incentivam a criatividade e a diversidade cultural. DEACON, Harriet et al. *The Subtle Power of Intangible Heritage*. Cape Town: HSRC Press, 2004.

383 Existem quatro categorias nas quais se encaixam os locais associados a valores intangíveis elencados na Lista para a Herança Mundial: itinerários culturais, paisagens culturais, locais associativos que evocam lendas ou mitos e locais comemorativos.

384 Na esfera nacional, em muitos países há legislações separadas e, em alguns casos, ministérios separados para locais, objetos relacionados à herança e promoção de artes e cultura ou artes de performance. Essa separação, de acordo com os autores, será perpetuada se a definição de herança intangível continuar a excluir valores intangíveis associados a objetos e locais. "Nós não sentimos que haja qualquer boa razão para separar políticas para a herança e legislação para a instrumentalização de meios de gerenciamento de objetos, locais e artes de performance separadamente. [...] A definição de herança intangível deve ser parte de uma conceitualização holística que inclui tanto as formas tangíveis quanto as intangíveis. Não há razão para os governos nacionais não estabelecerem meios de preservação comuns" (tradução nossa). DEACON, Harriet et al. *The Subtle Power of Intangible Heritage*. Cape Town: HSRC Press, 2004.

Importante, para além do reconhecimento da imaterialidade, alinhar-se à concepção de história de Walter Benjamin, tomando "a realidade por algo descontínuo, misturando os tempos, entrelaçando as várias histórias, dissolvendo o centro, preferindo as bordas, as margens [...].[385] Nessa linha, no contexto democrático da produção e da circulação dos discursos dos atores, vê-se o despontamento da capacidade interventiva da sociedade e, dessa forma, a ocorrência de mudanças no contexto das relações que afetam os discursos dos demais agentes. Mas o Estado, com foco no Poder Executivo, permanece como protagonista, construindo o Legislativo um espaço discursivo em disputa por um lugar no campo. [386]

2.3. TRAJETÓRIA DA POLÍTICA DE PRESERVAÇÃO NO BRASIL: BREVE SÍNTESE[387]

> Patrimônio é tudo aquilo que criamos, valorizamos e queremos preservar: são os monumentos e obras de arte, e também as festas, músicas e danças, os folguedos e as comidas, os saberes, fazeres e falares. Tudo enfim que produzimos com as mãos, as ideias e a fantasia.
> (Maria Cecília Londres)[388]

A ênfase dada ao patrimônio cultural no quadro internacional ganhou contornos sólidos de 1914 a 1945, alimentado por duas grandes guerras seladas pelos nacionalismos, em derivação histórica da constituição moderna dos Estados-nação e da necessidade de constituição de memórias e identidades nacionais.

---

385 CASTELLS, Alicia Norma González de. Apresentação. In: CASTELLS, Alicia Norma González de; NARDI, Letícia (Org). *Patrimônio Cultural e Cidade Contemporânea*. Florianópolis: Editora UFSC, 2012, p. 13.

386 BOURDIEU, Pierre. A Economia das Trocas Linguísticas. In: ORTIZ, Renato (org.). *A Sociologia de Pierre Bourdieu*. São Paulo: Olho d'Água, 2003, p. 145.

387 O resgate histórico realizado neste capítulo para demonstração da trajetória da política pública de preservação do patrimônio cultural no Brasil é apenas uma síntese necessária para compreensão do problema analisado. Para aprofundamento, Cf. Maria Cecília Londres Fonseca; Márcia Chuva; Hermano Queiroz; Roque Laraia; Sônia Rabello de Castro, Maria Coeli Simões Pires; Liana Portilho Mattos.

388 FONSECA, Maria Cecília Londres. Patrimônio e Performance: uma relação interessante. In: GUSMÃO, Rita; TEIXEIRA João G. L. C; GARCIA, Marcus V. C. *Patrimônio Imaterial, Performance Cultural e (re) tradicionalização*. Brasília: ICS-UNB, 2004, p. 21.

No Brasil, foi no final do "Estado Novo que a nação e a identidade nacional compuseram as políticas de Estado, momento em que se deu também a institucionalização da preservação cultural, com a criação do Serviço do Patrimônio Histórico Nacional – Sphan –, em 1937".[389] No entanto, já na década de 1920, movimentos na esfera política e intelectual questionavam os modelos culturais da República Velha[390] e o modernismo, em atitude política vanguardista na busca de uma identidade nacional, denunciava descaso do poder público em relação ao patrimônio histórico e artístico brasileiro.

O primeiro projeto de lei com vistas a organizar a defesa dos monumentos históricos e artísticos do país foi apresentado à Câmara do Deputados em 1923 pelo representante pernambucano Luiz Cedro. Em 1924, Augusto de Lima, representante de Minas Gerais, em complemento, apresentou outra proposição para proibir a saída de obras de arte tradicional brasileira para o exterior. Em 1925, em Minas, o presidente do estado Mello Vianna organizou uma comissão para elaboração de anteprojeto estadual com o objetivo de impedir que o patrimônio histórico e artístico das cidades mineiras fosse consumido pelo comércio de antiguidades que ameaçava reduzir o acervo mineiro, documento que tem grande relevância "entre os antecedentes da legislação brasileira, porque muitos de seus princípios deram origem às disposições atualmente vigentes".[391]

A primeira iniciativa estadual de organização da defesa do acervo histórico e artístico foi baiana, por meio das Lei Estaduais n. 2.031 e 2.032, de 8 de agosto de 1927, criando a Inspetoria Estadual de Monumentos Nacionais. Mas as iniciativas estaduais eram fragilizadas pela legislação federal, uma vez que o exercício do direito de propriedade estava consolidado na Constituição Federal de 1891 e no Código Civil, o que levou à apresentação, em 1930, de novo projeto de lei referente ao tema no

---

389 CHUVA, Márcia. Preservação do Patrimônio Cultural no Brasil: uma perspectiva histórica, ética e política. In: CHUVA, Márcia; NOGUEIRA, Antônio Gilberto Ramos (Org.). *Patrimônio Cultural:* políticas e perspectivas de preservação no Brasil. Rio de Janeiro: Mauad X; Faperj, 2012, p. 67.

390 FONSECA, Maria Cecília Londres. *O Patrimônio em Processo*: trajetória da política federal de preservação no Brasil. 2 ed. rev. ampl. Rio de Janeiro: Editora UFRJ; MinC-Iphan, 2005.

391 BRASIL. Ministério da Educação e Cultura. *Proteção e revitalização do patrimônio cultural no Brasil:* uma trajetória. Brasília: Ministério da Educação e Cultura; Secretaria do Patrimônio Histórico e Artístico Nacional; Fundação Nacional Pró-Memória, 1980, p. 10.

Congresso Nacional pelo deputado baiano José Wanderley de Araújo Pinho – este tornou-se uma das principais fontes da legislação atual.[392]

A era Vargas, "sob forte influência dos intelectuais modernistas e dos políticos mineiros",[393] fundou uma trajetória estatal de preservação do patrimônio nacional brasileiro para construção "da simbologia do Estado-Nação do Brasil",[394] que teve início com o Decreto n. 22.928, de 12 de julho de 1933, que concedeu à cidade barroca de Ouro Preto, em Minas Gerais, o título de monumento nacional.[395] Em 1934, iniciou-se a organização de um serviço de proteção aos monumentos históricos e às obras de arte tradicionais no país, por intermédio do Decreto n. 24.735, de 14 de julho, mesmo ano de promulgação da nova Carta Constitucional que alçava a preservação do patrimônio histórico e artístico ao patamar de princípio constitucional, nos termos do art. 148 – Capítulo II, "Da Educação e da Cultura":

> Art. 148 - Cabe à União, aos Estados e aos Municípios favorecer e animar o desenvolvimento das ciências, das artes, das letras e da cultura em geral, **proteger os objetos de interesse histórico e o patrimônio artístico do País**, bem como prestar assistência ao trabalhador intelectual (grifo nosso).[396]

A organicidade e a institucionalização da política de preservação iniciaram-se, efetivamente, com a criação do Sphan e de seu Conselho Consultivo pela Lei n. 378, de 13 de janeiro de 1937, sob a chancela de Rodrigo Melo Franco de Andrade e Gustavo Capanema (Ministro da Educação de 1934 a 1945), no âmbito do Ministério da Educação e Saúde. Capanema, em 1936,

---

392 BRASIL. Ministério da Educação e Cultura. *Proteção e revitalização do patrimônio cultural no Brasil*: uma trajetória. Brasília: Ministério da Educação e Cultura; Secretaria do Patrimônio Histórico e Artístico Nacional; Fundação Nacional Pró-Memória, 1980, p. 10.

393 FONSECA, Maria Cecília Londres. *O Patrimônio em Processo*: trajetória da política federal de preservação no Brasil. 2 ed. rev. ampl. Rio de Janeiro: Editora UFRJ; MinC-Iphan, 2005.

394 Hermano Vianna desenvolveu importante trabalho sobre as relações entre samba e identidade nacional no período, convertido de manifestação incivilizada da "cultura popular" e perseguido pelas elites em símbolo da identidade nacional e "do que é ser brasileiro". VIANNA, Hermano. *O Mistério do Samba*. Rio de Janeiro: Zahar/UFRJ, 1995.

395 COSTA, Rodrigo Vieira. A Dimensão Constitucional do Patrimônio Cultural: o tombamento e o registro sob a ótica dos direitos culturais. Rio de Janeiro: Lumen Juris, 2011, p. 53.

396 BRASIL. *Constituição da República dos Estados Unidos do Brasil*. Rio de Janeiro, 16 de julho de 1934. Disponível em: http://www.planalto.gov.br/ccivil_03/constituicao/constituicao34.htm. Acesso em: 17 dez. 2017.

havia encomendado a Mário de Andrade,[397] em razão de sua atuação no Departamento do Município de São Paulo, um anteprojeto de lei destinado à organização do patrimônio histórico e artístico nacional. O documento apresentado por Mário conciliava experiências internacionais com particularidades brasileiras, para criação do Sphan,[398] e estabelecia a "fixação de definições preliminares sobre patrimônio até um plano quinquenal de montagem e funcionamento do serviço".[399]

Entretanto, o anteprojeto de Mário foi considerado demasiadamente idealista, considerado o conceito ampliado de patrimônio adotado – reunindo arte, manifestações eruditas e populares – e as ideias relativas à educação patrimonial, que estimulavam a participação popular, em desagrado à elite política brasileira.[400]

> Ao se preocupar com nossa cultura, Mário de Andrade acreditava que deveria preservar aquilo que fora inventado, criado e transformado pelo povo. No entanto, a política preservacionista oficial, como todos sabem, tomou um rumo diferente ao privilegiar a proteção e a conservação de monumentos que foram produzidos pelo Estado ou pela Igreja.[401]

---

397 Mário de Andrade produziu texto verdadeiramente etnográfico em "O Turista Aprendiz", por captar a simplicidade de elementos da cultura cotidiana. O autor do anteprojeto de constituição do Sphan foi o precursor da tendência de preocupação em relação aos bens imateriais a partir do movimento de 1922.

398 O Sphan é a mais antiga entidade oficial de preservação da América Latina e em sua estruturação e gestão tiveram relevante papel os intelectuais do Movimento modernista, "que, a partir dos anos 20 e 30 se debruçaram sobre a realidade brasileira, buscando apreender e revalorizar os elementos constitutivos da identidade cultural do país". BRASIL. Ministério da Educação e Cultura. *Proteção e revitalização do patrimônio cultural no Brasil*: uma trajetória. Brasília: Ministério da Educação e Cultura; Secretaria do Patrimônio Histórico e Artístico Nacional; Fundação Nacional Pró-Memória, 1980, p. 14.

399 BRASIL. Ministério da Educação e Cultura. *Proteção e revitalização do patrimônio cultural no Brasil*: uma trajetória. Brasília: Ministério da Educação e Cultura; Secretaria do Patrimônio Histórico e Artístico Nacional; Fundação Nacional Pró-Memória, 1980, p. 13.

400 FONSECA, Maria Cecília Londres. *O Patrimônio em Processo*: trajetória da política federal de preservação no Brasil. 2 ed. rev. ampl. Rio de Janeiro: Editora UFRJ; MinC-Iphan, 2005.

401 LARAIA, Roque de Barros. Patrimônio Imaterial: conceitos e implicações. In: GUSMÃO, Rita; TEIXEIRA João G. L. C; GARCIA, Marcus V. C. *Patrimônio Imaterial, Performance Cultural e (re) tradicionalização*. Brasília: ICS-UNB, 2004, p.12.

Foi assim que a versão de Rodrigo Melo Franco prevaleceu, dando origem ao Decreto-Lei n. 25, de 1937, espelhando a concepção política vigente e realçando a função social da propriedade consagrada na Constituição da República de 1934. A norma tinha natureza jurídica de projeto de lei, já aprovado pela Câmara dos Deputados, emendado pelo Senado Federal, e que voltaria à Câmara para votação das emendas, prevista na ordem do dia da sessão de 10 de novembro de 1937, data em que ocorreu o golpe de Estado com dissolução do Congresso Nacional, razão pela qual o texto quase ultimado pelo parlamento nacional foi promulgado como decreto-lei, pelo Presidente Getúlio Vargas, em 30 de novembro daquele ano.[402]

A Constituição de 1937, por seu turno, em substituição ao texto de 1934, estabeleceu disposição mais rigorosa em relação ao tema:

> Art. 134 – Os monumentos históricos, artísticos e naturais, assim como as paisagens ou os locais particularmente dotados pela natureza, gozam da proteção e dos cuidados especiais da Nação, dos Estados e dos Municípios. Os atentados contra eles cometidos serão equiparados aos cometidos contra o patrimônio nacional.

Os primeiros 30 (trinta) anos de existência do Sphan é usualmente conhecida como "fase heroica",[403] período em que Rodrigo Melo Franco de Andrade esteve à frente da instituição, e, em 1946, foi transformado em Departamento do Patrimônio Histórico e Artístico Nacional – Dphan – pelo Decreto-Lei n. 8.534, de 02 de janeiro.[404] Essa fase é particularmente marcada pela defesa dos bens materiais, com especial atenção para a organização de coleções eruditas e populares, de diversas regiões do país, que constituíram o acervo de "museus e casas históricas instaladas pelo Sphan em prédios representativos".[405] A atuação do órgão centrou-se no salvamento de edificações civis e religiosas, semiabandonadas ou

---

402 BRASIL. Ministério da Educação e Cultura. *Proteção e revitalização do patrimônio cultural no Brasil*: uma trajetória. Brasília: Ministério da Educação e Cultura; Secretaria do Patrimônio Histórico e Artístico Nacional; Fundação Nacional Pró-Memória, 1980.

403 Em 1941, foi promulgado o Decreto-Lei n. 3.866, de 29 de novembro, que dispõe sobre o cancelamento do tombamento pelo Presidente da República.

404 BRASIL. Ministério da Educação e Cultura. *Proteção e revitalização do patrimônio cultural no Brasil*: uma trajetória. Brasília: Ministério da Educação e Cultura; Secretaria do Patrimônio Histórico e Artístico Nacional; Fundação Nacional Pró-Memória, 1980

405 BRASIL. Ministério da Educação e Cultura. *Proteção e revitalização do patrimônio cultural no Brasil*: uma trajetória. Brasília: Ministério da Educação e Cultura; Secretaria do Patrimônio Histórico e Artístico Nacional; Fundação Nacional Pró-Memória, 1980, p. 18.

deficientemente usadas, e na conscientização da população acerca dos acervos culturais constituídos pelos núcleos tombados, ganhando reconhecimento internacional.[406]

Na "fase moderna",[407] iniciada nos anos 1970, o Dphan foi transformado em Instituto do Patrimônio Histórico e Artístico Nacional – Iphan (Decreto-Lei n. 66.967, de 27 de julho de 1970), que, em 1979, voltou a ser Sphan",[408] período que coincide com a gestão de Renato Soeiro (1967 a 1979). O foco de atenção, nessa fase, é direcionado para a preservação de conjuntos, em razão da industrialização, da urbanização e da valorização imobiliária.[409] "O primeiro plano articulado para proteção de conjuntos foi a conversão de Paraty em monumento nacional (Decreto-Lei n. 58.077, de 24 de março de 1966)",[410] seguido dos planos para as cidades históricas de Minas Gerais, do Nordeste e do Centro-Oeste. Outros trabalhos relevantes foram a criação, em 1973, do Programa Integrado para Reconstrução das Cidades Históricas do Nordeste – PCH –, e a elaboração, em 1975, do documento Política Nacional de Cultura.[411]

No final dos anos 1970, contextualizada no processo de redemocratização, a questão das raízes da identidade nacional foi retomada, ampliando os órgãos responsáveis pelo patrimônio o arcabouço político protetivo com enfoque para os monumentos artísticos e arquitetônicos da história colonial brasileira. A partir desse movimento, debates, pesquisas e projetos tratam das expressões materiais e imateriais da cultura brasileira.

---

406 Em 1961, foi promulgada a Lei n. 3.924, de 26 de setembro de 1961, que dispõe sobre a proteção aos monumentos arqueológicos e pré-históricos.

407 FONSECA, Maria Cecília Londres. O Patrimônio em Processo: trajetória da política federal de preservação no Brasil. 2 ed. rev. ampl. Rio de Janeiro: Editora UFRJ; MinC-Iphan, 2005.

408 COSTA, Rodrigo Vieira. A Dimensão Constitucional do Patrimônio Cultural: o tombamento e o registro sob a ótica dos direitos culturais. Rio de Janeiro: Lumen Juris, 2011, p. 56.

409 Nos anos de 1970 e 1971, foram realizadas reuniões com governadores recém-empossados sobre o patrimônio histórico e artístico nacional, resultando na elaboração, respectivamente, dos Compromissos de Brasília e de Salvador.

410 BRASIL. Ministério da Educação e Cultura. Proteção e revitalização do patrimônio cultural no Brasil: uma trajetória. Brasília: Ministério da Educação e Cultura; Secretaria do Patrimônio Histórico e Artístico Nacional; Fundação Nacional Pró-Memória, 1980, p. 20.

411 Em 1975, foi promulgada a Lei n. 6.292, de 15 de dezembro de 1975, que torna obrigatória a homologação pelo Ministro da Educação e Cultura de tombamentos e de cancelamentos realizados no âmbito do Iphan.

A valorização e a extensão da noção de patrimônio, incluindo-se a preservação de sítios históricos e naturais, a multiplicação de museus e de exposições de natureza histórica, nada mais são que manifestações da gestão pública do passado. Os "lugares de memória" também se multiplicam: "Museus, arquivos, cemitérios e coleções, festas, aniversários, tratados, processos verbais, monumentos, santuários, associações, são os marcos testemunhais de uma outra era, das ilusões da eternidade".[412]

A abertura democrática impôs a questão das manifestações culturais e das identidades aos órgãos de gestão a partir da legitimação do chamado patrimônio imaterial, com a realização de conferências e elaboração de instrumentos visando à proteção dos bens culturais imateriais, embora Mário de Andrade tenha sido o defensor e divulgador da consciência da diversidade cultural brasileira que se exprime tanto por meio de formas materiais como imateriais. Ele interpretou a cultura brasileira a partir do caráter sistemático e coletivo das manifestações culturais, demonstrando o enraizamento social dessas manifestações.

Para Mariza Veloso, "a tradição ou as tradições manifestam-se por meio de práticas coletivas concretas que se inscrevem no cotidiano dos grupos sociais, definindo as marcações do tempo e do espaço e, principalmente, construindo as referências de lugar".[413] O adensamento desse conceito acompanhou a formação do Centro Nacional de Referência Cultural – CNRC – , que pode ser considerado canônica sequência aos eventos narrados, tendo como meta conceber um "sistema referencial básico, a ser empregado na descrição e na análise da dinâmica cultural brasileira"[414] baseado em quatro programas de estudos: Artesanato; Levantamentos Socioculturais; História da Ciência e da Tecnologia no Brasil; e Levantamentos de Documentação sobre o Brasil.

Para Maria Cecília Londres, a relevância do conceito relativo às referências culturais está no processo de identificação e ressemantização, pelos grupos

---

412 MURTA, Stela Maris; ALBANO, Cecília (Org.). *Interpretar o Patrimônio:* Um Exercício do Olhar. Belo Horizonte: Editora UFMG, 2005, p. 122.

413 VELOSO, Mariza. Patrimônio Imaterial, memória coletiva e espaço público. In: GUSMÃO, Rita; TEIXEIRA João G. L. C; GARCIA, Marcus V. C. *Patrimônio Imaterial, Performance Cultural e (re) tradicionalização.* Brasília: ICS-UNB, 2004, p.32.

414 BRASIL. Ministério da Educação e Cultura. *Proteção e revitalização do patrimônio cultural no Brasil:* uma trajetória. Brasília: Ministério da Educação e Cultura; Secretaria do Patrimônio Histórico e Artístico Nacional; Fundação Nacional Pró-Memória, 1980, p. 20.

sociais, dos elementos significativos, "relacionando-os a uma representação coletiva a que cada membro do grupo de algum modo se identifica".[415]

> A prática efetiva de proteção a bens de valor histórico e artístico nacional continuou, porém, a ser exercida no âmbito da Secretaria do Patrimônio Histórico e Artístico Nacional (Sphan), primordialmente por meio de tombamentos, e ainda com predominância dos critérios formulados pelos intelectuais modernistas, sobretudo os arquitetos, nos anos anteriores. A análise dessa dupla orientação da política federal de preservação durante as décadas de 1970 e 1980 – a linha da pedra e cal e a linha da referência – demonstrou que, embora as relações entre os dois grupos fosse frequentemente marcada pelo antagonismo, as ideias desenvolvidas no CNRC, e as propostas encaminhadas por esse setor para tombamento de bens, contribuíram para provocar um proveitoso processo de discussão dos critérios de valoração até então aceitos sem maiores discussões, porque pautados pela autoridade de Rodrigo Melo Franco de Andrade e, sobretudo, de Lúcio Costa.[416]

Em 1979 – ano considerado referencial na trajetória da preservação do patrimônio cultural no Brasil –, Aloísio Sérgio de Magalhães, coordenador-geral do CNRC, assumiu a direção do Iphan, herdeiro das experiências que contribuíram para a formação de um conceito de patrimônio, na década de 1970, que inclui e reflete a diversidade e a pluralidade cultural brasileira.[417] Essas experiências baseadas na noção de referência cultural "buscavam apreender, na dinâmica da vida cotidiana, valores e representações da identidade cultural dos diferentes grupos sociais".[418]

---

415 FONSECA, Maria Cecília Londres. Referências Culturais: Base para novas políticas de patrimônio, *Revista Políticas Sociais:* acompanhamento e análise, p. 113.

416 FONSECA, Maria Cecília Londres. *O Patrimônio em Processo*: trajetória da política federal de preservação no Brasil. 2 ed. rev. ampl. Rio de Janeiro: Editora UFRJ; MinC-Iphan, 2005, p. 216-217.

417 Nesse mesmo ano, é realizado o Seminário de Ouro Preto, que inaugura a prática de diálogo com as populações dos Centros Históricos tombados. No ano seguinte, Ouro Preto é inscrita na lista do Patrimônio Cultural da Humanidade da Unesco. FONSECA, Maria Cecília Londres. *O Patrimônio em Processo*: trajetória da política federal de preservação no Brasil. 2 ed. rev. ampl. Rio de Janeiro: Editora UFRJ; MinC-Iphan, 2005, p. 240.

418 ALVES, Ana Cláudia Lima e. Conhecer para Preservar. In Seminário Inventário de Bens Culturais: Uma Interpretação das Cidades. *Anais ...* Belo Horizonte, 2004, p.14.

Com o intuito de atenuar a escassez de verbas e a rigidez do órgão de proteção nacional, o Decreto-Lei n. 84.198, de 13 de novembro de 1979, criou a Secretaria do Patrimônio Histórico e Artístico Nacional e a Lei n. 6.757, de 26 de novembro de 1979, criou a Fundação Nacional Pró-Memória – a Secretaria, órgão normativo, de direção superior e coordenação nacional, teria a atribuição de preservação do acervo cultural e paisagístico brasileiro, e a Fundação, órgão operacional, disponibilizaria meios e recursos para execução das competências da Secretaria. Destacam-se dentre as atividades desenvolvidas pelo Sphan/Pró-Memória:

- Identificação, restauração, preservação e revitalização dos monumentos, sítios e bens móveis mencionados;
- Inventário e documentação dos bens culturais – passados e presentes – assim como dos bens naturais significativos quanto à dinâmica cultural brasileira; coleta, análise e referenciamento de dados relativos e seus processos de produção circulação e consumo;
- Busca de explicitação das aspirações e características regionais, visando à efetiva integração das diversas comunidades brasileiras no interesse e no esforço para a preservação da identidade e do patrimônio cultural do país;
- Devolução ao público usuário – particularmente ao contexto sociocultural a que pertencem e de onde as originam – dos resultados dos trabalhos, pesquisas e registros realizados, através de museus, publicações, exposições, etc., e também através do uso de novos meios de comunicação e interação com as comunidades.[419]

Em 1988, a Constituição da República, no art. 216, registrou o conceito alargado de patrimônio, conforme já detalhado na introdução deste livro. O dispositivo preceitua um patrimônio cultural que abarca tanto obras arquitetônicas, urbanísticas e artísticas, quanto manifestações de natureza intangível, relacionadas à cultura em sentido antropológico: "visões de mundo, memórias, relações sociais e simbólicas, saberes e práticas; experiências diferenciadas nos grupos humanos, chaves das identidades sociais afirmadas ao longo do secular processo de globalização".[420]

A Constituição brasileira reconhece, portanto, o princípio da diversidade cultural na formação da nacionalidade, devendo exercer o Estado o papel

419 BRASIL. Ministério da Educação e Cultura. *Proteção e revitalização do patrimônio cultural no Brasil*: uma trajetória. Brasília: Ministério da Educação e Cultura; Secretaria do Patrimônio Histórico e Artístico Nacional; Fundação Nacional Pró-Memória, 1980, p. 30.

420 VIANNA, Letícia. O CNFCP aplicando o INRC. In Seminário Inventário de Bens Culturais: Uma Interpretação das Cidades. *Anais ...* Belo Horizonte, 2004, p.52.

de garantidor do acesso às fontes da cultura nacional, da sua valorização e difusão para o pleno exercício dos direitos culturais.

> Art 215. O Estado garantirá a todos o pleno exercício dos direitos culturais e acesso às fontes da cultura nacional, e apoiará e incentivará a valorização e a difusão das manifestações culturais.
>
> § 1º O Estado protegerá as manifestações das culturas populares, indígenas e afro-brasileiras, e das de outros grupos participantes do processo civilizatório nacional.
>
> § 2º A lei disporá sobre a fixação de datas comemorativas de alta significação para os diferentes segmentos étnicos nacionais.
>
> § 3º A lei estabelecerá o Plano Nacional de Cultura, de duração plurianual, visando ao desenvolvimento cultural do País e à integração das ações do poder público que conduzem à: (Incluído pela Emenda Constitucional nº 48, de 2005)
>
> I defesa e valorização do patrimônio cultural brasileiro; (Incluído pela Emenda Constitucional nº 48, de 2005)
>
> II produção, promoção e difusão de bens culturais; (Incluído pela Emenda Constitucional nº 48, de 2005)
>
> III formação de pessoal qualificado para a gestão da cultura em suas múltiplas dimensões; (Incluído pela Emenda Constitucional nº 48, de 2005)
>
> IV democratização do acesso aos bens de cultura; (Incluído pela Emenda Constitucional nº 48, de 2005)
>
> V valorização da diversidade étnica e regional. (Incluído pela Emenda Constitucional nº 48, de 2005)[421]

Para Maria Cecília Londres e Maria Laura Viveiros de Castro, um conjunto de ações empreendidas na década de 1980 desencadeou o processo de sensibilização do Congresso Nacional, resultando na sedimentação do patrimônio cultural imaterial na Constituição de 1988 e no reconhecimento da necessidade de ampliação da proteção do Estado "em relação ao patrimônio não consagrado, vinculado à cultura popular e aos cultos afro-brasileiros":[422]

---

421 BRASIL. Constituição da República Federativa do Brasil de 1988. Nós, representantes do povo brasileiro, reunidos em Assembléia Nacional Constituinte para instituir um Estado Democrático, destinado a assegurar o exercício dos direitos sociais e individuais.... *Diário Oficial da União*, Brasília, 05 out. 1988. Disponível em: https://www.planalto.gov.br/ccivil_03/constituicao/constituicao.htm. Acesso em: 14 out. 2019.

422 CAVALCANTI, Maria Laura Viveiros de Castro; FONSECA, Maria Cecília Londres. *Patrimônio Imaterial no Brasil*: Legislação e Políticas Estaduais. Brasília: UNESCO, 2008, p. 15.

Seminários promovidos por Aloísio Magalhães à frente do Centro Nacional de Referências Culturais (CNRC), com as comunidades das cidades históricas de Ouro Preto e Diamantina (Minas Gerais), Cachoeira (Bahia) e São Luis (Maranhão), promoveram a implementação das seguintes ações: 1) levantamentos socioculturais em Alagoas e Sergipe; 2) inventários de tecnologias patrimoniais; 3) implantação do Museu Alberto de Orleans, em Santa Catarina; 4) tombamento da Fábrica de Vinho de Caju Tito Silva, na Paraíba; 5) uso do computador na documentação visual de padrões de tecelagem manual e de trançado indígena; 6) debate sobre a questão da propriedade intelectual de processos culturais coletivos; 7) desenvolvimento da idéia de criação de um selo de qualidade conferido a produtos de reconhecido valor cultural, como o queijo minas e a cachaça de alambique; 8) inclusão das culturas locais nos processos de educação básica; 9) proteção da qualidade cultural de produtos artesanais nos programas de fomento governamental à atividade; 10) documentação da memória oral das frentes de expansão territorial e dos povos indígenas ágrafos.[423]

A definição constitucional consolidada em 1988 é muito mais abrangente que a estabelecida no Decreto-Lei n. 25, de 30 de novembro de 1937, que privilegia a atuação estatal em relação ao patrimônio histórico e artístico nacional.[424] Os incisos IV e V do art. 216 já integravam o referido decreto, tendo a Carta Constitucional ampliado o conceito de patrimônio cultural. Foram incluídas no rol de bens que constituem o patrimônio brasileiro as formas de expressão, os modos de criar, fazer e viver que "referenciam a identidade, a ação e a memória dos diversos grupos sociais, tanto quanto os monumentos, conjuntos urbanos, sítios históricos e obras de arte".[425]

Essa ampliação foi possível nos anos 1970 em virtude – para além da construção histórico-contextual que embasa a consolidação do conceito – de uma aproximação entre antropologia e políticas culturais, sobretudo nas áreas de patrimônio e cultura popular, viabilizando a contribuição dos diferentes gru-

---

423 CAVALCANTI, Maria Laura Viveiros de Castro; FONSECA, Maria Cecília Londres. *Patrimônio Imaterial no Brasil:* Legislação e Políticas Estaduais. Brasília: UNESCO, 2008, p. 15.

424 BRASIL. Decreto-Lei n. 25, de 30 de novembro de 1937. Organiza a proteção do patrimônio histórico e artístico nacional. *Diário Oficial da União*, Brasília, 02 dez. 1937. Disponível em: http://www.planalto.gov.br/ccivil_03/decreto-lei/Del0025. htm. Acesso em: 30 out. 2016.

425 ALVES, Ana Cláudia Lima e. Conhecer para Preservar. In Seminário Inventário de Bens Culturais: Uma Interpretação das Cidades. *Anais ...* Belo Horizonte, 2004, p.14.

pos sociais para a formação da cultura nacional, o que dificultou, entretanto, o processo de preservação, que demanda conciliação com outras políticas temáticas afins, como as de meio-ambiente, ciência e tecnologia, direitos humanos, educação comércio e turismo[426] e, em especial, de gestão urbana.

Nesse viés, em 4 de agosto de 2000, editou-se o Decreto 3.551/2000,[427] em referência ao art.216 da Constituição, instituindo o Registro de bens culturais de natureza imaterial, sendo – a despeito do entendimento e da atuação vanguardista de Mário de Andrade e do movimento modernista ainda no início do século XX –, uma "manifestação tardia por parte do Estado em reconhecer o valor de nosso patrimônio cultural imaterial",[428] uma vez que o olhar durante muito tempo esteve direcionado para a salvaguarda do patrimônio de "pedra e cal". Monumentos e museus são os ícones dessas políticas e as bases sobre as quais se assentou a noção de patrimônio cultural no final do século XVIII. Deve-se considerar, entretanto, que o interesse principal nesses monumentos teve uma fundamentação pragmática, dado o caráter de urgência que a iminência de desaparecimento carregava.

Foi na década de 2000, portanto, que "os princípios modernizadores estabelecidos pela Constituição de 1988, finalmente, começaram a ser traduzidos em ação, trazendo diversas inovações para a política de preservação do patrimônio".[429] Há uma tentativa real, atualmente, de consolidação de uma política de preservação do patrimônio como política de Estado, resultado da interação de muitas variáveis, entre elas a atualização conceitual de patrimônio que orientou a necessidade de elaboração de uma política mais inclusiva e capaz de refletir a diversidade cultural brasileira.

---

426 FONSECA, Maria Cecília Londres. Patrimônio e Performance: uma relação interessante. In: GUSMÃO, Rita; TEIXEIRA João G. L. C; GARCIA, Marcus V. C. *Patrimônio Imaterial, Performance Cultural e (re) tradicionalização*. Brasília: ICS-UNB, 2004, p.19-30.

427 A Portaria 37, de 1998, instituiu uma comissão a ser assessorada por um Grupo de Trabalho do Patrimônio Imaterial – GTPI para a criação do referido decreto. O Decreto regulamenta a Lei 9.649/98, atendendo ao que dispõe o art. 216 da Constituição. Para Rocha (2007), o Decreto 3.551/2000 regulamenta diretamente o art.216 da Constituição da República.

428 LARAIA, Roque de Barros. Patrimônio Imaterial: conceitos e implicações. In: GUSMÃO, Rita; TEIXEIRA João G. L. C; GARCIA, Marcus V. C. *Patrimônio Imaterial, Performance Cultural e (re) tradicionalização*. Brasília: ICS-UNB, 2004, p.12.

429 PORTA, Paula. *Política de Preservação do Patrimônio Cultural no Brasil: diretrizes*, linhas de ação e resultados – 2000/2010. Brasília: Iphan/Monumenta, 2012, p. 7.

Dentre os principais aspectos que constituem o avanço da política de preservação do patrimônio cultural no país destacam-se:

1. a atualização do conceito de patrimônio, adequando-se à diversidade cultural brasileira;

2. a formulação de diretrizes para orientar a ação institucional, tendo como foco o envolvimento da sociedade, a promoção do desenvolvimento local e a potencialização das possibilidades de fruição do patrimônio cultural;

3. a abertura para novas áreas de atuação, de forma a abranger os diferentes legados da cultura brasileira;

4. a formulação e a implantação de novos instrumentos de ação;

5. a revisão da metodologia de trabalho;

6. o fortalecimento do órgão nacional de preservação para dar suporte à ampliação do campo de ação;

7. o esforço para construir instrumentos de ação conjunta e de gestão compartilhada do patrimônio entre União, estados e municípios;

8. o progressivo e substancial aumento do investimento em preservação e promoção de bens culturais (grifo nosso).[430]

O Iphan, nessa linha, é resultado da transformação do Sphan, em face de várias edições da Medida Provisória n. 752, de 06 de dezembro de 1994, validada pelo art. 64 da Lei n. 9.649, de 27 de maio de 1998, em sucessão ao Instituto Brasileiro do Patrimônio Cultural, criado pela Lei n. 8.029, de 12 de abril de 1990.[431] O Conselho Consultivo do Patrimônio Cultural, por seu turno, cuja estrutura integra o Iphan, era regulamentado pelo Decreto n. 5.040, de 07 de abril de 2004. Após a Reforma Administrativa do Ministério da Cultura, criado o Instituto Brasileiro de Museus – Ibram –, pela Lei Federal n. 11.906/2009, para dar aplicabilidade ao Estatuto dos Museus, instituído pela mesma lei, o referido órgão colegiado, bem como a autarquia federal da qual faz parte, passaram a ser disciplinados pelo Decreto n. 6.844, de 07 de maio de 2009,[432] que foi revogado, em 2017, pelo Decreto n. 9.238, de 15 de dezembro.

---

430 PORTA, Paula. *Política de Preservação do Patrimônio Cultural no Brasil: diretrizes*, linhas de ação e resultados – 2000/2010. Brasília: Iphan/Monumenta, 2012, p. 7.

431 Em 1985, foi criado o Ministério da Cultura – MinC –, assumido por José Aparecido de Oliveira. No ano seguinte, foi promulgada a Lei n. 7.505, de 2 e julho de 1986, que dispõe sobre benefícios fiscais na área do imposto de renda concedidos a operações de caráter cultural ou artístico – Lei Sarney. Em 1990, o MinC foi extinto e criada a Secretaria da Cultura, vinculada à Secretaria da Presidência da República, e em 1991, é sancionada a Lei n. 8.313, de 23 de dezembro – Lei Federal de Incentivo à Cultura. Entretanto, em 1992, a Secretaria de Cultura é extinta e o MinC, recriado, assumido por Antônio Houaiss.

432 COSTA, Rodrigo Vieira. *A Dimensão Constitucional do Patrimônio Cultural*: o tombamento e o registro sob a ótica dos direitos culturais. Rio de Janeiro: Lumen Juris, 2011, p. 56-57

Na estrutura de preservação criada, a partir de 1996,[433] o Iphan passou a adotar uma política sistemática de identificação e documentação de bens culturais, implementando a padronização de procedimentos e metodologias de pesquisa com o intuito de criar um arquivo nacional de informações. Paralelamente, criou-se o Inventário Nacional de Referências Culturais – INRC –, para apreender os sentidos e significados atribuídos pelos grupos sociais ao patrimônio, que se tornou o instrumento mais completo para identificação e documentação de bens culturais, criando novas possibilidades de preservação do patrimônio cultural brasileiro.[434]

Desde 2001, o Centro Nacional de Folclore e Cultura Popular – CNFCP –, realizou, em parceria com as comunidades, projeto de fundamental importância para o reconhecimento do patrimônio imaterial, denominado "Projeto Celebrações e Saberes da Cultura Popular", testando a aplicabilidade dos instrumentos recém-criados para a salvaguarda: o Registro, instituído pelo Decreto 3.551/2000, e o INRC. O CNFCP, em 2004, passou a integrar o Iphan[435] e teve origem com a criação da Comissão Nacional de Folclore, em 1947, ligada ao Instituto Brasileiro de Educação, Ciência e Cultura – IBECC – do Ministério das Relações Exteriores. Em 1958, foi instituída a Campanha de Defesa do Folclore Brasileiro, e, hoje, o CNFCP· que tem como objetivo primordial, condizente com a meta essencial das políticas de gestão patrimonial:

> 1- sistematizar documentos e referências sobre bens culturais expressivos da diversidade cultural brasileira, em especial às relativas ao patrimônio oriundo das culturas populares;
> 2- descrever e localizar os referidos bens, suas ocorrências, recorrências e transformações em seus contextos específicos, através de pesquisas etnográficas e documentos analíticos produzidos por técnicos especialistas;
> 3- atuar localmente no sentido de mobilizar, orientar e articular instituições públicas e diferentes instâncias das comunidades nos processos de reconhecimento, registro, fomento e preservação dos bens culturais em questão;

---

433 Em 1997, o Programa Monumenta – de revitalização de sítios urbanos por meio da recuperação do patrimônio histórico – foi transferido para o Ministério da Cultura e, no mesmo ano, realizado o Seminário Patrimônio Imaterial: estratégias e formas de proteção, tendo como resultado a Carta de Fortaleza.

434 ALVES, Ana Cláudia Lima e. Conhecer para Preservar. In Seminário Inventário de Bens Culturais: Uma Interpretação das Cidades. *Anais* ... Belo Horizonte, 2004, p.16).

435 Em 2003, o Iphan foi reestruturado, com a criação do Departamento de Patrimônio Material, Departamento de Patrimônio Imaterial e do Departamento de Museus e Centros Culturais.

4- reunir e disponibilizar esses conhecimentos para diferentes públicos, utilizando múltiplos meios de documentação e divulgação (exposições, impressos diversos, audiovisuais, CD-ROM, programas educativos, etc.) no sentido de informar amplamente e subsidiar políticas na área; 5- colaborar com o aprofundamento teórico e prático dos rumos e significados das pesquisas e políticas públicas na área das culturas populares.[436]

Nesse quadro, no bojo da política referente ao patrimônio imaterial, entendido como "repertório das expressões culturais de um grupo social, aqui incluídos os seus acervos históricos",[437] nascem duas questões fundamentais para a política de preservação cultural: a construção e conceituação do patrimônio com seus critérios de seleção dos bens culturais e a produção de conhecimento sobre os bens culturais com sua apropriação pelo público.[438]

Portanto, o novo paradigma constitucional estabelecido em 1988, ao retomar o que foi originalmente proposto por Mário de Andrade, estabeleceu não apenas um novo conceito de patrimônio, acolhedor da diversidade de manifestações culturais características da brasilidade, mas, para além disso, atualizou a política de preservação, arregimentou a atuação do Estado brasileiro e lançou as bases de um novo modo democrático de se perceber e construir a identidade cultural brasileira, menos rígida, mais participativa e consonante com a proposta pós-colonial de abertura discursiva aos hibridismos e nuanças da realidade.

2.4. O NOVO PARADIGMA CONSTITUCIONAL: COMPETÊNCIAS E O CONCEITO DE PATRIMÔNIO CULTURAL AMPLIADO

Busca-se, assim, formular uma *concepção estrutural de constituição*, que a considera no seu aspecto normativo, não como norma pura, mas como norma em sua conexão com a realidade social, que lhe dá conteúdo o conteúdo fático e o sentido axiológico. Trata-se de um complexo, não de partes que se adicionam ou se somam, mas de elementos e membros que se enlaçam num todo unitário. [...] Pois bem, certos modos de agir em sociedade transformam-se em condutas humanas valoradas

---

436 VIANNA, Letícia. O CNFCP aplicando o INRC. In Seminário Inventário de Bens Culturais: Uma Interpretação das Cidades. *Anais...* Belo Horizonte, 2004, p.20.

437 VELOSO, Mariza. Patrimônio Imaterial, memória coletiva e espaço público. In: GUSMÃO, Rita; TEIXEIRA João G. L. C; GARCIA, Marcus V. C. *Patrimônio Imaterial, Performance Cultural e (re)tradicionalização.* Brasília: ICS-UNB, 2004, p.31.

438 ALVES, Ana Cláudia Lima e. Conhecer para Preservar. In Seminário Inventário de Bens Culturais: Uma Interpretação das Cidades. *Anais...* Belo Horizonte, 2004, p.12-19

historicamente e constituem-se em fundamento do existir comunitário, formando os elementos *constitucionais* do grupo social, que o constituinte intui e revela como preceitos normativos fundamentais: *a constituição.* (José Afonso da Silva) [439]

A Constituição da República brasileira de 1988 anunciou, no Capítulo I do Título II, como categoria especial dos direitos fundamentais, os direitos coletivos e, dentre eles, destaca-se o direito à preservação da paisagem e da identidade histórica e cultural da coletividade. Houve propostas, na Constituinte de 1987-1988, de abrir-se um capítulo específico para os direitos coletivos. No entanto, na estrutura adotada, esses direitos coletivos sobrevivem ao longo do texto constitucional, "caracterizados, na maior parte, como direitos sociais".[440]

Nesse sentido, os direitos sociais relativos à cultura encontram-se positivados no Título VIII da Constituição de 1988: Da Ordem Social,[441] nos já citados artigos 215 e 216. Embora os direitos culturais não tenham sido arrolados no art.6º como espécies de direito social, o artigo 215 é expresso ao mencionar que "O Estado garantirá a todos o pleno exercício dos direitos culturais e acesso às fontes da cultura nacional, e apoiará a valorização e a difusão das manifestações culturais".[442]

Segundo José Afonso da Silva, são direitos culturais reconhecidos pelo texto constitucional, decorrentes dos arts. 215 e 216: direito de criação cultural, considerando-se as criações científicas, artísticas e tecnológicas; direito de acesso às fontes da cultura nacional; direito de difusão da cultura; liberdade de formas de expressão cultural; liberdade de manifestações culturais; direito-dever estatal de formação do patrimônio cultural brasileiro e de proteção dos bens de cultura, todos sujeitos a um regime jurídico especial em virtude do interesse público a eles inerente.[443]

---

439 SILVA, José Afonso da. *Curso de Direito Constitucional Positivo*. São Paulo: Malheiros, 2004, p.39.

440 SILVA, José Afonso da. *Curso de Direito Constitucional Positivo*. São Paulo: Malheiros, 2004, p. 194.

441 O direito à cultura é tratado no Capítulo III – Da educação, da cultura e do desporto.

442 BRASIL. Constituição da República Federativa do Brasil de 1988. Nós, representantes do povo brasileiro, reunidos em Assembléia Nacional Constituinte para instituir um Estado Democrático, destinado a assegurar o exercício dos direitos sociais e individuais.... *Diário Oficial da União*, Brasília, 05 out. 1988. Disponível em: https://www.planalto.gov.br/ccivil_03/constituicao/constituicao.htm. Acesso em: 14 out. 2019.

443 SILVA, José Afonso da. *Curso de Direito Constitucional Positivo*. São Paulo: Malheiros, 2004

A Constituição de 1988 deu relevante importância à *cultura*, tomado esse termo em sentido abrangente na formação educacional do povo, expressão criadora da pessoa e das projeções do espírito humano materializadas em suportes expressivos, portadores de referências à identidade, à ação, à memória dos diferentes grupos formadores da sociedade brasileira, que se exprimem por vários de seus artigos (5º, IX, 23, III a V, 24, VII a IX, 30, IX e 205 a 217), formando aquilo que se denomina *ordem constitucional da cultura,* ou *constituição cultural.*[444]

Os direitos econômicos, sociais e culturais remontam à Constituição Mexicana, de 1917, e à de Weimar, de 1919, e marcam a superação da concepção estritamente liberal, "em que se passa a considerar o homem para além de sua condição individual".[445] Trazem em seu bojo deveres de prestações positivas pelo Estado para a promoção de uma igualdade material inexistente, relativas à segurança social, trabalho, liberdade sindical, educação, acesso à cultura.

No Brasil, a primeira Constituição a adotar um título referente à ordem social foi a Constituição de 1934, influenciada pela Constituição de Weimar, mas não estabelecia a separação que hoje a Constituição de 1988 consagra entre a ordem econômica e social. Os direitos sociais "disciplinam situações subjetivas pessoais ou grupais de caráter concreto",[446] sendo, portanto, uma dimensão dos direitos fundamentais do homem, prestações positivas ofertadas pelo Estado, disciplinadas em normas constitucionais em prol do direito à igualdade.[447]

---

444 SILVA, José Afonso da. *Curso de Direito Constitucional Positivo.* São Paulo: Malheiros, 2004, p.310.

445 BARROSO, Luís Roberto. *O Direito Constitucional e a Efetividade de suas Normas:* limites e possibilidades da Constituição Brasileira. 8 Ed. Rio de Janeiro: Renovar, 2006, p.97.

446 SILVA, José Afonso da. *Curso de Direito Constitucional Positivo.* São Paulo: Malheiros, 2004, p.285.

447 A preservação do patrimônio imaterial, embora direito cultural, situa-se, para alguns doutrinadores como Fiorillo, Marcelo Abelha e Fernando Galvão, especificamente na seara dos direitos difusos. É o direito difuso o direito transindividual ou metaindividual, "de natureza indivisível, de que sejam titulares pessoas indeterminadas e ligadas entre si por circunstâncias de fato", nos termos do Código de Defesa do Consumidor. O patrimônio cultural integraria a categoria de bens ambientais, definidos como bens dotados de valor coletivo, alvo individualizável de tutela jurídica, conforme dispõe o próprio art.215. FIORILLO, Celso Antônio Pacheco; RODRIGUES, Marcelo Abelha. *Manual de Direito Ambiental e Legislação Aplicável.* São Paulo: Max Limonad, 1997. A titularidade do patrimônio cultural imaterial recai sobre toda a coletividade. "[ ] é

A Constituição de 1988 confere às normas constitucionais, reconhecedoras de direitos sociais, maior eficácia e aplicabilidade: a primeira garantia dos direitos sociais foi sua inscrição na Constituição rígida, tornando-se instituições constitucionais: quando o texto constitucional "diz que a saúde ou a educação é direito de todos, e indica mecanismos, políticas, para a satisfação desses direitos, está preordenando situações jurídicas objetivas com vistas à aplicação desses direitos".[448]

Em relação aos direitos culturais, a Constituição da República buscou preordenar meios de torná-los eficazes, prevendo que cabe ao Estado dar-lhes apoio, incentivo e proteção para garantir-lhes efetividade. Nesse viés, buscando garantir eficácia às normas que preveem apoio e incentivo às manifestações culturais do art. 215, o §6º do art. 216, introduzido pela Emenda Constitucional nº 42, de 2003, faculta aos Estados e ao Distrito Federal vincularem a fundo estadual de fomento à cultura até cinco décimos por cento de sua receita tributária líquida para o financiamento de programas e projetos culturais, vedada a aplicação desses recursos no pagamento de qualquer despesa corrente não vinculada diretamente aos investimentos ou ações apoiadas. Para além, em relação à preservação do patrimônio imaterial, o §1º do art. 216 estabelece o inventário e o Registro como meios de proteção a serem utilizados pelo poder público em parceria com a comunidade.

As normas constitucionais programáticas direcionadas ao poder público – no caso analisado, o art. 215 – têm a função precípua de informar, desde o seu surgimento, a atuação do Poder Legislativo na edição de leis e a condução dos poderes Executivo e Judiciário ao aplicá-las, gerando vício de inconstitucionalidade o distanciamento em relação às diretrizes constitucionais traçadas. A norma programática não gera direito subjetivo positivo para o jurisdicionado requerer determinada prestação, mas faz nascer um direito subjetivo negativo que possibilita exigir do "poder público que se abstenha de praticar atos que contravenham os seus ditames",[449]

---

um direito transindividual, cuja titularidade pertence a um número indeterminado de pessoas ligadas por situação de fato e seu objeto é insuscetível de divisão, nos exatos termos do art. 81, parágrafo único, inciso I, da Lei 8.078/90". ROCHA, Fernando Antonio Nogueira Galvão da. Atuação do Ministério Público na proteção do patrimônio cultural imaterial. *Jus Navigandi*, Teresina, ano 11, n. 1472, 13 jul. 2007. Disponível em: <http://jus2.uol.com.br/doutrina/texto.asp?id=10104>. Acesso em: 28 out. 2008.

448 SILVA, José Afonso da. *Curso de Direito Constitucional Positivo*. São Paulo: Malheiros, 2004, p.310.

449 BARROSO, Luís Roberto. *O Direito Constitucional e a Efetividade de suas Normas:* limites e possibilidades da Constituição Brasileira. 8 Ed. Rio de Janeiro: Renovar, 2006, p. 117.

invalidando comportamentos destoantes em relação ao feixe de diretrizes constitucionalmente estabelecidas e gerando, por conseguinte, um dever de abstenção correspondente a um direito subjetivo de exigi-la.

Nessa linha, eximindo-se o poder público de um comportamento comissivo inscrito no art. 215 da Constituição da República, oferta-se ao administrado a capacidade para exigir-lhe que se abstenha de atos que impliquem o não exercício dos direitos culturais, o não acesso às fontes da cultura nacional e o não apoio e incentivo à valorização e à difusão das manifestações culturais, principal meio de propagação e preservação do patrimônio imaterial.

Nessa vertente, embora os direitos culturais pertençam ao gênero "direitos sociais", contidos em normas constitucionais definidoras de direito, a norma do art. 215, relativa à efetivação dos direitos culturais, é programática,[450] mas em nova concepção da dogmática constitucional, que prevê eficácia jurídica, existência de direito subjetivo negativo[451] e possibilidade de análise de efetividade e de grau de aplicabilidade diante de casos concretos.[452] O constituinte almejou a máxima efetividade constitucional e, para tanto, a norma deve permitir a identificação da posição jurídica do jurisdicionado e ter seu cumprimento assegurado por meios de tutela adequados, conforme prevê o art. 215, combinado com o art. 216.

Com vistas a possibilitar a tutela[453] dos direitos culturais para além do texto constitucional, a matéria relativa à cultura foi incluída entre aquelas de competência comum: a Constituição de 1988 adotou um sistema de

---

450 Adotando-se classificação de Luís Roberto Barroso - semelhante à estruturada por Celso Antônio Bandeira de Mello: Normas Constitucionais de Organização; Normas Constitucionais Definidoras de Direito e Normas Constitucionais Programáticas. BARROSO, Luís Roberto. *O Direito Constitucional e a Efetividade de suas Normas:* limites e possibilidades da Constituição Brasileira. 8 Ed. Rio de Janeiro: Renovar, 2006.

451 A norma inserta no art.215 imputa como dever de toda a coletividade e do Estado não atentar contra o patrimônio cultural e ainda impedir sua destruição. Isso poderia gerar, em face do caso concreto, um direito subjetivo negativo, que já é consequência direta da norma, como demonstrado, e um possível direito subjetivo positivo, a ser avaliado conforme as peculiaridades de cada caso.

452 Em virtude da relevância que tem ganhado os direitos culturais e da mutabilidade das demandas sociais, é possível, em determinado caso concreto, já classificar a norma constitucional embutida no art.215 como definidora de direito.

453 O presente trabalho adotará o termo "tutela" significando proteção e arcabouço jurídico, não desconsiderando, nessa linha, o denso debate da doutrina acerca do sentido cerceador que o conceito carrega quanto ao tratamento da relação Estado/sociedade.

competências exclusivas e privativas, combinado com competências comuns e concorrentes, norteado pelo princípio da predominância do interesse. Na seara da repartição de competências, buscou adotar o equilíbrio federativo:

> Art.23. É competência comum da União, dos Estados, do Distrito Federal e dos Municípios:
> [...]
> III – proteger os documentos, as obras e outros bens de valor histórico, artístico e cultural, nos monumentos, as paisagens naturais notáveis e os sítios arqueológicos;
> IV – impedir a evasão, a destruição e a descaracterização de obras de arte e outros bens de valos histórico, artístico ou cultural;
> V – proporcionar os meios de acesso à cultura, à educação e à ciência;[454]

Nesse aspecto, a Carta de 1988 foi clara ao atribuir indistintamente à União, aos estados, ao Distrito Federal e aos municípios a competência material para proteger o patrimônio cultural, material e imaterial, sendo, portanto, todos os entes competentes para aplicar a legislação referente aos direitos culturais, ainda que essa legislação não tenha sido de autoria do ente aplicador. Quanto à competência legislativa, a preservação de patrimônio cultural encontra-se estabelecido na esfera da competência concorrente:

> Art.24. Compete à União, aos Estados e ao Distrito Federal legislar concorrentemente sobre:
> [...]
> VII – proteção ao patrimônio histórico, cultural, artístico, turístico e paisagístico;
> VIII – responsabilidade por dano ao meio ambiente, ao consumidor, a bens e direitos de valor artístico, estético, histórico, turístico e paisagístico:
> IX – educação, cultura, ensino e desporto.[455]

---

454 BRASIL. Constituição da República Federativa do Brasil de 1988. Nós, representantes do povo brasileiro, reunidos em Assembléia Nacional Constituinte para instituir um Estado Democrático, destinado a assegurar o exercício dos direitos sociais e individuais.... *Diário Oficial da União*, Brasília, 05 out. 1988. Disponível em: http://www.planalto.gov.br/ccivil_03/constituicao/constituicaocompilado.htm. Acesso em: 14 out. 2019.

455 BRASIL. Constituição da República Federativa do Brasil de 1988. Nós, representantes do povo brasileiro, reunidos em Assembléia Nacional Constituinte para instituir um Estado Democrático, destinado a assegurar o exercício dos direitos sociais e individuais.... *Diário Oficial da União*, Brasília, 05 out. 1988. Disponível em: http://www.planalto.gov.br/ccivil_03/constituicao/constituicaocompilado.htm. Acesso em: 14 out. 2019.

Vale ressaltar que, nos §§ 1º ao 4º do art. 24, o constituinte possibilitou, no âmbito da legislação concorrente, a edição de normas gerais pela União, não excluindo a competência suplementar dos estados. Inexistindo, entretanto, norma geral, os estados exercerão a competência legislativa plena, obedecendo a premissa de que a superveniência de lei federal sobre normas gerais suspende a eficácia da lei estadual no que lhe for contrária.

Embora o artigo 24 não explicite a competência legislativa do município para legislar sobre preservação do patrimônio cultural, o artigo 30, IX, determina: "Art. 30. Compete aos Municípios: [...] IX – promover a proteção do patrimônio histórico-cultural local, observada a legislação e a ação fiscalizador federal e estadual".[456] Tem o município, portanto, competência para legislar, respeitadas as disposições federais e estaduais, devendo apenas preencher lacunas no tocante à preservação do patrimônio cultural.

Em 2012, no bojo do delineamento de uma política de cultura articulada nos três níveis da federação, a Emenda Constitucional n. 71 incorporou ao texto constitucional o art. 216-A, com o intuito de assegurar a continuidade das políticas públicas de cultura como eixo de Estado, permeadas por participação e controle social, viabilizando estruturas organizacionais e recursos financeiros e humanos,[457] em todos os níveis de governo. Foi institucionalizado como instrumento e processo de gestão e promoção das políticas públicas de cultura, em regime de colaboração, de forma democrática e participativa entre os três entes federados e a sociedade civil, tendo por objetivo promover o desenvolvimento humano, social e econômico com pleno exercício dos direitos culturais via democratização dos processos decisórios intra e intergovernos.

> Art. 216-A. O Sistema Nacional de Cultura, organizado em regime de colaboração, de forma descentralizada e participativa, institui um **processo de gestão e promoção conjunta de políticas públicas de cultura, democráticas e permanentes, pactuadas entre os entes da Federação e a sociedade**, tendo por objetivo promover o desenvolvimento humano, social e econômico com pleno exercício dos direitos culturais. (Incluído pela Emenda Constitucional nº 71, de 2012)

---

456 BRASIL. Constituição da República Federativa do Brasil de 1988. Nós, representantes do povo brasileiro, reunidos em Assembléia Nacional Constituinte para instituir um Estado Democrático, destinado a assegurar o exercício dos direitos sociais e individuais.... *Diário Oficial da União*, Brasília, 05 out. 1988. Disponível em: https://www.planalto.gov.br/ccivil_03/constituicao/constituicao.htm. Acesso em: 15 out. 2019.

457 BRASIL. Ministério da Cultura. *Estruturação, Institucionalização e Implementação do Sistema Nacional de Cultura*. Brasília: Ministério da Cultura, 2011.

§ 1º O Sistema Nacional de Cultura fundamenta-se na política nacional de cultura e nas suas diretrizes, estabelecidas no Plano Nacional de Cultura, e rege-se pelos **seguintes princípios:**

I - diversidade das expressões culturais,

II - universalização do acesso aos bens e serviços culturais;

III - fomento à produção, difusão e circulação de conhecimento e bens culturais;

IV - cooperação entre os entes federados, os agentes públicos e privados atuantes na área cultural;

V - integração e interação na execução das políticas, programas, projetos e ações desenvolvidas;

VI - complementaridade nos papéis dos agentes culturais;

VII - transversalidade das políticas culturais;

VIII - autonomia dos entes federados e das instituições da sociedade civil;

IX - transparência e compartilhamento das informações; I

X - democratização dos processos decisórios com participação e controle social;

XI - descentralização articulada e pactuada da gestão, dos recursos e das ações;

XII - ampliação progressiva dos recursos contidos nos orçamentos públicos para a cultura.

§ 2º Constitui a **estrutura do Sistema Nacional de Cultura**, nas respectivas esferas da Federação:

I - órgãos gestores da cultura;

II - conselhos de política cultural;

III - conferências de cultura;

IV - comissões intergestores;

V - planos de cultura;

VI - sistemas de financiamento à cultura;

VII - sistemas de informações e indicadores culturais;

VIII - programas de formação na área da cultura; e

IX - sistemas setoriais de cultura.

§ 3º Lei federal disporá sobre a regulamentação do Sistema Nacional de Cultura, bem como de sua articulação com os demais sistemas nacionais ou políticas setoriais de governo.

§ 4º Os Estados, o Distrito Federal e os Municípios organizarão seus respectivos sistemas de cultura em leis próprias (grifo nosso).[458]

---

[458] BRASIL. Constituição da República Federativa do Brasil de 1988. Nós, representantes do povo brasileiro, reunidos em Assembléia Nacional Constituinte para instituir um Estado Democrático, destinado a assegurar o exercício dos direitos sociais e individuais.... *Diário Oficial da União*, Brasília, 05 out. 1988. Disponível em: https://www.planalto.gov.br/ccivil_03/constituicao/constituicao.htm. Acesso em: 15 out. 2019.

A política de cultura brasileira, na última década, tem se estruturado em três dimensões: simbólica, cidadã e econômica, com vistas a incorporar visões distintas e complementares sobre a atuação do Estado na área cultural.[459] O patrimônio cultural, especialmente o imaterial, ancora-se no cotidiano do homem ordinário, de personagens disseminadas, "caminhantes inumeráveis"[460] e, nessa linha, faz-se necessário compreender o papel do Estado, do Direito e das leis na gestão pública do patrimônio, em articulação com a sociedade.[461]

Em detalhamento e complementação ao texto constitucional, em âmbito federal, são marcos regulatórios principais da política de preservação do patrimônio cultural:

- Decreto-Lei nº 25, de 30 de novembro de 1937 – Organiza a proteção do patrimônio histórico e artístico nacional.

- Lei nº 3.924, de 26 de julho de 1961 – Dispõe sobre os monumentos arqueológicos e pré-históricos.

- Decreto nº 80.978, de 12 de dezembro de 1977 – Promulga a Convenção Relativa à Proteção do Patrimônio Mundial, Cultural e Natural, de 1972.

- Lei nº 9.605, de 12 de fevereiro de 1998 – Dispõe sobre as sanções penais e administrativas derivadas de condutas e atividades lesivas ao meio ambiente, e dá outras providências.

- Decreto nº 3.551, de 04 de agosto de 2000 – Institui o Registro de Bens Culturais de Natureza Imaterial que constituem patrimônio cultural brasileiro, cria o Programa Nacional do Patrimônio Imaterial e dá outras providências.

---

459 BRASIL. Ministério da Cultura. *Estruturação, Institucionalização e Implementação do Sistema Nacional de Cultura*. Brasília: Ministério da Cultura, 2011.

460 CERTEAU, Michel de. *A Invenção do Cotidiano*. Artes de Fazer. 12ª ed. Petrópolis: Vozes, 1994.

461 COSTA, Mila Batista Leite C.; PIRES, C. A. S. Memória e Patrimônio Cultural no Mosaico da Urbe: Dimensões do Direito, do Esquerdo e Narrativas do Estado Pós-moderno. In: Maria Tereza Fonseca Dias; Maria Elisa Braz Barbosa; Mila Batista Leite Corrêa da Costa; Caio Barros Cordeiro. (Org.). *Estado e Propriedade*. Estudos em Homenagem à Professora Maria Coeli Simões Pires. 1ed. Belo Horizonte: Fórum, 2015, v. 1, p. 129-148.

- Decreto n° 5.753, de 12 de abril de 2006 – Promulga a Convenção para a Salvaguarda do Patrimônio Cultural Imaterial", adotada em Paris, em 17 de outubro de 2003, e assinada em 3 de novembro de 2003.

- Decreto n. 9.238, de 15 de dezembro, de 2017 – Aprova a Estrutura Regimental e o Quadro Demonstrativo dos Cargos em Comissão e das Funções de Confiança do Instituto do Patrimônio Histórico e Artístico Nacional - IPHAN, remaneja cargos em comissão e substitui cargos em comissão do Grupo-Direção e Assessoramento Superiores - DAS por Funções Comissionadas do Poder Executivo – FCPE.

A política cultural e a regulação normativa, se inclusivas e democráticas, devem pautar-se pela "construção de pactos, sustentados em premissas que traduzam a diversidade e a pluralidade que marcam a formulação de um espaço"[462] e de um patrimônio coletivo. Após longa trajetória de conceituação do patrimônio cultural no Brasil e de consolidação de práticas protetivas, faz-se necessário o fortalecimento dos instrumentos de acautelamento, com a regulamentação dos existentes na legislação brasileira e criação de novos mecanismos que preencham brechas de atuação ainda não normatizadas.

---

462 COSTA, Mila Batista Leite C.; PIRES, C. A. S. Memória e Patrimônio Cultural no Mosaico da Urbe: Dimensões do Direito, do Esquerdo e Narrativas do Estado Pós-moderno. In: Maria Tereza Fonseca Dias; Maria Elisa Braz Barbosa; Mila Batista Leite Corrêa da Costa; Caio Barros Cordeiro. (Org.). *Estado e Propriedade*. Estudos em Homenagem à Professora Maria Coeli Simões Pires. 1ed. Belo Horizonte: Fórum, 2015, v. 1, p. 129-148.

2.5. O TOMBAMENTO E O REGISTRO COMO INSTRUMENTOS DE PROTEÇÃO E SALVAGUARDA

O detalhamento, a tipologia e o regramento procedimental dos instrumentos citados não são objeto desta investigação, já tendo sido escopo de obras doutrinárias fundantes.[463] Entretanto, para afastamento da possibilidade técnico-jurídica de uso do tombamento e do registro pelo Poder Legislativo, faz-se necessário aclarar, no capítulo final, algumas características que delineiam a natureza administrativa dos instrumentos, de modo que reste evidenciada a competência exclusiva do Poder Executivo no que se refere ao uso dos citados mecanismos.

Como descrito sobre o longo e apurado curso de consolidação da preservação do patrimônio no Brasil –, nomeadamente a partir da década de 1930, período definido como "momento fundador", e, após a segunda metade da década de 1970, "momento renovador" –,[464] o conceito de patrimônio foi assentado, ampliado, e as práticas de preservação, solidificadas.

Entretanto, a concepção de instrumentos técnico-jurídicos de acautelamento dos bens culturais permaneceu incipiente, à exceção do tombamento, definido pelo Decreto-Lei n. 25, de 1937, que, hoje, possui uma longeva experiência de 80 (oitenta) anos de sedimentação na rotina dos órgãos de proteção, com embates na doutrina e na jurisprudência em relação à sua natureza jurídica, a seu alcance, aos atores legitimados para seu uso – meandro em que se inseriu, também, o Poder Legislativo –, dentre outras divergências.

Nesse sentido, embora o § 1º do art. 216 da CR/88 defina como instrumentos de acautelamento e preservação *inventários, registros, vigilância, tombamento, desapropriação* e *outras formas*, a práxis de formação do patrimônio cultural e seu enquadramento jurídico, dependerá "de como dispõe a lei ordinária definidora dos métodos a serem usados na deter-

---

463 Cf. CASTRO, Sônia Rabello de. *O Estado na Preservação dos Bens Culturais.* Rio de Janeiro: Editora Renovar, 1991; PIRES, Maria Coeli Simões. *Da Proteção ao Patrimônio Cultural.* Belo Horizonte: Del Rey, 1994; FONSECA, Maria Cecília Londres. *O Patrimônio em Processo:* trajetória da política federal de preservação no Brasil. 2 ed. rev. ampl. Rio de Janeiro: Editora UFRJ; MinC-Iphan, 2005; CAVALCANTI, Maria Laura Viveiros de Castro; FONSECA, Maria Cecília Londres. *Patrimônio Imaterial no Brasil:* Legislação e Políticas Estaduais. Brasília: UNESCO, 2008.

464 FONSECA, Maria Cecília Londres. *O Patrimônio em Processo:* trajetória da política federal de preservação no Brasil. 2 ed. rev. ampl. Rio de Janeiro: Editora UFRJ; MinC-Iphan, 2005, p. 24.

minação de que bens o devem compor".[465] José Afonso da Silva cita três métodos utilizados seleção de bens para composição do patrimônio cultural: "enumeração"; "classificação" e "categorização ou conceituação", adotando o Brasil o método da classificação, nos termos do disposto no Decreto-Lei n. 25, de 1937, e do próprio texto constitucional.[466]

> Promover o patrimônio cultural é formá-lo pela definição de quais bens devem integrá-lo. Proteger o patrimônio cultural é, além dessa definição, também exercer sobre o patrimônio constituído a vigilância, a fiscalização, as inspeções, reparos e conservação para que os bens classificados: tombados, inventariados, registrados (os desapropriados são tombados), não deteriorem. [467]

A proteção do patrimônio cultural, direito difuso de natureza constitucional, pode ser realizada por uma gama de instrumentos, para além dos citados no texto constitucional:

> Lei Orgânica do Município; Plano Diretor; Plano de Preservação do Patrimônio Cultural Urbano; Lei de uso e ocupação do solo urbano e Lei de Parcelamento do solo urbano; Lei de posturas municipais; Leis que instituem Áreas de Diretrizes Especiais (ADEs) ou Áreas de Proteção do Ambiente Cultural (APACs); Código de obras, além de outros previstos no Estatuto da Cidade – Lei nº 10.257, de 10 de julho de 2001 (transferência do direito de construir; operações urbanas consorciadas; direito de preempção; estudo de impactos de vizinhança; outorga onerosa do direito de construir e de alteração de uso e a transferência do direito de construir; gestão orçamentária participativa) e na Constituição de 1988, como a Ação Civil Pública, apta a abrigar desdobramentos do devido processo legal, entre outros aspectos do controle da proteção; e, ainda, a Ação Popular, cuja legitimidade é atribuída ao cidadão, dentre os direitos e garantias fundamentais. A Constituição da República, no art. 5º, LXXIII, permite a qualquer cidadão acionar o Poder Judiciário para impugnar atos lesivos ao "patrimônio histórico e cultural". [468]

---

465 SILVA, José Afonso da. *Ordenação Constitucional da Cultura*. São Paulo: Malheiros, 2001, p. 115.

466 SILVA, José Afonso da. *Ordenação Constitucional da Cultura*. São Paulo: Malheiros, 2001, p. 115.

467 SILVA, José Afonso da. *Ordenação Constitucional da Cultura*. São Paulo: Malheiros, 2001, p. 115.

468 COSTA, Mila Batista Leite Corrêa da; MATTOS, Liana Portilho; PIRES, Maria Coeli Simões. Gestão do Patrimônio Cultural. In: CASTRO, Carmem L. F.; GONTIJO, Cynthia R. B.; PINTO, Luciana M. R. S. (Org.). *Dicionário de Políticas Públicas*. V. 2. Barbacena: Editora Universidade do Estado de Minas Gerais, 2015, p. 209.

No entanto, o tombamento e o registro, instrumentos mais amplamente utilizados para acautelamento de bens culturais materiais e imateriais, respectivamente, estão alicerçados na seara administrativa, marcados, hoje, à luz do paradigma constitucional, por uma "dimensão participativa e legitimadora, propiciada pela convocação dos cidadãos, potencialmente afetados, ou interessados na agenda estatal".[469] O processo de tombamento, nesse viés, deixa de ser "meio de estabilização do interesse estatal a ser preservado e de engessamento do bem protegido, para ser uma via norteadora da gestão dos bens tombados pelos órgãos administrativos especializados" e instrumento de reconhecimento do valor que a própria comunidade atribui a dado bem como referente de sua cultura e identidade, bem assim, como objeto de fruição.[470]

A história do tombamento no Brasil, instrumento consolidado pelo Decreto-lei nº 25, ainda em vigor, confunde-se com a própria política patrimonial estatal brasileira,[471] tendo atravessado as ordens constitucionais desde 1937, para ser recepcionado pelo texto constitucional de 1988.

Em linhas introdutórias, para tombamento dos bens materiais, móveis e imóveis realizados na esfera federal, o Decreto-Lei n. 25, de 1937, atribuiu competência ao Poder Executivo e instituiu quatro livros, tendo em vista a definição geral dos bens objeto da proteção do Estado – Livro do Tombo Arqueológico, Etnográfico e Paisagístico; Livro do Tombo Histórico; Livro do Tombo das Belas-Artes; Livro do Tombo das Artes Aplicadas. Importante firmar o conceito de tombamento adotado neste trabalho:

> [...] tombamento é o ato final de um procedimento administrativo, resultante de poder discricionário da Administração, por via do qual o Poder Público, intervindo na propriedade, institui uma servidão administrativa, traduzida na incidência de regime especial de proteção

---

469 COSTA, Mila Batista Leite Corrêa da; MATTOS, Liana Portilho; PIRES, Maria Coeli Simões. Gestão do Patrimônio Cultural. In: CASTRO, Carmem L. F.; GONTIJO, Cynthia R. B.; PINTO, Luciana M. R. S. (Org.). *Dicionário de Políticas Públicas*. V. 2. Barbacena: Editora Universidade do Estado de Minas Gerais, 2015, p. 209.

470 COSTA, Mila Batista Leite Corrêa da; MATTOS, Liana Portilho; PIRES, Maria Coeli Simões. Gestão do Patrimônio Cultural. In: CASTRO, Carmem L. F.; GONTIJO, Cynthia R. B.; PINTO, Luciana M. R. S. (Org.). *Dicionário de Políticas Públicas*. V. 2. Barbacena: Editora Universidade do Estado de Minas Gerais, 2015, p. 209.

471 COSTA, Rodrigo Vieira. *A Dimensão Constitucional do Patrimônio Cultural*: o tombamento e o registro sob a ótica dos direitos culturais. Rio de Janeiro: Lumen Juris, 2011.

sobre determinado bem, em razão de suas características especiais, integrando-se em sua gestão com a finalidade de atender ao interesse coletivo de preservação da cultura ou da natureza.[472]

O processo do tombamento inicia-se com uma fase instaurativa e é encerrado por uma fase deliberativa, mediante parecer do órgão responsável, realização dos atos de controle político e, ainda, cumprimento das formalidades de registro no respectivo Livro do Tombo e averbação no registro imobiliário. Para Maria Coeli Simões Pires, o § 1º do artigo 1º do referido decreto-lei reforça a natureza constitutiva do ato de tombamento.[473]

O registro,[474] por seu turno, tem por objeto preservar os modos tradicionais de "fazer", sem, no entanto, congelar o patrimônio, cuja vivacidade lhe é inerente. O Decreto 3.551, de 2000, considerando o dinamismo da cultura popular, admite a possibilidade de revogação do título quando transcorridos 10 (dez) anos, buscando não interferir na espontaneidade da criação cultural.[475]

Para se avaliar o que seria suscetível de registro, portanto, deve-se respeitar o fato de que o sistema cultural é dinâmico, valorativo, inovador e temporariamente situado, fazendo variar, ao longo do tempo e do espaço, o conceito do que seria relevante para a preservação, gerando sustentabilidade do sistema em virtude da legitimidade conferida ao

---

472 PIRES, Maria Coeli Simões. *Da Proteção ao Patrimônio Cultural.* Belo Horizonte: Del Rey, 1994, p. 81.

473 PIRES, Maria Coeli Simões. *Da Proteção ao Patrimônio Cultural.* Belo Horizonte: Del Rey, 1994.

474 O registro não funciona como patente protetora de determinada propriedade intelectual. A lei de proteção à propriedade intelectual busca proteger toda a produção, independente da qualidade. A proteção do patrimônio imaterial, por sua vez, atende bens selecionados por possuírem características definidoras de um alto grau de valorização e conteúdo cultural. LARAIA, Roque de Barros. Patrimônio Imaterial: conceitos e implicações. In: GUSMÃO, Rita; TEIXEIRA João G. L. C; GARCIA, Marcus V. C. *Patrimônio Imaterial, Performance Cultural e (re)tradicionalização.* Brasília: ICS-UNB, 2004, p.12-18.

475 Art. 7º O IPHAN fará a reavaliação dos bens culturais registrados, pelo menos a cada dez anos, e a encaminhará ao Conselho Consultivo do Patrimônio Cultural para decidir sobre a revalidação do título de «Patrimônio Cultural do Brasil». Parágrafo único. Negada a revalidação, será mantido apenas o registro, como referência cultural de seu tempo.. BRASIL. Decreto nº.3.551, de 04 agosto de 2000. Institui o Registro de Bens Culturais de Natureza Imaterial que constituem patrimônio cultural brasileiro, cria o Programa Nacional do Patrimônio Imaterial e dá outras providências. *Diário Oficial da União*, Brasília, 05 ago. 2000. Disponível em: http://www.planalto.gov.br/ccivil_03/decreto/d3551.htm. Acesso em: 14 out. 2019.

processo decisório de escolha do bem a ser protegido, sempre tendo por pressuposto a atuação conjunta sociedade/Estado.

O registro estende ao patrimônio selecionado os benefícios previstos nos §3º e 4º do art. 216 da Constituição, tornando-o referência identitária e instituindo a responsabilidade coletiva de proteção, *pari passu* à atuação estatal – "a atribuição de valor de patrimônio a um bem cultural pressupõe uma sedimentação de significados, algum grau de consenso quanto à atribuição dessa distinção".[476]

O que determina a escolha de determinado bem é uma atribuição de valor condicionada pelo contexto sociocultural dos agentes dessa seleção, sendo tanto melhor e mais legítima quando há abertura para englobar as mais diversas tradições culturais que serão transmitidas para as futuras gerações. Devem ser conjugados critérios de valoração internos dos grupos e externos, formulados por especialistas e agentes dos Estado, sendo fundamental a criação de espaços "públicos de interlocução", negociação e diálogo democrático.[477]

O Programa Nacional do Patrimônio Imaterial – PNPI – instituído pelo Decreto nº 3.551, de 4 de agosto de 2000, viabilizando "projetos de identificação, reconhecimento, salvaguarda e promoção da dimensão imaterial do Patrimônio Cultural Brasileiro, com respeito e proteção dos direitos difusos ou coletivos relativos à preservação e ao uso desse bem" –,[478] juntamente com o registro, articula, fomenta e apoia as políticas de estados e municípios, com o intuito de disponibilizar informações e elaborar políticas públicas de valorização da diversidade cultural e estabelecer parcerias com instituições dos governos federal, estaduais e municipais, universidades, organizações não governamentais, agências de desenvolvimento e organizações privadas ligadas à cultura e à pesquisa

---

476 FONSECA, Maria Cecília Londres. Patrimônio e Performance: uma relação interessante. In: GUSMÃO, Rita; TEIXEIRA João G. L. C; GARCIA, Marcus V. C. *Patrimônio Imaterial, Performance Cultural e (re) tradicionalização*. Brasília: ICS-UNB, 2004, p.19.

477 FONSECA, Maria Cecília Londres. Patrimônio e Performance: uma relação interessante. In: GUSMÃO, Rita; TEIXEIRA João G. L. C; GARCIA, Marcus V. C. *Patrimônio Imaterial, Performance Cultural e (re) tradicionalização*. Brasília: ICS-UNB, 2004, p.19-30.

478 O programa foi instituído no Ministério da Cultura com o intuito de proporcionar a aplicação desses novos instrumentos e uma aproximação entre sociedade brasileira e Estado, para encaminhar as demandas sobre suas referências. O CNFCP foi uma das instituições responsáveis pela implantação do programa e elaboração do texto do decreto. BRASIL. *Instituto do Patrimônio Histórico e Artístico Nacional*. Disponível em: www.**iphan**.gov.br. Acesso em:14 out.2019.

Em âmbito federal, a Resolução nº 1, de 3 de agosto de 2006, do Iphan complementa o Decreto nº 3.551, de 2000,[479] determinando os procedimentos a serem observados na instauração e instrução do processo administrativo de Registro de Bens Culturais de Natureza Imaterial. A resolução adota uma "definição processual" antropológica de patrimônio cultural imaterial, traduzido como "criações culturais de caráter dinâmico e processual, fundadas na tradição e manifestadas por indivíduos ou grupos de indivíduos como expressão de sua identidade cultural e social", considerando-se a "tradição no seu sentido etimológico de 'dizer através do tempo', significando práticas produtivas, rituais e simbólicas que são constantemente reiteradas, transformadas e atualizadas, mantendo, para o grupo, um vínculo do presente com o seu passado".[480]

Nos termos da legislação em vigor, as propostas para registro, acompanhadas de sua documentação técnica, serão instruídas com descrição pormenorizada do bem a ser registrado, acompanhada da documentação correspondente, e deverá mencionar todos os elementos que lhe sejam culturalmente relevantes. As propostas são dirigidas ao presidente do Iphan, nos termos da legislação citada, que as submeterá ao Conselho Consultivo do Patrimônio Cultural, no âmbito federal, para deliberação. O parecer, calcado em minuciosa análise técnica, será publicado no Diário Oficial, para eventuais manifestações sobre o registro, que deverão ser apresentadas ao conselho competente,[481] conforme o caso, o que demonstra a tentativa do legislador de formatação, no bojo do procedimento, dos pressupostos do contraditório e da participação democrática.

Em caso de decisão favorável do Conselho Consultivo do Patrimônio Cultural, o bem será inscrito no livro correspondente e receberá o título de "Patrimônio Cultural do Brasil". São os livros: *Livro de Registro dos Saberes*, onde serão inscritos conhecimentos e modos de fazer enraizados no cotidiano das comunidades; *Livro de Registro das Celebrações*, onde serão inscritos rituais e festas que marcam a vivência coletiva do trabalho,

---

479 Em Minas Gerais, possui função semelhante a Portaria nº 47, de 28 de novembro de 2008, do Iepha-MG.

480 CAVALCANTI, Maria Laura Viveiros de Castro; FONSECA, Maria Cecília Londres. *Patrimônio Imaterial no Brasil*: Legislação e Políticas Estaduais. Brasília: UNESCO, 2008, p. 12.

481 BRASIL. Instituto do Patrimônio Histórico e Artístico Nacional. Resolução nº 1, de 3 de agosto de 2006. *Diário Oficial da União*, Brasília, Publicada no 23 de março de 2007.

da religiosidade, do entretenimento e de outras práticas da vida social; *Livro de Registro das Formas de Expressão*, onde serão inscritas manifestações literárias, musicais, plásticas, cênicas e lúdicas; *Livro de Registro dos Lugares*, onde serão inscritos mercados, feiras, santuários, praças e demais espaços onde se concentram e reproduzem práticas culturais coletivas.[482]

A inscrição em um dos livros de registro terá sempre como referência a "continuidade histórica do bem e sua relevância nacional para a memória, a identidade e a formação da sociedade brasileira",[483] ressaltando-se que outros livros de registro poderão ser abertos para a inscrição de bens culturais de natureza imaterial que constituam patrimônio cultural brasileiro e não se enquadrem nos livros definidos no § 1º. do art. 1º do Decreto n. 3.551, de 2000. São partes legítimas para provocar a instauração do processo de registro o Ministro de Estado da Cultura; instituições vinculadas ao Ministério da Cultura; Secretarias de Estado, de Município e do Distrito Federal; e sociedades ou associações civis.

O procedimento em Minas Gerais é bastante similar, adaptando-se às instâncias deliberativas estaduais. É, portanto, na prática institucional cotidiana dos órgãos de proteção patrimonial que o registro se materializa, desde 2001, quando foi regulamentado, como instrumento que cria um «regime especial aos bens culturais registrados, impedindo seu uso indiscriminado, desautorizado e indevido, contra-usos que, muitas vezes, afetarão a continuidade do bem»[484] como prática cultural tradicional.

> A crença manifestada pelos produtores e detentores quanto à eficácia do Registro, como se percebe, não é no sentido de criação de obrigações de fazer e não fazer para a própria comunidade, uma vez que trabalhar com a dimensão imaterial do patrimônio cultural, cujo suporte é o ser humano, que deve expressar a sua vontade livre e desembaraçada, não permite esse tipo de conduta interventora do Estado. Há, em realida-

---

482 BRASIL. Instituto do Patrimônio Histórico e Artístico Nacional. Resolução nº 1, de 3 de agosto de 2006. *Diário Oficial da União*, Brasília, Publicada no 23 de março de 2007.

483 BRASIL. Instituto do Patrimônio Histórico e Artístico Nacional. Resolução nº 1, de 3 de agosto de 2006. *Diário Oficial da União*, Brasília, Publicada no 23 de março de 2007.

484 QUEIROZ, Hermano Fabrício Oliveira Guanais e. *O registro de bens culturais imateriais como instrumento constitucional garantidor de direitos culturais*. 2014. 301f. Dissertação (Mestrado Profissional) – Instituto do Patrimônio Histórico e Artístico Nacional, Rio de Janeiro, 2014, p. 105.

de, um desejo de que o Registro produza efeitos perante terceiros que, eventualmente, queiram se apropriar ou de fato se apropriem indevidamente de conhecimentos, objetos, artefatos, imagens, saberes, lugares, etc, consagrados como patrimônio cultural, assim como perante o Estado, o que já ocorre na prática mediante a formulação e execução de políticas públicas e outras ações que ganham lugar de destaque no campo do patrimônio cultural nacional e também internacional (grifo nosso). [485]

É esse o grande mérito que as leis de iniciativa parlamentar retiram do instrumento do registro: sua capacidade de proteção dos bens registrados contra maus usos e danos diversos ocasionados por terceiros – particulares e o próprio Estado. Do mesmo modo que se impede "um particular ou o próprio Estado de demolir um monumento tombado, deve-se impedir que terceiros se apropriem indevidamente de conhecimentos, saberes, práticas, lugares, etc, que foram consagrados como patrimônio cultural imaterial do Brasil". [486]

485 QUEIROZ, Hermano Fabrício Oliveira Guanais e. *O registro de bens culturais imateriais como instrumento constitucional garantidor de direitos culturais*. 2014. 301f. Dissertação (Mestrado Profissional) – Instituto do Patrimônio Histórico e Artístico Nacional, Rio de Janeiro, 2014, p. 164.

486 QUEIROZ, Hermano Fabrício Oliveira Guanais e. *O registro de bens culturais imateriais como instrumento constitucional garantidor de direitos culturais*. 2014. 301f. Dissertação (Mestrado Profissional) – Instituto do Patrimônio Histórico e Artístico Nacional, Rio de Janeiro, 2014, p. 105.

3. A ASSEMBLEIA LEGISLATIVA DE MINAS E O USO DO PROCESSO LEGISLATIVO PARA PRESERVAÇÃO DO PATRIMÔNIO CULTURAL: RETRATO DE UMA PRÁTICA INSTITUCIONALIZADA NO BRASIL

Num tom de conversação em família – família numerosa, porém unida e solidária – queremos recordar aos mineiros que o patrimônio moral como o espiritual não sobrevive ao desleixo. Os bens materiais arruínam-se e se perdem quando a diligência do dono não de detém sôbre êles. As conquistas espirituais também se perdem quando o homem as negligencia, por lhe parecer assegurada a sua posse.

(*Manifesto dos Mineiros*. Belo Horizonte, 24 de outubro de 1943).[487]

---

487 MINAS GERAIS. *Manifesto dos Mineiros*: 70 Anos, Memória. Belo Horizonte, Imprensa Oficial, 2013.

Imagem 63
Constituição Mineira de 1989 na Prensa

Fonte: Crédito Acervo ALMG[488]

Nos capítulos anteriores, foram abordados os temas centrais deste trabalho e os motes desta pesquisa: o Poder Legislativo, ator inserido no "campo político" bourdieusiano, e a política de preservação do patrimônio cultural, esfera também compreendida como "campo", com suas especificidades, regramentos próprios e composição de forças.

Neste capítulo, o problema de pesquisa proposto será demonstrado em sua concretude, no âmbito da Assembleia Legislativa de Minas Gerais e, no capítulo seguinte, a partir das injunções formuladas e do cenário delineado, será analisada a viabilidade e a juridicidade da produção de normas de efeito concreto para seleção de bens culturais como patrimônio, bem como propostos instrumentos efetivos de atuação do Poder Legislativo no desenho institucional das políticas de preservação patrimonial.

A Assembleia de Minas posta-se, no cenário político brasileiro, como parâmetro de pioneirismo e de elevação quanto ao seu nível de desenvolvimento institucional, sendo, conforme Anastasia e Santos, "referência nacional para outros legislativos estaduais [...], o que a torna um objeto

---

488 Acervo da Assembleia Legislativa de Minas Gerais – Belo Horizonte/MG. Disponível em: https://www.almg.gov.br/a_assembleia/memoria/linha_tempo/1985-1989/. Acesso em: 15 out. 2019.

empírico potencialmente produtivo para estudos de caso".[489] Para além, na trajetória de consolidação das políticas públicas de preservação, sobressai a importância de Minas Gerais e dos mineiros na criação do Sphan, no movimento modernista e na vida política brasileira nas décadas de 1920 e 1930.[490]

Segundo Maria Cecília Londres, "para os modernistas, Minas se constituiu, desde a segunda década do século, em polo catalisador e irradiador de ideias".[491] Nesse sentido, o Brasil passou a identificar no estado mineiro "o berço de uma civilização brasileira, tornando-se a proteção dos monumentos históricos e artísticos mineiros – e por consequência, do resto do país – parte da construção da tradição nacional".[492] O barroco tornou-se emblemático, no movimento de construção da nação, como primeira manifestação cultural tipicamente brasileira, identificado como representação de autenticidade e pureza.

> Foi numa viagem a Minas, em 1916, que Alceu Amoroso Lima e o então jovem Rodrigo Melo Franco de Andrade *descobriram* o barroco e perceberam a necessidade de proteger os monumentos históricos. Foi numa viagem a Diamantina, nos anos 20, que o arquiteto Lúcio Costa, então adepto do estilo neocolonial, teve despertada sua admiração pela arquitetura colonial brasileira. Foi também em viagens a Minas, uma delas em 1924, acompanhando o poeta Blaise Cendrars, que Mário de Andrade entrou em contato com a arte colonial brasileira e com os jovens inquietos da Rua da Bahia (Carlos Drummond de Andrade, Pedro Nava, Emílio Moura, etc), com os quais manteve contato pessoal e correspondência a partir de então.[493]

489 ANASTASIA; Fátima; SANTOS, Manoel Leonardo. Introdução. In: SANTOS, Manoel Leonardo; ANASTASIA, Fátima (Org.). *Política e desenvolvimento institucional no Legislativo de Minas Gerais*. Belo Horizonte: Editora PUC Minas, 2016, p. 17-18.

490 FONSECA, Maria Cecília Londres. *O Patrimônio em Processo*: trajetória da política federal de preservação no Brasil. 2 ed. rev. ampl. Rio de Janeiro: Editora UFRJ; MinC-Iphan, 2005.

491 FONSECA, Maria Cecília Londres. *O Patrimônio em Processo*: trajetória da política federal de preservação no Brasil. 2 ed. rev. ampl. Rio de Janeiro: Editora UFRJ; MinC-Iphan, 2005.

492 FONSECA, Maria Cecília Londres. *O Patrimônio em Processo*: trajetória da política federal de preservação no Brasil. 2 ed. rev. ampl. Rio de Janeiro: Editora UFRJ; MinC-Iphan, 2005, p. 92-93.

493 FONSECA, Maria Cecília Londres. *O Patrimônio em Processo*: trajetória da política federal de preservação no Brasil. 2 ed. rev. ampl. Rio de Janeiro: Editora UFRJ; MinC-Iphan, 2005, p. 92.

A "Viagem de Descoberta do Brasil", de 1924, trouxe a Minas intelectuais como Mário de Andrade, Tarsila do Amaral, Oswald de Andrade, Olívia Guedes Penteado e Blaise Cendrars – "em Belo Horizonte, os novos bandeirantes trataram com entusiasmo de lançar as bases de uma associação que tivesse por fim defender o nosso malbaratado patrimônio artístico".[494] No mesmo ano, Augusto de Lima, representante de Minas Gerais na Câmara dos Deputados, apresentou proposição para proibir a saída de obras de arte tradicional brasileira para o exterior.

Em 1925, o presidente do estado Fernando de Mello Vianna organizou uma comissão, liderada pelo jurista Jair Lins, com o objetivo de estudar o patrimônio cultural mineiro e elaborar anteprojeto estadual para impedir que bens de valor histórico e artístico das cidades mineiras fossem exterminados do acervo mineiro, documento de grande relevância como antecedente da legislação brasileira, como já citado. Para além, a iniciativa estimulou iniciativas na seara da preservação do patrimônio cultural, como a criação das inspetorias estaduais de monumentos históricos, em Minas Gerais (1926), na Bahia (1927) e em Pernambuco (1928).

> A atuação do Instituto do Patrimônio Histórico e Artístico Nacional em Minas Gerais balizou a concepção de patrimônio cultural no Brasil, entre o final dos anos 1930 e início 1970. Marcos dessa atuação, a proteção de Ouro Preto e da Igreja São Francisco de Assis, na Pampulha, Belo Horizonte, expressam as ambivalências presentes na formulação da prática de proteção e na conceituação do valor do patrimônio cultural. A atuação intelectual do movimento modernista, iniciada nos anos 1920, materializa-se na construção da política preservacionista que já nasce, em 1937, com a inquietação de definir o que é patrimônio cultural brasileiro.[495]

Registra Maria Cecília Londres que "havia entre os mineiros um sentido de constituírem uma elite intelectual e com a vocação do espírito público. Predominavam neles valores como o rigor, a sobriedade, a honestidade intelectual e moral, e sobretudo o senso de dever".[496] Carlos Drummond

---

494 PINHEIRO, Maria Lúcia Bressan. Trajetória das Ideias Preservacionistas no Brasil: As Décadas de 1920 e 1930, *Revista do Patrimônio Histórico e Artístico Nacional*, Iphan 1937 – 2017, n. 35, Brasília, 2017, p. 20-21.

495 MINAS GERAIS. Instituto Estadual do Patrimônio Histórico e Artístico. *O Iepha*. Disponível em: http://www.iepha.mg.gov.br/index.php/institucional/o-iepha#hist%C3%B3ria. Acesos em: 14 out. 2019.

496 FONSECA, Maria Cecília Londres. *O Patrimônio em Processo*: trajetória da política federal de preservação no Brasil. 2 ed. rev. ampl. Rio de Janeiro: Editora UFRJ; MinC-Iphan, 2005, p. 92.

de Andrade, Rodrigo Melo Franco e Gustavo Capanema são exemplos de mineiros, segundo a autora, engajados na política de preservação com vocação para a vida pública e independência político-partidária.[497] É nesse passo vocacionado que a Constituição Mineira de 1989 sedimentou caminhos para a democratização e a participação popular no campo das políticas públicas: "a Assembleia inovou ao institucionalizar canais de interlocução social amplos e democráticos, como os seminários legislativos, os fóruns técnicos e os ciclos de debates, que abriram a participação aos interessados em contribuir na elaboração legislativa".[498]

3.1. A PRESERVAÇÃO DO PATRIMÔNIO CULTURAL EM MINAS GERAIS

A Constituição do Estado de Minas Gerais de 1989 – CE/89 – estabelece, em paralelismo à Constituição da República de 1988:

> Art. 208 – Constituem **patrimônio cultural mineiro** os **bens de natureza material e imaterial**, tomados individualmente ou em conjunto, que contenham **referência à identidade, à ação e à memória dos diferentes grupos formadores da sociedade mineira**, entre os quais se incluem:
> I – **as formas de expressão;**
> II – **os modos de criar, fazer e viver;**
> III – **as criações científicas, tecnológicas e artísticas;**
> IV – **as obras, objetos, documentos, edificações e demais espaços destinados a manifestações artístico-culturais;**
> V – **os conjuntos urbanos e sítios de valor histórico, paisagístico, artístico, arqueológico, espeleológico, paleontológico, ecológico e científico.**
> • (Vide Lei nº 13.956, de 24/7/2001.)

---

497 "Em todos eles, um sentido de independência que se expressava em sua resistência a aderir incondicionalmente a líderes como Getúlio, ou à política partidária. Na vida pública, em várias ocasiões, deram demonstração dessa independência – como no pedido de demissão de Carlos Drummond de Andrade da chefia de gabinete de Capanema, por não desejar comparecer a uma conferência de Alceu Amoroso Lima no MES, de cujas ideias então discordava, ou ao não hesitar em publicar poemas de cunho socialista enquanto ocupava cargo de confiança em um governo que perseguia os 'os comunistas'; e nas inúmeras manifestações – inclusive pedidos de demissão nunca aceitos – de Rodrigo M. F. de Andrade em protesto contra atitudes, mesmo de presidentes da República que, no seu entender, desautorizavam o Sphan ou seu diretor". FONSECA, Maria Cecília Londres. *O Patrimônio em Processo*: trajetória da política federal de preservação no Brasil. 2 ed. rev. ampl. Rio de Janeiro: Editora UFRJ; MinC-Iphan, 2005, p. 93.

498 OLIVEIRA, Myriam Costa de. Eventos institucionais e políticas públicas: trajetória e resultados. In: OLIVEIRA, Myriam Costa de (Org.). *A Assembleia de Minas e a construção coletiva de política públicas*: eventos institucionais. Belo Horizonte: ALMG, 2009. p.9-24.

Art. 209 – O Estado, com a colaboração da comunidade, protegerá o patrimônio cultural por meio de inventários, registros, vigilância, tombamento e desapropriação, de outras formas de acautelamento e preservação e, ainda, de repressão aos danos e às ameaças a esse patrimônio.

Parágrafo único – A lei estabelecerá plano permanente para proteção do patrimônio cultural do Estado, notadamente dos núcleos urbanos mais significativos.

Art. 210 – A lei disporá sobre a fixação de datas comemorativas[499] de fatos relevantes para a cultura estadual (grifo nosso).[500]

E complementa o Decreto n. 45.850, de 28 de dezembro de 2011, que contém o Estatuto do Instituto Estadual de Patrimônio Histórico e Artístico de Minas Gerais:

Art. 2º. [...]

§ 1º Para efeito do disposto neste Estatuto, são considerados patrimônio cultural os bens de natureza material e imaterial que façam referência à identidade cultural e à memória social do Estado, quais sejam:

I - núcleos e conjuntos urbanos e paisagísticos;

II - edificações públicas e privadas de qualquer natureza ou finalidade;

III - sítios arqueológicos, espeleológicos, paleontológicos e paisagísticos;

IV - bens móveis, obras de arte integradas, equipamentos urbanos, marcos e objetos isolados ou integrados à arquitetura e aos conjuntos urbanos;

V - objetos arqueológicos e suportes de técnicas construtivas tradicionais;

VI - tradições, costumes, rituais, festas das comunidades, manifestações literárias, musicais, plásticas, cênicas e lúdicas, mercados, feiras, santuários, praças e demais espaços onde se concentram e reproduzem práticas culturais coletivas; e

VII - outros bens e direitos de valor cultural, artístico, estético, histórico, natural, paisagístico e científico de interesse de preservação ou protegidos pelo Estado (grifo nosso).[501]

---

499 Cf. MINAS GERAIS. Lei n. 22.858, de 08 de janeiro de 2018. Fixa critério para a instituição de data comemorativa estadual. *Diário Oficial de Minas Gerais*, Belo Horizonte, 09 jan. 2018.

500 MINAS GERAIS. Constituição do Estado. Disponível em: https://www.almg. gov.br/export/sites/default/consulte/legislacao/Downloads/pdfs/ConstituicaoEstadual. pdf. Acesso em: 15 out. 2019.

501 MINAS GERAIS. Decreto n. 45.850, de 28 de dezembro de 2011, que contém o Estatuto do Instituto Estadual de Patrimônio Histórico e Artístico de Minas Gerais. *Diário Oficial de Minas Gerais*, Belo Horizonte, 29 dez. 2011.

O Iepha-MG, órgão de proteção patrimonial mineiro, foi criado pelo Poder Executivo em 30 de setembro de 1971, como fundação pública vinculada à Secretaria de Estado de Cultura de Minas Gerais, com atribuições regionais semelhantes às do Sphan e com o objetivo inicial de colaborar na atuação do órgão federal.[502] Diante do quadro constitucional posto, a atual norma que estabelece a estrutura orgânica da administração pública do Poder Executivo do Estado – Lei n. 22.257, de 27 de julho de 2016 – define, em seu art. 67, como competência do Instituto Estadual do Patrimônio Histórico e Artístico de Minas Gerais pesquisar, identificar, proteger e promover o patrimônio cultural no estado, ressalvando que, no exercício de suas competências, observará as diretrizes da Secretaria de Estado de Cultura – SEC – e as deliberações do Conselho Estadual do Patrimônio Cultural – Conep –, de acordo com a Lei Delegada nº 170, de 25 de janeiro de 2007.[503]

Define, ainda, o art. 27 da Lei n. 22.257, de 2016, que a Secretaria de Estado de Cultura – SEC – é o órgão gestor do Sistema Estadual de Cultura, previsto no § 4º do art. 216-A da Constituição da República, e tem como competência planejar, organizar, dirigir, coordenar, executar, controlar e avaliar as ações setoriais a cargo do Estado relativas:

> Art. 27 [...]
> I – ao pleno exercício dos direitos culturais e à democratização do acesso à cultura;
> II – à promoção da diversidade cultural e à proteção do patrimônio cultural material e imaterial mineiro;
> III – ao incentivo à produção, à valorização e à difusão do conjunto das manifestações artístico-culturais mineiras;
> IV – ao incentivo à regionalização da criação artístico-cultural e ao intercâmbio entre os diferentes territórios e as diversas formas de manifestação artístico-cultural no Estado.

---

502 "Coube ao historiador Affonso Ávila a pesquisa e a articulação para a redação e aprovação da Lei nº 5.775, de 30 de setembro de 1971, que cria o Instituto Estadual do Patrimônio Histórico e Artístico de Minas Gerais". MINAS GERAIS. Instituto Estadual do Patrimônio Histórico e Artístico. *O Iepha*. Disponível em: http://www.iepha.mg. gov.br/index.php/institucional/o-iepha#hist%C3%B3ria. Acesos em: 15 out. 2019.

503 MINAS GERAIS. Lei Delegada n. 170, de 25 de janeiro de 2007. Dispõe sobre a estrutura orgânica da Administração Pública do poder executivo do estado de minas gerais e dá outras providências. *Diário Oficial de Minas Gerais,* Belo Horizonte, 26 jan. 2007.

§ 1º – A SEC, no exercício de suas competências, atuará em cooperação com os demais entes federados e com os diferentes segmentos culturais na articulação dos sistemas de cultura.[504]

A Fundação Iepha-MG, bem assim a Fundação Clóvis Salgado – FCS –, a Fundação de Arte de Ouro Preto – Faop e a Empresa Mineira de Comunicação integram a área de competência da SEC por vinculação e, por subordinação administrativa, o Conselho Estadual de Política Cultural – Consec –, o Conselho Estadual de Arquivos e o Conselho Estadual de Patrimônio Cultural – Conep.

O Iepha-MG foi concebido, portanto, em um contexto de fortalecimento das especificidades regionais e, simultaneamente, de reconhecimento de que a atuação do Iphan, com a colaboração da Unesco, não era suficiente, confirmando tendência descentralizadora em relação às ações de preservação, apontadas no I e II Encontro dos Governadores (Compromisso de Brasília, de 1970, e Compromisso de Salvador, de 1971), para a atuação supletiva dos estados e dos municípios, conforme estimulava o então Ministro da Educação e Cultura, Jarbas Passarinho.[505]

O instituto, ao longo de seus mais de 45 (quarenta e cinco) anos, consolidou-se pela valorização da tradição e da cultura das localidades, com diálogo voltado para as legislações urbanísticas e para a gestão urbana como forma de acautelamento dos bens culturais, e pelo estímulo às políticas municipais de preservação,[506] a exemplo do "ICMS Patrimônio Cultural", estabelecido pela Lei n. 18.030, de 12 de janeiro de 2009, que dispõe sobre a distribuição da parcela da receita do produto da arrecadação do Imposto sobre Operações Relativas à Circulação de Mercadorias e sobre Prestações de Serviços de Transporte Interestadual e Intermunicipal e de Comunicação – ICMS – pertencente aos Municípios.[507]

---

504 MINAS GERAIS. Lei n. 22.257, de 27 de julho de 2016. Estabelece a estrutura orgânica da administração pública do Poder Executivo do Estado e dá outras providências. *Diário Oficial de Minas Gerais*, Belo Horizonte, 28 jul. 2016.

505 FONSECA, Maria Cecília Londres. *O Patrimônio em Processo*: trajetória da política federal de preservação no Brasil. 2 ed. rev. ampl. Rio de Janeiro: Editora UFRJ; MinC-Iphan, 2005.

506 SOUZA, Luciana Christina Cruz e; Moraes, Nilson Alves. *Estado e Patrimônio*: O Iepha/Mg e o Caso de Minas Gerais. Anais... Rio de Janeiro, IV Seminário Internacional – Políticas Culturais, 2013.

507 Art. 1º A parcela da receita do produto da arrecadação do Imposto sobre Operações Relativas à Circulação de Mercadorias e sobre Prestações de Serviços de Transporte

Ao longo do processo de construção das políticas de preservação pelo Iepha-MG, foram sedimentados instrumentos de atuação com o objetivo de trazer para a prática preservacionista a amplitude da noção de bem cultural, enfatizando experiências vertidas para a valorização da história processual para "ultrapassar a noção de excepcionalidade, experiências de reconhecimento de práticas e manifestações culturais que buscaram a aproximação com os grupos sociais detentores destes saberes".[508]

Nessa linha, são adotados pelo instituto como cerne instrumental da política de proteção e salvaguarda do patrimônio cultural mineiro o *tombamento*, delineado no Decreto-Lei n. 25, de 1937, o *registro*, nos termos da legislação federal e do Decreto Estadual nº 42.505, de 15 de abril de 2002, que institui as formas de registros de bens culturais de natureza imaterial ou intangível que constituem patrimônio cultural de Minas Gerais, e o *inventário*, mediante metodologia denominada Ipac – Inventário de Proteção do Acervo Cultural.[509] Minas Gerais, nessa linha, possui um extenso rol de bens protegidos pelo órgão – tombados,

---

Interestadual e Intermunicipal e de Comunicação - ICMS - pertencente aos Municípios, de que trata o § 1º do art. 150 da Constituição do Estado, será distribuída nos percentuais indicados no Anexo I desta Lei, conforme os seguintes critérios:

[...]

VII - **patrimônio cultural: relação percentual entre o Índice de Patrimônio Cultural do Município e o somatório dos índices de todos os Municípios, fornecida pelo Instituto Estadual do Patrimônio Histórico e Artístico - IEPHA** -, observado o disposto no Anexo II desta Lei [...] (grifo nosso). MINAS GERAIS. Lei n. 18.030, de 12 de janeiro de 2009. Dispõe sobre a distribuição da parcela da receita do produto da arrecadação do ICMS pertencente aos Municípios. *Diário Oficial de Minas Gerais*, Belo Horizonte, 13 jan. 2009.

508 MINAS GERAIS. Instituto Estadual do Patrimônio Histórico e Artístico. *O Iepha*. Disponível em: http://www.iepha.mg.gov.br/index.php/institucional/o-iepha#hist%C3%B3ria. Acesos em: 15 out. 2019.

509 No Ipac, os bens culturais são separados em duas grandes categorias, compostas por bens de natureza distinta e, muitas vezes, complementar: Patrimônio Material, dividido em Conjuntos Urbanos; Sítios Naturais; Sítios Arqueológicos; Estruturas Arquitetônicas e Urbanísticas; Bens Móveis e Integrados; Arquivos. E Patrimônio Imaterial: Celebração e Ritos; Expressões; Lugares; Saberes. MINAS GERAIS. Secretaria de Estado de Cultura. *Plano Estadual de Cultura* – Caracterização da Cultura em Minas Gerais. Belo Horizonte: Sec, 2014.

registrados e inventariados –,[510] com realce para os bens registrados, ainda em quantitativo reduzido, em razão da jovem legislação sobre o tema: As Folias de Minas (2017), Comunidade dos Arturos (2014), Festa de Nossa Senhora do Rosario dos Homens Pretos de Chapada do Norte (2013), Modo de fazer o queijo artesanal da região do Serro (2002):

> O Iepha-MG incorporou essa nova leitura do patrimônio através das ações de Registro do Patrimônio Imaterial e teve como desafio, nestes últimos anos, a implementação de práticas de inventário do patrimônio cultural com metodologias participativas com as comunidades locais. Nesta perspectiva, busca ampliar esta prática fortalecendo a articulação sistêmica com as administrações locais e o reforço da atuação do Conselho Estadual do Patrimônio, Conep, como instância participativa e também legitimadora da política estadual.[511]

"Não se deve perder de vista que pensar e atuar sobre o campo do patrimônio pressupõe ter que lidar com novas concepções de tempo, de história e de cultura, com fronteiras e outros territórios do campo da cultura",[512] pelo que a cronologia da legislação de preservação do patrimônio cultural em Minas Gerais narra a trajetória de um estado com papel de relevo no cenário nacional de desenho de políticas patrimoniais. Assim, são parâmetros principais para a preservação do patrimônio cultural no estado:

- Lei nº 5.775, de 30 e setembro de 1971 – Autoriza o Poder Executivo a instituir, sob a forma de Fundação, o Instituto Estadual do Patrimônio Histórico e Artístico de Minas Gerais - Iepha/MG e dá outras providências.

- Constituição do Estado de Minas Gerais de 1989, com especial ênfase nos arts. 207 a 210 relativos à seção ¨Cultura¨.

- Lei n. 11.726, de 30 de dezembro de 1994 – Dispõe sobre política cultural do Estado.

---

510 MINAS GERAIS. Instituto Estadual do Patrimônio Histórico e Artístico. *Patrimônio Cultural Protegido*. Disponível em: http://www.iepha.mg.gov.br/index. php/programas-e-acoes/patrimonio-cultural-protegido. Acesso em: 15 out. 2019

511 MINAS GERAIS. Instituto Estadual do Patrimônio Histórico e Artístico. *O Iepha*. Disponível em: http://www.iepha.mg.gov.br/index.php/institucional/o-iepha#hist%C3%B3ria. Acesso em: 15 out. 2019.

512 MINAS GERAIS. Instituto Estadual do Patrimônio Histórico e Artístico. *O Iepha*. Disponível em: http://www.iepha.mg.gov.br/index.php/institucional/o-iepha#hist%C3%B3ria. Acesso em: 14 out. 2019.

- Lei 13.956, de 24 de julho de 2001 – Dispõe sobre as obras representativas do patrimônio cultural mineiro e dá outras providências.

- Decreto n. 42.505, de 15 de abril de 2002 – Institui as formas de registros de bens culturais de natureza imaterial ou intangível que constituem patrimônio cultural de Minas Gerais.

- Resolução n. 5.229, de 5 de maio de 2005 – Cria a Comissão de Cultura da ALMG.

- Lei Delegada n. 170, de 25 de janeiro de 2007 – Cria o Conselho Estadual do Patrimônio Cultural - CONEP e dá outras providências.

- Portaria n. 47, de 28 de novembro de 2008, do Iepha – Dispõe sobre os procedimentos e normas internas de instrução dos processos de Registro de bens culturais de natureza imaterial ou intangível, no âmbito do Instituto Estadual do Patrimônio Histórico e Artístico de Minas Gerais – Iepha-MG.

- Lei n. 18.030, de 12 de janeiro de 2009 – Dispõe sobre a distribuição da parcela da receita do produto da arrecadação do ICMS pertencente aos Municípios.

- Lei n. 18.312, de 6 de agosto de 2009 – Institui a Política Estadual do Livro.

- Lei n. 19.420, de 11 janeiro de 2011 – Estabelece a Política Estadual de Arquivos.

- Decreto n. 45.843, de 26 de dezembro de 2011 – Regulamenta o programa social preservação do Patrimônio Cultural previsto no Item XVI do anexo da Lei nº 18.692, de 30 de dezembro de 2009.

- Decreto n. 45.850, de 28 de dezembro de 2011 – Contém o Estatuto do Instituto Estadual do Patrimônio Histórico e Artístico de Minas Gerais – Iepha/MG.

- Lei n. 20.368, de 7 de agosto de 2012 – Institui o Registro do Patrimônio Vivo do Estado de Minas Gerais.

- Decreto n. 46.406, de 27 de dezembro de 2013 – Contém o regimento interno do Conselho Estadual de Política Cultural – Consec.

- Lei n. 21.141, de 13 de janeiro de 2014 – Dispõe sobre a criação, a gestão e o funcionamento de museus no Estado.

- Lei n. 21.936, de 23 de dezembro de 2015 – Institui a Política Estadual de Desenvolvimento da Gastronomia.

- Decreto n. 46.923, de 29 de dezembro de 2015 – Institui o Circuito Liberdade e dá outras providências.

- Lei n. 22.257, de 27 de julho de 2016 – Estabelece a estrutura orgânica da administração pública do Poder Executivo do Estado e dá outras providências.

- Lei n. 22.627, de 31 de julho de 2017 – Institui o Plano Estadual de Cultura de Minas Gerais.

- Lei n. 22.858, de 8 de janeiro de 2018 – Fixa critério para a instituição de data comemorativa estadual.

- Lei n. 22.944, de 15 de janeiro de 2018 – Institui o Sistema Estadual de Cultura, o Sistema de Financiamento à Cultura e a Política Estadual de Cultura Viva e dá outras providências.

Registre-se que, para além das normas citadas, encontram-se em tramitação na ALMG projetos de lei de iniciativa parlamentar bastante relevantes afetos à regulamentação de matérias importantes sobre a preservação do patrimônio cultural, como o Projeto de Lei 942/2015, que dispõe sobre o inventário do patrimônio cultural do estado; o Projeto de Lei 588/2015, que institui o registro de bens culturais de natureza imaterial do estado; e o Projeto de Lei 1.693/2015, que dispõe sobre o processo administrativo do tombamento no âmbito do estado.

3.2. O PODER LEGISLATIVO E A PRÁTICA LEGIFERANTE DE DECLARAÇÃO DE PATRIMÔNIO CULTURAL: BREVE INTRODUÇÃO

Como realçado neste trabalho, o Poder Executivo federal e estadual tem longa trajetória no campo da política de preservação do patrimônio cultural, adotando, ao longo dessa extensa rota, instrumentos já consolidados pela legislação e pela prática de seus órgãos de proteção desde 1937, como o instituto do tombamento. Contudo, a despeito da normatização sobre a matéria e do trajeto de consolidação do conceito constitucional de patrimônio cultural a partir de contornos interdisciplinares específicos, de balizamento técnico e de necessária interlocução democrática com a comunidade produtora do bem cultural, o Poder Legislativo (representado pelo Congresso Nacional, pelas Assembleias Legislativas Estaduais e pelas Câmaras Municipais) tem buscado atuar no campo das políticas de preservação por intermédio da produção de leis de concessão do título de "patrimônio cultural imaterial".

O espaço social, na compreensão de Bourdieu, é composto por vários campos autônomos e diferenciados – com metas, regras, capitais específicos em suporte a vários territórios de competição e luta social:[513] "se é verdade que o real é relacional, pode acontecer que eu saiba de uma instituição acerca da qual eu julgo saber tudo, porque ela nada é fora das suas relações com o todo."[514] E, na análise do problema investigado, no cerne do processo legislativo, dois campos se resvalam – campo político e campo do patrimônio cultural –, na busca pela acomodação de forças, mantença do *status quo*, ao mesmo tempo em que se busca esquadrinhar meios de consolidação de novos instrumentos e espaços de atuação no processo simbólico de seleção de bens culturais aptos à composição do patrimônio cultural, representativo de capital e de poder simbólico.

Na visão de totalidade em Bourdieu, o espaço da vida social é compreendido como um sistema de relações – abordagem relacional –[515] em que as lutas ocorrem dentro dos contornos dos universos sociais para conformação do campo de forças. Os grupos em luta dentro dos campos nada mais reproduzem que a própria composição externa da sociedade,[516] *loci* em que o capital tanto econômico como simbólico determina a posição dos agentes no campo em perspectiva cultural e as perspectivas de trocas linguísticas em conformidade com a capacidade de produção simbólica de cada ator.

É na interseção entre os campos, na disputa pela produção simbólica no microcosmos que representa o processo de definição do patrimônio cultural, que despontam as leis concessórias do título de "patrimônio cultural", uma vez que os agentes inseridos no campo – intelectuais, especialistas, gestores públicos, parlamentares, consultores, comunidades, dentre outros – possuem a função de atuar no interior do campo para reproduzir as formas simbólicas estabelecidas, servindo aos interesses dos grupos exteriores. *In casu*, atuam os parlamentares como mandatários legítimos das comunidades que representam, de seus eleitores, de seus

---

513 BURAWOY, Michael. *O marxismo encontra Bourdieu*. Campinas: Editora da Unicamp, 2010.

514 BOURDIEU, Pierre. *O poder simbólico*. Rio de Janeiro: Bertrand Brasil, 2001. p. 31.

515 BOURDIEU, Pierre. Trabalhos e Projetos. In: ORTIZ, Renato (org.). *A Sociologia de Pierre Bourdieu*. São Paulo: Olho d'Água, 2003, p. 32-38.

516 BURAWOY, Michael. *O marxismo encontra Bourdieu*. Campinas: Editora da Unicamp, 2010.

partidos políticos, blocos, bancadas e de produtores de bens culturais invisíveis aos procedimentos administrativos de escuta e de interlocução estabelecidos pelo Poder Executivo.

O parlamento posta-se, portanto, como espaço permeável e aberto no campo da formulação das políticas públicas, em razão dos instrumentos dos quais dispõe para oitiva, percepção e apreensão das demandas pulverizadas pelas regiões – no caso de Minas, em 853 (oitocentos e cinquenta e três) municípios, 10 (dez) macrorregiões e 17 (dezessete) territórios de desenvolvimento de um estado que possui, hoje, mais de 60% (sessenta por cento) do patrimônio tombado do Brasil.[517]

Em levantamento prospectado na base de dados do Congresso Nacional e das Assembleias Estaduais, referente à legislação em vigor em âmbito federal e nos 26 (vinte e seis) estados brasileiros e Distrito Federal, foi identificada a existência de leis declaratórias de patrimônio cultural, nomeadamente de natureza imaterial, em praticamente todos os entes federados, conforme documentos constantes dos Anexos A e B.[518] Em Minas Gerais, por tratar-se de estudo de caso realizado como estratégica metodológica da investigação, para além das normas jurídicas em vigor, foram identificados, também, todos os projetos de lei que já tramitaram na Casa Legislativa mineira, para detecção de variáveis relacionadas à compreensão do problema analisado.

Nos estados brasileiros, foram identificadas inúmeras normas, de origens variadas, que corroboram o reconhecimento da institucionalização do instrumento legal como via de seleção de bens culturais como patrimônio pelo Poder Legislativo, a exemplo: Lei Federal n. 13.130, de 2015, que "declara a

---

517 MINAS GERAIS. Assembleia Legislativa de Minas Gerais. *Patrimônio histórico é tema de Debate Público.* 1999. Disponível em: https://www.almg.gov.br/acompanhe/noticias/arquivos/1999/09/SCT135062.html. Acesso em: 14 out. 2019. A informação foi também relacionada em palestra realizada no Instituto Histórico e Geográfico de Minas Gerais, em 2 de dezembro de 2017, sobre "Os 80 Anos da Política de Preservação do Patrimônio Cultural Brasileiro", ministrada por Maria Cecília Londres, com a participação de Célia Maria Corsino, superintendente do Iphan em Minas Gerais, que mencionou o percentual citado.

518 A legislação citada foi levantada e sistematizada pela autora a partir de pesquisa realizada, em novembro de 2017, nos bancos de dados de todas as Assembleias Legislativas Estaduais e nos sítios eletrônicos eventualmente existentes das Secretarias de Estado de Casa Civil. Como o levantamento da legislação não é objeto de pesquisa, representa uma amostra completa, mas passível de incompletude, em razão dos termos de busca utilizados como padrão – foram adotadas as palavras "declara", "patrimônio", "cultural" ou "histórico" –, ou de eventual desatualização dos dados virtuais disponibilizados pelas casas legislativas.

caminhada com Maria, realizada no dia 15 de agosto de cada ano, do Santuário de Nossa Senhora da Assunção na Barra do Ceará até a Catedral Metropolitana de Fortaleza, Estado do Ceará, Patrimônio Cultural Imaterial do Brasil";[519] Lei do estado da Paraíba n. 9.470, de 2011, que "considera o pôr do sol da praia do jacaré Patrimônio Cultural e Imaterial do Estado da Paraíba"; Lei do estado do Rio Grande do Norte n. 10.168, de 2017, que "considera como Patrimônio Cultural Imaterial do Estado do Rio Grande do Norte o passeio de *buggy*"; Lei do estado do Rio Grande do Sul n. 13.454, de 2010, que "declara a Feira Nacional da Soja – Fenasoja – integrante do Patrimônio Histórico e Cultural do Estado do Rio Grande do Sul; ou Lei do Eetado do Rio de Janeiro n. 6.810, de 2014, que "declara como Patrimônio Cultural, Histórico e Imaterial do Estado do Rio de Janeiro o Clássico de Futebol Fla x Flu".[520]

O estudo demonstra a existência de um extenso repertório de leis em vigor em todas as regiões do país que, embora evidenciem a inadequação técnica do uso da via legislativa para essa finalidade, revelam a vastidão das manifestações culturais no cenário brasileiro e a necessidade premente de se delinear o papel do Poder Legislativo como ator no campo da formulação e da fiscalização das políticas de preservação do patrimonial no Brasil, mediante definição de mecanismos e de instrumentos de atuação que não sobrepujem aqueles já estabelecidos na esfera de competência do Poder Executivo – nomeadamente o tombamento e o registro.

Verifica-se, a partir do diagnóstico executado e de extensa interlocução estabelecida com a Consultoria Legislativa da Câmara dos Deputados e do Senado Federal, bem assim com o Iphan, por intermédio do Departamento de Patrimônio Imaterial, de sua Procuradoria Federal e de seu Conselho Consultivo, que a prática adotada pelos parlamentos no Brasil foi institucionalizada no afã de se estender ao Poder Legislativo a possibilidade de identificação de bens culturais de relevante interesse local e nacional, mas ao arrepio da legislação em vigor e dos critérios tecnicamente sedimentados para balizamento do tema.

A investigação apontou, portanto, a necessidade de interlocução entre os poderes Executivo e Legislativo, com vistas à consolidação de um "acordo entre antagônicos"[521] sobre os objetos em disputa; a abertura dos órgãos de proteção patrimonial aos pleitos dos parlamentos no Brasil; a

---

519 Cf. Anexo A.

520 Cf. Anexo B.

521 BOURDIEU, Pierre. *Questões de sociologia*. Rio de Janeiro: Marco Zero, 1983.

conscientização dos parlamentares acerca da natureza administrativa que distingue os procedimentos de tombamento e de registro, de forma que o Poder Legislativo não se aproprie de atribuições legalmente infligidas aos Executivos; e, por fim, a identificação de mecanismos legítimos de atuação do Poder Legislativo no campo da preservação patrimonial de forma democrática e que possibilite o que é hoje o elemento essencial da proteção e salvaguarda do patrimônio no Brasil: a participação da comunidade produtora do bem, de seus membros e dos atores sociais diretamente envolvidos, sem espetacularização das manifestações culturais.

O campo da preservação patrimonial, após o giro conceitual da CR/88, e a democratização das funções do Estado no Brasil, consolida-se, assim, como espaço de crescimento de atuação de outros atores, como o Poder legislativo e da Sociedade Civil,[522] de amplificação de trocas linguísticas e de abertura à diversidade e à heterogeneidade. A representação política do parlamento não o legitima selecionar os bens culturais que serão convertidos em patrimônio do Município, do Estado ou da Nação, em razão de regramentos técnicos, jurídicos e conceituais específicos que norteiam e orientam, no âmbito nacional e internacional, a dinâmica consolidada no campo do patrimônio, mas o legitima a buscar meios de visibilizar e de reconhecer as manifestações e os bens culturais que sejam representativos do interesse cultural de preservação, valorização e perpetuação em dada localidade.

3.3. O PARLAMENTO MINEIRO E AS LEIS DE DECLARAÇÃO DE PATRIMÔNIO CULTURAL: A COMISSÃO DE CULTURA E A CONTRIBUIÇÃO DA ALMG PARA A CONSTRUÇÃO DA POLÍTICA DE CULTURA EM MINAS GERAIS

A atuação do Poder Legislativo no sistema decisório democrático é central no Estado de Direito e seu desempenho é diretamente influenciado pelo arranjo institucional parlamentar, de forma a propiciar postura proativa do parlamento "em busca de novas condições para o exercício da representação política democrática".[523] Parte-se do pressuposto essencial

---

522 Inúmeros trabalhos afetos à atuação do Poder Judiciário e do Ministério Público no campo da preservação do patrimônio cultural, bem assim sobre o controle judicial do processo legislativo e dos procedimentos administrativos de tombamento e registro, foram publicados na doutrina jurídica, temas, contudo, que não são objeto deste trabalho.

523 ANASTASIA; Fátima; SANTOS, Manoel Leonardo. Introdução. In: SANTOS, Manoel Leonardo; ANASTASIA, Fatima (Org.). *Política e desenvolvimento institucional no Legislativo de Minas Gerais*. Belo Horizonte: Editora PUC Minas, 2016.

de que "o processo decisório é determinado por múltiplos fatores que perpassam todas as instâncias deliberativas",[524] buscando-se compreender, a partir de elementos da história e da trajetória institucional da ALMG, a atuação do Poder Legislativo em Minas.

Como no Brasil, a história do Legislativo mineiro é estruturada em "avanços e recuos na construção de um Estado de direito e democrático",[525] com alternância de momentos de "retração, com a preponderância do poder executivo, chegando-se ao limite de experiências sombrias de suspensão do funcionamento do Parlamento Mineiro".[526]

O Memorial da ALMG divide o acervo da instituição na seguinte cronologia: 1835 – 1889, Assembleia Provincial; 1889 – 1930, Congresso Mineiro; 1930 – 1945, Assembleia no Governo Vargas; 1945 – 1964, Assembleia no Período Democrático; 1964 – 1985, Assembleia nos Governos Militares; 1985 – 1989, Assembleia na Transição para a Democracia; 1989 – 2015, Assembleia na Atual Democracia.[527]

> O registro inicial da história do Poder Legislativo em Minas Gerais data de 31 de janeiro de 1835, ocasião em que se instalou, na então capital do Estado, Ouro Preto, a Assembleia Legislativa Provincial. O novo órgão nasceu em substituição ao Conselho Geral da Província de Minas Gerais, existente, desde 1824, subordinado ao Governo Central, mas diretamente atuante nas províncias. Naquele contexto, período da Monarquia brasileira conhecido como "regencial" – decênio de 1831 a 1840, compreendido entre a abdicação de D. Pedro I e a proclamação da maioridade de D. Pedro II –, não existia autonomia provincial e, portanto, somente com a Proclamação da República, em 15 de novembro de 1889, o cenário político passou por mudanças significativas que

---

524 ANASTASIA; Fátima; SANTOS, Manoel Leonardo. Introdução. In: SANTOS, Manoel Leonardo; ANASTASIA, Fatima (Org.). *Política e desenvolvimento institucional no Legislativo de Minas Gerais*. Belo Horizonte: Editora PUC Minas, 2016, p. 17.

525 MINAS GERAIS. Assembleia Legislativa de Minas. *Memória*. Disponível em: https://www.almg.gov.br/a_assembleia/memoria/memorial/arquivos/01_legislativo-mineiro/index.html. Acesso em: 14 out. 2019.

526 MINAS GERAIS. Assembleia Legislativa de Minas. *Memória*. Disponível em: https://www.almg.gov.br/a_assembleia/memoria/memorial/arquivos/01_legislativo-mineiro/index.html. Acesso em: 14 out. 2019.

527 MINAS GERAIS. Assembleia Legislativa de Minas. *Memória*: Linha do Tempo. Disponível em: https://www.almg.gov.br/a_assembleia/memoria/linha_tempo/1835-1889/index.html. Acesso em 14 out. 2019.

> propiciaram a reestruturação do Poder Legislativo, a partir de 1891, e a elaboração da Constituição do Estado de Minas Gerais. Concomitante ao delineamento de um novo perfil e de novas atribuições políticas do Poder Legislativo, ocorreu a mudança física para a nova capital mineira, denominada "Cidade de Minas", atual Belo Horizonte. Paulatinamente, a Assembleia vivenciou avanços democráticos e conquistas sociais relevantes, como: a reforma do sistema eleitoral (instituindo o voto secreto), a aprovação e a criação da Universidade Federal de Minas Gerais, e outras. Entretanto, durante os períodos de ausência de democracia, a Assembleia passou por momentos de crise e pausas alternadas de funcionamento, até que, em 1935, recebesse novamente a função legislativa e iniciasse a elaboração da segunda Constituição do Estado.[528]

A Assembleia mineira funcionou por três dos quinze anos do período Getúlio Vargas. "Com a Revolução de 30 e a instituição do Governo Provisório, todas as Casas do Poder Legislativo nos municípios e nos estados e o Congresso Nacional foram fechados, por meio do decreto de 11 de novembro de 1930",[529] com a nomeação de interventores para os estados. Em Minas, o apoio ao golpe permitiu que presidente Olegário Maciel fosse mantido no governo.

---

528 MINAS GERAIS. Secretaria de Estado de Casa Civil e de Relações Institucionais. *Plano de Governança Institucional:* Assembleia Legislativa do Estado de Minas Gerais. V.2. Belo Horizonte: Imprensa Oficial, 2013.

529 MINAS GERAIS. Assembleia Legislativa de Minas. *Memória:* Linha do Tempo. Disponível em: https://www.almg.gov.br/a_assembleia/memoria/linha_tempo/1835-1889/index.html. Acesso em 19 out. 2019.

Imagens 64 e 65
Ocupação do Palácio e da Praça da Liberdade por
manifestantes civis durante a Revolução de 1930

Fonte: Crédito Acervo Arquivo Público Mineiro[530]

Fonte: Crédito Acervo Arquivo Público Mineiro[531]

---

530 Acervo da Assembleia Legislativa de Minas Gerais – Belo Horizonte/MG. Disponível em: https://www.almg.gov.br/a_assembleia/memoria/linha_tempo/1930-1945/ . Acesso em: 15 out. 2019.

531 Acervo da Assembleia Legislativa de Minas Gerais – Belo Horizonte/MG. Disponível em: https://www.almg.gov.br/a_assembleia/memoria/linha_tempo/1930-1945/ . Acesso em: 15 out. 2019.

Em 1935, foi instalada a Assembleia Constituinte em Minas, com a promulgação da Carta mineira no mesmo ano. Em 1945, Vargas deixou a Presidência da República, surgindo, em seguida, a Constituição Federal de 1946, que substituiu a Carta outorgada em 1937, e, em Minas, a Carta de 1947. Após dez anos fechada, a Assembleia de Minas foi instalada em 16 de março de 1947.

O golpe militar de março de 1964 foi liderado em Minas pelo governador Magalhães Pinto. Conforme registra Dulci, a "maioria maciça da Assembleia se posicionava contra o governo de João Goulart e a favor do golpe que pôs fim à democracia".[532] Institucionalmente, a partir das décadas de 1960 e 1970, iniciou-se um processo importante de modernização administrativa da casa legislativa mineira, com vistas à estruturação de uma organização estrutural eficiente, à adequação das atividades e de seu quadro funcional e à informatização.[533] Já em 1967, com a elaboração da Resolução n. 800, a ALMG tornou-se modelo de organização administrativa para outras casas legislativas brasileiras, tendo inspirado transformações até mesmo na Câmara dos Deputados.[534]

No mesmo ano, durante o governo de Israel Pinheiro, a Assembleia iniciou os trabalhos de elaboração da nova Constituição do estado, em substituição à Constituição de 1946, democraticamente promulgada. Após o recrudescimento do autoritarismo com o AI-5, a Constituição Estadual de 1967 foi revogada pela Emenda Constitucional de 1º de outubro de 1970,[535] acarretando a fragilização do Poder Legislativo e a ampliação dos poderes legislativos do Poder Executivo.

Nas eleições de 1982, Tancredo Neves foi eleito governador do estado, e, em 1985, com o encerramento oficial da ditadura, foi eleito indiretamente, embora

---

532 MINAS GERAIS. Assembleia Legislativa de Minas. *Memória*: Linha do Tempo. Disponível em: https://www.almg.gov.br/a_assembleia/memoria/linha_tempo/1835-1889/index.html. Acesso em 15 out. 2019.

533 DULCI, Otavio Soares. O Legislativo em dois tempos: a modernização da Assembleia mineira e seus antecedentes. In: SANTOS, Manoel Leonardo; ANASTASIA, Fátima (Org.). *Política e desenvolvimento institucional no Legislativo de Minas Gerais*. Belo Horizonte: Editora PUC Minas, 2016.

534 MINAS GERAIS. Secretaria de Estado de Casa Civil e de Relações Institucionais. *Plano de Governança Institucional*: Assembleia Legislativa do Estado de Minas Gerais. V.2. Belo Horizonte: Imprensa Oficial, 2013.

535 MINAS GERAIS. Secretaria de Estado de Casa Civil e de Relações Institucionais. *Plano de Governança Institucional*: Assembleia Legislativa do Estado de Minas Gerais. V.2. Belo Horizonte: Imprensa Oficial, 2013.

tenha falecido antes de assumir a Presidência da República.[536] Em 1988, foi promulgada a Constituição da República e, em 1989, a Carta Mineira.

Em 7 de outubro de 1988, apenas dois dias após a promulgação da Carta Federal, foi instalada a IV Assembleia Constituinte de Minas Gerais, composta pelos deputados eleitos em 1986. Dois meses depois, foi eleita a Comissão Constitucional e promulgado o Regimento Interno da Constituinte. Foram realizadas audiências públicas regionais em 17 cidades mineiras e 19 audiências públicas temáticas na ALMG, ocasiões em que foi permitida a apresentação de sugestões populares. Além disso, foram instaladas a Comissão de Tributaristas, formada por especialistas em assuntos financeiros e tributários, e a Comissão de Segmentos da Sociedade, formada por entidades patronais, sindicatos de empregados e associações. O processo constituinte compreendeu discussões e votações do texto em três etapas (Anteprojeto, Projeto e Vencido), nas quais foram apresentadas emendas aos artigos e emitidos diversos pareceres.[537]

Imagem 66
Mobilização de estudantes durante a Constituinte na sede da ALMG

Fonte: Crédito Acervo ALMG[538]

---

536 DULCI, Otávio Soares; FARIA, Maria Auxiliadora. *Diálogo com o tempo*: 170 anos de Legislativo Mineiro. Belo Horizonte: Assembleia Legislativa de Minas Gerais, 2005.

537 MINAS GERAIS. Assembleia Legislativa de Minas. *Memória*: Linha do Tempo. Disponível em: https://www.almg.gov.br/a_assembleia/memoria/linha_tempo/1835-1889/index.html. Acesso em 14 out. 2019.

538 Acervo da Assembleia Legislativa de Minas Gerais – Belo Horizonte/MG. Disponível em: https://www.almg.gov.br/a_assembleia/memoria/linha_tempo/1985-1989/ Acesso em: 15 out. 2019.

Imagem 67
Instalação oficial da Assembleia Constituinte para elaboração
da Constituição Mineira – 7 de outubro de 1988

Fonte: Crédito Acervo ALMG [539]

A Constituição do Estado de Minas Gerais de 1989 consolidou avanços democráticos de relevo para o tema proposto nesta investigação, mediante abertura de canais para a participação popular na administração pública e no parlamento – em paralelismo com os instrumentos previstos na Constituição da República de 1988 –; institucionalização de mecanismos via conselhos setoriais com assento na sociedade; ouvidorias; controle direto das ações de governo por meio de petição ou representação; e, no âmbito do parlamento, a iniciativa popular no processo legislativo e as audiências como subsídio para a elaboração das políticas públicas".[540] O processo de redemocratização, em Minas, representou o compromisso, portanto, assumido no texto constitucional, de criação de canais efetivos de participação popular:

> Comparativamente com a Constituição Federal, a Constituição Estadual de 1989 ampliou o rol dos conselhos com participação cidadã. Também previu a criação dos Conselhos Estaduais dos Direitos da Criança e

---

539 Acervo da Assembleia Legislativa de Minas Gerais – Belo Horizonte/MG. Disponível em: https://www.almg.gov.br/a_assembleia/memoria/linha_tempo/1985-1989/ Acesso em: 15 out. 2019.

540 MINAS GERAIS. Assembleia Legislativa de Minas. *Memória*: Linha do Tempo. Disponível em: https://www.almg.gov.br/a_assembleia/memoria/linha_tempo/1835-1889/index.html. Acesso em 14 out. 2019.

do Adolescente, de Defesa dos Direitos do Idoso e do Portador de Deficiência. Determinou, ainda, que as ações na área de assistência social seriam implementadas mediante a observação de diretrizes como a da participação da população, por meio de organizações representativas, nas formulações das políticas e no controle das ações em todos os níveis. O texto constitucional também estabeleceu que as diretrizes para a atuação estatal em áreas como saúde, educação, assistência social, saneamento básico, cultura, meio ambiente, entre outras, deveriam ser definidas conjuntamente pelo Estado e pela Sociedade civil, por meio de órgãos colegiados a serem criados por lei. [541]

Imagem 68
Entidades e representantes da sociedade civil organizaram as assinaturas das Emendas Populares à Constituinte

Fonte: Crédito Acervo ALMG [542]

O constituinte mineiro definiu como instrumentos de relevo para a intervenção da sociedade na gestão pública: o projeto de iniciativa popular, já previsto na Constituição mineira de 1935, e a audiência pública de comissão da Assembleia em regiões do estado. "A Constituição mineira não somente reproduziu a Federal, ao prever audiência de comissão com entidade da socie-

---

541 MINAS GERAIS. Assembleia Legislativa de Minas. *Memória*: Linha do Tempo. Disponível em: https://www.almg.gov.br/a_assembleia/memoria/linha_tempo/1835-1889/index.html. Acesso em 14 out. 2019.

542 Acervo da Assembleia Legislativa de Minas Gerais – Belo Horizonte/MG. Disponível em: https://www.almg.gov.br/a_assembleia/memoria/linha_tempo/1985-1989/ Acesso em: 15 out. 2019.

dade civil, mas foi além, ampliando essa iniciativa para o interior do Estado", incrementando, sobremaneira, as funções das comissões do Parlamento,[543] mecanismo bastante adotado pela Comissão de Cultura, criada em 2005.[544]

A partir de 1990, as comissões da casa consolidaram-se como espaço democrático e legítimo de atuação institucional. Além disso, a maior informatização das atividades, a profissionalização, a reestruturação dos órgãos internos e a criação de novas estruturas propiciaram ganhos de desenvolvimento institucional: criação da Gerência de Projetos Institucionais, para execução dos novos mecanismos de interlocução com a sociedade civil; da Escola do Legislativo, do Centro de Atendimento ao Cidadão – CAC –, do Centro de Atendimento às Câmaras – Ceac – dentre outros.[545]

Nessa linha, em 1997, os fóruns técnicos e os seminários legislativos foram incorporados ao Regimento Interno da ALMG para subsidiar a produção e o aprimoramento de políticas públicas para o Estado[546] e, em 2003, foi criada a Comissão de Participação Popular, "que abriu a possibilidade de a Assembleia de Minas, em conjunto com a sociedade civil, intervir no processo de elaboração do PPAG" – [547] Plano Plurianual de Gestão

---

543 "[...] a instituição das Comissões corresponde a um princípio instintivo, espontâneo e comumente admitido de método de organização de trabalho [...]. Por isso, todo sistema de governo democrático nomeia pequenos grupos para discutir os assuntos em suas minúcias, os quais encaminham o resultado de seus estudos, para que a Assembleia, em sessão plena, tome a decisão. Por essa razão, desde os primeiros tempos da história do Parlamento inglês os Comuns instituem Comissões variáveis em tamanho, para considerarem as minudências de novas propostas". SILVA, José Afonso da. *Processo Constitucional de Formação das Leis.* 3 ed. São Paulo: Malheiros Editores, 2017, p. 101-102.

544 MINAS GERAIS. Assembleia Legislativa do Estado de Minas Gerais. *Revista do Legislativo:* em nome do povo: memória e desdobramentos da Constituinte Estadual: 20 anos Constituição Mineira 89/09. Belo Horizonte: Assembleia Legislativa do Estado de Minas Gerais, n. 42, jan/dez de 2009.

545 MINAS GERAIS. Assembleia Legislativa de Minas. *Memória:* Linha do Tempo. Disponível em: https://www.almg.gov.br/a_assembleia/memoria/linha_tempo/1989-2015/. Acesso em 17 dez. 2017.

546 OLIVEIRA, Myriam Costa de. Eventos institucionais e políticas públicas: trajetória e resultados. In: OLIVEIRA, Myriam Costa de (Org.). *A Assembleia de Minas e a construção coletiva de política públicas*: eventos institucionais. Belo Horizonte: ALMG, 2009. p.9-24.

547 MINAS GERAIS. Assembleia Legislativa de Minas. *Memória:* Linha do Tempo. Disponível em: https://www.almg.gov.br/a_assembleia/memoria/linha_tempo/1835-1889/index.html. Acesso em 17 dez. 2017.

Governamental. As inovações institucionais relevantes para a participação de "grupos organizados no processo de discussão e elaboração legislativa respondem à necessidade de construção de um Poder Legislativo mais apto a responder às demandas populares e mais passível de controle público".[548]

Imagem 69
Atuação das comissões na aproximação com a sociedade, mediante realização de visitas para conhecer de perto os problemas sociais

Fonte: Crédito Acervo ALMG [549]

A Carta Mineira de 1989, por conseguinte, aliada às inovações institucionais promovidas pelo parlamento mineiro no período de redemocratização, para além das funções de produção normativa e da atribuição de fiscalização do Poder Executivo estadual, definidas nos arts. 61 e 62

---

548 "Em 2014, a Assembleia instituiu mais um instrumento que permite a todos influenciarem o processo legislativo. Por meio do serviço "Dê sua opinião sobre projetos em tramitação", disponível no Portal da Assembleia, a sociedade pode se posicionar favorável ou contrariamente às propostas em tramitação, comentá-las ou sugerir que sejam modificadas. Outras ferramentas mais antigas já permitiam ao cidadão sugerir um projeto de lei ou encaminhar demandas ao Parlamento". MINAS GERAIS. Assembleia Legislativa de Minas. *Memória*: Linha do Tempo. Disponível em: https://www.almg.gov.br/a_assembleia/memoria/linha_tempo/1835-1889/index.html. Acesso em 14 out. 2019.

549 Acervo da Assembleia Legislativa de Minas Gerais – Belo Horizonte/MG. Disponível em: https://www.almg.gov.br/a_assembleia/memoria/linha_tempo/1989-2015/ Acesso em: 15 out. 2019.

do texto constitucional,[550] consolidou o Poder Legislativo como arena majoritária de escuta de interesses de segmentos diversos da sociedade mineira, mediante interiorização da atuação do parlamento, em especial, via comissões, e realização de eventos institucionais que permitem a ampla participação e a definição democrática de políticas públicas.

O Legislativo possui atribuições que envolvem deliberações políticas,[551] a interação com a sociedade civil e outros atores relevantes do quadro democrático, definidas na Constituição mineira e no Regimento Interno da ALMG, e a condução do processo legislativo, definido como "conjunto de atos ordenados sucessivamente e destinados à elaboração de emendas à Constituição, leis complementares, leis ordinárias, decretos legislativos ou resoluções".[552]

O papel desempenhado pelo Poder Legislativo, na construção de um paradigma efetivamente democrático, entretanto, necessita ser analisado em cotejo com o posicionamento do Poder Executivo, tendo como pano de fundo o processo legislativo, a complementariedade da atuação institucional e o arcabouço normativo proposto pelo princípio da separação dos poderes, inscrito na Constituição da República de 1988.[553]

> **Se ao Legislativo cabe a edição de normas gerais e impessoais**, estabelece-se um processo para sua formação em que o Executivo tem participação importante, quer pela iniciativa das leis, quer pela sanção e pelo veto. Mas a iniciativa legislativa do Executivo é contrabalanceada pela possibilidade que o Congresso tem de modificar-lhe o projeto por via de emendas e até de rejeitá-lo. Por outro lado, o Presidente da República tem o poder de veto, que pode exercer em relação a projetos

---

550 Cf. MINAS GERAIS. Constituição do Estado. Disponível em: http://www.almg.gov. br/opencms/export/sites/default/consulte/legislacao/Downloads/pdf/ConstituicaoEstadual. pdf. Acesso em: 14 out. 2019 e Resolução da ALMG no 5.176, de 6/11/1997.

551 ANASTASIA, Fátima; INÁCIO, Magna. Democracia, Poder Legislativo, interesses e capacidades. *Cadernos Aslegis* (Impresso), v. 40, p. 33-54, 2010.

552 SÃO PAULO. Assembleia Legislativa do Estado de São Paulo. O Processo Legislativo. Disponível em: http://www.al.sp.gov.br/StaticFile/documentacao/manual_proclegis_1.pdf. Acesso em 10 jan. 2013.

553 TORRES, Letícia M.; COSTA, Mila Batista Leite Corrêa da; JABER, Samy C. A.; CORDEIRO, Caio B. Inovações Introduzidas no Acompanhamento da Agenda Institucional da Assembleia Legislativa de Minas Gerais, visando a Subsidiar a Tomada de Decisões Estratégicas do Chefe do Poder Executivo. In: VI Congresso Consad de Gestão Pública - Conselho Nacional dos Secretários de Estado de Administração, 2013, Brasília. *Anais...* Brasília: Consad, 2013.

de iniciativa dos congressistas como em relação às emendas aprovadas a projetos de sua iniciativa. Em compensação, o Congresso, pelo voto da maioria absoluta de seus membros, poderá rejeitar o veto, e, pelo Presidente do Senado, promulgar a lei, se o Presidente da República não o fizer no prazo previsto (grifo nosso).[554]

É nesse contexto democrático, de assentamento e alinhamento das novas funções atribuídas pelos paradigmas constitucionais novedios ao Poder Legislativo, que merece análise a edição de leis declaratórias de patrimônio cultural. A partir da listagem de proposições que já tramitaram na Assembleia Legislativa de Minas, serão apresentadas algumas considerações sobre a atuação do Poder Legislativo mineiro nos meandros da preservação do patrimônio cultural do estado, em especial, na seara dos bens de natureza imaterial, objeto de maior atuação legiferante do Legislativo em Minas, no Congresso Nacional e nos demais estados da federação.

Identifica-se, sobretudo a partir da regulamentação do instrumento do registro – em âmbito federal, pelo Decreto n. 3.551, de 2000, e na esfera estadual, pelo Decreto n. 42.505, de 2002 –, considerável ampliação do número de leis de declaração de patrimônio cultural nos Parlamentos brasileiros, tornando-se prática cada vez mais comum e bastante difundida.

Na casa legislativa mineira, identifica-se o aguçamento da atividade legiferante em benefício das declarações de patrimônio especialmente a partir de 2009, após a rejeição, pela Assembleia Legislativa, dos vetos do Governador do Estado aos primeiros projetos de lei de iniciativa parlamentar com o citado conteúdo declaratório. Após amplo levantamento, foram encontradas 87 (oitenta e sete) proposições no âmbito da casa legislativa mineira, distribuídas à Comissão de Cultura, para análise de mérito, e a Comissão de Constituição e Justiça, para análise de juridicidade.

As proposições de declaração de patrimônio cultural, nos termos do art. 182 do Regimento Interno da ALMG,[555] são distribuídas à Comissão de Constituição e Justiça, para exame preliminar dos aspectos jurídico, constitu-

---

554 SILVA, José Afonso da. *Curso de Direito Constitucional Positivo*. 23. ed. São Paulo: Malheiros, 2004, p. 110.

555 Art. 182 – **Sem prejuízo do exame preliminar da Comissão de Constituição e Justiça, as proposições serão distribuídas a, no máximo, três comissões, para exame quanto ao mérito**, com exceção das proposições a que se referem os incisos I e III do art. 103, cuja distribuição se fará:

I – à Comissão de Constituição e Justiça, para exame preliminar, e a somente uma comissão, para exame quanto ao mérito, no caso das proposições a que se refere o inciso I do art. 103;

cional e legal das proposições – art. 102, III, «a» – [556] e, *a posteriori*, à Comissão de Cultura, que se manifestará sobre seu mérito no 1º. e no 2º. turnos.

3.3.1. *Os Projetos de Lei de declaração de Patrimônio Cultural na Comissão de Cultura*

A Comissão de Cultura, comissão de caráter permanente da casa legislativa mineira, nos termos do art. 101, XVII, do Regimento Interno, foi criada, em 2005, por meio da Resolução n. 5.229, de 5 de maio,[557] como consequência de proposta apresentada no Fórum Técnico "Cultura: Política e Financiamento", realizado de 30 de agosto a 1º de setembro de 2004.[558]

II – a somente uma comissão, para exame quanto ao mérito, no caso das proposições a que se refere o inciso

III do art. 103 (grifo nosso). MINAS GERAIS. Assembleia Legislativa. *Regimento interno da Assembleia Legislativa*. 12. ed. Belo Horizonte: Assembleia de Minas Gerais, 2016.

556 MINAS GERAIS. Assembleia Legislativa. *Regimento interno da Assembleia Legislativa*. 12. ed. Belo Horizonte: Assembleia de Minas Gerais, 2016.

557 MINAS GERAIS. Resolução n. 5.229, de 05 de maio de 2005. Altera a Resolução nº 5.176, de 6 de novembro de 1997, que contém o Regimento Interno da Assembléia Legislativa do Estado de Minas Gerais, e o Anexo I da Lei nº 9.384, de 18 de dezembro de 1986. *Diário do Legislativo*, Belo Horizonte, 06 mai. 2005.

558 Participaram do evento as seguintes autoridades: deputado Mauri Torres; Luiz Roberto do Nascimento e Silva; Celina Albano; Juca Ferreira; Márcio Augusto Freitas de Meira; Octávio Elísio Alves de Brito; José Alberto Pinho Neves; deputado Adalclever Lopes; Danilo Santos Miranda; José Eduardo Castro Liboreiro; Mauro Guimarães Werkema; Murilo Araújo; Weber Lopes; José Márcio Barros; deputado André Quintão; José Osvaldo Guimarães Lasmar; Leopoldo Nunes da Silva Filho; Eliane Parreiras; Elza Cataldo; Bete Arenque; Antônio Augusto Junho Anastasia; deputada Ana Maria Resende; Bernardo Mata Machado; Mônica Botelho; J. D'Angelo; deputado Domingos Sávio. E as entidades: Academia Mineira de Letras; Arquivo Público Mineiro - APM; Associação Artística dos Músicos de Minas Gerais – Ammig; Associação Mineira de Áudio e Vídeo – Amav; Associação Mineira de Cineastas – AMC; BDMG Cultural; Câmara Municipal de Belo Horizonte; Centro Cultural UFMG; Centro de Tradições Mineiras – CTM; Companhia Energética de Minas Gerais – Cemig; Conservatório Estadual de Música Cora Pavan Capparelli; Conservatório Estadual de Música Lorenzo Fernandez; Federação das Indústrias do Estado de Minas Gerais – Fiemg; Federação dos Congados de Nossa Senhora do Rosário do Estado de Minas Gerais; Fundação Acesita para o Desenvolvimento Social; Fundação Clóvis Salgado – FCS; Fundação Cultural Alfredo Ferreira Lage – Funalfa; Fundação Cultural Marina Lorenzo Fernandez; Fundação Cultural Ormeo Junqueira Botelho; Fundação de Arte de Ouro Preto – Faop; Fundação João Pinheiro - FJP; Fundação TV Minas Cultural e Educativa; Instituto Cultural Amílcar

Até então, as matérias referentes à cultura eram apreciadas pela Comissão de Educação, Cultura, Ciência e Tecnologia.[559]

Nos termos regimentais – art. 102, XVII –, são matérias de competência da Comissão de Cultura: a) garantia do exercício dos direitos culturais e a promoção do livre acesso às fontes da cultura mineira; b) o estímulo ao desenvolvimento cultural, à valorização e à difusão do conjunto das manifestações culturais mineiras; c) a política de incentivo à regionalização da criação cultural e de intercâmbio entre as diversas formas de manifestação cultural do estado; e d) a política de proteção do patrimônio cultural mineiro, assim entendidos os bens de natureza material e imaterial que contenham referência à identidade, à ação e à memória dos diferentes grupos formadores da sociedade mineira.[560]

Martins – Icam; Instituto Cultural Usiminas – Usicultura; Instituto de Arquitetos do Brasil – IAB - MG; Instituto do Patrimônio Histórico e Artístico Nacional – Iphan; Instituto Estadual do Patrimônio Histórico e Artístico de Minas Gerais – Iepha; Instituto Estrada Real; Instituto Histórico e Geográfico de Minas Gerais – IHGMG; Pontifícia Universidade Católica de Minas Gerais – PUC Minas; Prefeitura Municipal de Araçuaí; Programa de Desenvolvimento Sustentável do Centro-Oeste Mineiro – Prodescom; Secretaria de Cultura de Belo Horizonte; Secretaria de Estado de Turismo; Serviço Social da Indústria de Minas Gerais – Sesi/MG; Serviço Social do Comércio – Sesc/MG – Laces-JK; Sindicato dos Artistas e Técnicos em Espetáculos de Diversões do Estado de Minas Gerais – Sated/MG; Sindicato dos Produtores de Artes Cênicas de Minas Gerais – Sinparc/MG; União Alternativa Cultural – Uniac; Universidade Estadual de Montes Claros – Unimontes; Universidade Federal de Minas Gerais – UFMG; Universidade Federal de Ouro Preto – Ufop. MINAS GERAIS. Assembleia Legislativa de Minas Gerais. *Dossiê / Processo 28 - Cultura: Política e Financiamento*. Acervo Arquivístico – Atividades do Processo Legislativo. 2004. Disponível em: https://atom.almg.gov.br/index.php/cultura-politica-e-financiamento. Acesso em: 15 out. 2019.

559 O evento abordou os seguintes temas: "Articulação União/Estado/municípios: imperativos e reflexos nos diversos segmentos da cultura"; "Articulação Estado/sociedade civil: compartilhamento de responsabilidades e reflexos nos diversos segmentos da cultura"; "Financiamento da política cultual"; "A cultura no planejamento das políticas públicas do Estado de Minas Gerais". MINAS GERAIS. Assembleia Legislativa de Minas Gerais. *Fórum de cultura encaminha documento com 75 propostas para o setor.* 2004. Disponível em: https://www.almg.gov.br/acompanhe/noticias/arquivos/2004/09/Not478077.html. Acesso em: 15 out. 2019.

560 MINAS GERAIS. Assembleia Legislativa. *Regimento interno da Assembleia Legislativa*. 12. ed. Belo Horizonte: Assembleia de Minas Gerais, 2016.

Nesse sentido, os projetos de lei de declaração de patrimônio cultural, constantes da Tabela 6, enquadram-se no escopo do art. 102, XVII, "d" do Regimento Interno, antes transcrito, e representam todo o universo de proposições, a partir de 1959, data dos primeiros dados disponibilizados na base virtual da casa legislativa mineira, já apresentadas na Assembleia Legislativa de Minas sobre declaração de patrimônio cultural – em tramitação, arquivadas ou transformadas em norma jurídica. Dos dados compilados foram excluídos os bens tombados pela Constituição Mineira de 1989, nos termos do Ato das Disposições Constitucionais Transitórias, por não serem objeto de análise.[561]

Importante realçar que, a título de compreensão do universo da tipologia e do teor dos projetos de lei que são distribuídos à Comissão de Cultura na rotina do processo legislativo da ALMG, bem como para verificar qual a representatividade dos projetos de declaração de patrimônio no montante total, foi realizado o levantamento, nos últimos dois anos de pesquisa – que correspondem ao acompanhamento por esta autora da Comissão como consultora legislativa da Casa entre de janeiro de 2016 e dezembro de 2017 – de todos os projetos de lei distribuídos no período, com a classificação conforme o conteúdo.

Nesse quadro, verifica-se que os projetos de lei de concessão do título de "Patrimônio Cultural do Estado", conforme demonstra o Gráfico 1, representam parcela significativa dos projetos distribuídos à Comissão de Cultura da Casa Legislativa Mineira. A partir de análise detida dos dados retirados do banco disponibilizado pela ALMG, constatou-se a distribuição de 94 (noventa e quatro) projetos de lei à Comissão de Cultura da ALMG nos anos de 2016 e de 2017, conforme recorte proposto, sendo 66 (sessenta e seis) projetos de lei de declaração de utilidade pública, 11 (onze) projetos

---

561 Art. 84 – **Ficam tombados para o fim de conservação e declarados monumentos naturais os picos do Itabirito ou do Itabira, do Ibituruna e do Itambé e as serras do Caraça, da Piedade, de Ibitipoca, do Cabral e, no planalto de Poços de Caldas, a de São Domingos.**

§ 1º – O Estado providenciará, no prazo de trezentos e sessenta dias contados da promulgação de sua Constituição, a demarcação das unidades de conservação de que trata este artigo e cujos limites serão definidos em lei.

§ 2º – **O disposto neste artigo se aplica à bacia hidrográfica do rio Jequitinhonha e aos complexos hidrotermais e hoteleiros do Barreiro de Araxá e de Poços de Caldas.**

§ 3º – O Estado desenvolverá programas de emergência para recuperação e manutenção das estâncias hidrominerais (grifo nosso). MINAS GERAIS. Constituição do Estado. Disponível em: http://www.almg.gov.br/opencms/export/sites/default/consulte/legislacao/Downloads/pdf/ConstituicaoEstadual.pdf. Acesso em: 14 out. 2019.

de lei de declaração de patrimônio cultural, 10 projetos de lei de criação de data comemorativa e, finalmente, 7 (sete) projetos de lei referentes a outras temáticas no escopo de matérias de competência da Comissão.

Gráfico 1
Projetos de Lei distribuídos à Comissão de Cultura
da Assembleia Legislativa de Minas Gerais nos anos de 2016 e 2017

Projetos de Lei Distribuídos à Comissão de Cultura – ALMG (2016/2017)

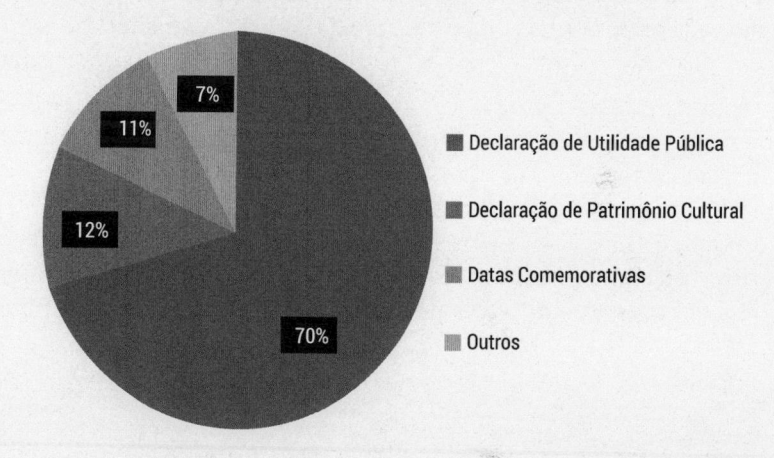

Fonte: Elaborado pela Autora a partir dos dados disponibilizados pela Assembleia Legislativa do Estado de Minas Gerais[562]

Os projetos de lei de declaração de utilidade pública são apreciados, conclusivamente, em turno único, pela Comissão de Cultura, conforme art. 103, I, "a", do Regimento Interno, e referem-se aos pedidos de declaração de utilidade pública de associações e fundações constituídas no estado com o fim exclusivo de servir desinteressadamente à coletividade, desde que atendam aos requisitos estabelecidos no art. 1º. da Lei n. 12.972, de 27 de julho de 1998, que dispõe sobre a declaração de utilidade pública e dá outras providências.[563]

---

562 Gráfico elaborado pela autora a partir dos dados referentes aos anos de 2016 e 2017, disponibilizados pela Assembleia Legislativa de Minas Gerais.

563 MINAS GERAIS. Lei n. 12.972, de 27 de julho de 1998. Dispõe sobre a declaração de utilidade pública e dá outras providências. *Diário Oficial de Minas Gerais*, Belo Horizonte, 28 jul. 1998.

Os projetos de lei de criação de data comemorativa, por seu turno, representam quantitativo significativo no montante global de projetos da Comissão até 2017. Contudo, a edição da Lei n. 22.858, de 8 de janeiro de 2018, que fixa critério para a instituição de data comemorativa estadual, representa relevante avanço técnico na seara da produção normativa do parlamento, uma vez que, como no Congresso Nacional – por via da Lei n. 12.345, de 9 de dezembro de 2010 – deverá ser obedecido o critério de alta significação para os diferentes segmentos profissionais, políticos, culturais e étnicos do estado, reconhecimento que será obtido, em cada caso, por meio da realização de consultas e audiências públicas, devidamente documentadas, com organizações e associações legalmente reconhecidas e vinculadas aos segmentos interessados.

A fixação de critérios para a instituição de datas comemorativas racionaliza o processo legislativo, evita a banalização do mecanismo e torna efetivamente distintivas as datas instituídas por iniciativa parlamentar. De modo similar, faz-se premente a necessidade de definição de critérios e de parâmetros, com oitiva da sociedade mineira, também para o reconhecimento do "relevante interesse cultural" dos bens culturais no Estado, título que deverá substituir a expressão "patrimônio cultural" hoje adotada nas proposições, carreada de sentido técnico e simbólico arregimentado em décadas de construção teórico-prática. O projeto de lei 3316, de 2016, transformado na Lei n. 22.898, de 2018, a exemplo, já adotou a substituição ao reconhecer como de relevante interesse cultural do estado a Festa de Nossa Senhora da Abadia, realizada no município de Romaria.

Quantitativamente, os projetos de lei de declaração de patrimônio cultural estão em situação similar àqueles de instituição de data comemorativa quando se avalia, em termos numéricos, o montante distribuído no período selecionado para a amostragem. Por se tratar de objeto central deste trabalho, o levantamento realizado ultrapassou o intervalo temporal destinado à construção do cenário global da Comissão nos anos de 2016 e 2017, abrangendo todo o período de disponibilização da base de dados virtual da casa legislativa: de 1959 a 2017.

Tabela 6[564]
Projetos de Lei de iniciativa parlamentar na Assembleia Legislativa de Minas Gerais – Ordenação cronológica decrescente

Projetos de Lei de iniciativa parlamentar na Assembleia Legislativa de Minas Gerais (1959 a 2017)
PL 4658, de 2017 Declara patrimônio histórico, cultural e imaterial do estado o Parque das Águas de Caxambu. **Autor(es)**: Deputado Dalmo Ribeiro Silva - PSDB **Situação**: Aguardando parecer em comissão
PL 4648, de 2017 Declara patrimônio cultural do estado a Estrada de Santa Clara. **Autor(es)**: Deputado Doutor Jean Freire - PT **Situação:** Aguardando parecer em comissão
PL 4445, de 2017 Declara patrimônio cultural do estado o modo de fazer pijama do Município de Borda da Mata. **Autor(es)**: Deputado Dalmo Ribeiro Silva - PSDB **Situação**: Aguardando parecer em comissão
PL 4390 2017 Declara patrimônio cultural do estado o modo de fazer crochê do Município de Inconfidentes. **Autor(es)**: Deputado Dalmo Ribeiro Silva - PSDB **Situação**: **Transformado em norma jurídica – Lei n. 22.896, de 2018**
PL 4328, de 2017 Declara patrimônio cultural do estado a Festa do Vaqueiro de Nanuque e Região. **Autor(es)**: Deputado Sargento Rodrigues - PDT **Situação**: Aguardando parecer em comissão
PL 4002, de 2017 Declara o pão de queijo patrimônio cultural e imaterial do Estado. **Autor(es)**: Deputado Luiz Humberto Carneiro - PSDB **Situação**: Aguardando parecer em comissão
PL 3920, de 2016 Dispõe sobre a proteção e a preservação dos clubes sociais de negros no estado de Minas Gerais e dá outras providências. **Autor(es)**: Deputado Rogério Correia - PT **Situação**: Aguardando parecer em comissão

---

564 Dados de janeiro de 2018.

PL 3423, de 2016
Declara patrimônio histórico, cultural e imaterial do estado o Parque de
Exposições Bolivar de Andrade – o Parque de Exposições da Gameleira.
Autor(es): Deputado João Alberto – PMDB
Situação: Aguardando parecer em comissão

PL 3316, de 2016
Reconhece como de relevante interesse cultural e como patrimônio imaterial do estado
de Minas Gerais a Festa de Nossa Senhora da Abadia, no município de Romaria.
Autor(es): Deputado Felipe Attiê - PP
Situação: Transformado em norma jurídica – Lei n. 22.898, de 2018

PL 3219, de 2016
Declara patrimônio cultural imaterial do estado a fabricação de panelas de pedra-
sabão no Distrito de Cachoeira do Brumado, Município de Mariana.
Autor(es): Deputado Thiago Cota – PMB
Situação: Aguardando parecer em comissão

PL 3186, de 2016
Declara patrimônio histórico e cultural do estado a queima de fogos da TV
Alterosa na Lagoa da Pampulha, no Município de Belo Horizonte.
Autor(es): Deputado Wander Borges – PSB
Situação: Aguardando parecer em comissão

PL 2952, de 2015
Declara patrimônio histórico, cultural e imaterial do estado o "Ofício de Seleiro".
Autor(es): Deputado João Alberto – PMDB
Situação: Aguardando diligência em comissão

PL 2903, de 2015
Declara patrimônio histórico do estado de Minas Gerais o polo moveleiro
de Belo Horizonte, situado na Avenida Silviano Brandão.
Autor(es): Deputado Fred Costa – PEN
Situação: Aguardando parecer em comissão

PL 2878, de 2015
Declara patrimônio cultural do estado o concurso Comida di Buteco.
Autor(es): Deputado Fred Costa – PEN
Situação: Aguardando diligência em comissão

PL 2761, de 2015
Declara patrimônio histórico e cultural do estado a gastronomia mineira
Autor(es): Deputado Agostinho Patrus Filho – PV
Situação: Transformado em norma jurídica – Lei n. 22.458, de 2016

PL 2732, de 2015 Declara patrimônio cultural do estado a Feira de Arte e
Artesanato da Avenida Afonso Pena, no município de Belo Horizonte.
Autor(es): Deputado Inácio Franco – PV
Situação: Anexado

PL 2730, de 2015
Dispõe sobre a proteção e preservação da folia de reis e congado no estado e dá outras providências.
Autor(es): Deputado João Alberto - PMDB
Situação: Pronto para ordem do dia em Plenário

PL 2679, de 2015
Declara as cavalgadas e o tropeirismo como patrimônio histórico e cultural de natureza imaterial.
Autor(es): Deputado Nozinho – PDT
Situação: Aguardando parecer em comissão

PL 2130, de 2015
Declara patrimônio cultural do estado o processo de fazer tricô do município de Monte Sião.
Autor(es): Deputado Ulysses Gomes – PT
Situação: Transformado em norma jurídica – Lei n. 22.457, de 2016

PL 2038, de 2015
Dispõe sobre o reconhecimento da Vesperata de Diamantina como Patrimônio Cultural do estado.
Autor(es): Dep. Carlos Pimenta – PDT
Situação: Transformado em norma jurídica – Lei n. 22.456, de 2016

PL 2037, de 2015
Dispõe sobre o reconhecimento da Festa Nacional do Biscoito em
Japonvar como patrimônio cultural e material do estado.
Autor(es): Dep. Carlos Pimenta – PDT
Situação: Transformado em norma jurídica – Lei n. 22.455, de 2016

PL 1921, de 2015
Declara patrimônio histórico, cultural e imaterial do estado a
manifestação musical Viola Caipira Mineira.
Autor(es): Deputado João Alberto – PMDB
Situação: Pronto para ordem do dia em Plenário

PL 1615, de 2015
Declara patrimônio histórico e cultural do estado o ofício das quitandeiras.
Autor(es): Deputado Agostinho Patrus Filho – PV
Situação: Transformado em norma jurídica – Lei n. 22.454, de 2016

PL 1483, de 2015
Declara patrimônio turístico e cultural de natureza imaterial do estado a Feira de Artes e
Artesanato da Avenida Afonso Pena – Feira Hippie -, no município de Belo Horizonte.
Autor(es): Deputado Rogério Correia – PT
Situação: Anexado

PL 1466, de 2015
Institui a vaquejada como modalidade esportiva e patrimônio cultural do estado.
Autor(es): Deputado Carlos Pimenta - PDT
Situação: Aguardando parecer em comissão

PL 1124, de 2015
Declara patrimônio histórico, cultural e imaterial do estado a
Imprensa Oficial do Estado de Minas Gerais.
Autor(es): Deputado Dalmo Ribeiro Silva – PSDB
Situação: Pronto para ordem do dia em Plenário

PL 806, de 2015
Declara patrimônio artístico e cultural do estado a Feira de Artes e Artesanato da
Avenida Afonso Pena – Feira Hippie -, no município de Belo Horizonte.
Autor(es): Deputado Fred Costa – PEN
Situação: Aguardando diligência em comissão

PL 784, de 2015
Declara a Orquestra Sinfônica da Polícia Militar de Minas Gerais patrimônio cultural dos mineiros.
Autor(es): Deputado Cabo Júlio – PMDB
Situação: Transformado em norma jurídica – Lei n. 22.453, de 2016

PL 706, de 2015
Declara patrimônio cultural, histórico e imaterial e considera de especial interesse social as
comunidades quilombolas, caipiras, caboclas e de pescadores localizadas em unidades de
conservação da natureza no âmbito do estado de Minas Gerais e dá outras providências.
Autor(es): Deputado Fred Costa – PEN
Situação: Retirado de tramitação

PL 460, de 2015
Declara patrimônio cultural do estado o concurso Comida di Buteco.
Autor(es): Deputado Fred Costa – PEN
Situação: Retirado de tramitação

PL 450, de 2015
Declara patrimônio histórico e cultural do estado a Banda Sinfônica
do Corpo de Bombeiros Militar de Minas Gerais.
Autor(es): Deputado Cabo Júlio – PMDB
Situação: Transformado em norma jurídica – Lei n. 22.462, de 2016

PL 397, de 2015
Declara patrimônio cultural do estado as Feiras Livres, a Feira Modelo
e a Feira Direto da Roça, no Município de Belo Horizonte.
Autor(es): Deputado Fred Costa – PEN
Situação: Aguardando parecer em comissão

PL 5620, de 2014
Declara patrimônio cultural, histórico e imaterial e considera de especial interesse social as
comunidades quilombolas, caipiras, caboclas e de pescadores localizadas em unidades de
conservação da natureza no âmbito do estado de Minas Gerais e dá outras providências.
Autor(es): Deputada Liza Prado – PROS
Situação: Desarquivado

PL 5581, de 2014
Declara patrimônio histórico e cultural do estado a Banda Sinfônica
do Corpo de Bombeiros Militar de Minas Gerais.
Autor(es): Deputado Cabo Júlio – PMDB
Situação: Desarquivado

PL 5501, de 2014
Declara patrimônio histórico, cultural, imaterial do estado as repúblicas federais de
estudantes de Ouro Preto, de propriedade da Universidade Federal de Ouro Preto.
Autor(es): Deputado Luiz Henrique – PSDB
Situação: Aguardando designação de relator em comissão

PL 5340, de 2014
Institui A "Vaquejada" como modalidade esportiva e Patrimônio Cultural de Minas Gerais.
Autor(Es): Deputado Carlos Pimenta - PDT
Situação: Desarquivado

PL 5292, de 2014
Declara como patrimônio histórico, cultural, imaterial do estado a festa
do carro de bois de congonhal e dá outras providências.
Autor(es): Deputado Dalmo Ribeiro Silva – PSDB
Situação: Arquivado

PL 3959, de 2013
Declara patrimônio cultural do estado o concurso "Comida Di Buteco".
Autor(es): Deputado Fred Costa – PEN
Situação: Desarquivado

PL 3050, de 2012
Declara patrimônio cultural do estado o Parque Ipanema, localizado no município de Ipatinga.
Autor(es): Deputada Rosângela Reis – PV
Situação: Retirado de Tramitação

PL 2501, de 2011
Declara patrimônio cultural do Estado as Feiras Livres, a Feira Modelo e a
Feira Direto da Roça, realizadas no município de Belo Horizonte.
Autor(es): Deputado Fred Costa – PHS
Situação: Desarquivado

PL 2427, de 2011
Declara patrimônio artístico e cultural do estado a Feira de Artes e Artesanato da
Avenida Afonso Pena – Feira "Hippie", no município de Belo Horizonte.
Autor(es): Deputado Fred Costa – PHS
Situação: Desarquivado

PL 2193, de 2011
Declara patrimônio cultural do estado o Cenário Bíblico "Monte
das Oliveiras", situado no município de Alpinópolis.
Autor(es): Deputado Antônio Carlos Arantes – À época PSC, hoje PSDB
Situação: Arquivado

PL 1494, de 2011
Declara como patrimônio histórico e cultural de Minas Gerais os mercados distritais
do Cruzeiro e de Santa Tereza, localizados no município de Belo Horizonte.
Autor(es): Deputado João Leite – PSDB
Situação: Arquivado

PL 1456, de 2011
Declara patrimônio turístico e cultural de natureza imaterial do estado a Feira de Artes e
Artesanato da Avenida Afonso Pena – Feira "Hippie" – no município de Belo Horizonte.
Autor(es): Deputado Rogério Correia – PT
Situação: Desarquivado

PL 1383, de 2011
Declara patrimônio cultural do estado o processo artesanal de fabricação do salgado
denominado Pastel de Farinha de Milho produzido no Município de Pouso Alegre.
Autor(es): Deputado Carlos Mosconi – PSDB
Situação: Arquivado

PL 1382, de 2011
Declara patrimônio cultural do estado o queijo tipo artesanal do
planalto de Poços de Caldas e dá outras providências.
Autor(es): Deputado Carlos Mosconi – PSDB
Situação: Arquivado

PL 1162, de 2011
Declara como patrimônio cultural do estado o lago de Furnas e dá outras providências.
Autor(es): Deputado Dalmo Ribeiro Silva – PSDB
Situação: Arquivado

PL 1057, de 2011
Declara patrimônio Cultural do estado a Feira de Arte e Artesanato da
Avenida Afonso Pena, no município de Belo Horizonte.
Autor(es): Deputado Dinis Pinheiro – PSDB
Situação: Desarquivado

PL 751, de 2011
Declara patrimônio histórico e cultural do estado de Minas Gerais
a renda turca de bicos originária de Sabará.
Autor(es): Deputado Wander Borges – PSB
Situação: Arquivado

PL 744 2011
Dispõe sobre a proteção e preservação da Folia de Reis e Congado
de Minas Gerais e dá outras Providências.
Autor(Es): Deputado Carlin Moura - PCdoB
Situação: Desarquivado

PL 626, de 2011
Declara patrimônio cultural do estado a Estância Hidromineral de Caxambu e dá outras providências.
Autor(es): Deputado Dalmo Ribeiro Silva – PSDB
Situação: Retirado de tramitação

PL 613, de 2011
Declara como patrimônio cultural do estado o café produzido
no Sul de Minas e dá outras providências.
Autor(es): Deputado Dalmo Ribeiro Silva – PSDB
Situação: Retirado de Tramitação

PL 274, de 2011
Declara patrimônio histórico e cultural do estado a orquestra sinfônica do Estado de Minas Gerais.
Autor(es): Deputado Paulo Guedes – PT
Situação: Transformado em Norma Jurídica – Lei n. 20.628, de 2013

PL 4923, de 2010
Declara patrimônio cultural do estado o queijo artesanal do planalto
de Poços de Caldas e dá outras providências.
Autor(es): Deputado Carlos Mosconi – PSDB
Situação: Desarquivado

PL 4481, de 2010
Declara patrimônio cultural do estado a comunidade dos Arturos, no município de Contagem.
Autor(es): Deputado Ademir Lucas – PSDB
Situação: Arquivado

PL 3872, de 2009
Declara patrimônio cultural do estado o Rádio Motobras, produzido
no município de Brazópolis, e dá outras providências.
Autor(es): Deputado Duarte Bechir – PMN
Situação: Arquivado

PL 3258, de 2009
Declara como patrimônio cultural do estado o café produzido
no sul de minas e dá outras providências.
Autor(Es): Deputado Dalmo Ribeiro Silva – PSDB
Situação: Desarquivado

PL 3222, de 2009
Declara patrimônio cultural do estado o processo artesanal de fabricação do salgado
denominado pastel de farinha de milho produzido no Município de Pouso Alegre.
Autor(Es): Deputado Carlos Mosconi – PSDB
Situação: Desarquivado

PL 3217, de 2009
Declara como patrimônio cultural do estado a estância
hidromineral de Caxambu e dá outras providências.
Autor(Es): Deputado Dalmo Ribeiro Silva – PSDB
Situação: Desarquivado

PL 3208, de 2009
Declara patrimônio cultural do estado o cenário bíblico Monte
das Oliveiras, situado no município de Alpinópolis.
Autor(Es): Deputado Antônio Carlos Arantes – PSC
Situação: Desarquivado

PL 3195, de 2009
Declara patrimônio cultural do estado a catira ou cateretê.
Autor(Es): Deputado Almir Paraca – PT
Situação: Arquivado

PL 3194, de 2009
Declara patrimônio cultural do estado os reisados, ternos ou folias-de-reis.
Autor(Es): Deputado Almir Paraca – PT
Situação: Arquivado

PL 3193, de 2009
Declara patrimônio cultural do estado o congado e seus congêneres.
Autor(Es): Deputado Almir Paraca – PT
Situação: Arquivado

PL 3177, de 2009
Declara patrimônio cultural do estado a bucha vegetal produzida no Município de Bonfim.
Autor(Es): Deputada Maria Lúcia Mendonça – DEM
Situação: Arquivado

PL 3091, de 2009
Declara patrimônio cultural do estado o processo artesanal de fabricação
do pão-de-canela produzido no Município de Lima Duarte.
Autor(Es): Deputada Maria Lúcia Mendonça – DEM
Situação: Arquivado

PL 2975, de 2009
Dispõe sobre a proteção e preservação da Folia de Reis e Congado
de Minas Gerais e dá outras Providências.
Autor(Es): Deputado Carlin Moura - PCdoB
Situação: Desarquivado

PL 2719, de 2008
Declara patrimônio cultural do estado o processo artesanal de fabricação
do doce pé-de-moleque, produzido no município de Piranguinho.
Autor(Es): Deputado Durval Ângelo – PT
Situação: Transformado em Norma Jurídica – Lei n. 18.057, de 2009

PL 2603, de 2008
Declara patrimônio cultural do estado a feira de arte e artesanato da
Avenida Afonso Pena, no município de Belo Horizonte.
Autor(Es): Deputado Dinis Pinheiro – PSDB
Situação: Desarquivado

PL 2000, de 2008
Declara patrimônio histórico e cultural do estado de Minas Gerais
a renda turca de bicos originária de Sabará.
Autor(Es): Deputado Wander Borges – PSB
Situação: Desarquivado

PL 1654, de 2007
Declara como patrimônio cultural do estado de Minas Gerais o lago de furnas e dá outras providências.
Autor(Es): Deputado Dalmo Ribeiro Silva – PSDB
Situação: Desarquivado

PL 1499, de 2007
Declara como patrimônio histórico e cultural do estado o Caminho da Fé e dá outras providências.
Autor(Es): Deputado Dalmo Ribeiro Silva – PSDB
Situação: Transformado em Norma Jurídica – Lei n. 18058, de 2009

PL 1328, de 2007
Declara patrimônio histórico e cultural do estado a Orquestra Sinfônica do Estado de Minas Gerais.
Autor(Es): Deputado Paulo Guedes – PT e Deputada Elisa Costa – PT
Situação: Arquivado

PL 1271, de 2007
Declara como patrimônio histórico e cultural do estado o Caminho da Luz, rota
de peregrinação que abrange os municípios de Tombos, Pedra Dourada, Faria
Lemos, Carangola, Caiana, Espera Feliz, Caparaó e Alto Caparaó.
Autor(Es): Deputado Durval Ângelo – PT
Situação: Transformado em Norma Jurídica – Lei n. 18.086, de 2009

PL 1048, de 2007
Dispõe sobre a preservação e o tombamento do patrimônio cultural de origem africana no estado de Minas Gerais.
Autor(Es): Deputada Elisa Costa - PT
Situação: Arquivado

PL 1016, de 2007
Declara como patrimônios históricos e culturais de Minas Gerais os mercados distritais do Cruzeiro e de Santa Tereza, localizados no município de Belo Horizonte.
Autor(Es): Deputado João Leite – PSDB; Deputado Dalmo Ribeiro Silva – PSDB; Deputado Durval Ângelo – PT; Deputado Ademir Lucas – PSDB; Deputado Fábio Avelar – PSC; Deputado Walter Tosta – PMN; Deputado Gustavo Valadares – DEM; Deputada Gláucia Brandão – PPS; Deputado André Quintão – PT. Deputado Elmiro Nascimento – DEM; Deputado Doutor Rinaldo – PSB; Deputado Carlin Moura – PCdoB; Deputada Maria Lúcia Mendonça – DEM; Deputado Agostinho Patrus Filho – PV; Deputado Domingos Sávio – PSDB; Deputado Gustavo Corrêa – DEM; Deputado Wander Borges – PSB; Deputado Ronaldo Magalhães – PSDB; Deputado Délio Malheiros – PV.
Situação: Arquivado

PL 171, de 2007
Declara como integrante do patrimônio histórico e cultural de Minas Gerais o América Futebol Clube.
Autor(Es): Deputado Gustavo Valadares – PFL
Situação: Retirado de Tramitação

PL 170, de 2007
Declara como integrante do patrimônio histórico e cultural de Minas Gerais o Clube Atlético Mineiro – CAM.
Autor(Es): Deputado Gustavo Valadares – PFL
Situação: Retirado de Tramitação

PL 2119, de 2005
Dispõe sobre a preservação e o tombamento do patrimônio cultural de origem africana no estado de Minas Gerais.
Autor(Es): Deputado Biel Rocha - PT
Situação: Arquivado

PL 2068, de 2005
Declara como integrante do patrimônio histórico e cultural de Minas Gerais o América Futebol Clube.
Autor(Es): Deputado Gustavo Valadares – PFL
Situação: Desarquivado

PL 2067 2005
Declara como integrante do patrimônio histórico e cultural de Minas Gerais o Cruzeiro Esporte Clube.
Autor(Es): Deputado Gustavo Valadares – PFL
Situação: Retirado de Tramitação

PL 2066, de 2005
Declara como integrante do patrimônio histórico e cultural de Minas Gerais o Clube Atlético Mineiro – CAM.
Autor(Es): Deputado Gustavo Valadares – PFL
Situação: Desarquivado

PL 1911 2004 Acrescenta artigo à lei 13949, de 11 de julho de 2001, que estabelece o padrão de identidade e as características do processo de elaboração da cachaça de Minas e dá outras providências. (**concede à cachaça de alambique de Minas o título de Patrimônio Histórico e Cultural de Minas Gerais**) **Autor(es):** Deputado Paulo Piau - PP **Situação: Transformado em Norma Jurídica - Lei n. 16.688, de 2007.**
PL 1185, de 2003 Declara a fábrica fiação e tecidos Santa Bárbara patrimônio histórico, cultural, paisagístico e turístico do Estado de Minas Gerais e dá outras providências. Providências. **Autor(Es):** Deputado Biel Rocha – PT **Situação:** Retirado de Tramitação
PL 1878, de 2001 Declara a fábrica fiação e tecidos Santa Bárbara patrimônio histórico, cultural, paisagístico e turístico do Estado de Minas Gerais e dá outras providências. **Autor(Es):** Deputada Elbe Brandão – PSDB **Situação:** Desarquivado
PL 1392, de 2001 Declara o trecho mineiro do Rio São Francisco, de sua nascente até a divisa com o estado da Bahia, patrimônio paisagístico e turístico do estado de Minas Gerais e dá outras providências. **Autor(Es):** Deputado Wanderley Ávila – PPS **Situação: Transformado em Norma Jurídica – Lei n. 14007, de 2001.**
PL 28, de 1999 Declara a Cachoeira do Tombo da Fumaça patrimônio paisagístico e turístico do estado de Minas Gerais. **Autor**(Es): Deputada Maria José Haueisen - PT **Situação**: **Transformado em Norma Jurídica - Lei n. 13.370, de 1999.**
PL 2536, de 1990 Autoriza o Poder Executivo a tombar o imóvel da Antiga Estação Ferroviária da Central do Brasil do município de Mercês. **Autor(Es):** Deputado Dirceu Pereira - PMDB **Situação**: Arquivado

Fonte: Elaborada pela Autora a partir dos dados disponibilizados pela Assembleia Legislativa do Estado de Minas Gerais[565]

A partir dos dados brutos recolhidos, passou-se à análise e sistematização, para construção de mapeamentos e de diagnósticos referentes à realidade dos projetos de lei de declaração de patrimônio cultural na ALMG, no que se refere ao número de bens identificados; às particularidades de determinadas manifestações; à disposição no território mineiro; ao arranjo territorial dos autores das proposições de acordo com as macrorregiões mineiras em

---

[565] Análise, estruturação, ordenação e tratamento dos dados realizados pela autora.

que foram mais votados; à participação dos parlamentares identificados na Comissão de Cultura da casa legislativa mineira, dentre outras investigações, com vistas à compreensão do cenário em Minas Gerais.[566]

Tabela 7[567]

Consolidação dos dados referentes aos Projetos de Lei	
Projetos de Lei Identificados na Base de Dados da ALMG, referentes à Declaração de Patrimônio	87 (oitenta e sete) Projetos de Lei
Ano do Primeiro projeto de Lei Encontrado na Base de Dados	1990
Bens Culturais Identificados nos Projetos de Lei	56 (cinquenta e seis) Bens Culturais
Projetos de Lei Arquivados	19 (dezenove)
Projeto e Lei com Maior Número de Deputados Signatários	PL 1016, de 2007, que declara como patrimônios históricos e culturais de Minas Gerais os mercados distritais do Cruzeiro e de Santa Tereza, localizados no município de Belo Horizonte. Total de 19 (dezenove) signatários.
Bem Cultural com Maior Número de Projetos de Lei Apresentados	Feira de Arte e Artesanato da Avenida Afonso Pena, no município de Belo Horizonte Total de 7 (sete) Projetos de Lei, de 2008 a 2015.
Projetos de Lei Transformados em Norma Jurídica	16 (quinze) Projetos de Lei
Bens Culturais Identificados nos Projetos de Lei que foram tombados ou registrados pelo Iepha-MG	Conjunto Paisagístico das Cachoeiras do Tombo da Fumaça (1999); Comunidade dos Arturos (2014); Folia de Reis (2017)

Fonte: Elaborada pela Autora a partir dos dados disponibilizados pela Assembleia Legislativa do Estado de Minas Gerais.

---

566 Cf. Anexo C –Tabela de Justificações dos Projetos de Lei de Declaração de Patrimônio Cultural na Assembleia Legislativa de Minas Gerais.

567 Dados de janeiro de 2018.

Tabela 8[568]

Bens culturais identificados nos Projetos de Lei de declaração da ALMG[569]
1. Parque das Águas e Estância Hidromineral de Caxambu
2. Estrada de Santa Clara
3. Modo de fazer pijama do município de Borda da Mata
4. Modo de fazer crochê do município de Inconfidentes
5. Festa do Vaqueiro de Nanuque e Região
6. Pão de Queijo
7. Parque de Exposições Bolivar de Andrade – o Parque de Exposições da Gameleira no município de Belo Horizonte
8. Festa de Nossa Senhora da Abadia no Município de Romaria
9. Fabricação de Panelas de Pedra-sabão no Distrito de Cachoeira do Brumado, no Município de Mariana
10. Queima de Fogos da TV Alterosa na Lagoa da Pampulha, no município de Belo Horizonte
11. Ofício de Seleiro
12. Polo moveleiro de Belo Horizonte, situado na Avenida Silviano Brandão
13. Concurso Comida di Buteco
14. Gastronomia Mineira
15. Feira de Arte e Artesanato da Avenida Afonso Pena, no Município de Belo Horizonte
16. Folia de Reis, Reisados, Ternos, Congado e seus congêneres[570]
17. Cavalgadas e o Tropeirismo
18. Processo de fazer tricô do município de Monte Sião
19. Vesperata de Diamantina
20. Festa Nacional do Biscoito em Japonvar
21. Manifestação musical Viola Caipira Mineira

---

568 Dados de janeiro de 2018.

569 Foram negritados os bens culturais que já são objeto de projeto de lei já transformado em norma jurídica.

570 Em cinza, estão selecionados os três únicos bens objeto de proposição na ALMG também registrados pelo Iepha-MG

22. Ofício das Quitandeiras
23. Vaquejada
24. Imprensa Oficial do Estado de Minas Gerais
25. Orquestra Sinfônica da Polícia Militar de Minas Gerais
26. Comunidades Quilombolas, Caipiras, Caboclas e de Pescadores Localizadas em Unidades de Conservação da Natureza em Minas Gerais
27. Banda Sinfônica do Corpo de Bombeiros Militar de Minas Gerais
28. Feiras Livres, a Feira Modelo e a Feira Direto da Roça, no município de Belo Horizonte.
29. Repúblicas federais de estudantes de Ouro Preto, de propriedade da Universidade Federal de Ouro Preto
30. Festa do Carro de Bois de Congonhal
31. Parque Ipanema, localizado no município de Ipatinga
32. Cenário Bíblico "Monte das Oliveiras", situado no município de Alpinópolis
33. Mercados distritais do Cruzeiro e de Santa Tereza, localizados no município de Belo Horizonte
34. Processo artesanal de fabricação do salgado denominado Pastel de Farinha de Milho produzido no município de Pouso Alegre
35. Queijo tipo artesanal do planalto de Poços de Caldas
36. Lago de Furnas
37. Renda turca de bicos originária de Sabará
38. Café produzido no Sul de Minas
39. Orquestra Sinfônica do Estado de Minas Gerais
40. Comunidade dos Arturos, no município de Contagem
41. Rádio Motobras, produzido no município de Brazópolis
42. Catira ou Cateretê
43. Bucha vegetal produzida no município de Bonfim
44. Processo Artesanal de Fabricação do Pão-de-Canela, Produzido em Lima Duarte
45. Processo artesanal de fabricação do Doce Pé-de-Moleque de Piranguinho
46. Caminho da Fé
47. Caminho da Luz, rota de peregrinação nos municípios de Tombos, Pedra Dourada, Faria Lemos, Carangola, Caiana, Espera Feliz, Caparaó e Alto Caparaó.
48. Patrimônio cultural de origem africana no estado
49. América Futebol Clube

50. Clube Atlético Mineiro – CAM	
51. Cruzeiro Esporte Clube.	
52. Cachaça de alambique de Minas	
53. Fábrica Fiação e Tecidos Santa Bárbara	
54. Trecho Mineiro do Rio São Francisco, de sua Nascente até a Divisa com a Bahia	
55. Cachoeira do Tombo da Fumaça	
56. Imóvel da antiga Estação Ferroviária da Central do Brasil do município de Mercês	

Fonte: Elaborada pela Autora a partir dos dados disponibilizados pela Assembleia Legislativa do Estado de Minas Gerais

A partir da inventariação apresentada na Tabela 8, constatou-se que já são objeto de previsão legal os seguintes bens culturais:

- Lei n. 22.896, de 11 janeiro de 2018 – Declara patrimônio cultural do estado o modo de fazer crochê do Município de Inconfidentes.[571]
- Lei n. 22.898, de 11 janeiro de 2018 – Reconhece como de relevante interesse cultural do estado a Festa de Nossa Senhora da Abadia, realizada no município de Romaria.[572]
- Lei n. 22.458, de 23 de dezembro de 2016 – Declara patrimônio cultural do estado a gastronomia mineira.[573]
- Lei n. 22.457, de 23 de dezembro de 2016 – Declara patrimônio cultural do estado o modo de fazer tricô do Município de Monte Sião. [574]

---

[571] MINAS GERAIS. Lei n. 22.896, de 11 janeiro de 2018. Declara patrimônio cultural do Estado o modo de fazer crochê do Município de Inconfidentes. *Diário Oficial de Minas Gerais*, Belo Horizonte, 12 jan. 2018.

[572] MINAS GERAIS. Lei n. 22.898, de 11 janeiro de 2018. Reconhece como de relevante interesse cultural do Estado a Festa de Nossa Senhora da Abadia, realizada no Município de Romaria. *Diário Oficial de Minas Gerais*, Belo Horizonte, 12 jan. 2018.

[573] MINAS GERAIS. Lei n. 22.458, de 23 de dezembro de 2016. Declara patrimônio cultural do Estado a gastronomia mineira. *Diário Oficial de Minas Gerais*, Belo Horizonte, 24 dez. 2016.

[574] MINAS GERAIS. Lei n. 22.457, de 23 de dezembro de 2016. Declara patrimônio cultural do Estado o modo de fazer tricô do Município de Monte Sião. *Diário Oficial de Minas Gerais*, Belo Horizonte, 24 dez. 2016.

- Lei n. 22.456, de 23 de dezembro de 2016 – Declara patrimônio cultural do estado a Vesperata de Diamantina. [575]

- Lei n. 22.455, de 23 de dezembro de 2016 – Declara patrimônio cultural do estado a Festa Nacional do Biscoito em Japonvar. [576]

- Lei n. 22.454, de 23 de dezembro de 2016 – Declara patrimônio cultural do estado o ofício das quitandeiras. [577]

- Lei n. 22.453, de 23 de dezembro de 2016 – Declara patrimônio cultural mineiro a Orquestra Sinfônica da Polícia Militar de Minas Gerais. [578]

- Lei n. 22.462, de 23 de dezembro de 2016 – Declara patrimônio cultural mineiro a Banda Sinfônica do Corpo de Bombeiros Militar de Minas Gerais. [579]

- Lei n. 20.628, de 17 de janeiro de 2013 – Declara Patrimônio Histórico e Cultural do estado a Orquestra Sinfônica do Estado de Minas Gerais. [580]

- Lei n. 18.057, de 01 abril de 2009 – Declara Patrimônio Cultural do estado o processo artesanal de fabricação do doce denominado pé-de-moleque produzido no município de Piranguinho. [581]

---

575 MINAS GERAIS. Lei n. 22.456, de 23 de dezembro de 2016. Declara patrimônio cultural do Estado a Vesperata de Diamantina. *Diário Oficial de Minas Gerais,* Belo Horizonte, 24 dez. 2016.

576 MINAS GERAIS. Lei n. 22.455, de 23 de dezembro de 2016. Declara patrimônio cultural do Estado a Festa Nacional do Biscoito em Japonvar. *Diário Oficial de Minas Gerais*, Belo Horizonte, 24 dez. 2016.

577 MINAS GERAIS. Lei n. 22.454, de 23 de dezembro de 2016. Declara patrimônio cultural do Estado o ofício das quitandeiras. *Diário Oficial de Minas Gerai*s, Belo Horizonte, 24 dez. 2016.

578 MINAS GERAIS. Lei n. 22.453, de 23 de dezembro de 2016. Declara patrimônio cultural mineiro a Orquestra Sinfônica da Polícia Militar de Minas Gerais. *Diário Oficial de Minas Gerais*, Belo Horizonte, 24 dez. 2016.

579 MINAS GERAIS. Lei n. 22.462, de 23 de dezembro de 2016. Declara patrimônio cultural mineiro a Banda Sinfônica do Corpo de Bombeiros Militar de Minas Gerais. *Diário Oficial de Minas Gerais*, Belo Horizonte, 24 dez. 2016.

580 MINAS GERAIS. Lei n. 20.628, de 17 de janeiro de 2013.Declara Patrimônio Histórico e Cultural do Estado a Orquestra Sinfônica do Estado de Minas Gerais. *Diário Oficial de Minas Gerai*s, Belo Horizonte, 18 jan. 2013.

581 MINAS GERAIS. Lei n. 18.057, de 01 abril de 2009. Declara Patrimônio Cultural do Estado o Processo Artesanal de Fabricação do Doce Denominado

- Lei n. 18.058, de 01 abril de 2009 – Declara patrimônio cultural do estado a Rota de peregrinação Caminho da Fé. [582]

- Lei n. 18.086, de 15 de abril de 2009 – Declara Patrimônio Cultural do estado a rota de peregrinação Caminho da Luz. [583]

- Lei n. 14.007, de 04 de outubro de 2001 – Declara o trecho mineiro do Rio São Francisco patrimônio cultural, paisagístico e turístico do estado e dá outras orovidências. [584]

Em relação ao objeto da Lei n. 14.007, de 2001, importante realçar que, nos anos de 2012 e 2015, foi realizado pelo Iepha-MG, em parceria com o Núcleo de História Regional da Universidade Estadual de Montes Claros – NUHICRE/Unimontes, o Inventário Cultural de Proteção do Rio São Francisco.[585]

A Lei n. 13.370, de 30 de novembro de 1999, declarava a cachoeira do Tombo da Fumaça patrimônio paisagístico e turístico do estado e criava a Área de Proteção Ambiental da Cachoeira do Tombo da Fumaça. A norma foi revogada pelo art. 9º da Lei nº 14.324, de 20 de junho de 2002, que cria o Sistema Estadual de Certificação de Qualidade Ambiental para bens e produtos industrializados e agrícolas.

Contudo, o *Conjunto Paisagístico das Cachoeiras do Tombo da Fumaça* foi tombado pelo Conselho Curador do Iepha-MG em 11 de agosto de

---

Pé-De-Moleque Produzido no Município de Piranguinho. *Diário Oficial de Minas Gerais*, Belo Horizonte, 02 abr. 2009.

582 MINAS GERAIS. Lei n. 18.058, de 01 abril de 2009. Declara Patrimônio Cultural do Estado a Rota de Peregrinação Caminho da Fé. *Diário Oficial de Minas Gerais*, Belo Horizonte, 02 abr. 2009.

583 MINAS GERAIS. Lei n. 18.086, de 15 de abril de 2009. Declara Patrimônio Cultural do Estado a Rota de Peregrinação Caminho da Luz. *Diário Oficial de Minas Gerais*, Belo Horizonte, 16 abr. 2009.

584 MINAS GERAIS. Lei n. 14.007, de 04 de outubro de 2001. Declara o Trecho Mineiro do Rio São Francisco Patrimônio Cultural, Paisagístico e Turístico do Estado e dá Outras Providências. *Diário Oficial de Minas Gerais*, Belo Horizonte, 05 out. 2001.

585 MINAS GERAIS. Instituto Estadual do Patrimônio Histórico e Artístico de Minas Gerais. *Rio São Francisco*. Disponível em: http://iepha.mg.gov.br/index.php/programas-e-acoes/patrimonio-cultural-protegido/bens-inventariados/details/3/3/bens-inventariados-rio-s%C3%A3o-francisco. Acesso em 15 out. 2019.

1999".[586] E, de igual modo, no levantamento diagnóstico realizado, apurou-se que as *Folias de Minas* – também denominadas ternos ou companhias – foram registradas como Patrimônio Cultural Imaterial de Minas pelo Iepha-MG, em 6 de janeiro de 2017,[587] bem como a *Comunidade dos Arturos,* no Município de Contagem, em 2014, a primeira a receber o registro de Patrimônio Cultural Imaterial como comunidade tradicional na categoria de lugares: "A comunidade é responsável pela manutenção de diversos bens culturais, ritos e tradições herdadas pelos primeiros membros de sua formação".[588]

---

586 MINAS GERAIS. Instituto Estadual do Patrimônio Histórico e Artístico de Minas Gerais. *Legislação.* Disponível em http://www.iepha.mg.gov.br/index.php/institucional/legislacao/14-patrimonio-cultural-protegido/bens-tombados/158-conjunto-paisag%C3%ADstico-das-cachoeiras-do-tombo-da-fuma%C3%A7a. Acesso em: 15 out. 2019.

587 MINAS GERAIS. Instituto Estadual do Patrimônio Histórico e Artístico de Minas Gerais. *As Folias de Minas.* Disponível em: http://www.iepha.mg.gov.br/index.php/programas-e-acoes/patrimonio-cultural-protegido/bens-registrados/details/2/5/bens-registrados-as-folias-de-minas. Acesso em: 15 out. 2019.

588 MINAS GERAIS. Instituto Estadual do Patrimônio Histórico e Artístico de Minas Gerais. *Comunidade dos Arturos.* Disponível em: http://www.iepha.mg.gov.br/index.php/programas-e-acoes/patrimonio-cultural-protegido/bens-registrados/details/2/2/bens-registrados-comunidade-dos-arturos. Acesso em 15 out. 2019.

Tabela 9
**Pedidos de Registro de Patrimônio Imaterial encaminhados ao Instituto
Estadual do Patrimônio Histórico e Artístico de Minas Gerais**

Acompanhamento - Pedidos de Registro: Patrimônio Imaterial					
Assunto	**Solicitante**	**Origem**	**Número**	**Ano**	**Situação**
Banda Mole	Câmara BH	Ofício	1408	2004	Indeferido
Mercado Central	Câmara BH	Ofício	113	2004	Pendente
Modo de Fazer Cachaça em Minas Gerais	Sociedade Civil (IBCA/SINDBEBIDAS)	Solicitação feita por e-mail	S/N	2004	Em estudo
Clube América Futebol	ALMG	PL	2068	2005	Indeferido
Clube Atlético Mineiro	ALMG	PL	2066	2005	Indeferido
Grupo de Teatro de Bonecos Giramundo	MPMP	Ofício	84	2005	Pendente
Revitalização das Manifestações Tradicionais	Secretaria do Estado de Cultura/ CTM	Correspondência	S/N	2005	Indeferido
Festa do Rosário de Chapada do Norte	Prefeitura de Chapada do Norte	Solicitação feita por e-mail	S/N	2005	Registrado
Acervo da Rádio Inconfidência	Sociedade Civil (Rádio Inconfidência)	Ofício	9	2006	Indeferido
Folias de Minas	Sociedade Civil	Solicitação feita por e-mail	S/N	2009	Registrado
Linguiça de Formiga	Prefeitura de Formiga	Ofício	415	2006	Pendente
Vissungos	Sociedade Civil	Solicitação feita por e-mail		2006	
"Fazer Musical" de São João d'el Rei	Sociedade Civil (CEREM)	Solicitação feita por e-mail	S/N	2007	Pendente
Carne de Sol e Pequi	ALMG	Ofício	703	2007	Pendente
Caminho da Fé	Assessoria Jurídica da Secretaria de Estado de Cultura	PL	1499	2007	
Cavalo Manga Larga Marchador	Sociedade Civil (ABCCMM)	Solicitação feita por e-mail	S/N	2008	Indeferido
Feira de Arte e Artesanato de Belo Horizonte	ALMG	PL	2603	2008	Indeferido
Modo de Fazer Pé-de-Moleque	ALMG	PL	2719	2008	Indeferido
Congadas de Minas Gerais	Prefeitura de Prata	Ofício	43	2008	Pendente

Queijo artesanal do Planalto de Poços de Caldas	APROCALDAS	Solicitação feita por e-mail	846	2010	Indeferido
Feiras livres, a feira modelo e a feira direto da roça	ALMG	PL	2501	2011	Indeferido
Orquestra Sinfônica de Minas Gerais	ALMG	PL	247	2011	Indeferido
Patrimônio Vivo - Mestres	ALMG	PL	8321	2011	Indeferido
Queijo artesanal do Planalto de Poços de Caldas	ALMG	PL	1382	2011	Indeferido
Festivale	ALMG	Requerimento	4432	2012	Indeferido
Fogão a Lenha	Sociedade Civil (Prolenha)	Solicitação feita por e-mail	S/N	2012	Indeferido
Circo de Minas	ALMG	Requerimento	6639	2013	Indeferido
Comida Di Buteco	ALMG	PL	3959	2013	Indeferido
Queijo artesanal de Caldas e Região	Câmara Municipal de Caldas	Ofício	9	2013	Indeferido
Carnaval de Diamantina	ALMG	Requerimento	S/N	2014	Indeferido
Comunidades tradicionais, quilombolas, capoeiras, caboclo, pescadores	ALMG	PL	5620	2014	Indeferido
Festa do Carro de Boi	ALMG	PL	5292	2014	Indeferido
Lingua Cigana	ALMG	Requerimento	8690	2014	Deferido
Ofício das Quitandeiras	ALMG	PL	5333	2014	Indeferido
Orquestra Sinfônica da Polícia Militar do Estado de Minas Gerais	ALMG	PL	4033	2014	Indeferido
Orquetra Sinfônica do Corpo de Bombeiros de Minas Gerais	ALMG	PL	5581	2014	Indeferido
Repúblicas Federais de Estudantes de Ouro Preto	ALMG	PL	5501	2014	Indeferido
São João Gorutubano	ALMG	Requerimento	7351	2014	Indeferido
Vaquejada	ALMG	PL	5340	2014	Indeferido
Casa de Memória Chico Xavier	Ministério Público	Ofício	573	2014	Indeferido
Comunidade dos Arturos	SEDUC	Ofício	1	2014	Registrado
Uso da Planta Lobeira	Ministério Público	Ofício	346	2014	Deferido

Modo de Fazer Queijo Artesanal do Serro					Registrado
Comunidades Ribeirinhas do Vale do São Francisco				2015	Em andamento
Registro do Uso das Águas Minerais de São Lourenço	Ministério Público	Ofício	290	2013	Indeferido
Terno de Moçambique de Muzambinho	Prefeitura Municipal de Muzambinho	Requerimento	1	2015	Indeferido
Companhia de Reis	Prefeitura Municipal de Muzambinho	Requerimento	1	2015	Indeferido
Terno de Congo	Prefeitura Municipal de Muzambinho	Requerimento	1	2015	Indeferido
Jogos azul e vermelho	Prefeitura Municipal de Muzambinho	Requerimento	1	2015	Indeferido
Festa do Doce do Bairro Barra Bonita	Prefeitura Municipal de Muzambinho	Requerimento	1	2015	Indeferido
Gastronomia Mineira	ALMG	PL		2015	Indeferido
Congado e Folia de Reis de Minas Gerais	ALMG	PL	2730	2015	Indeferido
Clubes de Negros no Brasil e Minas Gerais	ALMG	Requerimento	3451	2015	Deferido
Ofício do Seleiro	ALMG	PL	2952	2015	Deferido

Fonte: Instituto Estadual do Patrimônio Histórico
e Artístico de Minas Gerais – Iepha/MG[589]

A Tabela 9, fornecida pelo Iepha-MG, ao apresentar a situação dos pedidos de registro encaminhados ao órgão por variados solicitantes, dentre eles o parlamento mineiro, ilustra a relação dissonante que se tem estabelecido entre os poderes Executivo e Legislativo, em âmbito federal e estadual: um diálogo esvaziado, em que quase a unanimidade dos pedidos oriundos da ALMG foram indeferidos pelo órgão de proteção, o que demonstra uma resistência *a priori* como expressão da correlação de forças no campo. Dentre eles, encontram-se vários pleitos referentes a bens culturais objeto de projetos de lei já transformados em norma jurídica, realçando a des-

---

589 Dados de janeiro de 2018. Alguns solicitantes indicados como Secretaria de Estado de Cultura, em rigor são oriundos da ALMG, que os encaminha ao Iepha por intermédio da SEC.

consideração da manifestação do órgão pelo parlamento e a necessidade de maior diálogo interpoderes e de encetamento de soluções que atendam à demanda técnica inerente ao registro, instrumento de natureza administrativa adotado pelo órgão patrimonial mineiro, e, simultaneamente, à necessidade de reconhecimento dos pleitos de interesse cultural identificados pelos parlamentares em suas macro e microrregiões.

O comportamento do órgão de proteção patrimonial é, em parte, ratificado pelo posicionamento da jurisprudência no que se refere à consagração da competência do Poder Executivo para pronunciamento do juízo de valor cultural dos bens pertencentes ao patrimônio cultural, valoração sedimentada na seara do mérito administrativo, cujo exame de conveniência e oportunidade cabe ao Executivo. A decisão do Tribunal de Justiça de Minas Gerais sobre o "Mercado Distrital do Cruzeiro", objeto dos Projetos de Lei 1.016, de 2007,[590] e 1.494, de 2011, ilustra o entendimento sobre o tema:

> ADMINISTRATIVO E PROCESSUAL CIVIL. MERCADO DISTRITAL DO CRUZEIRO. PATRIMÔNIO CULTURAL E TURÍSTICO. TOMBAMENTO. ATO ADMINISTRATIVO. INEXISTÊNCIA DE ATO LESIVO. **1. No exercício das funções administrativas, cabe ao Poder Executivo, através do órgão administrativo competente, proferir o seu juízo de valor acerca dos bens pertencentes ao patrimônio histórico e cultural.** 2. Ainda que se aceite que tal reconhecimento possa ser realizado pelo Poder Judiciário, a ação popular não se presta a este fim, cujo pressuposto é a existência de ato lesivo. **3. A alegação de que o projeto de revitalização do Mercado Distrital do Cruzeiro não atende aos interesses sociais da comunidade local, tal argumento encontra-se na seara do mérito administrativo, cujo exame de conveniência e oportunidade cabe exclusivamente ao Executivo.** (TJMG - Ap Cível/Reex Necessário 1.0024.07.590562-0/001, Relator(a): Des.(a) Brandão Teixeira, 2ª CÂMARA CÍVEL, julgamento em 19/02/2008, publicação da súmula em 04/03/2008) (grifo nosso).

Como salienta Maria Cecília Londres, os técnicos e os intelectuais dos órgãos de preservação patrimonial desempenham o papel de "mediadores simbólicos, já que atuam no sentido de fazer ver como universais, em termos estéticos, e nacionais, em termos políticos, valores relativos,

---

590 O PL 1.016, de 2007, que "declara como patrimônios históricos e culturais de Minas Gerais os mercados distritais do Cruzeiro e de Santa Tereza, localizados no município de Belo Horizonte", possui autoria coletiva de 19 (dezenove) parlamentares, já referenciados, em razão do risco, à época, de fechamento dos mercados. A movimentação do Poder Legislativo foi fruto de tentativa de salvaguarda diante da iminência da perda.

atribuídos a partir de uma perspectiva e de um lugar no espaço social".[591] E são esses mesmos intelectuais que, no exercício de sua função crítica, apontam o "caráter arbitrário da representação vigente de patrimônio e atuam no sentido de sua transformação".[592]

> A produção de um universo simbólico é, nesse caso, o objeto mesmo da ação política, daí a importância do papel que exercem os intelectuais na construção dos patrimônios culturais. Nesse sentido, são dois os desafios com que se defrontam: o primeiro é o de, através da seleção de bens "móveis e imóveis" (conforme o preceito legal vigente na maioria dos países), construir uma representação da nação que, levando em conta a pluralidade cultural, funcione como propiciadora de um sentimento comum de pertencimento, como reforço de uma identidade nacional; o segundo é o de fazer com que seja aceito como consensual, não-arbitrário, o que é resultado de uma seleção – de determinados bens – e de uma convenção – a atribuição, a esses bens, de determinados valores. Ou seja, de, ao mesmo tempo, buscar o consenso e incorporar a diversidade[593].

De outro lado, são também os parlamentares mediadores simbólicos de seus eleitores, de sua comunidade de origem, de seus partidos, blocos, bancadas e de agentes membros do campo: "uma das virtudes da noção de campo é a de tornar inteligível o fato de que certo número de ações realizadas pelas pessoas que estão nesse jogo, que eu chamo de campo político, têm seu princípio no campo político".[594]

> Dizer "Eu trabalho em vosso favor" (["Je roule pour vous "] dizia um cartaz de 81, a que os outros respondiam "Ele vos trabalha!" ["Il vous roule! "]), equivale a dizer que eu sou seu porta-voz e não tenho interesse

591 FONSECA, Maria Cecília Londres. *O Patrimônio em Processo*: trajetória da política federal de preservação no Brasil. 2 ed. rev. ampl. Rio de Janeiro: Editora UFRJ; MinC-Iphan, 2005, p. 22.

592 FONSECA, Maria Cecília Londres. *O Patrimônio em Processo*: trajetória da política federal de preservação no Brasil. 2 ed. rev. ampl. Rio de Janeiro: Editora UFRJ; MinC-Iphan, 2005, p. 22.

593 FONSECA, Maria Cecília Londres. *O Patrimônio em Processo*: trajetória da política federal de preservação no Brasil. 2 ed. rev. ampl. Rio de Janeiro: Editora UFRJ; MinC-Iphan, 2005, p. 22.

594 BOURDIEU, Pierre. O Campo Político, *Revista Brasileira de Ciência Política*, n.5 Brasília, p. 193-216 Jan./July 2011, p. 198.

expressivo próprio, que não tenho nada a dizer a não ser o que você diria se estivesse no meu lugar, em posição de se expressar.[595]

É nesse contexto que a Assembleia de Minas – e, de modo similar, o Congresso Nacional e os parlamentos subnacionais – tem apresentado intensa atividade legislativa destinada à elaboração de leis de declaração de patrimônio, com o fito de reconhecer *loci* de enunciação cultural a partir da atuação regionalizada e capilarizada de seus parlamentares e de suas comissões permanentes.

Considerada a atuação mediadora necessária dos intelectuais dos órgãos de preservação patrimonial – no bojo dos procedimentos administrativos de proteção e de salvaguarda para definição técnica do que seja patrimônio cultural –, mas, igualmente, tendo em vista a mediação realizada pelos parlamentares em relação a bens culturais de valor simbólico localizado e tecnicamente "invisíveis" para os especialistas, impõe-se a necessidade de se estabelecer uma intersecção comunicacional intercampos, de modo que, nessa fissura, que pode ser promovida pelo próprio processo legislativo, estabeleça-se o diálogo fundante para conformação do *habitus* para assentamento conciliado de interesses dos agentes nos campos analisados.

A tramitação legislativa de alguns dos projetos de lei elencados ganhou notório contorno e merecem realce, diante do impacto causado no "campo político" e do impasse gerado com o Poder Executivo, e, portanto, no campo técnico da política de preservação. É o caso *dos Projetos de Lei 1.271/2007, 1.499/2007, 2.719/2008, 1.124/2015 e 2.761/2015, que* declaram como patrimônio histórico e cultural do estado, respectivamente, o *caminho da luz; o caminho da fé; o processo artesanal de fabricação do doce pé-de-moleque do município de Piranguinho;* a *Imprensa Oficial do Estado de Minas Gerais;* e a *gastronomia mineira.*

Durante a tramitação dessas proposições, o Poder Legislativo desconsiderou as manifestações contrárias do Poder Executivo – consubstanciadas em vetos do governador aos três primeiros projetos de lei, e em pareceres contrários do Iepha-MG, no âmbito de diligências ocorridas na tramitação dos dois últimos – e deu seguimento às proposições, concedendo, com exceção do *PL 1.124/2015,* ainda em curso, o título de "patrimônio cultural" aos bens que menciona. Os Projetos de Lei 1.271/2007, 1.499/2007 e 2.719/2008 foram convertidos, respectivamente, nas Leis n. 18.086, 18.057 e 18.058, de 2009, que declaram patrimônio cultural do estado,

---

595 BOURDIEU, Pierre. O Campo Político, *Revista Brasileira de Ciência Política*, n.5 Brasília, p. 193-216 Jan./July 2011, p. 198.

respectivamente, "a rota de peregrinação Caminho da Luz", o "processo artesanal de fabricação do doce denominado pé-de-moleque produzido no município de Piranguinho" e a "rota de peregrinação Caminho da Fé".

Os vetos totais do governador do estado foram apresentados com fulcro no art. 90, VIII, combinado com o art. 70, II, da Constituição do estado, pautando-se na competência exclusiva do Conselho Estadual de Patrimônio Cultural, vinculado ao Iepha-MG, para deliberar sobre os bens a serem tombados ou registrados, nos termos da Lei Delegada n. 170, de 25 de janeiro de 2007, "bem como na inconveniência de se criar precedente legal pouco recomendável, com a sanção da proposição".[596]

Os vetos referidos, contudo, foram rejeitados em parecer de Comissão Especial[597] criada para examiná-los, nos termos do art. 222, combinado com o art. 111, I, "b", do Regimento Interno da Assembleia Legislativa, tendo sido as proposições convertidas em lei, espelhando a atuação desconcertada entre os poderes Legislativo e Executivo e o processo de disputa dos agentes no campo da política de preservação do patrimônio em Minas Gerais. As razões dos vetos foram encaminhadas por meio das Mensagens n. 325/2009, 326/2009 e 327/2009, publicadas no "Diário do Legislativo", de 5 de fevereiro de 2009:

596 MINAS GERAIS. Assembleia Legislativa de Minas Gerais. *Diário do Legislativo.* Belo Horizonte, 05 mar. 2009.

597 Art. 222 – O veto total ou parcial, depois de lido no Expediente e publicado, será distribuído **a comissão especial constituída pelo Presidente da Assembleia, para, no prazo de vinte dias, receber** parecer (grifo nosso). MINAS GERAIS. Assembleia Legislativa de Minas Gerais. *Regimento interno da Assembleia Legislativa.* 12. ed. Belo Horizonte: Assembleia de Minas Gerais, 2016.

"MENSAGEM Nº 325/2009*

Belo Horizonte, 9 de janeiro de 2009.
Excelentíssimo Senhor Presidente da Assembléia Legislativa,

Comunico a Vossa Excelência que, nos termos do inciso II do art. 70 da Constituição do Estado, decidi opor veto total à Proposição de Lei nº 18.939, que declara patrimônio cultural do Estado a rota de peregrinação Caminho da Luz, por considerá-la contrária ao interesse público.

Ouvida a Secretaria de Cultura, assim se manifestou:

Razões do Veto

O ordenamento jurídico administrativo do Estado, em diplomas diversos, disciplina com minudências os procedimentos a percorrer na consecução dos objetivos visados pela proposta legislativa, relevando salientar que a Lei Delegada nº 170, de 25 de janeiro de 2007, atribuiu ao Conselho Estadual de Patrimônio Cultural a competência para decidir sobre o tombamento e o registro de bens, determinando a sua inscrição no Livro de Tombos e no Livro de Registro, respectivamente.

Assim, a inobservância das normas legais vigentes, além de criar precedente pouco recomendável, poderia comprometer o trâmite do processo que informa o registro de bens culturais, materiais e imateriais, contrariando o interesse público.

São estas as razões que me levam a vetar integralmente a Proposição de Lei, devolvendo-a ao necessário reexame dessa Egrégia Assembléia Legislativa.

Atenciosamente,
Aécio Neves, Governador do Estado."

- À Comissão Especial.
* - Publicado de acordo com o texto original.

"MENSAGEM Nº 326/2009*

Belo Horizonte, 9 de janeiro de 2009.
Excelentíssimo Senhor Presidente da Assembléia Legislativa,

Comunico a Vossa Excelência que, nos termos do inciso II do art. 70 da Constituição do Estado, decidi opor veto total à Proposição de Lei nº 18.941, que declara patrimônio cultural do Estado a rota de peregrinação Caminho da Fé, por contrariar o interesse público.

Ao examinar a Proposição de Lei nº 18.941 que declara patrimônio cultural do Estado a rota de peregrinação Caminho da Fé vejo-me compelido a opor veto total não obstante reconheça os altos propósitos que justificaram o autor do Projeto, que tem em vista o incremento do turismo regional, atividade que tem em meu Governo atenção especial.

Ouvida a Secretaria de Cultura, assim se manifestou:

Razões do Veto

Ocorre que o ordenamento jurídico administrativo do Estado, em diplomas diversos, disciplina com minudências os procedimentos a percorrer na consecução dos objetivos visados pela proposta legislativa, relevando salientar que a Lei Delegada nº 170, de 25 de janeiro de 2007, atribuiu ao Conselho Estadual de Patrimônio Cultural a competência para decidir sobre o tombamento e o registro de bens, determinando a sua inscrição no Livro de Tombos e no Livro de Registro, respectivamente.

Assim, a inobservância das normas legais vigentes, além de criar precedente pouco recomendável, poderia comprometer a lisura do processo que informa o registro de bens culturais, materiais e imateriais, contrariando o interesse público.

São estas as razões que me levam a vetar integralmente a Proposição de Lei, devolvendo-a ao necessário reexame dessa Egrégia Assembléia Legislativa.

Atenciosamente,
Aécio Neves, Governador do Estado."

- À Comissão Especial.
* - Publicado de acordo com o texto original.[598]

A Assembleia Legislativa, contudo, rejeitou os vetos opostos pelo governador, conforme pareceres da Comissão Especial, publicados no *Diário do Legislativo* de mesma data. Os parlamentares argumentaram, estabelecendo semelhanças entre o instituto do tombamento e do registro, que:

Há duas correntes na jurisprudência acerca do tombamento: a primeira o considera um simples ato administrativo; a segunda defende a edição de lei para que seja efetuado.

Em nosso ordenamento jurídico, o tombamento foi instituído pelo Decreto-Lei nº 25, de 30/11/37, que, segundo o jurista José Eduardo Ramos Rodrigues, na obra "Meio Ambiente Cultural", é "um ato administrativo pelo qual o Poder Público declara o valor cultural de coi-

---

598 MINAS GERAIS. Assembleia Legislativa de Minas Gerais. *Diário do Legislativo*. Belo Horizonte, 5 mar. 2009.

sas móveis ou imóveis, inscrevendo-as no respectivo Livro do Tombo, sujeitando-as a um regime especial que impõe limitações ao exercício de propriedade, com a finalidade de preservá-las". **Posição similar tem Maria Coeli Simões Pires, na obra "Da proteção ao patrimônio cultural", ao entender o tombamento como um ato final resultante de procedimento administrativo mediante o qual o poder público, intervindo na propriedade privada ou pública, integra-se na gestão do bem móvel ou imóvel, sujeitando-o a regime jurídico especial de tutela pública.** Para ambos os juristas, que seguem o pensamento dos doutos juristas Hely Lopes Meirelles e José Cretella Júnior, o tombamento é um procedimento administrativo que se conclui com a homologação.

Por outro lado, juristas renomados, como **Paulo Affonso Leme Machado, Antônio Queiroz Telles e Marcos Paulo de Souza Miranda, defendem a viabilidade do tombamento compulsório por lei, em razão de não haver vedação constitucional para sua consecução, e desde que o ato estatal protetivo esteja de acordo com a lei ou com as normas já estabelecidas, genericamente, para a proteção dos bens culturais.**

Convicto dessa idéia, Antônio Queiroz Telles, na obra "Tombamento e seu regime jurídico", argumenta que, em que pese à existência do Decreto-Lei nº 25, de 1937, a materialização do tombamento se processa, na realidade, mediante ato administrativo de natureza discricionária (homologatória), motivo pelo qual se deve questionar, em termos jurídicos, a justeza da medida, pois somente lei pode criar direitos e obrigações. Dada a importância conferida na Constituição brasileira ao direito de propriedade, a limitação desse direito pelo tombamento compulsório deveria emanar de ato legislativo específico, e não de simples ato administrativo.

No que concerne à necessidade legal de um parecer técnico de órgão competente para a classificação conservativa pretendida, Paulo Leme Machado considera mais importante a intervenção de um corpo técnico na gestão do bem tombado do que na instituição do tombamento. Para ele, não é preciso ser um perito do poder público para saber que um bem deva ser conservado. Dessa forma, o Poder Legislativo, com assessoria técnica, tem condições de avaliar se é pertinente salvaguardar determinado bem cultural.

Diante desses argumentos, podemos inferir que é juridicamente admissível que o processo de tombamento se origine tanto de ato administrativo quanto de ato legislativo (grifo nosso).[599]

---

599 MINAS GERAIS. Assembleia Legislativa de Minas Gerais. *Diário do Legislativo.* Belo Horizonte, 5 mar. 2009.

Nessa linha de argumentação, os pareceres pela rejeição dos vetos, ao avaliar o instituto do registro, estabeleceram que, sob o parâmetro do Decreto n. 42.505, de 2002, o instituto deve ser considerado eminentemente um ato administrativo. Contudo, "embora a jurisprudência e a doutrina ainda sejam incipientes, é plenamente exequível a inscrição por via legal de um bem cultural no Livro de Registro".[600] Ao comparar "tombamento" e "registro", defenderam que, no primeiro, o "inalienável direito à propriedade é restringido. No caso do registro, pretende-se, apenas, dar uma certificação a algo que é considerado uma referência cultural por uma comunidade".[601] Os pareceres lançam, por fim, indagações importantes, objeto de análise à luz do marco teórico apresentado:

> Cabe-nos, então, algumas indagações: juridicamente, a manifestação de órgãos e entidades públicas da área cultural e de qualquer cidadão, sociedade ou associação civil que dá início a um processo administrativo no Instituto Estadual do Patrimônio Histórico e Artístico de Minas Gerais – Iepha-MG – reveste-se de maior legalidade que um ato legislativo? Não é a edição de uma lei um ato protetivo imediato, diferentemente dos processos instaurados no Iepha-MG? Não é a manifestação dos membros do Poder Legislativo uma manifestação do povo mineiro, conforme dispõe o "caput" do art. 56 da Constituição Estadual? A proposição de lei em comento não está resguardando, conforme determina seu art. 2º, a participação dos órgãos competentes, ao solicitar ao Poder Executivo que sejam tomadas as medidas cabíveis para o registro do bem cultural? Não se solicita, de forma indireta, a participação do Iepha-MG nas definições técnicas do bem cultural que se irá registrar? (grifo nosso).[602]

As indagações transcritas merecem ser enfrentadas à luz do posicionamento doutrinário e do marco teórico assumido por este trabalho. Nesse sentido, em relação ao primeiro questionamento, não se trata de afirmar que, juridicamente, a manifestação dos órgãos de proteção e de entidades da sociedade civil no processo de registro se revestem de maior legalidade que um ato legislativo emanado do parlamento. A questão de fundo não é de hierarquia das manifestações, mas, sim, de legitimidade do ponto de vista de seu fundamento democrático.

---

600 MINAS GERAIS. Assembleia Legislativa de Minas Gerais. *Diário do Legislativo.* Belo Horizonte, 5 mar. 2009.

601 MINAS GERAIS. Assembleia Legislativa de Minas Gerais. *Diário do Legislativo.* Belo Horizonte, 5 mar. 2009.

602 MINAS GERAIS. Assembleia Legislativa de Minas Gerais. *Diário do Legislativo.* Belo Horizonte, 5 mar. 2009.

A Portaria n. 47, de 2008, do Iepha-MG, em paralelismo à Resolução nº 1, de 2006, do Iphan, dispõe sobre os procedimentos e normas internas de instrução dos processos de registro de bens culturais de natureza imaterial no âmbito do instituto. E define a norma que a instauração do processo de registro poderá se dar de ofício ou a pedido de órgãos e entidades públicas da área cultural, de sociedade ou associação civil, ou de qualquer cidadão. O requerimento, para representação concreta do bem cultural, deverá ser instruído com documentação pertinente que, dentre outras funções, indique a justificativa, os grupos sociais envolvidos, local, período e forma; informações históricas; documentação fotográfica e audiovisual disponível e adequada à natureza do bem; referências documentais e bibliográficas disponíveis; declaração formal de representante da comunidade produtora do bem ou de seus membros, expressando o interesse e anuência com a instauração do processo de registro.[603]

O requerimento é encaminhado à Diretoria de Proteção e Memória para emissão de parecer acerca da instauração ou não do processo de registro, cuja instrução técnica deverá ser realizada pelo Iepha-MG de forma compartilhada, com a participação do proponente, da comunidade produtora do bem ou de seus membros designados como representantes e, quando for o caso, de instituições de pesquisa públicas ou privadas afins.

Para além, na instrução do processo, são considerados os atores sociais diretamente envolvidos com o bem cultural objeto do registro e, quando são responsáveis pela transmissão de saberes e conhecimentos, são indicados como mestres, e seus nomes e respectivos ofícios deverão constar de uma lista indicativa para receber o título de "Mestre das Artes de Minas Gerais". No âmbito do registro poderão ser estabelecidas medidas de salvaguarda visando a apoiar a atividade de transmissão de saberes e habilidades dos mestres para as novas gerações e a lista indicativa dos mestres, acrescida dos mestres inventariados no Inventário de Proteção do Acervo Cultural do Estado de Minas Gerais – Ipac-MG –, será enviada ao Conselho Estadual do Patrimônio Cultural, anualmente, para deliberação da concessão do título. Importante ressaltar que o Conep é composto por membros designados pelo governador do estado, representantes de secretarias de estado, Assembleia Legislativa, universidades, instituições,

---

603 MINAS GERAIS. Instituto Estadual do Patrimônio Histórico e Artístico de Minas Gerais. Portaria n. 47, de 28 de novembro de 2008. Dispõe sobre os procedimentos e normas internas de instrução dos processos de Registro de bens culturais de natureza imaterial ou intangível, no âmbito do Instituto Estadual do Patrimônio Histórico e Artístico de Minas Gerais - IEPHA/MG. *Diário Oficial de Minas Gerais*, Belo Horizonte, 29 nov. 2008.

associações e organizações não governamentais e representantes da sociedade civil de notório saber e de experiência na área de patrimônio histórico material ou imaterial.[604] O Conselho, portanto, espelha a representatividade de setores importantes no campo da preservação.

Finalizada a fase de pesquisa e documentação, o material produzido é sistematizado na elaboração do Dossiê Técnico, produzido por equipe técnica interdisciplinar especialmente formada em função da categoria do bem cultural e que atua em todas as etapas de pesquisa e redação dos textos de acordo com a metodologia adotada pelo órgão. O dossiê contemplará, obrigatoriamente, dentre outros elementos: a identificação de atores e significados atribuídos ao bem; processos de produção, circulação e consumo; contexto cultural específico e outras informações pertinentes; referências à formação e à continuidade histórica do bem, assim como às transformações sofridas por ele ao longo do tempo; produção de registros audiovisuais de caráter etnográfico que contemplem os aspectos culturalmente relevantes do bem; reunião de publicações, registros audiovisuais existentes, materiais informativos em diferentes mídias e outros produtos que complementem a instrução e ampliem o conhecimento sobre o bem; e Plano de Salvaguarda, com descrição e análise de riscos potenciais e efetivos à sua continuidade.[605]

Com base nesse diagnóstico serão propostas diretrizes e ações para a salvaguarda do bem, dentre as quais se destaca: "o direito de usufruto às comunidades detentoras de conhecimento tradicional vinculado ao patrimônio genético nacional e as medidas de apoio à transmissão de saberes e habilidades, quando for o caso da identificação de mestres".[606] Ao final, somente com base na análise

604 MINAS GERAIS. Instituto Estadual do Patrimônio Histórico e Artístico de Minas Gerais. Portaria n. 47, de 28 de novembro de 2008. Dispõe sobre os procedimentos e normas internas de instrução dos processos de Registro de bens culturais de natureza imaterial ou intangível, no âmbito do Instituto Estadual do Patrimônio Histórico e Artístico de Minas Gerais - IEPHA/MG. *Diário Oficial de Minas Gerais*, Belo Horizonte, 29 nov. 2008.

605 MINAS GERAIS. Instituto Estadual do Patrimônio Histórico e Artístico de Minas Gerais. Portaria n. 47, de 28 de novembro de 2008. Dispõe sobre os procedimentos e normas internas de instrução dos processos de Registro de bens culturais de natureza imaterial ou intangível, no âmbito do Instituto Estadual do Patrimônio Histórico e Artístico de Minas Gerais – Iepha/MG. *Diário Oficial de Minas Gerais*, Belo Horizonte, 29 nov. 2008.

606 MINAS GERAIS. Instituto Estadual do Patrimônio Histórico e Artístico de Minas Gerais. Portaria n. 47, de 28 de novembro de 2008. Dispõe sobre os procedimentos e normas internas de instrução dos processos de Registro de bens culturais de natureza imaterial ou intangível, no âmbito do Instituto Estadual do Patrimônio Histórico e Artístico de Minas Gerais - Iepha/MG. *Diário Oficial de Minas Gerais*, Belo Horizonte, 29 nov. 2008.

do Dossiê Técnico, formulado, como descrito, com a participação de todos os atores inseridos no campo específico de produção cultural daquele bem e com levantamento pormenorizado dos elementos referenciadores da manifestação, o Iepha-MG emitirá parecer técnico conclusivo recomendando ou não o registro do bem cultural. O processo de registro é, então, encaminhado ao CONEP, que o deliberará sobre a inscrição do bem no Livro de Registro correspondente e receberá o título de "Patrimônio Cultural de Minas Gerais".[607]

---

607 Art. 19. O processo de Registro será instruído com documentos administrativos e técnicos, a partir da seguinte ordenação:

I - Termo de Abertura e Autuação assinado pelo Presidente do Iepha/MG e do qual deverá constar o número estabelecido para tramitação do processo no CONEP;

II - documentação encaminhada pelo proponente;

III - Parecer da Diretoria de Proteção e Memória favorável a instauração do processo de Registro;

IV - Termo de Compromisso assinado pelos responsáveis pela instrução técnica do processo de Registro;

V - Autorizações e cessão de direitos autorais;

VI - Dossiê Técnico;

VII - parecer técnico conclusivo do IEPHA/MG;

VIII - cópia da publicação do extrato de parecer técnico do IEPHA/MG;

IX - cópia da manifestação de interessados, quando houver;

X - cópia do exame técnico da manifestação de interessados, quando houver;

XI - parecer do conselheiro designado como relator do processo de Registro;

XII - cópia da ata da reunião do CONEP com a decisão final sobre o Registro;

XIII - cópia da publicação da deliberação do CONEP;

XIV - comunicações enviadas aos organismos federais e estaduais, quando se tratar de processo relacionado à produção e ao consumo sistemático de bens de natureza imaterial;

XV - cópia do Parecer da Diretoria de Proteção e Memória com a reavaliação do bem cultural registrado, quando for o caso;

XVI - cópia da decisão do CONEP relativa à revalidação do título de Patrimônio Cultural de Minas Gerais, quando for o caso.

Parágrafo único. O processo de Registro poderá ser constituído de um ou mais volumes, sendo que todas as folhas deverão ser numeradas sequencialmente e rubricadas, devendo-se registrar o número total de volumes que compõe o processo como um todo. MINAS GERAIS. Instituto Estadual do Patrimônio Histórico e Artístico de Minas Gerais. Portaria n. 47, de 28 de novembro de 2008. Dispõe sobre os procedimentos e normas

Vê-se, portanto, que a manifestação do Iepha-MG e dos atores sociais envolvidos é técnica e democraticamente fundamentada a partir de participação da comunidade e dos setores representados no CONEP, ao contrário do que tem ocorrido na elaboração das leis de declaração de patrimônio no âmbito da ALMG, em que o processo legislativo corre à revelia dos atores do campo de preservação e da própria comunidade, permanecendo hermeticamente centrado no "campo político", sem intersecção com o campo do patrimônio cultural. E constata-se, conforme análise da tramitação de alguns dos projetos de lei elencados, que, quando ocorre alguma abertura ao diálogo – somente entre os poderes Legislativo e Executivo, sem participação da comunidade –, a ALMG não recepciona a manifestação do Iepha-MG. E, por seu turno, o órgão de proteção do estado também não se mostra aberto aos pleitos dos parlamentares, tornando-se, portanto, uma comunicação estéril.

Nesses casos, o ato legislativo que concede o título de "Patrimônio Cultural", tem se mostrado menos democrático e, portanto, menos legítimo do ponto de vista da participação dos agentes construtores do campo do patrimônio, no sentido bourdieusiano do termo, nomeadamente, das comunidades. O ato administrativo do Iepha-MG, além de instruído tecnicamente com auxílio dos atores sociais relevantes nos contextos analisados, carreado de mais legitimidade democrática, possui uma característica de extremo relevo para o campo da preservação: pelo menos a cada dez anos será feita, preferencialmente com a participação dos envolvidos na instrução técnica dos processos de registro, a reavaliação dos bens culturais registrados mediante parecer elaborado pela Diretoria de Proteção e Memória do Iepha-MG e encaminhada ao CONEP para deliberação sobre a revalidação do título de Patrimônio Cultural de Minas, conforme prevê a Portaria n. 47, de 2008, em paralelismo ao prescrito na legislação federal e no Decreto n. 42.505, de 2002.

Essa reavaliação espelha a tentativa do procedimento administrativo de ser o mais democrático e menos rígido possível porque a fluidez, a temporalidade e a função social são elementos intrínsecos à caracterização dos bens culturais imateriais como patrimônio, características desconsideradas pelo ato legislativo, pelo legislador e pelo processo legislativo que não contempla a participação e a necessidade de revisão temporalizada do título concedido por lei. O patrimônio cultural é um dado temporalizado, manante, espontâneo e

---

internas de instrução dos processos de Registro de bens culturais de natureza imaterial ou intangível, no âmbito do Instituto Estadual do Patrimônio Histórico e Artístico de Minas Gerais - Iepha/MG. *Diário Oficial de Minas Gerais*, Belo Horizonte, 29 nov. 2008.

líquido que é portador de referência à identidade, à ação, à memória de um povo enquanto perdura suas características que o definem como tal, o que demonstra, uma vez mais, que a manifestação do órgão patrimonial é mais condizente com a natureza do processo e do campo simbólico de constituição do patrimônio, que não pode ser engessado pelo processo legislativo e demanda imprescindível participação dos produtores do bem.

No âmbito do procedimento administrativo, quando a revalidação do título é negada pelo CONEP, o registro do bem será mantido apenas como referência cultural de seu tempo, de acordo com o art. 8º, parágrafo único do Decreto nº 42.505, de 2002, o que remete à segunda indagação que merece ser enfrentada: o suposto efeito protetivo imediato que a lei concede ao bem cultural, diferentemente dos processos instaurados no Iepha-MG.

Como já ressalvado, a concessão do título de "Patrimônio Cultural do Estado" pelas leis declaratórias não aduz qualquer proteção ao bem cultural objeto da normatização, uma vez que a proteção permanecerá pendente de atuação dos órgãos de preservação da administração pública, como acentua a própria lei declaratória ao enfatizar que compete ao Poder Executivo a adoção das medidas cabíveis para o registro do bem cultural. A lei de declaração, portanto, não apenas não gera efeito protetivo imediato, como, em verdade, não enseja proteção efetiva alguma, facultando ao órgão de proteção a adoção de medidas de salvaguarda que dependerá, conforme previsto na legislação, de estudos técnicos apropriados.

A Portaria n. 47, de 2008, estabelece que, após a decisão do CONEP pelo registro do bem cultural, os processos relacionados à produção e ao consumo sistemático de bens de natureza imaterial serão comunicados aos organismos federais e estaduais dos respectivos setores para pronunciamento, no que concerne ao controle de qualidade e certificação de origem, alertando "para os direitos coletivos relacionados a esses bens, bem como sobre os possíveis riscos de uma exploração econômica indevida dos mesmos, com a conseqüente desagregação de seu contexto cultural".[608] Cabe ao Iepha-MG, nessa linha, promover as ações necessárias à salvaguarda e perpetuação do bem imaterial que a lei não promove, essenciais à garantia de continuidade e de proteção dos direitos coletivos inerentes ao bem.

---

608 MINAS GERAIS. Instituto Estadual do Patrimônio Histórico e Artístico de Minas Gerais. Portaria n. 47, de 28 de novembro de 2008. Dispõe sobre os procedimentos e normas internas de instrução dos processos de Registro de bens culturais de natureza imaterial ou intangível, no âmbito do Instituto Estadual do Patrimônio Histórico e Artístico de Minas Gerais - IEPHA/MG. *Diário Oficial de Minas Gerais*, Belo Horizonte, 29 nov. 2008.

Como ressalva Hermano Queiróz, em relação ao impacto social gerado pela adoção do registro pelo Iphan, no início dos anos 2000:

> A implementação do Registro pelo IPHAN, a partir de 2000, teve grande repercussão no meio social e fez com que, em seguida, grupos e comunidades detentoras e produtoras de práticas, conhecimentos e saberes solicitassem a aplicação do Registro a esse órgão. Logo os primeiros pedidos de tutela, dos índios Wajãpi e das Paneleiras de Goiabeiras, estavam motivados, o primeiro, pela preocupação em face do desinteresse das novas gerações pela cultura e identidade Wajãpi e ameaça de apropriação dos seus grafismos pelo mercado, e o segundo, a ameaça do impedimento de extração da matéria-prima e o consequente risco de desaparecimento do saber fazer panelas e do complexo de saberes associados. É fato que, desde a inauguração da política do PCI [patrimônio cultural imaterial], tanto as comunidades quanto segmentos sociais e governamentais manifestaram a crença no Registro e, muitas vezes, recorriam a ele no sentido de que protegesse efetivamente os bens registrados, citando-se, além daqueles, as baianas de acarajé, que se sentem preteridas e discriminadas em diversas situações; os que solicitaram o Registro da Cachoeira de Iauaretê; os índios da Comunidade Enawene Nawe; os detentores do modo de fazer viola de cocho, entre outros. Neste último caso, 'o registro foi um recurso para legitimar uma espécie de titularidade coletiva sobre os saberes associados em função de ameaça no campo da propriedade intelectual'."[609]

A manifestação dos membros do parlamento pela via da edição do ato legislativo – *in casu*, a lei de declaração – é, sim, legítima na medida em que representa o povo mineiro. Entretanto, a legitimidade política não é suficiente para, no campo da preservação, encetar as medidas protetivas necessárias à preservação dos bens culturais. O campo do patrimônio tem dinâmicas técnico-jurídicas próprias que a representação parlamentar deve respeitar e enlaçar, internalizando-as e entronizando-as no processo legislativo de modo a promover o encontro entre os campos político e de patrimônio. As dinâmicas dos campos citados devem se entrelaçar de modo que a legitimidade política seja reconhecida, também, como atuação efetiva no campo da preservação.

---

609 QUEIROZ, Hermano Fabrício Oliveira Guanais e. *O Registro como instrumento de defesa de direitos: dilemas e desafios da salvaguarda de bens culturais imateriais do Brasil e os 15 anos da política de preservação inaugurada pelo Decreto Presidencial 3.551/2000*. In: Instituto do Patrimônio Histórico e Artístico Nacional. 2017. Disponível em: http://portal.iphan.gov.br/uploads/ckfinder/arquivos/artigo_karaja_ORegistro_como_instrumento_de_defesa_de_direitos_HermanoQueiroz.pdf. Acesso em: 15 out. 2019.

O processo legislativo como instrumento do campo político deve chamar os atores, possibilitar a escuta das demandas, definir mecanismos de cooperação técnica e política entre os agentes do campo do patrimônio e, nesse sentido, a mera solicitação ao Poder Executivo para que tome as medidas cabíveis, como dispõem os projetos de lei em tramitação, não produz a inserção necessária do parlamento no campo da preservação, uma vez que, do ponto de vista jurídico, torna-se uma lei meramente autorizativa – tipologia de lei já declarada inconstitucional pelo Supremo Tribunal Federal –, por estabelecer competências que já são previstas para o Poder Executivo –, e, do ponto de vista simbólico, a ação legislativa não consegue romper o *habitus* inerente ao campo da preservação, que estabelece sistemas de disposição adquiridos pela aprendizagem, socialmente construídos e incorporados de forma durável sob a forma de disposições e condicionamentos permanentes, mas que possui potência geradora.

O poder simbólico subjacente e inscrito no *habitus* tende a reproduzir as formas simbólicas estabelecidas no universo simbólico maior, que consagra categorias de distinção. E o Poder Legislativo necessita sorver as dinâmicas próprias da lógica patrimonial no processo legislativo para que, finalmente, alcance a legitimidade simbólica indispensável para sua atuação concreta no desenho institucional das políticas de preservação, passando efetivamente a contribuir para a mantença dos bens culturais.[610]

É nesse viés que a interlocução entre o Iepha-MG e a ALMG tem sido estéril, mantendo-se cada ator em seu campo de atuação sem a abertura necessária ao diálogo intercampos e à internalização do *habitus* do campo vizinho. Os Projetos de Lei 1.124/2015 (declara patrimônio histórico, cultural e imaterial do estado a Imprensa Oficial do Estado de Minas Gerais) e 2.761/2015 (declara patrimônio histórico e cultural do estado a gastronomia mineira), a exemplo, foram objeto de manifestação contrária do Poder Executivo no bojo do processo legislativo e, a despeito disso, permanecem em tramitação na Assembleia de Minas, tendo recebido pareceres favoráveis das Comissões de Constituição e Justiça e de Cultura da casa legislativa mineira.

No caso do PL 1.124/2015, a proposição foi encaminhada ao Iepha/MG para que o instituto informasse sobre a repercussão da proposição na política de patrimônio cultural do Estado, bem como sobre as diretrizes dessa política, com o objetivo de subsidiar o posicionamento da Comissão de Cultura em matérias similares. Entretanto, a despeito da manifestação contrária do Poder Executivo, portanto, encaminhada pela Secretaria de

---

610 BOURDIEU, Pierre. *Questões de sociologia*. Rio de Janeiro: Marco Zero, 1983.

Estado de Casa Civil e Relações Institucionais – Seccri – à Assembleia de Minas, a Comissão de Cultura emitiu parecer favorável à proposição.

A atuação descompassada entre os poderes Executivo e Legislativo tem ocorrido, também, em sentido oposto: enquanto o Projeto de Lei 4.481/2010, que objetivava declarar patrimônio cultural do estado a comunidade dos Arturos, no município de Contagem, foi arquivado na ALMG, o Poder Executivo, por intermédio de procedimento de registro no Iepha/MG, alçou à categoria de patrimônio cultural de Minas elementos importantes da comunidade, tornando-se o terceiro bem cultural registrado no estado.

No Congresso Nacional, a realidade não é diferente. A prática da vaquejada, objeto dos Projetos de Lei 1466, de 2015 e PL 5340, de 2014 na ALMG, que a institui como modalidade esportiva e patrimônio cultural do Estado, foi objeto de disputa em âmbito federal, tendo sido autorizada, ao final, pela Emenda Constitucional 96, de 2017, ao incluir o seguinte § 7º ao art. 225 do texto constitucional, mesmo depois de decisão do Supremo Tribunal Federal – STF – declarar a inconstitucionalidade da atividade em outubro de 2016:

> Art. 225. Todos têm direito ao meio ambiente ecologicamente equilibrado, bem de uso comum do povo e essencial à sadia qualidade de vida, impondo-se ao Poder Público e à coletividade o dever de defendê-lo e preservá-lo para as presentes e futuras gerações.
> § 1º Para assegurar a efetividade desse direito, **incumbe ao Poder Público:**
> [...]
> VII - proteger a fauna e a flora, **vedadas, na forma da lei, as práticas que coloquem em risco sua função ecológica, provoquem a extinção de espécies ou submetam os animais a crueldade.**
> [...]
> § 7º **Para fins do disposto na parte final do inciso VII do § 1º deste artigo, não se consideram cruéis as práticas desportivas que utilizem animais, desde que sejam manifestações culturais,** conforme o § 1º do art. 215 desta Constituição Federal, **registradas como bem de natureza imaterial integrante do patrimônio cultural brasileiro,** devendo ser regulamentadas por lei específica que assegure o bem-estar dos animais envolvidos (Incluído pela Emenda Constitucional nº 96, de 2017) (grifo nosso). [611]

---

611 BRASIL. Constituição da República Federativa do Brasil de 1988. Nós, representantes do povo brasileiro, reunidos em Assembléia Nacional Constituinte para instituir um Estado Democrático, destinado a assegurar o exercício dos direitos sociais e individuais.... *Diário Oficial da União*, Brasília, 05 out. 1988. Disponível em: http://www.planalto.gov.br/ccivil_03/constituicao/constituicaocompilado.htm. Acesso em: 15 dez. 2017.

De forma semelhante ao Iepha-MG, o Departamento de Patrimônio Imaterial do Iphan, no seio da tramitação do Projeto de Emenda à Constituição 304/2017, manifestou-se contrariamente ao reconhecimento da prática da vaquejada como patrimônio cultural, em razão da acuidade técnica exigida para conceituação do patrimônio cultural:

> Excluir do § 7º a expressão "registradas como bem de natureza imaterial integrante do patrimônio cultural brasileiro", já que o processo de Registro não tem como finalidade a legitimação de práticas desportivas que envolvem ou não crueldade a animais. O Registro não tem como consequência permitir ou não a realização de manifestação cultural associada à utilização de animais. De acordo com o art. 6º do Decreto 3.551/2000, cabe assegurar ao bem registrado: I – documentação por todos os meios técnicos admitidos, cabendo ao Iphan manter banco de dados com o material produzido durante a instrução do processo; II – ampla divulgação e promoção. Competência administrativa do Iphan para enquadramento do bem cultural na categoria "Patrimônio Cultural Imaterial", atendendo aos princípios e procedimentos da política de patrimônio cultural imaterial, instituída pelo Decreto 3.551/2000 e pela Convenção UNESCO para a Salvaguarda do Patrimônio Imaterial, de 2003, Decreto Legislativo nº 22 e Decreto Presidencial 5.753/2006. **Possibilidade de o Poder Legislativo reconhecer a relevância de expressões culturais que não apresentam os requisitos para o reconhecimento como patrimônio imaterial pelo Iphan, de modo amplo, sem relacioná-la diretamente ao campo do patrimônio cultural imaterial. Isso permitiria atender à especificidade da atuação parlamentar e, ao mesmo tempo, manter a coerência e a credibilidade da atuação do estado Brasileiro nesse campo, o que fez com que ele se tornasse referência internacional na salvaguarda do Patrimônio Cultural Imaterial** (grifo nosso).[612]

Em seu parecer, o órgão de proteção federal afirmou que a Convenção para Salvaguarda do Patrimônio Imaterial da Unesco, aprovada pelo Brasil, em 2006, por meio do Decreto Legislativo n. 22, de 2006, e promulgada pelo Decreto 5.753/2006, e o Decreto n. 3.551, de 2000, têm como pressupostos para a salvaguarda dos bens culturais de natureza imaterial:

> a. **A participação efetiva das comunidades e coletividades detentora dos bens culturais em todas as ações e processos que digam respeito ao seu patrimônio cultural, principalmente nas ações de reconhecimento**

---

612 BRASIL. Instituto do Patrimônio Histórico e Artístico Nacional. Departamento de Patrimônio Imaterial. *Parecer Projeto de Emenda à Constituição n. 304/2017.* "Acrescenta o § 7º ao art. 225 da Constituição Federal, para determinar que práticas desportivas que utilizem animais não são consideradas cruéis, nas condições que especifica". Brasília, 21 fev. 2017.

de seu valor pelo Poder Público. Isso implica na realização de processo de construção de anuência prévia e informada com essas comunidades (OIT 169), para que elas possam explicitar seu desejo e compromisso em relação ao reconhecimento e salvaguarda do seu patrimônio;

b. **A realização de produção de conhecimento e documentação técnica** – inventários, mapeamentos, registros audiovisuais e fotográficos – sobre os bens culturais como parte constituinte do processo de reconhecimento. Esses procedimentos são importantes não somente para que se possa conhecer, caracterizar e gerar subsídios para a divulgação e promoção dos bens reconhecidos, mas também para realizar diagnósticos que possam auxiliar o Poder Público nas ações de apoio à sustentabilidade de bens reconhecidos;

c. O efetivo compromisso do Estado, através de seus poderes públicos, com a realização de ações de salvaguarda após o reconhecimento do bem cultural como patrimônio, ou seja, **a necessidade de atuar através de uma política pública consequente e efetiva para a preservação desses bens culturais, cuja gestão seja participativa e compartilhada com os seus detentores, atores da sociedade civil e de diferentes níveis de governo** (grifo nosso).[613]

O Iphan conclui que não é objetivo do órgão "estabelecer qualquer discurso impositivo no sentido de que os decretos - tampouco as resoluções do IPHAN – afastariam a legitimidade do Poder Legislativo para exercer uma competência conferida pela Constituição".[614] Mas ressalva ser necessário estabelecer uma "relação dialógica com os entes públicos cuja atividade finalística pode ser seriamente prejudicada por conta das ingerências equivocadas de determinados atos legislativos":[615]

---

613 BRASIL. Instituto do Patrimônio Histórico e Artístico Nacional. Departamento de Patrimônio Imaterial. *Parecer Projeto de Emenda à Constituição n. 304/2017.* "Acrescenta o § 7º ao art. 225 da Constituição Federal, para determinar que práticas desportivas que utilizem animais não são consideradas cruéis, nas condições que especifica". Brasília, 21 fev. 2017.

614 BRASIL. Instituto do Patrimônio Histórico e Artístico Nacional. Departamento de Patrimônio Imaterial. *Parecer Projeto de Emenda à Constituição n. 304/2017.* "Acrescenta o § 7º ao art. 225 da Constituição Federal, para determinar que práticas desportivas que utilizem animais não são consideradas cruéis, nas condições que especifica". Brasília, 21 fev. 2017.

615 BRASIL. Instituto do Patrimônio Histórico e Artístico Nacional. Departamento de Patrimônio Imaterial. *Parecer Projeto de Emenda à Constituição n. 304/2017.* "Acrescenta o § 7º ao art. 225 da Constituição Federal, para determinar que práticas desportivas que utilizem animais não são consideradas cruéis, nas condições que especifica". Brasília, 21 fev. 2017.

Esse entendimento muito genérico, contudo, vem criando certos embaraços, porque, em realidade, o Legislativo e o Judiciário, ao promoverem "tombamentos" e constituindo "patrimônios culturais imateriais" acabam não apenas por usurpar a competência dos órgãos de preservação, competência esta exclusiva do Iphan e dos órgãos de preservação estaduais e municipais, mas porque isso se dá, muitas vezes, por uma falta de compreensão mais ampla do processo e política de preservação do patrimônio cultural. Há também certo equívoco interpretativo quanto ao alcance e sentido que o verbete "proteção", do art. 216 da CF/88, tem, que não é aquele mesmo presente no DL 25/37 (Tombamento) - cujo objeto é o bem material (coisa móvel ou imóvel). No caso do PCI, o DP 3.551/2000 (Registro) – cujo objeto é o bem imaterial, de natureza processual e dinâmica, que tem como suporte de memória o ser humano, as pessoas, comunidades, grupos, etc, **a ideia de proteção é bastante diversa e complexa para ser tratada, individualmente, pelo processo legislativo, que não leva em consideração as metodologias, os critérios, princípios e diretrizes necessários para a patrimonialização do bem cultural.**[616]

O debate sobre a vaquejada lança luz sobre outra questão: a necessidade de o bem cultural ser realmente representativo da sociedade brasileira, em âmbito federal, e da sociedade mineira, na esfera estadual, de modo que não seja meramente uma manifestação cultural localizada, que mereça ser reconhecida pelo relevante interesse cultural local ou, quiçá, ser alçada a patrimônio cultural municipal, o que já lhe confere a necessária proteção e reconhecimento em nível local.

Nesse sentido, ainda mais urgente e relevante a escuta dos grupos de interesse envolvidos, em razão das nuanças e dissensos que perpassam as manifestações culturais. Como salientou o próprio Iphan, "não é todo o universo da Vaquejada que se pode ou se vai considerar patrimônio, porque tal prática (ou tais práticas) está enraizada em grupos e comunidades bastante diversos, que a vivenciam de modos diversificados, em contextos distintos".[617]

---

616 BRASIL. Instituto do Patrimônio Histórico e Artístico Nacional. Departamento de Patrimônio Imaterial. *Parecer Projeto de Emenda à Constituição n. 304/2017.* "Acrescenta o § 7º ao art. 225 da Constituição Federal, para determinar que práticas desportivas que utilizem animais não são consideradas cruéis, nas condições que especifica". Brasília, 21 fev. 2017.

617 BRASIL. Instituto do Patrimônio Histórico e Artístico Nacional. Departamento de Patrimônio Imaterial. *Parecer Projeto de Emenda à Constituição n. 304/2017.* "Acrescenta o § 7º ao art. 225 da Constituição Federal, para determinar que práticas desportivas que utilizem animais não são consideradas cruéis, nas condições que especifica". Brasília, 21 fev. 2017.

3.3.2. A Cartografia dos Projetos de Lei de declaração de patrimônio cultural em Minas Gerais

Dessa forma, para apreensão do universo de bens culturais tutelados pelos projetos de lei do Poder Legislativo mineiro, bem como para estudo de caso e compreensão de sua amplitude no território do estado, optou-se por mapear os bens culturais objeto das proposições, de modo a verificar sua localização, sua amplitude em relação à dimensão territorial em Minas e se haveria prevalência ou acúmulo de bens em determinadas regiões do estado.

Tabela 10[618]
Distribuição dos bens culturais objeto dos Projetos de Lei de declaração da ALMG

Distribuição dos bens culturais identificados por macrorregião[619]	
Localização dos Bens Culturais	**Bens Culturais**
Abrangência Estadual	1. Pão de Queijo 2. Ofício de Seleiro **3. Gastronomia mineira** 4. Folia de Reis, Reisados, Ternos, Congado e seus Congêneres 5. Cavalgadas e o Tropeirismo 6. Manifestação musical Viola Caipira Mineira **7. Ofício das Quitandeiras** 8. Imprensa Oficial do Estado de Minas Gerais **9. Orquestra Sinfônica da Polícia Militar de Minas Gerais** 10. Comunidades Quilombolas, Caipiras, Caboclas e de Pescadores localizadas em unidades de conservação da natureza em Minas Gerais **11. Banda Sinfônica do Corpo de Bombeiros Militar de Minas Gerais** 12. Catira ou Cateretê 13. Patrimônio cultural de origem africana no estado 14. América Futebol Clube 15. Clube Atlético Mineiro 16. Cruzeiro Esporte Clube 17. Cachaça de Alambique de Minas **18. Trecho mineiro do Rio São Francisco, de sua nascente até a divisa com o estado da Bahia**

---

618 Dados de janeiro de 2018.

619 Divisão do Estado em macro e microrregiões adotada pela ALMG e pelo Tribunal Superior Eleitoral TSE.

Central	1. Parque de Exposições Bolivar de Andrade – o Parque de Exposições da Gameleira 2. Fabricação de panelas de pedra-sabão no distrito de Cachoeira do Brumado, município de Mariana 3. Queima de Fogos da TV Alterosa na Lagoa da Pampulha, no município de Belo Horizonte 4. Polo moveleiro de Belo Horizonte, situado na Avenida Silviano Brandão 5. Concurso Comida di Buteco 6. Feira de Arte e Artesanato da Avenida Afonso Pena, no município de Belo Horizonte **7. Vesperata de Diamantina** 8. Repúblicas federais de estudantes de Ouro Preto, de propriedade da Universidade Federal de Ouro Preto 9. Mercados distritais do Cruzeiro e de Santa Tereza, localizados no município de Belo Horizonte 10. Feiras Livres, a Feira Modelo e a Feira Direto da Roça, no município de Belo Horizonte. 11. Renda turca de bicos originária de Sabará **12. Orquestra Sinfônica do Estado de Minas Gerais** 13. Comunidade dos Arturos, no município de Contagem 14. Bucha vegetal produzida no município de Bonfim 15. Fábrica Fiação e Tecidos Santa Bárbara
Sul de Minas	1. Parque das Águas e Estância Hidromineral de Caxambu 2. Modo de fazer pijama do município de Borda da Mata **3. Modo de fazer crochê do município de Inconfidentes** **4. Processo de fazer tricô do município de Monte Sião** 5. Festa do Carro de Bois de Congonhal 6. Cenário bíblico «Monte das Oliveiras», situado no Município de Alpinópolis 7. Processo artesanal de fabricação do salgado denominado Pastel de Farinha de Milho produzido no município de Pouso Alegre 8. Queijo tipo artesanal do planalto de Poços de Caldas 9. Lago de Furnas 10. Café produzido no Sul de Minas 11. Rádio Motobras, produzido no município de Brazópolis **12. Processo artesanal de fabricação do doce Pé-de-Moleque, produzido no município de Piranguinho** **13. Caminho da Fé**

Jequitinhonha/Mucuri	1. Estrada de Santa Clara 2. Festa do Vaqueiro de Nanuque e região 3. Cachoeira do Tombo da Fumaça
Zona da Mata	1. Processo artesanal de fabricação do Pão-de-Canela, produzido no município de Lima Duarte **2. Caminho da Luz, rota de peregrinação que abrange os municípios de Tombos, Pedra Dourada, Faria Lemos, Carangola, Caiana, Espera Feliz, Caparaó e Alto Caparaó.** 3. Imóvel da antiga Estação Ferroviária da Central do Brasil do município de Mercês
Norte de Minas	**1. Festa Nacional do Biscoito em Japonvar** 2. Vaquejada
Alto Paranaíba	**1. Festa de Nossa Senhora da Abadia no município de Romaria**
Rio Doce	1. Parque Ipanema, localizado no município de Ipatinga
Triângulo	Nenhum
Centro-Oeste de Minas	Nenhum
Noroeste de Minas	Nenhum

Fonte: Elaborada pela Autora a partir dos dados disponibiliza-dos pela Assembleia Legislativa do Estado de Minas Gerais

Mapa 1[620]
Cartografia dos bens culturais objeto dos Projetos de Lei de declaração na ALMG

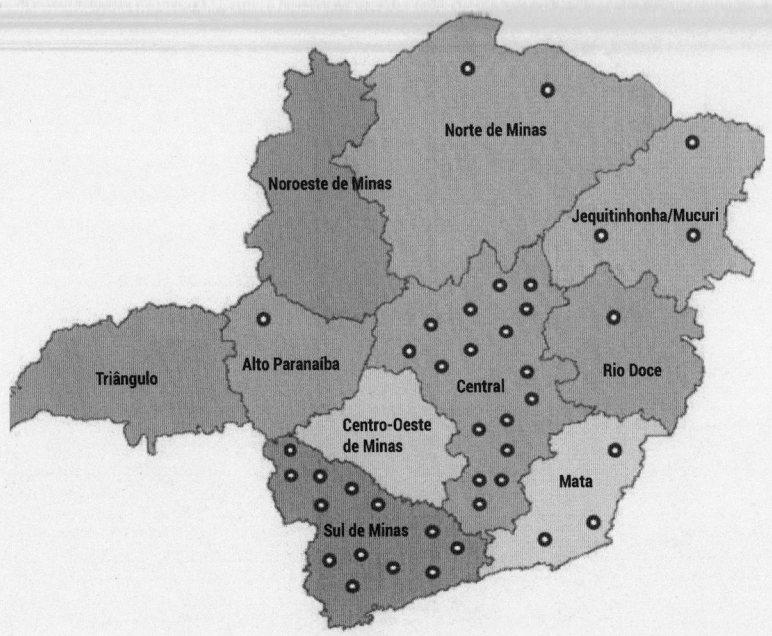

Fonte: Elaborado pela Autora a partir dos dados disponibilizados pela Assembleia Legislativa do Estado de Minas Gerais.

No mapa acima, estão identificados 38 (trinta e oito) bens culturais que têm localização definida nas macrorregiões do estado, considerando que do total de 56 (cinquenta e seis), 18 (dezoito) são de abrangência geral, conforme tabela anterior, e, por isso, não são localmente referenciados no mapa do estado. Constata-se, portanto, a prevalência de bens culturais de *abrangência geral* entre as propostas legislativas (17 bens), seguida de proposições destinadas a contemplar bens localizados na *Macrorregião Central* (15) e *Sul de Minas* (13).

Para traçar o mapeamento e a cartografia dos projetos de lei de acordo com a macrorregião em que os respectivos autores foram mais votados no último processo eleitoral em que foram eleitos, com vistas a verificar a compatibilidade com o mapa anterior, fez-se necessária nova tabulação dos dados.

---

620 Dados de janeiro de 2018.

Tabela 11[621]
Mapeamento da Autoria dos Projetos de Lei na Assembleia Legislativa de Minas Gerais

Deputado e Respectivas Legislaturas	Partido Político	Macro e Microrregião onde obteve Maior Votação na última Eleição[622]	Projetos de Lei de Declaração
Dalmo Ribeiro Silva Legislaturas: 14ª - 1999-2003- Efetivo 15ª - 2003-2007- Efetivo 16ª - 2007-2011- Efetivo 17ª - 2011-2015- Efetivo 18ª - 2015-2019- Efetivo	PSDB	Sul de Minas Pouso Alegre	**1. PL 4658, de 2017** Declara patrimônio histórico, cultural e imaterial do estado o Parque das Águas de Caxambu. **2. PL 4445, de 2017** Declara patrimônio cultural do estado o modo de fazer pijama do município de Borda da Mata. **3. PL 4390 2017** Declara patrimônio cultural do estado o modo de fazer crochê do município de Inconfidentes **(Transformado em norma jurídica – Lei n. 22.896, de 2018).** **4. PL 1124, de 2015** Declara patrimônio histórico, cultural e imaterial do estado a Imprensa Oficial do Estado de Minas Gerais. **5. PL 5292, de 2014** Declara como patrimônio histórico, cultural, imaterial do estado a festa do carro de bois de congonhal e dá outras providências. **6. PL 1162, de 2011** Declara como patrimônio cultural do estado o lago de Furnas e dá outras providências. **7. PL 626, de 2011** Declara patrimônio cultural do estado a Estância Hidromineral de Caxambu e dá outras providências. **8. PL 613, de 2011** Declara como patrimônio cultural do estado o café produzido no Sul de Minas e dá outras providências. **9. PL 3258, de 2009** Declara patrimônio cultural do estado o café produzido no Sul de Minas e dá outras providências. **10. PL 3217, de 2009** Declara como patrimônio cultural do estado a estância hidromineral de Caxambu e dá outras providências. **11. PL 1654, de 2007** Declara como patrimônio cultural do estado de Minas Gerais o lago de furnas e dá outras providências. **12. PL 1499, de 2007** Declara como patrimônio histórico e cultural do estado o Caminho da Fé e dá outras providências **(Transformado em Norma Jurídica – Lei n. 18058, de 2009).**

---

621 Dados de janeiro de 2018.

622 Divisão do estado em macro e microrregiões em conformidade com a classificação realizada pela Assembleia Legislativa do Estado de Minas Gerais e pelo Tribunal Superior Eleitoral - TSE. Macrorregiões: Mata; Sul de Minas; Central; Norte de Minas; Rio Doce; Jequitinhonha/Mucuri; Triângulo; Centro-Oeste de Minas; Alto Paranaíba; Noroeste de Minas.

Doutor Jean Freire Legislaturas: 18ª - 2015- 2019- Efetivo	PT	**Jequitinhonha/ Mucuri Araguaí**	**PL 4648, de 2017** Declara patrimônio cultural do estado a Estrada de Santa Clara
Sargento Rodrigues Legislaturas: 14ª - 1999- 2003- Efetivo 15ª - 2003- 2007- Efetivo 16ª - 2007- 2011- Efetivo 17ª - 2011- 2015- Efetivo 18ª - 2015- 2019- Efetivo	PDT	**Central Belo Horizonte**	**PL 4328, de 2017** Declara patrimônio cultural do estado a Festa do Vaqueiro de Nanuque e região.
Luiz Humberto Carneiro Legislaturas: 14ª - 1999-2003- Suplente de Bilac Pinto de 07/01/2003 até 31/01/2003 (Em exercício em 07/01/2003) 15ª - 2003-2007- Efetivo 16ª - 2007-2011- Efetivo 17ª - 2011- 2015- Efetivo 18ª - 2015-2019- Efetivo	PSDB	**Triângulo Uberlândia**	**PL 4002, de 2017** Declara o pão de queijo patrimônio cultural e imaterial do estado.
Rogério Correia Legislaturas: 14ª - 1999-2003- Efetivo 15ª - 2003- 2007- Efetivo 17ª - 2011-2015- Efetivo 18ª - 2015-2019- Efetivo	PT	**Central Belo Horizonte**	**1. PL 3920, de 2016** Dispõe sobre a proteção e a preservação dos clubes sociais de negros no estado de Minas Gerais e dá outras providências. **2. PL 1483, de 2015** Declara patrimônio turístico e cultural de natureza imaterial do estado a Feira de Artes e Artesanato da Avenida Afonso Pena – Feira Hippie –, no município de Belo Horizonte. **3. PL 1456, de 2011** Declara patrimônio turístico e cultural de natureza imaterial do estado a Feira de Artes e Artesanato da Avenida Afonso Pena – Feira "Hippie" – no município de Belo Horizonte.

João Alberto Legislaturas: 18ª - 2015-2019- Suplente de Tadeu Martins Leite de 04/02/2015 até 03/05/2016	PMDB	**Central** **Belo Horizonte**	**1. PL 3423, de 2016** Declara patrimônio histórico, cultural e imaterial do estado o Parque de Exposições Bolivar de Andrade – o Parque de Exposições da Gameleira. **2. PL 2952, de 2015** Declara patrimônio histórico, cultural e imaterial do estado o "Ofício de Seleiro". **3. PL 2730, de 2015** Dispõe sobre a proteção e preservação da folia de reis e congado no estado e dá outras providências. **4. PL 1921, de 2015** Declara patrimônio histórico, cultural e imaterial do estado a manifestação musical Viola Caipira Mineira.
Felipe Attiê Legislaturas: 18ª - 2015- 2019- Efetivo	PP	**Triângulo** **Uberlândia**	**PL 3316, de 2016** Reconhece como de relevante interesse cultural e como patrimônio imaterial do estado de Minas Gerais a Festa de Nossa Senhora da Abadia, no município de Romaria **(Transformado em norma jurídica – Lei n. 22.898/2018).**
Thiago Cota Legislaturas: 18ª - 2015- 2019- Efetivo	PMDB	**Central** **Mariana**	**PL 3219, de 2016** Declara patrimônio cultural imaterial do Estado a fabricação de panelas de pedra-sabão no distrito de Cachoeira do Brumado, município de Mariana.

Wander Borges Legislaturas: 16ª - 2007-2011- Efetivo (Afastamento em 03/01/2011 - Ocupar cargo - Secretário de Estado de Desenvolvimento Social) 17ª - 2011-2015- Efetivo (Afastamento em 03/02/2011 - Ocupar cargo - Secretário de Estado de Desenvolvimento Social) (Afastamento em 09/02/2012 - Ocupar cargo - Secretário de Estado de Regularização Fundiária) 18ª - 2015-2019- Efetivo (Renúncia em 01/01/2017 - Eleito para cargo do Executivo - Prefeitura de Sabará)	PSB	**Central Belo Horizonte**	**1. PL 3186, de 2016** Declara patrimônio histórico e cultural do estado a queima de fogos da TV Alterosa na Lagoa da Pampulha, no município de Belo Horizonte. **2. PL 751, de 2011** Declara patrimônio histórico e cultural do estado de Minas Gerais a renda turca de bicos originária de Sabará. **3. PL 2000, de 2008** Declara patrimônio histórico e cultural do estado de Minas Gerais a renda turca de bicos originária de Sabará.

Fred Costa Legislaturas: 17ª - 2011-2015- Efetivo 18ª - 2015- 2019- Efetivo	**PEN**	**Central** **Belo Horizonte**	**1. PL 2903, de 2015** Declara patrimônio histórico do estado de Minas Gerais o polo moveleiro de Belo Horizonte, situado na Avenida Silviano Brandão. **2. PL 2878, de 2015** Declara patrimônio cultural do estado o concurso Comida di Buteco. **3. PL 806, de 2015** Declara patrimônio artístico e cultural do estado a Feira de Artes e Artesanato da Avenida Afonso Pena – Feira Hippie –, no município de Belo Horizonte. **4. PL 706, de 2015** Declara patrimônio cultural, histórico e imaterial e considera de especial interesse social as comunidades quilombolas, caipiras, caboclas e de pescadores localizadas em unidades de conservação da natureza no âmbito do estado de Minas Gerais e dá outras providências. **5. PL 460, de 2015** Declara patrimônio cultural do estado o concurso Comida di Buteco. **6. PL 397, de 2015** Declara patrimônio cultural do estado as Feiras Livres, a Feira Modelo e a Feira Direto da Roça, no município de Belo Horizonte. **7. PL 3959, de 2013** Declara patrimônio cultural do estado o concurso "Comida Di Buteco". **8. PL 2501, de 2011** Declara patrimônio cultural do estado as Feiras Livres, a Feira Modelo e a Feira Direto da Roça, realizadas no município de Belo Horizonte. **9. PL 2427, de 2011** Declara patrimônio artístico e cultural do estado a Feira de Artes e Artesanato da Avenida Afonso Pena – Feira "Hippie", no município de Belo Horizonte.

Agostinho Patrus Filho Legislaturas: 16ª - 2007-2011- Efetivo (Afastamento em 11/12/2008 - Ocupar cargo - Secretário de Estado de Desenvolvimento Social) (Afastamento em 03/01/2011 - Ocupar cargo - Secretário de Estado de Turismo) 17ª - 2011-2015- Efetivo (Afastamento em 02/02/2011 - Ocupar cargo - Secretário de Estado de Turismo) 18ª - 2015-2019- Efetivo	PV	**Sul de Minas Poços de Caldas**	**1. PL 2761, de 2015** Declara patrimônio histórico e cultural do estado a gastronomia mineira **(Transformado em norma jurídica – Lei n. 22.458/2016).** **2. PL 1615, de 2015** Declara patrimônio histórico e cultural do estado o ofício das quitandeiras. **(Transformado em norma jurídica – Lei n. 22.454/2016).**
Inácio Franco Legislaturas: 16ª - 2007-2011- Efetivo 17ª - 2011-2015- Efetivo 18ª - 2015-2019- Efetivo	PV	**Central Pará de Minas**	**PL 2732, de 2015** Declara patrimônio cultural do estado a Feira de Arte e Artesanato da Avenida Afonso Pena, no Município de Belo Horizonte.
Nozinho Legislaturas: 18ª - 2015-2019- Efetivo	PDT	**Central Itabira**	**PL 2679, de 2015** Declara as cavalgadas e o tropeirismo como patrimônio histórico e cultural de natureza imaterial.
Ulysses Gomes Legislaturas: 17ª - 2011-2015- Efetivo 18ª - 2015-2019- Efetivo	PT	**Sul de Minas Itajubá**	**PL 2130, de 2015** Declara patrimônio cultural do estado o processo de fazer tricô do município de Monte Sião. **(Transformado em norma jurídica – Lei n. 22.457/2016)**

Carlos Pimenta Legislaturas: 13ª - 1995-1999- Efetivo 14ª - 1999- 2003- Efetivo 15ª - 2003-2007- Efetivo 16ª - 2007-2011- Efetivo (Afastamento em 03/01/2011 - Ocupar cargo - Secretário de Estado de Trabalho e Emprego) 17ª - 2011-2015- Efetivo (Afastamento em 03/02/2011 - Ocupar cargo - Secretário de Estado de Trabalho e Emprego) 18ª - 2015-2019- Efetivo	**PDT**	**Norte de Minas Salinas**	**1. PL 2038, de 2015** Dispõe sobre o reconhecimento da Vesperata de Diamantina como Patrimônio Cultural do estado. **(Transformado em norma jurídica – Lei n. 22.456/2016)** **2. PL 2037, de 2015** Dispõe sobre o reconhecimento da Festa Nacional do Biscoito em Japonvar como patrimônio cultural e material do estado. **(Transformado em norma jurídica – Lei n. 22.455/2016** **3. PL 1466, de 2015** Institui a vaquejada como modalidade esportiva e patrimônio cultural do estado. **4. PL 5340, de 2014** Institui A "Vaquejada" como modalidade esportiva e patrimônio cultural de Minas Gerais.
Cabo Júlio Legislaturas: 17ª - 2011-2015- Efetivo 18ª - 2015- 2019- Efetivo	**PMDB**	**Central Belo Horizonte**	**1. PL 784, de 2015** Declara a Orquestra Sinfônica da Polícia Militar de Minas Gerais patrimônio cultural dos mineiros. **(Transformado em norma jurídica – Lei n. 22.453, de 2016** **2. PL 450, de 2015** Declara patrimônio histórico e cultural do estado a Banda Sinfônica do Corpo de Bombeiros Militar de Minas Gerais. **(Transformado em norma jurídica – Lei n. 22.462, de 2016** **3. PL 5581, de 2014** Declara patrimônio histórico e cultural do estado a Banda Sinfônica do Corpo de Bombeiros Militar de Minas Gerais.
Liza Prado Legislaturas: 17ª - 2011- 2015- Efetiva	**PROS**	**Triângulo Uberlândia**	**PL 5620, de 2014** Declara patrimônio cultural, histórico e imaterial e considera de especial interesse social as comunidades quilombolas, caipiras, caboclas e de pescadores localizadas em unidades de conservação da natureza no âmbito do estado de Minas Gerais e dá outras providências.

Luiz Henrique Legislaturas: 17ª - 2011- 2015- Efetivo	PSDB	Norte de Minas Janaúba	**PL 5501, de 2014** Declara patrimônio histórico, cultural, imaterial do estado as repúblicas federais de estudantes de Ouro Preto, de propriedade da Universidade Federal de Ouro Preto.
Rosângela Reis Legislaturas: 16ª - 2007-2011- Efetiva 17ª - 2011- 2015- Efetiva 18ª - 2015-2019- Efetiva	PV	Rio Doce Ipatinga	**PL 3050, de 2012** Declara patrimônio cultural do estado o Parque Ipanema, localizado no município de Ipatinga.
Antônio Carlos Arantes Legislaturas: 15ª - 2003-2007- Suplente de Elbe Brandão de 21/02/2006 até 31/03/2006 16ª - 2007-2011- Efetivo 17ª - 2011-2015- Efetivo 18ª - 2015- 2019- Efetivo	PSDB	Sul de Minas São Sebastião do Paraíso	**1. PL 2193, de 2011** Declara patrimônio cultural do estado o cenário bíblico «Monte das Oliveiras», situado no município de Alpinópolis. **2. PL 3208, de 2009** Declara patrimônio cultural do estado o cenário bíblico Monte das Oliveiras, situado no município de Alpinópolis.

João Leite Legislaturas: 13ª - 1995- 1999- Efetivo 14ª - 1999-2003- Efetivo (Afastamento em 03/01/2003 - Ocupar cargo) 15ª - 2003-2007- Efetivo (Afastamento em 05/02/2003 - Ocupar cargo - Secretário de Estado de Desenvolvimento Social e Esportes) 16ª - 2007-2011- Efetivo 17ª - 2011- 2015- Efetivo 18ª - 2015-2019- Efetivo	**PSDB**	**Central Belo Horizonte**	**1. PL 1494, de 2011** Declara como patrimônio histórico e cultural de Minas Gerais os mercados distritais do Cruzeiro e de Santa Tereza, localizados no município de Belo Horizonte. **2. PL 1016, de 2007** Declara como patrimônios históricos e culturais de Minas Gerais os mercados distritais do Cruzeiro e de Santa Tereza, localizados no município de Belo Horizonte.[623]

---

[623] O PL 1016, de 2007, que declara como patrimônios históricos e culturais de Minas Gerais os mercados distritais do Cruzeiro e de Santa Tereza, localizados no município de Belo Horizonte, tem autoria coletiva: Deputado João Leite – PSDB; Deputado Dalmo Ribeiro Silva – PSDB; Deputado Durval Ângelo – PT; Deputado Ademir Lucas – PSDB; Deputado Fábio Avelar – PSC; Deputado Walter Tosta – PMN; Deputado Gustavo Valadares – DEM; Deputada Gláucia Brandão – PPS; Deputado André Quintão – PT. Deputado Elmiro Nascimento – DEM; Deputado Doutor Rinaldo – PSB; Deputado Carlin Moura – PCdoB; Deputada Maria Lúcia Mendonça – DEM; Deputado Agostinho Patrus Filho – PV; Deputado Domingos Sávio – PSDB; Deputado Gustavo Corrêa – DEM; Deputado Wander Borges – PSB; Deputado Ronaldo Magalhães – PSDB; Deputado Délio Malheiros – PV.

Carlos Mosconi Legislaturas: 16ª - 2007-2011- Efetivo 17ª - 2011- 2015- Efetivo	**PSDB**	**Sul de Minas** **Poços de Caldas**	**1. PL 1383, de 2011** Declara patrimônio cultural do estado o processo artesanal de fabricação do salgado denominado Pastel de Farinha de Milho produzido no município de Pouso Alegre. **2. PL 1382, de 2011** Declara patrimônio cultural do estado o queijo tipo artesanal do planalto de Poços de Caldas e dá outras providências. **3. PL 4923, de 2010** Declara patrimônio cultural do Estado o queijo artesanal do planalto de Poços de Caldas e dá outras providências. **4. PL 3222, de 2009** Declara patrimônio cultural do estado o processo artesanal de fabricação do salgado denominado pastel de farinha de milho produzido no município de Pouso Alegre.
Dinis Pinheiro Legislaturas: 13ª - 1995-1999- Efetivo 14ª - 1999- 2003- Efetivo 15ª - 2003-2007- Efetivo 16ª - 2007-2011- 17ª - 2011-2015- Efetivo de 01/02/2011 até 31/01/2015 (Em exercício em 01/02/2011)	**PP** (desde 04/10/2013) **PSDB** (até 03/10/2013)	**Central** **Belo Horizonte**	**1. PL 1057, de 2011** Declara patrimônio cultural do estado a Feira de Arte e Artesanato da Avenida Afonso Pena, no município de Belo Horizonte. **2. PL 2603, de 2008** Declara patrimônio cultural do estado a feira de arte e artesanato da Avenida Afonso Pena, no município de Belo Horizonte.

Carlin Moura Legislaturas: 16ª - 2007- 2011- Efetivo 17ª - 2011-2015- Efetivo de 01/02/2011 até 01/01/2013 (Em exercício em 01/02/2011) de 01/01/2013 até 31/01/2015 (Renúncia em 01/01/2013 - Eleito para cargo do Executivo - Prefeito de Contagem)	**PCdoB**	**Central** **Belo Horizonte**	**1. PL 744 2011** Dispõe sobre a proteção e preservação da Folia de Reis e Congado de Minas Gerais e dá outras providências. **2. PL 2975, de 2009** Dispõe sobre a proteção e preservação da Folia de Reis e Congado de Minas Gerais e dá outras providências.
Paulo Guedes Legislaturas: 16ª - 2007-2011- Efetivo 17ª - 2011- 2015- Efetivo 18ª - 2015-2019- Efetivo (Afastamento em 03/02/2015 - Ocupar cargo - Secretário de Estado de Desenvolvimento e Integração do Norte e Nordeste de Minas Gerais,) (Em exercício em 04/05/2016)	**PT**	**Norte de Minas** **Montes Claros**	**1. PL 274, de 2011** Declara patrimônio histórico e cultural do estado a orquestra sinfônica do estado de Minas Gerais. **2. PL 1328, de 2007** Declara patrimônio histórico e cultural do estado a Orquestra Sinfônica do Estado de Minas Gerais. *(Autoria com Dep. Elisa Costa)*

Ademir Lucas Legislaturas: 9ª - 1979-1983 - Efetivo de 01/02/1979 até 31/01/1983 10ª - 1983-1987- Efetivo de 01/02/1983 até 10/05/1985 (Afastamento em 10/05/1985 - Ocupar cargo - Secretário de Estado do Trabalho e Ação Social) de 30/11/1985 até 24/12/1985 (Afastamento em 24/12/1985 - Ocupar cargo - Secretário de Estado do Trabalho e Ação Social) de 14/05/1986 até 31/01/1987 11ª - 1987-1991- Efetivo de 01/02/1987 até 31/12/1988 (Renúncia em 31/12/1988 - Eleito para cargo do Executivo - Prefeito Municipal de Contagem) 16ª - 2007-2011- Efetivo	**PSDB**	**Central Belo Horizonte**	**PL 4481, de 2010** Declara patrimônio cultural do estado a comunidade dos Arturos, no município de Contagem.

Duarte Bechir Legislaturas: 16ª - 2007-2011- Efetivo de 16/06/2009 até 31/01/2011 (Em exercício em 16/06/2009 - Cassação de efetivo - Dep. Maria Lúcia Mendonça) 17ª - 2011-2015- Efetivo 18ª - 2015-2019- Efetivo	**PMN**	**Informação não disponibilizada**	**PL 3872, de 2009** Declara patrimônio cultural do estado o Rádio Motobras, produzido no município de Brazópolis, e dá outras providências.
Almir Paraca Legislaturas: 13ª - 1995-1999- Efetivo (Renúncia em 31/12/1996 - Eleito para cargo do Executivo - Prefeito Municipal de Paracatu) 16ª - 2007- 2011- Efetivo) 17ª - 2011-2015- Efetivo	**PT**	**Paracatu Noroeste de Minas**	**1. PL 3195, de 2009** Declara patrimônio cultural do estado a catira ou cateretê. **2. PL 3194, de 2009** Declara patrimônio cultural do estado os reisados, ternos ou folias-de-reis. **3. PL 3193, de 2009** Declara patrimônio cultural do estado o congado e seus congêneres.
Maria Lúcia Mendonça Legislaturas: 16ª - 2007-2011- Efetiva (Cassado em 11/06/2009)	**DEM** (desde 28/03/2007) **PFL** (até 27/03/2007)	**Zona Mata Cataguases**	**1. PL 3177, de 2009** Declara patrimônio cultural do estado a bucha vegetal produzida no município de Bonfim. **2. PL 3091, de 2009** Declara patrimônio cultural do estado o processo artesanal de fabricação do pão-de-canela produzido no município de Lima Duarte.

Durval Ângelo Legislaturas: 13ª - 1995-1999- Efetivo 14ª - 1999- 2003- Efetivo 15ª - 2003-2007- Efetivo 16ª - 2007-2011- Efetivo 17ª - 2011- 2015- Efetivo) 18ª - 2015-2019- Efetivo	PT	**Central** **Belo Horizonte**	**1. PL 2719, de 2008** Declara patrimônio cultural do estado o processo artesanal de fabricação do doce pé-de-moleque, produzido no município de Piranguinho. **(Transformado em Norma Jurídica** **– Lei n. 18.057, de 2009).** 2. **PL 1271, de 2007** Declara como patrimônio histórico e cultural do estado o Caminho da Luz, rota de peregrinação que abrange os municípios de Tombos, Pedra Dourada, Faria Lemos, Carangola, Caiana, Espera Feliz, Caparaó e Alto Caparaó. **(Transformado em Norma Jurídica** **– Lei n. 18.086, de 2009).**
Elisa Costa Legislaturas: 15ª - 2003-2007- Efetiva de 04/01/2005 até 31/01/2007 (Em exercício em 04/01/2005 - Renúncia de efetivo) 16ª - 2007-2011- Efetiva (Renúncia em 01/01/2009 - Eleito para cargo do Executivo - Prefeita de Governador Valadares)	PT	**Rio Doce** **Governador** **Valadares**	**1. PL 1328, de 2007** Declara patrimônio histórico e cultural do estado a Orquestra Sinfônica do Estado de Minas Gerais. **2. PL 1048, de 2007** Dispõe sobre a preservação e o tombamento do patrimônio cultural de origem africana no estado de Minas Gerais. *(Autoria com Dep. Paulo Guedes)*

Gustavo Valadares Legislaturas: 15ª - 2003-2007- Efetivo 16ª - 2007- 2011- Efetivo 17ª - 2011-2015- Efetivo 18ª - 2015-2019- Efetivo	**PSDB**	**Central** **Belo Horizonte**	**1. PL 171, de 2007** Declara como integrante do patrimônio histórico e cultural de Minas Gerais o América Futebol Clube. **2. PL 170, de 2007** Declara como integrante do patrimônio histórico e cultural de Minas gGrais o Clube Atlético Mineiro – CAM. **3. PL 2068, de 2005** Declara como integrante do patrimônio histórico e cultural de Minas Gerais o América Futebol Clube. **4. PL 2067 2005** Declara como integrante do patrimônio histórico e cultural de Minas Gerais o Cruzeiro Esporte Clube. **5. PL 2066, de 2005** Declara como integrante do patrimônio histórico e cultural de Minas Gerais o Clube Atlético Mineiro – CAM.
Biel Rocha Legislaturas: 15ª - 2003- 2007- Efetivo	**PT**	**Zona da Mata** **Juiz de Fora**	**1. PL 2119, de 2005** Dispõe sobre a preservação e o tombamento do patrimônio cultural de origem africana no estado de Minas Gerais. **2. PL 1185, de 2003** Declara a fábrica fiação e tecidos Santa Bárbara patrimônio histórico, cultural, paisagístico e turístico do estado de Minas Gerais e dá outras providências.

Elbe Brandão Legislaturas: 13ª - 1995-1999- Suplente de Bené Guedes de 03/02/1995 até 13/08/1997 de 13/08/1997 até 03/03/1998 13ª - 1995-1999- Suplente de Marcelo Gonçalves de 13/08/1997 até 03/03/1998 13ª - 1995-1999- Suplente de Ivair Nogueira de 05/01/1999 até 31/01/1999 14ª - 1999-2003- Efetiva (Afastamento em 03/01/2003 - Ocupar cargo) 15ª - 2003-2007- Efetiva (Afastamento em 05/02/2003 - Ocupar cargo - Secretária Extraordinária para o Desenvolvimento dos Vales do Jequitinhonha e Mucuri e para o Norte de Minas) (Afastamento em 02/01/2007 - Ocupar cargo - Secretária Extraordinária para o Desenvolvimento dos Vales do Jequitinhonha e Mucuri e para o Norte de Minas) 16ª - 2007-2011- Efetiva (Afastamento em 02/02/2007 - Ocupar cargo - Secretária Extraordinária para o Desenvolvimento dos Vales do Jequitinhonha e Mucuri e do Norte de Minas)	**PSDB** (desde 05/07/1995) **PDT** (até 04/07/1995)	**Informação não disponibilizada**	**PL 1878, de 2001** Declara a fábrica fiação e tecidos Santa Bárbara patrimônio histórico, cultural, paisagístico e turístico do estado de Minas Gerais e dá outras providências.

Wanderley Ávila Legislaturas: 12ª - 1991-1995- Efetivo 13ª - 1995-1999- Efetivo 14ª - 1999-2003- Efetivo 15ª - 2003-2007- Efetivo (Renúncia em 01/10/2004 - Eleito Conselheiro Tribunal Contas)	**PPS desde** (08/09/1999) **PSDB** (até 07/09/1999)	**Informação não disponibilizada**	**PL 1392, de 2001** Declara o trecho mineiro do Rio São Francisco, de sua nascente até a divisa com o estado da Bahia, patrimônio paisagístico e turístico do estado de Minas Gerais e dá outras providências. **(Transformado em Norma Jurídica – Lei n. 14.007, de 2001)**
Maria José Haueisen Legislaturas: 11ª - 1987-1991- Efetiva (Em exercício em 04/01/1989 - Renúncia de efetivo) 12ª - 1991-1995- Efetiva 13ª - 1995-1999- Efetiva 14ª - 1999-2003- Efetiva 15ª - 2003-2007- Efetiva (Renúncia em 31/12/2004 - Eleito para cargo do Executivo - Prefeita Municipal de Teófilo Otoni)	**PT**	**Jequitinhonha/ Mucuri Teófilo Otoni**	**PL 28, de 1999** Declara a Cachoeira do Tombo da Fumaça patrimônio paisagístico e turístico do estado de Minas Gerais. **(Transformado Em Norma Jurídica – Lei n. 13.370, de 1999)**

Dirceu Pereira Legislaturas: 11ª - 1987-1991- Suplente de Geraldo da Costa Pereira de 17/03/1987 até 28/04/1988 11ª - 1987-1991- Suplente de Tancredo Neves de 28/04/1988 até 14/05/1988 11ª - 1987-1991- Suplente de Luis Gambogi de 17/05/1988 até 04/01/1989 11ª - 1987-1991- Suplente de Serafim Godinho de 04/01/1989 até 24/10/1989 11ª - 1987-1991- Suplente de Aloísio Garcia de 24/10/1989 até 02/02/1990 11ª - 1987-1991- Suplente de Serafim Godinho (Em exercício em 06/02/1990 - Renúncia de efetivo) 11ª - 1987-1991- Efetivo de 06/02/1990 até 31/01/1991 (Em exercício em 06/02/1990 - Renúncia de efetivo)	**PMDB**	**Informação não disponibilizada**	**PL 2536, de 1990** Autoriza o Poder Executivo a tombar o imóvel da antiga Estação Ferroviária da Central do Brasil do município de Mercês.

Fonte: Elaborada pela Autora a partir dos dados disponibilizados pela Assembleia Legislativa do Estado de Minas Gerais e Tribunal Superior Eleitoral[624]

---

624 Dados brutos tabulados e estruturados pela autora a partir do banco disponibilizado pela Assembleia Legislativa do Estado de Minas Gerais e pelo Tribunal Superior Eleitoral.

Cartografia da autoria e apresentação dos Projetos de Lei de declaração de acordo com a macrorregião de maior votação do parlamentar na eleição de 2015.

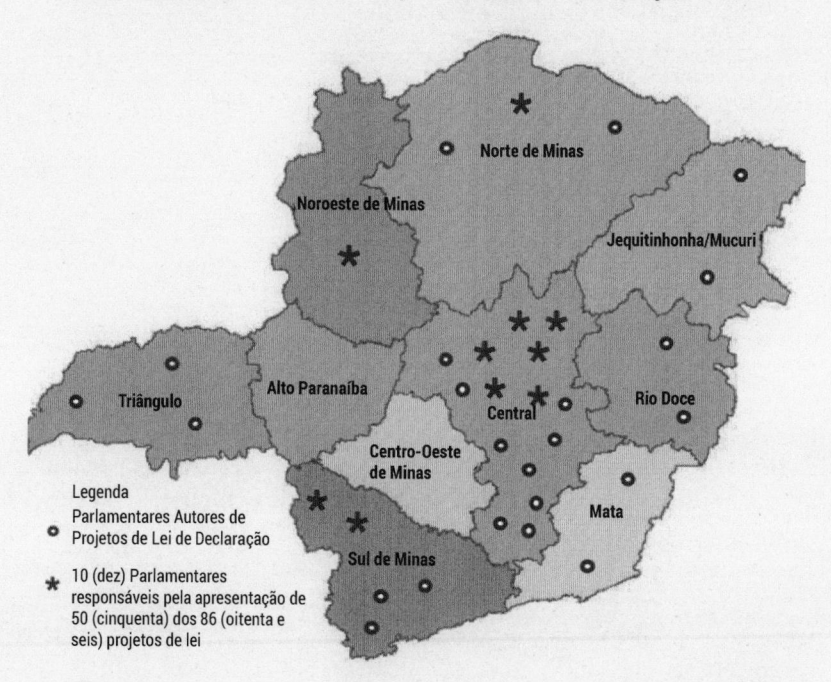

Fonte: Elaborado pela Autora a partir dos dados disponibilizados pela Assembleia Legislativa do Estado de Minas Gerais e Tribunal Superior Eleitoral.

Verifica-se que todos os 87 (oitenta e sete) projetos de lei de declaração já propostos no âmbito da ALMG – que aparecem no período de 1990 a 2017, conforme Tabela 6 – possuem como autores o total de 38 (trinta e oito), deputados, sendo que 50 (cinquenta) desses projetos foram propostos por apenas 10 (dez) parlamentares, conforme Tabela 11 – sendo que mais da metade dos maiores propositores já foi membro da Comissão de Cultura após a sua criação em 2005 –, tendo sido diagnosticada, uma vez mais, a prevalência das *Macrorregiões Central* e *Sul de Minas*, considerando que, entre os 10 (dez) deputados mais propositivos, apenas 2 (dois) não possuem conexão com as macrorregiões citadas:

1. Dalmo Ribeiro Silva – Sul de Minas – 12 (doze) projetos de lei;

---

625 Dados de janeiro de 2018.

2. Fred Costa – Central – 9 (nove) projetos de lei;

3. Gustavo Valadares – Central – 5 (cinco) projetos de lei;

4. João Alberto – Central – 4 projetos de lei;

5. Carlos Mosconi – Sul de Minas – 4 projetos de lei;

6. *Carlos Pimenta – Norte de Minas – 4 projetos de lei;*

7. Wander Borges – Central – 3 projetos de lei;

8. Rogério Correia – Central – 3 projetos de lei;

9. Cabo Júlio – Central – 3 projetos de lei;

10. *Almir Paraca – Noroeste de Minas – 3 projetos de lei.*

A partir da tabulação dos dados, das tabelas e dos gráficos construídos, dos mapeamentos e da comparação de informações, verifica-se que uma análise completa do tema merece transcender os parâmetros do Direito e do marco teórico proposto. A pesquisa de campo corroborou a testagem da hipótese, relacionada à inadequação técnica e jurídica do uso de leis de iniciativa parlamentar para seleção dos bens aptos a compor o patrimônio cultural do estado, seja por estabelecer a apropriação pelo Legislativo de instrumentos de proteção e salvaguarda de competência do Executivo, seja em razão da ineficiência protetiva das normas elaboradas pelas casas legislativas no Brasil, seja por não respeitar as normas vigentes sobre as competências legais atribuídas ao Poder Executivo sobre o assunto.

Entretanto, a pesquisa de campo demonstrou, igualmente, a relevância do tema do patrimônio cultural no âmbito da casa legislativa mineira, o grande interesse dos parlamentares em se estabelecer parâmetros de preservação e seu conhecimento sobre as manifestações culturais locais, em especial, de suas regiões de origem, traço de relevo para o adensamento das políticas de patrimônio em Minas e para se entabular um efetivo diálogo interpoderes, necessário para o reconhecimento do interesse cultural de bens que apresentam impacto econômico, social e cultural nas variadas regiões do estado.

O estudo de caso realizado na ALMG, portanto, corrobora os pressupostos traçados pela pesquisa e sua hipótese central, mas, para além disso, estimula a continuidade dos levantamentos e das análises iniciadas sobre o tema na seara, também, da ciência política e dos estudos legislativos, de modo a se tentar compreender, a partir dos dados tabulados, preferencialmente em análise comparativa, o comportamento parlamentar e sua influência no problema desenhado no Brasil. É perceptível, a partir da tentativa de investigação comparada com a legislação portuguesa – e de levantamentos realizados na legislação espanhola –, que os parlamentos no país têm ultrapassado a função precípua de definição da moldura normativa para atuação do Poder Executivo, adotando postura proativa na seara das políticas públicas. Faz-se necessário delinear os contornos jurídicos dessa atuação.

Assim, o prosseguimento do estudo iniciado neste capítulo teria por análise o comportamento parlamentar e sua influência na qualidade da atuação do Poder Legislativo na formulação da política de patrimônio – questão anterior à produção das leis de patrimônio, portanto, porque explicaria sua complexa motivação com finco na realidade, para além da justificativa afeta ao poder simbólico –, mediante verificação das variáveis independentes propostas no Capítulo 1, como: a expectativa de desempenho dos parlamentares de cargo eletivo no Executivo; a influência da participação do parlamentar na Comissão de Cultura da Casa Legislativa e sua relação pessoal com o tema; a trajetória de desenvolvimento institucional da Casa legislativa, sua capacidade organizacional e a influência no tema da cultura; as regras eleitorais; a percepção do eleitorado; os padrões de votação na comissão de cultura; as relações de liderança; a influência de regionalismos, dentre outras variáveis que poderiam ser alinhadas a partir da experiência mineira.

A intensa atuação dos parlamentares mineiros, testemunhada pela prevalência de alguns deles no rol dos maiores propositores de leis de declaração na ALMG, demonstra sua inserção na realidade do Estado e a correlação direta das manifestações culturais com sua função socioeconômica, corroborando a necessidade de harmonização dos campos analisados, propiciando o efetivo o exercício de direitos culturais, a preservação do patrimônio cultural e o reconhecimento de interesse sociocultural de manifestações identificadas não apenas pelos órgãos de proteção patrimonial, mas, igualmente, pela atuação intensa e capilarizada do parlamento e de seus membros.

Como salienta Liana Portilho,

> a rigor, o que está em jogo no campo da preservação do patrimônio é a constituição de uma noção de cultura, com seus efeitos simbólicos, entre diversos termos em disputa, pelo que todo o processo preliminar de estudos, identificação, seleção e aferição de valor de determinado bem, a ponto de integrar o rol do patrimônio cultural, deve ser pautado por critérios – mais ou menos abstratos, sempre que possível – que auxiliem a garantia da afirmação dos princípios constitucionais democráticos nesse *iter*.[626]

---

626 MATTOS, Liana Portilho. *A Coisa Literária como Fonte da Norma Jurídica: o Movimento Modernista e o Patrimônio Cultural*. 2018. Tese (Doutorado) Programa

Nesse sentido, de acordo com Inácio, Anastasia e Santos, os "traços informacionais do Legislativo mineiro favorecem o fluxo das proposições pelas instâncias decisórias, ampliam o aporte informacional oferecido pelas peças legislativas ao processo e emprestam um caráter mais deliberativo às reuniões das comissões".[627] Nesse sentido, como afirma Maria Coeli Simões Pires, na ALMG, "para além dos marcos organizacionais, houve, enfim, uma engenhosa máquina que rompeu o tempo, manteve-se sustentada pelo eixo permanente, atualizando-se, sempre, sem a necessidade de reinvenção da roda.[628]

3.3.3. A Comissão de Cultura e os eventos institucionais: Instrumentos de democratização, acesso e participação

Assim é que a Comissão de Cultura da ALMG, com pouco mais de uma década de existência, já propôs modificações de grande impacto na política de cultura de Minas, ampliando a arena de debate para se chegar a todo o estado, com a realização de eventos institucionais como o Fórum Técnico Plano Estadual de Cultura, realizado entre os anos de 2015 e 2016, para colher sugestões da sociedade destinadas a aprimorar o Projeto de Lei 2.805, de 2015, transformado na Lei n. 22.627, de 31 de julho de 2017, que institui o Plano Estadual de Cultura de Minas Gerais. Para subsidiar a elaboração do parecer da Comissão de Cultura e ampliar as discussões, o Fórum percorreu vários territórios de desenvolvimento, com a participação de 1.328 pessoas em 12 encontros regionais para debater o conteúdo do Anexo I do projeto.

---

de Pós-Graduação em Direito, Universidade Federal de Minas Gerais, 2018, p. 172.

627 INÁCIO, Magna; ANASTASIA; Fátima; SANTOS, Fabiano. O Parlamento na atualidade: tendências de mudanças e inovações. In: SANTOS, Manoel Leonardo; ANASTASIA, Fátima (Org.). *Política e desenvolvimento institucional no Legislativo de Minas Gerais*. Belo Horizonte: Editora PUC Minas, 2016, p. 24.

628 PIRES, Maria Coeli Simões. A Secretaria do Parlamento: Profissionalização x Politização. In: BARACHO JÚNIOR, José Alfredo; PEREIRA, Bruno Cláudio Penna Amorim (Orgs.). *Direito Parlamentar*: discussões contemporâneas. Belo Horizonte: Editora Vorto, 2018, p. 211-261.

Fonte: Crédito Sarah Torres – ALMG [629]

629 Acervo da Assembleia Legislativa de Minas Gerais – Belo Horizonte/MG. Fórum Técnico do Plano Estadual de Cultura – Etapa Final. Disponível em: https://www.almg.gov.br/acompanhe/eventos/hotsites/2015/forum_tecnico_plano_cultura/etapa_final/index.html?albPos=1&aba=js_noticias-e-midias Acesso em: 15 out. 2019.

Fonte: Crédito Sarah Torres – ALMG [630]

Em relação ao patrimônio cultural, o Anexo I, no tema do eixo Garantia de Direitos Culturais, apresenta inúmeras metas relevantes para a temática "Direito à Identidade, ao Patrimônio e à Diversidade Cultural", representando mais um avanço na política de patrimônio em Minas.[631]

Os eventos institucionais da Casa mineira estão previstos no Capítulo IV do Regimento Interno. Prevê o art. 295 que, para subsidiar o processo legislativo, a Assembleia poderá promover, por iniciativa da Mesa ou por requerimento, eventos que possibilitem a discussão de temas de interesse do Poder Legislativo estadual, organizados em parceria com entidades da sociedade civil e órgãos e entidades do poder público.

São considerados eventos, pelo art. 296 do referido Regimento: os seminários legislativos; os fóruns técnicos; e os ciclos de debates. E, ao final de evento em que houver formulação de propostas, será formado um comitê de representação, composto por representantes da sociedade

---

630 Acervo da Assembleia Legislativa de Minas Gerais – Belo Horizonte/MG. Fórum Técnico do Plano Estadual de Cultura – Etapa Final. Disponível em: https://www.almg.gov.br/acompanhe/eventos/hotsites/2015/forum_tecnico_plano_cultura/etapa_final/index.html?albPos=1&aba=js_noticias-e-midias Acesso em: 15 out. 2019.

631 MINAS GERAIS. Lei n. 22.627, de 31 de julho de 2017, que institui o Plano Estadual de Cultura de Minas Gerais. *Diário Oficial de Minas Gerais*, Belo Horizonte, 1 ago. 2017.

civil e do poder público, escolhidos dentre os participantes do evento, como ocorreu no Fórum Técnico Plano Estadual de Cultura.[632] E inova o art. 297, do mesmo Regimento, ao determinar que se aplicam às proposições resultantes de eventos institucionais as normas de tramitação previstas para o processo legislativo, devendo o comitê de representação apresentar à Mesa da Assembleia as propostas aprovadas e as sugestões de desdobramentos, as quais serão distribuídas à comissão cuja competência estiver relacionada ao tema.

Em regra, os eventos institucionais nascem do bojo processo legislativo, por meio da apresentação de requerimentos. No caso de eventos propositivos, deste a realização do Seminário Legislativo "Águas de Minas 3", o Comitê de representação apresenta, por meio da proposição "Relatório de Evento Institucional – REL", o documento de propostas com sugestões de encaminhamento. Esse mecanismo foi desenvolvido para oficializar a entrada das propostas no processo legislativo. [633]

> Nos seminários legislativos e fóruns técnicos, a ALMG reúne entidades da sociedade e órgãos públicos, que organizam em parceria as atividades, na Capital e no interior, para obter na plenária final um documento com propostas que subsidiam ações legislativas.[634]

Em 2017, a Comissão realizou, também, o debate público "Organização do Sistema Estadual de Cultura, Novo Marco Regulatório para seu Financiamento e Política Cultura Viva em Minas Gerais", para debater o Projeto de Lei 4.450, de 2017, transformado na Lei n. 22.944, de 15 de janeiro de 2018, que institui o Sistema Estadual de Cultura, o Sistema de Financiamento à Cultura e a Política Estadual de Cultura Viva e dá outras providências. No mesmo ano, foi realizado, ainda, o fórum técnico "Semeando Letras - Plano Estadual do Livro, Leitura, Literatura e Bibliotecas", para colher sugestões da sociedade para elaboração do Plano Estadual do Livro.

---

632 MINAS GERAIS. Resolução n. 5.175, de 06 de novembro de 1997. Contém o Regimento Interno da Assembléia Legislativa do Estado de Minas Gerais. *Diário do Legislativo*, Belo Horizonte, 07 nov. 1997.

633 MINAS GERAIS. Assembleia Legislativa de Minas Gerais. *Regimento interno da Assembleia Legislativa*. 12. ed. Belo Horizonte: Assembleia de Minas Gerais, 2016.

634 OLIVEIRA, Myriam Costa de. Eventos institucionais e políticas públicas: trajetória e resultados. In: OLIVEIRA, Myriam Costa de (Org.). *A Assembleia de Minas e a construção coletiva de política públicas*: eventos institucionais. Belo Horizonte: ALMG, 2009. p 9-24.

É notória, portanto, a contribuição da Comissão de Cultura para a sedimentação da política de cultura em Minas Gerais, mesmo possuindo apenas 7% de projetos de lei em tramitação referentes a temáticas realmente influentes na construção da política. "A partir do momento em que se organiza o Parlamento em Comissões Permanentes e especializadas é que se pode falar num sistema de comissões"[635], referente à "organização parlamentar na qual nenhuma decisão importante das Assembleias se toma antes que a matéria tenha sido examinada por uma comissão":[636]

> Atualmente o sistema de Comissões tem papel de relevante importância no processo legislativo. Na maioria dos casos cabe-lhes o preparo dos textos, sobre os quais oferecem pareceres ou relatórios, que servirão de base para a discussão e votação por parte da Câmara reunida em sessão plenária. Há hipóteses em que esse preparo vai além do simples exame e estudo de um projeto inicial, partindo a Comissão de uma mera petição legislativa, isto é, de uma petição para que se elabore uma lei sobre determinada matéria. [637]

É também nesse contexto que, embora as leis de declaração de patrimônio cultural não sejam instrumentos jurídica e tecnicamente adequados para aferição dos referentes culturais para definição do que seja o patrimônio cultural mineiro – atribuição técnica do Poder Executivo no âmbito dos procedimentos de tombamento e de registro –, possuem valor no sentido de reconhecer o interesse cultual de valorosos bens e manifestações culturais regionais no Estado, bens identificados a partir da inserção dos parlamentares e de seu conhecimento sobre as localidades que representam.

Para que o papel do Poder Legislativo, no desenho da política institucional de patrimônio, se consolide de forma legítima, impõe-se i) estimular o diálogo com os órgãos de proteção e com o CONEP, como já ocorre com o Conselho Estadual de Politica Cultural – Consec –, sempre atuante nas pautas da Comissão; ii) incentivar o uso dos eventos institucionais da casa legislativa para democratização, regionalização e legitimação do processo

---

635 SILVA, José Afonso da. *Processo Constitucional de Formação das Leis*. 3 ed. São Paulo: Malheiros Editores, 2017, p. 102.

636 SILVA, José Afonso da. *Processo Constitucional de Formação das Leis*. 3 ed. São Paulo: Malheiros Editores, 2017, p. 102.

637 "Esse sistema foi consagrado constitucionalmente nos arts. 56 e 57 da Constituição francesa de 1973. SILVA, José Afonso da. *Processo Constitucional de Formação das Leis*. 3 ed. São Paulo: Malheiros Editores, 2017, p. 102.

legislativo; iii) e, por fim, conceber um instrumento de preservação de competência exclusiva do Legislativo, mediante instituição de um selo cultural de reconhecimento do relevante interesse dos bens indicados pelos parlamentares para o estado, a partir de critérios definidos em legislação a ser concebida para essa finalidade, conforme será proposto no capítulo seguinte.

A Comissão de Cultura da ALMG contribuiu de forma decisiva para a consolidação do sistema estadual de cultura e, certamente, poderá promover transformações significativas no delineamento das políticas públicas de preservação do patrimônio cultural no estado.

4. A CONSOLIDAÇÃO DO PODER LEGISLATIVO COMO ESPAÇO DE FOMENTO À DEMOCRACIA E DE ATUAÇÃO INSTITUCIONAL NA POLÍTICA DE PRESERVAÇÃO DO PATRIMÔNIO CULTURAL

A evolução da interferência estatal na vida social moderna, a ampliação, enfim, dos fins do Estado contemporâneo, em transição do Estado de Direito clássico para o Estado Democrático de Direito, Estado nivelador de condições sociais, protetor de igualdades sociais como de liberdades públicas, está a exigir transformações estruturais nos seus órgãos legislativos, sob pena de serem suas funções usurpadas, arbitrariamente, por outros órgãos. E esse é o grande dilema da nossa época: ou as Assembleias deliberantes se adaptam às novas exigências da vida estatal, ou se tornam vazias e inúteis, pela desmoralização imposta pela impossibilidade de cumprimento de sua incumbência primordial".
(José Afonso da Silva)[638]

---

638 SILVA, José Afonso da. *Processo Constitucional de Formação das Leis*. 3 ed. São Paulo: Malheiros Editores, 2017, p. 67-68.

Imagem 72
Em 1992, um abraço de 400 crianças ao Palácio da Inconfidência foi um dos marcos da presença da população na sede do Legislativo Mineiro

Fonte: Crédito Acervo ALMG [639]

A consolidação do Estado Democrático de Direito no Brasil, após a promulgação da Constituição de 1988, permitiu a polifonia e a pluricomposição subjetiva que marca, hoje, os campos "político" e do "patrimônio cultural", permanecendo o Estado, em ambos os campos, como agente central. É o Estado, nesse sentido, o fio condutor da pesquisa realizada – personificado nos poderes Executivo e Legislativo –, e elemento de conexão dos capítulos estruturadores deste trabalho.

Como visto, a proteção ao patrimônio cultural é direito fundamental e impõe novos valores e necessidade de novas práticas de gestão administrativa, sob pena de se comprometer a eficácia e a efetividade das políticas de preservação cultural. O tratamento dado à política de preservação do patrimônio cultural pelos arts. 215 e 216 da Constituição de 1988 cria nova perspectiva "para a ordem jurídica patrimonial, a partir da depuração que se opera por meio do fenômeno da recepção, da matriz aberta para

---

639 Acervo da Assembleia Legislativa de Minas Gerais – Belo Horizonte/MG. Disponível em: https://www.almg.gov.br/a_assembleia/memoria/linha_tempo/1989-2015/ Acesso em: 15 out. 2019.

a produção de normas infraconstitucionais, e, ainda, de elementos para a reorientação da intepretação já existente".[640]

A questão referente ao papel do Legislativo na seara das políticas públicas – *"How much policy-making power does a legislature have?"*[641] – persiste como ponto de definição importante no campo analisado diante da necessidade de verificação da adequabilidade do instrumento utilizado pelo parlamento para atuação na preservação do patrimônio cultural. O Poder Legislativo no Brasil, hoje, diante do quadro constitucional sedimentado e do nível de desenvolvimento institucional alcançado, possui a capacidade de propiciar o contexto necessário à "interlocução institucionalizada e permanente entre estes atores, através de um processo de interação-iterativa que redunde na transformação da democracia em um contexto decisório contínuo e institucionalizado para o conjunto de participantes".[642]

Afirma Fátima Anastasia que o grande desafio enfrentado pelas casas legislativas nas democracias contemporâneas "refere-se à sua transformação em *'Magic Towns'*[643] e, por consequência, em *loci* deliberativos

640 COSTA, Mila Batista Leite Corrêa da; MATTOS, Liana Portilho; PIRES, Maria Coeli Simões. Gestão do Patrimônio Cultural. In: CASTRO, Carmem L. F.; GONTIJO, Cynthia R. B.; PINTO, Luciana Moraes R. S. (Org.). *Dicionário de Políticas Públicas.* V. 2. Barbacena: Editora da Universidade do Estado de Minas Gerais, 2015, p. 211.

641 Cf. ARTER, David. Conclusion. Questioning the 'mezey question': An interrogatory framework for the comparative study of legislatures, *The Journal of Legislative Studies*, 2006, 12:3-4, 462-482; ARTER, David. Introduction: Comparing the legislative performance of legislatures, *The Journal of Legislative Studies*, 2006, 12:3-4, 245-257; MENEGUIN, F. B.; MAGNA, I. *Desempenho do Poder Legislativo*: como avaliar? Brasília: Núcleo de Estudos e Pesquisas/CONLEG/Senado, Setembro/ 2014 (Texto para Discussão nº 155). Disponível em: www.senado.leg.br/estudos. Acesso em: 11 Set. 2017.

642 ANASTASIA, Fátima; INÁCIO, Magna. Democracia, Poder Legislativo, interesses e capacidades. *Cadernos Aslegis* (Impresso), v. 40, p. 33-54, 2010, p. 52.

643 *"Magic town* é o nome de um filme de Jimmy Stewart, citado por James Fishkin (1995), sobre uma cidade fictícia do Meio Oeste americano que constituía, por um "milagre matemático", uma amostra representativa da população americana. Fishkin chama a atenção para o fato de que, quando tal descoberta vem a público, a população da cidade, ciente de seu papel de "barômetro perfeito da opinião nacional" ou, em outras palavras, de "capital da opinião pública americana", começa a desenvolvimento ver um crescente senso de responsabilidade, a informar-se o melhor possível e a debater cuidadosamente todas as questões sobre as quais ela é chamada a opinar. Obviamente que tais movimentos exporão os habitantes da cidade a um processo de discussão e de deliberação que resultará na produção de uma opinião

capazes de localizar qual é, e onde está, o melhor interesse dos cidadãos e representá-lo".[644] Na seara da política de cultura e da gestão do patrimônio cultural, o parlamento pode consolidar um papel de relevo na definição do conjunto de diretrizes, estratégias, ações e mecanismos destinados à identificação, ao (re)conhecimento, à fruição e à proteção do patrimônio cultural das comunidades, atuação que deve considerar um plexo de direitos de natureza fundamental: "direito à cultura; direito à propriedade; direito à função sociocultural da propriedade, incluída a tombada; e direito à proteção do patrimônio cultural".[645]

Como ressalta José Afonso da Silva, o direito à cultura, é "um direito constitucional fundamental que exige ação positiva do Estado, cuja realização efetiva postula uma política cultural oficial",[646] o que suscita, segundo o autor, "diversos problemas relativamente aos limites da atuação estatal nesse campo.[647] Como já demonstrado, o campo bourdieusiano da preservação do patrimônio cultural é regido por um regramento técnico-jurídico próprio, composto por atores em esforço de intercessão para manutenção do campo mediante seleção dos bens aptos à composição do patrimônio.

O Poder Legislativo, em momento recente da democracia brasileira, mediante produção de leis de declaração de patrimônio cultural, passou a reivindicar um *locus* de atuação no campo da preservação, colocando em questionamento o *status quo ante* até então sedimentado e o monopólio do Poder Executivo, por intermédio de seus órgãos administrativos de

---

pública, em "Magic Town", muito melhor fundamentada e mais sofisticada do que a do cidadão mediano americano. E, portanto, crescentemente divergente da opinião majoritária na sociedade americana, o que causará um conjunto de problemas e reviravoltas na cidade, que apimentam o enredo do filme, mas não vem ao caso no momento". ANASTASIA, Fátima; INÁCIO, Magna. Democracia, Poder Legislativo, interesses e capacidades. *Cadernos Aslegis* (Impresso), v. 40, p. 33-54, 2010.

644 ANASTASIA, Fátima; INÁCIO, Magna. Democracia, Poder Legislativo, interesses e capacidades. *Cadernos Aslegis* (Impresso), v. 40, p. 33-54, 2010.

645 COSTA, Mila Batista Leite Corrêa da; MATTOS, Liana Portilho; PIRES, Maria Coeli Simões. Gestão do Patrimônio Cultural. In: CASTRO, Carmem L. F.; GONTIJO, Cynthia R. B.; PINTO, Luciana Moraes R. S. (Org.). *Dicionário de Políticas Públicas*. V. 2. Barbacena: Editora da Universidade do Estado de Minas Gerais, 2015.

646 SILVA, José Afonso da. *Ordenação Constitucional da Cultura*. São Paulo: Malheiros, 2001, p. 48.

647 SILVA, José Afonso da. *Ordenação Constitucional da Cultura*. São Paulo: Malheiros, 2001, p. 48.

proteção patrimonial, de dizer o que é o patrimônio da Nação – e da sociedade mineira, no estudo de caso realizado –, o que demonstra a necessidade de construção de novas modulações que demandarão concessões recíprocas dos atores no campo analisado.

4.1. TOMBAMENTO E REGISTRO: INSTRUMENTOS DE PROTEÇÃO E SALVAGUARDA DO PODER EXECUTIVO – POSICIONAMENTOS RELEVANTES

Em leitura das atas das reuniões do Conselho Consultivo do Patrimônio Cultural Iphan, verifica-se que a questão é polêmica e incide diretamente na conformação das concessões e das competências inseridas no campo, o que ensejou a realização deste trabalho para verificação dos meandros e dos limites jurídicos da atuação do Poder Legislativo e do instrumento por ele adotado para seleção de bens culturais – as leis declaratórias – destinados à composição do patrimônio cultural.

O Conselho Consultivo do Patrimônio Cultural é o órgão colegiado de decisão máxima do Instituto do Patrimônio Histórico e Artístico Nacional para as questões relativas ao patrimônio brasileiro material e imaterial, nos termos do Decreto nº 9.238, de 15 de dezembro de 2017, que estabelece como competência do Conselho, nos termos do art. 13, examinar, apreciar e decidir questões relacionadas ao tombamento e a rerratificação de tombamento; ao registro do patrimônio de natureza imaterial e a sua revalidação; e à saída temporária de bens acautelados pela União.[648] A critério do presidente do Iphan, poderão ser levadas à apreciação do Conselho, em caráter consultivo, outras questões relevantes.

Na Ata da 66ª. Reunião do Conselho Consultivo do Iphan, realizada em 9 de dezembro de 2010, encontra-se patente, na fala dos conselheiros e do procurador-geral do Iphan, o conflito interpoderes – embora os poderes Executivo e Legislativo sejam facetas de um único ator, o Estado –, gestado no cerne do campo da preservação e da disputa pelo "poder simbólico" de definição do patrimônio cultural:

---

648 BRASIL. Decreto n. 9.238, de 15 de dezembro de 2017. Aprova a Estrutura Regimental e o Quadro Demonstrativo dos Cargos em Comissão e das Funções de Confiança do Instituto do Patrimônio Histórico e Artístico Nacional - Iphan, remaneja cargos em comissão e substitui cargos em comissão do Grupo-Direção e Assessoramento Superiores - DAS por Funções Comissionadas do Poder Executivo - FCPE. *Diário Oficial da União*, Brasília, 16 dez. 2017

[...] Prosseguindo, a palavra foi concedida ao Conselheiro Ulpiano Bezerra de Meneses para as seguintes observações: "Senhor Presidente, Senhores Conselheiros. Trata-se também de questão discutida na última reunião da Câmara do Patrimônio Imaterial: são os tombamentos e registros por via legislativa. Têm ocorrido assustadoras iniciativas de deputados estaduais e federais, assumindo papéis que sempre foram considerados exclusivos do Poder Executivo. Há legislação estadual, por exemplo, que aceita explicitamente a via legislativa, como é o caso do Rio de Janeiro; em outros estados, como é o caso de Minas Gerais, há uma recusa de aceitar outro caminho que não seja o do Poder Executivo. Um projeto de lei apresentado recentemente à Assembleia Legislativa de Minas Gerais, propondo registro de Reisados e Folias de Reis no Estado, foi considerado inconstitucional. Há juristas que aceitam tranquuilamente as iniciativas do legislativo e a via jurisdicional, o que me parece altamente discutível. Em suma, trata-se de uma série de intervenções absolutamente descabidas, que geram indefinições, que geram insegurança, trazem risco de oficializar uma via alternativa para os propósitos dessas medidas de proteção, e criam a possibilidade de embaralhar critérios, de esvaziar justificativas, sobretudo de dispensar sistemática. De maneira que vale a pena o estudo desse problema. Como a sua natureza é essencialmente jurídica, deveria ser feito por juristas. Não é o caso dos membros da Câmara do Patrimônio Imaterial. Então, a proposta é que o IPHAN promova um estudo jurídico do problema, que inclusive leve em conta as legislações estaduais. Que se analise a jurisprudência, que se analise a doutrina, e, após a discussão desse estudo, o IPHAN assuma posição institucional a esse respeito." O Presidente tomou a palavra para os seguintes comentários: "Obrigado, Conselheiro. Esse assunto é absolutamente importante, está colocado na pauta do IPHAN. Penso que paralelo a esse processo de tomada de posição deste Conselho e da própria Instituição visando revalorizar o instrumento tombamento, na mesma proporção aumentou a quantidade de propostas do Legislativo de classificar determinados bens como patrimônios culturais. Estamos nos contrapondo, temos limites. Acho que a proposta do Conselheiro de solicitarmos um trabalho é importante, mas proponho também que façamos uma distribuição aos Conselheiros da nossa argumentação contrária a esses processos. Peço a manifestação do nosso Procurador-Chefe, relatando os nossos procedimentos, e informando o nosso limite institucional de contraposição a essas propostas." O Procurador-Geral do IPHAN, Antônio Fernando Alves Leal Neri, tomou a palavra para os seguintes esclarecimentos: "Considero extremamente importante a fala do Conselheiro Ulpiano Bezerra de Meneses sobre esse assunto, e a reflexão que propiciou. Realmente é uma preocupação nossa, enquanto Instituição que deve zelar pelo patrimônio cultural e, ao mesmo tempo, identificar os bens devem integrar o Patrimônio

Cultural Brasileiro. De certa forma, a postura que está sendo adotada pelo Legislativo e, em alguns casos, pelo Judiciário, realmente entra em choque com o próprio papel do IPHAN, até bem pouco tempo claro na jurisprudência. Consideramos que é de mérito administrativo porque o nosso ordenamento jurídico trabalha com a independência entre os Poderes Executivo, Legislativo e Judiciário. Cada um deles deve atuar dentro do seu âmbito de competência. Atualmente o Legislativo está formulando projetos de lei atribuindo valores a determinados bens ou manifestações culturais para que o Executivo passe a tutelá-los. O IPHAN está se posicionando em relação a essa questão, até esclarecendo os nossos legisladores sobre os conceitos do instituto do registro e do instituto do tombamento. Penso que muitos desses projetos que estão surgindo resultam do total desconhecimento do alcance desses instrumentos. Há também outro aspecto; a cultura é uma questão que agrada aos eleitores, agrada à comunidade. É um processo que devemos enfrentar com os instrumentos jurídicos disponíveis. Em casos de registro, é possível a Procuradoria se manifestar antes da sanção, e tem se manifestado contrária em todos, solicitando inclusive o veto desses projetos. Mas nem sempre nossa posição é acolhida, até mesmo pela questão política que envolve. Então, o primeiro passo é trabalhar junto ao Judiciário para fortalecer o posicionamento do IPHAN na defesa do mérito administrativo. A outra frente seria trabalhar para esclarecer de forma efetiva os nossos legisladores sobre os instrumentos de defesa do patrimônio cultural brasileiro. A contraposição do IPHAN, inicialmente, se dá com o seu posicionamento ao solicitar o veto desses projetos de lei, na medida em que são encaminhados à Procuradoria para análise. Então, no âmbito do Executivo, esse controle é exercido pelo Presidente da República, o IPHAN apenas orienta apresentando todos os elementos para fundamentar um veto do titular do Poder Executivo, seria uma ação de controle do Executivo sobre o Legislativo. A discussão no âmbito Judiciário, em uma eventual ação de inconstitucionalidade, talvez fique um pouco complicada, porque na medida em que o Judiciário começa a ingressar no mérito administrativo, deveríamos sensibilizá-los sobre a política do Instituto, e sobre a definição dos bens culturais." O Conselheiro Italo Campofiorito pediu a palavra para as seguintes considerações: "É chover no molhado apoiar as palavras do Conselheiro Ulpiano Bezerra de Meneses, porque trabalho nos Patrimônios do Município de Niterói, do Município do Rio de Janeiro, e no Patrimônio Estadual do Rio de Janeiro. As assembléias legislativas, volta e meia, tombam coisas sem base na lei. Fica uma situação equívoca. Logo, não reconhecemos tais tombamentos. **Cabe ao Poder Legislativo fazer regras, normas de uso geral; e uma delas é permitir que o Poder Executivo tombe. Lei para tombamento exclusivo, localizado, não é norma. Foi assim que sempre entendi, sem ser jurista. Porque norma é** de aplicação geral; medidas de aplicação localizada são competência do Poder Executivo. O que cabe ao Poder Legislativo é fazer uma lei que permita ao poder Executivo tombar. É o que tem acontecido sempre. Estou apoiando e lembrando que isso acontece em todos os lugares. Isso pode estar acontecendo no Brasil inteiro. Obrigado." O Conselheiro Synésio Scofano Fernandes pediu a palavra para apresentar as seguintes considerações: "A respeito do assunto vejo duas outras abordagens. Esposo também a mesma idéia da área jurídica, essa via jurídica deve ser explorada. Mas acho que deve ser aprofundado um estudo dos efeitos dessa prática na área cultural, e também da desorganização dos conceitos que estão sendo duramente implantados em nossa sociedade, fundamentalmente desse conceito de patrimônio imaterial. **Essa campanha de esclarecimento deve mostrar o esforço que vem sendo feito no sentido de delinear e delimitar, de conceituar essa idéia de patrimônio imaterial. Não sei se uma ação de natureza política poderia ser feita, principalmente junto às Comissões de Constituição e Justiça das duas casas do Congresso, que tratam da admissibilidade e da legalidade das leis. Qualquer proposição legislativa passa por essas Comissões.** O momento atual não é oportuno porque estão sendo constituídas, mas no início do ano legislativo seria conveniente levar a essas comissões uma proposição esclarecendo os papéis atribuídos aos diversos entes da área cultural, no sentido de não criar uma anomia nesse setor." O Presidente agradeceu e passou a palavra à Conselheira Jurema Machado para os seguintes comentários: "Minhas observações são exatamente na direção das apresentadas pelo Conselheiro Synésio Scofano Fernandes, **concordo que os focos a serem trabalhados são, sobretudo, as Comissões de Constituição e Justiça dos Legislativos. Parece-me uma coisa esdrúxula por parte delas deixarem prosperar projetos dessa natureza, que além da questão da abordagem da cultura em si, estão criando responsabilidades para o órgão do patrimônio, medidas que em outras áreas não se permite. No caso de tutelamento material, elas têm efeitos semelhantes ao da legislação do uso do solo, que não pode ser iniciativa do Legislativo. E, na verdade, acontece que são inaplicáveis, mais adiante o IPHAN ou os órgãos estaduais serão cobrados para aplicar leis inaplicáveis. Até os próprios tombamentos via Constituição Federal, como o caso dos quilombos, complicado até hoje, porque o caminho não era aquele. Em Minas Gerais, os tombamentos via lei orgânica do Município de Belo Horizonte foram integralmente derrubados na Justiça.**[649] **O Conselho Municipal de Patrimônio teve que refazer as propostas consideradas aceitáveis. É uma jurisprudência que julgo bastante interessante, deve ser tomada como referência.**" O Presidente agradeceu e apresentou os seguintes esclarecimentos: "**Ainda que seja ab-**

---

649 A decisão referida na Ata é a ADI nº 40.647-0 do Tribunal de Justiça do Estado de Minas Gerais.

solutamente relevante ter uma ação ativa, em todas as vezes que fui ao Congresso, no sentido de explicitá-la com clareza, houve uma contraposição à idéia, tanto de legisladores, quanto de chefes dos executivos, que tendem a julgar-se no campo do seu direito, pensando sempre nos resultados que isso gera, do ponto de vista de imagem. Então, ainda que seja importante o processo de conscientização, penso ser fundamental trabalharmos no campo jurídico visando uma explicitação das competências. Considero interessante a sugestão do Conselheiro Ulpiano Bezerra de Meneses, já que os nossos pareceres não são suficientes para esse processo de convencimento, que façamos uma reflexão no campo jurídico sobre as possibilidades de estabelecermos regras dentro dos limites de competência." O Procurador-Geral do IPHAN, Antonio Fernando Neri, tomou a palavra para apresentar os seguintes esclarecimentos: "Gostaria de acrescentar mais um detalhe a respeito disso. De fato, julgo vital essa campanha de esclarecimentos, perfeita. **Mas além do controle que pode ser feito pelo próprio Executivo, utilizando vetos, o Chefe do Poder Executivo pode ingressar com ações para questionar esses projetos de lei, discutindo o próprio mérito administrativo, dentro desse controle exercido pelo Judiciário sobre os atos do Executivo e do Legislativo, definir o próprio mérito administrativo. Ou seja, fazer valer a competência do IPHAN com relação aos critérios para definir quais os bens culturais que devem ser protegidos. Outra alternativa é impetrar no Poder Judiciário ações civis públicas, ações diretas de inconstitucionalidade, alegando a inconstitucionalidade da lei ou do decreto que foi editado."** O Presidente agradeceu e considerou como melhor caminho a proposta do Conselheiro Ulpiano Bezerra de Meneses.[650]

A manifestação pela inconstitucionalidade do Projeto de Lei 3.194, de 2009, que declara patrimônio cultural do estado os reisados, ternos ou folias, e mencionada na transcrição da ata da reunião do Conselho Consultivo do Iphan, foi exteriorizada no Parecer para o 1º. Turno da Comissão de Constituição e Justiça da Assembleia Legislativa de Minas Gerais:

650 INSTITUTO DO PATRIMÔNIO HISTÓRICO E ARTÍSTICO NACIONAL. Conselho Consultivo. *Ata da 66a. Reunião realizada em 09 de dezembro de 2010.* Disponível em: http://portal.iphan.gov.br/atasConselho. Acesso em: 15 out. 201o. No mesmo sentido, Cf. as manifestações dos conselheiros na Ata da 73ª. Reunião do Conselho Consultivo do Iphan, realizada em 5 de junho de 2013, nomeadamente a transcrição das páginas 3 e 4, a partir da linha 83, referente à fala da presidente do Conselho à época, Jurema Machado, sobre o projeto de lei, em tramitação no Congresso Nacional, que reconhece como patrimônio cultural o programa *Voz do Brasil*. INSTITUTO DO PATRIMÔNIO HISTÓRICO E ARTÍSTICO NACIONAL. Conselho Consultivo. Ata da 73ª. Reunião realizada em 05 de junho de 2013. Disponível em: http://portal.iphan.gov.br/atasConselho. Acesso em: 15 out. 2019.

PARECER PARA O 1º TURNO DO PROJETO DE LEI Nº 3.194/2009

Declara patrimônio cultural do Estado os reisados,
ternos ou folias de reis.

Comissão de Constituição e Justiça

Relatório

[...]
Publicada no "Diário do Legislativo" de 4/4/2009, foi a proposição distribuída às Comissões de Constituição e Justiça e de Cultura.
O projeto vem a esta Comissão para receber parecer sobre a sua juridicidade, constitucionalidade e legalidade, na forma do art. 188, combinado com o art. 102, III, "a", do Regimento Interno.

Fundamentação

[...]
O Instituto Estadual do Patrimônio Histórico e Artístico de Minas Gerais - Iepha-MG – tem por finalidade pesquisar, proteger e promover o patrimônio cultural do Estado. A Lei Delegada nº 81, de 29/1/2003, no parágrafo único do seu art. 2º, determina que as competências que detalham a finalidade do Instituto serão estabelecidas em decreto. O referido dispositivo legal foi regulamentado pelo Decreto nº 44.780, de 16/4/2008, que contém o estatuto do Iepha-MG. Com fundamento no art. 2º da referida lei delegada, ele dispõe, no seu art. 2º, que ao Instituto compete promover a adoção de medidas administrativas para a conservação e proteção do patrimônio cultural, por meio de tombamento e de outras formas de acautelamento. Entre tais medidas, o art. 3º do decreto destaca o inventário, com a identificação dos bens culturais. Determina, ainda, que, para a execução da identificação dos bens culturais, devem ser utilizados critérios técnicos de natureza histórica, artística, sociológica, antropológica e ecológica, que possibilitem ao Iepha fornecer suporte a ações administrativas e legais de competência do poder público. O artigo destaca também o registro de bens culturais de natureza imaterial ou intangível, realizado de acordo com o Decreto nº 42.505, de 15/4/2002.

As formas de registro de bens culturais de natureza imaterial ou intangível que constituem patrimônio cultural de Minas Gerais estão disciplinadas no Decreto nº 42.505, de 2002. Nos termos do art. 1º, §1º, o registro de um bem imaterial se dá com a sua inscrição em um dos quatro Livros de Registro, a saber: o Livro dos Saberes, onde são inscritos os conhecimentos e os modos de fazer enraizados no cotidiano das comunidades; o Livro das Celebrações, onde são inscritos os rituais e as festas que marcam a vivência coletiva do trabalho, da religiosidade, do entretenimento e de outras práticas sociais; o Livro das Formas de Expressão, onde são inscritas as manifestações literárias, musicais, plásticas, cênicas e lúdicas; e o Livro dos Lugares, onde são inscritos mercados, feiras, santuários, praças e demais espaços nos quais se concentram e se reproduzem práticas culturais coletivas.

A Lei Delegada nº 170, de 25/1/2007, dispõe, no seu art. 2º, que compete ao Conselho

Estadual do Patrimônio Cultural - Conep - decidir sobre o registro de bens, determinando a sua inscrição no respectivo livro. O Conep é um órgão colegiado de natureza deliberativa, subordinado à Secretaria de Estado de Cultura, ao qual compete deliberar sobre diretrizes, políticas e outras medidas correlatas à defesa e preservação do patrimônio cultural do Estado. Por força do Decreto nº 44.780, de 2008, o Iepha-MG presta ao Conep apoio técnico, científico e operacional para a formulação e execução da política de preservação, promoção e proteção do patrimônio cultural. O Conep é composto por membros natos e por membros designados. São os primeiros o Secretário de Estado de Cultura, que é seu Presidente, e o Presidente do Instituto Estadual do Patrimônio Histórico e Artístico de Minas Gerais - Iepha- MG -, que é seu Secretário Executivo. Entre os membros designados, devemos registrar que há um representante da Assembleia Legislativa do Estado de Minas Gerais.

Conforme se depreende da supracitada legislação que disciplina a matéria, a identificação, o inventário e o registro de bem imaterial no livro respectivo revelam-se atividades de natureza jurídica administrativa, de competência de órgãos específicos do Poder Executivo. A legislação, como decorre de suas características de generalidade e abstração, previu as hipóteses genéricas segundo as quais caberá o exercício do ato administrativo pelo Poder Executivo. Assim, não resta dúvida de que a administração pública praticará, mediante ato administrativo, a identificação, o levantamento e o registro dos bens que julgar inseridos nos critérios de valor genericamente previstos na norma e especificados nos estudos técnicos. Será por meio de estudos técnicos que ficarão determinadas as hipóteses nas quais bens podem ser considerados de valor cultural.

Nos ensinamentos de Sônia Rabello de Castro, os estudos técnicos servem para verificar o motivo do ato administrativo. Por isso, "não é, portanto, de admitir-se que o ato administrativo deixe de mencionar a base teórica coerente na qual se pautou para determinar o valor cultural de determinado bem" ("O Estado na Preservação de Bens Culturais", Rio de Janeiro: Renovar, 1991).

Levantamos, então, o seguinte questionamento: é possível a determinação do valor cultural de um bem cultural por meio de ato legislativo? Poderia o Poder Legislativo, por meio de lei, determinar a identificação, o inventário, o registro de bem imaterial no livro respectivo ou mesmo o tombamento de um bem imóvel?

Por força do art. 24, inciso VII, da Constituição da República, o Estado tem competência para legislar sobre o assunto. No entanto, a competência para legislar consiste em editar normas gerais, abstratas, impessoais, de cunho obrigatório. O aspecto da abstração caracteriza-se pelo fato de a lei dispor sobre situações em tese. Assim, o Poder Legislativo pode editar lei tratando de normas gerais e abstratas para a proteção do patrimônio histórico, cultural, artístico e paisagístico.

A hipótese do projeto em estudo é diferente: trata-se de ato legislativo dirigido a um bem certo e determinado, ou seja, uma lei de efeito concreto. A questão da edição de uma lei de efeito concreto relaciona-se diretamente com o princípio da separação dos Poderes. Sabemos que as leis devem ser abstratas, genéricas, impessoais e coercitivas. Os atos de realização do direito, ditos atos concretos, são de competência do Poder Executivo. Ao se admitir a não abstração da norma jurídica emanada do Poder Legislativo, estar-se-ia admitindo o exercício da função executiva pelo Poder Legislativo, já que este poderia não só prever o direito em tese, como também estabelecer e concretizar a sua aplicação, caso a caso. Por esse motivo, a identificação, o inventário e o registro de bem imaterial no livro respectivo ou mesmo o tombamento de um bem imóvel são atos de competência do Poder Executivo.

O Supremo Tribunal Federal - STF - no julgamento da ADI no 1.706-4, publicada no "Diário da Justiça" de 12/9/2008, posicionou-se no sentido de que o tombamento é constituído mediante ato do Poder Executivo, que, observada a legislação pertinente, estabelece o alcance da limitação ao direito de propriedade. Dessa forma, ato do Poder Legislativo que efetive o tombamento e, de igual modo, aquele que pretenda alterar as condições de tombamento regularmente instituído pelo Poder Executivo são inconstitucionais, dada a sua incompatibilidade com o princípio da harmonia entre os Poderes.

Vale lembrar também que o STF iniciou, sob a égide da Constituição de 1967, o julgamento da Representação no 1.312, na qual era questionada a constitucionalidade de lei gaúcha que instituía tombamento da casa historicamente conhecida como Solar dos Frosser. O julgamento da citada representação não foi concluído, uma vez que sobreveio a promulgação como o Ministro Francisco Rezek que apenas o Executivo poderia instituir tombamento, razão pela qual julgaram procedente o pedido.

Concluímos, então, que o projeto em estudo, ao declarar patrimônio cultural do Estado os reisados, ternos ou folias de reis, inverte as fases do processo, disciplinando, por meio de lei, matéria objeto de ato administrativo, de ato concreto. Trata-se de matéria de competência deliberativa do Iepha-MG e do Conep, órgãos do Poder Executivo. Há afronta, então, ao princípio da separação, independência e harmonia entre os Poderes.

Informamos, entretanto, que, na forma dos arts. 2º e 3º do já mencionado Decreto nº 42.505, de 2002, a instauração do processo de registro de bens culturais de natureza imaterial cabe a qualquer cidadão, sociedade ou associação civil, bem como a qualquer dos órgãos e entidades públicas da área cultural. Os requerimentos com as propostas de registro devem ser dirigidos ao Presidente do Iepha e devem ser instruídos com a documentação pertinente.

Conclusão

Diante do exposto, concluímos pela antijuridicidade, ilegalidade e inconstitucionalidade do Projeto de Lei nº 3.194/2009.

Sala das Comissões, 17 de novembro de 2009.

Dalmo Ribeiro Silva, Presidente - Ronaldo Magalhães, relator - Padre João - Chico Uejo.

No mesmo sentido, a Comissão de Cultura da Câmara dos Deputados apresenta entendimento sumulado sobre a matéria, como forma de orientação aos relatores dos projetos de lei na citada comissão, com vistas a definir parâmetros de referência para as decisões, não traduzindo, segundo o documento, "qualquer tentativa de cercear o direito à iniciativa legislativa, por parte dos Autores, ou à livre manifestação do pensamento, por parte dos Relatores":

PROJETO DE LEI QUE PRETENDE O RECONHECIMENTO DE BEM DE NATUREZA IMATERIAL COMO MANIFESTAÇÃO DA CULTURA NACIONAL OU COMO PARTE DO PATRIMÔNIO CULTURAL BRASILEIRO (texto destacado e aprovado em 28/08/13)
A rigor, não existe impedimento legal para se reconhecer determinado bem como manifestação da cultura nacional, embora a juridicidade de tal iniciativa possa ser questionada pela Comissão de Constituição e Justiça e de Cidadania. Iniciativas dessa natureza cumprem o papel de contribuir para legitimar o caráter cultural de determinadas manifestações, particularmente daquelas que sofrem algum tipo de preconceito social. **Recomendação ao Relator: aprovar ou rejeitar, com base na análise do mérito da proposta.**

Por sua vez, no caso de iniciativas legislativas que pretendem reconhecer oficialmente determinado bem como **parte do patrimônio cultural brasileiro** ou como **patrimônio imaterial**, existe obstáculo legal, na medida em que essa é uma atribuição do Poder Executivo, mais especificamente do Instituto do Patrimônio Histórico e Artístico Nacional (IPHAN), órgão afeto ao Ministério da Cultura. Tal incumbência foi conferida pelo Decreto-Lei nº 25, de 1937, que "Organiza a proteção do patrimônio histórico e artístico nacional".
O documento legal que regulamenta, especificamente, a proteção do patrimônio imaterial brasileiro é o Decreto nº 3.551, de 2000, que "Institui o Registro de Bens Culturais de Natureza Imaterial e cria o Programa Nacional do Patrimônio Imaterial". O Registro a que se refere o Decreto – e que constitui o reconhecimento oficial de determinada expressão como parte do Patrimônio Cultural Imaterial do Brasil – é um **ato administrativo**. Segundo a regulamentação vigente, o Registro de determinada manifestação ocorre a partir de **processo administrativo** que pode ser provocado pelas seguintes partes: o Ministro de Estado da Cultura, instituições vinculadas ao Ministério da Cultura, Secretarias de Estado, de Município e do Distrito Federal e sociedades ou associações civis. A análise dos processos de registro é estritamente técnica e cabe ao Conselho Consultivo do Patrimônio Cultural, sob a supervisão do IPHAN.
É importante assinalar que o reconhecimento oficial de determinado bem ou expressão como patrimônio imaterial, ou seja, o Registro, significa mais do que a mera atribuição de um título. Seu principal efeito é administrativo, na medida em que estabelece, para o IPHAN – um órgão do Poder Executivo – uma série de obrigações relativas à salvaguarda do bem registrado.
Recomendação ao Relator: i) rejeitar o Projeto de Lei e dar seguimento à proposta por meio de Indicação ao Poder Executivo ou ii) aprovar o Projeto de Lei na forma de Substitutivo que o transforme em proposta de reconhecimento do bem como manifestação da cultura nacional (grifo do autor).[651]

Diante da questão e da argumentação apresentada, identifica-se que parte considerável da doutrina, da jurisprudência e das instituições que atuam direta ou indiretamente no campo da preservação do patrimônio posiciona-se contrariamente à proteção de bens culturais por meio de lei, uma vez que o ato legislativo, dotado de generalidade e abstração com vistas à garantia da isonomia como pressuposto de validade constitucional, tem a coletividade como destinatária, em conformidade com o disposto no art. 5º. da CR/88. São raros os casos, no ordenamento jurídico brasileiro, de proteção a bem cultural por meio de lei, como na Lei Federal nº 3.924, de 26 de julho de 1961, que dispõe, ainda assim,

---

[651] BRASIL. Câmara dos Deputados. Comissão de Cultura. *Súmula*. Disponível em: http://www2.camara.leg.br/. Acesso em 15 out. 2019.

sobre a categoria dos monumentos arqueológicos e pré-histórico em seu conjunto. A preservação de bens culturais individualizados estabeleceria distinção infundada entre situações jurídicas similares, o que conferiria tratamento não isonômico e, assim, inconstitucional.

Para além disso, o ato legislativo é incapaz de produzir efetivo acautelamento do bem cultural que se pretende proteger e salvaguardar, visto que o objeto da preservação e da promoção de sua continuidade é, a um só tempo, capital e significado social e simbólico do bem jurídico protegido, demandando ações efetivas dos órgãos administrativos de proteção, em atuação articulada e concertada com os grupos sociais envolvidos, bem como estudos técnicos referentes ao bem cultural e à natureza das relações traçadas a partir da trama que ele tece na comunidade, mediante inventário, registro e outros mecanismos garantidores da eficácia de medidas de perpetuação, continuidade e sobrevivência.

Ao se considerar, portanto, que a lei declaratória de patrimônio equipara-se ao tombamento ou ao registro – a depender da natureza do bem cultural tutelado – do ponto de vista da concretude que esse ato legislativo alcança e de seu objetivo final de constituição do patrimônio cultural do Estado, haveria apropriação, pelo Poder Legislativo, de uma competência exclusiva do Executivo, nomeadamente quando se analisa a natureza jurídica dos atos de tombamento e de registro, eminentemente administrativos.

O entendimento contrário ao tombamento promovido por lei de iniciativa do Poder Legislativo, mais consagrado pela trajetória jurisprudencial sobre a matéria, está consubstanciado na decisão do relator Ministro Eros Grau, na Ação Direta de Inconstitucionalidade n. 1706/DF – ADI 1706/DF:

> O Tribunal julgou procedente pedido formulado em ação direta ajuizada pelo Governador do Distrito Federal para declarar a inconstitucionalidade da Lei distrital 1.713/97, que faculta a administração das quadras residenciais do Plano Piloto, em Brasília, por prefeituras comunitárias ou associações de moradores. Entendeu-se que a lei hostilizada afronta o art. 32 da CF, que veda a divisão do Distrito Federal em Municípios, por promover uma subdivisão do território do Distrito Federal em entidades relativamente autônomas. Ressaltou-se que o art. 2º desse diploma legal viola o art. 37, XXI, da CF, já que possibilita a transferência, sem licitação, de serviços públicos, como o de limpeza e jardinagem das vias internas, áreas comuns, de coleta seletiva de lixo, de segurança complementar patrimonial e dos moradores, e de representação coletiva dos moradores perante órgãos e entidades públicas para a responsabilidade das prefeituras comunitárias, pessoas jurídicas de direito privado. Asseverou-se, também,

que o art. 4º dessa lei permite a fixação de obstáculos que dificultem a entrada e saída de veículos nos limites externos das quadras ou conjuntos, o que estaria em desarmonia com a própria noção do domínio público. **Frisou-se, ainda, que o tombamento é constituído por ato do Poder Executivo que, observada a legislação pertinente, estabelece o alcance da limitação ao direito de propriedade, ato emanado do Poder Legislativo não podendo alterar essas restrições. Dessa forma, afirmou-se que o ato do Poder Legislativo que efetiva o tombamento e, de igual modo, o que pretende alterar as condições de tombamento regularmente instituído pelo Poder Executivo, é inconstitucional, por agredir o princípio da harmonia entre os Poderes. Por fim, reputou-se inconstitucional o art. 6º da norma impugnada, que possibilita a criação e cobrança de taxas de manutenção e conservação pelas prefeituras comunitárias, já que a lei não poderia nem delegar a execução de determinados serviços públicos às prefeituras das quadras, nem permitir a instituição de taxas remuneratórias, em razão de essas prefeituras não possuírem capacidade tributária** (grifo nosso). ADI 1706/DF, rel. Min. Eros Grau, 9.4.2008. (ADI-1706).

Na seara desse instituto já longevo, o tombamento, a jurisprudência pôde consolidar-se em razão do tempo de vigência do Decreto-Lei nº 25, de 1937, e, igualmente, dadas as querelas contenciosas levadas à apreciação do Poder Judiciário, despertadas pela aplicação daquele instrumento, ancoradas nas restrições que impõe ao direito de propriedade, ensejando a vasta manifestação dos tribunais brasileiros no mesmo sentido. Apenas alguns destaques:

ADMINISTRATIVO - MUNICÍPIO DE POÇOS DE CALDAS - AÇÃO CIVIL PÚBLICA - PRETENSÃO DE ANULAÇÃO DA LICENÇA CONCEDIDA PARA DESMATAR ÁREA DE PRESERVAÇÃO PERMANENTE PARA EXPLORAÇÃO DE BAUXITA - TOMBAMENTO - LEI Nº 4.771/65 - REALIZAÇÃO DE PERÍCIA TÉCNICA - NÃO COMPROVAÇÃO DA IRREGULARIDADE APONTADA - LEGITIMIDADE DA AUTORIZAÇÃO DISCUTIDA - PEDIDO JULGADO IMPROCEDENTE - RECURSO IMPROVIDO. **O tombamento realiza-se através de um procedimento administrativo vinculado, de iniciativa única e exclusiva do Poder Executivo, não sendo, portanto, viável, possível e muito menos constitucional que o mesmo se faça mediante lei, seja de que natureza for, pena de se estar promovendo autêntica ofensa ao princípio da separação dos poderes previsto na Constituição Federal.** A Lei nº 4.771/65 (Código Florestal), com a redação dada pela Medida Provisória nº 2.166-67 de 24.08.01, disciplina sobre a supressão de vegetação em áreas de preservação permanente. Não demonstrada pela apelante a legitimidade do direito buscado, prova esta que lhe competia a teor do previsto no art. 333, I, CPC, inviável revela-se o provimento do presente apelo. (TJMG - Apelação Cível 1.0518.02.029259-6/001, Relator(a): Des.(a) Edivaldo George dos Santos , 7ª CÂMARA CÍVEL, julgamento em 09/03/2010, publicação da súmula em 30/04/2010) (grifo nosso).

EMENTA: AÇÃO DIRETA DE INCONSTITUCIONALIDADE. TOMBAMENTO. ATO TIPICAMENTE ADMINISTRATIVO. ATRIBUIÇÃO DO PODER EXECUTIVO. ATO CONCRETIZADO MEDIANTE LEI. IMPOSSIBILIDADE. PRINCÍPIO DA INDEPENDÊNCIA E SEPARAÇÃO DOS PODERES. VIOLAÇÃO. O tombamento é ato tipicamente administrativo, através do qual o Poder Público intervém na propriedade para protegê-la de mutilações e destruições, no escopo de preservar o patrimônio cultural, tratando-se de atividade administrativa, e não legislativa. Não se atribui ao Poder Legislativo competência para estabelecer, mediante lei, o tombamento de determinado bem, sob pena de violação ao princípio constitucional de independência e separação dos Poderes. (TJMG - Ação Direta Inconst 1.0000.12.130705-2/000, Relator(a): Des. (a) Antônio Sérvulo, ÓRGÃO ESPECIAL, julgamento em 24/07/2013, publicação da súmula em 01/11/2013) (grifo nosso).

No escopo de salvaguarda dos bens de natureza imaterial, por meio do instrumento do registro, não houve, ainda, provocação do Poder Judiciário em relação à matéria, e dificilmente haverá, considerada a ausência de imposição de restrições ao direito de propriedade, ínsito ao instrumento abordado pelas decisões judiciais. Desse modo, a atuação dos atores no campo da salvaguarda remanesce fluida, distendida, marcada pelo dissenso entre os poderes Executivo – que permanece a reivindicar a competência exclusiva para "Registro de Bens Culturais de Natureza Imaterial" que constituem patrimônio cultural, na esfera federal e estadual – e Legislativo, mesmo com o regramento já consolidado na legislação em vigor.

Em linhas gerais, o Poder Executivo opõe-se à prática da concessão parlamentar de títulos de "patrimônio cultural", por três razões fundamentais: afronta ao princípio da separação dos poderes, inscrito no art. 2º. do texto constitucional; necessidade de minuciosa análise técnica da proposta de registro por um corpo de especialistas, considerada a necessidade de aferição da existência de "relevante valor cultural", vinculado à referência à identidade, à ação, à memória dos diferentes grupos formadores da sociedade;[652] e, finalmente, imprescindibilidade de escuta e de participação da

---

652 "[...] não é, portanto, de admitir-se que o ato administrativo deixe de mencionar a base teórica coerente na qual se pautou para determinar o valor cultural de determinado bem". CASTRO, Sonia Rabello. *O Estado na Preservação de Bens Culturais*, Rio de Janeiro: Renovar, 1991.

"comunidade produtora do bem",[653] nos moldes da intepretação de Aloísio Magalhães: "a comunidade é o melhor guardião de seu patrimônio".[654]

O Iphan já firmou entendimento semelhante em manifestação proferida pelo Departamento de Patrimônio Imaterial, em 2016, no âmbito da tramitação do Projeto de Lei 100, de 2012, transformado na Lei n. 13.130, de 03 de junho de 2015.

Autor: Poder Legislativo- Projeto de Lei nº 100/2012 – Lei 13.130, de 03 de junho de 2015. Ementa: "Declara a Caminhada com Maria, realizada no dia 15 de agosto de cada ano, do Santuário de Nossa Senhora da Assunção na Barra do Ceará até a Catedral Metropolitana de Fortaleza, Estado do Ceará, Patrimônio Cultural Imaterial do Brasil."

PROCESSO ADMINISTRATIVO 01450.005855/2015-86

Posição do IPHAN: Não atende aos princípios e procedimentos da política de patrimônio imaterial, sedimentada no art. 216, da CF/88, e instituída pelo Decreto 3.551, de 4 de agosto de 2000 e nem à Convenção UNESCO para a Salvaguarda do Patrimônio Imaterial, de 2003, ratificada pelo Brasil em 2006 através do Decreto Legislativo 22 e promulgada pelo Decreto Presidencial 5.753, de 12 de abril de 2006.

Órgão(s) Consultado(s):   Departamento de Patrimônio Imaterial/IPHAN

JUSTIFICATIVA:

1. ASPECTOS PECULIARES DA POLÍTICA DE PRESERVAÇÃO DO PATRIMÔNIO CULTURAL IMATERIAL (PCI)
[...]

1.5 Entende-se, portanto, que o IPHAN, seja por seu poder regulamentar – outorgado pelo Decreto 3.551, ao regulamentar o artigo 216 da CF -, quanto pela expertise técnica adquirida ao longo de quase oito décadas de serviço em prol da preservação do Patrimônio Cultural Brasileiro, é a

---

653 MINAS GERAIS. Instituto Estadual do Patrimônio Histórico e Artístico de Minas Gerais. Portaria n. 47, de 28 de novembro de 2008. Dispõe sobre os procedimentos e normas internas de instrução dos processos de Registro de bens culturais de natureza imaterial ou intangível, no âmbito do Instituto Estadual do Patrimônio Histórico e Artístico de Minas Gerais - IEPHA/MG. *Diário Oficial de Minas Gerais*, Belo Horizonte, 29 nov. 2008.

654 Informação verbal. Palestra proferida por Maria Cecília Londres Fonseca sobre "Os 80 Anos da Política de Preservação do Patrimônio Cultural Brasileiro" no Instituto Histórico e Geográfico de Minas Gerais, Belo Horizonte, 2 dez. 2017.

instância do Poder Público que, não por acaso, conduz e deve conduzir os processos de reconhecimento de bens como Patrimônio Cultural do Brasil. Isso não impede, entretanto, que o Poder Legislativo atue através de outras formas de preservação e mesmo em conjunto com o Instituto, apoiando os processos de reconhecimento como Patrimônio Cultural do Brasil e outras ações de salvaguarda, como eventualmente já vem fazendo através de emendas parlamentares.

1.6 Caso haja interesse do Poder Legislativo em reconhecer a relevância de expressões culturais que não apresentam os requisitos para o reconhecimento como patrimônio imaterial pelo Iphan, no marco dos dois Decretos já citados, entendemos que isso seja feito no sentido de reconhecer o valor ou relevância cultural para o Brasil da referida expressão, de modo amplo, sem relacioná-la diretamente ao campo do patrimônio cultural imaterial. Isso permitiria atender à especificidade da atuação parlamentar e, ao mesmo tempo, manter a coerência e a credibilidade da atuação do estado Brasileiro nesse campo, o que fez com que ele se tornasse referência internacional na salvaguarda do Patrimônio Cultural Imaterial.
[...]

2. ASPECTOS TÉCNICOS E JURÍDICOS RELEVANTES
[...]
2.10 Ao estabelecer a tarefa de proteger o patrimônio cultural ao "Poder Público" por meio de instrumentos indicados expressamente e, ainda, mediante "outras formas de acautelamento e preservação", remansosa doutrina e jurisprudência entende que a tarefa de proteção ao (do) patrimônio cultural não é apenas do Executivo, mas também do Legislativo e Judiciário, e dos diversos órgãos que compõem o Poder Público. O que tem sua razão de ser, dada a natureza transversal e integrada da temática.

2.11 Esse entendimento muito genérico, contudo, vem criando certos embaraços, porque, em realidade, o Legislativo e o Judiciário, ao promoverem "tombamentos" e constituindo "patrimônios culturais imateriais" acabam não apenas por usurpar a competência dos órgãos de preservação, competência esta exclusiva do IPHAN e dos órgãos de preservação estaduais e municipais, mas porque isso se dá, muitas vezes, por uma falta de compreensão mais ampla do processo e política de preservação do patrimônio cultural. Há também certo equívoco interpretativo quanto ao alcance e sentido que o verbete "proteção", do art. 216 da CF/88, tem, que não é aquele mesmo presente no DL 25/37 (Tombamento) - cujo objeto é o bem material (coisa móvel ou imóvel). No caso do PCI, o DP 3.551/2000 (Registro) – cujo objeto é o bem imaterial, de natureza processual e dinâmica, que tem como suporte de memória o ser humano, as pessoas, comunidades, grupos, etc, a ideia de proteção é bastante diversa e complexa para ser tratada, individualmente, pelo processo legislativo.

2.13 Na verdade, quando o Constituinte originário previu que ao Poder Público compete a promoção e proteção do patrimônio cultural, através de outras formas de acautelamento e preservação, quis estabelecer que a "Lei" e a "sentença", atos privativos do Legislativo e Judiciário, são outras formas de acautelamento e preservação do patrimônio cultural brasileiro, instituindo elementos auxiliares de proteção e com fins diferentes daqueles instrumentos nominados pela Constituição. Vale dizer, tais atos têm efeitos de proteção ao patrimônio cultural brasileiro, mas não são os mesmos que o "tombamento" e que o "registro" são capazes de produzir. São também formas de reconhecimento/declaração de relevância cultural dos bens materiais e imateriais, e que, eventualmente, poderão ser objeto de tombamento ou registro, a posteriori, dentro do devido processo legal administrativo, com utilização de metodologias e critérios já estabelecidos por atos normativos existentes no âmbito das instituições públicas incumbidas dessa missão.

2.14 Como se verifica dos posicionamentos técnico/jurídicos que vêm norteando essas questões legislativas, o art. 24, VII, da CF/88, reza que compete à União, aos Estados e ao Distrito Federal legislar concorrentemente sobre a proteção ao patrimônio histórico, cultural, artístico, turístico e paisagístico, e daí decorreria a constitucionalidade da referida Lei. Não se questiona tal interpretação, porque legítima em parte. A competência para legislar, de fato, é privativa e não exclusiva. Mas a de aplicar os instrumentos constitucionais do Tombamento e do Registro são exclusivas dos órgãos de preservação. A lei se enquadra na cláusula aberta do art. 216 da CF/88, que outorga ao "Poder Público" competência para promover e proteger o patrimônio cultural por "outras formas de acautelamento e preservação", hipótese em que a "lei" se enquadraria.

2.15 Mas isso não significa que se deva "proteger" de todo modo e toda e qualquer manifestação social, nem se possa englobar, sob o pretexto de assegurar a "cultura", qualquer prática que tenha conotações coletivas, mas que muitas vezes não transcendem o aspecto do esporte, do turismo, da religião, do mercado, etc.

2.16 As Leis analisadas geralmente padecem de vícios materiais, a partir do momento em que declara expressões culturais, modos de vida, visões de mundo, formas de expressão, saberes, fazeres, etc, como Patrimônio Cultural Imaterial do Brasil, ato administrativo que se enquadra como competência exclusiva do Executivo, através do seu órgão de preservação. De fato, repise-se, o Legislativo pode declarar as expressões e manifestação culturais como componente/integrante da cultura brasileira, por sua relevância histórica, por ser referência cultural, etc, mas não tornar um bem cultural como "patrimônio cultural ou patrimônio cultural imaterial", o que somente o devido processo administrativo de patrimonialização tem o condão de estabelecer. O bem cultural se torna patrimônio a partir de uma análise técnica e metodológica, com participação dos chamados detentores e produtores de bens culturais, que atende a princípios, critérios, diretrizes, e normas especiais.

2.17 O Legislativo não deve desconsiderar que a promoção e proteção - e ai está também a tarefa de "seleção" dos bens culturais como patrimônio cultural do Brasil, há quase oitenta anos, está sob a tutela do IPHAN, constituindo-se grande desafio, sobretudo porque a sua atuação encontra-se vinculada a uma gama de direitos e obrigações que resulta do ato de patrimonialização. [...]

3. PROBLEMÁTICA DA PRODUÇÃO DE EFEITOS DAS LEIS QUE PATRIMONIALIZAM BENS CULTURAIS IMATERIAIS
[...]

3.1 Há sérias preocupações com relação à produção de efeitos das Leis que reconhecem e outorgam títulos de patrimônio cultural, o que tem a sua razão de ser já que os entes públicos criados para a execução da política de preservação têm sua atividade vinculada aos bens por si reconhecidos como patrimônio mediante a abertura de processo administrativo próprio, segundo regras, princípios e diretrizes construídas, metodologias próprias, testadas e em aprimoramento constante, um "autêntico" processo de patrimonialização. E se diz autêntico porque nasceu da comunidade detentora. Esse processo tem como fim a seleção dos bens mais representativos da cultura do Estado brasileiro, com sujeitos (detentores e produtores) identificados, tipologias de ações de salvaguarda, planos e variáveis para o monitoramento, avaliação, etc.

3.2 A partir da aplicação de um dos instrumentos de preservação, e se o bem cultural for de natureza imaterial, como se supõe a pretensão em análise, o IPHAN deflagra o processo de Registro e, após a identificação e reconhecimento, formula um plano de salvaguarda, o qual deve estabelecer objetivos e metas a serem alcançadas no curto, médio e longo prazo, e também fixa estratégias para a obtenção dos resultados esperados, a divisão das atribuições dos segmentos signatários de um termo de cooperação, as ratificações e retificações periódicas na condução da política e um monitoramento sistemático para efeito de avaliação. Como se pode ver, então, a categoria jurídica de patrimônio cultural – nesse caso, imaterial – somente é alcançada pelo Registro do bem junto ao IPHAN/MinC, por meio do procedimento legalmente previsto, através de apuração técnico-administrativa, e com consequências e responsabilidades sérias do Estado para com a comunidade detentora/produtora do bem.

3.3 O que se questiona, nos casos de intervenção do Legislativo e Judiciário na promoção de tombamentos e registros, é "quem" o e "o que" será feito a partir da concessão desses títulos, já que compete ao IPHAN cuidar dos bens que ele próprio consagra – e aí é necessário entender o Registro do patrimônio cultural imaterial como um Pacto celebrado (construído) entre Estado e Comunidade. Qual seria a exequibilidade/eficácia/efetividade dessas leis, levando-se em consideração o contexto real do Brasil?

3.4 A prática demonstra que, no âmbito do patrimônio material, utilizam-se efeitos emprestados do Tombamento, contudo sem um órgão que esteja legitimado ao cumprimento do múnus. A problemática, no campo do imaterial, é muito maior dada a complexidade/mutabilidade/ que envolve os bens culturais dessa natureza. Questiona-se, a todo momento, quais os critérios de seleção utilizados para reconhecimento desses bens como "patrimônio cultural do Brasil", "como" seria e "de quem" seria a missão de construir planos/ações/medidas de salvaguarda? "Quais" e "quem" são os detentores e produtores? Qual a categoria dos bens declarados? Qual o recorte do bem cultural para fins de patrimonialização? Qual o território identitário a ser pesquisado? Etc...

3.5 A outorga desse título, sem dúvida, não implicará ao IPHAN quaisquer obrigações e responsabilidades, já que vai de encontro o objeto das leis se confronta com todas as normativas em regência, com os princípios e diretrizes da política de preservação do patrimônio cultural do Brasil, que hoje, pelo seu reconhecido êxito, é referência para o mundo. A eficácia dessas Leis, como já se verifica na prática, é inexistente ou mínima, sobretudo porque o que confere eficácia ao Registro e à Política de Preservação não é o ato legislativo em si, editado individualmente – a partir de cada bem -, mas a participação social efetiva da comunidade detentora/produtora, a construção coletiva do plano de salvaguarda, que não pode ser apenas um atendimento a uma formalidade após o Registro, mas pode e deve ser uma possibilidade concreta e efetiva se, e somente se, houver uma mobilização e compromisso entre os detentores e outros parceiros, o que antecede ao próprio pedido de Registro, reforça-se na fase de instrução e se aprimora cotidianamente na fase de Salvaguarda, resultado que o processo legislativo não logra alcançar, porque demanda "fôlego" – um conjunto de normas, servidores especializados, estrutura organizacional, competência técnica, compromisso, construção de políticas públicas, etc.

3.6 O plano de salvaguarda deve ser idealmente elaborado a partir das recomendações apontadas no processo administrativo de Registro e de ampla interlocução com grupos, comunidades ou segmentos sociais diretamente envolvidos nos universos culturais em questão. E deve conter estratégias de curto, médio e longo prazo – entendendo-se que as estratégias podem ser modificadas em função do andamento e da conjuntura de cada situação, de cada bem, não de forma genérica.

3.7. Ressalte-se que os Pareceres jurídicos que geralmente orientam a prática legislativa e até mesmo administrativa, apontam pela legalidade desse tipo de lei porque esta é também um instrumento de acautelamento e preservação, assim como a competência do Legislativo, enquanto Poder Público, para editar o ato normativo em defesa do patrimônio cultural. Consideram-se as análises técnico-jurídicas dos órgãos de assessoria bem fundamentadas, porém sem se cercar de certos cuidados, que naturalmente apenas se consegue ter dimensão a partir de profundo conhecimento da política de patrimônio cultural imaterial, da prática institucional e das problemáticas que envolvem os bens culturais de natureza imaterial, em curso no Brasil há apenas 16 anos.

3.8 Não há dúvidas de que, de fato, como reiteradamente se colocou neste Parecer, cabe ao Legislativo a "proteção" ao patrimônio cultural brasileiro, por outras formas de acautelamento e preservação, como é a lei em comento. Entretanto, a norma criada pelo Legislativo não pode ser formulada desconsiderando todo um conjunto normativo já existente e testado na ordem jurídica pátria, com plena consolidação, e que é modelo, inclusive, para diversos países, que reconhecem o Brasil como referencial no campo, tanto do ponto de vista de normas legais e infra legais de excelente qualidade, quanto pela própria eficácia da política desenvolvida. Sem olvidar que o Brasil, ao adotar a Convenção para Salvaguarda do Patrimônio Imaterial (Decreto Legislativo 22/2006), assumiu o compromisso de desenvolver uma política pública voltada ao Patrimônio Imaterial nos moldes como o referido Decreto prevê e, tal Decreto, teve sua inspiração justamente no quanto contido no Decreto 3.551/2000, instrumento regulamentador do art. 216 da CF/88.

3.9 Em realidade, desconsiderar a força normativa do Decreto Presidencial 3551/2000, bem como do conjunto de normas que atribui competência a Ministério da Cultura para desenvolver a política nacional de cultura e a proteção do patrimônio histórico e cultural (Lei 9.649/98 alterada pela Medida Provisória 2.216-37/2001), do Regimento Interno do IPHAN – Decreto 6844/2009, e ainda dos princípios e regras que norteiam a política de preservação do Brasil, presentes no Decreto Legislativo 22/2003 e no Decreto Presidencial 5753/2006, é esvaziar a nobre e relevante missão do IPHAN, de quase 80 anos de atuação, e renunciar ao cumprimento de mandamento constitucional que regulamenta o direito fundamental à cultura e à memória.

3.10. Não se coloca em discussão o mérito da proposta Legislativa, mas apenas o seu conteúdo material, já que é prevista nos cânones normativos que compete ao IPHAN a seleção criteriosa dos bens mais representativos da cultura à condição de patrimônio cultural. Compete ao Legislativo, em verdade, declarar a importância cultural do bem em tela, o que já é uma forma de proteção, mas não a mesma que o Registro é capaz de possibilitar.

3.11. No caso em análise, o que soa inapropriado é admitir que se renuncie à aplicabilidade de um instrumento criado pela Constituição, de aplicação imediata já que regula direitos fundamentais, o Registro, regulamentado pelo Decreto Presidencial 3.551/2000 e pelo Decreto Legislativo 22/2006, exercendo o Legislativo uma função que já está afeta ao Órgão de Patrimônio e que é notoriamente conhecido e reconhecido pelo excelente trabalho que produz, ainda que as dificuldades sejam reais. O Legislativo pode proteger os bens culturais brasileiros, declarando/reconhecendo esse valor por lei, se assim entender, inclusive aparelhando ainda mais os órgãos de preservação com recursos humanos e materiais, mas o processo de seleção dos bens culturais e sua categorização em patrimônio cultural diverge do processo legislativo até então existente.

3.12. Entende-se que o IPHAN, ao alertar sobre essa questão ao Poder Legislativo, não quer estabelecer qualquer discurso impositivo no sentido de que os decretos - tampouco as resoluções do IPHAN – afastariam a legitimidade do Poder Legislativo para exercer uma competência conferida pela Constituição [...]", como consignado em algumas manifestações da Advocacia Geral da União. É necessário apenas estabelecer uma relação dialógica com os entes públicos cuja atividade finalística pode ser seriamente prejudicada por conta das ingerências equivocadas de determinados atos legislativos. Não se pretende concorrer com o Legislativo para fins de estabelecer atribuições.

3.13. No âmbito infraconstitucional, o DL 22/2006 e o DP 5753/2006 fizeram ingressar na órbita jurídica brasileira a Convenção para Salvaguarda do Patrimônio Cultural Imaterial. Eles são posteriores à edição do DP 3551/2000, mas, na verdade, essa Convenção incorporou a proposta delineada pelo DP 3551/2000, conferindo ainda maior legitimidade à política de preservação dos bens registrados no Brasil, autorizando o Estado a lançar mão de todos os referenciais legislativos e jurídicos necessários a uma salvaguarda completa dessa dimensão do patrimônio.

3.14 Tal qual o DP 3551/2000, o texto da Convenção para Salvaguarda apresenta definições e obrigações fluídas, abertas e não exaustivas. Isso se dá não apenas em função da sua natureza jurídica e amplitude necessárias, mas porque a elaboração de normas relativas à dimensão imaterial do patrimônio requer cuidados específicos, sobretudo diante do conceito de PCI que a Convenção firmara: o PCI se transmite de geração em geração e é constantemente recriado pelas comunidades e grupos em função de seu ambiente, de sua interação com a natureza e de sua história, gerando um sentimento de identidade e continuidade e contribuindo, assim, para promover o respeito à diversidade cultural e à criatividade humana.

3.15 Esse conceito trazido pela Convenção de 2003 inova o sistema jurídico e lança um desafio ao Direito: trabalhar com a ideia de "expressões vivas" que fazem parte do cotidiano das comunidades e que estão sujeitas a constantes recriações em função do ambiente e de sua interação com a natureza e história; estabelece a inexistência de hierarquia entre as manifestações, pois todas são valorizadas igualmente e cumprem a mesma função, que é conferir identidade aos grupos; deixa translúcida a determinação de que as expressões culturais reconhecidas como patrimônio imaterial sejam compatíveis com os instrumentos jurídicos internacionais aplicados no âmbito dos direitos humanos.

3.16 Tal qual já ocorre no âmbito de alguns ramos do Direito no Brasil, a tutela jurídica do patrimônio cultural imaterial objeto de Registro possui características peculiares, já observadas durante a aplicação do Registro e da Salvaguarda, o que muitos técnicos e operadores do Direito, com especializações em outras áreas do conhecimento, não se deram conta pelo distanciamento entre teoria e realidade/prática que fundamentam a ação institucional do IPHAN.

3.17 A primeira característica especial da proteção jurídica do patrimônio cultural imaterial é a ausência de codificação, visto que seria impossível a regulação da proteção aos bens culturais intangíveis registrados por códigos e normas fechadas. Essas formatações buscam abarcar toda a disciplina através de uma racionalidade abstrata, o que vai de encontro ao dinamismo, subjetividade e complexidade que envolvem essa categoria do patrimônio, voltada para o caso concreto, para a racionalidade empírica, que exige a formulação de normas por meio de atos infra legais, estes sim mais aptos a acompanhar a dinâmica própria dos bens culturais imateriais.

3.18 A segunda característica refere-se à maleabilidade: os direitos relativos ao patrimônio cultural imaterial registrado não são rígidos, permanentes, mas voláteis, flexíveis, passíveis de revisão, dialogam com os mais diversos ramos do Direito. Suas normas se voltam aos casos concretos e são, portanto, adaptáveis, passíveis de construção/modificação a partir da realidade de cada bem cultural registrado. É imprescindível que assim seja por conta das relações dinâmicas e efêmeras do patrimônio cultural intangível. E tal característica não tem tempo para terminar.

3.19. Estas características se explicitam em razão da transdisciplinaridade, da natureza jurídica do bem tutelado e pela utilização singular de cláusulas gerais, abertas, de normas em branco, ou seja, normas que necessitam de complementação por diversos diplomas- leis, decretos, regulamentos, e de ações concretas no plano administrativo (a salvaguarda), que visem a dar continuidade histórica aos bens registrados.

3.20. Deste modo, não se é contrário ao ato Legislativo no sentido de ser a Lei um instrumento de proteção aos bens culturais intangíveis. Entende-se que, em realidade, a sua eficácia está seriamente comprometida diante da ausência de políticas, critérios, metodologias, organismos, estruturas administrativas e até atos infra legais para uma produção dos efeitos garantistas dessas leis.

3.21. Para além disso, antevê-se:

- a aprovação de Leis dessa natureza pelo Executivo Federal engendrará um esvaziamento da política de preservação do patrimônio cultural imaterial já consolidada no âmbito do IPHAN e que, mais uma vez, repita-se, é modelo para diversos países, como um dos sistemas mais avançados no mundo;

- também se entende que o título de Patrimônio Cultural é atribuição "exclusiva" do IPHAN, sobretudo com supedâneo numa vasta e qualificada literatura científica existente, e sobre a qual o Direito não pode e nem deve se esquivar de conhecer e reconhecer, já que cabe ao Direito identificar os fatos, valorá-los e, a partir disso, criar as normas;

- defende-se, ainda, a especialidade do tratamento da questão relativa a bens culturais de natureza imaterial pelo Legislativo, considerando, sobretudo, que o conteúdo da mesma deve se adequar aos preceitos delineados na Convenção para Salvaguarda do Patrimônio Cultural Imaterial (Decreto Legislativo 22/2003);

- necessidade de cuidado com relação à criação de um sistema Legislativo paralelo de proteção aos bens culturais imateriais pelo mesmo Ente Federativo – União, quando, na verdade, poderia haver o envio do pedido de Registro ao IPHAN, destinação de recursos para processamento de mais registros, mais salvaguarda e mais servidores para executar a política de preservação, que já está consideravelmente pronta - ou até mesmo a Lei em exame somente reconhecer a prática cultural como relevante para a cultura brasileira, o que, de fato, se amolda como competência "privativa" do "Poder Público".

4 CONSIDERAÇÕES FINAIS

4.1 Ao serem reconhecidos bens culturais imateriais como patrimônio cultural do Brasil, mediante lei, a partir de uma deliberação meramente política, não apenas se renúncia ao trâmite adequado –processo adminis-trativo de Registro - (configurado, assim, o vício formal), como não tem sua "substância" posta à prova da maneira prevista, já que seria na instância administrativa onde a relevância cultural de sua prática encontraria foro adequado para ser analisada; e justamente ali seria onde se poderia apurar detidamente seus outros aspectos.

4.2. Pelas razões acima, não se recomenda o reconhecimento patrimonial a partir de projetos do Poder Legislativo que, pela própria natureza da sua atuação, não têm como atender aos princípios e procedimentos que orien-tam a salvaguarda do Patrimônio Cultural Imaterial, previstos no Decreto 3551, de 4 de agosto de 2000 e no Decreto Legislativo nº 22/2006 e DP 5.753, de 12 de abril de 2006.

4.2.1 Destaque-se, por oportuno, a pertinência do Parecer Jurídico de fls. 14/19 da Procuradoria Federal no IPHAN, que, com fundamentação jurídica substanciosa e coerente com a praxis institucional, opinou pela inadequação da Lei 13.130/2015.

4.2.2 De igual modo, o elogiável Parecer 288/2016/CONJUR-MINC/CGU/AGU (fls. 25/27), que ratificou o entendimento firmado no âmbito da Procuradoria Federal no IPHAN. Neste ponto, necessário frisar apenas que o item conclusivo 19 sugere a análise de constitucionalidade a partir de projetos de Lei que versem sobre a declaração de bens como patrimônio imaterial à luz de cada caso concreto. Pelas razões acima expostas, entende-se que, no plano da eficácia, quaisquer leis que venham a ser constituídas, neste sentido, no campo do Patrimônio Cultural Imaterial, estão fadadas à sua inexequibilidade. E a eficácia jurídica tem relação com a aceitação e produção dos efeitos da norma, com a possibilidade de socialmente ela ser cumprida e de ter seus efeitos produzidos. Isso pode não ocorrer por dois motivos: impossibilidade material ou ausência de condições ou por desobediência a norma.

4.3 Ademais, a lei em comento não apresenta nenhum indício de atendi-mento aos pressupostos legais para salvaguarda do patrimônio imaterial previstos pelos Decretos supracitados – justamente porque ao Ministério da Cultura cabe assegurar ao bem registrado sua documentação, por todos os meios técnicos admitidos, e compete ao IPHAN manter banco de dados com o material produzido durante a instrução do processo de Registro. Não há nada neste sentido em curso. A Lei que consagra a Caminhada com Maria brasileira – da forma como está posta a questão no material encaminhado e que serviu de análise para esta manifesta-ção, não possui qualquer possibilidade de ser enquadrada na categoria "Patrimônio Cultural Imaterial" junto ao IPHAN. E, na prática, tanto no âmbito federal quanto dos Estados e Municípios, as leis que foram criadas neste sentido não passaram de mera declaração formal de valor sem qualquer consequência, por absoluta inadequação à realidade e especificidade que guarnecem os bens culturais de natureza imaterial – celebrações, formas de expressão, lugares e saberes.

4.5 Pelo exposto, em que pese a louvável intenção, dada a inadequação da via eleita, pelos fundamentos fáticos e jurídicos expostos, ratificamos o posicionamento deste Departamento de Patrimônio Imaterial, já apresentado sucintamente à fl. 07 e que forneceu elementos técnicos à Procuradoria Federal no IPHAN para a elaboração do Parecer de fls. 14/19, não sendo a "Lei" o instrumento próprio à constituição de "patrimônio cultural imaterial", devendo-se, no caso de atuação do Legislativo, restringir-se o ato legal à eventual Declaração da Relevância Cultural do bem para o Brasil.

São essas as considerações que submeto à apreciação. SMJ.

Brasília, 19 de setembro de 2016.

Hermano Fabrício O. Guanais e Queiroz

Diretor Departamento de Patrimônio Imaterial - DPI[655]

Márcia Sant'Anna ressalta que, apesar dos esforços do Iphan em consolidar uma compreensão sobre o registro e a salvaguarda – para além de mero título que se outorga a uma prática cultural mediante necessária participação dos segmentos e grupos sociais a ela relacionados – tem ocorrido, com certa frequência, uma apropriação da noção de patrimônio cultural imaterial e de salvaguarda "com fins meramente político-partidários e imagéticos, sem qualquer compreensão dessas noções e dos fundamentos da política implementada pelo Iphan":[656]

---

655 BRASIL. Instituto do Patrimônio Histórico e Artístico Nacional. Departamento de Patrimônio Imaterial. *Processo Administrativo n. 01450.005855/2015-86*. Projeto de Lei nº 100/2012 – Lei 13.130, de 03 de junho de 2015. Ementa: "Declara a Caminhada com Maria, realizada no dia 15 de agosto de cada ano, do Santuário de Nossa Senhora da Assunção na Barra do Ceará até a Catedral Metropolitana de Fortaleza, estado do Ceará, Patrimônio Cultural Imaterial do Brasil". Brasília, 19 set. 2016.

656 SANT'ANNA, Márcia. Desafios e perspectivas da política federal de salvaguarda do patrimônio cultural. *Revista do Patrimônio Histórico e Artístico Nacional*, Brasília, n. 36/2017, Patrimônio: desafios e perspectivas, p. 95-106.

Tomemos como exemplos, desse tipo de apropriação oportunista e inconsequente, as recentes declarações, por parte do Estado e da Prefeitura do Rio de Janeiro, da Torcida do Flamengo como patrimônio imaterial municipal, do Biscoito Globo, dos táxis amarelinhos e da Caminhada com Maria, de Fortaleza, como patrimônio nacional, por iniciativa do Poder Legislativo Federal. Cabe registrar que, nesses casos, o título de patrimônio cultural foi outorgado mediante instrumentos legais específicos que contêm unicamente essa disposição.[657]

A Advocacia-Geral da União, em relação à citada declaração da "Caminhada de Maria" como patrimônio imaterial por lei do Congresso Nacional, manifestou-se contrariamente, por intermédio da Procuradoria Federal junto ao Iphan, no Parecer n. 260/2015PF/IPHAN/SEDE:

> Ementa: Análise do Projeto de Lei que Declara a Caminhada com Maria, realizada no dia 15 de agosto de cada ano, do Santuário de Nossa Senhora da Assunção na Barra do Ceará até a Catedral Metropolitana de Fortaleza, Estado do Ceará, Patrimônio Cultural Imaterial do Brasil. Posicionamento contrário a edição do referido Projeto de Lei, conforme argumentação tecida no corpo deste Parecer.
>
> I. – DOS FATOS
>
> [...]
>
> II – DO DIREITO
>
> a) A criação de instrumentos de proteção
>
> 04.Em que pese ser louvável a atenção conferida pelo Poder Legislativo ao declarar a
>
> Caminhada com Maria, realizada no dia 15 de agosto de cada ano, do Santuário de Nossa Senhora da Assunção na Barra do Ceará até a Catedral Metropolitana de Fortaleza, Estado do Ceará como Patrimônio Cultural Imaterial do Brasil, por meio de Projeto de Lei, tem-se que o referido Projeto de Lei não se apresenta como meio adequado para o reconhecimento de bens imateriais em nosso ordenamento jurídico, conforme será abordado a seguir.
>
> 05.Nesse sentido, é importante verificar como a Constituição Federal trata dos bens culturais e dos seus instrumentos de proteção.

---

657 SANT'ANNA, Márcia. Desafios e perspectivas da política federal de salvaguarda do patrimônio cultural. *Revista do Patrimônio Histórico e Artístico Nacional,* Brasília, n. 36/2017, Patrimônio: desafios e perspectivas, p. 95-106

06.Em razão da proteção cultural se fazer em conjunto com o Estado e a Sociedade é que a Constituição Federal estabeleceu que o Poder Público, com a colaboração da comunidade, promoverá e protegerá o patrimônio cultural brasileiro, por intermédio de inventários, registros, tombamentos, dentre outras formas, conforme dispôs o § 1°, do art. 216, da CF/88, assim, redigido:

§ 1° O Poder Público, com a colaboração da comunidade, promoverá e protegerá o patrimônio cultural brasileiro, por meio de inventários, registros, vigilância, tombamento e desapropriação, e de outras formas de acautelamento e preservação.

07.Consoante se vislumbra da leitura do disposto no § 1°, do art. 216, da CF/88 a Constituição Federal, o referido dispositivo elenca uma série de instrumentos para a proteção de bens culturais, para em seguida permitir por meio da interpretação analógica a criação de outras formas de acautelamento. Noutras palavras, é possível serem criados outros instrumentos para a preservação do patrimônio cultural brasileiro.

08.No entanto, quando se examina o reconhecimento conferido pelo projeto de lei a Caminhada de Maria como patrimônio imaterial brasileiro. Verifica-se não a criação de um instrumento para a preservação, nos moldes que há para o tombamento, o registro, a vigilância, mas o reconhecimento em si de um bem cultural imaterial.

09.Ou seja, tal fato desvirtua a vontade do próprio legislador constitucional que prevê a possibilidade de criação de outros instrumentos e não o reconhecimento de um bem cultural de moto próprio sem ter minimamente obedecido um critério de seleção que possa identificá-lo como um bem cultural integrante do patrimônio brasileiro.

10.Além disso, tal reconhecimento sem ter definido os mecanismos efetivos que assegurem a sua preservação, apresentasse de forma inócua. Haja vista, que a simples declaração da Caminhada de Maria como patrimônio cultural imaterial brasileiro, não indica a maneira pela qual esse bem deverá ser protegido, muito menos os efeitos que geram a partir da referida declaração.

11.Ao contrário do que ocorreria com um bem cultural imaterial sujeito a registro que

exigiria ações para a sua salvaguarda podendo ser compreendidas como as medidas encaminhadas a garantir a viabilidade do patrimônio cultural imaterial, correspondendo a identificação, documentação, investigação, preservação, proteção, promoção, valorização, transmissão (basicamente por meio do ensino formal e informal), revitalização desse patrimônio em seus distintos aspectos.

b) Os bens imateriais e sua especificidade

12.Depreende-se que dentre as formas previstas para se proteger os bens culturais brasileiros encontra-se o instituto do Registro, o qual se encontra regulamentado pelo Decreto n.º 3.551, de 4 de agosto de 2000[1] e pela Resolução IPHAN n.º 001, de 03 de agosto de 2006.

13.Não se deve olvidar que o Decreto n.º 3.551, de 4 de agosto de 2000, além de instituir o registro, estabeleceu igualmente o Programa Nacional do Patrimônio Imaterial. Ou seja, foi definida uma política para a proteção dos bens imateriais.

14.Deve-se mencionar que a criação do instituto do Registro vinculasse a vários movimentos em defesa de uma compreensão mais ampla acerca do patrimônio cultural brasileiro, conforme nos informa Maria Cecília Londres Fonseca[2]:

"No Brasil, a publicação do Decreto 3.551/2000, insere-se numa trajetória a que se vinculam as figuras emblemáticas de Mário de Andrade e de Aloísio Magalhães, mas em que se incluem também as sociedades de folcloristas, os movimentos negros e de defesa dos direitos indígenas, as reivindicações dos grupos descendentes de imigrantes das mais variadas procedências, enfim, os "excluídos", até então, da "cena" do patrimônio cultural brasileiro, montada a partir de 1937. Contribuem, ainda, para essa reorientação não só o interesse de universidades e institutos de pesquisa em mapear, documentar e analisar as diferentes manifestações da cultura brasileira, como também a multiplicação de órgãos estaduais e federais de cultura, que se empenham em construir, via patrimônio, a "identidade cultural" das regiões em que estão situados." (sem destaques no original).

15.Não se deve olvidar, ainda, que registro tem por finalidade reconhecer e valorizar bens de natureza imaterial em seu processo dinâmico de evolução, possibilitando uma apreensão do contexto pretérito e presente dessas manifestações em suas diferentes versões. Consoante, assevera Marcia Sant´Anna[3], nos seguintes termos:

"O Instituto do Registro, criado pelo Decreto 3.551/2000, não é um instrumento de tutela e acautelamento análogo ao tombamento, mas um recurso de reconhecimento e valorização do patrimônio imaterial, que pode também ser complementar a este. O registro corresponde à identificação e à produção de conhecimento sobre o bem cultural de natureza imaterial e equivale a documentar, pelos meios técnicos mais adequados, o passado e o presente dessas manifestações, em suas diferentes versões, tornando tais informações amplamente acessíveis ao público. O objetivo é manter o registro da memória desses bens culturais e de sua trajetória no tempo, porque só assim se pode "preservá-los".

Como processos culturais dinâmicos, as referidas manifestações implicam uma concepção de preservação diversa daquela da prática ocidental, não podendo ser fundada em seus conceitos de permanência e autenticidade. Os bens culturais de natureza imaterial são dotados de uma dinâmica de desenvolvimento e transformação que não cabe nesses conceitos, sendo mais importante, nesses casos, registro e documentação do que intervenção, restauração e conservação." (sem destaques no original)

16.Salientese que os bens imateriais como referência cultural para a identidade e formação da sociedade brasileira devem ser compreendidos em sua continuidade histórica de aproximadamente 75 anos, conforme nos informa a Coordenadora de Registro, Sra. Diana Dianovsky, ao analisar o Projeto de Lei n.º 1.767/2015[4], manifestação em anexo, nos seguintes termos:

"(...) A noção de bem cultural de natureza imaterial, conforme estabelecido pelo Decreto n.º 3.551, de 4 de agosto de 2000, diz respeito a práticas sociais e domínios da vida social que possuem continuidade histórica e constituem referências culturais relevantes para a memória, a identidade e a formação da sociedade brasileira. Ainda de acordo com este Decreto, esses bens culturais se manifestam em saberes, ofícios e modos de fazer; celebrações; formas de expressão cênicas, plásticas, musicais ou lúdicas e nos lugares – mercados, feiras, santuários – que abrigam práticas culturais coletivas (Artigo 1º, parágrafos 1º e 2º). É também aceito internacionalmente que a continuidade histórica é atribuída a um bem cultural imaterial quando sua reprodução se dá há, pelo menos três gerações, ou aproximadamente 75 anos. (...)" (sem destaques no original)

17.Ressalte-se que em razão da especificidade dos bens imateriais é necessário um conjunto de ações para assegurar tanto a sua identificação quanto a sua salvaguarda, o que não é possível de ser obtido apenas pela edição de um Projeto de Lei ao reconhecer um bem como patrimônio imaterial brasileiro, conforme se vislumbra do seguinte trecho do posicionamento da Coordenadora de Registro em relação ao Projeto de Lei n.º 1.767/2015, vazado nos seguintes termos:

"(...) Tanto a Convenção para Salvaguarda do Patrimônio Imaterial (UNESCO 2003), ratificada pelo Brasil em 2006 (Decreto 5.753/2006), quanto o Decreto 3.551/2000 têm como pressupostos para a salvaguarda dos bens culturais de natureza imaterial os seguintes itens:

1. A participação efetiva das comunidades e coletividades detentora dos bens culturais em todas as ações e processos que digam respeito ao seu patrimônio cultural, principalmente nas ações de reconhecimento de seu valor pelo poder público. Isso implica na realização de processo de construção de anuência prévia e informada com essas comunidades

(OIT 169), para que elas possam explicitar seu desejo e compromisso em relação ao reconhecimento e salvaguarda do seu patrimônio.

2. A realização de produção de conhecimento e documentação técnica – inventários, mapeamentos, registros audiovisuais e fotográficos – sobre os bens culturais como parte constituinte do processo de reconhecimento. Esses procedimentos são importantes não somente para que se possa conhecer, caracterizar e gerar subsídios para a divulgação e promoção dos bens reconhecidos, mas também para realizar diagnósticos que possam auxiliar o poder público nas ações de apoio à sustentabilidade de bens reconhecidos.

1. O efetivo compromisso do Estado, por meio de seus poderes públicos, com a realização de ações de salvaguarda após o reconhecimento do bem cultural como patrimônio, ou seja, a necessidade de atuar através de uma política pública consequente e efetiva para a preservação desses bens culturais, cuja gestão seja participativa e compartilhada com os seus detentores, atores da sociedade civil e de diferentes níveis de governo. (...)" (sem destaques no original)

18.Destarte, a política pública de proteção dos bens imateriais se vincula tanto a compromissos internacionais como Convenção para Salvaguarda do Patrimônio Imaterial (UNESCO 2003), ratificada pelo Brasil em 2006 (Decreto 5.753/2006), quanto de ordem interna pelo Decreto 3.551/2000. Além disso, essa política pública estabelece de forma clara o papel da instância administrativa, in casu, o IPHAN em realizar o procedimento de identificação dos bens culturais imateriais merecedores de proteção estatal, apontando inclusive ações para a sua salvaguarda.

c) A lei não seria o mecanismo adequado para o reconhecimento de um bem imaterial como patrimônio imaterial brasileiro

19.Tem-se que são critérios basilares para a edição de lei a sua generalidade, impessoalidade e abstração, ou seja, ela não deve se ater a casos concretos como ocorreu em espécie com a Declaração da Caminhada de Maria como patrimônio imaterial brasileiro.

20.Isto porque, o reconhecimento de um bem imaterial integrante do patrimônio imaterial é ato administrativo da autoridade competente, e não função abstrata da lei, que estabelece as regras as quais deverão pautar o seu reconhecimento e assegurar a sua proteção.

21.Nesse sentido, de forma análoga, pode-se citar o posicionamento de Sônia Rabello de Castro, ao tratar do tombamento como instrumento afeto a competência do Poder Executivo e não a do Poder Legislativo, vazado nos seguintes termos: "Tal como está previsto no Decreto-lei 25/37, o tombamento é ato administrativo cuja competência para praticá-lo foi atribuída pela lei a órgãos específicos do Poder Executivo. (...) no âmbito delimitado pela Constituição e pelo Decreto-lei 25/37, a administração pública praticará, mediante ato administrativo, a proteção dos bens que julgar inseridos nos critérios de valor genericamente previstos na norma e especificados nos seus estudos técnicos. (...) A questão da abstratividade da lei relacionasse diretamente com o princípio da separação de poderes prevista na Constituição Federal (...). Ora, é próprio do Poder Executivo o exercício da função de realização dos atos concretos de Direito, enquanto ao Legislativo cabe previsão de suas hipóteses abstratas (...) Ao se admitir, amplamente, a não abstratividade da norma jurídica, estar-se-ia, na prática, admitindo o exercício da função executiva pelo Poder Legislativo, já que este poderia não só prever o direito em tese, como também estabelecer e concretizar a sua aplicação caso a caso". [5] (sem destaques no original)

22.Nesse sentido, cite-se a excerto jurisprudencial do Supremo Tribunal Federal que considera ofensa ao princípio da separação dos poderes o tombamento de um bem feito pelo poder legislativo, *in verbis*:

EMENTA: AÇÃO DIRETA DE INCONSTITUCIONALIDADE. LEI DISTRITAL N. 1.713, DE 3 DE SETEMBRO DE 1.997. QUADRAS RESIDENCIAIS DO PLANO PILOTO DA ASA NORTE E DA ASA SUL. ADMINISTRAÇÃO POR PREFEITURAS OU ASSOCIAÇÕES DE MORADORES. TAXA DE MANUTENÇÃO E CONSERVAÇÃO. SUBDIVISÃO DO DISTRITO FEDERAL. FIXAÇÃO DE OBSTÁCULOS QUE DIFICULTEM O TRÂNSITO DE VEÍCULOS E PESSOAS. BEM DE USO COMUM. TOMBAMENTO. COMPETÊNCIA DO PODER EXECUTIVO PARA ESTABELECER AS RESTRIÇÕES DO DIREITO DE PROPRIEDADE. VIOLAÇÃO DO DISPOSTO NOS ARTIGOS 2º, 32 E 37, INCISO XXI, DA CONSTITUIÇÃO DO BRASIL. 1. A Lei n. 1.713 autoriza a divisão do Distrito Federal em unidades relativamente autônomas, em afronta ao texto da Constituição do Brasil artigo 32 que proíbe a subdivisão do Distrito Federal em Municípios. 2. Afronta a Constituição do Brasil o preceito que permite que os serviços públicos sejam prestados por particulares, independentemente de licitação [artigo 37, inciso XXI, da CB/88]. 3. Ninguém é obrigado a associar-se em "condomínios" não regularmente instituídos. 4. O artigo 4º da lei possibilita a fixação de obstáculos a fim de dificultar a entrada e saída de veículos nos limites externos das quadras ou conjuntos. Violação do direito à circulação, que é a manifestação mais característica do direito de locomoção. A Administração não poderá impedir o trânsito de pessoas no que toca aos bens de uso comum. 5. O tombamento é constituído mediante ato do Poder Executivo que estabelece o alcance da limitação ao direito de propriedade. Incompetência do Poder Legislativo no que toca a essas restrições, pena de violação ao disposto no artigo 2º da Constituição do Brasil. 6. É incabível a delegação da execução de determinados serviços públicos às "Prefeituras" das quadras, bem como a instituição de taxas remuneratórias, na medida em que essas "Prefeituras" não detêm capacidade tributária. 7. Ação direta julgada procedente para declarar a inconstitucionalidade da Lei n. 1.713/97 do Distrito Federal. (ADI 1706, Relator(a): Min. EROS GRAU, Tribunal Pleno, julgado em 09/04/2008, DJe172 DIVULG 11092008 PUBLIC 12092008 EMENT VOL0233201 PP00007)

23.Cite-se, igualmente, a decisão do Tribunal de Justiça de Minas Gerais que igualmente afirma a incompetência da lei para efetuar o tombamento de determinado bem, assim, vertida:

ADMINISTRATIVO – MUNICÍPIO DE POÇOS DE CALDAS – AÇÃO CIVIL PÚBLICA PRETENSÃO DE ANULAÇÃO DA LICENÇA CONCEDIDA PARA DESMATAR ÁREA DE PRESERVAÇÃO PERMANENTE PARA EXPLORAÇÃO DE BAUXITA TOMBAMENTO LEI Nº 4.771/65 REALIZAÇÃO DE PERÍCIA TÉCNICA NÃO COMPROVAÇÃO DA IRREGULARIDADE APONTADA LEGITIMIDADE DA AUTORIZAÇÃO DISCUTIDA PEDIDO JULGADO IMPROCEDENTE RECURSO IMPROVIDO. O tombamento realiza-se

através de um procedimento administrativo vinculado, de iniciativa única e exclusiva do Poder Executivo, não sendo, portanto, viável, possível e muito menos constitucional que o mesmo se faça mediante lei, seja de que natureza for, pena de

se estar promovendo autêntica ofensa ao princípio da separação dos poderes previsto na Constituição Federal. A Lei nº 4.771/65 (Código Florestal), com a redação dada pela Medida Provisória nº 2.16667 de 24.08.01, disciplina sobre a supressão de vegetação em áreas de preservação permanente. Não demonstrada pela apelante a legitimidade do direito buscado, prova esta que lhe competia a teor do previsto no art. 333, I, CPC, inviável revelasse o provimento do presente apelo.

(TJMG Apelação Cível 1.0518.02.0292596/ 001, Relator(a): Des.(a) Edivaldo George dos Santos, 7ª CÂMARA CÍVEL, julgamento em 09/03/2010, publicação da súmula em 30/04/2010) (sem destaques no original)

24.Frise-se que à exceção do art. 216, § 5º da Constituição Federal que trata do tombamento dos quilombos, estabelecido pelo poder constituinte originário, nos demais casos, o tombamento define-se como procedimento administrativo vinculado, realizado nos termos das normas gerais do Decreto Lei n.º 25/1937. Não se admite, portanto, a sua imposição diretamente por lei. Em primeiro lugar, há clara inadequação a natureza específica do tombamento (trata-se de espécie do gênero sacrifício de direito) e o caráter geral abstrato da lei. Igualmente, não se vislumbra no processo legislativo oportunidade para o exercício da ampla defesa e contraditório, garantias constitucionais preservadas em favor do titular do bem tombado.

25.Assim, a prática de atos de concretização da lei abstrata, geral e impessoal, ou seja, de atos subjetivos, ditos administrativos, não pode ser feita por meio de ato legislativo.

26.Não há dúvidas de que a União, os Estados e o Distrito Federal possuem competência concorrente para legislarem sobre proteção ao patrimônio histórico, cultural, turístico e paisagístico, no âmbito de suas respectivas competências, por força do art. 24, inciso VII, da Constituição Federal de 1988. No entanto, a competência para legislar consiste em editar normas gerais, abstratas, impessoais e de cunho obrigatório relativas à matéria.

27.Assim, se admitir a possibilidade do reconhecimento de bens integrantes do patrimônio imaterial, em casos concretos e específicos, pelo Poder Legislativo, em Lei, por óbvio, não abstrata, estar-se-ia aceitando o exercício de função executiva pelo Poder Legislativo, violando-se o princípio da separação dos poderes.

28.Lado outro, insta deixar consignado que do art. 3º do Decreto n.º 3.551, de 4.08.2000, traz o procedimento administrativo necessário para a efetivação do registro, procedimento esse que corre sob o crivo do contraditório, uma vez que prevê de forma expressa a publicação do parecer do registro, antes do mesmo ser apreciado pelo Conselho Consultivo do Patrimônio Cultural, para permitir que os interessados possam se manifestar quanto ao registro ou não de determinado bem cultural como patrimônio imaterial brasileiro.

29.Diante desse quadro, consideramos o projeto de Lei que Declara a Caminhada de Maria, realizada no dia 15 de agosto de cada ano, do Santuário de Nossa Senhora da Assunção, na Barra do Ceará até a Catedral Metropolitana de Fortaleza do Ceará, como meio inadequado para se reconhecer a referida Caminhada como Patrimônio Cultural Imaterial Brasileiro, devendo o referido projeto de lei se transformar em indicação para que o IPHAN estude os aspectos constituintes desse bem cultural, a fim de se verificar o seu valor cultural para o patrimônio imaterial brasileiro.

III. – DA CONCLUSÃO

30.Ante o exposto, opinamos pela rejeição do Projeto de Lei n.º 100/2012 que Declara a Caminhada de Maria, realizada no dia 15 de agosto de cada ano, do Santuário de Nossa Senhora da Assunção, na Barra do Ceará até a Catedral Metropolitana de Fortaleza do Ceará, vista que o referido Projeto de Lei não é o meio adequado para se reconhecer a aludida Caminhada como Patrimônio Cultural Imaterial Brasileiro.

31.Outrossim, sugerimos que o referido projeto de lei se transforme em indicação para que o IPHAN estude os aspectos constituintes desse bem cultural, a fim de se verificar o seu valor cultural para o patrimônio imaterial brasileiro.

Assim, concluído e fundamentado, levo o presente Parecer à apreciação do Sr. Procurador-Chefe, para que haja, s.m.j., posterior encaminhamento a Sra. Presidenta do IPHAN para a adoção das providências cabíveis.

Brasília, DF,
20 de julho de 2015
Antonio Fernando Alves Leal Neri
Procurador Federal[658]

Márcia Sant'Anna defende que o reconhecimento institucional de práticas como bens culturais imateriais depende da existência de grupos sociais que as reconheçam como elementos importantes dos seus patrimônios, de forma que faça sentido o esforço de reprodução, transmissão e de perpetuação dessas manifestações, o que significa que os bens culturais imateriais "não são passíveis de salvaguarda por si mesmos, mas somente por meio da atribuição a eles de um valor especial por parte daqueles que os detêm ou praticam, e do sentimento de pertencimento e de enraizamento na vida que promovem".[659]

A declaração de patrimônio cultural que almeje qualquer efetividade deve pautar-se, nesse passo, por "base social ativa e comprometida com esse processo".[660] Segundo a autora:

---

658 BRASIL. Advocacia-Geral da União. *Parecer n. 260/2015PF/IPHAN/SEDE.* Brasília, 20 jul. 2015.

659 SANT'ANNA, Márcia. Desafios e perspectivas da política federal de salvaguarda do patrimônio cultural. *Revista do Patrimônio Histórico e Artístico Nacional,* Brasília, n. 36/2017, Patrimônio: desafios e perspectivas, p. 95-106.

660 SANT'ANNA, Márcia. Desafios e perspectivas da política federal de salvaguarda do patrimônio cultural. *Revista do Patrimônio Histórico e Artístico Nacional,* Brasília, n. 36/2017, Patrimônio: desafios e perspectivas, p. 95-106.

Mesmo assim, diversos governos estaduais e municipais, além de câmaras legislativas das várias esferas, têm trilhado esse caminho. Um caminho, mais do que inócuo, que esvazia o conteúdo e, mesmo, compromete a política exemplar que vem sendo Implementada pelo Iphan nessas quase duas décadas. O DPI vem tentando contornar esse problema não apenas mediante investida junto às instâncias de poder, seminários, congressos, oficinas, mas também por meio da publicação da série Patrimônio cultural imaterial: para saber mais (2012, 2017a, 2017b), na qual, com linguagem acessível ao grande público e também aos detentores de bens culturais, e mediante fartas ilustrações, a delicadeza, a complexidade e o trabalho sério e constante exigidos na salvaguarda de referências culturais são explicitados. Mas é preciso ir mais além nessa cruzada de bem informar.[661]

Maria Cecília Londres, de igual modo, concebe a necessidade de definição de critérios a serem respeitados em qualquer processo de titulação de bens culturais de natureza imaterial: a) produção prévia de conhecimento comprobatória da continuidade histórica do bem; b) participação no processo de reconhecimento para legitimação social da iniciativa; e c) definição de condições efetivas de ação do poder público para salvaguarda do bem, em parceria com as comunidades envolvidas.[662] Contudo, ressalva Londres, que "o aspecto mais visível dessa política, no Brasil, tem sido a concessão de um título, o que é evidenciado em iniciativas de caráter meramente declaratório, seja em nível federal, estadual ou municipal",[663] o que gera "repercussão predominantemente política, sem maiores compromissos com a salvaguarda do bem, o que induz a uma percepção equivocada dos objetivos dessa política pública, contribuindo para sua banalização".[664]

---

661 SANT'ANNA, Márcia. Desafios e perspectivas da política federal de salvaguarda do patrimônio cultural. *Revista do Patrimônio Histórico e Artístico Nacional,* Brasília, n. 36/2017, Patrimônio: desafios e perspectivas, p. 95-106.

662 FONSECA, Maria Cecília Londres. A salvaguarda do patrimônio cultural imaterial no Iphan: antecedentes, realizações e desafios, *Revista do Patrimônio Histórico e Artístico Nacional*, Brasília, n. 35/2017, Iphan 1937-2017, p. 157-170.

663 FONSECA, Maria Cecília Londres. A salvaguarda do patrimônio cultural imaterial no Iphan: antecedentes, realizações e desafios, *Revista do Patrimônio Histórico e Artístico Nacional*, Brasília, n. 35/2017, Iphan 1937-2017, p. 157-170.

664 FONSECA, Maria Cecília Londres. A salvaguarda do patrimônio cultural imaterial no Iphan: antecedentes, realizações e desafios, *Revista do Patrimônio Histórico e Artístico Nacional*, Brasília, n. 35/2017, Iphan 1937-2017, p. 157-170.

Nesse sentido, a adoção da prática de seleção do patrimônio cultural por lei de iniciativa parlamentar nos poderes legislativos no Brasil tornou-se uma questão relevante, polêmica, de efeitos concretos e de respostas complexas. Embora recente e incipiente como objeto de pesquisa, o "enigma teórico-prático"[665] analisado tem sido enfrentado cotidianamente pelos poderes do Estado, pelos técnicos que lidam com o tema em suas mesas de trabalho, nas casas legislativas e nos órgãos de proteção patrimonial dos poderes executivos, e pelas comunidades que anseiam a preservação de sua cultura por meio do reconhecimento do valor de seus bens culturais.

Como realça José Afonso da Silva, "não se trata de proteger juridicamente todas as manifestações culturais, mas apenas os bens de natureza material e imaterial que sejam portadores de *referência à identidade, à ação, à memória dos diferentes grupos formadores da sociedade brasileira*" (grifo do autor).[666] Nessa linha, como destaca o jurista,

> Assim, **bens portadores de referência** são bens dotados de um valor de destaque que serve para definir a essência do objeto de relação ao qual se prende o princípio de referibilidade considerado. É que, no caso, **referência**, é também um signo de relação entre os bens culturais, como antecedentes ou referentes, e a **identidade**, a **ação** e **memória** dos diferentes grupos formadores da sociedade brasileira, como consequentes ou referidos. **Identidade**, **ação** e **memória** são os consequentes ou referidos que portam a ideia de manter com o passado uma relação enriquecedora do presente. E é nisso que se destaca o valor de referência que fundamenta a inclusão dos bens culturais referentes no patrimônio cultural brasileiro constitucionalmente protegido.[667]

No Brasil, entende Luiz Renato Vieira, consultor legislativo do Senado Federal na área de Desporto e Cultura, que o reconhecimento de um bem cultural como patrimônio cultural imaterial em âmbito federal decorre exclusivamente de ato administrativo do Conselho Consultivo do Iphan, considerada a competência atribuída pela legislação em vigor. Segundo o consultor, em outros países, a realização do registro é autorizada, também, pela via legislativa, por meio da

665 OST, François. A tese de doutorado em Direito: do projeto à defesa. *Revista de Estudos Constitucionais, Hermenêutica e Teoria do Direito (RECHTD)*, São Leopoldo, 7(2):98-116, p. 98-116, maio-agosto 2015.

666 SILVA, José Afonso da. *Ordenação Constitucional da Cultura*. São Paulo: Malheiros, 2001.

667 SILVA, José Afonso da. *Ordenação Constitucional da Cultura*. São Paulo: Malheiros, 2001, p. 114.

aprovação de projeto de lei. Realça, contudo, que "o modelo brasileiro é mais eficiente e adequado do ponto de vista técnico",[668] dado que a decisão sobre a seleção dos bens a serem tombados ou registrados não deve ser permeada por disputas políticas e pelo fato de que, como no caso colombiano, o Poder Legislativo "não dispõe de corpo técnico para a realização das análises e das eventuais diligências necessárias para a devida instrução dos processos de tombamento e registro de bens culturais".[669]

A Colômbia, a exemplo de outros países, adota modelo diferenciado para a seleção dos bens a serem registrados como patrimônio imaterial, podendo ser declarados patrimônio cultural "por meio de lei aprovada pelo Congresso da República. O Congresso colombiano tem competência, nos termos do que dispõe a Carta Política daquele país, para realizar o registro ou tombamento de bens culturais".[670]

É nesse quadro, de impossibilidade técnico-jurídica de utilização do tombamento e do registro pelo Poder Legislativo, conforme corroborado pelos posicionamentos institucionais já apresentados, que a Comissão de Constituição, Justiça e Cidadania do Senado Federal manifestou-se (Consulta nº 1, de 2013, da Comissão de Serviços de Infraestrutura – CI) sobre a constitucionalidade e a juridicidade dos projetos de lei que visam a alterar as relações descritivas da infraestrutura de transportes constantes do anexo da Lei nº 5.917, de 10 de setembro de 1973, que aprova o Plano Nacional de Viação.

Embora apresente objeto bastante diverso daquele normatizado pelas proposições de declaração de patrimônio cultural, em ambos os casos analisa-se a edição de atos do Poder Legislativo que, em razão do objeto e da natureza da tutela pretendida, não são leis em sentido material: "a prática de atos desse jaez pelo Poder Legislativo, exatamente por não se inserir no núcleo

---

668 VIEIRA, Luiz Renato. *Registro e Salvaguarda do Patrimônio Cultural Imaterial no Brasil*. Brasília: Núcleo de Estudos e Pesquisas/ CONLEG/Senado, Setembro/2016 (Texto para Discussão n. 211). Disponível em: www.senado.leg.br/estudos . Acesso em 15 out. 2019, p. 18-19.

669 VIEIRA, Luiz Renato. *Registro e Salvaguarda do Patrimônio Cultural Imaterial no Brasil*. Brasília: Núcleo de Estudos e Pesquisas/ CONLEG/Senado, Setembro/2016 (Texto para Discussão n. 211). Disponível em: www.senado.leg.br/estudos . Acesso em 15 out. 2019, p. 18-19.

670 VIEIRA, Luiz Renato. *Registro e Salvaguarda do Patrimônio Cultural Imaterial no Brasil*. Brasília: Núcleo de Estudos e Pesquisas/ CONLEG/Senado, Setembro/2016 (Texto para Discussão n. 211). Disponível em: www.senado.leg.br/estudos . Acesso em 15 out. 2019, p. 19.

de competências de edição de normas gerais e abstratas, somente pode ser admitida quando amparada em algum dispositivo constitucional".[671]

As leis de declaração de patrimônio, ao estabelecerem que cabe ao Poder Executivo o registro dos bens culturais objeto de sua normatização, tornam-se "leis autorizativas da prática de atos administrativos para os quais não há tal exigência constitucional", o que se revela não apenas antijurídico, "por inocuidade, mas também inconstitucional, por ser expressão de um poder que o legislador não tem."[672] Considera Renato Monteiro de Rezende que, no ordenamento jurídico brasileiro, dificilmente se poderia defender a existência de costume constitucional que justifique a assunção, "pelo Poder Legislativo, de competências tipicamente executivas, tendo em vista haver sido regulado expressamente, no texto constitucional, o exercício, por um Poder, de competências típicas de outro".[673]

A função de instrumentos como o tombamento e o registro é fazer "funcionar perfeitamente a memória",[674] abrindo "caminho para um futuro reconciliado"[675], que a lei declaratória não tem o condão de promover. A densidade e a complexidade do campo do patrimônio cultural demandam a cooperação entre os múltiplos atores e a implementação de instrumentos efetivos de acautelamento, capazes de promover a real preservação – para

---

671 REZENDE, Renato. M. *O Sistema Nacional de Viação e a Correção de Rota no Processo Legislativo*. Brasília: Núcleo de Estudos e Pesquisas/CONLEG/Senado, mar./2014 (Texto para Discussão nº 144). Disponível em: www.senado.leg.br/estudos. Acesso em: 15 out. 2019, p. 28.

672 REZENDE, Renato. M. *O Sistema Nacional de Viação e a Correção de Rota no Processo Legislativo*. Brasília: Núcleo de Estudos e Pesquisas/CONLEG/Senado, mar./2014 (Texto para Discussão nº 144). Disponível em: www.senado.leg.br/estudos. Acesso em: 15 out. 2019, p. 28.

673 REZENDE, Renato. M. *O Sistema Nacional de Viação e a Correção de Rota no Processo Legislativo*. Brasília: Núcleo de Estudos e Pesquisas/CONLEG/Senado, mar./2014 (Texto para Discussão nº 144). Disponível em: www.senado.leg.br/estudos. Acesso em: 15 out. 2019, p. 28.

674 OST, François. *O Tempo do Direito*. Tradução Élcio Fernandes. Bauru: Edusc, 2005, p.11

675 OST, François. *O Tempo do Direito*. Tradução Élcio Fernandes. Bauru: Edusc, 2005, p. 11.

o presente e para as futuras gerações – "ligando o passado", pelo veio da memória, e "ligando o futuro" por meio da promessa.[676]

"O Direito é algo que o homem faz atuando segundo valorações – vale dizer que o Direito é um objeto de cultura, visto como se integra dos três elementos fundamentais de todo objeto cultural – matéria (fato, conduta), valor e norma".[677] E, nesse sentido, "a lei, como Direito legislado, é a concretização da conduta do Poder Legislativo".[678] E "a conduta do legislador tem como missão revelar, em preceitos genéricos, o Direito (fato, valor e norma) que, social e historicamente, a sociedade tem como tal".[679]

E, assim, o ato legislativo não alcança o sentido teleológico do valor referente ao fato normatizado no caso dos bens culturais, uma vez que carece de imersão na realidade em que se insere a manifestação para apreensão da sua concretude no seio da comunidade que a produz, imersão que o procedimento administrativo do tombamento e do registro proporcionam à administração pública por intermédio de seu corpo técnico. Faz-se necessária, assim, a sedimentação de *loci* de atuação jurídica legítima do Poder Legislativo, ator do campo político que, na seara da preservação, também atua em constante mediação simbólica de sentidos de bens culturais não alcançados pelo Poder Executivo.

4.2. PRESERVAÇÃO DO PATRIMÔNIO CULTURAL: FÓRMULAS ALTERNATIVAS DE ACAUTELAMENTO PELO PODER LEGISLATIVO E MECANISMOS DE DEMOCRATIZAÇÃO

A Constituição de 1988, como já delineado, adotou um sistema de competências exclusivas, privativas e comuns, admitindo aos estados e ao Distrito Federal legislar concorrentemente sobre as matérias definidas no art. 24 e a proteção do patrimônio cultural e a garantia de acesso à cultura foram incluídas no rol de competências comuns, nos termos do art. 23, III, IV e V, do texto constitucional. A competência legislativa

---

676 OST, François. *O Tempo do Direito*. Tradução Élcio Fernandes. Bauru: Edusc, 2005, p. 11

677 SILVA, José Afonso da. *Processo Constitucional de Formação das Leis*. 3 ed. São Paulo: Malheiros Editores, 2017, p. 18.

678 SILVA, José Afonso da. *Processo Constitucional de Formação das Leis*. 3 ed. São Paulo: Malheiros Editores, 2017, p. 21.

679 SILVA, José Afonso da. *Processo Constitucional de Formação das Leis*. 3 ed. São Paulo: Malheiros Editores, 2017, p. 21.

encontra-se estabelecida no art. 24, VII, VIII e IX, da Constituição de 1988, tendo deixado o constituinte explícito que, no âmbito da legislação concorrente, cabe à União estabelecer normas gerais, não excluindo a competência suplementar dos estados, em conformidade com os §§ 1º ao 4º do mencionado dispositivo.

Nesse sentido, para acomodação jurídica do problema analisado, ideal seria a elaboração – se não pela União, em âmbito federal, pelo estado de Minas, considerada a permissão constitucional para edição de norma estadual sobre a matéria – de um marco normativo geral sobre proteção e salvaguarda do patrimônio cultural, que unifique a normatização da temática, de forma articulada e coesa, em que, a partir do conceito constitucional de patrimônio, se estabeleçam os instrumentos necessários de acautelamento e seus respectivos regramentos, para além de regulamentar aqueles previstos no art. 216 da CR/88, traria uma inovação ao prever, também, mecanismos para uso pelo Poder Legislativo.

O viés democrático do arcabouço jurídico-normativo em vigor e a concepção participativa que perpassa as práticas e as reflexões sobre preservação do patrimônio permitem que a atuação do Poder Legislativo seja contemplada, de modo que haja concertação entre os poderes, sem usurpação de atribuições, inerente ao sistema de freios e contrapesos, mediante colaboração e controle recíproco para preservação dos valores democráticos consagrados pelo ordenamento.

Importante, assim, no cenário democrático, empoderar o Poder Legislativo, espaço democrático por excelência, como ator de relevo na seara da preservação do patrimônio cultural, no sentido de que, embora não possua competência para seleção de bens aptos à composição do patrimônio cultural pela via do tombamento e do registro, se trata de ator importante do campo político e possuidor de instrumentos democráticos de participação, com o potencial de consolidar-se como sujeito de escuta e de reconhecimento de bens culturais de relevante valor cultural para Minas e para o Brasil, atuando em paralelo e em concertação com o Poder Executivo e seus instrumentos de acautelamento, em uma relação de complementação recíproca.

Imagem 73
As galerias do Plenário e outros espaços da Almg
consolidaram-se como um local aberto à população

Fonte: Acervo ALMG / Fotógrafo: Marcelo Metzker [680]

Faz-se necessária a compatibilização da atuação parlamentar aos mandamentos constitucionais, em reforço, sobretudo, ao disposto no texto constitucional, que consolida a atuação colaborativa e concertada entre poder público e comunidade, com o princípio da soberania popular, de modo que o Poder Legislativo priorize «a valorização dos ambientes eminentemente democráticos que representam os anseios da esfera pública».[681]

Nesse sentido, a Assembleia Legislativa de Minas, a exemplo de outros parlamentos no Brasil, possui mecanismos próprios de instrumentalização do processo legislativo aptos a estabelecer meios de reconhecimento da relevância cultural de bens no estado de forma democrática e participativa. Sugere-se a criação, no âmbito do marco normativo do Patrimônio – ou por lei de iniciativa do próprio parlamento – de um selo de reconhecimento do relevante interesse cultural dos bens culturais que seleciona, em

---

680 Acervo da Assembleia Legislativa de Minas Gerais – Belo Horizonte/MG. Disponível em: https://www.almg.gov.br/a_assembleia/memoria/linha_tempo/1989-2015/ Acesso em: 15 out. 2019.

681 BARACHO JÚNIOR, José Alfredo O.; PEREIRA, Bruno C. P. A. Direito Constitucional e Direito Parlamentar. In: BARACHO JÚNIOR, José Alfredo O.; PEREIRA, Bruno C. P. A (orgs.). *Direito Parlamentar:* discussões contemporâneas. Belo Horizonte: Editora Vorto, 2017, p. 11.

perspectiva semelhante aos critérios de fixação de datas comemorativas e, ainda, nos mesmos moldes dos critérios definidos na Lei Federal n. 9.985, de 18 de julho de 2000, que regulamenta o art. 225, § 1o, incisos I, II, III e VII da Constituição Federal, institui o Sistema Nacional de Unidades de Conservação da Natureza e dá outras providências.

Prevê a citada Lei Federal do Sistema Nacional de Unidades de Conservação da Natureza e respectivo regulamento – Decreto n. 4.340, de 22 de agosto de 2002 – que a criação de uma unidade de conservação deve ser precedida de estudos técnicos e de consulta pública que permitam identificar a localização, a dimensão e os limites mais adequados para a unidade:

> Art. 22. As unidades de conservação são criadas por ato do Poder Público.
> § 1o. (VETADO)
> § 2o. **A criação de uma unidade de conservação deve ser precedida de estudos técnicos e de consulta pública que permitam identificar a localização, a dimensão e os limites mais adequados para a unidade, conforme se dispuser em regulamento.**
> § 3o. No processo de consulta de que trata o § 2o, o Poder Público é obrigado a fornecer informações adequadas e inteligíveis à população local e a outras partes interessadas [...] (grifo nosso). [682]
>
> Art. 2°. O ato de criação de uma unidade de conservação deve indicar:
> I - a denominação, a categoria de manejo, os objetivos, os limites, a área da unidade e o órgão responsável por sua administração;
> II - a população tradicional beneficiária, no caso das Reservas Extrativistas e das Reservas de Desenvolvimento Sustentável;
> III - a população tradicional residente, quando couber, no caso das Florestas Nacionais, Florestas Estaduais ou Florestas Municipais; e
> IV - as atividades econômicas, de segurança e de defesa nacional envolvidas.
> Art. 3o. A denominação de cada unidade de conservação deverá basear-se, preferencialmente, na sua característica natural mais significativa, ou na sua denominação mais antiga, dando-se prioridade, neste último caso, às designações indígenas ancestrais.
> Art. 4 o. **Compete ao órgão executor proponente de nova unidade de conservação elaborar os estudos técnicos preliminares e realizar, quando for o caso, a consulta pública e os demais procedimentos administrativos necessários à criação da unidade.**

---

682 BRASIL. Lei Federal n. 9.985, de 18 de julho de 2000. Regulamenta o art. 225, § 1o, incisos I, II, III e VII da Constituição Federal, institui o Sistema Nacional de Unidades de Conservação da Natureza e dá outras providências. *Diário Oficial da União*, Brasília, 19 jul. 2000.

Art. 5o. A consulta pública para a criação de unidade de conservação tem a finalidade de subsidiar a definição da localização, da dimensão e dos limites mais adequados para a unidade.

§ 1 o. A consulta consiste em reuniões publicas ou, a critério do orgão ambiental competente, outras formas de oitiva da população local e de outras partes interessadas.

§ 2o. No processo de consulta pública, o órgão executor competente deve indicar, de modo claro e em linguagem acessível, as implicações para a população residente no interior e no entorno da unidade proposta (grifo nosso).[683]

O "Selo de Relevante Valor Cultural", de modo similar, seria instituído por lei e, para sua concessão, seriam estabelecidos parâmetros e critérios: i) aferição de relevante valor cultural do bem contemplado; ii) análise da relevância cultural diante de cada caso concreto; iii) apresentação de estudos que demonstrem a função sociocultural do bem e seu impacto na localidade; e iv) realização de consultas, audiências públicas ou de eventos institucionais para participação da comunidade.

A promoção de estudos como um dos critérios de certificação da relevância cultural pelo selo seria importante para auxiliar a instrumentalização da aferição do relevante valor cultural do bem *in loco,* no seio da comunidade e dos grupos sociais onde se localiza ou é produzido – conforme sua natureza –, o que propicia a catalogação do acervo de informações existentes para proteção, salvaguarda e mantença do bem. Os estudos são relevantes, ainda, para subsidiar a elaboração fundamentada das justificações das proposições normativas, na medida em que são relevantes para a consolidação do conceito de Devido Procedimento na Elaboração Normativa ou DPEN, como defende Ana Paula de Barcellos:

> Não cabe ao Direito Constitucional pretender tutelar o mérito da discussão política acerca do conteúdo das normas em uma democracia. O que se propõe [...] é um direito constitucional difuso a um Devido Procedimento na Elaboração Normativa ou DPEN. Em resumo, o devido procedimento na elaboração normativa gera deveres de natureza procedimental que exigem a apresentação pública de uma justificativa contendo razões e informações acerca das proposições normativas.[684]

---

683 BRASIL. Decreto n. 4.340, de 22 de agosto de 2002. Regulamenta artigos da Lei no 9.985, de 18 de julho de 2000, que dispõe sobre o Sistema Nacional de Unidades de Conservação da Natureza - SNUC, e dá outras providências. *Diário Oficial da União*, Brasília, 23 ago. 2002.

684 BARCELLOS, Ana Paula de. *Direitos Fundamentais e Direito à Justificativa:* devido procedimento na elaboração normativa. Belo Horizonte: Fórum, 2016, p. 21.

Em um contexto democrático de Lei de Acesso à Informação,[685] a justificativa das proposições deve conter "razões e informações sobre ao menos três temas essenciais: o problema que a norma pretende enfrentar, os resultados finais pretendidos pela norma, e os custos e impactos da medida que já se possa antecipar".[686] Com efeito, "a promoção geral dos direitos fundamentais depende não apenas de normas, mas de efetiva execução dessas normas e, além disso, de monitoramento e avaliações periódicas"[687] que verifiquem a execução e os resultados, o que intensifica a interlocução entre os poderes Executivo e Legislativo e seus respectivos instrumentos de acautelamento no campo da preservação, todos a serviço da cultura.

Avaliada no campo específico da preservação patrimonial, a elaboração de estudos e de justificativas[688] bem subsidiadas em cada caso concreto amplia o conhecimento do poder público sobre o bem, sua dinâmica e suas particularidade; auxilia a atuação conjunta do Legislativo e do Executivo e, ainda, a identificação do que Liana Portilho Mattos considera como critério que abrevia a distância entre o bem cultural e a sociedade: a "função social do Patrimônio cultural". Nesse sentido,

> Não basta preservar, é fundamental que essa preservação se justifique a partir do anseio social, sobretudo. Isso porque a identidade cultural de uma sociedade forma-se a partir de uma autoria em alteridade, e não em autoridade como poder emanado exclusivamente do Estado, tal qual nos idos da elaboração do Decreto-lei n. 25, de 1937.[689]

---

685 Cf. SOARES, Fabiana de Menezes. Acesso ao direito vigente: problemas, riscos e propostas para uma elaboração legislativa à luz dos valores republicanos e da Lei de Acesso à Informação.. In: ORIDES, Vladmir Oliveira da Silveira, MEZZAROBA, Mônica Bonetti Couto, SANCHES, Samyra Haydêe Dal Farra Nasponili. (Org.). *Volume -Justiça e [o Paradigma da] Eficiência -* Coletânea: Justiça, Empresa e Sustentabilidade. 1ed.Curitiba: Editora Clássica, 2013, v. 2, p. 07-350...

686 BARCELLOS, Ana Paula de. *Direitos Fundamentais e Direito à Justificativa:* devido procedimento na elaboração normativa. Belo Horizonte: Fórum, 2016, p. 22.

687 BARCELLOS, Ana Paula de. *Direitos Fundamentais e Direito à Justificativa:* devido procedimento na elaboração normativa. Belo Horizonte: Fórum, 2016, p. 20.

688 Cf. Anexo C –Tabela de Justificações dos Projetos de Lei de Declaração de Patrimônio Cultural da Assembleia Legislativa de Minas Gerais

689 MATTOS, Liana Portilho. *A Coisa Literária Como Fonte da Norma Jurídica:* o Movimento Modernista e o Patrimônio Cultural. 2018. Tese (Doutorado) – Programa de Pós-graduação em Direito, Universidade Federal de Minas Gerais, 2018, p. 211.

A instituição do selo de reconhecimento do relevante valor cultural dos bens culturais do Estado pelo Poder Legislativo consolidaria o parlamento como espaço e ator de mediação simbólica de seus parlamentares em interlocução no campo político com outros atores da seara da cultura, possibilitando a visibilidade de bens culturais invisíveis para os mediadores do órgão de proteção patrimonial, em razão da maior interiorização e capilarização da própria atuação do Parlamento, bem como pelo arcabouço de instrumentos de participação

Seria possível, para além da instituição do selo, estabelecer-se um calendário de realização de um seminário legislativo, a cada legislatura, para colher propostas dos atores participantes, com reuniões em todas as regiões do Estado, com vistas a consolidar documentos de propostas destinadas ao reconhecimento do relevante interesse cultural de variados bens culturais materiais e imateriais no Estado, com uso de emendas parlamentares, se for o caso, para realização de estudos e estímulo, *a posteriori*, do registro ou tombamento pelo Poder Executivo, também participantes dos eventos realizados em diálogo com o Parlamento e com os grupos sociais envolvidos.

A sedimentação de outro espaço de atuação do Poder Legislativo, em colaboração e não em concorrência com o Executivo, promoveria a contribuição do parlamento para o desenho de uma política institucional efetiva de preservação patrimonial, a partir da redefinição dos papéis de seus membros, da ampliação do uso dos instrumentos institucionais gestados no âmbito do Poder Legislativo e da democratização do processo legislativo com vistas à promoção do bem comum e à "construção de uma legislação íntegra e digna".[690]

A Assembleia de Minas, diante de seu desenvolvimento institucional,[691] em busca de novas condições para o exercício da representação política democrática, já possui instrumentos consolidados em longa trajetória, hábeis à instituição do selo e à democratização da participação por intermédio das Comissões de Cultura e de Participação Popular.

---

690 BARACHO JÚNIOR, José Alfredo O.; PEREIRA, Bruno C. P. A. Direito Constitucional e Direito Parlamentar. In: BARACHO JÚNIOR, José Alfredo O.; PEREIRA, Bruno C. P. A (orgs.). *Direito Parlamentar:* discussões contemporâneas. Belo Horizonte: Editora Vorto, 2017, p. 12.

691 ANASTASIA; Fátima; SANTOS, Manoel Leonardo. Conclusões. In: SANTOS, Manoel Leonardo; ANASTASIA, Fátima (Org.). *Política e desenvolvimento institucional no Legislativo de Minas Gerais*. Belo Horizonte: Editora PUC Minas, 2016.

Afirma Myriam Costa de que a Comissão de Participação Popular – CPP –, ao ser criada por meio da Resolução nº 5.212, de 29 de maio de 2003, permitiu que a Assembleia, em conjunto com a sociedade civil, passasse a interferir no processo de elaboração de projetos relevantes como o Plano Mineiro de Desenvolvimento Integrado – PMDI –e do PPAG. A Deliberação da Mesa nº 2.333, de 4 de junho de 2003, introduziu nas atribuições da CPP a possibilidade de realização de audiência para discussão, também, de outras matérias de natureza orçamentária.

A atuação articulada da Comissão de Participação Popular com a Comissão de Cultura, em parceria com a Gerência-Geral de Projetos Institucionais da ALMG, pode ser promissora no sentido de gestar eventos e ações de relevo efetivas na seara da preservação do patrimônio cultural. Propostas da sociedade civil referentes à matéria já aparecem em eventos perenes e importantes da Casa, não específicos sobre cultura, como o "PPAG" e o "Parlamento Jovem", e em eventos temáticos da área, como o "Fóruns Técnico Plano Estadual de Cultura", realizado nos anos de 2015 e 2016, que mobilizou centenas de pessoas em 12 (doze) encontros regionais"

> O fórum técnico foi realizado de 22/2 a 17/5/2016, em 12 encontros regionais que tiveram lugar em Ouro Preto, Araxá, Paracatu, Divinópolis, Governador Valadares, Montes Claros, Araçuaí, Alfenas, Uberlândia, Cataguases, Santa Luzia e Januária, com a participação de 1.328 pessoas. Além dos encontros regionais, o fórum promoveu consulta pública on-line com mais um canal de interlocução com a sociedade para apresentação de propostas. Encerrada a etapa de interiorização, a etapa final do evento ocorreu de 8 a 10 de junho de 2016 no Plenário da Assembleia Legislativa de Minas Gerais, momento em que foi aprovado o documento final do fórum técnico com 280 propostas.[692]

---

692 MINAS GERAIS. Comissão de Cultura. Parecer para Turno Único do Relatório de Evento Institucional nº 2/2016. Belo Horizonte, 2016.

Imagem 74
Estudantes de escolas mineiras na "Miniconstituinte", em 1987, criada pela ALMG
para colher sugestões destinadas à elaboração da Constituição da República

Fonte: Crédito Acervo ALMG [693]

---

693 Acervo da Assembleia Legislativa de Minas Gerais – Belo Horizonte/MG. Disponível em: https://www.almg.gov.br/a_assembleia/memoria/linha_tempo/1985-1989/ Acesso em: 15 out. 2019.

Imagem 75
Estudantes de escolas mineiras no "Parlamento Jovem de Minas", em 2017, criado pela ALMG para que estudantes conheçam melhor a política e os instrumentos de participação no Poder Legislativo municipal e estadual

Fonte: Crédito Daniel Protzner – ALMG [694]

A Assembleia de Minas tem a oportunidade, a partir do da pesquisa realizada e considerada sua trajetória institucional, de consolidar-se como espaço de deliberação e de participação, mediante construção de consensos; estabelecimento de fluxos de acompanhamento de demandas de proteção de bens culturais entre os poderes Executivo e Legislativo; concepção de um processo interno de recolhimento de subsídios relacionados aos bens culturais que pretende tutelar e, ao mesmo tempo, por meio da estruturação de um "devido processo de elaboração normativa".[695]

As soluções possíveis para o problema ou "enigma teórico", nas palavras de Ost, devem conjugar as particularidades do campo "preservação do patrimônio cultural", seus instrumentos e normatizações, com os

---

694 MINAS GERAIS. Assembleia Legislativa de Minas Gerais. *Parlamento Jovem de Minas conclui etapa estadual.* 2017. Disponível em: https://www.almg.gov.br/acompanhe/noticias/arquivos/2017/09/22_pj_minas_plenaria_final.html. Acesso em: 15 out. 2019.

695 BARCELLOS, Ana Paula de. *Direitos Fundamentais e Direito à Justificativa:* devido procedimento na elaboração normativa. Belo Horizonte: Fórum, 2016.

avanços e tendências de desenvolvimento institucional sustentável do Poder Legislativo como arena decisória democrática dotada de atividades e instrumentos voltados para o fortalecimento de suas capacidades. Bem assim, especialmente aquelas capacidades referentes às suas funções representativa, legislativa e de controle, uma vez que toda "atividade estatal, sobretudo a legislativa, deve ser desenvolvida em prol da consecução da finalidade pública".[696]

Nessa linha, a política de preservação do patrimônio cultural e respectiva regulação normativa, que se pretenda inclusiva e democrática, deve ancorar-se na construção de pactos, sustentados em premissas que traduzam a diversidade e a pluralidade que marcam a identificação de um bem coletivo arregimentado sobre individualidades e compreensões múltiplas. Deve o Poder Legislativo encontrar seu *locus* de atuação legítima e efetiva para a proteção do patrimônio cultural, de forma que o campo de produção legislativa não se consolide como microcosmos de reprodução de formas simbólicas de poder, como define Bourdieu,[697] onde o parlamento atua como mero mediador da luta dentro e fora do campo, mecanismo de reprodução da dominação externa referente a um universo já configurado com suas respectivas construções e distinções.

O poder simbólico impõe instrumentos de conhecimento e expressão – por isso compõe o *habitus* de todos os atores em luta no campo, promovendo interferências e desvios sobre frações dominadas, tendo o Estado papel importante nesse processo. Para Bourdieu, há um esforço dos atores para a manutenção do campo, por isso são feitas concessões – a luta pressupõe um acordo entre antagonistas –,[698] pactos pela conservação, produção e reprodução simbólica, legitimando determinada ordem.

---

696 BARACHO JÚNIOR, José Alfredo O.; PEREIRA, Bruno C. P. A. Direito Constitucional e Direito Parlamentar. In: BARACHO JÚNIOR, José Alfredo O.; PEREIRA, Bruno C. P. A (orgs.). *Direito Parlamentar*: discussões contemporâneas. Belo Horizonte: Editora Vorto, 2017, p. 12.

697 BOURDIEU, Pierre. *O Poder Simbólico*. 4. ed. Rio de Janeiro: Bertrand Brasil, 2001.

698 BOURDIEU, Pierre. *Questões de sociologia*. Rio de Janeiro: Marco Zero, 1983.

5. CONCLUSÕES

> O Estado em questão? Jamais o Estado esteve mais presente e os Estados foram mais poderosos. Disso resulta uma dupla tentação: a do compromisso, a da negação. A acreditar que é doravante impossível libertar-se de sua inelutabilidade. As concepções políticas do século XX partem do fato "Estado": como garantia das liberdades, como esperança de emancipação universal, como expressão autêntica da Nação, como lugar de acumulação do Saber e de suas técnicas. Alimentam todas as ilusões acerca de sua necessidade, a partir do momento em que só argumentam sobre suas finalidades e esquecem de pôr em questão o seu princípio.[699]

As leis declaratórias de patrimônio cultural de iniciativa parlamentar, hoje disseminadas entre os Poderes Legislativos municipais, estaduais e federal, foram interrogadas, neste livro, sob o ângulo de sua capacidade de instituição, de sua legitimidade e de sua efetividade do ponto de vista da proteção real concedida aos bens culturais objeto de sua tutela. A produção normativa analisada que concede, aos bens culturais que seleciona, o título de "Patrimônio Cultural" tem gerado polêmica e dissenso entre as casas legislativas no Brasil e os órgãos administrativos de proteção patrimonial, o que lança luz, apesar da inadequação jurídica da via eleita, à questão central da pesquisa realizada: delinear o papel e a forma mais efetiva de atuação do Poder Legislativo no campo das políticas de preservação do patrimônio cultural no Brasil.

A escolha do tema e do recorte proposto parte da angústia gerada no cotidiano de acompanhamento dos trabalhos da Comissão de Cultura da Assembleia Legislativa de Minas Gerais. A partir da identificação do volume de projetos de lei distribuídos à citada comissão, referentes à declaração de patrimônio cultural de diversos bens materiais e imateriais no território do estado, e, detectadas, ainda, as recorrentes manifestações do Poder Executivo,

---

699 CHÂTELET, François; PISIER-KOUCHNER, Évelyne. *As Concepções Políticas do Século XX*: História do Pensamento Político. Tradução de Carlos Nelson e Leandro Konder. Rio de Janeiro: Zahar Editores, 1983, p. 742.

por intermédio do Iepha-MG, contrárias aos pleitos dos parlamentares no âmbito da tramitação das proposições, verificou-se a necessidade de definição de papéis e de instrumentos mais claros de atuação do Poder Legislativo, uma vez que o instrumental estabelecido pela legislação em vigor está localizado no escopo de competências do Poder Executivo.

Os órgãos e instituições vinculados às políticas de preservação do patrimônio, bem assim os autores e teóricos que se debruçam sobre a temática – e a jurisprudência majoritária –, possuem entendimento no sentido de atribuir ao Poder Executivo e seus instrumentos de acautelamento, em especial o tombamento e o registro, a competência exclusiva para construção do patrimônio cultural no Brasil, campo de poder simbólico bourdieusiano no qual atores diversos – com ênfase nos intelectuais dos órgãos de proteção –, promovem a seleção dos bens aptos a referenciar a identidade, a ação, a memória dos diferentes grupos formadores da sociedade.

Consolidada a pesquisa, verifica-se que a longa lista de argumentos técnico-jurídicos e principiológicos não permite conclusão distinta, confirmando a hipótese inicial de investigação: o tombamento e o registro são instrumentos de natureza administrativa, cujos procedimentos são definidos de modo taxativo pela legislação em vigor no escopo de competência exclusiva do Poder Executivo, por razões definidas, sobretudo, no texto constitucional, no Decreto-Lei n. 25, de 1937, e no Decreto n. 3.551, de 2000, em âmbito federal, acrescidos do Decreto n. 42.505, de 2002, em Minas Gerais: i) a necessidade de realização de estudos técnicos para aferição, no caso concreto, do relevante valor cultural que distingue o bem investigado como apto a compor o patrimônio cultural; ii) a existência de órgãos administrativos patrimoniais consolidados, como no caso do Iphan, há mais de 80 (oitenta) anos, em longa trajetória teórico-conceitual e técnica de atuação desde as décadas de 1920 e 1930, o que sedimentou um *habitus* no campo da preservação que é inerente à existência do corpo técnico especializado; iii) necessidade de aferição, no caso concreto, do engajamento dos grupos sociais produtores do bem cultural e de seu desejo de continuidade e de permanência, mote de qualquer iniciativa, mesmo que por parte do Estado, de proteção e salvaguarda do patrimônio cultural; e iv) em razão disso, a imprescindibilidade de participação da sociedade e dos interessados nos processos de tombamento e de registro, considerado o quadro democrático inaugurado pela CR/88, à luz do devido processo, da ampliação subjetiva de legitimados para requerer a preservação e do empoderamento dos grupos pela via da democracia participativa.

Contudo, mesmo que esteja evidenciada a competência do Poder Executivo para a construção do patrimônio por intermédio dos instrumentos citados, o contexto democrático e a redefinição das funções do Estado – legislativa, executiva e judiciária –, no âmbito das políticas públicas, permitem conceber a legitimidade da atuação do parlamento no campo da preservação patrimonial, o que enseja a necessidade de se verificar por quais instrumentos isso se viabilizaria, visto que a produção de leis de declaração não se mostra adequada: i) por ter se consolidado como leis meramente autorizativas; ii) por não preverem meios efetivos de acautelamento e de perenização do bem cultural ou plano de salvaguarda; e iii) por resvalar em competência atribuída ao Executivo.

O Poder Legislativo é ator do campo político e, por isso, legitimado como mediador simbólico de interesses e de valores culturais outros que não aqueles formadores do patrimônio cultural – monopólio do Poder Executivo –, mas de suas comunidades de origem, de seus eleitores, de bens culturais invisíveis aos procedimentos administrativos ordinários do Executivo que não permitem uma escuta alargada e capilarizada que, por vezes, somente o espaço democrático do Legislativo permite, uma vez que as casas legislativas possuem instrumentos de interiorização da atuação parlamentar, de participação social e de oitiva das demandas populares que a administração pública não possui.

Nesse sentido, o parlamento torna-se, assim, também ator do campo de preservação, de modo que o diálogo entre os campos do patrimônio e político deve ser promovido pelo processo legislativo democrático e seus instrumentos institucionais. No caso da Assembleia de Minas, são vastas as possibilidades: o site de políticas públicas – instrumento de monitoramento da execução das políticas públicas do Executivo pelo Legislativo –, a realização dos seminários legislativos, fóruns técnicos e dos eventos de participação da elaboração no PPAG, em que se tem colhido, como na edição de 2017, variadas propostas referentes à proteção e à salvaguarda de bens materiais e imateriais.

Faz-se necessário identificar, com foco na preservação do patrimônio, os instrumentos disponíveis, acrescidos da regulamentação – por norma geral sobre patrimônio ou por lei específica – de critérios para a escolha de bens culturais que demonstrem relevante interesse cultural,[700] para Minas Gerais, e que tenham abrangência realmente estadual – e não meramente municipal

---

700 E também o valor social. Cf. Função Social do Patrimônio Cultural como critério de aferição do relevante valor cultural. MATTOS, Liana Portilho. *A Coisa Literária como Fonte da Norma Jurídica*: o Movimento Modernista e o Patrimônio Cultural.

porque os municípios dispõem de mecanismos de preservação, incentivados pela política do ICMS cultural, a exemplo. Nessa linha, propôs-se a criação de uma certificação cultural por meio do "Selo Mineiro de Relevante Valor Cultural", um instrumento democrático, inserido no processo legislativo, em que o parlamento poderá reconhecer o relevante valor cultural de determinado bem, mediante realização de audiência, consulta pública ou realização de evento institucional, para participação das comunidades e dos grupos sociais interessados, e apresentação de estudos que demonstrem a função sociocultural do bem e seu impacto na localidade, em paralelismo aos critérios definidos na Lei Federal n. 9.985, de 2000, e Lei Estadual n. 22.858, de 2018.

Finalizados os levantamentos, os tratamentos dos dados e as análises das possibilidades técnicas e jurídicas possíveis, verifica-se a possibilidade de atuação do Poder Legislativo no campo das políticas de preservação do patrimônio cultural no Brasil, à luz do texto constitucional de 1988 e do contexto narrado de consolidação do Estado Democrático de Direito, marcado pela interlocução necessária entre poder público e comunidade: autoridade e alteridade.[701]

Nessa linha, o papel desempenhado pelo Poder Legislativo na construção de um novo paradigma democrático[702] e na preservação do patrimônio cultural necessita ser analisado à luz da interação concertada com o Poder Executivo, tendo como contexto a concepção clássica da relação entre os poderes, no bojo da nova construção democrática em processo, pela conquista de espaços participativos, embasados no arcabouço normativo proposto pelo princípio da separação dos poderes inscrito na Constituição da República de 1988. A teoria democrática contemporânea abriga um extenso debate sobre a necessidade e as dificuldades de se realizar o ideal da democracia como ordem política na qual as decisões resultem de interações entre atores envolvidos em legítimos processos de deliberação pública.

2018. Tese (Doutorado) – Programa de Pós-graduação em Direito, Universidade Federal de Minas Gerais, 2018.

701 Cf. MATTOS, Liana Portilho. *A Coisa Literária como Fonte da Norma Jurídica:* o Movimento Modernista e o Patrimônio Cultural. 2018. Tese (Doutorado) – Programa de Pós-graduação em Direito, Universidade Federal de Minas Gerais, 2018.

702 DAGNINO, Evelina. Sociedade Civil, Espaços Públicos e a Construção Democrática no Brasil: Limites e Possibilidades: In: DAGNINO, Evelina (org.) *Sociedade Civil e Espaços Públicos no Brasil.* São Paulo: Paz e Terra, 2002. p. 9-45.

Para estruturação deste trabalho, foram adotadas como variáveis estruturantes o "Poder Legislativo" e o "patrimônio cultural", e, como fio condutor, o Estado: a consolidação do Estado moderno; seus elementos fundantes pós-Westphalia – em especial, o povo e sua identidade por intermédio da construção de uma narrativa de consolidação do patrimônio cultural formador do Estado-nação após a Revolução Francesa; suas funções essenciais de legislação, administração e jurisdição; e, finalmente, sua personificação, no recorte analisado, nos poderes da República.

O material de pesquisa levantando foi bastante vasto e as constatações empíricas, igualmente reveladoras, de modo que se verificou a necessidade de prosseguimento de pesquisa futura em razão da extrapolação do escopo do problema *a priori* definido, o que demandará, além de análise complementar à luz de novos objetivos e de nova hipótese, grande imersão de campo e inserção em pressupostos teóricos da ciência política e dos estudos legislativos. A pesquisa realizada envolveu um campo dinâmico, valorativo, e temporalmente situado, ensejador, no tempo e no espaço, de questões orgânicas que envolvem o cotidiano de trabalho de técnicos, de consultores, de parlamentares e o sentimento de pertencimento de milhares de brasileiros que vivem e sobrevivem da reprodução de bens culturais pela via da perpetuação entre gerações.

O patrimônio cultural é um importante indicador da formação e da estrutura de identidades culturais e a definição de diretrizes e de critérios para aferição da relevância cultural de bens componentes do patrimônio ou não implica gestar identidades mais ou menos inclusivas, mais ou menos legitimadas. A busca pela preservação do patrimônio, em especial, na iminência da perda promovida pelas mudanças recentes na pós-modernidade, é um indício da sedimentação de um novo contexto, talvez mesmo de um novo paradigma, em que novas vozes passam a ser ouvidas e na qual se concebe, assim, a consolidação do Poder Legislativo como agente no campo do desenho institucional das políticas de preservação do patrimônio cultural.

REFERÊNCIAS

AHMED, Flávio; SOARES, Inês Virginia Prado. *Bens Culturais e Cidades Sustentáveis*. Rio de Janeiro: Lumen Juris, 2016.

ALBANO, Cecília. Gestão Pública do Patrimônio: Uma Forma de Interpretar as Cidades. In Seminário Inventário de Bens Culturais: Uma Interpretação das Cidades. *Anais ...* Belo Horizonte, 2004, p.09-11.

ALVES, Ana Cláudia Lima e. Conhecer para Preservar. In Seminário Inventário de Bens Culturais: Uma Interpretação das Cidades. *Anais ...* Belo Horizonte, 2004, p.12-19.

ALVES, Flávia Lima e. *Patrimônio imaterial*: disposições constitucionais, normas correlatas, bem imateriais registrados. Brasília: Senado Federal, Subsecretaria de Edições Técnicas, 2012.

ANASTASIA, Fátima; INÁCIO, Magna. Democracia, Poder Legislativo, interesses e capacidades. *Cadernos Aslegis* (Impresso), v. 40, p. 33-54, 2010.

ANASTASIA; Fátima; SANTOS, Manoel Leonardo. Conclusões. In: SANTOS, Manoel Leonardo; ANASTASIA, Fátima (Org.). *Política e desenvolvimento institucional no Legislativo de Minas Gerais*. Belo Horizonte: Editora PUC Minas, 2016.

ANASTASIA; Fátima; SANTOS, Manoel Leonardo. Introdução. In: SANTOS, Manoel Leonardo; ANASTASIA, Fátima (Org.). *Política e desenvolvimento institucional no Legislativo de Minas Gerais*. Belo Horizonte: Editora PUC Minas, 2016.

ANDERSON, Benedict. *Comunidades Imaginadas*. São Paulo: Companhia das Letras, 2008.

ARAUJO, Marinella e AZEVEDO, Eder Marques de. *A Horizontalização do Planejamento no Estado Democrático de Direito*: Uma proposta à luz do pacto federativo e da teoria dos custos dos direitos. In ANAIS DO XV CONGRESSO BRASILIENSE DE DIREITO CONSTITUCIONAL DO IDP. Disponível em: http://www.idp.edu.br/component/docman/doc.../320-anais-do-congresso.

ARAÚJO, Ricardo Benzaquen de. *Guerra e Paz*: Casa-grande e Senzala e a Obra de Gilberto Freyre nos Anos 30. Rio de Janeiro: Editora 34, 1994.

ARENDT, Hannah. *A condição humana*. Rio de Janeiro: Forense Universitária, 1999.

ARRETCHE, Marta. Federalismo e igualdade territorial: uma contradição em termos? *Dados* Rio de Janeiro, v. 53, p. 587-620, 2010.

ARRETCHE, Marta. *Democracia, federalismo e centralização no Brasil*. 1. ed. Vol. 1. Rio de Janeiro: Fundação Getulio Vargas/Fiocruz, 2012.

ARTER, David. Introduction: Comparing the legislative performance of legislatures, *The Journal of Legislative Studies*, 2006, 12:3-4, 245-257.

ARTER, David. Conclusion. Questioning the 'mezey question': An interrogatory framework for the comparative study of legislatures, *The Journal of Legislative Studies*, 2006, 12:3-4, 462-482.

ATIENZA, Manuel. *Contribución a una Teoria de la Legislación*. Madrid, Editorial Civitas, 1997.

AVELAR, Lúcia; CINTRA, Antônio Octávio. (Org.). *Sistema Político Brasileiro*: uma introdução. São Paulo: Konrad-Adenauer-Stiftung; Ed. Unesp, 2007, p. 225-241.

ÁVILA, Humberto. *Segurança Jurídica*: entre permanência, mudança e realização no Direito Tributário. 2. ed. ver. atual. ampl. São Paulo: Malheiros Editores, 2012.

AVRITZER, Leonardo. Sociedade civil, instituições participativas e representação: da autorização à legitimidade da ação. *Dados*. Rio de Janeiro, v. 50, n. 3, p. 443-464, 2007. Disponível em: http://www.scielo.br/pdf/dados/v50n3/01.pdf.

BAPTISTA, Patrícia. Discricionariedade e Controle na Tutela do Patrimônio Histórico e Cultural: Reserva da Administração na Escolha entre Interesses Públicos Concorrentes e os Limites da Intervenção dos Poderes Judiciário e Legislativo. *Fórum Administrativo* – Fa, Belo Horizonte, ano 15, n. 167, p. 66-74, jan. 2015.

BARACHO JÚNIOR, José Alfredo O.; PEREIRA, Bruno C. P. A. Direito Constitucional e Direito Parlamentar. In: BARACHO JÚNIOR, José Alfredo O.; PEREIRA, Bruno C. P. A (orgs.). *Direito Parlamentar*: discussões contemporâneas. Belo Horizonte: Vorto, 2018.

BARCELLOS, Ana Paula de. *Direitos Fundamentais e Direito à Justificativa*: devido procedimento na elaboração normativa. Belo Horizonte: Fórum, 2016.

BARROSO, Luís Roberto. *Interpretação e Aplicação da Constituição*. São Paulo: Saraiva, 1999.

BARROSO, Luís Roberto. *O Direito Constitucional e a Efetividade de suas Normas*: limites e possibilidades da Constituição Brasileira. 8 Ed. Rio de Janeiro: Renovar, 2006.

BERMAN, Marshall. *Tudo que é Sólido Desmancha no Ar:* a aventura da modernidade. Tradução Carlos Felipe Moisés e Ana Maria L. Ioriatti. São Paulo: Companhia das Letras, 1986.

BHABHA, Homi. *O Local da Cultura.* Belo Horizonte: Editora UFMG, 2003.

Bhattacherjee, Kallol. *Comment.* 2004. Disponível em: www.india-seminar. com/2004/542/542%20comment.htm.

BINENBOJM, Gustavo. *A Nova Jurisdição Constitucional Brasileira*: legitimidade democrática e instrumentos de realização. 3. ed. rev. atual. Rio de Janeiro: Renovar, 2010.

BINENBOJM, Gustavo. *Uma Teoria do Direito Administrativo*: direitos fundamentais, democracia e constitucionalização. 2.ed. rev. atual. Rio de Janeiro: Renovar, 2008.

BOBBIO, Norberto. *Dicionário de Política.* 5. ed. Vol. 1. Brasília: UnB, 1993.

BOBBIO, Norberto. *Liberalismo e Democracia.* Tradução Marco Aurélio Nogueira. São Paulo: Brasiliense, 1997.

BOBBIO, Norberto. *O Filósofo e a Política*: antologia. Tradução César Benjamim e Vera Ribeiro. Rio de Janeiro: Contraponto, 2003.

BOBBIO, Norberto. *O Futuro da Democracia.* São Paulo: Paz e Terra, 1992.

BOURDIEU, Pierre. A Economia das Trocas Linguísticas. In: ORTIZ, Renato (org.). *A Sociologia de Pierre Bourdieu.* São Paulo: Olho d'Água, 2003, p. 144-169.

BOURDIEU, Pierre. *Economia das Trocas Simbólicas.* São Paulo: Perspectiva, 2013.

BOURDIEU, Pierre. *La Distinction, Critique sociale du jugement.* Paris: Minuit, 1979.

BOURDIEU, Pierre. O Campo Político, *Revista Brasileira de Ciência Política*, n.5 Brasília, p. 193-216 Jan./July 2011.

BOURDIEU, Pierre. *O Poder Simbólico.* 4. ed. Rio de Janeiro: Bertrand Brasil, 2001.

BOURDIEU, Pierre. *Questões de sociologia.* Rio de Janeiro: Marco Zero, 1983.

BOURDIEU, Pierre. *Sobre o Estado.* Tradução Rosa Freire d'Aguiar. São Paulo: Companhia das Letras, 2014.

BOURDIEU, Pierre. Trabalhos e Projetos. In: ORTIZ, Renato (org.). *A Sociologia de Pierre Bourdieu.* São Paulo: Olho d'Água, 2003, p. 32-38.

BRASIL. Advocacia-Geral da União. *Parecer n. 260/2015PF/IPHAN/SEDE.* Brasília, 20 jul. 2015.

BRASIL. Câmara dos Deputados. Comissão de Cultura. *Súmula.* Disponível em: http://www2.camara.leg.br/.

BRASIL. *Constituição Política do Imperio do Brazil*. Rio de Janeiro, 25 de março de 1824. Disponível em: http://www.planalto.gov.br/ccivil_03/constituicao/constituicao24.htm .

BRASIL. *Constituição da República dos Estados Unidos do Brasil*. Rio de Janeiro, 24 de fevereiro de 1891. Disponível em: http://www.planalto.gov.br/ccivil_03/constituicao/constituicao91.htm. Acesso em: 17 dez. 2017.

BRASIL. *Constituição da República dos Estados Unidos do Brasil*. Rio de Janeiro, 16 de julho de 1934. Disponível em: http://www.planalto.gov.br/ccivil_03/constituicao/constituicao34.htm.

BRASIL. *Constituição da República dos Estados Unidos do Brasil*. Rio de Janeiro, 30 de novembro de 1937. Disponível em: http://www.planalto.gov.br/ccivil_03/constituicao/constituicao37.htm.

BRASIL. *Constituição da República dos Estados Unidos do Brasil*. Rio de Janeiro, 18 de setembro de 1946. Disponível em: http://www.planalto.gov.br/ccivil_03/constituicao/constituicao46.htm.

BRASIL. *Constituição da República Federativa do Brasil*. Brasília, 24 de janeiro de 1967. Disponível em: http://www.planalto.gov.br/ccivil_03/constituicao/constituicao67.htm.

BRASIL. Constituição da República Federativa do Brasil de 1988. Nós, representantes do povo brasileiro, reunidos em Assembléia Nacional Constituinte para instituir um Estado Democrático, destinado a assegurar o exercício dos direitos sociais e individuais.... *Diário Oficial da União*, Brasília, 5 out. 1988. Disponível em: http://www.planalto.gov.br/ccivil_03/constituicao/constituicaocompilado.htm.

BRASIL. Constituição (1988). *Constituição da República Federativa do Brasil*. Diário Oficial da União, Brasília, 5 out. 1988.

BRASIL. Decreto nº.3.551, de 04 agosto de 2000. Institui o Registro de Bens Culturais de Natureza Imaterial que constituem patrimônio cultural brasileiro, cria o Programa Nacional do Patrimônio Imaterial e dá outras providências. *Diário Oficial da União*, Brasília, 5 ago. 2000. Disponível em: http://www.planalto.gov.br/ccivil_03/decreto/d3551.htm.

BRASIL. Decreto n. 4.340, de 22 de agosto de 2002. Regulamenta artigos da Lei no 9.985, de 18 de julho de 2000, que dispõe sobre o Sistema Nacional de Unidades de Conservação da Natureza - SNUC, e dá outras providências. *Diário Oficial da União*, Brasília, 23 ago. 2002.

BRASIL. Decreto n. 9.238, de 15 de dezembro de 2017. Aprova a Estrutura Regimental e o Quadro Demonstrativo dos Cargos em Comissão e das Funções de Confiança do Instituto do Patrimônio Histórico e Artístico Nacional - IPHAN, remaneja cargos em comissão e substitui cargos em comissão do Grupo-Direção e

Assessoramento Superiores - DAS por Funções Comissionadas do Poder Executivo - FCPE. *Diário Oficial da União*, Brasília, 16 dez. 2017.

BRASIL. Decreto-Lei n. 25, de 30 de novembro de 1937. Organiza a proteção do patrimônio histórico e artístico nacional. *Diário Oficial da União*, Brasília, 02 dez. 1937. Disponível em: http://www.planalto.gov.br/ccivil_03/decreto-lei/Del0025.htm..

BRASIL. Decreto-Lei n. 4.657, de 04 de setembro de 1942. Lei de Introdução às normas do Direito Brasileiro. Brasília, *Diário Oficial da* União, 9 set. 1942.

BRASIL. *Instituto do Patrimônio Histórico e Artístico Nacional*. Disponível em: www.iphan.gov.br.

BRASIL. Instituto do Patrimônio Histórico e Artístico Nacional. Departamento de Patrimônio Imaterial. *Parecer Projeto de Emenda à Constituição n. 304/2017.* "Acrescenta o § 7º ao art. 225 da Constituição Federal, para determinar que práticas desportivas que utilizem animais não são consideradas cruéis, nas condições que especifica". Brasília, 21 fev. 2017.

BRASIL. Instituto do Patrimônio Histórico e Artístico Nacional. Departamento de Patrimônio Imaterial. *Processo Administrativo n. 01450.005855/2015-86.* Projeto de Lei nº 100/2012 – Lei 13.130, de 03 de junho de 2015. Ementa: "Declara a Caminhada com Maria, realizada no dia 15 de agosto de cada ano, do Santuário de Nossa Senhora da Assunção na Barra do Ceará até a Catedral Metropolitana de Fortaleza, Estado do Ceará, Patrimônio Cultural Imaterial do Brasil". Brasília, 19 set. 2016.

BRASIL. Instituto do Patrimônio Histórico e Artístico Nacional. Resolução nº 1, de 3 de agosto de 2006. *Diário Oficial da União*, Brasília, Publicada no 23 de março de 2007.

BRASIL. Lei n. 12.527, de 18 de novembro de 2011. Regula o acesso a informações previsto no inciso XXXIII do art. 5º, no inciso II do § 3º do art. 37 e no § 2º do art. 216 da Constituição Federal; altera a Lei nº 8.112, de 11 de dezembro de 1990; revoga a Lei nº 11.111, de 5 de maio de 2005, e dispositivos da Lei nº 8.159, de 8 de janeiro de 1991; e dá outras providências. Brasília, *Diário Oficial*, 19 nov. 2011.

BRASIL. Lei Federal n. 9.985, de 18 de julho de 2000. Regulamenta o art. 225, § 1o, incisos I, II, III e VII da Constituição Federal, institui o Sistema Nacional de Unidades de Conservação da Natureza e dá outras providências. *Diário Oficial da União*, Brasília, 19. jul. 2000.

BRASIL. Ministério da Cultura. *Estruturação, Institucionalização e Implementação do Sistema Nacional de Cultura.* Brasília: Ministério da Cultura, 2011.

BRASIL. Ministério da Educação e Cultura. *Proteção e revitalização do patrimônio cultural no Brasil: uma trajetória.* Brasília: Ministério da Educação e Cultura;

Secretaria do Patrimônio Histórico e Artístico Nacional; Fundação Nacional Pró-Memória, 1980.

BUENO, Vera Americano. Patrimônio Cultural Brasileiro e Legislação: Um Panorama. *Senatus: Cadernos da Secretaria de Informação e Documentação*, Brasília, Senado Federal, v. 4, n. 1, p. 18-25, nov. 2005.

BURAWOY, Michael. *O marxismo encontra Bourdieu.* Campinas: Editora da Unicamp, 2010.

CAMPOS, Yussef Daibert Salomão de. O Patrimônio Cultural como objeto de Lei: legalização, constituinte, revolução. In: CAMPOS, Yussef Daibert Salomão de (Org.). *Patrimônio Cultural Plural.* Belo Horizonte: Arraes Editores, 2015.

CANOTILHO, J.J. Gomes. Os impulsos modernos para uma Teoria da Legislação, Legislação. *Cadernos de Ciência de Legislação*, (1), Abril - Junho 1991, p. 7-13.

CAPPELLETTI, Mauro; GARTH, Bryant. *Acesso à Justiça.* Tradução e Revisão: Ellen Gracie Northfleet. Porto Alegre: Sérgio Antônio Fabris Editor, 1988.

CARVALHO, Ivan Lira de. Estética Urbana e Patrimônio Cultural: Preocupações do Direito Ambiental. *Lex: Jurisprudência do Supremo Tribunal Federal*, Brasília, v.25, n.300, p. 5-21, dez. 2003.

CASTELLS, Alicia Norma González de; NARDI, Letícia (Org). *Patrimônio Cultural e Cidade Contemporânea.* Florianópolis: Editora UFSC, 2012.

CASTELLS, Alicia Norma González de. Apresentação. In: CASTELLS, Alicia Norma González de; NARDI, Letícia (Org). *Patrimônio Cultural e Cidade Contemporânea.* Florianópolis: Editora UFSC, 2012.

CASTELLS, Manuel. *O Poder da Identidade.* v. 2. São Paulo: Paz e Terra, 1999.

CASTRO, Sônia Rabello de. *Coletânea de Leis sobre Preservação do Patrimônio.* 1. ed. Brasília: Edições do Patrimônio, 2006.

CASTRO, Sônia Rabello de. *O Estado na Preservação dos Bens Culturais.* Rio de Janeiro: Renovar, 1991.

CASTRO, Sônia Rabello de. O Estado na preservação dos bens culturais: o tombamento. Rio de Janeiro: IPHAN, 2009.

CASTRO, Sônia Rabello de. Tombamento e Legislação Urbanística: competência e gestão. In: FERNANDES, Edésio; ALFONSIN, Betânia (Org.). *Revisitando o Instituto do Tombamento.* Belo Horizonte: Ed. Fórum, 2010, p. 37-49.

CASTRO, Sônia Rabello de. Tombamento e Proteção aos Bens Culturais. In: PESSOA, Álvaro (Org.). Direito do Urbanismo: uma visão sócio-jurídica. Rio de Janeiro: Livros Técnicos e IBAM, 1981.

CAVALCANTI, Maria Laura Viveiros de Castro; FONSECA, Maria Cecília Londres. *Patrimônio Imaterial no Brasil:* Legislação e Políticas Estaduais. Brasília: UNESCO, 2008.

CERTEAU, Michel de. *A Invenção do Cotidiano.* Artes de Fazer. 12ª ed. Petrópolis: Vozes, 1994.

CHÂTELET, François; PISIER-KOUCHNER, Évelyne. *As Concepções Políticas do Século XX*: História do Pensamento Político. Tradução de Carlos Nelson e Leandro Konder. Rio de Janeiro: Zahar Editores, 1983.

CHEVALLIER, Jacques. La rationalisation de la production juridique. In: MORAND, Charles Albert (ed). *L`Etat propulsif- contribution à l`étude des instruments d`action de l`État*, Paris, Publisud, 1991.

CHEVALLIER, Jacques. *O Estado Pós-moderno.* Tradução Marçal Justen Filho. Belo Horizonte: Editora Fórum.

CHOAY, Françoise. *O Patrimônio em Questão*: antologia para um debate. Belo Horizonte: Fino Traço, 2011, p. 89.

CHUVA, Márcia Regina Romero. *Os Arquitetos da Memória*: sociogênese das práticas de preservação do patrimônio cultural no Brasil (anos 1930-1940). Rio de Janeiro: UFRJ, 2009, p. 47

CHUVA, Márcia; NOGUEIRA, Antônio Gilberto Ramos (Org.). *Patrimônio Cultural*: políticas e perspectivas de preservação no Brasil. Rio de Janeiro: Mauad X; Faperj, 2012.

CHUVA, Márcia. Preservação do Patrimônio Cultural no Brasil: uma perspectiva histórica, ética e política. In: CHUVA, Márcia; NOGUEIRA, Antônio Gilberto Ramos (Org.). *Patrimônio Cultural*: políticas e perspectivas de preservação no Brasil. Rio de Janeiro: Mauad X; Faperj, 2012.

CINTRA, Antônio Carlos Araújo; GRINOVER, Ada Pellegrini; DINAMARCO, Cândido Rangel. *Teoria Geral do Processo.* 23. ed. São Paulo: Malheiros, 2007.

COELHO, Vera Schattan P.; NOBRE, Marcos. *Participação e deliberação* – teoria democrática e experiências institucionais no Brasil contemporâneo. São Paulo: Editora 34.

Corsane, Gerard. Transforming Museums and Heritage in Postcolonial and Post-Apartheid South Africa: The Impact of Processes of Policy Formulation and New Legislation. *Social Analysis*, v. 48 Issue 1, p5, 11p; Spring 2004.

COSTA, Márcia Helena Batista Corrêa da. *Participação democrática e planejamento urbano*: o Conselho de Política Urbana e as Conferências de Política Urbana em Belo Horizonte. 2011. Tese (Doutorado) – Programa de Pós-graduação em Sociologia, Universidade Estadual de Campinas, 2011.

COSTA, Mila Batista Leite Corrêa da. *A Preservação da Herança Cultural Intangível*: A Contribuição das Nações Unidas. Guia de Estudos, Belo Horizonte, p.198-211, set. 2004.

COSTA, Mila Batista Leite Corrêa da. *A Preservação da Herança Cultural Intangível*: Hibridismo e Narrativas da Nação Moderna. 2005. Monografia. Pontifícia Universidade Católica de Minas Gerais, Belo Horizonte, 2005.

COSTA, Mila Batista Leite Corrêa da. *Tutela Jurídica do Patrimônio Imaterial*: Origem e Legitimidade. 2009. Monografia. Universidade Federal de Minas Gerais, Belo Horizonte, 2009.

COSTA, Mila Batista Leite Corrêa da. *Tutela e Efetividade dos Direitos Trabalhistas no Procedimento Licitatório*: Esteios de Sustentabilidade e Ressignificação. 2012. Dissertação (Mestrado) – Programa de Pós-graduação em Direito, Universidade Federal de Minas Gerais, Belo Horizonte, 2009.

COSTA, Mila Batista Leite Corrêa da. Patrimônio Cultural e Identidade Pós-colonial: Memória, Hibridismo, Violência e Representação. In: LOPES, Mônica Sette; MATOS, Andityas Soares de M. C.; SANTANA, Eder Fernandes. (Org.). *Representações da violência*: direito, literatura, cinema e outras artes. 1ed.Belo Horizonte: D'Plácido, 2017, v. 1, p. 69-96.

COSTA, Mila Batista Leite Corrêa da; MATTOS, Liana Portilho; PIRES, Maria Coeli Simões. Gestão do Patrimônio Cultural. In: CASTRO, Carmem L. F.; GONTIJO, Cynthia R. B.; PINTO, Luciana Moraes R. S. (Org.). *Dicionário de Políticas Públicas*. V. 2. Barbacena: Editora da Universidade do Estado de Minas Gerais, 2015.

COSTA, Mila Batista Leite Corrêa da; PIRES, C. A. S. Memória e Patrimônio Cultural no Mosaico da Urbe: Dimensões do Direito, do Esquerdo e Narrativas do Estado Pós-moderno. In: Maria Tereza Fonseca Dias; Maria Elisa Braz Barbosa; Mila Batista Leite Corrêa da Costa; Caio Barros Cordeiro. (Org.). *Estado e Propriedade*. Estudos em Homenagem à Professora Maria Coeli Simões Pires. 1ed. Belo Horizonte: Fórum, 2015, v. 1, p. 129-148.

COSTA, Mila Batista Leite Corrêa da; PIRES, Maria Coeli Simões. Função Social do Espaço Urbano: Uso do Solo e Construção de Sustentabilidades. *Revista Interesse Público*, Belo Horizonte, ano 14, n.74, jul./ago.2012.

COSTA, Mila Batista Leite Corrêa da; SENA, A. G. O. Judicialização das Relações Sociais e Desigualdade de Acesso: Por uma Reflexão Crítica. In: ORSINI, Adriana Goulart de Sena; COSTA, Mila Batista Leite Corrêa da; ANDRADE, Oyama Karyna Barbosa (Org.). *Justiça do Século XXI*. São Paulo: LTr, 2014, p. 51-68.

COSTA, Mila Batista Leite Corrêa da; TORRES, Letícia M.; JABER, Samy C. A.; CORDEIRO, Caio B. Inovações Introduzidas no Acompanhamento da Agenda Institucional da Assembleia Legislativa de Minas Gerais, visando a Subsidiar a Tomada de Decisões Estratégicas do Chefe do Poder Executivo. In: VI Congresso

Consad de Gestão Pública - Conselho Nacional dos Secretários de Estado de Administração, 2013, Brasília. *Anais...* Brasília: Consad, 2013.

COSTA, Rodrigo Vieira. *A Dimensão Constitucional do Patrimônio Cultural: o tombamento e o registro sob a ótica dos direitos culturais.* Rio de Janeiro: Lumen Juris, 2011.

CRUZ, Álvaro Ricardo de e DUARTE, Bernardo Augusto Ferreira. *Além do Positivismo Jurídico.* Belo Horizonte: Arraes Editores.

DAHL, Robert. *Um Prefácio à Teoria Democrática.* Rio de Janeiro: Jorge Zahar.

DALARI, Dalmo de Abreu. *Elementos de Teoria Geral do Estado.* 2 ed. São Paulo: Saraiva, 1998.

DANTAS, Fabiana Santos. Guerra e Paz: Uma Análise da Evolução das Normas Internacionais de Proteção ao Patrimônio Cultural. Revista de Direito Constitucional e Internacional, São Paulo, v.18, n.71, p. 85-102, abr./jun. 2010.

DEACON, Harriet et al. Legal and financial instruments for safeguarding our intangible heritage. In: 14th ICOMOS General Assembly and International Symposium: Place, memory, meaning: preserving intangible values in monuments and sites, *Proceedings* ... 27 – 31 oct 2003.

DEACON, Harriet; MNGOLO, Sephai; PROSALENDIS, Sandra. *Protecting Our Cultural Capital:* A Research Plan for the Heritage Sector. Cape Town: HSRC Publishers, 2003.

DEACON, Harriet et al. *The Subtle Power of Intangible Heritage.* Cape Town: HSRC Press, 2004.

DI PIETRO, Maria Sylvia Zanella. *Direito Administrativo.* São Paulo: Atlas, 2009.

DIAS, Maria Tereza Fonseca; MENDONÇA, Luiza Teodoro de. O Controle judicial do "relevante valor cultural" de bens tombados na jurisprudência mineira: a discricionariedade administrativa e a proteção do patrimônio cultural. *Meritum,* Belo Horizonte, v. 10, n. 1, p. 239-274, jan./jun.2015.

DIAS, Maria Tereza Fonseca; PAIVA, Carlos Magno de Souza (Coord.). *Direito e Proteção do Patrimônio Cultural Imóvel.* Belo Horizonte: Fórum, 2010.

DOWNS, Anthony. *An Economic Theory of Democracy.* Edusp, 1999).

DULCI, Otavio Soares. O Legislativo em dois tempos: a modernização da Assembleia mineira e seus antecedentes. In: SANTOS, Manoel Leonardo; ANASTASIA, Fátima (Org.). *Política e desenvolvimento institucional no Legislativo de Minas Gerais.* Belo Horizonte: Editora PUC Minas, 2016.

DULCI, Otávio Soares; FARIA, Maria Auxiliadora. *Diálogo com o tempo:* 170 anos de Legislativo Mineiro. Belo Horizonte: Assembleia Legislativa de Minas Gerais, 2005.

ESTADÃO. *Brasília por Gautherot*. 2010. Disponível em: http://internacional. estadao.com.br/blogs/olhar-sobre-o-mundo/brasilia-por-gautherot/. Acesso em: 17 dez. 2017.

ESTEFAM, Aline Faiwichow. A Preservação do Patrimônio Cultural e o Tombamento. Revista Brasileira de Estudos da Função Pública, Belo Horizonte, v.5, n.14, maio/ago. 2016.

FAIRWEATHER, Ian. Anthropology, Postcolonialism and the Museum. *Social Analysis*, v. 48, Issue 1, p1, 4p, Spring2004.

FARIA, Cristiano Ferri Soares de. *O parlamento aberto na era da internet*: pode o povo colaborar com o Legislativo na elaboração das leis?. Brasília: Câmara dos Deputados, Edições Câmara, 2012. Disponível em: http://bd.camara.gov.br/bd/ bitstream/handle/bdcamara/7867/parlamento_aberto_faria.pdf?sequence=1.

FERREIRA FILHO, Manoel Antônio. *Do processo legislativo*. 6 ed. São Paulo: Saraiva, 2007.

FERNANDES, Edésio. Direito e Gestão na Cidade Democrática no Brasil. In: BRANDÃO, Carlos Antônio Leite (Org.). *As Cidades da Cidade*. Belo Horizonte: Editora UFMG, 2006.

FIGUEIREDO, Ana Paula Carvalho. *A Efetividade das Normas Constitucionais de Proteção Ambiental*: os resíduos sólidos no Município de Belo Horizonte. 2002. 58f. Monografia (conclusão do curso) – Universidade Federal de Minas Gerais, Faculdade de Direito, Belo Horizonte.

FIGUEIREDO, Argelina C.; LIMONGI, Fernando. *Executivo e Legislativo na Nova Ordem Constitucional*. São Paulo: Ed. FGV, 1999.

FINNEMORE, Martha. *International Organizations as Teachers of Norms: The United Nations Educational, and Cultural Organization and Science Policy. International Organization*, v. 47, n. 4, p. 565 – 597, outono de 1993.

FISHKIN, James. Possibilidades democráticas virtuais: perspectivas da democracia via internet. In: EISENBERG, José; CEPIK, Marco (Orgs). *Internet e Política*: teoria e prática da democracia eletrônica. Belo Horizonte: Ed. UFMG.

FIORILLO, Celso Antônio Pacheco; RODRIGUES, Marcelo Abelha. *Manual de Direito Ambiental e Legislação Aplicável*. São Paulo: Max Limonad, 1997.

FONSECA, Maria Cecília Londres. A salvaguarda do patrimônio cultural imaterial no Iphan: antecedentes, realizações e desafios, *Revista do Patrimônio Histórico e Artístico Nacional*, Brasília, n. 35/2017, Iphan 1937-2017, p. 157-170.

FONSECA, Maria Cecília Londres. *O Patrimônio em Processo*: trajetória da política federal de preservação no Brasil. 2 ed. rev. ampl. Rio de Janeiro: Editora UFRJ; MinC-Iphan, 2005.

FONSECA, Maria Cecília Londres. Patrimônio e Performance: uma relação interessante. In: GUSMÃO, Rita; TEIXEIRA João G. L. C; GARCIA, Marcus V. C. *Patrimônio Imaterial, Performance Cultural e (re) tradicionalização*. Brasília: ICS-UNB, 2004, p.19-30.

FONSECA, Maria Cecília Londres. Referências Culturais: Base para Novas Políticas de Patrimônio. In: CORSINO e outros. *Inventário Nacional de Referências Culturais*: Manual de Aplicação. Brasília: Instituto do Patrimônio Histórico e Artístico Nacional, 2000.

FONSECA, Maria Cecília Londres. Referências Culturais: Base para novas políticas de patrimônio, *Revista Políticas Sociais*: acompanhamento e análise, p.111-120.

FRANK, Robert. *Os Americanos*. Fotografias de Robert Frank. Introdução de Jack Kerouac. Tradução de Jorio Dauster. São Paulo: Instituto Moreira Sales, 2017.

GARCIA, Rodolfo. *Ensaio sobre a História Política e Administrativa no Brasil*. Rio de Janeiro: José Olympio Editor, 1956.

GIDDENS, Anthony. *As consequências da modernidade*. Tradução Raul Fiker. São Paulo: UNESP, 1991.

GOMES, Carla Amado. *Textos Dispersos de Direito do Patrimônio Cultural e de Direito do Urbanismo*. Lisboa: AAFDL, 2008.

GONÇALVES, José Reginaldo Santos. *A Retórica da Perda*. Rio de Janeiro: Editora UFRJ, 1996.

GUSTIN, Miracy Barbosa de Sousa; DIAS, Maria Tereza Fonseca. *(Re)Pensando a Pesquisa Jurídica*: Teoria e Prática. 3. ed. Belo Horizonte: Del Rey, 2015.

HALBERTSMA, Marlite; LUÏSCIUS, Alex Van S. *Globalization and Cultural Heritage*. 2004. Disponível em: www.fhk.eur.nl/onderzoek/globalisation/ globalisationandculturalheritage.pdf.

HALL, Stuart. *A Identidade Cultural na Pós-modernidade*. Rio de Janeiro: DP&A, 2000.

HELD, David. *Modelos de Democracia*. Belo Horizonte: Paidéia, 1996.

HARTOG, François. *Regimes de Historicidade*: presentismo e experiências do tempo. Belo Horizonte: Autêntica, 2013, p. 229-230.

HELLER, Agnès. Uma crise global da civilização: os desafios futuros. In: HELLER, Agnès et al. *A crise dos paradigmas em Ciências Sociais e os desafios para o século XXI*. Rio de Janeiro: Contraponto, 1999, p. 13-32.

HOLANDA, Sérgio Buarque de. *Raízes do Brasil*. 26. ed. São Paulo: Companhia das Letras, 1995.

INÁCIO, Magna; RENNÓ, Lucio. Estudos Legislativos no Brasil. In: INÁCIO, Magna; RENNÓ, Lucio (Orgs.). *Legislativo Brasileiro em Perspectiva Comparada.* Belo Horizonte: Editora UFMG, 2009, p. 17-32.

INÁCIO, Magna; RENNÓ, Lucio (Orgs.). *Legislativo Brasileiro em Perspectiva Comparada.* Belo Horizonte: Editora UFMG, 2009.

INÁCIO, Magna; ANASTASIA, Fátima; SANTOS, Fabiano. Parlamento na atualidade: Tendências de mudança e inovação. *Revista do Legislativo,* v. 43, p. 130-151, 2010. Disponível em: http://www.almg.gov.br/opencms/export/sites/default/consulte/publicacoes_assembleia/period icas/revistas/arquivos/pdfs/43/09_parlamento_na_atualidade.pdf.

INÁCIO, Magna; ANASTASIA; Fátima; SANTOS, Fabiano. O Parlamento na atualidade: tendências de mudanças e inovações. In: SANTOS, Manoel Leonardo; ANASTASIA, Fátima (Org.). *Política e desenvolvimento institucional no Legislativo de Minas Gerais.* Belo Horizonte: Editora PUC Minas, 2016.

INSTITUTO DO PATRIMÔNIO HISTÓRICO E ARTÍSTICO NACIONAL. Conselho Consultivo. *Ata da 66a. Reunião realizada em 09 de dezembro de 2010.* Disponível em: http://portal.iphan.gov.br/atasConselho. Acesso em: 17 fev. 2016.

INSTITUTO DO PATRIMÔNIO HISTÓRICO E ARTÍSTICO NACIONAL. Conselho Consultivo. Ata da 73ª. Reunião realizada em 05 de junho de 2013. Disponível em: http://portal.iphan.gov.br/atasConselho.

LANA, Ricardo Samuel de. Memória e Patrimônio Cultural. *LPH: Revista de História,* Porto Alegre v.2, n.1, p.91, 1991.

LARAIA, Roque de Barros. Patrimônio Imaterial: conceitos e implicações. In: GUSMÃO, Rita; TEIXEIRA João G. L. C; GARCIA, Marcus V. C. *Patrimônio Imaterial, Performance Cultural e (re) tradicionalização.* Brasília: ICS-UNB, 2004, p.12-18.

LASMAR, Jorge M. O Fluxo de Arte e as Relações Internacionais: narrativa, circulação e Identidade. *Revista Fronteira,* Belo Horizonte, v. 1, n.1, p. 83-102, nov. 2001.

LIJPHART, Arend. *Modelos de Democracia:* desempenho e padrões de governo em 36 países. Rio de Janeiro: Civilização Brasileira, 2003.

JUSTEN FILHO, Marçal. *Curso de Direito Administrativo.* São Paulo: Saraiva, 2005.

LIMA Jr., Olavo Brasil. *Os Partidos Políticos Brasileiros*: a experiência Federal e Regional: 1945-64. Rio de Janeiro, Graal, 1983.

LOPES, Mônica Sette. Clarice Lispector e o perdão: incidências e coincidências. In: LOPES, Mônica Sette; LACERDA, Bruno Amaro. *Imagens da Justiça.* São Paulo: LTR, 2010.

LÖWY, Michael. Walter Benjamin: *Aviso de Incêndio* – uma leitura das teses "Sobre o conceito de história". Tradução de Wanda Nogueira Caldeira Brant. São Paulo: Boitempo, 2005.

LYE, Jonh. *The Literature of the Colonized.* 1998. Disponível em: www.emory. edu. Acesso em 21 out. 2008.

LYE, John. *Some Issues in Postcolonial Theory*: The literature(s) of the colonized. 1998.

MAGALHAES, José Luiz Quadros de (coord). *Direito a Diversidade e Estado Plurinacional.* Belo Horizonte: Arraes.

MANCUSO, Wagner. O Lobby da Indústria no Congresso Nacional: Empresariado e Política no Brasil Contemporâneo. *DADOS – Revista de Ciências Sociais*, Rio de Janeiro, vol. 47, n. 3, p. 505 a 547, 2004.

MARCHESAN, Ana Maria Moreira. O Entorno Dos Bens Culturais E A Identidade Das Cidades: Da Proteção Aos Aspectos Materiais E Imateriais Do Patrimônio Cultural Urbano. *Revista de Direito Ambiental*, v.16, n.63, p. 395-420, jul./set. 2011.

MARCHESAN, Ana Maria Moreira. O Estatuto Da Cidade (Lei 10.257/2001) E A Proteção Do Patrimônio Cultural Urbano. *Revista de Direito Ambiental*, v. 12, n. 48, p. 46-65, out./dez. 2007.

MARSHALL, T. H. *Cidadania, Classe Social e Status.* Rio de Janeiro: Zahar, 1967.

MATTOS, Liana Portilho. *A Coisa Literária como Fonte da Norma Jurídica*: o Movimento Modernista e o Patrimônio Cultural. 2018. Tese (Doutorado) – Programa de Pós-graduação em Direito, Universidade Federal de Minas Gerais, 2018.

MELLO, Daniela Almeida de; SAAD, Denise de Souza. O Estatuto da Cidade e os Dez Anos de Criação de Instrumentos Jurídicos Inovadores: Estudo de Impacto de Vizinhança e a Preservação do Patrimônio Cultural. *Revista Brasileira de Direito Municipal*, Belo Horizonte, v.14, n.47, jan./mar. 2013.

MELO, Carlos Ranulfo; ALCÁNTARA SAEZ, M. (Org.). *A Democracia Brasileira*: Balanço e Perspectivas para o Século 21. 1. ed. Belo Horizonte: Ed. UFMG, 2007.

MENDES, Antônio Arthur Barros. A tutela do patrimônio cultural imaterial brasileiro. Breves reflexões. *Jus Navigandi,* Teresina, ano 9, n. 633, 2 abr. 2005. Disponível em: http://jus2.uol.com.br/doutrina/texto.asp?id=6543 .

MENDES, Gilmar Ferreira. Os Direitos Fundamentais e seus múltiplos significados na ordem constitucional. *Revista Jurídica Virtual*, Brasília, vol. 2, n. 13, junho/1999.

MENDONÇA, Ricardo Fabrino; MAIA, Rousiley. *Exclusão e deliberação:* buscando ultrapassar as assimetrias do intercâmbio público de razões. Contracampo, Rio de Janeiro,

n. 15, p. 201-218, 2006. Disponível em: http://www.uff.br/contracampo/index. php/revista/article/view/554.

MENDONÇA, Ricardo Fabrino; PEREIRA, Marcus Abílio. *Democracia digital e deliberação online:* um estudo de caso sobre o VotenaWeb. IV Congresso Latino Americano de Opinião Pública. Belo Horizonte, 4 a 6 de maio de 2011. Disponível em: http://www.waporlatinoamerica.org/descargas/documentos/ Ricardo_Fabrino_Mendona_1.pdf.

MENEGUIN, F. B.; MAGNA, I. *Desempenho do Poder Legislativo:* como avaliar? Brasília: Núcleo de Estudos e Pesquisas/CONLEG/Senado, Setembro/ 2014 (Texto para Discussão nº 155). Disponível em: www.senado.leg.br/estudos.

MIGNOLO, Walter. La Razón Postcolonial: Herencias Coloniales y Teorias Postcoloniales. *In Gragoatá.* Niterói: EDUFF, 1996.

MINAS GERAIS. Assembleia Legislativa de Minas Gerais. Balanço das atividades. Disponível em: http://www.almg.gov.br/a_assembleia/balanco/index.html. \

MINAS GERAIS. Assembleia Legislativa de Minas Gerais. *Diário do Legislativo.* Belo Horizonte, 5 de mar. 2009.

MINAS GERAIS. Assembleia Legislativa de Minas Gerais. *Direcionamento Estratégico:* Assembleia 2020. Disponível em: http://www.almg.gov.br/open-cms/export/sites/default/consulte/publicacoes_assembleia/obras_referencia/ arquivos/pdfs/direcionamento_estrategico/publicacao_direcionamento_estra-tegico_2013_2015.pdf.

MINAS GERAIS. Assembleia Legislativa de Minas Gerais. *Dossiê / Processo 28 - Cultura: Política e Financiamento.* Acervo Arquivístico – Atividades do Processo Legislativo. 2004. Disponível em: https://atom.almg.gov.br/index. php/cultura-politica-e-financiamento.

MINAS GERAIS. Assembleia Legislativa de Minas Gerais. *Manual de Redação Parlamentar.* 3ª ed. Belo Horizonte: ALMG, 2013.

MINAS GERAIS. Assembleia Legislativa de Minas Gerais. *Memória.* Disponível em: https://www.almg.gov.br/a_assembleia/memoria/memorial/arquivos/01_le-gislativo-mineiro/index.html.

MINAS GERAIS. Assembleia Legislativa de Minas Gerais. *Memória:* Linha do Tempo. Disponível em: https://www.almg.gov.br/a_assembleia/memoria/linha_ tempo/1835-1889/index.html.

MINAS GERAIS. Assembleia Legislativa de Minas Gerais. *Patrimônio histórico é tema de Debate Público*. 1999. Disponível em: https://www.almg.gov.br/acompanhe/noticias/arquivos/1999/09/SCT135062.html.

MINAS GERAIS. Assembleia Legislativa de Minas Gerais. *Regimento interno da Assembleia Legislativa*. 12. ed. Belo Horizonte: Assembleia de Minas Gerais, 2016.

MINAS GERAIS. Assembleia Legislativa do Estado de Minas Gerais. *Revista do Legislativo:* em nome do povo: memória e desdobramentos da Constituinte Estadual: 20 anos Constituição Mineira 89/09. Belo Horizonte: Assembleia Legislativa do Estado de Minas Gerais, n. 42, jan/dez de 2009.

MINAS GERAIS. Constituição do Estado. Disponível em: https://www.almg.gov.br/export/sites/default/consulte/legislacao/Downloads/pdfs/ConstituicaoEstadual.pdf.

MINAS GERAIS. Decreto n. 45.850, de 28 de dezembro de 2011, que contém o Estatuto do Instituto Estadual de Patrimônio Histórico e Artístico de Minas Gerais. *Diário Oficial de Minas Gerais*, Belo Horizonte, 29 dez. 2011.

MINAS GERAIS. Imprensa Oficial de Minas Gerais. *Manifesto dos Mineiros*: 70 Anos, Memória. Belo Horizonte, Imprensa Oficial, 2013.

MINAS GERAIS. Instituto Estadual do Patrimônio Histórico e Artístico de Minas Gerais. *As Folias de Minas*. Disponível em: http://www.iepha.mg.gov.br/index.php/programas-e-acoes/patrimonio-cultural-protegido/bens-registrados/details/2/5/bens-registrados-as-folias-de-minas.

MINAS GERAIS. Instituto Estadual do Patrimônio Histórico e Artístico de Minas Gerais. *Comunidade dos Arturos*. Disponível em: http://www.iepha.mg.gov.br/index.php/programas-e-acoes/patrimonio-cultural-protegido/bens-registrados/details/2/2/bens-registrados-comunidade-dos-arturos.

MINAS GERAIS. Instituto Estadual do Patrimônio Histórico e Artístico de Minas Gerais. *Legislação*. Disponível em http://www.iepha.mg.gov.br/index.php/institucional/legislacao/14-patrimonio-cultural-protegido/bens-tombados/158-conjunto-paisag%C3%ADstico-das-cachoeiras-do-tombo-da-fuma%C3%A7a.

MINAS GERAIS. Instituto Estadual do Patrimônio Histórico e Artístico. *O Iepha*. Disponível em: http://www.iepha.mg.gov.br/index.php/institucional/o-iepha#hist%C3%B3ria.

MINAS GERAIS. Instituto Estadual do Patrimônio Histórico e Artístico de Minas Gerais. *Modo de fazer o queijo artesanal da região do Serro*. Disponível em: http://www.iepha.mg.gov.br/index.php/programas-e-acoes/patrimonio-cultural-protegido/bens-registrados/details/2/4/bens-registrados-modo-de-fazer-o-queijo-artesanal-da-regi%C3%A3o-do-serro.

MINAS GERAIS. Instituto Estadual do Patrimônio Histórico e Artístico. *Patrimônio Cultural Protegido*. Disponível em: http://www.iepha.mg.gov.br/index.php/programas-e-acoes/patrimonio-cultural-protegido..

MINAS GERAIS. Instituto Estadual do Patrimônio Histórico e Artístico de Minas Gerais. Portaria n. 47, de 28 de novembro de 2008. Dispõe sobre os procedimentos e normas internas de instrução dos processos de Registro de bens culturais de natureza imaterial ou intangível, no âmbito do Instituto Estadual do Patrimônio Histórico e Artístico de Minas Gerais - IEPHA/MG. *Diário Oficial de Minas Gerais*, Belo Horizonte, 29 nov. 2008.

MINAS GERAIS. Instituto Estadual do Patrimônio Histórico e Artístico de Minas Gerais. *Rio São Francisco*. Disponível em: http://iepha.mg.gov.br/index.php/programas-e-acoes/patrimonio-cultural-protegido/bens-inventariados/details/3/3/bens-inventariados-rio-s%C3%A3o-francisco.

MINAS GERAIS. Lei n. 14.007, de 04 de outubro de 2001. Declara o Trecho Mineiro do Rio São Francisco Patrimônio Cultural, Paisagístico e Turístico do Estado e dá Outras Providências. *Diário Oficial de Minas Gerais*, Belo Horizonte, 5 out. 2001.

MINAS GERAIS. Lei n. 18.030, de 12 de janeiro de 2009. Dispõe sobre a distribuição da parcela da receita do produto da arrecadação do ICMS pertencente aos Municípios. *Diário Oficial de Minas Gerais*, Belo Horizonte, 13 jan. 2009.

MINAS GERAIS. Lei n. 18.086, de 15 de abril de 2009. Declara Patrimônio Cultural do Estado a Rota de Peregrinação Caminho da Luz. *Diário Oficial de Minas Gerais*, Belo Horizonte, 16 abr. 2009.

MINAS GERAIS. Lei n. 18.057, de 01 abril de 2009. Declara Patrimônio Cultural do Estado o Processo Artesanal de Fabricação do Doce Denominado Pé-De-Moleque Produzido no Município de Piranguinho. *Diário Oficial de Minas Gerais*, Belo Horizonte, 2 abr. 2009.

MINAS GERAIS. Lei n. 18.058, de 01 abril de 2009. Declara Patrimônio Cultural do Estado a Rota de Peregrinação Caminho da Fé. *Diário Oficial de Minas Gerais*, Belo Horizonte, 2 abr. 2009.

MINAS GERAIS. Lei n. 20.628, de 17 de janeiro de 2013. Declara Patrimônio Histórico e Cultural do Estado a Orquestra Sinfônica do Estado de Minas Gerais. *Diário Oficial de Minas Gerais*, Belo Horizonte, 18 jan. 2013.

MINAS GERAIS. Lei n. 22.257, de 27 de julho de 2016. Estabelece a estrutura orgânica da administração pública do Poder Executivo do Estado e dá outras providências. *Diário Oficial de Minas Gerais*, Belo Horizonte, 28 jul. 2016.

MINAS GERAIS. Lei n. 22.453, de 23 de dezembro de 2016. Declara patrimônio cultural mineiro a Orquestra Sinfônica da Polícia Militar de Minas Gerais. *Diário Oficial de Minas Gerais*, Belo Horizonte, 24 dez. 2016.

MINAS GERAIS. Lei n. 22.454, de 23 de dezembro de 2016. Declara patrimônio cultural do Estado o ofício das quitandeiras. *Diário Oficial de Minas Gerais*, Belo Horizonte, 24 dez. 2016.

MINAS GERAIS. Lei n. 22.455, de 23 de dezembro de 2016. Declara patrimônio cultural do Estado a Festa Nacional do Biscoito em Japonvar. *Diário Oficial de Minas Gerais*, Belo Horizonte, 24 dez. 2016.

MINAS GERAIS. Lei n. 22.456, de 23 de dezembro de 2016. Declara patrimônio cultural do Estado a Vesperata de Diamantina. *Diário Oficial de Minas Gerais*, Belo Horizonte, 24 dez. 2016.

MINAS GERAIS. Lei n. 22.457, de 23 de dezembro de 2016. Declara patrimônio cultural do Estado o modo de fazer tricô do Município de Monte Sião. *Diário Oficial de Minas Gerais*, Belo Horizonte, 24 dez. 2016.

MINAS GERAIS. Lei n. 22.458, de 23 de dezembro de 2016. Declara patrimônio cultural do Estado a gastronomia mineira. *Diário Oficial de Minas Gerais*, Belo Horizonte, 24 dez. 2016.

MINAS GERAIS. Lei n. 22.462, de 23 de dezembro de 2016. Declara patrimônio cultural mineiro a Banda Sinfônica do Corpo de Bombeiros Militar de Minas Gerais. *Diário Oficial de Minas Gerais*, Belo Horizonte, 24 dez. 2016.

MINAS GERAIS. Lei n. 22.627, de 31 de julho de 2017, que institui o Plano Estadual de Cultura de Minas Gerais. *Diário Oficial de Minas Gerais*, Belo Horizonte, 01 ago. 2017.

MINAS GERAIS. Lei n. 22.858, de 08 de janeiro de 2018. Fixa critério para a instituição de data comemorativa estadual. *Diário Oficial de Minas Gerais*, Belo Horizonte, 9 jan. 2018.

MINAS GERAIS. Lei n. 22.896, de 11 janeiro de 2018. Declara patrimônio cultural do Estado o modo de fazer crochê do Município de Inconfidentes. *Diário Oficial de Minas Gerais*, Belo Horizonte, 12 jan. 2018.

MINAS GERAIS. Lei n. 22.898, de 11 janeiro de 2018. Reconhece como de relevante interesse cultural do Estado a Festa de Nossa Senhora da Abadia, realizada no Município de Romaria. *Diário Oficial de Minas Gerais*, Belo Horizonte, 12 jan. 2018.

MINAS GERAIS. Lei Delegada n. 170, de 25 de janeiro de 2007. Dispõe sobre a estrutura orgânica da Administração Pública do poder executivo do estado de minas gerais e dá outras providências. *Diário Oficial de Minas Gerais*, Belo Horizonte, 26 jan. 2007.

MINAS GERAIS. Lei Delegada n. 180, de 20 de janeiro de 2011. Dispõe sobre a estrutura orgânica da Administração Pública do poder executivo do estado de minas gerais e dá outras providências. *Diário Oficial de Minas Gerais*, Belo Horizonte, 20 jan. 2011.

MINAS GERAIS. Resolução n. 5.175, de 06 de novembro de 1997. Contém o Regimento Interno da Assembléia Legislativa do Estado de Minas Gerais. *Diário do Legislativo*, Belo Horizonte, 7 nov. 1997.

MINAS GERAIS. Secretaria de Estado de Casa Civil e de Relações Institucionais. *Plano de Governança Institucional:* Assembleia Legislativa do Estado de Minas Gerais. V.2. Belo Horizonte: Imprensa Oficial, 2013.

MINAS GERAIS. Secretaria de Estado de Cultura. *Plano Estadual de Cultura* – Caracterização da Cultura em Minas Gerais. Belo Horizonte: SEC, 2014.

MIRANDA, Marcos Paulo de Souza. **Áreas de Proteção Especial: valiosos e pouco conhecidos instrumentos de defesa do meio ambiente, do ordenamento urbano e do patrimônio cultural.** MPMG Jurídico, Belo Horizonte, v. 1, n. 5, p. 32-35, abr./jun. 2006.

MONTESQUIEU, Charles de Secondat. *O Espírito das Leis.* Tradução de Cristina Muracho. São Paulo: Martins Fontes, 1996.

MORAES, Alexandre de. *Direito Constitucional.* São Paulo: Atlas, 2008.

MORGENSTERN, Scott; NEGRI, Juan. Metas e Desafios do Estudo Comparativo de Legislativos. In: INÁCIO, Magna; RENNÓ, Lucio (Orgs.). *Legislativo Brasileiro em Perspectiva Comparada.* Belo Horizonte: Editora UFMG, 2009, p. 33-51.

MARICATO, Ermínia. *Brasil, Cidades:* alternativas para a crise urbana. Petrópolis: Vozes, 2001.

MURTA, Stela Maris; ALBANO, Cecília (Org.). *Interpretar o Patrimônio:* Um Exercício do Olhar. Belo Horizonte: Editora UFMG, 2005.

OLIVEIRA, Ana Gita de. Diversidade cultural como categoria organizadora de políticas públicas. In: GUSMÃO, Rita; TEIXEIRA João G. L. C; GARCIA, Marcus V. C. *Patrimônio Imaterial, Performance Cultural e (re) tradicionalização.* Brasília: ICS-UNB, 2004, p.37-42.

OLIVEIRA, Marcelo Andrade Cattoni. *Devido processo legislativo.* 2 ed. Belo Horizonte: Mandamentos, 2008.

OLIVEIRA, Myriam Costa de. Eventos institucionais e políticas públicas: trajetória e resultados. In: OLIVEIRA, Myriam Costa de (Org.). *A Assembleia de Minas e a construção coletiva de política públicas:* eventos institucionais. Belo Horizonte: ALMG, 2009. p.9-24.

OST, François. A tese de doutorado em Direito: do projeto à defesa. *Revista de Estudos Constitucionais, Hermenêutica e Teoria do Direito (RECHTD)*, São Leopoldo, 7(2), p. 98-116, mai-ago, 2015.

OST, François. *Contar a lei:* as fontes do imaginário jurídico. Porto Alegre: Editora Unisinos, 2005.

OST, François. *O Tempo do Direito*. Tradução Élcio Fernandes. Bauru: Edusc, 2005.

PAIVA, Carlos Magno de Souza Paiva. *Direito do Patrimônio Cultural*: autonomia e efetividade. Curitiba: Juruá, 2015.

PAIVA, Carlos M. de Souza. *O Regime Jurídico do Bem Cultural Edificado no Brasil*. Editora UFOP. Minas Gerais, 2010.

PELEGRINI, Sandra C. A. *Patrimônio Cultural*: consciência e preservação. São Paulo: Brasiliense, 2009.

PELLEGRINO, Carlos T. *Patrimônio Cultural Urbano:* de quem? Para o quê? 2002. Disponível em: http://www.equiponaya.com.ar/congreso2002/ponencias/carlos_tranquilli_pellegrino.htm.

PEREIRA, Carlos; MUELLER, Bernardo. *Comportamento estratégico em presidencialismo de coalisão:* as relações entre Executivo e Legislativo na elaboração do Orçamento brasileiro. *Dados*, v. 45, n. 2, p. 265-301, 2002.

PEREZ LUÑO, Antonio Enrique. Los derechos fundamentales. Madrid: Tecnos, 2004.

PETINELLI, Viviane; LINS, Isabella Lourenço; FARIA, Claudia Feres. *Conferências de Políticas Públicas: um Sistema Integrado de Participação e Deliberação?*. IV Congresso Latino Americano de Opinião Pública da WAPOR, 2011. Disponível em http://www.waporbh.ufmg.br/papers/Cludia_Feres_Faria.pdf.

PINHEIRO, Maria Lúcia Bressan. Trajetória das Ideias Preservacionistas no Brasil: As Décadas de 1920 e 1930, *Revista do Patrimônio Histórico e Artístico Nacional*, Iphan 1937 – 2017, n. 35, Brasília, 2017, p. 20-21.

PINTO, Victor Carvalho. *Direito urbanístico*: Plano Diretor e Direito de Propriedade. São Paulo: LTR, Editora Revista dos Tribunais, 2005.

PIRES, Maria Coeli Simões. Cidade e Cultura: Recíprocas Interferências e suas Representações, *Revista da Faculdade de Direito da Universidade Federal de Minas Gerais,* Belo Horizonte, nº 40, p. 189-217, 2001.

PIRES, Maria Coeli Simões. *Da Proteção ao Patrimônio Cultural*. Belo Horizonte: Del Rey, 1994.

PIRES, Maria Coeli Simões. A Secretaria do Parlamento: Profissionalização x Politização. In: BARACHO JÚNIOR, José Alfredo; PEREIRA, Bruno Cláudio Penna Amorim (Orgs.). *Direito Parlamentar*: discussões contemporâneas. Belo Horizonte: Editora Vorto, 2018, p. 211-261.

PIRES, Maria Coeli Simões. Direito Urbanístico, Meio Ambiente e Patrimônio Cultural. *Brasília a,* 38, n. 151, p. 207-230, jul./set. 2001.

PIRES, Maria Coeli Simões. *Memória e Arte do Queijo do Serro*: O Saber sobre a Mesa. Belo Horizonte: Editora Ufmg, 2013.

PIRES, Maria Coeli Simões; COSTA, Mila Batista Leite Corrêa da. Estado Democrático. In: CASTRO, Carmem L. F.; GONTIJO, Cynthia R. B.; PINTO, Luciana Moraes R. S. (Org.). *Dicionário de Políticas Públicas*. V. 1. Barbacena: Editora da Universidade do Estado de Minas Gerais, 2013, p. 171-174.

PIRES, Maria Coeli Simões; COSTA, Mila Batista Leite Corrêa da . Sustentabilidade, Licitação e Pós-Modernidade: Pluridimensionalidade e Releituras Necessárias. In: Alécia Paolucci Nogueira Bicalho; Maria Tereza Fonseca Dias. (Org.). *Contratações Públicas*: Estudos em Homenagem ao Professor Carlos Pinto Coelho Motta. 1ed. Belo Horizonte: Fórum, 2013, v. 1, p. 341-356.

PIRES, Maria Coeli Simões; COSTA, Mila Batista Leite Corrêa da; MATTOS, Liana Portilho. Patrimônio Cultural. In: CASTRO, Carmem L. F.; GONTIJO, Cynthia R. B.; PINTO, Luciana Moraes R. S. (Org.). *Dicionário de Políticas Públicas*. V. 2. Barbacena: Editora da Universidade do Estado de Minas Gerais, 2015.

PIRES, Maria Coeli Simões; COSTA, Mila Batista Leite Corrêa da; CARDOSO, José Luiz F. O Princípio Constitucional do Devido Processo e a Proteção do Patrimônio Cultural: Ressignificando o Instituto do Tombamento. *Revista de Direitos e Garantias Fundamentais (Faculdade de Direito de Vitória)*, Vitória, 2013.

POGREBINSCHI, Thamy; SANTOS, Fabiano. *Participação como representação*: o impacto das conferências nacionais de políticas públicas no Congresso Nacional. DADOS, v. 54, n 3, set. 2011. Disponível em: http://www.scielo.br/pdf/dados/v54n3/v54n3a02.pdf.

POLLAK, Michael. Memória, Esquecimento, Silêncio. Tradução Dora Rocha Flaksman. *Estudos Históricos*, Rio de Janeiro, vol. 2, n. 3, 1989, p. 3-15.

POLVEIRO JÚNIOR, Elton E. *Desafios e Perspectivas do Poder Legislativo no Século XXI*. Brasília: Núcleo de Estudos e Pesquisas/CONLEG/SENADO, Abril/2006 (Texto para Discussão n. 30). Disponível em: https://www12.senado.leg.br/publicacoes/estudos-legislativos/tipos-de-estudos/textos-para-discussao/td-30-desafios-e-perspectivas-do-poder-legislativo-no-seculo-xxi . Acesso em: 10 out. 2016.

PONTIFÍCIA UNIVERSIDADE CATÓLICA DE MINAS GERAIS. Pró-Reitoria de Graduação. Sistema de Bibliotecas. *Padrão PUC Minas de Normalização*: normas da ABNT para apresentação de trabalhos científicos, teses, dissertações e monografias. Belo Horizonte, 2008. Disponível em: http://www.pucminas.br/biblioteca. Acesso em: 21 out. de 2016.

PORTA, Paula. *Política de Preservação do Patrimônio Cultural no Brasil: diretrizes*, linhas de ação e resultados – 2000/2010. Brasília: Iphan/Monumenta, 2012.

PRADO, Inês Virgínia; CUREAU, Sandra. *Bens Culturais e Direitos Humanos* (Org.). São Paulo: Edições Sesc, 2016.

PRATA, Nilson Vidal. *Informação e democracia deliberativa*: um estudo de caso de participação política na Assembleia Legislativa do Estado de Minas Gerais.

Dissertação (Mestrado em Ciência da Informação) — Escola de Ciência da Informação, Universidade Federal de Minas Gerais, Belo Horizonte, 2007. Disponível em: http://www.bibliotecadigital.ufmg.br/dspace/bitstream/handle/1843/VALA-74TPJG/mestrado__nilson_vidal_prata.pdf?sequence=1.

PRZEWORSKY, Adam. *Estado e Economia no Capitalismo.* Rio de Janeiro: Relume Dumará, 1995, p. 13-43.

PUTNAM, Robert. *Comunidade e Democracia.* A experiência da Itália Moderna. Rio de Janeiro: Ed. FGV.

QUEIROZ, Hermano Fabrício Oliveira Guanais e. *O registro de bens culturais imateriais como instrumento constitucional garantidor de direitos culturais.* 2014. 301f. Dissertação (Mestrado Profissional) – Instituto do Patrimônio Histórico e Artístico Nacional, Rio de Janeiro, 2014.

QUEIROZ, Hermano Fabrício Oliveira Guanais e. *O Registro como instrumento de defesa de direitos: dilemas e desafios da salvaguarda de bens culturais imateriais do Brasil e os 15 anos da política de preservação inaugurada pelo Decreto Presidencial 3.551/2000.* In: Instituto do Patrimônio Histórico e Artístico Nacional. 2017. Disponível em: http://portal.iphan.gov.br/uploads/ckfinder/arquivos/artigo_karaja_ORegistro_como_instrumento_de_defesa_de_direitos_HermanoQueiroz.pdf.

QUINTANEIRO, Tânia. *Um Toque de Clássicos:* Durkheim, Weber e Marx. Belo Horizonte: Editora UFMG, 1999.

REZENDE, Renato. M. *O Sistema Nacional de Viação e a Correção de Rota no Processo Legislativo.* Brasília: Núcleo de Estudos e Pesquisas/CONLEG/Senado, mar./2014 (Texto para Discussão nº 144). Disponível em: www.senado.leg.br/estudos.

ROCHA, Fernando Antonio Nogueira Galvão da. Atuação do Ministério Público na proteção do patrimônio cultural imaterial. *Jus Navigandi,* Teresina, ano 11, n. 1472, 13 jul. 2007. Disponível em: <http://jus2.uol.com.br/doutrina/texto.asp?id-10104>.

RODRIGUES, José Eduardo Ramos; MIRANDA, Marcos Paulo de Souza. *Estudos de Direito do Patrimônio Cultural.* Belo Horizonte: Fórum, 2012.

REALE, Miguel. Tombamento e Preservação do Patrimônio Artístico e Cultural: Parecer. *Revista de Direito Administrativo,* Rio de Janeiro, v.261, p. 255-266, set./dez. 2012.

SANT'ANNA, Márcia. Desafios e perspectivas da política federal de salvaguarda do patrimônio cultural. *Revista do Patrimônio Histórico e Artístico Nacional,* Brasília, n. 36/2017, Patrimônio: desafios e perspectivas, p. 95-106.

SANTIAGO, Silviano. O Entre-lugar do Discurso Latino-americano. In: SANTIAGO, Silviano. *Uma Literatura nos Trópicos.* 2.ed. Rio de Janeiro: Rocco, 2000. p. 9-26.

SANTIN, Janaína Rigo. Estatuto da Cidade e Instrumentos de Política Urbana para Valorização Do Patrimônio Histórico, Cultural, Paisagístico e Ambiental. Revista de Direito Ambiental, v.18, n.70, p. 195-214, abr./jun. 2013.

SANTOS, Boaventura de Souza e AVRITZER, Leonardo. Para ampliar o cânone democrático. In: SANTOS, Boaventura de Souza; AVRITZER, Leonardo (orgs.). *Democratizar a democracia*: os caminhos da democracia participativa. Rio de Janeiro: Civilização Brasileira

SANTOS, Fabiano (Org.). *O Poder Legislativo nos Estados*: diversidade e convergência. Rio de Janeiro: FGV, 2001.

SÃO PAULO. Assembleia Legislativa do Estado de São Paulo. O Processo Legislativo. Disponível em: http://www.al.sp.gov.br/StaticFile/documentacao/manual_proclegis_1.pdf. .

SARTORI, G. A. *Teoria da Democracia revisitada*. V.1. São Paulo: Ática, 1994.

Scholz, Roswitha. *A Nova Crítica Social e o Problema das Diferenças:* Disparidades económicas, racismo e individualização pós-moderna. 2005. Disponível em: http://obeco.planetaclix.pt/roswitha-scholz3.htm.

SILVA, Eduardo Pordeus; STEIN, Leandro Konzen. Participação Popular, Capital Social e Políticas Públicas de Defesa do Patrimônio Cultural: Elementos e Pressupostos Para a Construção de Uma Democracia Deliberativa no Município. *Revista de Informação Legislativa*, Brasília, v.46, n.182, p. 245-262, abr./jun. 2009.

SILVA, José Afonso da. *Aplicabilidade das normas constitucionais*. 3.ed. São Paulo: Malheiros, 1998.

SILVA, José Afonso da. *Curso de Direito Constitucional Positivo*. 23. ed. São Paulo: Malheiros, 2004.

SILVA, José Afonso da. *Ordenação Constitucional da Cultura*. São Paulo: Malheiros, 2001.

SILVA, José Afonso da. *Processo Constitucional de Formação das Leis*. 3 ed. São Paulo: Malheiros Editores, 2017.

SMEND, R. Staatsrechtliche Abhandlungen. In: ZIPPELIUS, Reinhold. *Teoria Geral do Estado*. Tradução de Karin Praefke-Aires Coutinho. Coordenação de J. J. Gomes Canotilho. Lisboa: Fundação Calouste Gulbenkian, 1997.

SOARES, Fabiana de Menezes; GELAPE, Lucas de Oliveira. Consultoria Legislativa na ALMG: o Amicus curiae. In: SANTOS, Manoel Leonardo; ANASTASIA, Fatima (Org.). *Política e desenvolvimento institucional no Legislativo de Minas Gerais*. Belo Horizonte: Editora PUC Minas, 2016, p. 381-414.

SOARES, Fabiana de Menezes. Acesso ao direito vigente: problemas, riscos e propostas para uma elaboração legislativa à luz dos valores republicanos e da Lei de Acesso à Informação.. In: ORIDES, Vladmir Oliveira da Silveira, MEZZAROBA, Mônica Bonetti Couto, SANCHES, Samyra Haydêe Dal Farra Nasponili. (Org.). *Volume -Justiça e [o Paradigma da] Eficiência - Coletânea: Justiça, Empresa e Sustentabilidade*. 1ed.Curitiba: Editora Clássica, 2013, v. 2, p. 07-350.

SOARES, Fabiana de Menezes. *Teoria da Legislação*: Produção e conhecimento da Lei na Idade Tecnológica. Porto Alegre, Sérgio Fabris Editor, 2004.

SOARES, Fabiana de Menezes. O papel da Legística nos processos de integração. *Legislação* (Lisboa), v. 40, p. p 11-21, 2005.

SOARES, Fabiana de Menezes. Legística e Desenvolvimento: a qualidade da lei no quadro da otimização de uma melhor legislação. *Cadernos da Escola do Legislativo*, v. 9, p. 7-34, 2007.

SOUZA, Jessé. *A construção da subcidadania*: para uma sociologia política da modernidade periférica. 2 ed. Belo Horizonte: Editora UFMG, 2012, p.45-46.

SOUZA, Luciana Christina Cruz e; Moraes, Nilson Alves. *Estado e Patrimônio:* O Iepha/Mg e o Caso de Minas Gerais. Anais... Rio de Janeiro, IV Seminário Internacional – Políticas Culturais, 2013.

STARLING, Mônica Barros de Lima. Instituições Participativas e Democratização da Ação Estatal: os Conselhos Municipais de Patrimônio Cultural de Minas Gerais. *Cadernos da Escola do Legislativo*, Belo Horizonte, v.17, n.28, p. 207-236, jul./dez. 2015.

STEWART, Susan. *On longing*: narratives of miniature, the gigantic, the souvenir, the collection. Baltimore: Johns Hopkins University Press, 1984.

Stockholm 1998. *The Power of Culture*. Background Document for Intergovernmental Conference on Cultural Policies for Development, Stockholm, 30 march – 2 april 1998. Disponível em:

http:www.unesco-sweden.org/conference/gamla%20conference/background. htm. Acesso em 19 out. 2008.

STRECK, Lênio Luiz; MORAIS, José Luís Bolzan. *Ciência Política e Teoria Geral do Estado*. Porto Alegre: Livraria do Advogado, 2000.

TEIXEIRA, João Gabriel L. C.; GARCIA, Marcus Vinicius Carvalho; GUSMÃO, Rita (Org.). Patrimônio Imaterial e (re)tradicionalização. Brasília: ICS-UnB, 2004.

TODESCINI, Fábio. *Some Reflections on Place, Tangible and Intangible Heritage and on Identity Construction*. 2003. Disponível em: www.international.icomos.org/ victoriafalls2003/ papers/A2-6%20-%20Todescini.pdf. Acesso em: 18 nov. 2008.

TOLEDO, Carlos José Teixeira de. A Proteção do Patrimônio Cultural e suas Repercussões Patrimoniais. Boletim de Direito Administrativo. São Paulo, v.21, n.4, p.420-427, abr. 2005.

UNESCO. Carta de Veneza. Carta Internacional sobre Conservação e Restauração de Sítios. 1964. Disponível em: http://portal.iphan.gov.br/uploads/ckfinder/ arquivos/Carta%20de%20Veneza%201964.pdf.

UNESCO. *First Preliminary Draft of an International Convention for the Safeguarding of the Intangible Cultural Heritage,* Paris, 26 July 2002. Disponível em: http://unesdoc.unesco.org/images/0012/001270/127018e.pdf.

UNIVERSIDADE FEDERAL DE MINAS GERAIS. *Relatório Aprimoramento de Eventos da ALMG.* Belo Horizonte, 2012. Disponível em: http://www.almg.gov.br/opencms/export/sites/default/consulte/publicacoes_assembleia/obras_ referencia/arquivos/pdfs/relatorio_aprimoramento_eventos_almg.pdf.

VELOSO, Mariza. Patrimônio Imaterial, memória coletiva e espaço público. In: GUSMÃO, Rita; TEIXEIRA João G. L. C; GARCIA, Marcus V. C. *Patrimônio Imaterial, Performance Cultural e (re) tradicionalização.* Brasília: ICS-UNB, 2004, p.31-36.

VIANNA, Hermano. *O Mistério do Samba.* Rio de Janeiro: Zahar/UFRJ, 1995.

VIANNA, Letícia. O CNFCP aplicando o INRC. In Seminário Inventário de Bens Culturais: Uma Interpretação das Cidades. *Anais ...* Belo Horizonte, 2004, p.20-23.

VIANNA, Letícia. *Patrimônio Imaterial: legislação e inventários culturais:* A experiência do Projeto Celebrações e Saberes da Cultura Popular. (200?). Disponível em: http://www.cnfcp.gov.br/pdf/Patrimonio_Imaterial/Patrimonio_Imaterial_Legislacao/CNFCP_Patrimonio_Imaterial_Leticia_Vianna.pdf.

VIANNA, Letícia. Pluralidade cultural e identidade nacional: um relato de experiências recentes de políticas no Brasil. In: GUSMÃO, Rita; TEIXEIRA João G. L. C; GARCIA, Marcus V. C. *Patrimônio Imaterial, Performance Cultural e (re) tradicionalização.* Brasília: ICS-UNB, 2004, p.52-57.

VIEIRA, Luiz Renato. *Registro e Salvaguarda do Patrimônio Cultural Imaterial no Brasil.* Brasília: Núcleo de Estudos e Pesquisas/ CONLEG/Senado, Setembro/2016 (Texto para Discussão n. 211). Disponível em: www.senado.leg.br/estudos . Acesso em 29 set. 2016, p. 18-19.

WEBER, Max. A política como vocação. In: GERTH; MILLS (eds). *Ensaios de Sociologia.* Rio de Janeiro: Zahar Editores.

WEBER, Max. *Economia e Sociedade*: fundamentos da sociologia compreensiva. v.2. Tradução Regis Barbosa e Karen Elsabe Barbosa. Revisão Técnica de Gabriel Cohn. Brasília: Editora Universidade de Brasília, 1999.

WEBER, Max. *A Ética Protestante e o Espírito do Capitalismo.* São Paulo: Abril, 1974.

ZIPPELIUS, Reinhold. *Teoria Geral do Estado.* Tradução de Karin Praefke-Aires Coutinho. Coordenação de J. J. Gomes Canotilho. Lisboa: Fundação Calouste Gulbenkian, 1997.

ANEXO A

PROJETOS DE LEI DE INICIATIVA PARLAMENTAR NA CÂMARA DOS DEPUTADOS E NO SENADO FEDERAL

ANEXO A[703]

Projetos de Lei de Iniciativa Parlamentar na Câmara dos Deputados
PL 3643/2015 Declara a tradição do uso do transporte conhecido como "pau de arara" para a realização de romarias religiosas, como Patrimônio Cultural Imaterial do Brasil. **Autor:** José Guimarães **Partido:** PT **UF Autor:** CE **Situação:** Aguardando Parecer
PL 3048/2015 Declara as Obras do Maestro Cláudio Santoro Patrimônio Cultural Imaterial do Brasil. **Autor:** Rogério Rosso **Partido:** PSD **UF Autor:** DF **Situação:** Retirado pelo Autor
PL 751/2015 Declara a "Festa de São Tiago" de Mazagão - AP, Patrimônio Cultural Imaterial do Brasil. **Autor:** Cabuçu Borges **Partido:** PMDB **UF Autor:** AP **Situação:** Retirado pelo Autor
PL 7509/2014 Declara o lanche conhecido como "BAURU" Patrimônio Cultural Imaterial do Brasil e da cidade de Bauru. **Autor:** Ricardo Izar **Partido:** PSD **UF Autor:** SP **Situação:** Arquivada

---

[703] Dados de janeiro de 2018.

PL 1794/2011 Inteiro teor
Inclui no Calendário Turístico Nacional a "Caminhada com Maria", realizada no
dia 15 de agosto de cada ano, do Santuário de Nossa Senhora da Assunção
na Barra do Ceará até a Catedral Metropolitana de Fortaleza.
Autor: Danilo Forte
Partido: PMDB/CE
Situação: Transformado na Lei Ordinária 13.130/2015[704]

PL 1791/2011
Declara o "Encontro para a Consciência Cristã", realizado na cidade de Campina
Grande, Estado da Paraíba, Patrimônio Cultural Imaterial do Brasil.
Autor: Romero Rodrigues
Partido: PSDB
UF Autor: PB
Situação: Arquivada

PL 926/2011
Declara o Movimento Tradicionalista Gaúcho - MTG como Patrimônio Histórico e Cultural do Brasil.
Autor: Giovani Cherini
Partido: PDT
UF Autor: RS
Situação: Arquivada

PL 2475/2011
Declara a "Festa do Pau da Bandeira" de Barbalha - CE, Patrimônio Cultural Imaterial do Brasil.
Autor: José Guimarães
Partido: PT
UF Autor: CE
Situação: Arquivada

PL 1727/2011
Declara o "Maior São João do Mundo", realizado na cidade de Campina
Grande, Estado da Paraíba, Patrimônio Cultural Imaterial do Brasil.
Autor: Romero Rodrigues
Partido: PSDB
UF Autor: PB
Situação: Arquivada

PL 783/2011
Declara o Círio de Nossa Senhora de Nazaré, em Belém do
Pará, Patrimônio Cultural Imaterial do Brasil.
Autor: José Priante
Partido: PMDB
UF Autor: PA
Situação: Arquivada

---

704 O PL foi transformado na Lei n. 13.130, de 3 de junho de 2015, que Declara
a Caminhada com Maria, realizada no dia 15 de agosto de cada ano, do Santuário
de Nossa Senhora da Assunção na Barra do Ceará até a Catedral Metropolitana de
Fortaleza, Estado do Ceará, Patrimônio Cultural Imaterial do Brasil, e foi objeto de
manifestação jurídica do IPHAN, conforme será reportado no Capítulo 5.

PL 7955/2010
Declara o "ACARAJÉ" Patrimônio Cultural Imaterial do Brasil.
Autor: Colbert Martins
Partido: PMDB
UF Autor: BA
Situação: Arquivada

PL 7778/2010
Declara a SAARA, área de comércio popular localizada na Rua da Alfândega e adjacências, na cidade do Rio de Janeiro, Patrimônio Cultural Imaterial do Brasil.
Autor: Marcelo Itagiba
Partido: PSDB
UF Autor: RJ
Situação: Arquivada

PL 7662/2010
Declara "O Jiu Jitsu Brasileiro" Patrimônio Esportivo e Cultural Imaterial do Brasil.
Autor: Marcelo Itagiba
Partido: PSDB
UF Autor: RJ
Situação: Arquivada

PL 5998/2009
Declara a "Feira Nordestina de São Cristóvão" Patrimônio Cultural Imaterial do Brasil.
Autor: Marcelo Itagiba
Partido: PMDB
UF Autor: RJ
Situação: Transformado em Norma Jurídica

Fonte: Sítio Eletrônico da Câmara dos Deputados

Projetos de Lei de Iniciativa Parlamentar no Senado

PLS 103/2011
Ementa: Declara como Patrimônio Cultural Imaterial do Brasil a lenda de Macunaíma, que se integra às tradições históricas de Roraima
Autor: Senadora Angela Portela
Data: 22/03/2011

PLS 19/2011
Ementa: Declara como Patrimônio Cultural Imaterial do Brasil o programa radiofônico A Voz do Brasil e dá outras providências.
Autor: Senadora Marinor Brito
Data: 10/02/2011

Fonte: Sítio Eletrônico do Senado Federal

ANEXO B

LEGISLAÇÃO ESTADUAL E DISTRITAL EM VIGOR REFERENTE AO PATRIMÔNIO CULTURAL – ESTADOS EM ORDEM ALFABÉTICA:

ANEXO B[705]

ACRE (AC)
Lei n. 1.145, de 21 de novembro de 1994. Dispõe sobre o tombamento de Bens Culturais por parte do Estado; institui o Conselho do Patrimônio Cultural do Estado do Acre e cria o Fundo de Amparo, Preservação e Restauração dos Bens Culturais do Estado do Acre.
Lei nº 1.294, de 8 de setembro de 1999. Institui o Conselho e cria o Fundo de Pesquisa e Preservação do Patrimônio Histórico Cultural do Estado do Acre e dá outras providências.
Lei n. 1.984, de 2 de janeiro de 2008. Declara Patrimônio Cultural Imaterial do Estado do Acre o ofício das tacacazeiras.

ALAGOAS (AL)
Lei nº 6.513, de 22 de setembro de 2004. Institui no Âmbito da Administração Pública Estadual o Registro do Patrimônio Vivo do Estado de Alagoas – Rpv-Al e dá outras providências.
Lei nº 7.285, de 30 de novembro de 2011. Institui o Registro de Bens Culturais de Natureza Imaterial que Constituem Patrimônio Cultural Alagoana e dá outras providências.
Lei Ordinária nº 7.720, de 18 de agosto de 2015. Considera o Baile da Chita Patrimônio Cultural Imaterial do Estado.
Lei Ordinária nº 7851, de 21 de dezembro de 2016. Declara Vaquejada como Patrimônio Cultural Imaterial Do Estado De Alagoas.
Lei nº 4.741, de 17 de dezembro de 1985. Dispõe sobre o Tombamento de Bens para Integração no Patrimônio Histórico Artístico e Natural do Estado de Alagoas, e dá Providências Correlatas.

---

705 Dados de janeiro de 2018.

AMAPÁ (AP)
Lei Ordinária nº 2.225, de 20 de setembro de 2017. Dispõe sobre o reconhecimento da VAQUEJADA como Patrimônio Cultural Imaterial do Estado do Amapá
Lei Ordinária 2.199, de 26 de junho de 2017. Declara e reconhece como Patrimônio Cultural de Natureza Imaterial para o Estado do Amapá, o "Dia das Assembleias de Deus no Amapá", e dá outras providências.
Lei Ordinária 2.076, de 18 de julho de 2016. Dispõe sobre o reconhecimento do Encontro dos Tambores como Patrimônio Cultural Imaterial do Estado do Amapá e sua inclusão no Calendário Oficial de Eventos Culturais do Estado.
Lei Ordinária 2.053, de 21 de junho de 2016. Dispõe sobre o reconhecimento do BANCO DA AMIZADE como Patrimônio Cultural Imaterial do Estado do Amapá e sua inclusão no Calendário Oficial de Eventos Culturais do Estado.
Lei Ordinária 2.017, de 29 de abril de 2016. Declara a música gospel como patrimônio cultural imaterial do Estado do Amapá.
Lei Ordinária 1.937, de 22 de setembro de 2015. Declara como patrimônio histórico-cultural de natureza imaterial, a Festa de São Joaquim na Comunidade do Curiaú, e dá outras providências.
Lei Ordinária 1.917, de 17 de julho de 2015. Declara como Patrimônio Cultural de Natureza Imaterial do Estado do Amapá o Movimento Musica Melody no âmbito do Estado do Amapá e dá outras providências.
Lei Ordinária nº 1.898, de 9 de junho 2015. Declara como patrimônio histórico e cultural de natureza imaterial, o Círio de Nazaré, que ocorre anualmente no Município de Macapá, Estado do Amapá.
Lei Ordinária 1.894, de 19 de maio de 2015. Declara como patrimônio histórico, cultural e turístico o Monumento Marco Zero do Equador, localizado no Município de Macapá, Estado do Amapá.
Lei Ordinária nº 1.892, de 7 de maio de 2015. Institui o Dia do Patrimônio Histórico e Cultural do Estado do Amapá, com a finalidade de promover e desenvolver a conscientização da sociedade sobre a necessidade de preservar e valorizar o patrimônio cultural existente no Estado, e dá outras providências.
Lei Ordinária nº 1.870, de 17 de março de 2015. Considera bem integrante do patrimônio histórico e cultural do Estado do Amapá para fins de tombamento de natureza material, a Igreja de São José de Macapá.
Lei Ordinária nº 1.826, de 9 de maio de 2014. Declara a Expofeira – Feira Agropecuária do Amapá integrante do Patrimônio Cultural de Natureza Imaterial do Estado do Amapá.
Lei Ordinária nº 1.778, de 24 de outubro de 2013. Declara como patrimônio histórico e cultural de natureza imaterial, o Ofício das Parteiras Tradicionais do Estado do Amapá.
Lei Ordinária nº 1.747, de 10 de maio de 2013. Declara como patrimônio cultural de natureza imaterial para o Estado do Amapá a Iconografia Maracá e Cunani e dá outras providências.

Lei Ordinária nº 1.678, de 28 de maio de 2012.
Institui o Dia do Capoeirista e do Mestre de Capoeira, declara a capoeira patrimônio imaterial do Estado do Amapá, e dá outras providências.

Lei Ordinária nº 1.402, de 10 de novembro 2009.
Institui o Registro de Bens Culturais de Natureza Imaterial que constituem Patrimônio Cultural do Estado do Amapá, cria o Programa Estadual do Patrimônio Imaterial e dá outras providências.

Lei Ordinária nº 1.305, de 18 de fevereiro de 2009.
Declara Patrimônio Cultural do Povo Amapaense a Banda de Música da Polícia Militar do Amapá.

Lei Ordinária nº 1.263, de 02 de outubro de 2008.
Considera bem histórico e cultural do Estado do Amapá, para fins de tombamento de natureza imaterial, a manifestação folclórica do Marabaixo, que ocorre no Estado do Amapá.

Lei Ordinária nº 0886, de 25 de abril de 2005.
Institui normas para o tombamento de Bens pelo Estado do Amapá a fim de integrar ao Patrimônio Público.

AMAZONAS (AM)

Lei Ordinária nº 4.513, de 30 de setembro 2017.
Declara a Ciranda Patrimônio Cultural de Natureza Imaterial do Estado do Amazonas.

Lei Ordinária nº 4.487, de 22 junho de 2017.
Declara como Patrimônio Cultural de Natureza Imaterial do Estado do Amazonas as Pastorinhas e Pastorais.

Lei Ordinária nº 4.4254, de 21 de dezembro de 2016.
Declara como Patrimônio Cultural de Natureza Imaterial do Estado do Amazonas, a Rádio Difusora e dá outras providências.

Lei Ordinária nº 4.363, de 9 de junho de 2016.
Considera a Festa do Cupuaçu de Presidente Figueiredo como Patrimônio Cultural de Natureza Imaterial do Estado do Amazonas.

Lei Ordinária nº 4.359, de 9 de junho de 2016.
Considera o Festival de Ciranda de Manacapuru como Patrimônio Cultural de Natureza Imaterial do Estado do Amazonas.

Lei Ordinária nº 4.358, de 09 junho de 2016.
Reconhece o Clube da Madrugada como Patrimônio Histórico e Cultural de Natureza Imaterial do Estado do Amazonas.

Lei Ordinária nº 4.334/2016, de 5 de maio de 2016.
Reconhece a Festa Do Abacaxi como Patrimônio Cultural De Natureza Imaterial para o Estado do Amazonas.

Lei Ordinária nº 4.276, de 23 de dezembro de 2015.
Declara como Patrimônio Cultural Imaterial do Estado do Amazonas, a Boneca Kamélia, símbolo do Carnaval da Cidade de Manaus.

Lei Ordinária nº 4.274, de 23 de dezembro de 2015.
Declara o Samba como Patrimônio Cultural Imaterial do Estado do Amazonas e dá outras providências.

Lei Ordinária nº 4.308, de 17 de dezembro de 2015.
Declara como Patrimônio Cultural Imaterial do Estado do Amazonas dos Bares Tradicionais que menciona.

Lei Ordinária nº **4.298, de 17 de dezembro 2015.** Declara como Patrimônio Cultural Imaterial do Estado do Amazonas o Restaurante Canto da Peixada.
Lei Ordinária nº **4.294, 17 de dezembro de 2015.** Considera o Guaraná produzido no Município de Maués, bem como suas lendas, mitos e costumes, como patrimônio cultural Material e Imaterial do Estado do Amazonas.
Lei Ordinária nº **4.286, 17 de dezembro de 2015.** Declara o Bar do Cipriano como Patrimônio Histórico Cultural Imaterial do Estado do Amazonas.
Lei Ordinária nº 4.260, de 17 de novembro de 2015. Declara a Vila De Paricatuba como Patrimônio Histórico Cultural Imaterial do Estado do Amazonas, e dá outras providências.
Lei Ordinária nº **4.246, de 21 de outubro de 2015.** Considera o Festival das Tribos Indígenas do Alto Rio Negro (Festribal), de São Gabriel da Cachoeira como Patrimônio Cultural de Natureza Imaterial do Estado do Amazonas.
Lei Ordinária nº **4.231, 9 de outubro de 2015.** Reconhece a Festa do Açaí como Patrimônio Cultural de Natureza Imaterial para o Estado do Amazonas.
Lei Ordinária nº 4.229, 9 de setembro de 2015. Reconhece a Festa do Pirarucu como Patrimônio Cultural de Natureza Imaterial para o Estado do Amazonas.
Lei Ordinária nº **4.228, 9 de outubro de 2015.** Reconhece o Festival Do Repolho como Patrimônio Cultural de Natureza Imaterial para o Estado do Amazonas.
Lei Ordinária nº **4.227, de 9 de outubro de 2015.** Reconhece a Festa Da Cerâmica como Patrimônio Cultural de Natureza Imaterial para o Estado do Amazonas.
Lei Ordinária nº **4226, de 9 de outubro de 2015.** Reconhece a Festa Do Cará como Patrimônio Cultural de Natureza Imaterial para o Estado do Amazonas.
Lei Ordinária nº 4.201, de 23 de julho de 2015. Declara como Patrimônio Cultural Imaterial do Estado do Amazonas o Quilombo Urbano do Barranco de São Benedito, Praça 14 De Janeiro.
Lei Ordinária nº **4.199, de 23 de julho de 2015.** Declara como Patrimônio Cultural Imaterial do Estado do Amazonas os Bares Tradicionais que menciona.
Lei Ordinária nº **4.197, 23 de julho de 2015.** Declara a Celebração Alusiva a Santo Antônio De Itacoatiara, denominada "Festa De Santo Antônio De Itacoatiara", como Patrimônio Cultural de Natureza Imaterial do Estado do Amazonas.
Lei Ordinária nº **4.046, de 16 de junho de 2014.** Considera a Festa do Guaraná no Município de Maués como Patrimônio Cultural e Imaterial do Estado do Amazonas.
Lei Promulgada nº 375, de 17 de maio de 2017. Considera o Festival Folclórico de Parintins como Patrimônio Cultural e Imaterial do Estado do Amazonas.

Lei Promulgada n° 349, 28 de dezembro 2016.
Declara como Patrimônio Cultural Imaterial do Estado do Amazonas, o
Boneco Peteleco, criação do Ventríloquo Oscarino Farias Varjão.

Lei Promulgada n° 318, 2 março de 2016.
Reconhece a Marcha Para Jesus como Patrimônio Cultural de
Natureza Imaterial para o Estado do Amazonas.

Lei Promulgada n° 312, de 18 de fevereiro de 2016.
Tomba, por seu interesse arquitetônico, histórico e cultural, as edificações
de projetos do arquiteto Severiano Mário Vieira De Magalhães Porto,
construído no Estado do Amazonas, e dá outras providências.

Lei Promulgada n° 302, de 18 de dezembro de 2015.
Declara o personagem Curumim como Patrimônio Cultural de
Natureza Imaterial do Estado do Amazonas.

Lei Promulgada n° 298, de 18 de dezembro de 2015.
Reconhece a Festa Do Tucunaré como Patrimônio Cultural de
Natureza Imaterial para o Estado do Amazonas.

Lei Promulgada n° 297, de 18 de dezembro de 2015.
Reconhece a Festa do Peão Boiadeiro como Patrimônio Cultural
de Natureza Imaterial para o Estado do Amazonas.

BAHIA (BA)

Lei n° 13.691, de 11 de janeiro 2017.
Declara a Festa dos Vaqueiros de Curaçá Patrimônio Cultural Imaterial do Estado da Bahia.

Lei n° 13.599, de 15 de dezembro de 2016.
Reconhece como Patrimônio Cultural e Imaterial do Estado da Bahia a
torcida do Esporte Clube Bahia e dá outras providências.

Lei n° 13.596, de 14 de dezembro de 2016.
Reconhece como Patrimônio Cultural e Imaterial do Estado da Bahia a
torcida do Esporte Clube Vitória e dá outras providências.

Lei n° 13.200, de 28 de novembro de 2014.
Declara a Vaquejada como Patrimônio Cultural Imaterial do Estado da Bahia.

Lei n° 12.922, de 22 de novembro 2013.
Institui o Fundo Estadual De Preservação do Patrimônio Cultural e dá outras providências.

Lei n° 8.899, de 18 de dezembro de 2003.
Institui o Registro dos Mestres dos Saberes e Fazeres do Estado da Bahia e dá outras providências.

Lei n° 8.895, de 16 de dezembro de 2003.
Institui normas de proteção e estímulo à preservação do Patrimônio Cultural do Estado
da Bahia, cria a Comissão de Espaços Preservados e dá outras providências.

Decreto n° 9.101, de 19 de maio de 2004.
Regulamenta a Lei n° 8.899, de 18 de dezembro de 2003, que instituiu o Registro dos
Mestres dos Saberes e Fazeres do Estado da Bahia e dá outras providências.

CEARÁ (CE)

Lei nº 13.842, de 27 de novembro de 2006. (Proj. Lei nº 6.871/06 – Executivo) Institui o Registro dos "Tesouros Vivos da Cultura" no Estado do Ceará e dá outras providências.
Lei nº 13.465, de 5 de maio de 2004, Dispõe sobre a proteção ao Patrimônio Histórico e Artístico do Ceará.
Lei nº 13.427, de 30 de dezembro de 2003. Institui, no âmbito da administração pública estadual, as formas de registros de bens culturais de natureza imaterial ou intangível que constituem patrimônio cultural do Ceará.
Lei nº 13.351, de 22 de agosto de 2003. Institui, no âmbito da administração pública estadual, o registro dos mestres da cultura tradicional popular do estado do Ceará (rmctp-ce) e dá outras providências.
Lei nº 13.078, de 20 de dezembro 2000. Dispõe sobre a criação do Conselho Estadual de Preservação do Patrimônio Cultural do Estado do Ceará.
Decreto n° 27.229, de 28 de outubro 2003. Regulamenta a Lei nº 13.351, de 22 de agosto, de 2003, que dispõe sobre o registro dos mestres da cultura tradicional popular do Estado do Ceará.

DISTRITO FEDERAL (DF)
Lei nº 6.013, de 14 de novembro de 2017. Declara o Santuário São Francisco de Assis patrimônio cultural do Distrito Federal.
Lei nº 5.616, de 26 de fevereiro de 2016. Declara o Centro Cultural Itapuã, na Região Administrativa do Gama – RA II, patrimônio cultural material do Distrito Federal.
Lei nº 5.615, de 26 de fevereiro de 2016. Declara o Rock Brasiliense como Patrimônio Cultural Imaterial do Distrito Federal.
Decreto nº 36.679, de 18 de agosto de 2015. Dispõe sobre a criação do Conselho do Patrimônio Cultural de Planaltina.
Lei nº 5.487, de 9 de junho de 2015. Declara a Banda Sinfônica de Brasília como Patrimônio Cultural Imaterial do Distrito Federal.
Decreto nº 34370, de 17 de maio de 2013. Dispõe sobre o registro da Festa do Divino Espírito Santo de Planaltina no Livro das Celebrações como patrimônio cultural imaterial do Distrito Federal e dá outras providências.
Lei nº 5.15, de 21 de agosto de 2013. Declara a Academia de Letras de Taguatinga como Patrimônio Cultural Material e Imaterial do Distrito Federal.
Lei nº 5155, de 19 de agosto de 2013. Declara o Coral da Universidade de Brasília como Patrimônio Cultural Imaterial do Distrito Federal.
Decreto nº 33.506, de 26 de janeiro de 2012. Institui o Ano de Valorização de Brasília como Patrimônio Cultural da Humanidade e dá outras providências.

Lei nº 4.920, de 21 de agosto de 2012.
Dispõe sobre o acesso dos estudantes da rede pública de ensino do Distrito Federal ao patrimônio artístico, cultural, histórico e natural do Distrito Federal, como estratégia de educação patrimonial e ambiental.

Lei nº 4.759, de 14 de fevereiro de 2012.
Declara o conjunto estatuário localizado à Quadra 28 da Região Administrativa do Park Way – RA XXIV Patrimônio Cultural do Distrito Federal.

Lei nº 4.550, de 2 de março de 2011.
Dispõe sobre a preservação do patrimônio histórico e cultural de origem africana e afro-brasileira no âmbito do Distrito Federal e dá outras providências.

Lei nº 3.977, de 29 de março de 2007.
Institui o registro de bens culturais de natureza imaterial que constituem patrimônio artístico, cultural e histórico do Distrito Federal.

Decreto nº 24.797, de 15 de julho de 2004.
Dispõe sobre o registro do "Bumba-meu-boi do Seu Teodoro" no Livro das Celebrações como patrimônio cultural imaterial do Distrito Federal e dá outras providências.

Decreto nº 24.290, de 11 de dezembro de 2003.
Institui o Registro de Bens Culturais de Natureza Imaterial que constituem patrimônio cultural do Distrito Federal.

Lei nº 2.923, de 22 de fevereiro de 2002.
Institui, no âmbito do Distrito Federal, os Comitês de Vizinhança em Defesa do Patrimônio Ambiental, Cultural e Urbanístico de Brasília.

Decreto nº 22.166, de 30 de maio de 2001.
Aprova o Regimento Interno do Conselho Técnico de Preservação de Brasília como Patrimônio Cultural da Humanidade, e dá outras providências.

Decreto nº 20.204, de 4 de maio de 1999.
Designa membros para o Conselho Técnico de Preservação de Brasília como Patrimônio Cultural da Humanidade.

ESPÍRITO SANTO (ES)

Lei Ordinária nº 1.046, de 2015
Declara a Biblioteca Pública Estadual patrimônio cultural do Estado do Espírito Santo.

Lei Ordinária nº 7.742, de 8 de abril de 004.
Declara Patrimônio Cultural do Estado do Espírito Santo a "Banda de Música da Polícia Militar".

Lei Ordinária nº 6.237, de 14 de junho de 2000.
Cria o Registro de Bens Culturais de Natureza Imaterial, como instrumento de acautelamento e institui o "Programa Estadual de Identificação e Referenciamento de Bens Culturais de Natureza Imaterial.

GOIÁS (GO)
Decreto nº 8.408, de 8 de julho de 2015. Institui o Registro de Bens Culturais de Natureza Imaterial que constituem patrimônio cultural do Estado de Goiás, cria o Programa do Patrimônio Cultural Imaterial e dá outras providências.
Lei complementar nº 19, de 5 de janeiro 1996. - Vide Leis nºs 9.904/85 e 11.409/91. - Vide Decreto nº 4.781/97. Dispõe sobre sítio histórico e patrimônio cultural que especifica. (Constitui patrimônio cultural e sítio de valor histórico a área de terras situada nos vãos das Serras do Moleque, de Almas, da Contenda-Calunga e Córrego Ribeirão dos Bois, nos Municípios de Cavalcante, Monte Alegre e Teresina de Goiás, no Estado de Goiás, conforme estabelecem o § 5º do art. 216 da Constituição Federal e o art. 163, itens I e IV, § 2º, da Constituição do Estado de Goiás).
Lei nº 11.409, de 21 de janeiro de 1991. - Vide Lei nº 9.904 de 10-12-1985 - Vide Lei Complementar nº 19 / 96 Dispõe sobre o sítio histórico e patrimônio cultural que especifica. (Constitui patrimônio cultural e sítio de valor histórico a área de terras situadas nos vãos das Serras do Moleque, de Almas, da Contenda-Calunga e Córrego Ribeirão dos Bois, nos municípios de Cavalcante, Monte Alegre e Teresina de Goiás, no Estado de Goiás, conforme estabelecem o § 5º do art. 216 da Constituição Federal e o art. 163, itens I e IV, § 2º da Constituição do Estado de Goiás.
Lei nº 13.799, de 18 janeiro de 2001. Dispõe sobre o Conselho Estadual de Cultura e dá outras providências.
Decreto nº 3.202, de 23 de maio de 1989. - Vide Lei nº 11.494, de 18 de julho de 1991, (Museu Estadual de Artes Frei Nazareno Confaloni) Institui o Sistema Estadual de Museus de Goiás e dá outras providências.
Lei nº 18.806, de 9 de abril 2015. Dispõe sobre o tombamento do conjunto de painéis que especifica. (Fica tombado o conjunto constituído pela série de 14 (quatorze) painéis que representam as estações da Via Sacra, localizados na margem da Rodovia dos Romeiros (GO-060), que passa a integrar o patrimônio artístico-cultural do Estado de Goiás.)
Lei nº 11.511, de 22 de julho 1991. Dispõe sobre o tombamento do Salto do Itiquira, no município de Formosa.
Lei nº 11.510, de 22 de julho de 1991. Dispõe sobre o tombamento da Gruta de Ecos no município de Corumbá de Goiás.
Lei nº 11.507, de 22 de julho de 1991. Dispõe sobre o tombamento da Gruta de Cocal, no município de Niquelândia.
Lei nº 8.915, de 13 de outubro de 1980. Dispõe sobre a proteção ao patrimônio histórico e artístico estadual e dá outras providências.
Lei nº 9.843, de 18 de outubro de 1985. Dispõe sobre o tombamento de bem imóvel que especifica e dá outras providências. (Art. 1º - Fica tombado, nos termos do art. 2º da Lei nº 8.915, de 13 de outubro de 1980, a Igreja de São José de Mossâmedes, construída em 1774).
Lei nº 12.722, de 20 de outubro de 1995. Declara tombada ao patrimônio histórico goiano a Rua Cel. João Braz, "Beco dos Aflitos", no Município de Trindade.

Lei nº 12.675, de 18 de julho 1995.
Declara tombada ao patrimônio histórico goiano a Ponte "Epitácio Pessoa",
sobre o Rio Corumbá, no município de Pires do Rio.

MARANHÃO (MA)

Lei nº 5.082, de 20 de dezembro de 1990.
Dispõe sobre a proteção do patrimônio cultural do Estado do Maranhão e dá outras providências.

Lei nº 10.514, 5 de outubro de 2016.
Dispõe sobre a Proteção de Bens Culturais de Natureza Imaterial, e dá outras providências.

MATO GROSSO (MT)

Lei Ordinária nº10.414, de 26 de julho de 2016.
Declara como Patrimônio Cultural de Natureza Imaterial do Estado de Mato Grosso
a Banda de Música da Polícia Militar do Estado de Mato Grosso.

Lei Ordinária nº 9.936, de 14 de junho de 2013.
Declara integrante do Patrimônio Cultural, a centenária técnica de
confecção artesanal das redes mato-grossenses.

Lei Ordinária nº 9.394, de 21 de junho de 2010.
Declara como integrantes do Patrimônio Histórico, Cultural, Econômico e Turístico do Estado de
Mato Grosso as estradas Boiadeiras do Pantanal mato-grossense e dá outras providências.

Lei Ordinária nº 9.393, de 21 de junho de 2010.
Reconhece o Bovino Pantaneiro como Patrimônio Cultural e Genético do Estado de Mato Grosso.

Lei Ordinária nº 9.107, de 31 de março 2009.
Dispõe sobre a proteção do Patrimônio Histórico, Artístico e Cultural
do Estado de Mato Grosso e dá outras providências.

Lei Ordinária nº 8.482, de 17 de maio de 2006.
Tomba como patrimônio paisagístico e cultural do Estado de Mato Grosso a elevação conhecida pelo
nome de Morro Grande, no Município de Santo Antônio de Leverger, e dá outras providências.

Lei Ordinária nº 8.083, de 15 de junho 2004.
Institui o Programa de Preservação e Recuperação do Patrimônio Histórico e Cultural
do Município de Vila Bela da Santíssima Trindade - PROBELA e dá outras providências.
(denominação - Capital da Cultura Afro do Estado de Mato Grosso).

Lei Ordinária nº 7.876, de 27 de dezembro de 2002.
Dispõe sobre o tombamento da Igreja de Nossa Senhora da Guia, em Várzea Grande, como
patrimônio histórico, cultural e arquitetônico de Mato Grosso e dá outras providências.

Lei Ordinária nº 7.782/2002, de 2 de dezembro de 2002.
Declara integrantes do Patrimônio Científico-Cultural do Estado os Sítios Paleontológicos e
Arqueológicos localizados em Municípios do Estado de Mato Grosso e dá outras providências.
(Lei Declarada Inconstitucional, Em Controle Concentrado, Pelo Supremo Tribunal Federal,
Pela Adi Nº 3525-8, Julgada Em 30.08.2007, Publicada no DJ Em 26.10.2007)

Lei Ordinária nº 7.382, de 27 de dezembro de 2000.
Tomba, como patrimônio histórico do Estado de Mato Grosso, o monumento conhecido por
Relógio da Fonte Pública, instalada no Município de Nossa Senhora do Livramento.

Lei Ordinária nº 7.381, de 27 de dezembro de 2000.
Tomba, como patrimônio paisagístico, histórico e cultural do Estado de Mato
Grosso, a morraria conhecida pelo nome de Morro de Santo Antônio.

Lei Ordinária nº 6.772, de 10 junho de 1996.
Tomba ao Patrimônio Cultural do Estado de Mato Grosso a Viola de
Cocho, o Ganzá e o Mocho e dá outras providências.

Lei Ordinária nº 5.985, de 14 de maio de 1992.
Condiciona revogação de Atos de Bens do Patrimônio Histórico, Artístico, Cultural e
Ambiental do Estado de Mato Grosso à aprovação da Assembleia Legislativa.

Lei Ordinária nº 5.650, de 17 de julho de 1990.
Cria o Conselho Estadual do Patrimônio Histórico Cultural.

Lei Ordinária nº 8.482, de 17 de maio de 2006.
Tomba como patrimônio paisagístico e cultural do Estado de Mato Grosso a elevação conhecida pelo
nome de Morro Grande, no Município de Santo Antônio de Leverger, e dá outras providências.

Lei Ordinária nº 7.382, 27 de dezembro de 2000.
Tomba, como patrimônio histórico do Estado de Mato Grosso, o monumento conhecido por
Relógio da Fonte Pública, instalada no Município de Nossa Senhora do Livramento.

Lei Ordinária nº 7.381, de 27 de dezembro de 2000.
Tomba, como patrimônio paisagístico, histórico e cultural do Estado de Mato
Grosso, a morraria conhecida pelo nome de Morro de Santo Antônio.

Lei Ordinária nº 6.772, de 10 de junho 1996.
Tomba ao Patrimônio Cultural do Estado de Mato Grosso a Viola de
Cocho, o Ganzá e o Mocho e dá outras providências.

Lei Ordinária nº 7.775, de 26 de novembro de 2002.
Institui o Programa de Resgate Histórico e Valorização das Comunidades
Remanescentes de Quilombos em Mato Grosso.

Mato Grosso do Sul (MS)

Lei nº 2.726, de 2 de dezembro 2003.
Dispõe sobre as diretrizes da Política de Cultura no âmbito do Estado
de Mato Grosso do Sul e dá outras providências.

Lei nº 3.522, de 30 de maio de 2008.
Dispõe sobre a proteção do Patrimônio Histórico, Artístico e Cultural de Mato Grosso do Sul.

Decreto nº 12.686, de 30 de dezembro de 2008.
Regulamenta a Lei n. 3.522, de 30 de maio de 2008, que "Dispõe sobre a proteção do
Patrimônio Histórico, Artístico e Cultural de Mato Grosso do Sul", e dá outras providências.

PARÁ (PA)

Lei n° 8.483, de 15 de maio de 2017.
Declara a Escola De Samba Rancho Não Posso Me Amofiná, Manifestação Cultural de Belém do Pará, como integrante do Patrimônio Cultural de Natureza Imaterial do Estado do Pará.

Lei n° 8.494, de 30 de maio de 2017.
Declara o "Retiro Espiritual" das Igrejas Cristãs, como Integrante do Patrimônio Cultural de Natureza Imaterial do Estado do Pará.

Lei n° 8513, de 20 de junho de 2017.
Declara a Assembleia de Deus, Instituição Centenária Fundada em Belém, Capital Paraense, no dia 18 de Junho de 1911, como Patrimônio Cultural, Histórico e Turístico do Estado do Pará.

Lei n° 8.529, 13 de setembro de 2017.
Declara a Embaixada de Samba Império Pedreirense, manifestação cultural em Belém, como integrante do Patrimônio Cultural de Natureza Imaterial do Estado do Pará.

Lei n° 8.348, de 21 de março 2016.
Fica criado o Dia Estadual da Cultura Paraense no âmbito do Estado do Pará, a ser comemorado em 7 de outubro.

Lei n° 8.358, de 2 de maio de 2016.
Declara como Patrimônio Cultural de Natureza Imaterial do Estado do Pará o Clássico de Futebol Re X Pa.

Lei n° 8.380, de 5 de setembro de 2016.
Declara a "Música Gospel" como Bem de Natureza Imaterial, integrante do Patrimônio Cultural Paraense.

Lei n° 8.414, de 7 de novembro de 2016.
Declara a Associação Carnavalesca Bole Bole, como Integrante do Patrimônio Cultural de Natureza Imaterial do Estado do Pará.

Lei n° 8.442, de 1 de dezembro de 2016.
Declara a Banda de Música do Corpo de Bombeiros Militar do Estado do Pará, Bem de Natureza Imaterial, integrante do Patrimônio Cultural Paraense

Lei n° 8.453, de 27 de dezembro de 2016.
Declara e reconhece a Dança do Siriá, como Integrante do Patrimônio Cultural de Natureza Imaterial do Estado do Pará.

Lei n° 8.137, de 6 de março de 2015.
Declara e reconhece como Integrante do Patrimônio Cultural de Natureza Imaterial para o Estado do Pará, o Festival Folclórico do Distrito de Nova Maracanã, do Município de Faro/Pa..

Lei n° 8.160, 9 de abril de 2015.
Declara e reconhece como integrante do Patrimônio Cultural de Natureza Imaterial para o Estado do Pará, o "Cacau Fest", Festividade do Cacau do Município de Medicilândia.

Lei n° 8.161, de 9 de abril de 2015.
Declara e reconhece como Integrante do Patrimônio Cultural de Natureza Imaterial para o Estado do Pará, o Festival "Jacaré Verão", no Município de Jacareacanga.

Lei n° 8.175, de 1 de junho de 2015.
Declara o Festival da Integração Nordestina, realizado no Município de Mojuí dos Campos, integrante do Patrimônio Cultural de Natureza Imaterial para o Estado do Pará.

Lei n° 8.200, de 26 de octembro de 2015.
Declara o Monumento da Cabanagem Integrante do Patrimônio Cultural Material do Estado do Pará.

Lei n° 8.294, de 28 de setembro de 2015.
Declara e reconhece as "Cavalgadas Ocorridas No Estado Do Pará" como integrantes do Patrimônio Cultural de Natureza Imaterial do Estado.

Lei n° 7.883, de 15 de maio de 2014.
Declara o Festival de Iemanjá, realizado pela União Religiosa dos Cultos Umbandistas e Afro Brasileiros do Estado do Pará - Urcabep, na Ilha De Outeiro – Distrito de Icoaraci, integrante do Patrimônio Cultural Imaterial do Estado do Pará.

Lei n° 7.961, de 13 de junho de 2014.
Declara e Reconhece como integrante Do Patrimônio Cultural De Natureza Imaterial Para O Estado Do Pará, O Encontro Da Mulher De Parauapebas.

Lei n° 8.034, de 3 de setembro de 2014.
Transforma em Patrimônio Cultural de Natureza Imaterial do Estado do Pará, o Pinheirense Esporte Clube.

Lei n° 8.062, de 30 de setembro de 2014.
Reconhece como Integrante do Patrimônio Cultural de Natureza Imaterial para o Estado do Pará, o encontro das Águas dos Rios Tapajós e Amazonas.

Lei n° 8.063, de 30 de setembro 2014.
Reconhece o "Festival do Caranguejo de São Caetano de Odivelas" como integrante do Patrimônio Cultural de Natureza Imaterial do Estado do Pará.

Lei n° 8.073, de 24 de novembro de 2014.
Considera o Artesanato em Balata Patrimônio Cultural de Natureza Imaterial do Estado do Pará.

Lei n° 7.693, de 3 janeiro de 2013.
Declara o Castanhal Esporte Clube (Japiim), Águia de Marabá Futebol Clube, São Raimundo Esporte Clube, Cametá Sport Club e Tuna Luso Brasileira Integrantes do Patrimônio Cultural de Natureza Imaterial do Estado do Pará.

Lei n° 7.694, de 3 de janeiro de 2013.
Declara o Clube do Remo integrante do Patrimônio Cultural de Natureza Imaterial do Estado do Pará.

Lei n° 7.695, de 3 de Janeiro de 2013.
Declara o Paysandu Sport Club Integrante do Patrimônio Cultural de Natureza Imaterial Do Estado Do Pará.

Lei n° 7.708, de 22 de Maio de 2013.
Reconhece como Patrimônio Cultural e Artístico para o Estado do Pará o ritmo Tecnomelody. 2013.

Lei n° 7.712, de 24 de junho de 2013.
Reconhece como Patrimônio Cultural de Natureza Imaterial para o Estado do Pará O Maauaçu - Festival de Culturas, no Município de Rurópolis e dá outras providências.

Lei n° 7.714, de 24 de junho de 2013.
Declara e reconhece como integrante do Patrimônio Cultural de Natureza Imaterial
para o Estado do Pará, o Círio do Divino Espírito Santo do Município de Moju.

Lei n° 7.716, de 24 de junho de 2013.
Declara e reconhece como Patrimônio Cultural de Natureza Imaterial para
o Estado do Pará, O Fest Mandioca, no Município De Itaituba.

Lei n° 7.738, de 8 de outubro de 2013.
Declara e reconhece como integrante do Patrimônio Cultural de Natureza Imaterial para
o Estado do Pará, o Festival Do Açaí, realizado no Município de Limoeiro do Ajuru.

Lei n° 7.744, de 30 de outubro de 2013.
Declara e reconhece como Patrimônio Cultural de Natureza Imaterial para o
Estado do Pará, a Festa do Mingau no Município de Nova Timboteua.

Lei n° 7.752, de 26 de novembro de 2013.
Reconhece como Patrimônio Cultural de Natureza Imaterial para o Estado
do Pará as Vendedoras de Tacacá, Denominadas "Tacacazeiras".

Lei n° 7.754, de 26 de novembro de 2013.
Declara como Patrimônio Cultural e Artístico do Estado do
Pará a Arte Marajoara e dá outras Providências.

Lei n° 7.779, de 26 de dezembro de 2013.
Reconhece como Patrimônio Cultural de Natureza Imaterial para o Estado do
Pará, a Feira de Exposição Agropecuária e Industrial – Expoagroindustrial,
no Município de Itaituba e dá outras providências.

Lei n° 7.609, de 27 de março de 2012.
Declara A Festividade De Nossa Senhora Da Conceição Da Comunidade Remanescente
De Quilombos, Na Localidade De Porto Alegre, Distrito De Juaba, No Município De Cametá,
Integrante Do Patrimônio Cultural De Natureza Imaterial Do Estado Do Pará.

Lei n° 7.611, de 27 de março de 2012.
Declara Como Patrimônio Cultural De Natureza Imaterial Para O Estado Do Pará, O Círio
De São Francisco De Assis No Município De Mãe Do Rio E Dá Outras Providências.

Lei n° 7.619, de 18 de abril de 2012.
Declara Como Patrimônio Cultural De Natureza Imaterial Do Estado Do Pará, A Comemoração
Do Dia 30 De Março, Dia Da Libertação Dos Escravos No Município De Benevides.

Lei n° 7.633, de 5 de junho de 2012.
Declara E Reconhece Como Patrimônio Cultural De Natureza Imaterial
Para O Estado Do Pará, O "Dia Das Assembleias De Deus".

Lei n° 7.640, de 12 de julho de 2012.
Reconhece Como Patrimônio Cultural De Natureza Imaterial Para
O Estado Do Pará, A "Canoagem Tradicional".

Lei n° 7.652, de 12 de setembro de 2012.
Declara Como Integrante Do Patrimônio Cultural De Natureza
Imaterial Para O Estado Do Pará, O Círio De Mosqueiro.

Lei n° 7.655, de 12 de setembro de 2012.
Declara Como Integrante Do Patrimônio Cultural De Natureza Imaterial Para O Estado
Do Pará, O "Círio De Nossa Senhora De Nazaré", No Município De Soure.

Lei n° 7.667, de 26 de setembro de 2012.
Declara Como Integrante Do Patrimônio Cultural De Natureza
Imaterial Para O Estado Do Pará, O Círio De Icoaraci.

Lei n° 7.661, de 26 de setembro de 2012.
Reconhece Como Patrimônio Cultural De Natureza Imaterial Para O Estado Do Pará,
A Romaria Da Floresta, No Município De Anapu E Dá Outras Providências.

Lei n° 7.662, de 26 de setembro de 2012.
Declara Como Integrante Do Patrimônio Cultural De Natureza Imaterial Para O Estado
Do Pará, A Festividade De Nossa Senhora De Nazaré – Padroeira Da Comunidade
Cristã Da Vila De Maiauatá, Município De Igarapé-Miri, E Dá Outras Providências.

Lei n° 7.671, de 29 de outubro de 2012.
Declara O Avefest De Santa Isabel Do Pará Integrante Do Patrimônio
Cultural De Natureza Imaterial Do Estado Do Pará.

Lei n° 7.498, de 10 de março de 2011.
Declara Como Integrante Do Patrimônio Cultural De Natureza Imaterial Do Estado Do Pará,
O Círio De São Francisco De Assis, Padroeiro De Monte Alegre, E Dá Outras Providências.

Lei n° 7.499, de 10 de março de 2011.
Declara Como Integrante Do Patrimônio Cultural E Artístico De Natureza Imaterial
Do Estado Do Pará, O Ritmo Da Guitarrada, E Dá Outras Providências.

Lei n° 7.501, de 11 de março de 2011.
Declara Como Integrante Do Patrimônio Cultural De Natureza Imaterial Do Estado Do Pará, A
Festividade De São Sebastião De Arapixi, No Município De Chaves, E Dá Outras Providências.

Lei n° 7.503, de 13 de abril de 2011.
Declara A "Expofac - Exposição Feira Agropecuária De Castanhal", Realizada No Município De
Castanhal, Integrante Do Patrimônio Cultural De Natureza Imaterial Do Estado Do Pará.

Lei n° 7.506, de 19 de abril de 2011.
Declara O Círio De Igarapé-Açu, Integrante Do Patrimônio Cultural De
Natureza Imaterial Do Estado Do Pará E Dá Outras Providências.

Lei n° 7.507, de 19 de abril de 2011.
Declara Como Patrimônio Cultural De Natureza Imaterial Para O Estado Do
Pará A Festividade De São Benedito E Dá Outras Providências.

Lei n° 7.511, de 26 de abril de 2011.
Declara Como Patrimônio Cultural De Natureza Imaterial Do Estado
Do Pará, O Baile Das Flores, E Dá Outras Providências.

Lei n° 7.514, de 28 de abril de 2011.
Declara O Círio De Ananindeua, Integrante Do Patrimônio Cultural De
Natureza Imaterial Do Estado Do Pará E Dá Outras Providências.

Lei n° 7.515, de 28 de abril de 2011.
Institui O Dia Do Patrimônio Histórico E Cultural Do Estado Do Pará E Dá Outras Providências. Doe

Lei n° 7.521, de 13 de maio de 2011.
Declara O Círio De Curuçá Como Integrante Do Patrimônio
Cultural De Natureza Imaterial Do Estado Do Pará.

Lei n° 7.522, 13 de maio de 2011.
Reconhece Como Patrimônio Cultural De Natureza Imaterial Para
O Estado Do Pará O Evento Gospel Louvor Norte.

Lei n° 7.524, de 8 de junho de 2011.
Reconhece Como Patrimônio Cultural De Natureza Imaterial Para O Estado Do Pará O
Festival Do Porantim, Do Município De Medicilândia, E Dá Outras Providências.

Lei n° 7.534, de 29 de junho de 2011.
Declara O Círio Da Vila De Americano, Integrante Do Patrimônio Cultural De
Natureza Imaterial Do Estado Do Pará E Dá Outras Providências.

Lei n° 7.536, de 29 junho 2011.
Declara A Feira Agropecuária De Dom Eliseu Integrante Do Patrimônio
Cultural De Natureza Imaterial Do Estado Do Pará.

Lei n° 7.538, de 7 de julho de 2011.
Declara Como Patrimônio Cultural De Natureza Imaterial Para O Estado Do Pará O "Festival
Da Pororoca", Do Município De São Domingos Do Capim, E Dá Outras Providências.

Lei n° 7.539, de 11 de julho de 2011.
Reconhece Como Patrimônio Cultural De Natureza Imaterial Para O Estado Do Pará,
A Festa Do Aniversário Da Cidade De Brasil Novo E Dá Outras Providências.

Lei n° 7.540, de 15 de julho de 2011.
Declara Como Patrimônio Cultural De Natureza Imaterial Para O Estado Do Pará O
"Festival Da Banana", Do Município De Trairão, E Dá Outras Providências.

Lei n° 7.548, de 12 de setembro de 2011.
Declara Como Integrante Do Patrimônio Cultural De Natureza
Imaterial Do Estado Do Pará, A Linguagem Regional.

Lci n° 7.549, de 12 de setembro de 2011.
Declara Como Integrante Do Patrimônio Cultural De Natureza Imaterial
Do Estado Do Pará, As Comidas Típicas Regional.

Lei n° 7.550, de 14 de setembro de 2011.
Declara Como Patrimônio Cultural De Natureza Imaterial Para O
Estado Do Pará O Círio De Santa Luzia Do Pará.

Lei n° 7.555, de 21 setembro de 2011.
Declara O Círio De Altamira, Integrante Do Patrimônio Cultural De Natureza
Imaterial Do Estado Do Pará E Dá Outras Providências.

Lei n° 7.556, de 21 de setembro de 2011.
Declara Como Integrante Do Patrimônio Cultural De Natureza Imaterial Do
Estado Do Pará, O Festejo Junino De Marabá E Dá Outras Providências.

Lei n° 7.560, de 4 de outubro de 2011.
Declara O Círio De Senador José Porfírio, Integrante Do Patrimônio Cultural De
Natureza Imaterial Para O Estado Do Pará, E Dá Outras Providências.

Lei n° 7.562, de 13 de outubro de 2011.
Declara Como Integrante Do Patrimônio Cultural De Natureza Imaterial Do Estado Do Pará, O Festival Do "Caratinga", Do Município De Senador José Porfírio, E Dá Outras Providências.

Lei n° 7.660, de 22 de novembro de 2011.
Declara Como Integrante Do Patrimônio Cultural De Natureza Imaterial Para O Estado Do Pará O Círio De Nossa Senhora De Nazaré Que Ocorre No Município De Marabá, E Dá Outras Providências.

Lei n° 7.577, de 14 de dezembro de 2011.
Declara O Círio De Nossa Senhora De Nazaré, No Município De Primavera, Como Patrimônio Cultural De Natureza Imaterial Do Estado Do Pará.

Lei n° 7.578, de 20 de dezembro de 2011.
Declara Como Integrante Do Patrimônio Cultural De Natureza Imaterial Do Estado Do Pará, O Círio De Nossa Senhora Da Conceição Da Cidade De Ponta De Pedras E Dá Outras Providências.

Lei n° 7.373, de 6 de janeiro de 2010.
Declara O Agro-Fest Milho Integrante Do Patrimônio Cultural Imaterial Do Estado Do Pará.

Lei n° 7.374, de 6 de janeiro de 2010.
Declara A Romaria Castanhal/Apéu Integrante Do Patrimônio Cultural Imaterial Do Estado Do Pará.

Lei n° 7.377, de 6 de janeiro de 2010.
Declara Como Patrimônio Cultural De Natureza Imaterial Do Estado Do Pará A Festa De São Sebastião, Do Município De Cachoeira Do Arari, Na Ilha Do Marajó.

Lei n° 7.383, de 16 de março de 2010.
Declara Como Patrimônio Cultural Do Estado Do Pará O Bloco Carnavalesco Pretinhos Do Mangue, Do Município De Curuçá E Dá Outras Providências.

Lei n° 7.395, de 13 de abril de 2010.
Declara Integrante Do Patrimônio Cultural.De Natureza Imaterial Do Estado Do Pará O Círio De Nossa Senhora De Nazaré, Do Município De Tucuruí, E Dá Outras Providências.

Lei n° 7.413, de 26 de maio de 2010.
Declara O Círio De São Domingos Do Capim Integrante Do Patrimônio Cultural Imaterial Do Estado Do Pará.

Lei n° 7.414, de 26 de maio de 2010.
Declara Integrante Do Patrimônio Cultural De Natureza Imaterial Do Estado Do Pará, A "Pajelança Cabocla Do Marajó", E Dá Outras Providências.

Lei n° 7.420, de 2 de junho de 2010.
Declara O Círio De Óbidos Integrante Do Patrimônio Cultural Imaterial Do Estado Do Pará E Dá Outras Providências.

Lei n° 7.427, de 21 de junho de 2010.
Declara O Círio De Oriximiná, Conhecido Por Círio De Santo Antônio, Integrante Do Patrimônio Cultural Imaterial Do Estado Do Pará E Dá Outras Providências.

Lei n° 7.429, de 30 de junho de 2010.
Declara O Círio De Juruti, Integrante Do Patrimônio Cultural De Natureza Imaterial Do Estado Do Pará E Dá Outras Providências.

Lei nº 7.432, de 30 de junho de 2010.
Declara Como Patrimônio Cultural Do Estado Do Pará, O Festival Do Vaqueiro
E Do Pescador No Município De Chaves, E Dá Outras Providências.

Lei nº 7.433, de 30 de junho de 2010.
Declara O Brinquedo De Miriti Patrimônio Cultural De Natureza
Imaterial Do Estado Do Pará E Dá Outras Providências.

Lei n° 7.438, de 2 de julho 2010.
Declara Como Patrimônio Cultural De Natureza Imaterial Do Estado Do Pará, O "Festival Cultural
Da Farinha De Tapioca", Da Vila De Americano, No Município De Santa Izabel Do Pará.

Lei nº 7.446, de 19 de julho de 2010.
Declara Como Integrante Do Patrimônio Cultural De Natureza Imaterial Do Estado Do Pará,
O Círio De Marabá, Em Louvor A Nossa Senhora De Nazaré E Dá Outras Providências.

Lei nº 7.447, de 19 julho de 2010.
Declara Como Integrante Do Patrimônio Cultural De Natureza Imaterial Do
Estado Do Pará, O "Festival Do Açaí" Do Município De Inhangapi.

Lei nº 7.451, de 27 de julho de 2010.
Declara Como Integrante Do Patrimônio Cultural De Natureza Imaterial Do
Estado Do Pará, O Círio De Porto De Moz, E Dá Outras Providências.

Lei nº 7.462, de 31 de agosto de 2010.
Declara Como Integrante Do Patrimônio Cultural De Natureza Imaterial
Do Estado Do Pará, O Círio Da Colônia Do Prata.

Lei n° 7.464, de 31 de agosto de 2010.
Declara Como Integrante Do Patrimônio Cultural De Natureza Imaterial Do Estado
Do Pará, A "Festividade De Santo Antônio" No Município De Alenquer/Pa.

Lei n° 7.468, de 14 de setembro de 2010.
Declara Como Integrante Do Patrimônio Cultural De Natureza
Imaterial Do Estado Do Pará, O Círio De Colares.

Lei nº 7.469, de 14 de setembro de 2010.
Declara Como Integrante Do Patrimônio Cultural De Natureza Imaterial
Do Estado Do Pará, A Marujada Do Município De Tracuateua.

Lei n° 7.470, de 23 de setembro de 2010.
Declara Como Integrante Do Patrimônio Cultural De Natureza
Imaterial Do Estado Do Pará, O Círio De Faro.

Lei n° 7.471, de 23 de setembro de 2010.
Declara Como Integrante Do Patrimônio Cultural De Natureza
Imaterial Do Estado Do Pará, O Círio De Tracuateua.

Lei n° 7.475, de 4 de outubro de 2010.
Declara Como Patrimônio Cultural E Artístico Do Estado Do Pará, O Festival Do
"Festsol" Do Município De Porto De Moz E Dá Outras Providências.

Lei° nº 7.476, de 4 de outubro de 2010.
Declara Como Patrimônio Cultural E Artístico Do Estado Do Pará, O Festival Do
"Vitsol" Do Município De Vitória Do Xingu E Dá Outras Providências.

Lei n° 7.477, de 4 de outubro de 2010.
Declara Como Integrante Do Patrimônio Cultural De Natureza Imaterial
Do Estado Do Pará, O Festival Folclórico De Tracuateua.

Lei n° 7.478, do 3 do novembro de 2010
Declara Como Integrante Do Patrimônio Cultural De Natureza
Imaterial Do Estado Do Pará, O Círio De Curuá.

Lei n° 7.479, de 11 de novembro de 2010.
Dispõe Como Integrante Do Patrimônio Cultural De Natureza Imaterial
Do Estado Do Pará, O Círio De Santa Izabel Do Pará.

Lei n° 7.270, de 6 de maio de 2009.
Transforma Em Patrimônio Cultural De Natureza Imaterial Do
Estado Do Pará O Círio De Nazaré Da Vigia.

Decreto n° 2.558, de 6 de outubro de 2010.
Institui O Inventário Do Patrimônio Cultural Do Estado Do Pará - Ipcpa.

Decreto n° 1.852, de 25 de agosto de 2009.
Institui O Registro De Bens Culturais De Natureza Imaterial Que Constituem Patrimônio Cultural
Paraense, Cria O Programa Estadual Do Patrimônio Imaterial E Dá Outras Providências.

Lei n° 8.317, de 14 de dezembro de 2015.
Declara Como Patrimônio Histórico E Cultural O Instituto Histórico E Geográfico Do Tapajós – Ihgtap.

Lei n° 8.319, de 14 de dezembro de 2015.
Declara como Patrimônio Histórico, Cultural e Artístico de Natureza Imaterial
do Estado do Pará o Festival Do Camarão, Do Município De Afuá.

Lei n° 7.614, de 3 de abril de 2012.
Reconhece E Declara Como Patrimônio Histórico, Cultural E Religioso Imaterial Para
O Estado Do Pará, O "Círio De Nossa Senhora Da Conceição", Também Conhecido
Como "Círio Da Conceição" Cultuado E Realizado Anualmente Na Cidade De Santarém/
Pa, Desde A Data De 29 De Novembro De 1919, E Dá Outras Providências.

Lei n° 7.515, de 28 de abril de 2011.
Institui o Dia Do Patrimônio Histórico e Cultural do Estado do Pará e dá outras providências.

Lei n° 7.518, de 5 de maio de 2011.
Declara como Patrimônio Histórico e Cultural de Natureza Imaterial para o Estado do
Pará, a Procissão Corpus Christi Da Cidade De Capanema, e dá outras providências.

Lei n° 7.529, de 15 de junho de 2011.
Considera Como Patrimônio Histórico, Cultural E Turístico Para O Estado Do Pará O
Museu Nacional Da Assembleia De Deus, Localizado Na Cidade De Belém.

Lei n° 7.375, de 6 de janeiro de 2010.
Declara Como Patrimônio Histórico-Cultural Do Estado Do Pará A Romaria
Da Libertação, Que Ocorre No Município De Goianésia Do Pará.

Lei n° 7.356, de 15 de dezembro de 2009.
Dispõe Sobre A Proteção Do Acervo Patrimonial Remanescente Da
Estrada De Ferro De Bragança E Dá Outras Providências.

Lei n° 7.118, de 31 de março de 2008.
Classifica Como Estância Turística E Patrimônio Histórico Para O Estado
Do Pará O Município De Faro, E Dá Outras Providências.

Lei n° 5.629, de 20 de dezembro de 1990.
Dispõe Sobre A Preservação E Proteção Do Patrimônio Histórico,
Artístico, Natural E Cultural Do Estado Do Pará.

Lei n° 5.494, de 16 de novembro de 1988.
Dispõe Sobre O Tombamento Do Quartel De Óbidos E Dá Outras Providências.

Lei n° 5.956, de 26 de março de 1996.
Dispõe Sobre O Tombamento Como Patrimônio Cultural Do Estado Do Pará Da Peça Teatral
De Criação Coletiva, Denominada "Ver-De-Ver-O-Peso" E Dá Outras Providências.

PARAÍBA (PB)

Lei n° 10.961, de 19 de julho de 2017.
Considera a Vaquejada Patrimônio Cultural Imaterial do Estado da Paraíba.

Lei 10.453/2015, de 23 de abril de 2015.
Declara como Patrimônio Imaterial Do Estado Da Paraíba a Orquestra Tabajara.

Lei n° 10.325, de 11 de junho de 2014.
Dispõe sobre a Política Estadual De Cultura, Institui o Sistema
Estadual de Cultura e dá outras providências.

Lei n° 10.287, de 10 de abril de 2014.
Declara como bem Cultura De Natureza Imaterial do Estado Da
Paraíba, o Projeto Cultural Caminhos Do Frio.

Lei n° 9.903, de 5 de outubro 2012.
Reconhece como Manifestação Cultural a Música Gospel e os
eventos a ela relacionados e dá outras providências.

Lei n° 9.663, de 23 de fevereiro de 2012.
Considera Patrimônio Cultural Imaterial Do Estado Da Paraíba a festa da
Luz, realizada anualmente na Cidade De Guarabira, neste Estado.

Lei n° 9.513, de 14 de novembro de 2011.
Considera a festa do Bode Rei, do Município de Cabeceiras,
Patrimônio Cultural e Imaterial do Estado da Paraíba.

Lei n° 9.470, de 11 de outubro de 2011.
Considera o Pôr do Sol da Praia do Jacaré Patrimônio Cultural e Imaterial do Estado da Paraíba.

Lei n° 9.391, de 28 de junho 2011.
Declara O Poeta Repentista e o Repente Patrimônios Culturais e Imateriais do Estado da Paraíba.

Lei n° 9.390/2011, de 28 de junho de 2011.
Considera o Maior São João Do Mundo Patrimônio Cultural e Imaterial do Estado da Paraíba.

Lei 9.275, de 17 de dezembro de 2010.
Considera O "Artesanato Paraibano" Patrimonial Cultural E Imaterial Do Estado Da Paraíba.

Lei nº 9.156, de 10 de junho de 2010.
Institui o Registro do Forró como Patrimônio Imaterial do Estado da Paraíba.

Lei nº 9.040, de 30 de dezembro de 2009.
Dispõe Sobre O Instituto Do Patrimônio Histórico Do Estado
Da Paraíba - Iphaep, E Dá Outras Providências.

Lei nº 9.027, de 30 de dezembro de 2009.
Dispõe Sobre A Valorização Da Cultura E Das Tradições Nordestinas Nos Eventos
Juninos Organizados Ou Patrocinados Pelo Governo Do Estado.

Lei nº 7.694, de 22 de dezembro de 2004.
Institui, no âmbito da Administração Pública Estadual, o Registro dos Mestres
das Artes – Canhoto da Paraíba (REMA-PB) e dá outras providências.

Decreto nº 7.819 de 24 de outubro de 1978.
Dispõe sobre o Cadastramento e Tombamento dos bens Culturais, artísticos
e históricos no Estado da Paraíba e dá outras providências.

Decreto nº 21.435, de 31 de outubro de 2000.
Dispõe sobre a aplicação de sanções administrativas pelo IPHAEP e a inscrição
em dívida ativa das multas devidas ao instituto, e dá outras providências.

Decreto nº 26.065, de 15 de julho de 2005.
Regulamenta a Lei nº 7.694, de 22 de dezembro de 2004, estabelece a sistemática de execução
do Registro dos Mestres das Artes – Canhoto da Paraíba (REMA-PB) e dá outras providências.

PARANÁ (PR)

Lei nº 19.135, de 28 de setembro de 2017.
Institui o Plano Estadual de Cultura do Paraná, conforme especifica.

Lei nº 16.206, de 21 de agosto de 2009.
Declara Integrante do Patrimônio Histórico, Artístico e Cultural do Estado
do Paraná, a Banda de Música da Polícia Militar do Paraná.

Lei Estadual nº 38/35.
Cria o Conselho Superior de Defesa do Patrimônio Cultural do Paraná.

Lei nº 1.211, de 18 de setembro de 1953.
Dispõe sobre o patrimônio histórico, artístico e natural do Estado do Paraná.

PERNAMBUCO (PE)

Lei n° 15.993, de 21 de março de 2017.
Institui o Bloco Carnavalesco e Cultural Caiporas de Pesqueira como Patrimônio Cultural Imaterial do Estado de Pernambuco.

Lei n° 15.430, de 22 de dezembro de 2014.
Cria o Conselho Estadual de Preservação do Patrimônio Cultural no âmbito do Estado de Pernambuco.

Lei n° 15.429, de 22 de dezembro de 2014.
Cria o Conselho Estadual de Política Cultural no âmbito do Estado de Pernambuco

Lei n° 14.852, de 29 de novembro de 2012.
Dispõe sobre a preservação e os procedimentos de tombamento e de registro do Patrimônio Cultural de Origem Africana no Estado de Pernambuco, e dá outras providências.

Lei Ordinária n° 14.176, de 27 de setembro de 2010.
Considera o Clube Carnavalesco Misto das Pás como Patrimônio Cultural Imaterial do Estado de Pernambuco.

Lei n° 14.174, de 27 de setembro de 2010.
Considera a Missa do Poeta, celebrada anualmente na Cidade de Tabira - PE, como Patrimônio Cultural Imaterial do Estado de Pernambuco.

Lei n° 14.163, de 17 de setembro de 2010.
Considera os Grupos de Maracatu Rural de Nazaré da Mata, Patrimônio Cultural Imaterial do Estado de Pernambuco

Lei n° 13.878, de 25 de setembro de 2009.
Considera o Festival de Inverno de Garanhuns Patrimônio Cultural Imaterial do Estado de Pernambuco.

Lei n° 13.853, de 19 de agosto de 2009.
Considera o Manguebeat Patrimônio Cultural Imaterial do Estado de Pernambuco.

Lei n° 13.851, de 18 de agosto de 2009.
Considera a Festa das Dálias de Taquaritinga do Norte Patrimônio Cultural Imaterial do Estado de Pernambuco.

Lei n° 13.850, de 18 de agosto de 2009.
Considera o Carnaval de Vitória de Santo Antão, Patrimônio Cultural Imaterial do Estado de Pernambuco.

Lei n° 13.849, de 18 de agosto de 2009.
Considera o Sítio Histórico do Monte das Tabocas, Patrimônio Cultural Material e Imaterial do Estado de Pernambuco.

Lei n° 13.843, de 14 agosto de 2009.
Considera a agremiação Carnavalesca Bloco das Flores, "Patrimônio Cultural Imaterial do Estado de Pernambuco".

Lei n° 13.842, de 14 de agosto de 2009.
Considera a "Festa das Marocas" Patrimônio Cultural Imaterial do Estado de Pernambuco".

Lei n° 13.841, de 14 de agosto de 2009.
Considera a "Festa da Batalha do Reduto" Patrimônio Cultural Imaterial do Estado de Pernambuco.

Lei n° 13.840, de 14 de agosto de 2009.
Considera o Bloco carnavalesco "A mulher da Sombrinha" - Patrimônio
Cultural Imaterial do Estado de Pernambuco.

Lei n° 13.789, de 9 junho de 2009.
Considera Patrimônio Cultural e Turístico do Estado de Pernambuco
o Alto do Moura, no Município de Caruaru.

Lei n° 13.788, de 9 de junho de 2009.
Considera o São João de Caruaru como Patrimônio Cultural Imaterial do Estado de Pernambuco.

Lei n° 13.778, de 27 de maio de 2009.
Considera o Carnaval de Olinda Patrimônio Cultural Imaterial do Estado de Pernambuco.

Lei n° 13.776, de 27 de maio de 2009.
Considera a Dança do Xaxado Patrimônio Cultural Imaterial do Estado de Pernambuco.

Lei n° 13.773, de 18 de maio de 2009.
Considera o "Papangus" de Bezerros Patrimônio Cultural Imaterial do Estado de Pernambuco.

Lei n° 13.759, de 30 de abril de 2009.
Considera a FESTA DA PITOMBA Patrimônio Cultural Imaterial do Estado de Pernambuco.

Lei n° 13.757, de 29 de abril de 2009.
Considera a agremiação Carnavalesca "Bloco da Saudade" Patrimônio
Cultural Imaterial do Estado de Pernambuco.

Lei n° 13.751, de 24 de abril de 2009.
Considera a sobremesa Cartola Patrimônio Cultural Imaterial do Estado de Pernambuco.

Lei n° 13.746, de 14 de abril de 2009.
Considera Patrimônio Cultural Imaterial do Estado de Pernambuco a Festa
do Vaqueiro, realizada anualmente no município de Serrita.

Lei n° 13.726, de 6 de março de 2009.
Considera o conjunto arquitetônico e o espetáculo da Paixão de Cristo de Nova
Jerusalém Patrimônio Cultural Material e Imaterial do Estado de Pernambuco.

Lei n° 13.723, de 2 de março de 2009.
Considera a Dança do Brinquedo Popular Ciranda em patrimônio
cultural e imateria do Estado de Pernambuco.

Lei n° 13.712, de 20 de fevereiro de 2009.
Considera o Bloco Carnavalesco Galo da Madrugada Patrimônio
Cultural Imaterial do Estado de Pernambuco.

Lei n° 13.606, de 31 de outubro de 2008.
Considera a Cachaça Patrimônio Cultural e Imaterial do Estado de Pernambuco.

Lei n° 13.436, de 24 de abril de 2008.
Considera o Bolo de Rolo Patrimônio Cultural e Imaterial do Estado de Pernambuco.

Lei n° 13.428, de 16 de abril de 2008.
Considera o Bolo Souza Leão Patrimônio Cultural e Imaterial do Estado de Pernambuco.

Lei n° 13.042, de 15 de junho de 2006.
Considera a Festa da Lavadeira patrimônio cultural do povo de Pernambuco.

Lei n° 13.650, de 4 de dezembro de 2008.
Considera o FEMUARTE - Festival de Música e arte de Garanhuns como
Patrimônio Turístico e Cultural do Povo Pernambuco.

Lei n° 13.634, de 21 de novembro de 2008.
Considera o Festival de Inverno de Garanhuns como Patrimônio
Turístico e Cultural do Povo Pernambucano.

Lei n°13.384, de 21 de dezembro de 2007.
Institui o Frevo como Patrimônio Artístico e Cultural Imaterial do Estado de Pernambuco.

Lei n° 13.229, de 11 de maio de 2007.
Considera a Feira de Arte e Artesanato de Boa Viagem Patrimônio
Turístico e Cultural do Povo Pernambucano

Lei n° 12.196, de 02 de maio de 2002.
Institui, no âmbito da Administração Pública Estadual, o Registro do Patrimônio
Vivo do Estado de Pernambuco – RPV-PE, e dá outras providências.

Decreto n° 27.503, de 27 de dezembro de 2004.
Regulamenta a Lei n.° 12.196, de 02 de maio de 2002, estabelece a sistemática de execução do
Registro do Patrimônio Vivo do Estado de Pernambuco – RPV-PE, e dá outras providências

Decreto n° 27.733, de 11 de março de 2005.
Dispõe sobre as inscrições no Registro do Patrimônio Vivo do Estado de Pernambuco

PIAUÍ (PI)

Lei n° 4.515, de 09 de novembro de 1992.
Dispõe sobre a proteção do patrimônio cultural do estado do Piauí.

Rio De Janeiro (RJ)
Lei nº 6.459, de 6 de abril de 2013 Dispõe Sobre O Patrimônio Cultural Imaterial Do Estado Do Rio De Janeiro E Dá Outras Providências.
Lei nº 7020, de 29 de junho de 2015. Considera Como Patrimônio Cultural Imaterial Do Estado Do Rio De Janeiro A Casa Rosa Centro Cultural.
Lei nº 5.695, de 19 de abril de 2010. Considera Patrimônio Cultural Para Fins De Tombamento De Natureza Imaterial O Acervo Cultural Do Ponto De Ação Cultural – Pac- De Barra Mansa.
Lei nº 7.708, de 10 de maio de 2017. Declara A Festa De São Francisco De Paula, Do Município De São Francisco De Itabapoana, Patrimônio Cultural Imaterial Do Estado Do Rio De Janeiro.
Lei nº 7.669, de 29 de agosto de 2017. Declara Patrimônio Cultural Imaterial Do Estado Do Rio De Janeiro O Surfe De Peito.
Lei nº 7.623 de 8 de junho de 2017. Declara Patrimônio Cultural Imaterial Do Estado Do Rio De Janeiro A Tradicional Feira Livre Do Centro De Duque De Caxias.
Lei nº 7.260, de 15 de abril de 2016. Declara A Procissão Terrestre De Nossa Senhora Da Penha, Padroeira do Distrito de Atafona, em São João Da Barra, Patrimônio Cultural Imaterial Do Estado Do Rio De Janeiro.
Lei nº 7.234, de 16 de março de 2016. Declara O Coral Das Meninas Cantoras De Petrópolis Como Patrimônio Cultural Imaterial Do Estado Do Rio De Janeiro.
Lei nº 7.139, de 17 de dezembro de 2015. Determina O Tombamento Por Interesse Histórico, Artístico E Cultural, Como Patrimônio Arquitetônico E Cultural Do Estado Do Rio De Janeiro De Todos Os Centros Integrados E Educação Pública – Cieps, Administrados Pelo Estado Do Rio De Janeiro.
Lei nº 6.647, de 19 de dezembro de 2013. Considera Como Patrimônio Cultural Imaterial Do Estado Do Rio De Janeiro A Feijoada Carioca.
Lei nº 6.291, de 6 de julho de 2012. Considera A Cachaça Como Patrimônio Histórico Cultural Do Estado Do Rio De Janeiro.
Lei nº 5.215, de 2 de abril de 2008. Considera Patrimônio Cultural Do Estado Do Rio De Janeiro As Bandas De Músicas Civis Centenárias.
Lei nº 5.070, de 16 de julho de 2007. Declara Como Patrimônio Cultural Do Estado O Acervo De Premiações Das Entidades, Associações E Clubes Esportivos Do Estado Do Rio De Janeiro E Dá Outras Providências.
Lei nº 2.471, de 6 de dezembro de 1995. Dispõe Sobre A Preservação E O Tombamento Do Patrimônio Cultural De Origem Africana No Estado Do Rio De Janeiro.

Lei nº 7.790, de 28 de novembro de 2017.
Declara Patrimônio Cultural, Histórico E Imaterial E Considera De Especial Interesse
Social As Comunidades Quilombolas, Caipiras, Caboclas, De Pescadores, Caiçaras E
Agricultores No Âmbito Do Estado Do Rio De Janeiro, inclusive aquelas Localizadas Em
Unidades De Conservação Da Natureza, E Dá Outras Providências.

Lei nº 7.761, de 26 de outubro de 2017.
Considera Como Patrimônio Histórico E Cultural Do Estado Do Rio De Janeiro Para Fins
De Preservação O Antigo Cine Madureira Situado A Rua Dagmar Da Fonseca Nº 54 -
Loj - A A L No Bairro De Madureira - Rio De Janeiro.

Lei nº 7.741, de 11 de outubro de 2017.
Considera Patrimônio Histórico E Cultural Do Estado Do Rio De Janeiro Para Fins De Preservação
Da Memória Da Diáspora Africana O Sítio Arqueológico, Cais Do Valongo.

Lei nº 7.739, de 9 de outubro de 2017.
Declara O Programa Aprendiz – Música Na Escola Como Patrimônio Cultural
Imaterial Do Estado Do Rio De Janeiro.

Lei nº 7.730, de 9 de outubro de 2017.
Fica Autorizada A Declaração, Como Patrimônio Histórico E Cultural Do Estado
Do Rio De Janeiro, Das Ruínas Do Velho Leprosário, Localizada No Bairro Nossa
Senhora Da Conceição, Município De Queimados.

Lei nº 7.728, de 9 de outubro de 2017.
Declara Patrimônio Cultural Imaterial Do Estado Do Rio De Janeiro
O Grêmio Recreativo Escola De Samba Flor De Magé.

Lei nº 7.676, de 28 de agosto de 2017.
Declara Patrimônio Cultural Imaterial Do Estado Do Rio De Janeiro O
Campeonato Estadual De Futebol Profissional Da Fferj.

Lei nº 7.672, de 28 de agosto de 2017.
Determina O Tombamento, Como Patrimônio Histórico E Cultural Do Estado
Do Rio De Janeiro, A Fundação Planetário Da Cidade Do Rio De Janeiro,
Localizada No Bairro Da Gávea, Município Do Rio De Janeiro.

Lei nº 7.665, de 28 de agosto de 2017.
Considera Patrimônio Histórico E Cultural Do Estado Do Rio De Janeiro Para Fins De
Preservação Da Cultura Do Bairro De Campo Grande, O Parque Estadual Da Pedra Branca.

Lei nº 7.277, de 17 de maio de 2016.
Considera Patrimônio Histórico E Cultural Do Estado Do Rio De Janeiro
Para Fins De Preservação Da Cultura O Palácio Rio 450 Anos.

Lei nº 7.361, de 14 de julho de 2016.
Determina O Tombamento, Como Patrimônio Histórico E Cultural Do Estado Do
Rio De Janeiro, O Centro De Cultura E Memória De Bangu - Casa Do Silveirinha
(Cmb), Localizada No Bairro De Bangu, Município Do Rio De Janeiro.

Lei nº 7.242, de 29 de março de 2016.
Declara Patrimônio Histórico E Cultural Do Estado Do Rio De Janeiro O Prédio Do Museu
Da Feb - Força Expedicionária Brasileira, Localizado Na Rua Das Marrecas, Nº 35,
No Bairro Do Centro, Município Do Rio De Janeiro.

Lei nº 7.239, de 23 de março de 2016.
Considera Patrimônio Histórico E Cultural Do Estado Do Rio De Janeiro Para
Fins De Preservação Da Cultura Do Bairro De Madureira, O Parque Madureira.

Lei nº 7.085, de 16 de outubro de 2015.
Considera Como Patrimônio Cultural Imaterial Do Estado Do Rio De Janeiro As
Baianas Que Preparam E Vendem Iguarias Típicas.

Lei nº 7.141, de 17 de dezembro de 2015.
Declara O Canto Do Coral Rainha Assunta Como Patrimônio Cultural
Imaterial Do Estado Do Rio De Janeiro.

Lei nº 6.810, de 23 de junho de 2014.
Declara Como Patrimônio Cultural, Histórico E Imaterial Do Estado Do
Rio De Janeiro O Clássico De Futebol Fla X Flu, No Ano Do Seu Centenário.

Lei nº 6.480, de 18 de junho de 2013.
Determina O Tombamento, Como Patrimônio Histórico E Cultural Do Estado Do Rio De Janeiro, Da
Igreja Nossa Senhora Do Amparo, Localizada No Distrito De Amparo, Município De Barra Mansa.

Lei nº 5.113, de 19 de outubro de 2007.
Institui O Registro De Bens Culturais De Natureza Imaterial Que
Constituem Patrimônio Cultural Fluminense.

Lei nº 4.954, de 20 de dezembro de 2006.
Determina O Tombamento Como Patrimônio Histórico E Cultural Do Estado Do Rio De Janeiro,
A Fazenda Dos Afonsos – Centro De Formação E Aperfeiçoamento De Praças – Cfap.

Lei nº 4.447, de 16 de novembro de 2004.
Determina O Tombamento Como Patrimônio Histórico E Cultural Do Estado
Do Rio De Janeiro O Imóvel Da Extinta Estação Ferroviária Da Estrada De
Ferro Central Do Brasil De Santa Izabel Do Rio Preto, Em Valença/Rj.

Lei nº 7.817, de 15 de dezembro de 2017.
Considera Como Patrimônio Cultural E Imaterial Do Estado Do Rio De Janeiro A Sukyo Mahikari.

Lei nº 7.691, de 15 de setembro de 2017.
Determina O Tombamento Como Patrimônio Histórico E Cultural Do Estado Do
Rio De Janeiro A Sociedade Senhor Do Bonfim Ilè Obá N'Iá, Localizado Na Rua
Namur, Nº 56, No Bairro De Vila Valqueire, Município Do Rio De Janeiro, Nos
Termos Do Inciso Xvi Do Artigo 98 Da Constituição Estadual.

Lei nº 7.376, de 14 de julho de 2016.
Determina O Tombamento, Como Patrimônio Histórico E Cultural
Do Estado Do Rio De Janeiro O Teatro Casa Grande.

Lei nº 5.564, de 21 de outubro de 2009.
Cria O Pólo Cultural, Histórico E Turístico De Conservatória.

Lei nº 4.524, de 11 de março de 2005.
Determina O Tombamento Como Patrimônio Histórico E Cultural Do Estado Do Rio De
Janeiro O Regimento Marechal Caetano De Farias E Todo O Seu Entorno Arquitetônico.

Lei nº 3.913, de 12 de agosto de 2002.
Determina O Tombamento Como Patrimônio Histórico E Cultural Do Estado Do Rio De Janeiro O Imóvel Da Extinta Rádio Siderúrgica De Volta Redonda.

Lei nº 5.214, de 31 de março de 2008.
Altera A Lei N º 4887, De 1º De Novembro De 2006, Que Institui O Programa De Incentivo Para As Atividades Culturais – Piac – No Estado Do Rio De Janeiro.

Lei nº 3.317, de 9 de dezembro de 1999.
Determina O Tombamento Do Colégio Marista São José

Lei nº 4.077, de 7 de janeiro de 2003.
Dispõe Sobre A Criação Da Política Estadual Do Livro E Dá Outras Providências.

Lei nº 7.819, de 20 de dezembro de 2017.
Declara A Folia De Reis Como Patrimônio Imaterial Do Estado Do Rio De Janeiro.

Indicação Legislativa nº 268, de 2007.
Solicita Ao Excelentíssimo Governador Do Estado Do Rio De Janeiro, Senhor Sérgio De Oliveira Cabral Santos Filho, Envio De Mensagem Objetivando Considerar Bem Cultural Para Fins De Tombamento De Natureza Imaterial A Feira Nordestina De São Cristovão, Que Funciona No Interior Do Centro Municipal Luiz Gonzaga De Tradições Nordestinas.

Lei nº 7.371, de 14 de julho de 2016.
Institui Como Patrimônio Material E Imaterial Do Estado Do Rio De Janeiro, As Canoas Caiçaras De Produção Artesanal Do Município De Paraty E Dá Outras Providências.

Lei nº 3.336, de 29 de dezembro de 1999.
Determina O Tombamento Do Prédio Da Sede Do Sindicato Dos Metalúrgicos Do Rio De Janeiro.

Lei nº 3.448, de 14 de julho de 2000.
Determina O Tombamento Do Prédio Localizado À Avenida Jayme Siciliano, Nº 01, Onde Funciona A Fábrica De Papel Klabin Kimberly S/A, No Município De Mendes – RJ.

Lei nº 7.168, de 22 de dezembro de 2015.
Dispõe Sobre O Tombamento Do Mercadão Das Ervas E Verduras, Situado A Rua Conselheiro Galvão Nº 58 - 2º Pavimento, Bairro De Madureira, Município Do Rio De Janeiro.

Lei nº 7.379, de 14 de julho de 2016.
Dispõe Sobre Medidas Legislativas E Administrativas De Proteção Do Cinema Icaraí, Localizado No Município De Niterói.

Lei nº 4.001, de 30 de outubro de 2002.
Dispõe Sobre O Tombamento Da Antiga Fábrica Da Cervejaria Brahma, Estabelecida Na Av. Marquês De Sapucaí.

Lei nº 509, de 3 de dezembro de 1981.
Dispõe Sobre O Conselho Estadual De Tombamento E Dá Outras Providências.

Lei nº 7.180, de 28 de dezembro de 2015.
Estabelece, No Âmbito Do Estado Do Rio De Janeiro, O Marco Referencial Da Gastronomia Como Cultura E Dá Outras Providências.

Lei nº 3.267, de 07 de outubro de 1999.
Determina O Tombamento Da Casa De Espetáculos Canecão E Dá Outras Providências

RIO GRANDE DO SUL (RS)
Lei nº 14.459, de 15 de janeiro de 2014. Declara Como Bem Integrante Do Patrimônio Histórico E Cultural Do Estado Do Rio Grande Do Sul As Carreiras De Cavalos Em Cancha Reta.
Lei nº 14.324, de 21 de outubro de 2013. Reconhece Como De Relevante Interesse Cultural Do Estado Do Rio Grande Do Sul O Ctg Oswaldo Aranha, Localizado No Município De Alegrete, E Dá Outras Providências.
Lei nº 14.127, de 9 de novembro de 2012. Declara Como Bem Integrante Do Patrimônio Histórico E Cultural Do Estado Do Rio Grande Do Sul O "Acampamento De Arte Gaúcha" Do Município De Tapes.
Lei nº 14.112, de 29 de outubro de 2012. Declara A "Coxilha Nativista De Cruz Alta" Integrante Do Patrimônio Cultural Do Estado Do Rio Grande Do Sul E A Inclui No Calendário Oficial De Eventos Do Estado Do Rio Grande Do Sul.
Lei nº 14.061, de 23 de julho de 2012. Declara Integrante Do Patrimônio Histórico E Cultural Do Estado Do Rio Grande Do Sul A "Língua Hunsrik", De Origem Germânica.
Lei nº 14.034, de 29 de junho de 2012. Declara Integrante Do Patrimônio Histórico E Cultural Do Estado Do Rio Grande Do Sul O Vale Dos Vinhedos, Localizado Na Região Serrana Do Estado.
Lei nº 13.678, de 17 de janeiro de 2011. Dispõe Sobre O Patrimônio Cultural Imaterial Do Estado Do Rio Grande Do Sul E Dá Outras Providências.
Lei nº 13.588, de 23 de dezembro de 2010. Declara Patrimônio Cultural Do Estado A "Casa De Pedra" Do Município De Igrejinha.
Lei nº 13.498, de 3 de agosto de 2010. Declara Bem Integrante Do Patrimônio Cultural Do Estado Do Rio Grande Do Sul O Centro De Tradições Gaúchas Rincão Da Lealdade, De Caxias Do Sul.
Lei Ordinária nº 13.463, de 9 de junho de 2010. Declara Integrante Do Patrimônio Histórico E Cultural Do Estado O Farol De Itapuã, Localizado No Município De Viamão.
Lei Ordinária nº 13.454, de 29 de abril de 2010. Declara A Feira Nacional Da Soja - Fenasoja Integrante Do Patrimônio Histórico E Cultural Dos Estado Do Rio Grande Do Sul.
Lei Ordinária nº 13.395, de 24 de março de 2010. Declara Patrimônio Histórico Do Estado A Igreja Matriz São Roque, Do Município De Dois Lajeados.
Lei Ordinária nº 13.323, de 21 de dezembro de 2009. Declara Integrante Do Patrimônio Histórico E Cultural Do Estado A Festa Da Uva Do Município De Caxias Do Sul.
Lei Ordinária nº 13.183, de 23 de junho de 2009. Declara A Associação Satélite Prontidão Integrante Do Patrimônio Histórico E Cultural Do Estado Do Rio Grande Do Sul.

Lei Ordinária nº 13.177, de 10 de junho de 2009.
Declara Integrante Do Patrimônio Histórico E Cultural Do Estado Do Rio
Grande Do Sul O Roteiro Caminhos De Pedra, Localizado Nas Linhas Palmeiro
E Pedro Salgado, Municípios De Farroupilha E Bento Gonçalves.

Lei Ordinária nº 13.178, de 10 de junho de 2009.
Declara Integrante Do Patrimônio Histórico E Cultural Do Estado O Dialeto Talian,
Originado Dos Italianos E Descendentes Radicados No Rio Grande Do Sul.

Lei Ordinária nº 13.155, de 27 de abril de 2009.
Declara Integrantes Do Patrimônio Histórico E Cultural Do Estado Do Rio Grande
Do Sul O Rodeio Artístico-Cultural E A Festa Campeira Do Centro De Tradições
Gaúchas Porteira Das Missões, Realizados No Município De Cerro Largo.

Lei Ordinária nº 13.154, de 22 de abril de 2009.
Declara Como Bem Integrante Do Patrimônio Histórico E Cultural Do Estado Do Rio Grande
Do Sul A Fonte Imperial, Localizada No Município De Santo Antônio Da Patrulha.

Lei Ordinária nº 13.123, de 9 de janeiro de 2009.
Declara Integrante Do Patrimônio Histórico Cultural Do Estado A Festa Nacional Do Champanha.

Lei Ordinária nº 13.083, de 3 de dezembro de 2008.
Declara Integrante Do Patrimônio Cultural E Histórico Do Estado Do Rio Grande Do Sul O
Prédio Da Santa Casa De Caridade De Jaguarão, Situado No Município De Jaguarão.

Lei Ordinária nº 13.073, de 25 de novembro de 2008.
Declara Integrante Do Patrimônio Cultural Do Estado A Cascata Do
Chuvisqueiro, Localizada No Município De Riozinho.

Lei Ordinária nº 13.060, de 11 de novembro de 2008.
Declara Integrante Do Patrimônio Histórico E Cultural Do Estado
O Natal Luz, Realizado Na Cidade De Gramado.

Lei Ordinária nº 13.038, de 25 de setembro de 2008.
Declara Integrante Do Patrimônio Histórico, Cultural E Turístico Do Estado
Do Rio Grande Do Sul O Santuário Nossa Senhora Da Czenstochowa Da
Vila Bom Jardim, No Município De Guarani Das Missões.

Lei Ordinária nº 13.023, de 5 de agosto de 2008.
Declara Integrante Do Patrimônio Histórico E Cultural Do Estado O
Festival Internacional De Folclore De Passo Fundo.

Lei Ordinária nº 13.026, de 5 de agosto de 2008.
Declara Patrimônio Cultural Do Estado A Oktoberfest, Da Cidade De Igrejinha.

Lei Ordinária nº 13.018, de 24 de julho de 2008.
Declara Integrante Do Patrimônio Histórico E Cultural Do Estado A
Lagoa Vermelha, Do Município De Lagoa Vermelha.

Lei Ordinária nº 13.019, de 24 de junho de 2008.
Declara Integrante Do Patrimônio Histórico E Cultural Do Estado A Igreja
Da Matriz De São Patrício, Localizada No Município De Itaqui.

Lei Ordinária nº 13.000, de 8 de julho de 2008.
Declara Como Bem Integrante Do Patrimônio Histórico E Cultural Do Estado Do Rio Grande
Do Sul, O Teatro Independência Localizado No Município De Santa Vitória Do Palmar.

Lei Ordinária nº 13.001, de 8 de julho de 2008.
Declara O Município De Três Passos Terra Sagrada Dos Bem-Aventurados Mártires Do Rio Grande
Do Sul, Padre Manuel Gómez Gonzáles E Coroinha Adílio Daronch, E Dá Outras Providências.

Lei Ordinária nº 12.996, de 24 de junho de 2008.
Declara A Mateada Em Praça Pública E A Cavalgada Bate-Casco Integrantes
Do Patrimônio Histórico E Cultural Do Estado Do Rio Grande Do Sul.

Lei Ordinária nº 12.997, de 24 de junho de 2008.
Declara Integrante Do Patrimônio Histórico E Cultural Do Estado A Sociedade
Partenon Literário, Localizada No Município De Porto Alegre.

Lei Ordinária nº 12.983, de 13 de junho de 2008.
Declara Integrante Do Patrimônio Histórico E Cultural Do Estado
Do Rio Grande Do Sul O Festival De Teatro De Canela.

Lei Ordinária nº 12.984, de 13 de junho de 2008.
Declara Integrante Do Patrimônio Histórico E Cultural Do Estado A Romaria Ao Santuário
De Nossa Senhora Da Luz E Dos Servos De Deus, Padre Manuel E Coroinha Adílio.

Lei Ordinária nº 12.985, de 13 de junho de 2008.
Declara Integrante Do Patrimônio Histórico E Cultural Do Estado Do Rio Grande Do
Sul A Catedral São Francisco De Paula, Localizada No Município De Pelotas.

Lei Ordinária nº 12.986, de 13 de junho de 2008.
Declara Integrante Do Patrimônio Histórico, Cultural E Turístico Do Estado Do Rio Grande Do
Sul O Cais Do Porto Nossa Senhora Dos Navegantes, Localizado No Município De São Borja.

Lei Ordinária nº 12.987, de 13 de junho de 2008.
Declara Integrante Do Patrimônio Histórico E Cultural Do Estado O Seminário
Seráfico São Francisco De Assis, Localizado No Município De Taquari.

Lei Ordinária nº 12.988, de 13 de junho de 2008.
Declara Integrante Do Patrimônio Cultural Do Estado A Festa De Nossa Senhora Dos Navegantes
E De Iemanjá, Celebrada Nos Municípios De Rio Grande E De São José Do Norte.

Lei Ordinária nº 12.989, de 13 de junho de 2008.
Declara Como Bem Integrante Do Patrimônio Histórico E Cultural Do Estado Do Rio
Grande Do Sul A Ponte De Ferro De Feliz, Localizada No Município De Feliz.

Lei Ordinária nº 12.990, de 13 de junho de 2008.
Declara Integrante Do Patrimônio Histórico E Cultural Do Estado O Moinho
São José, Localizado No Município De Carlos Barbosa.

Lei Ordinária nº 12.991, de 13 de junho de 2008.
Declara A Estância De Rodeios Nerci Liberatto Da Conceição, Localizada No Município De
Santo Augusto, Integrante Do Patrimônio Cultural Do Estado Do Rio Grande Do Sul.

Lei Ordinária nº 12.992, de 13 de junho de 2008.
Declara A Estátua Do Laçador Integrante Do Patrimônio Histórico E
Cultural E Escultura-Símbolo Do Estado Do Rio Grande Do Sul.

Lei Ordinária nº 12.993, de 13 de junho de 2008.
Declara Integrante Do Patrimônio Histórico E Cultural Do Estado O Prédio Do Museu
De Artes Visuais Ruth Schneider, Localizado No Município De Passo Fundo.

Lei Ordinária nº 12.975, de 27 de maio de 2008.
Declara Integrantes Do Patrimônio Histórico E Cultural Do Estado Do
Rio Grande Do Sul Todos Os Festivais De Música Nativista.

Lei Ordinária nº 12.918, de 4 de abril de 2008.
Dispõe Sobre A Preservação Do Patrimônio Histórico E Cultural De Origem Africana
E Afro-Brasileira No Estado Do Rio Grande Do Sul E Dá Outras Providências. .

Lei Ordinária nº 12.919, de 4 de abril de 2008.
Declara Integrante Do Patrimônio Cultural Do Estado A Semana Farroupilha De Piratini.

Lei Ordinária nº 12.856, de 12 de dezembro de 2007.
Declara O Sítio Histórico De Porongos, Localizado No Interior Do Município De Pinheiro
Machado, Patrimônio Histórico E Cultural Do Estado Do Rio Grande Do Sul.

Lei Ordinária nº 12.771, de 4 de setembro de 2007.
Declara A Moenda Da Canção Integrante Do Patrimônio Histórico
E Cultural Do Estado Do Rio Grande Do Sul.

Lei Ordinária nº 12.769, de 4 de setembro de 2007.
Declara Bem Integrante Do Patrimônio Histórico E Cultural Do
Estado O Prédio Do Colégio Marista Santanense.

Lei Ordinária nº 12.770, de 4 de setembro de 2007.
Declara A Banda Musical Gioacchino Rossini Integrante Do Patrimônio
Histórico E Cultural Do Estado Do Rio Grande Do Sul.

Lei Ordinária nº 12.772, de 4 de setembro de 2007.
Declara Integrante Do Patrimônio Histórico E Cultural Do Estado A Academia Literária
Feminina Do Rio Grande Do Sul - Alfrs -, Localizada No Município De Porto Alegre.

Lei Ordinária nº 12.755, de 20 de julho de 2007.
Declara Como Bem Integrante Do Patrimônio Histórico E Cultural Do Estado Do Rio Grande
Do Sul A Catedral Nossa Senhora De Oliveira, Localizada No Município De Vacaria.

Lei Ordinária nº 12.756, de 20 de julho de 2007.
Declara Como Bem Integrante Do Patrimônio Histórico E Cultural Do Estado Do
Rio Grande Do Sul O "Chateau D'eau", No Município De Cachoeira Do Sul.

Lei Ordinária nº 12.747, de 11 de julho de 2007.
Declara Integrante Do Patrimônio Cultural Do Estado O Grupo Oficina Permanente
De Técnicas Circenses - Optc - De Nome Artístico Grupo Tholl.

Lei Ordinária nº 12.748, de 11 de julho de 2007.
Declara Integrante Do Patrimônio Histórico E Cultural Do Estado Do Rio
Grande Do Sul O Movimento Tradicionalista Gaúcho - MTG.

Lei Ordinária nº 12.689, de 29 de dezembro de 2006.
Declara Integrante Do Patrimônio Histórico E Cultural Do Estado, O
Túnel Verde, Localizado No Município De Balneário Pinhal.

Lei Ordinária nº 12.690, de 29 de dezembro de 2006.
Declara Integrante Do Patrimonio Cultural Do Estado A Kolonistenfest Do Municipio De Ivoti.

Lei Ordinária nº 12.675, de 20 de dezembro de 2006.
Declara Como Bem Integrante Do Patrimônio Histórico E Cultural Do Estado
Do Rio Grande Do Sul A Orquestra Sinfônica De Porto Alegre - Ospa.

Lei Ordinária nº 12.681, de 20 de dezembro de 2006.
Declara Integrante Do Patrimônio Histórico, Cultural E Turístico Do Estado
Do Rio Grande Do Sul O Carnaval Do Município De Porto Alegre.

Lei Ordinária nº 12.673, de 19 de dezembro de 2006.
Declara A União Gaúcha João Simões Lopes Neto Da Cidade De Pelotas,
Integrante Do Patrimônio Cultural Do Estado Do Rio Grande Do Sul.

Lei Ordinária nº 12.658, de 11 de dezembro de 2006.
Declara Integrante Do Patrimônio Histórico E Cultural Do Estado Do Rio
Grande Do Sul A Fazenda Do Itu, Localizada No Município De Itaqui.

Lei Ordinária nº 12.661, de 11 de dezembro de 2006.
Declara Bem Integrante Do Patrimônio Histórico E Cultural Do Estado O Prédio Do Instituto
De Educacao General Flores Da Cunha, Localizado No Município De Porto Alegre.

Lei Ordinária nº 12.656, de 6 de dezembro de 2006.
Declara Como Bem Integrante Do Patrimônio Histórico E Cultural Do Estado Do Rio Grande
Do Sul A Ponte Do Korfff, Localizada No Distrito De Criuva, No Município De Caxias Do Sul.

Lei Ordinária nº 12.654, de 5 de dezembro de 2006.
Declara A Feira Nacional Do Milho - Fenamilho -, Integrante Do
Patrimônio Cultural Do Estado Rio Grande Do Sul.

Lei Ordinária nº 12.652, de 4 de dezembro de 2006.
Declara Patrimônio Cultural Do Estado A Oktoberfest, Da Cidade De Santa Cruz Do Sul.

Lei Ordinária nº 12.628, de 16 de novembro de 2006.
Declara Como Bens Integrantes Do Patrimônio Cultural E Histórico D Estado Do
Rio Grande Do Sul O Prédio E A Área Pertencentes À Escola Estadual De Ensino
Fundamental De Sapucaia Do Sul, Situada No Município De Sapucaia Do Sul.

Lei Ordinária nº 12.604, de 19 de outubro de 2006.
Declara Integrante Do Patrimônio Histórico Cultural E Turístico Do Estado Do Rio Grande
Do Sul O Complexo Cultural Do Porto Seco, Localizado No Município De Porto Alegre.

Lei Ordinária nº 12.584, de 25 de agosto de 2006.
Declara Integrante Do Patrimônio Histórico E Cultural Do Estado A
Exposição Internacional De Animais, Máquinas, Implementos E Produtos
Agropecuários - Expointer Realizada No Município De Esteio.

Lei Ordinária nº 12.566, de 13 de julho de 2006.
Declara O Memorial José Mendes, Localizado No Município De Esmeralda,
Integrante Do Patrimônio Cultural Do Estado Do Rio Grande Do Sul.

Lei Ordinária nº 12.571, de 13 de julho de 2006.
Declara Integrante Do Patrimônio Cultural Do Estado O Rodeio Crioulo Internacional De Vacaria.

Lei Ordinária nº 12.532, de 12 de junho de 2006.
Declara Integrante Do Patrimônio Cultural Do Estado O Rolantche-
Rodeio Crioulo Internacional No Município De Rolante.

Lei Ordinária nº 12.529, de 6 de junho de 2006.
Declara Integrante Do Patrimônio Histórico E Cultural Do Estado
O Festival Do Cimena Brasileiro De Gramado.

Lei Ordinária nº 12.528, de 5 de junho de 2006.
Declara Integrante Do Patrimônio Histórico E Cultural Do Estado O Acampamento
Farroupilha, Que Ocorre Anualmente Na Estância Da Harmonia Do Parque
Maurício Sirotsky Sobrinho, No Município De Porto Alegre.

Lei Ordinária nº 12.518, de 1 de junho de 2006.
Declara Integrante Do Patrimônio Histórico E Cultural Do Estado Do Rio Grande Do Sul O
Centro De Tradições Gaúchas Aldeia Dos Anjos, Localizado No Município De Gravataí.

Lei Ordinária nº 12.519, de 1 de junho 2006.
Declara Integrante Do Patrimônio Histórico E Cultural Do Estado A
Usina Do Gasômetro, No Município De Porto Alegre.

Lei Ordinária nº 12.521, de 1 de junho de 2006.
Declara, Como Bem Integrante Do Patrimônio Cultural E Histórico Do Estado
Do Rio Grande Do Sul, O Prédio Do Porto De Santa Vitória Do Palmar.

Lei Ordinária nº 12.522, de 1 de junho de 2006.
Declara Integrante Do Patrimônio Histórico E Cultural Do Estado O Antigo
Parque De Exposições Menino Deus, No Município De Porto Alegre.

Lei Ordinária nº 12.508, de 29 de maio de 2006.
Declara Integrante Do Patrimônio Histórico E Cultural Do Estado Do Rio Grande Do
Sul A Biblioteca Rio-Grandense, Localizada No Município De Rio Grande.

Lei Ordinária nº 12.500, de 23 de maio de 2006.
Declara Integrantes Do Patrimônio Cultural Do Estado Os Molhes Da Barra De Rio Grande.

Lei Ordinária nº 12.501, de 23 de maio de 2006.
Declara Integrante Do Patrimônio Cultural Do Estado A Ponte De Pedra Do Município De Dois Irmãos.

Lei Ordinária nº 12.491, de 16 de maio de 2006.
Declara Integrante Do Patrimônio Histórico E Cultural Do Estado Do Ro Grande
Do Sul O Conjunto Arquitetônico Remanescente Do Antigo Saladeiro São Carlos,
Existente No Parque Dyonélio Machado, Localizado No Município De Quaraí.

Lei Ordinária nº 12.489, de 15 de maio de 2006.
Declara Integrante Do Patrimônio Cultural Do Estado Do Rio Grande Do Sul A Gruta
Nossa Senhora De Lourdes, Localizada No Município De Dom Pedro De Alcântara.

Lei Ordinária nº 12.487, de 15 de maio de 2006.
Declara Como Bem Integrante Do Patrimônio Histórico E Cultural Do Estado Do Rio Grande Do
Sul O Monumento Nacional Ao Imigrante, Erigido E Localizado No Município De Caxias Do Sul.

Lei Ordinária nº 12.482, de 11 de maio de 2006.
Declara Integrante Do Patrimônio Histórico E Cultural Do Estado A Praça
Municipal Tancredo De Almeida Neves, Do Município De Victor Graeff.

Lei Ordinária nº 12.478, de 8 de maio de 2006.
Declara Como Bem Integrante Do Patrimônio Histórico E Cultural Do
Estado O Santuário De Nossa Senhora Do Caravaggio.

Lei Ordinária nº 12.475, de 4 de maio de 2006.
Declara Integrante Do Patrimônio Cultural Do Estado A Fenachim - Festa
Nacional Do Chimarrão, No Município De Venâncio Aires.

Lei Ordinária nº 12.468, de 2 de maio de 2006.
Declara Como Bem Integrante Do Patrimônio Histórico E Cultural
Do Estado O Pólo De Cultura De Erechim.

Lei Ordinária nº 12.440, de 30 de março de 2006.
Declara Integrante Do Patrimônio Histórico E Cultural Do Estado A Igreja
De São Romedio, Situada No Município De Caxias Do Sul.

Lei Ordinária nº 12.401, de 19 de dezembro de 2005.
Declara Integrante Do Patrimônio Histórico E Cultural Do Estado A
Igreja São João Batista, No Município De Arvorezinha.

Lei Ordinária nº 12.382, de 28 de novembro de 2005.
Declara Integrante Do Patrimônio Histórico E Cultural Do Estado A Feira Do Livro De Porto Alegre.

Lei Ordinária nº 12.372, de 16 de novembro de 2005.
Reconhece Como Integrantes Do Patrimônio Cultural Imaterial Do Estado,
As Danças Tradicionais Gaúchas E Respectivas Músicas E Letras.

Lei Ordinária nº 12.364, de 3 de novembro de 2005.
Declara Como Bem Integrante Do Patrimônio Cultural E Histórico Do Estado
Do Rio Grande Do Sul A Ponte Internacional Barão De Mauá Sobre O Rio
Jaguarão, Ligação Rodoferroviária, Situada No Município De Jaguarão.

Lei Ordinária nº 12.355, de 1 de novembro de 2005.
Declara Integrante Do Patrimônio Cultural, Histórico, Geográfico, Natural, Paisagístico
E Ambiental Do Estado Do Rio Grande Do Sul A Serra Do Caverá, Localizada Nos
Municípios De Rosário Do Sul, Santana Do Livramento, Alegrete E Cacequi.

Lei Ordinária nº 12.356, de 1 de novembro de 2005.
Declara Integrante Do Patrimônio Cultural Do Estado A Fonte Denominada
Água Azul, Situada Na Localidade De Santa Lúcia Do Piaí.

Lei Ordinária nº 12.357, de 1 de novembro de 2005.
Declara Como Bens Integrantes Do Patrimônio Cultural E Histórico Do Estado Do Rio Grande Do
Sul, O Santuário Dedicado Aos Mártires Pe. Manoel Gomes Gonzalez E Adílio Daronch, Localizado
No Município De Três Passos, O Santuário Nossa Senhora Da Luz, Localizado No Município De
Nonoai E O "Caminho Dos Mártires", Situado Entre Os Municípios De Três Passos E Nonoai.

Lei Ordinária nº 12.344, de 26 de outubro de 2005.
Declara O Brique Da Redenção, Em Porto Alegre, Integrante Do
Patrimônio Cultural Do Estado Do Rio Grande Do Sul.

Lei Ordinária nº 12.345, de 26 de outubro de 2005.
Declara Integrante Do Patrimônio Cultural Do Estado Do Rio Grande Do Sul
A Festa Nacional Das Culturas Diversificadas - Fenadi -, De Ijuí.

Lei Ordinária nº 12.346, de 26 de outubro de 2005.
Declara Bem Integrante Do Patrimônio Histórico E Cultural Do Estado Do Rio
Grande Do Sul O Esporte Clube São Luiz, Com Sede Da Cidade De Ijuí.

Lei Ordinária nº 12.341, de 14 de outubro de 2005.
Declara Patrimônio Cultural Do Estado A Kolonistenfest Da Cidade De Pelotas.

Lei Ordinária nº 12.295, de 21 de junho de 2005.
Declara Integrante Do Patrimônio Histórico E Cultural Do Estado
A Jornada Nacional De Literatura De Passo Fundo.

Lei Ordinária nº 12.282, de 1 de junho 2005.
Declara O Carijo Da Canção Gaúcha Integrante Do Patrimônio
Cultural Do Estado Do Rio Grande Do Sul.

Lei Ordinária nº 12.276, de 24 de maio de 2005.
Declara A Sociedade Musical União Democrata De Pelotas, Integrante
Do Patrimonio Cultural Do Estado Do Rio Grande Do Sul.

Lei Ordinária nº 12.277, de 24 de maio de 2005.
Declara Integrante Do Patrimônio Cultural Do Estado Do Rio Grande
Do Sul A Estação Férrea Da Cidade De Pelotas.

Lei Ordinária nº 12.225, de 5 de janeiro de 2005.
Declara Integrante Do Patrimônio Histórico E Cultural Do Estado O Sportclub Rio Grande E Seus Bens.

Lei Ordinária nº 12.226, de 5 de janeiro de 2005.
Declara A Califórnia Da Canção Nativa De Uruguaiana Integrante Do
Patrimônio Cultural Do Estado Do Rio Grande Do Sul.

Lei Ordinária nº 12.183, de 21 de dezembro de 2004.
Declara Como Bem Integrante Do Patrimônio Cultural E Histórico Do Estado Do Rio Grande
Do Sul O Prédio Da Sociedade Cultural Ferroviária Treze De Maio, De Santa Maria.

Lei Ordinária nº 12.184, de 21 de dezembro de 2004.
Declara A Estação Ferroviária De Cacequi Integrante Do Patrimônio
Cultural Do Estado Do Rio Grande Do Sul.

Lei Ordinária nº 12.158, de 27 de setembro de 2004.
Declara Integrante Do Patrimônio Cultural Do Estado O Museu
De Arte Scheffel, Bem Como Todo Seu Acervo.

Lei Ordinária nº 12.152, de 1 de outubro de 2004.
Declara Patrimônio Histórico E Cultural Do Estado A Bacia Hidrográfica Do Rio Dos Sinos.

Lei Ordinária nº 12.150, de 21 de setembro de 2004.
Declara Como Bem Integrante Do Patrimônio Cultural E Histórico Do
Estado Do Rio Grande Do Sul O Cipreste Farroupilha De Guaíba.

Lei Ordinária nº 12.138, de 25 de agosto de 2004.
Declara Integrantes Do Patrimônio Cultural E Histórico Do Estado, O Mausoléu Do
Presidente Da República Getúlio Dornelles Vargas, E Os Túmulos Do Presidente
Da República João Belchior Marques Goulart E Do Governador Dos Estados
Do Rio De Janeiro E Do Rio Grande Do Sul, Leonel De Moura Brizola.

Lei Ordinária nº 12.133, de 26 de setembro de 2004.
Declara Integrante Do Patrimônio Cultural Do Estado O Conservatório
De Música Da Universidade Federal De Pelotas.

Lei Ordinária nº 12.003, de 12 de novembro de 2003.
Declara Integrante Do Patrimônio Cultural Do Estado A Área Histórica Da Cidade De Rio Pardo.

Lei Ordinária nº 12.001, de 5 de novembro de 2003.
Declara Integrante Do Patrimônio Cultural Do Estado O Rio Gravataí.

Lei Ordinária nº 12.002, de 5 de novembro de 2003.
Declara Integrante Do Patrimônio Cultural Do Estado O Morro
Itacolomi, Localizado No Município De Gravataí.

Lei Ordinária nº 11.986, de 14 de outubro de 2003.
Declara Como Bens Integrantes Do Patrimônio Cultural E Histórico Do Estado
Do Rio Grande Do Sul O Prédio E A Área Pertencentes Ao Colégio Estadual
Senador Alberto Paqualini, Situado No Município De Novo Hamburgo/Rs.

Lei Ordinária nº 11.937, de 3 de julho de 2003.
Declara O Mercado Público Municipal De Itaqui Integrante Do
Patrimônio Cultural Do Estado Do Rio Grande Do Sul.

Lei Ordinária nº 11.936, de 24 de junho de 2003.
Declara Como Bem Integrante Do Patrimônio Cultural E Histórico Do Estado Do Rio
Grande Do Sul O Prédio Do Antigo Seminário Jesuítico De Pareci Novo/Rs.

Lei Ordinária nº 11.919, de 6 junho de 2003.
Declara Integrante Do Patrimônio Cultural Do Estado Os Doces Artesanais De Pelotas.

Lei Ordinária nº 11.918, de 4 de junho de 2003.
Declara Como Bem Integrante Do Patrimônio Cultural Histórico Do Estado Do Rio
Grande Do Sul Os Ranchos Da Escola Técnica De Agricultura - Eta - De Viamão/Rs.

Lei Ordinária nº 11.917, de 2 de junho de 2003.
Declara Bem Integrante Do Patrimônio Cultural Do Estado O Jardim Botânico De Porto Alegre.

Lei Ordinária nº 11.895, de 28 de março de 2003.
Declara Integrante Do Patrimônio Cultural Do Estado O Arroio Pelotas.

Lei Ordinária nº 11.891, de 7 de janeiro de 2003.
Declara Bem Integrante Do Patrimônio Cultural Do Estado O
Complexo De Santa Thereza, No Município De Bagé.

Lei Ordinária nº 11.837, de 4 de novembro de 2002.
Introduz Modificação Na Lei Nº 11.738, De 13 De Janeiro De 2002, Que Declara
Integrantes Do Patrimônio Cultural Do Estado Os Sítios Paleontológicos Localizados
Em Municípios Do Estado Do Rio Grande Do Sul E Dá Outras Providências.

Lei Ordinária nº 11.744, de 5 de março de 2002.
Declara Como Bem Integrante Do Patrimônio Cultural E Histórico Do Estado Do Rio Grande Do Sul O Prédio E A Destinação Do Quartel General Da Brigada Militar, Em Porto Alegre.

Lei Ordinária nº 11.738, de 13 de janeiro de 2002.
Declara Integrantes Do Patrimônio Cultural Do Estado Os Sítios Paleontológicos Localizados Em Municípios Do Estado Do Rio Grande Do Sul E Dá Outras Providências.

Lei Ordinária nº 11.724, de 8 de janeiro de 2002.
Declara Bens Integrantes Do Patrimônio Cultural Do Estado As Ruínas De São Miguel, A Área Da Antiga Praça Fronteira E A Edificação Do Museu Das Missões, De São Miguel Da Missões, As Ruínas Do Povo De São Lourenço, De São Luiz Gonzaga, As Ruínas Do Povo De São João, De Entre-Ijuís, E As Ruínas Do Povo De São Nicolau.

Lei Ordinária nº 11.725, de 8 de janeiro de 2002.
Declara A Igreja De São Pelegrino, De Caxias Do Sul, Integrante Do Patrimônio Cultural Do Estado Do Rio Grande Do Sul.

Lei Ordinária nº 11.585, de 12 de janeiro de 2001.
Declara Integrantes Do Patrimônio Cultural Do Estado Conjuntos Urbanos E Edificações Nos Municípios De Rio Grande, Piratini, Jaguarão, São José Do Norte, Mostardas E Arroio Grande.

Lei Ordinária nº 11.546, de 7 de dezembro de 2000.
Declara Integrantes Do Patrimônio Cultural Do Estado Os Prédios Históricos Da Universidade Federal De Pelotas.

Lei Ordinária nº 11.525, de 15 de setembro de 2000.
Declara Integrantes Do Patrimônio Cultural Do Estado Os Prédios Históricos Da Universidade Federal Do Rio Grande Do Sul.

Lei Ordinária nº 11.499, de 6 de julho de 2000.
Declara Integrantes Do Patrimônio Cultural Do Estado Áreas Históricas Da Cidade De Pelotas.

Lei nº 11.380, de 3 de novembro de 1999.
Define Normas De Competência Para A Proteção Dos Sítios Arqueológicos E Seu Respectivo Acervo, Existentes No Estado, Conforme Inciso Iii Do Artigo 23 Da Constituição Federal.

Lei Ordinária nº 11.377, de 5 de outubro de 1999.
Declara Bem Integrante Do Patrimônio Cultural Do Estado A Casa, Em Pelotas, Que Pertenceu Ao Escritor Simões Lopes Neto.

Lei Ordinária nº 8.133, de 16 de abril de 1986.
Inscreve No Patrimônio Cultural Do Estado O Monumento Do Centenário Da Imigração Alemã, De Novo Hamburgo, E Dá Outras Providências.

Lei Ordinária nº 7.231, de 18 de dezembro de 1978.
Dispõe Sobre O Patrimônio Cultural Do Estado.

RONDÔNIA (RO)
Lei nº 3678, de 27 de novembro de 2015. Institui o Plano Estadual de Cultura e dá outras providências.
Lei Ordinária nº 3.325, de 17 de março de 2014. Reconhece a Música Gospel e os eventos a ela relacionados como manifestação cultural.
Lei Ordinária nº 3.423, de 26 de agosto de 2014. Dispõe sobre o evento desfile oficial da Cavalgada no Estado de Rondônia, como Bem de Natureza Imaterial que integra o Patrimônio Cultural Rondoniense, prevê I Itinerário do Desfile de modo que seja garantido o bem-estar das pessoas e dos animais durante o desfile e dá outras providências.
Lei Ordinária nº 71, de 21 de novembro de 1985. Dispõe sobre o Patrimônio Histórico e Artístico do Estado e dá outras providências.

RORAIMA (RR)
Lei nº 718, de 06 de julho de 2009. Dispõe sobre a Preservação e Proteção do Patrimônio Cultural do Estado de Roraima.

SANTA CATARINA (SC)
Lei nº 5.846, de 22 de dezembro de 1980. (com as alterações da Lei nº 9.342, de 14.12.93) Dispõe sobre a proteção do Patrimônio Cultural do Estado e dá outras providências.
Decreto nº 2.504, de 29 de setembro de 2004. Institui as formas de Registro de Bens Culturais de Natureza Imaterial ou Intangível que constituem o Patrimônio Cultural de Santa Catarina.

SÃO PAULO (SP)
Lei nº 16.112, de 14 de janeiro de 2016. Declara a Corrida de São Silvestre Patrimônio Cultural Imaterial do Estado.
Lei nº 15.690, de 4 de fevereiro de 2015. Declara o samba patrimônio cultural imaterial do Estado.
Lei nº 10.881, de 19 de setembro de 2001. Declara o Palácio 9 de Julho, Edifício-Sede Do Poder Legislativo Paulista, Como Patrimônio Cultural Do Estado.
Lei nº 10.235, de 12 de março de 1999. Estabelece a reparação por agressões ao Patrimônio Cultural do Estado.
Decreto nº 57.439, de 17 de outubro 2011. Institui o Registro de Bens Culturais de Natureza Imaterial que constituem Patrimônio Cultural do Estado de São Paulo, cria o Programa Estadual do Patrimônio Imaterial e dá providências correlatas.

SERGIPE (SE)

Lei nº 2.069, de 28 de dezembro de 1976.
Dispõe sobre o Patrimônio Histórico e Artístico de Sergipe e dá outras providências.

Lei nº 7.320, de 20 de dezembro de 2011.
Torna as embarcações Tototó Patrimônio Cultural e Imemorial do
Estado de Sergipe, e estabelece disposições correlatas.

Lei nº 7.648, de 31 de maio de 2013.
Cria no âmbito da Secretaria de Estado da Cultura – SECULT, o Sistema
Estadual de Museus – SIEM, e dá outras providências.

Lei nº 8.005, de 12 de maio de 2015.
Institui o Sistema Estadual de Cultura - SEC, estabelece diretrizes para o
Plano Estadual de Cultura - PEC, e dá providências correlatas.

Lei nº 8.035, de 1 de outubro de 2015.
Declara a "Festa e Romaria de Nossa Senhora Aparecida" como Patrimônio Cultural e Imaterial
do Estado de Sergipe e a inclui no Calendário Oficial de Eventos do Estado de Sergipe.

Lei nº 8.051, de 22 de outubro de 2015.
Torna as Procissões Penitenciais de devoção à Paixão de Cristo, que ocorrem na
Semana Santa, no Município de Nossa Senhora das Dores, Patrimônio Cultural
e Imaterial do Estado de Sergipe, e estabelece disposições correlatas.

Lei nº 8.054, de 22 de outubro de 2015.
Declara a "Festa do Carro de Bois" como Patrimônio Cultural e Imaterial do Estado de Sergipe.

Lei nº 8.067, de 07 de dezembro de 2015.
Declara a "Festa das Caretas" como Patrimônio Cultural e Imaterial do Estado de
Sergipe e a inclui no Calendário Oficial de Eventos do Estado de Sergipe.

Lei nº 8.083, de 16 de dezembro de 2015.
Declara "O BLOCO CARNAVALESCO CARRO QUEBRADO" como
Patrimônio Cultural e Imaterial do Estado de Sergipe

Lei nº 8.086, de 28 de dezembro de 2015.
Declara "O RASGADINHO" como Patrimônio Cultural e Imaterial do Estado de Sergipe.

Lei nº 8.110, de 19 de abril de 2016.
Declara as "Quadrilhas Juninas do Estado de Sergipe" como
Patrimônio Cultural e Imaterial do Estado de Sergipe.

Lei nº 8.114, de 27 de abril de 2016.
Torna as Cabacinhas de Japaratuba Patrimônio Cultural e Imemorial
do Estado de Sergipe, e dá providências correlatas.

Lei nº 8.127, de 28 de junho de 2016.
Declara a "Bienal do Livro de Itabaiana/SE", como Patrimônio Cultural e Imaterial do
Estado de Sergipe, e a inclui no Calendário Oficial de Eventos do Estado Sergipano.

Lei nº 8.129, de 28 de junho de 2016. Declara a "Festa do Caminhoneiro", ocorrida em Itabaiana/SE, como Patrimônio Cultural e Imaterial do Estado de Sergipe e a inclui no Calendário Oficial de Eventos deste Estado.
Lei nº 8.164, de 01 de dezembro de 2016. Declara o "Grupo de Oração Terço dos Homens da Cidade de Itabi-SE, como Patrimônio Cultural e Imaterial do Estado de Sergipe.
Lei nº 8.205, de 30 de março de 2017. Declara a "Festa o Cortejo dos Caretas", que ocorre anualmente, no Município de São Miguel do Aleixo/SE, como Patrimônio Cultural Imaterial do Estado de Sergipe e a inclui no Calendário Oficial de Eventos deste Estado.
Lei nº 8.260, de 17 de julho de 2017. Declara "A Grande Queima do Judas do Olimar", como Patrimônio Cultural e Imaterial do Estado de Sergipe.
Lei nº 8.263, de 17 de julho de 2017. Declara a "Festa Religiosa do Bom Jesus dos Navegantes", na Cidade de Propriá, como Patrimônio Cultural e Imaterial do Estado de Sergipe e a inclui no Calendário Oficial de Eventos do Estado de Sergipe.

TOCANTINS (TO)
Lei nº 3.278, de 8 de novembro de 2017. Declara patrimônio cultural imaterial do povo tocantinense as quadrilhas juninas.
Lei nº 3.253 de 31 de julho de 2017. Declara patrimônio cultural e gastronômico do Estado do Tocantins as comidas típicas que especifica.
Lei nº 3.252, de 31 de julho de 2017. Dispõe sobre o Sistema de Cultura do Tocantins - SC/TO, e adota outras providências.
Lei nº 2.854, de 25 de abril de 2014. Declara patrimônio histórico e Cultural do Estado do Tocantins a Festa das Novenas de Nossa Senhora das Mercês - Padroeira de Porto Nacional.
Lei nº 2.471, de 7 de julho de 2011. Declara patrimônio histórico e Cultural do Estado do Tocantins a Romaria e Festejo de Santa Ilda, do município de Itaporã.
Lei nº 2.386, de 7 de julho de 2010. Reconhece como bem de valor cultural e patrimônio histórico do Estado do Tocantins, a Romaria da Subida da Serra do Estrondo, evento que ocorre no Município de Paraíso do Tocantins.
Lei nº 2.344, de 28 de abril de 2010. Reconhece como bem de valor cultural e patrimônio histórico do Estado do Tocantins, o Festejo de Nossa Senhora das Graças, realizado no Município de Itaporã.

Lei nº 2.238, de 4 de dezembro de 2009.
Declara patrimônio histórico e Cultural do Estado do Tocantins a
Marcha dos Muladeiros de Paraíso do Tocantins.

Lei nº 2.237, de 4 de dezembro de 2009.
Declara Capital do patrimônio histórico do Estado do Tocantins o Município de Natividade.

Lei nº 2.207, de 10 de novembro de 2009.
Reconhece como bem de valor cultural e patrimônio histórico do Estado do Tocantins
as Ruínas do Arraial do Carmo, localizadas no Município de Monte do Carmo.

Lei nº 2.206, de 10 de novembro de 2009.
Reconhece como bem de valor cultural e patrimônio histórico do Estado do Tocantins
a Casa da Sra. Custódia Pedreira, localizada no Município de Porto Nacional.

Lei nº 2.205, de 10 de novembro de 2009.
Reconhece como bem de valor cultural e patrimônio histórico do Estado do Tocantins
a Casa do Sr. Osvaldo Ayres, localizada no Município de Porto Nacional.

Lei nº 2204, de 10 de novembro de 2009.
Reconhece como bem de valor cultural e patrimônio histórico do Estado do Tocantins
o Colégio Sagrado Coração de Jesus, localizado no Município de Porto Nacional.

Lei nº 2.203, de 10 de novembro de 2009.
Reconhece como bem de valor cultural e patrimônio histórico do Estado do Tocantins
o prédio da Prefeitura Velha, localizado no Município de Porto Nacional.

Lei nº 2.202, de 10 de novembro de 2009.
Reconhece como bem de valor cultural e patrimônio histórico do Estado do Tocantins
o prédio do Abrigo João XXIII, localizado no Município de Porto Nacional.

Lei nº 2.201, de 10 de novembro de 2009.
Reconhece como bem de valor cultural e patrimônio histórico do Estado do Tocantins a
Casa que pertenceu ao Coronel Evaristo Bezerra, localizada no Município de Paranã.

Lei nº 2.200, de 10 de novembro de 2009.
Reconhece como bem de valor cultural e patrimônio histórico do Estado do
Tocantins as Ruínas de São Luis, localizadas no Município de Natividade.

Lei nº 2.199, de 10 de novembro de 2009.
Reconhece como bem de valor cultural e patrimônio histórico do Estado do Tocantins as
Ruínas da Casa do Feitor na Chapada dos Negros, localizadas no Município de Arraias.

Lei nº 2.198, de 10 de novembro de 2009.
Reconhece como bem de valor cultural e patrimônio histórico do Estado do Tocantins
a Igreja de São José das Missões, localizada no Município de Dianópolis.

Lei nº 2.197, de 10 de novembro de 2009.
Reconhece como bem de valor cultural e patrimônio histórico do Estado do
Tocantins a Casa do Coronel Vitor Lino, localizada no Município de Paranã.

Lei nº 2.196, de 10 de novembro de 2009.
Reconhece como bem de valor cultural e patrimônio histórico do Estado do Tocantins
a Igreja Matriz de São João Batista, localizada no Município de Paranã.

Lei nº 2.195, de 10 de novembro de 2009.
Reconhece como bem de valor cultural e patrimônio histórico do Estado do Tocantins o Seminário São José, localizado no Município de Porto Nacional.

Lei nº 2.194, de 10 de novembro de 2009.
Reconhece como bem de valor cultural e patrimônio histórico do Estado do Tocantins a Casa do Coronel Wolney, localizada no Município de Dianópolis.

Lei nº 2.193, de 10 de novembro de 2009.
Reconhece como bem de valor cultural e patrimônio histórico do Estado do Tocantins a Prefeitura Velha, localizada no Município de Dianópolis.

Lei nº 2.192, de 10 de novembro de 2009.
Reconhece como bem de valor cultural e patrimônio histórico do Estado do Tocantins a Igreja Sagrada Família, localizada no Município de Dianópolis.

Lei nº 2.191, de 10 de novembro de 2009.
Reconhece como bem de valor cultural e patrimônio histórico do Estado do Tocantins a Igreja do Rosário dos Pretos, localizada no Município de Natividade.

Lei nº 2.190, de 10 de novembro de 2009.
Reconhece como bem de valor cultural e patrimônio histórico do Estado do Tocantins a Igreja de São Benedito, localizada no Município de Natividade.

Lei nº 2.189, de 10 de novembro de 2009.
Reconhece como bem de valor cultural e patrimônio histórico do Estado do Tocantins a Casa do Sr. Salvador José Ribeiro, localizada no Município de Natividade.

Lei nº 2.188, de 10 de novembro de 2009.
Reconhece como bem de valor cultural e patrimônio histórico do Estado do Tocantins o prédio da antiga Cadeia Pública, localizado no Município de Natividade.

Lei nº 2.187, de 10 de novembro de 2009.
Reconhece como bem de valor cultural e patrimônio histórico do Estado do Tocantins a Praça Coronel Joaquim de Sena e Silva, localizada no Município de Arraias.

Lei nº 2.186, de 10 de novembro de 2009.
Reconhece como bem de valor cultural e patrimônio histórico do Estado do Tocantins o Capim Dourado.

Lei nº 2.185, de 10 de novembro de 2009.
Reconhece como bem de valor cultural e patrimônio histórico do Estado do Tocantins o Biscoito Amor-Perfeito.

Lei nº 2.184, de 10 de novembro de 2009.
Reconhece como bem de valor cultural e patrimônio histórico do Estado do Tocantins a Igreja Matriz, localizada no Município de Arraias.

Lei nº 2.183, de 10 de novembro de 2009.
Reconhece como bem de valor cultural e patrimônio histórico do Estado do Tocantins a Igreja da Matriz, localizada no Município de Natividade.

Lei nº 2.182, de 10 de novembro de 2009.
Reconhece como bem de valor cultural e patrimônio histórico do Estado do Tocantins a Igreja Nossa Senhora do Rosário, localizada no Município de Monte do Carmo.

Lei nº 2.181, de 10 de novembro de 2009.
Reconhece como bem de valor cultural e patrimônio histórico do Estado do Tocantins a Capelinha dos Nove, localizada no Município de Dianópolis.

Lei nº 2.180, de 10 de novembro de 2009.
Reconhece como bem de valor cultural e patrimônio histórico do Estado do Tocantins o prédio da Cadeia Velha, localizado no Município de Paranã.

Lei nº 2.179, de 10 de novembro de 2009.
Reconhece como bem de valor cultural e patrimônio histórico do Estado do Tocantins a Catedral Nossa Senhora da Consolação, localizada no Município de Tocantinópolis.

Lei nº 2.178, de 10 de novembro de 2009.
Reconhece como bem de valor cultural e patrimônio histórico do Estado do Tocantins a Catedral Nossa Senhora das Mercês, localizada no Município de Porto Nacional.

Lei nº 2125, de 4 de agosto de 2009.
Reconhece como bem de valor cultural e patrimônio histórico do Estado do Tocantins, nos termos do artigo 138, § 1º da Constituição Estadual, o "Festejo da Igreja São Judas Tadeu", realizado no Município de Porto Nacional.

Lei nº 2124, de 4 de agosto de 2009.
Reconhece como bem de valor cultural e patrimônio histórico do Estado do Tocantins, nos termos do artigo 138, § 1º da Constituição Estadual, a "Festa do Lindô", realizada no Município de Santa Fé do Araguaia.

Lei nº 2123, de 4 de agosto de 2009.
Reconhece como bem de valor cultural e patrimônio histórico do Estado do Tocantins, nos termos do artigo 138, § 1º da Constituição Estadual, o "Festejo de Nossa Senhora do Rosário de Fátima", realizado no Município de Babaçulândia.

Lei nº 2.122, de 4 de agosto de 2009.
Reconhece como bem de valor cultural e patrimônio histórico do Estado do Tocantins, nos termos do artigo 138, § 1º da Constituição Estadual, a "Festa Cultural da Manga", realizada no Município de Tupirama.

Lei nº 2.121, de 4 de agosto de 2009.
Reconhece como bem de valor cultural e patrimônio histórico do Estado do Tocantins, nos termos do artigo 138, § 1º da Constituição Estadual, a "Expolagoa", realizada no Município de Lagoa da Confusão.

Lei nº 2.120, de 4 de agosto de 2009.
Reconhece como bem de valor cultural e patrimônio histórico do Estado do Tocantins, nos termos do artigo 138, § 1º da Constituição Estadual, o "Festejo da Catedral de Nossa Senhora das Mercês", realizado no Município de Porto Nacional.

Lei nº 2.119, de 4 de agosto de 2009.
Reconhece como bem de valor cultural e patrimônio histórico do Estado do Tocantins, nos termos do artigo 138, § 1º da Constituição Estadual, a "Festa de Nossa Senhora de Nazaré", realizada nos Municípios de Nazaré e Tupirama.

Lei nº 2.118, de 4 de agosto de 2009.
Reconhece como bem de valor cultural e patrimônio histórico do Estado do Tocantins, nos termos do artigo 138, § 1º da Constituição Estadual, a "Festa da Romaria de Nossa Senhora do Livramento", realizada no Município de Paranã.

Lei nº 2.117, de 4 de agosto de 2009.
Reconhece como bem de valor cultural e patrimônio histórico do Estado do Tocantins, nos termos do artigo 138, § 1º da Constituição Estadual, a "Festa de Nossa Senhora dos Remédios", realizada no Município de Arraias.

Lei nº 2.116, de 4 de agosto de 2009.
Reconhece como bem de valor cultural e patrimônio histórico do Estado do Tocantins, nos termos do artigo 138, § 1º da Constituição Estadual, a "Festa de São Vicente Ferrer", realizada no Município de Araguatins.

Lei nº 2.115, de 4 de agosto de 2009.
Reconhece como bem de valor cultural e patrimônio histórico do Estado do Tocantins, nos termos do artigo 138, § 1º da Constituição Estadual, a "Festa Indígena", realizada no Município de Formoso do Araguaia – Reserva Indígena Javaé/Ilha do Bananal.

Lei nº 2.114, de 4 de agosto de 2009.
Reconhece como bem de valor cultural e patrimônio histórico do Estado do Tocantins, nos termos do artigo 138, § 1º da Constituição Estadual, o "Festejo de Nossa Senhora da Conceição", realizado no povoado de Bonfim, Município de Natividade.

Lei nº 2.113, de 4 de agosto de 2009.
Reconhece como bem de valor cultural e patrimônio histórico do Estado do Tocantins, nos termos do artigo 138, § 1º da Constituição Estadual, o "Festival Estadual da Canção", realizado no Município de Gurupi.

Lei nº 2.112, de 4 de agosto de 2009.
Reconhece como bem de valor cultural e patrimônio histórico do Estado do Tocantins, nos termos do artigo 138, § 1º da Constituição Estadual, o "Festival de Cinema, Fotografia e Artes Plásticas" realizado no Município de Porto Nacional.

Lei nº 2.111, de 4 de agosto de 2009.
Reconhece como bem de valor cultural e patrimônio histórico do Estado do Tocantins, nos termos do artigo 138, § 1º da Constituição Estadual, o "Festival de Dança e Teatro" realizado no Município de Porto Nacional.

Lei nº 2.110, de 4 de agosto de 2009.
Reconhece como bem de valor cultural e patrimônio histórico do Estado do Tocantins, nos termos do artigo 138, § 1º da Constituição Estadual, a "Festa das Novenas da Padroeira do Estado, Nossa Senhora da Natividade" realizada no Município de Natividade.

Lei nº 2.109, de 4 de agosto de 2009.
Reconhece como bem de valor cultural e patrimônio histórico do Estado do Tocantins, nos termos do artigo 138, § 1º da Constituição Estadual, o "Festejo dos Três Reis Magos", realizado no Município de Silvanópolis.

Lei nº 2.108, de 14 de julho de 2009.
Reconhece como bem de valor cultural e patrimônio histórico do Estado do Tocantins, o Lago Fervedouro, localizado no Município de São Félix.

Lei nº 2.107, de 14 de julho de 2009.
Reconhece como bem de valor cultural e patrimônio histórico do Estado do
Tocantins, o Ritual do Hetohoky, realizado no Município de Sandolândia.

Lei nº 2.106, de 14 de julho de 2009.
Reconhece como bem de valor cultural e patrimônio histórico do Estado
do Tocantins, o artesanato produzido em Capim Dourado.

Lei nº 2.105, de 14 de julho de 2009.
Reconhece como bem de valor cultural e patrimônio histórico do Estado do
Tocantins, a Festa da Soja do Município de Formoso do Araguaia.

Lei nº 2.104, de 14 de julho de 2009.
Reconhece como bem de valor cultural e patrimônio histórico do Estado do
Tocantins, a "FEIRART Porto Cultural" do Município de Porto Nacional.

Lei nº 2.103, de 14 de julho de 2009.
Reconhece como bem de valor cultural e patrimônio histórico do Estado do Tocantins,
a Festa de Nossa Senhora do Livramento do Município de Jaú do Tocantins.

Lei nº 2.102, de 14 de julho de 2009.
Reconhece como bem de valor cultural e patrimônio histórico do Estado do Tocantins,
a Festa de Nossa Senhora do Rosário do Município de Rio da Conceição.

Lei nº 2.101, de 14 de julho de 2009.
Reconhece como bem de valor cultural e patrimônio histórico do Estado do
Tocantins, a Festa do Congo do Município de Santa Rosa do Tocantins.

Lei nº 2.100, de 14 de julho de 2009.
Reconhece como bem de valor cultural e patrimônio histórico do Estado do
Tocantins, a "Semana Cultural" do Município de Wanderlândia.

Lei nº 2.099/2009, de 14 de julho de 2009.
Reconhece como bem de valor cultural e patrimônio histórico do Estado
do Tocantins, a Igreja Matriz do Município de Tocantínia.

Lei nº 577, de 24 de agosto de 1993.
Dispõe sobre a proteção e a preservação do patrimônio histórico,
Artístico e Cultural do Estado do Tocantins.

Lei nº 431, de 28 de julho de 1992.
Dispõe sobre o tombamento dos prédios que especifica.

ANEXO C

TABELA DE JUSTIFICAÇÕES DOS PROJETOS DE LEI DE DECLARAÇÃO DE PATRIMÔNIO CULTURAL DA ASSEMBLEIA LEGISLATIVA DE MINAS GERAIS

ANEXO C[706]

Tabela de Justificações dos Projetos de Lei de Declaração de Patrimônio Cultural da Assembleia Legislativa de Minas Gerais

PL n. 4.002/2017

Ementa: Declara o pão de queijo patrimônio cultural e imaterial do Estado.

Justificação: Entre tantas tradições, Minas é reconhecida pela sua culinária, que faz sucesso há séculos. A comida mineira tem sua origem na reunião de diversos povos que ocuparam o Estado na época do ciclo do ouro. Para driblar os altos preços dos alimentos na época, devido à inflação, os mineiros criavam pratos a partir de ingredientes simples e encontrados com fartura no meio rural.

Em função da farta produção de leite e seus derivados, Minas Gerais aderiu a uma receita usando o polvilho e os queijos que sobravam e ficavam menos macios para o consumo puro. A alternativa culinária foi a criação de um pão macio e com um marcante sabor de queijo: o nosso pão de queijo.

Com o passar do tempo, os costumes evoluíram, mas a receita é passada de geração 'em geração, preservando suas peculiaridades e fazendo sucesso no País e no mundo. De todas as receitas típicas da rica gastronomia mineira, o pão de queijo se destaca e sempre é associado ao nosso estado. O alimento tornou-se mais que um símbolo da culinária mineira, é um símbolo do nosso estado.

Portanto, o reconhecimento do pão de queijo como patrimônio cultural e imaterial do Estado de Minas Gerais é uma forma de registrar, enaltecer e preservar este patrimônio dos mineiros.

---

706 Dados de janeiro de 2018.

PL n. 2.028/2015[707]

Ementa: Declara patrimônio cultural do Estado a Vesperata de Diamantina.

Justificação: A Vesperata é um dos maiores atrativos ao ar livre de Diamantina. Quem é apaixonado por uma boa música com certeza vai gostar de curtir o evento que acontece na Rua da Quitanda, no centro histórico da cidade, dois sábados por mês, de março a outubro, quando não chove em Diamantina. O espetáculo é imperdível e emociona a todos.

Nas sacadas e nas janelas dos prédios históricos fica a banda composta por integrantes do 3º Batalhão da Polícia Militar de Minas Gerais e por jovens músicos da Orquestra Mirim, que são regidos por maestros que se posicionam no meio da rua, entre os espectadores. No rico repertório estão apresentações de músicas populares brasileiras e internacionais.

Sentados a mesas ou em pé, o público é atendido por garçons dos bares próximos, tornando a programação ainda mais agradável com a opção de degustar comidas tipicamente mineiras.

Ao contrário da maioria das apresentações de música instrumental, na Vesperata o público interage, canta, bate palmas e até arranja espaço para arriscar alguns passos de dança. E aí vai noite adentro, esquecendo-se até do frio. Enfim, vale tudo para curtir o evento mais tradicional de Diamantina.

Considerando justa a pretensão, contamos como apoio dos nobres deputados e deputadas à aprovação deste projeto de lei.

PL n. 4658/2017

Ementa: Declara patrimônio histórico, cultural e imaterial do Estado o Parque das Águas de Caxambu.

Justificação: O Parque das Águas de Caxambu possui cerca de 210.000 m2 de área, 12 fontes de águas minerais, gasosas e medicinais, com propriedades diferentes umas das outras, além de apresentar uma natureza exuberante, com bosques, jardins e alamedas. O Parque também abriga o Balneário de Hidroterapia, um tradicional centro hidroterápico, que oferece diversos serviços aos turistas e à população.

O prédio do Balneário foi erguido há mais de um século e possui construções históricas que integram o complexo. Recentemente, passou por obras de reforma e restauração que duraram mais de três anos. Vitrais, pinturas, o hall principal, pisos e azulejos foram restaurados. As saunas foram reconstruídas, os serviços foram modernizados e o Balneário ganhou novo mobiliário.

Por sua relevância patrimonial histórica, cultural, material e imaterial, além de sua importância ambiental e turística para o município e toda aquela região, faz-se mister que o poder público promova sua proteção e resguarde o patrimônio que pertence ao povo mineiro.

Por ser dever do Poder Legislativo resguardar e proteger o patrimônio cultural brasileiro de naturezas material e imaterial, conclamo os meus nobres pares a aprovarem esta proposição.

---

[707] Transformado na norma jurídica Lei n. 22.456, de 23 de dezembro de 2016.

PL n. 4.648/2017

Ementa: Declara patrimônio cultural do Estado a Estrada de Santa Clara.

Justificação:

A Associação dos Produtores e Agricultores Rurais Esperança Andorinhas Assentamento Santa Cecília é uma associação civil, sem fins lucrativos, com prazo de duração indeterminado, que objetiva dar assistência social, cultural e religiosa e de obra de serviço de radiodifusão comunitária.

Tem por finalidade proteger e defender os direitos individuais e coletivos de seus associados, promover ações e projetos associativos de produção agropecuária voltada para geração de renda e consequente melhoria de vida de seus associados, além de maior formação e qualificação profissional, visando o desenvolvimento de seus associados. Ainda tem como finalidade destinar os seus recursos para o entendimento gratuito de seus associados e promover estudos para detectar problemas sócio- econômicos da comunidade buscando soluções.

De acordo com o estatuto da Associação, poderá estabelecer parcerias e firmar convênios ou contratos com outras organizações governamentais ou não governamentais, civis e eclesiásticas. Além disso, veda qualquer forma de distribuição de parcela do patrimônio de rendimentos. Art. 30 do Estatuto: " A APEAASC, não remunerará os membros da diretoria e conselho fiscal pelo exercício de seus cargos, não efetuará a distribuição de saldos e ganhos, sendo que eventuais "superávit" verificados em seus exercícios financeiros serão integralmente aplicados na consecução de suas finalidades".

Importante, ainda considerar, que sua diretoria é constituída por pessoas idôneas que exercem atividade voluntária.

Por esses e outros motivos, a Associação dos Produtores e Agricultores Rurais Esperança Andorinhas Assentamento Santa Cecilia, apresenta-se como importante e benéfico ícone em sua região de atuação.

PL n. 4.445/2017

Ementa: Declara patrimônio cultural do Estado o modo de fazer pijama do Município de Borda da Mata.

Justificação: A capital Nacional do Pijama tem cerca de 18 mil habitantes. A cidade situada no Sul de Minas ganhou esse título por sua ampla produção e venda de pijama e recebe durante todo o ano um grande movimento de turistas, estimulados pela enorme produção das tecelagens da região.

as vendas de pijama consubstancia fração significativa da economia da cidade, posto que, é essa a principal vocação econômica do Município, onde a maioria da população economicamente ativa exercem suas ocupações.

Não por acaso, a cidade de Borda da Mata é conhecida e reconhecida como a Capital Nacional do pijama. Neste sentido, a aprovação do projeto de lei que ora apresentamos agregará valores ao exercício dessa atividade tão importante para as tradições do Sul de Minas, bem como de todo o estado e do Brasil.

PL n. 4.390/2017[708]

Ementa: Declara patrimônio cultural do Estado o modo de fazer crochê do Município de Inconfidentes.

Justificação: A pequena Inconfidentes, com 145 km2 e pouco mais de 7,2 mil habitantes, é uma cidade tipicamente mineira, onde a hospitalidade e a garra estão presentes no cotidiano de sua população.

Além disso, o município é privilegiado por suas belezas naturais, clima ameno com média anual de 18°C e economia em crescente desenvolvimento.

Inconfidentes é um dos maiores produtores de crochê, malhas, fios, fibras e tapetes do sul de Minas Gerais, além do seu variado comércio de artesanato, cama, mesa e banho, bucha vegetal e artigos para decoração.

A cidade é conhecida como Capital Nacional do Crochê e integra o ACircuito Turístico das Malhas do Sul de Minas. Anualmente, Inconfidentes realiza o evento Crochê Malhas, visando aumentar o turismo de compras, um referencial de Inconfidentes.

Hoje, a economia de Inconfidentes é basicamente voltada para o turismo de compras, indústria têxtil e para a agricultura e agropecuária, destacando-se a produção de café, alho, leite, milho, bucha vegetal, banana e feijão. Além disso, desenvolve também atividades industriais de extração de minérios e areia.

Considerando a relevância econômica significada pelas praticas do crochê, aliada às fortes tradições, bem como das vocações culturais do município de Inconfidentes, solicito aos meus nobres pares o necessário apoio para a aprovação do projeto de lei em comento.

PL n. 4.328/2017

Ementa: Declara patrimônio cultural do Estado a Festa do Vaqueiro de Nanuque e Região.

Justificação: A Festa do Vaqueiro de Nanuque e Região é um evento turístico, cultural, tradicional, que envolve fé e devoção. É expressão dos costumes, com desfile de carros de boi, apresentação do coral "As Aboiadeiras do Bueno", há mais de 11 anos na região.

A Festa do Vaqueiro tornou-se a maior referência cultural da Região, atraindo, anualmente, mais de sessenta comitivas de vaqueiros, que se deslocam de vários Estados para participarem do evento.

Neste sentido, a Constituição da República, em seu art. 216, determina que constituem patrimônio cultural brasileiro os bens de natureza material e imaterial, tomados individualmente ou em conjunto, portadores de referência à identidade, à ação, à memória dos diferentes grupos formadores da sociedade brasileira, passando, em seguida, a fazer uma enumeração exemplificativa de alguns bens inseridos nesse conceito.

Estabelece, ainda, no § 1º do citado artigo, que o poder público, com a colaboração da comunidade, promoverá e protegerá o patrimônio cultural brasileiro, por meio de inventários, registros, vigilância, tombamento e desapropriação e de outras formas de acautelamento e preservação.

O art. 23, inciso III, dispõe que é competência comum da União, dos estados, do Distrito Federal e dos municípios a proteção dos documentos, obras e outros bens de valor histórico, artístico e cultural, os monumentos, as paisagens naturais notáveis e os sítios arqueológicos.

O art. 24, inciso VII, por sua vez, confere à União, aos estados e ao Distrito Federal competência concorrente para legislar sobre proteção ao patrimônio histórico, cultural, artístico, turístico e paisagístico.

Com efeito, o registro de bens imateriais tem um papel fundamental na conservação da memória da coletividade, propiciando ações de estímulo à manutenção e à difusão das práticas culturais.

---

708 Transformado em norma jurídica (LEI 22896 2018).

O Decreto nº 42.505, de 2002, que institui as formas de registros de bens culturais de natureza imaterial ou intangível que constituem patrimônio cultural do Estado, dispõe, em seu art. 1º, § 1º, que o registro de um bem imaterial se dá com a sua inscrição em um dos quatro Livros de Registro: o Livro dos Saberes, onde são inscritos os conhecimentos e os modos de fazer enraizados no cotidiano das comunidades; o Livro das Celebrações, onde são inscritos os rituais e as festas que marcam a vivência coletiva do trabalho, da religiosidade, do entretenimento e de outras práticas sociais; o Livro das Formas de Expressão, onde são inscritas as manifestações literárias, musicais, plásticas, cênicas e lúdicas; e o Livro dos Lugares, onde são inscritos mercados, feiras, santuários, praças e demais espaços onde se concentram e se reproduzem práticas culturais coletivas.

Por sua vez, consideram-se patrimônio cultural imaterial as práticas, as representações, as expressões, os conhecimentos e as técnicas, os instrumentos, os objetos, os artefatos e os lugares associados a comunidades, a grupos e, em alguns casos, a indivíduos que se reconhecem como parte desse patrimônio. É ele transmitido de geração a geração e constantemente recriado por comunidades e grupos, em função de seu ambiente, de sua interação com a natureza e de sua história, o que gera identidade e continuidade e contribui para promover o respeito à diversidade cultural e à criatividade humana.

Assim, pelo exposto, diante da expressividade da Festa do Vaqueiro de Nanuque e Região, conto com o apoio dos pares na aprovação desta proposição.

PL n. 4.002/2017

Ementa: Declara o pão de queijo patrimônio cultural e imaterial do Estado.

Justificação: A proposição em comento tem por objetivo declarar de utilidade pública o Sindicato dos Produtores Rurais de Conceição da Aparecida, com sede no Município de Conceição da Aparecida. O sindicato referido é uma entidade civil, sem fins lucrativos, que tem como finalidade pleitear e adotar medidas cabíveis aos interesses da categoria e dos associados constituindo-se em defensor e cooperador ativo e vigilante de tudo quanto possa concorrer para a prosperidade dos representados; estudar e buscar soluções para as questões e os problemas relativos às atividades rurais, visando a prosperidade econômica e social da categoria; estimular procedimentos que objetivem elevar os índices de produtividade da atividade rural, pelo aperfeiçoamento dos métodos de trabalho e dos processos de comercialização, assim com vista a elevar o bem-estar sociocultural dos produtores rurais; promover quando couber solução por meios conciliatórios dos dissídios ou litígios concernentes às atividades compreendidas em seu âmbito de representação; organizar e manter os serviços que possam ser úteis aos associados, prestando-lhes assistência e apoio, em consonância com os interesses gerais da categoria.

O sindicato está em pleno funcionamento há mais de 10 anos, sua diretoria é composta por pessoas idôneas e não remuneradas pelo exercício de suas funções e desempenha importante trabalho de desenvolvimento social. Assim é pertinente a sua declaração de utilidade pública.

PL n. 3920/2016

Ementa: Dispõe sobre a proteção e a preservação dos clubes sociais de negros no Estado de Minas Gerais e dá outras providências.

Justificação: Os primeiros clubes sociais de negros surgiram no fim do século XIX, antes da abolição da escravatura, numa época em que os negros eram frequentemente barrados em lugares de lazer. A partir da rejeição, esses grupos começaram a construir seus próprios espaços de socialização, como uma forma de resistência ao sistema escravagista vigente. Os antigos clubes também surgiram com o objetivo de angariar fundos para o pagamento da liberdade dos escravizados.

Em todo o País, centenas de associações negras com finalidade cultural, assistencial ou recreativa tinham como principal atividade fazer bailes e garantir relações de sociabilidade a partir do congraçamento e da confraternização entre as famílias, incluindo festas diversas e relações além do círculo familiar. Os clubes eram lugares onde os negros sentiam o conforto de estar entre os seus, em liberdade. Eram território do livre exercício da identidade negra, espaço de diversão e de luta, de estabelecer laços de sociabilidade, de resistir ao racismo.

Esses lugares de sociabilidade tornaram-se importantes na produção simbólica de identidades e autoestima, espaços de produção e troca, de aprendizagem, de disputas e solidariedade, de fortalecimento de vínculos de amizade, de afetos e sentimentos íntimos. E isso era bem necessário diante da urgência de inserção social dificultada pelo extremo preconceito racial no país pós-abolição. Tais espaços de convívio confirmam uma autonomia dos negros enquanto sujeitos de ações em favor de sua organização e não apenas como marginalizados.

As festas, os bailes, os desfiles carnavalescos, as passeatas festivas, os cortejos e o carnaval sempre ocuparam a vida dos clubes. Mas não só. Muitos clubes agiram como associação beneficente, tentando minorar as dificuldades dos sócios, prestando solidariedade em caso de necessidade. Cumpriam também o papel de aglutinar outras demandas sociais, trabalhistas e culturais dos seus participantes, confirmando seu papel de reunir as iniciativas de autonomia e luta da comunidade negra. Nesse caso, os clubes de negros são também expressão de resistência, fruto do esforço cotidiano durante gerações para manter sua associação como território da festa, da amizade e da alegria.

No estado de Minas Gerais existem muitos clubes de negros: Clube 13 de Maio (Divino), Clube 13 de Maio (Coronel Fabriciano), Clube 13 de Maio (Araguari), Clube Black Chic (Uberlândia), Clube Chico Rei (Poços de Caldas), Clube dos Cutubas (Leopoldina), Clube Flor da Mocidade (Recreio), Clube Mundo Velho (Sabará), Clube José do Patrocínio (Prata), Clube Palmeiras (Ituiutaba), Clube Princesa Izabel (Itabira), Clube Raça Negra (Frutal), Clube União (Araxá), Clube União (Patrocínio), Esporte Clube Biquense (Bicas), Associação Quilombo dos Palmares (Mar de Espanha), Liga Operária Beneficente de Ubá (Ubá), Clube Operário (São João Nepomuceno) e Elite Clube (Uberaba).

Muitos clubes têm mais de 100 anos e testemunham a história negra em Minas, guardando em seus acervos documentos importantes que devem ser preservados e devidamente valorizados como fonte de conhecimento e pesquisa. Sabemos que o registro e o inventário dos bens culturais de natureza imaterial ou intangível, incluindo festas, rituais, danças, mitos, músicas, comidas, lugares, saberes e fazeres, orientam a política de preservação do patrimônio cultural a valorizar não apenas a memória das classes abastadas, mas também a dos despossuídos, conferindo-lhes visibilidade.

Considerar as manifestações culturais dos negros como patrimônio imaterial é recente no Brasil e implicou uma revisão conceitual, superando a noção de que devemos preservar apenas bens de excepcional valor, entendidos como o conjunto de prédios e monumentos arquitetônicos, biografias de pessoas ilustres, fatos da história oficial. Esse espírito orientou este projeto.

A proteção ao patrimônio cultural mineiro já mereceu a manifestação deste Legislativo em outras ocasiões, inclusive temos leis em vigência alusivas a essa matéria que foram originárias desta Casa. Nesse sentido, peço o apoio dos nobres deputados ao projeto que ora apresento.

PL n. 3.423/2016

Ementa: Declara patrimônio histórico, cultural e imaterial do Estado o Parque de Exposições Bolivar de Andrade - o Parque de Exposições da Gameleira

Justificação: A proposição pretende declarar patrimônio histórico, cultural e imaterial do Estado o Parque Bolivar de Andrade – o Parque de Exposições da Gameleira, localizado na Avenida Amazonas, no Bairro Gameleira em Belo Horizonte.

O centenário Parque da Gameleira, ao longo de sua história, vem contribuindo para o desenvolvimento social, cultural e econômico do Estado de Minas Gerais.

São 98 mil m² utilizados para a realização de eventos ligados ao meio rural, como rodeios, leilões de animais, provas hípicas, feiras agropecuárias e mostras de automóveis. Até a década de 1970, o local também era utilizado para a realização de *shows*. Para ressaltar a importância histórica do parque, destacamos que a Exposição Agropecuária de Minas Gerais, o principal evento realizado no espaço, completou 50 anos de realização em 2010.

A história do Parque começou em 1908, durante o mandato do governador João Pinheiro. O Estado comprou a Fazenda da Gameleira, por 8 mil réis, com a intenção de instalar ali um centro de formação agrícola – o Instituto João Pinheiro. Mais tarde, o espaço deu lugar ao Posto Central à Monta, com a instalação do primeiro polo de melhoramento genético de rebanhos de Minas Gerais.

O Parque de Exposições foi oficialmente inaugurado em 18/6/1938. O primeiro evento foi a Exposição de Animais e Produtos Derivados, no mandato do governador Benedito Valadares, na ocasião, o ex-presidente Getúlio Vargas marcou a ferro um animal da raça Gir para simbolizar a inauguração.

Antes disso, as exposições agropecuárias ocorriam no local onde funciona hoje o Regimento de Cavalaria Alferes Tiradentes da Polícia Militar, antigo DI, no Bairro Prado. Até 1941, o espaço abrigou a Feira Permanente de Animais, com vendas de exemplares de diversas raças. Entre 1942 e 1960, alguns pavilhões funcionam como laboratórios e salas de aula da Escola Superior de Veterinária.

O nome oficial de "Bolivar de Andrade" veio daquele que foi uma liderança expressiva do meio rural. Bolivar de Andrade exerceu a presidência da Federação da Agricultura de Minas Gerais – Faemg –, sendo um dos primeiros empreendedores do centenário rural a investir no Norte de Minas.

Em 1990, o Parque foi tombado pela Lei Orgânica do Município de Belo Horizonte e declarado monumento histórico, e atualmente sua administração está sob a responsabilidade do Instituto Mineiro de Agropecuária – IMA.

Em vista do exposto, contamos com o apoio de nossos pares à aprovação deste projeto.

PL n. 3.316/2016[709]

Ementa: Reconhece como de relevante interesse cultural e como patrimônio imaterial do Estado a Festa de Nossa Senhora da Abadia, do Município de Romaria.

Justificação: O presente projeto de lei pretende afirmar a relevância da Festa de Nossa Senhora da Abadia, que reúne, todos os anos, cerca de meio milhão de pessoas no Município de Romaria, na região do Alto Paranaíba. Os arts. 215 e 216 da Constituição Federal preveem a proteção e a garantia ao acesso ao patrimônio imaterial da sociedade, conceituado como práticas e domínios da vida social que se manifestam em celebrações e locais que, marcadas pela tradição, representam um sentimento de identidade cultural. Nesse sentido, esta proposição agirá como um vetor direcionado justamente à determinação constitucional de promover sua continuidade.

Não há dúvidas que Água Suja, hoje Romaria, e sua Festa de Nossa Senhora da Abadia constituem um exemplo típico do conceito exposto acima. O local começou sua existência como povoado, no tempo da Guerra do Paraguai, quando alguns garimpeiros, vindos de Estrela do Sul, descobriram aí ricas jazidas de diamante. Em 1867 foi descoberto o primeiro, e daí por diante o Córrego Água Suja, que se desemboca no Rio Bagagem, tomou-se célebre, emprestando seu nome à povoação que logo foi surgindo com os diamantes. Seus primeiros habitantes, sempre devotos de Nossa Senhora, como seus antepassados, com grandes dificuldades, iam todos os anos à longínqua Ermida de Muquém (centro de Goiás), a fim de cumprir suas promessas e honrar a mãe de Deus, participando da concorrida romaria anual. Nessa Ermida era invocada Nossa Senhora da Abadia, invocação importada de Portugal para a capela de São Tomé, na Paróquia de São José do Tocantins, em Goiás (hoje Tocantins). Crescendo a população de Água Suja, crescia também a dificuldade de se deslocarem os devotos até Muquém. Surgiu então entre os habitantes a ideia de construir uma capela em honra a Nossa Senhora da Abadia, se os emissários do governo imperial não os viessem incomodar nesse recanto, com a designação para o serviço da campanha do Paraguai. Levaram ao conhecimento de D. Joaquim Gonçalves de Azevedo, bispo de Goiás, a ideia, pedindo licença para que na capela a ser construída gozassem os peregrinos dos mesmos favores espirituais de que gozavam os de Muquém. O prelado concordou graciosamente. No ano de 1870 foi construída uma capela provisória, e deu-se início também ao transporte de material para o futuro santuário. Providenciaram logo a aquisição de uma imagem de Nossa Senhora da Abadia. Foi encomendada de Portugal, na capital do império. Foi transportada do Rio a Barra do Piraí em lombos de animais. E daí em diante veio de trem e carro de bois, trazida pelo viajante português Custódio da Costa Guimarães. O povo, feliz, foi esperar a imagem a algumas léguas de distância do arraial nascente. No encontro do povo com o comboio, a imagem foi benta ali mesmo, naquele local campestre. E assim Nossa Senhora da Abadia, rodeada pelos seus filhos e devotos, foi recebida triunfalmente entre aclamações apoteóticas e o espocar dos fogos de artifício, foguetes e morteiros e aos acordes marciais, sendo entronizada na capela provisória, depois templo. A SS. Virgem, vendo a grande fé com que esse povo venerava sua imagem, não cessou, até o dia de hoje, de alcançar de seu divino filho graças extraordinárias e até milagres em favor dos que a ela recorrem e a procuram nesse santuário.

Quem uma vez ia à Água Suja, por curiosidade, ou por sentimento religioso, assistir aos festejos em honra da SS. Mãe de Deus, nunca mais deixava de ir lá, de modo que as romarias começaram a crescer de ano para ano. De todas as partes do Triângulo Mineiro e dos estados vizinhos acorriam os romeiros em busca da imagem milagrosa. A fé, às vezes fraca, aumenta sempre, ao vermos favores dispensados tão generosamente por intercessão de Nossa Senhora da Abadia, nesse santuário. Em 1926, quando o número dos romeiros já ultrapassava a casa dos 50 mil, na festa de agosto, o santo vigário de Água Suja, hoje Romaria, Pe. Eustáquio Van Lieshout, iniciou a construção do atual e majestoso santuário. Assim foi que a antiga Água Suja tomou-se, desde então, o novo centro de devoção Mariana, que daí espalhou-se por todo o Triângulo Mineiro. A imagem de Nossa Senhora da Abadia representa o mistério da Assunção de Nossa Senhora.

Diante de tamanha importância histórica e social, o evento constitui patrimônio cultural e imaterial de nosso Estado, tendo em vista sua magnitude e capacidade para mobilizar a população. A economia da região também é fortemente acelerada durante o período, uma vez que os visitantes fazem uso dos mais diversos tipos de serviço para custear sua estadia. Sendo assim, é fato que, além de sua importância religiosa, a festa também é um componente essencial para a manutenção de empregos e da saúde financeira da localidade.

---

709 Transformado em norma jurídica (LEI 22898 2018)

PL n. 3.219/2016

Ementa: Declara patrimônio cultural imaterial do Estado a fabricação de panelas de pedra-sabão no Distrito de Cachoeira do Brumado, Município de Mariana.

Justificação: A proposição pretende declarar patrimônio cultural imaterial do Estado de Minas Gerais a fabricação de panelas de pedra-sabão no Distrito de Cachoeira do Brumado, Município de Mariana.

Trata-se de uma atividade que ocorre há mais de 300 anos no Distrito de Cachoeira do Brumado e corresponde a uma considerável parcela da renda de seus moradores.

A arte em pedra-sabão é característica da região, e a panela de pedra, para além do valor artístico, é um utensílio típico da rotina e promove geração de renda na região, garantindo o sustento de inúmeras famílias.

PL n. 3.186/2016

Ementa: Declara patrimônio histórico e cultural do Estado a queima de fogos da TV Alterosa na Lagoa da Pampulha, no Município de Belo Horizonte.

Justificação: Esta proposição pretende declarar a queima de fogos da TV Alterosa patrimônio histórico e cultural do Estado de Minas Gerais.

Há 26 anos que a TV Alterosa vem reunindo centenas de milhares de pessoas, na Lagoa da Pampulha, que simbolizam, materializam a força e o espírito de confraternização, desejando celebrar as conquistas, alegrias e dar boas-vindas ao novo ano com muita emoção.

O réveillon da TV Alterosa entrou para o calendário oficial de Belo Horizonte e é considerado uma das maiores festa do Estado de Minas Gerais. No dia do evento as pessoas começam a chegar à orla da Lagoa da Pampulha ainda no início da tarde, vindas de diferentes cidades de Minas e do mundo.

Também é considerado um dos maiores espetáculos pirotécnicos em lagoa do Brasil. Além da queima de fogos, com aproximadamente 20 minutos de duração, sempre se promove um grande *show* e diversas atrações no entorno da Lagoa. É um espetáculo inesquecível no céu da capital mineira com transmissão para todo o Estado.

Especificamente neste ano, em que o conjunto arquitetônico da Pampulha pode se tornar patrimônio cultural da humanidade, o 26° Réveillon da Alterosa iluminou a orla da lagoa com um espetacular *show* de fogos, com muita surpresa e emoção, marcando a virada do ano na capital de todos os mineiros.

Hoje, inegavelmente a queima de fogos da TV Alterosa é na verdade um importante patrimônio artístico e cultural mineiro, devendo assim ser tratada e declarada.

Assim sendo, contamos com o apoio de nossos nobres pares à aprovação deste projeto.

PL n. 2.952/2015

Ementa: Declara patrimônio histórico, cultural e imaterial do Estado o "Ofício de Seleiro".

Justificação: A proposição pretende declarar o "Ofício de Seleiro" patrimônio cultural do Estado de Minas Gerais.

O registro de bens imateriais tem um papel fundamental na conservação da memória da coletividade, propiciando ações de estímulo à manutenção e à difusão das práticas culturais.

Ressalte-se que o Decreto nº 42.505, de 2002, que institui as formas de registros de bens culturais de natureza imaterial ou intangível que constituem patrimônio cultural do Estado, dispõe, em seu art. 1º, § 1º, que o registro de um bem imaterial se dá com a sua inscrição em um dos quatro Livros de Registro, a saber: o Livro dos Saberes, onde são inscritos os conhecimentos e os modos de fazer enraizados no cotidiano das comunidades; o Livro das Celebrações, onde são inscritos os rituais e as festas que marcam a vivência coletiva do trabalho, da religiosidade, do entretenimento e de outras práticas sociais; o Livro das Formas de Expressão, onde são inscritas as manifestações literárias, musicais, plásticas, cênicas e lúdicas; e o Livro dos Lugares, onde são inscritos mercados, feiras, santuários, praças e demais espaços onde se concentram e se reproduzem práticas culturais coletivas.

Por sua vez, consideram-se patrimônio cultural imaterial as práticas, as representações, as expressões, os conhecimentos e as técnicas, os instrumentos, os objetos, os artefatos e os lugares associados a comunidades, a grupos e, em alguns casos, a indivíduos que se reconhecem como parte desse patrimônio. É ele transmitido de geração a geração e constantemente recriado por comunidades e grupos, em virtude de seu ambiente, de sua interação com a natureza e de sua história, o que gera identidade e continuidade e contribui para promover o respeito à diversidade cultural e à criatividade humana.

O ofício de seleiro renova a cada dia a tradição dos tropeiros na manufatura de artefatos de couro.

Em vista do exposto, contamos com o apoio de nossos pares à aprovação deste projeto de lei.

PL n. 2903/2015

Ementa: Declara patrimônio histórico do Estado de Minas Gerais o polo moveleiro de Belo Horizonte, situado na Avenida Silviano Brandão.

Justificação: Localizado na Avenida Silviano Brandão, e estendendo-se por 6km o polo moveleiro de Belo Horizonte é formado por cerca de 300 estabelecimentos comerciais que, desde 1951, se dedicam à produção e à venda de móveis.

Iniciado pelo empreendedor Walter Ianni que, ao ter sua produção de guarda-roupas cancelada pela loja Inglesa Levy, e com a declaração de falência de sua fábrica, decidiu expor todos os móveis já produzidos na calçada da Avenida Silviano Brandão, 700.

Agregando lojistas o polo moveleiro foi tomando forma e se tornando mercado de referência na venda de móveis e decoração.

Existindo a mais de 50 anos, o polo moveleiro de Belo Horizonte constitui-se em património histórico imaterial por se integrar no cotidiano popular, sendo consagrado como meio referencial em sua área de atuação.

Assim sendo, conto com o apoio dos nobre pares desta Casa à aprovação deste projeto de lei.

– Publicado, vai o projeto às Comissões de Justiça e de Cultura para parecer, nos termos do art. 188, c/c o art. 102, do Regimento Interno.

PL n. 2.878/2015

Ementa: Declara patrimônio cultural do Estado o concurso Comida di Buteco.

Justificação: A proposição pretende declarar como patrimônio cultural do Estado o concurso Comida di Buteco, concurso realizado entre botecos, que foi criado no ano 2000 para resgatar e estimular a cozinha de raiz. Sua primeira edição na cidade de Belo Horizonte, com investimento, realização e promoção da Rádio Geraes FM, contemplou 10 participantes, em diferentes regiões da cidade, e movimentou um público de aproximadamente 20 mil pessoas.

Ano a ano o concurso foi ganhando relevância no contexto nacional da gastronomia e entretenimento, colocando a cidade no radar dos turistas apaixonados por roteiros ligados à culinária. Atualmente pode ser considerado uma das mais efetivas e importantes ferramentas de divulgação da cozinha de raiz e dos botecos no Brasil e no exterior e de inclusão socioeconômica do pequeno negócio familiar que denominamos "buteco", garantindo a esses estabelecimentos e seus proprietários notório reconhecimento por parte do público e mídia.

Por sua dinâmica, que promove a criação e resgate de novas receitas todos os anos, o concurso tornou-se um importante estímulo do fazer culinário regional. Assim, natural e diretamente, pode-se dizer que o Comida di Buteco contribui para a consolidação da cozinha brasileira como patrimônio imaterial, na medida em que explicita talentos e histórias regionais e traz público, crítica e imprensa para validarem conjuntamente essas *performances*.

Em 2008, o concurso começou a ser realizado em outras localidades, além de Belo Horizonte. A partir de 2011, todas as cidades passaram a realizar o concurso simultaneamente, estabelecendo o período entre abril e maio como o mês do Comida di Buteco em todo o Brasil. Isso contribuiu na consolidação do período como destino turístico e como elemento de incremento de faturamento nos botecos em período de baixa sazonalidade no setor.

Em 2015 o concurso foi realizado em 20 cidades brasileiras, gerando nas demais cidades a mesma *performance*socioeconômica da cidade origem. Assim, chega a todas as cinco regiões do Brasil, tornando-se de fato o único concurso nacional de cozinha de raiz e sendo realizado com 500 botecos participantes nas cidades de Belo Horizonte, Montes Claros, Uberlândia, Juiz de Fora, Vale do Aço e Poços de Caldas, no Estado de Minas Gerais; São Paulo, São José do Rio Preto, Ribeirão Preto e Campinas, no Estado de São Paulo, além de Rio de Janeiro, Goiânia, Brasília, Recife, Salvador, Fortaleza, Belém e Manaus. Ele é, em essência primária, um concurso que elege o melhor boteco da cidade, através da avaliação, *in loco,* por público e jurados, das categorias tira-gosto, higiene, temperatura da bebida e atendimento. O público corresponde a 50% do valor da votação e os jurados a 50%. O Instituto Vox Populi faz a apuração dos votos.

A cada edição, 20% da base é desclassificada, gerando uma renovação anual, o que exige que o concorrente nunca se acomode. Durante o período de votação uma campanha de comunicação estimula o público a visitar os participantes, para provar e dar as notas. Esse fluxo de pessoas eleva de 40% a 300% o faturamento dos estabelecimentos, impactando toda a cadeia produtiva.

Desde sua criação, o posicionamento como marca direciona a comunicação do concurso para as classes A e B, mas sua abrangência geográfica nas cidades abarca todos os segmentos socioeconômicos e socioculturais, reiterando o caráter democrático que o boteco brasileiro possui. Assim, o Comida di Buteco é um concurso para todos e de todos. Mas a classe AB, dispondo de mais recursos e possibilidades, faz movimentar com mais impacto essa cadeia. Todos os estabelecimentos convidados a participar não pertencem a redes ou franquias. O dono está envolvido em todas as etapas do seu negócio e muitas vezes outras pessoas de sua família também trabalham no local. Denominamos esse pequeno comércio de "boteco espontâneo", que muitas vezes nasce sem muito planejamento e vira a plataforma de sustento de uma ou mais famílias. O resultado desse novo e volumoso fluxo de clientes, que acabam retornando ao longo do ano, provoca a geração direta de emprego e renda e a transformação de vidas e dos negócios. Assim, ele impacta economicamente na cidade como um todo, dá visibilidade nacional e internacional aos botecos e à cidade, mudando a vida desses empresários e de suas famílias, como mostram os indicadores de 2015:

- cadeia de valor: R$110 milhões;
- votos: 430 mil;
- petiscos vendidos: 390 mil;
- empregos gerados: 4.000.
- mídia espontânea: R$50 milhões;
- público: acima de 4 milhões de pessoas em 20 cidades;
- turistas: mais de 40 mil presentes nos botecos.

O boteco participante não paga nada para participar. Mediante suas características, ele é convidado a compor a lista de concorrentes. Acreditamos que tudo isso movimenta uma corrente do bem assim configurada: o boteco revela suas histórias através das receitas; a sociedade se apropria do concurso na medida em que ele ressalta valores culturais da região; os patrocinadores, por sua vez, investem no concurso por acreditar na força de sua causa; e os parceiros, também acreditando na causa, contribuem para a sua propagação e fortalecimento. Por fim, o poder público auxilia na facilitação de processos de legalização e orientação dos estabelecimentos.

Essa corrente do bem começa a girar a partir do momento em que os botecos retornam à sociedade o que receberam através do concurso: geração de emprego, mais impostos, viram embaixadores de marcas patrocinadoras e dos parceiros. E a missão de transformação de vidas se concretiza.

O Comida di Buteco, quando levanta em 2000 a bandeira do boteco como lugar de comida de qualidade, lança a pedra fundamental para um novo *status* que vem sendo atribuído nos últimos anos a esses estabelecimentos. Premiações importantes da culinária começaram a contemplá-los, guias nacionais e internacionais de renome os indicam como pontos turísticos. Eles entram definitivamente na agenda de artistas famosos, chefes da alta gastronomia, políticos, etc.

O que se prova é que o Comida di Buteco contribuiu para alçar o boteco como ícone da cultura regional e do turismo, na mídia nacional e internacional. Hoje se veem donos de botecos tratados pela mídia e por formadores de opinião com a mesma deferência de grandes nomes da alta gastronomia.

A palavra boteco é levada para além das fronteiras de Minas Gerais, como chancela de uso comum para descrever comércios que oferecem produtos e serviços de qualidade, com identidade e sem o tom pejorativo que outrora era atribuído a eles. Assim o boteco vira lugar de referência do que as cidades oferecem de muito bacana e típico.

Conforme o regulamento, desde a primeira edição do concurso, os participantes têm que criar receitas ano a ano. Assim, a cada edição, o cardápio da cozinha de raiz brasileira ganha 500 novas receitas, oriundas de invenção ou de resgate de receitas de família. Em 16 anos, são mais de 3 mil receitas que se tornaram vedetes e muitas inspiram até mesmo os chefes da alta gastronomia que começaram a entender e enaltecer o valor dessa cozinha.

No decorrer de toda a trajetória do concurso, seus objetivos específicos vêm sendo alcançados e o projeto se fortalece ao ajudar a revelar histórias de famílias e pessoas que têm o boteco como meio de vida, ao incentivar e desenvolver a cozinha de raiz e ao contribuir para a consolidação do "boteco espontâneo" como vetor de desenvolvimento socioeconômico e sociocultural das cidades e importante equipamento cultural e turístico. Não há projeto similar no mundo e, a partir de 2016, haverá eleição do melhor boteco do Brasil.

Em vista do exposto e da importância do evento para Minas Gerais, contamos com o apoio de nossos pares para a aprovação deste projeto.

PL n. 2.761/2015[710]

Ementa: Declara patrimônio histórico e cultural do Estado a gastronomia mineira.

Justificação: No mundo contemporâneo, prover alimentação não é mais uma questão apenas de servir refeições, mas sim um processo holístico de conectar alimentos à cultura local e global.

Hoje temos em Minas Gerais uma gastronomia de vanguarda, mas que continua ligada à fartura e à família, ao aconchego e ao conforto. A coexistência da cozinha mineira tradicional e moderna, aparentemente paradoxal, longe de descaracterizá-las, mostra-nos vestígios de uma interessante troca cultural. Vivemos atualmente um verdadeiro processo de simbiose gastronômica, porquanto a culinária mineira, ao mesmo tempo em que se apresenta permeável à inovação, aos novos produtos e aos novos hábitos, mantém-se íntegra e indivisível, numa evidente manifestação de resistência histórica. Nesse contexto, a comida mineira de raiz é a referência máxima para um movimento criativo emergente.

Entretanto, ao mesmo tempo em que queremos que a gastronomia mineira seja conhecida e apreciada em todo o planeta; em que queremos que isso se traduza em mais turistas nacionais e internacionais; em que queremos que os turistas tragam desenvolvimento econômico e social para o Estado; não queremos que o desenvolvimento se dê a qualquer preço; queremos, também e principalmente, a criação de salvaguardas que protejam toda a cultura alimentar mineira, sem descaracterizá-la e sem agredir o meio ambiente.

Por isso é que precisamos para a gastronomia mineira as medidas de acautelamento que os bens declarados patrimônio histórico e cultural do Estado recebem, razão pela qual peço o apoio dos meus pares para a aprovação deste projeto.

– Publicado, vai o projeto às Comissões de Justiça e de Cultura para parecer, nos termos do art. 188, c/c o art. 102, do Regimento Interno.

PL n. 2732, de 2015

Ementa: Declara patrimônio cultural do Estado a Feira de Arte e Artesanato da Avenida Afonso Pena, no Município de Belo Horizonte.

Justificação: O ano era 1969, e o movimento *hippie* borbulhava no planeta. Nascia um espaço em Belo Horizonte para que os artesãos (então chamados de *hippies*) expusessem seus produtos. Diante do romantismo do final da década de 60, na Praça da Liberdade, surgia o que se tornaria uma das maiores feiras de artes da América Latina.

Em princípio, a Feira *Hippie* funcionava apenas aos domingos, mas o movimento era tão intenso que a Prefeitura Municipal de Belo Horizonte acabou por autorizar seu funcionamento também nas noites de quinta-feira, numa tentativa de atender à demanda cada vez maior de turistas e consumidores de Belo Horizonte.

Os anos foram passando, e, em 1991, os artesãos, agora não mais chamados de *hippies*, já extrapolavam todos os espaços da praça. A prefeitura, então, preocupada com a preservação do histórico logradouro da capital mineira, sentiu a necessidade de transferir a feira para outro espaço, propiciando maior conforto aos visitantes. Consolidou-se assim um ponto turístico da capital, responsável também pelo sustento de centenas de famílias. A Feira *Hippie*, como é chamada carinhosamente, até hoje, pelos seus frequentadores, passou a ser reconhecida pela prefeitura como Feira de Arte e Artesanato de Belo Horizonte.

Com o crescimento, a feira recebe novos participantes, amplia e diversifica suas atividades, tornando-se um dos maiores pontos de venda de produtos artesanais do País. Milhões de visitantes de todos os cantos do Brasil e até do exterior veem na feira o local onde encontrarão a melhor forma de presentear seus amigos e parentes. Ela conta hoje com mais de 2.500 expositores, divididos nos setores de alimentos, artesanato, roupas, sapatos, etc. Tudo feito de forma artesanal, gerando renda e trabalho para milhares de famílias, mas ainda mantendo intacto o espírito de liberdade, alegria e criatividade que levou um grupo de jovens artesãos a criar a Feira *Hippie*, nos hoje distantes anos 60.

---

710 Transformado em norma jurídica (**LEI 22458 2016**)

Sem sombra de dúvida, a feira tornou-se um patrimônio turístico da capital, reforçando a lembrança do carinho e da mineiridade de nossa gente.

Por sua vez, a Constituição da República, em seu art. 23, inciso III, estabelece que é competência comum da União, dos estados, do Distrito Federal e dos municípios a proteção dos documentos, das obras e de outros bens de valor histórico, artístico e cultural, como os monumentos, as paisagens naturais notáveis e os sítios arqueológicos. O art. 24, inciso VII, conferiu à União, aos estados e ao Distrito Federal competência concorrente para legislar sobre proteção ao patrimônio histórico, cultural, artístico, turístico e paisagístico. E § 1º do art. 216 dispõe, ainda, que o poder público, com a colaboração da comunidade, promoverá e protegerá o patrimônio cultural brasileiro, por meio de inventário, registro, vigilância, tombamento e desapropriação e de outras formas de acautelamento e preservação.

Diante do exposto, conto com o apoio dos nobres pares para a aprovação deste projeto de lei.

PL n. 2.730, de 2.015

Ementa: Dispõe sobre a proteção e preservação da folia de reis e congado no Estado e dá outras providências.

Justificação: A proposição tem por objetivo promover o acautelamento das formas de expressão da folia de reis e congado, enraizados no cotidiano das comunidades, para fins de registro no Livro de Registro dos Saberes, nos termos do art. 1º, § 1º, I, do Decreto Federal nº 3.551, de 2000, que institui o Registro de Bens Culturais de Natureza Imaterial que constituem patrimônio cultural brasileiro, cria o Programa Nacional do Patrimônio Imaterial e dá outras providências.

Folia de reis é um festejo de origem portuguesa ligado às comemorações do culto católico do Natal que, trazido para o Brasil, mantém-se vivo nas manifestações folclóricas de muitas cidades de Minas Gerais.

Na tradição católica, a passagem bíblica em que Jesus foi visitado por pelos magos, converteu-se na tradicional visitação feita pelos três reis magos, denominados Belchior, Baltazar e Gaspar, os quais passaram a ser referenciados como santos a partir do século VIII.

Na cultura tradicional brasileira, os festejos de Natal eram comemorados por grupos que visitavam as casas tocando músicas alegres em louvor aos Santos Reis e ao nascimento de Cristo. Essa tradição, oriunda de Portugal, ganhou força no século XIX, mantendo-se viva em várias regiões, sobretudo nas cidades do interior de nosso Estado.

A festa de folia de reis adquiriu entre nós o espírito religioso que conserva até hoje, sendo desenvolvida com características próprias e transformando-se em manifestação folclórica de rara beleza. Seu início acontece no dia 24 de dezembro, véspera de Natal, prosseguindo até o dia 2 de fevereiro, período em que grupos festivos de pessoas saem cantando ao som de violão, sanfona, cavaquinho, pandeiro, reco-reco, pistão, chocalho, triângulo, tantãs e outros instrumentos, exaltando o Deus Menino e percorrendo as casas, indo de porta em porta em busca de oferendas que podem variar de um prato de comida a uma xícara de café.

É a chamada banda de folia de reis, ou música de folia de reis. Quando ela passa por sítios e fazendas da zona rural, tem o nome de caixa de folia de reis. O chefe do grupo é denominado alferes de folia de reis, e eles seguem seu caminho representando pequenas peças teatrais e cantando à porta das casas, cujos moradores lhes oferecem comida, bebida e esmolas que serão utilizadas no Dia de Reis, considerado o dia da gratidão.

Os personagens que compõem a folia somam doze pessoas, todas trajando roupas bastante coloridas, sendo elas o mestre e contra-mestre, donos de conhecimentos sobre a manifestação e líderes dos foliões; além do palhaço, dos foliões e dos três reis magos. O palhaço, usando vestimentas coloridas, deve proteger o Menino Jesus confundindo os soldados de Herodes, sendo o seu jeito alegre e descontraído motivo para distração e divertimento dos assistentes; os foliões, geralmente homens simples e de origem rural, são os participantes da festa, dando exemplo grandioso através de sua cantoria de fé; por sua vez, os três reis magos fazem uma viagem de esperança, certos de que ela os levará ao encontro de sua estrela.

Ao som dos instrumentos musicais, os foliões efetuam longas caminhadas levando a bandeira, um estandarte de madeira ornado com motivos religiosos, à qual tributam especial respeito. Vão liderados pelo mestre e contra-mestre, figuras de relevância dentro da folia por conhecerem os preciosos versos, preservados de geração em geração por tradição oral (vide "Recanto das Letras" - texto de Fernando Kitzinger Dannemann).

De origem africana, principalmente nas áreas do Congo, Angola e Moçambique, do povo bandu, o congado é uma manifestação cultural católica e africana. A história conta que Chico Rei, também um rei na África, do Congo dos Quicuios, foi trazido como escravo ao Brasil, especificamente a Vila Rica, atual Ouro Preto, junto a sua corte em meados do século XVIII. Chico Rei, como rezam os casos, ficou rico por explorar uma mina abandonada e depois disso libertou vários escravos.

A partir daí surgiu a primeira irmandade de negros livres de Vila Rica. Chico Rei considerou a sua liberdade possível graças a Nossa Senhora do Rosário. Para pagar promessa à santa, ele organizou a primeira festa dos negros no Estado de Minas Gerais, na Igreja de Santa Efigênia e Nossa Senhora do Rosário de Alto Cruz, em Vila Rica, em 1747.

O congado, também chamado de congo ou congada, mescla cultos católicos com africanos num movimento sincrético. É uma dança que representa a coroação do rei do Congo, acompanhado de um cortejo compassado, cavalgadas, levantamento de mastros e música. Os instrumentos musicais utilizados são a cuíca, a caixa, o pandeiro, o reco-reco. Ocorre em várias festividades ao longo do ano, mas especialmente no mês de outubro, na festa de Nossa Senhora do Rosário. O ponto alto da festa é a coroação do rei do Congo.

Na celebração de festas aos santos, onde a aclamação é animada por meio de danças, com muito batuque de zabumba, há uma hierarquia, onde se destaca o rei, a rainha, os generais, capitães, etc. São divididos em turmas de números variáveis, chamados ternos. Os tipos de ternos variam de acordo com sua função ritual na festa e no cortejo: moçambique, catupés, marujos, congos, vilões e outros.

Observa-se a necessidade de o Estado promover a identificação e o levantamento das diversas formas de expressão da folia de reis e congado em todas as regiões do Estado, para fins de proteção desse importante patrimônio cultural.

Ressalte-se ainda que, a despeito de as diversas regiões de Minas Gerais realizarem festas populares da folia de reis e congado, tais formas de expressão ainda não foram estudadas pelo poder público para fins de seu acautelamento.

Trata-se de medida que encontra amparo no art. 216, II, § 1º, do Texto Magno, que tem a seguinte redação:

"Art. 216 – Constituem patrimônio cultural brasileiro os bens de natureza material e imaterial, tomados individualmente ou em conjunto, portadores de referência à identidade, à ação, à memória dos diferentes grupos formadores da sociedade brasileira, nos quais se incluem:

I - as formas de expressão;

(...)

§ 1º – O Poder Público, com a colaboração da comunidade, promoverá e protegerá o patrimônio cultural brasileiro, por meio de inventários, registros, vigilância, tombamento e desapropriação, e de outras formas de acautelamento e preservação".

No mesmo diapasão, salientamos as normas estabelecidas nos arts. 208 e 209 da Constituição do Estado, relacionadas à proteção e preservação dos bens culturais mineiros, de natureza material e imaterial.

Dessa forma, pedimos o apoio dos demais membros desta Casa para a aprovação deste projeto de lei.

PL n. 2.679, de 2015

Declara as cavalgadas e o tropeirismo como patrimônio histórico e cultural de natureza imaterial.

Justificação: A cultura do tropeirismo e as cavalgadas estão intimamente ligadas à história de formação e desenvolvimento de nosso estado. O tropeirismo, em Minas, se iniciou com o desenvolvimento da mineração, entre os séculos XVII e XVIII.

A descoberta do ouro, e posteriormente de diamantes, foi responsável por um grande afluxo populacional para a região das minas gerais, tanto de paulistas como de portugueses, e ainda de escravos. Essa grande corrida em busca do eldorado foi acompanhada por um grave problema: a falta de alimentos e de produtos básicos, responsável por sucessivas crises na primeira década do século XVIII, quando a falta de gêneros agrícolas resultou em grande mortalidade.

De fato, aqueles que migraram para a região mineradora sonhavam com a riqueza mineral e poucos se dispunham a trabalhar a terra, sendo que tal situação fez com que florescesse um comércio interligando o porto do Rio de Janeiro ao interior. Tanto os produtos manufaturados, que chegavam de Portugal, quanto os gêneros agrícolas eram transportados no lombo de animais para a população das minas gerais, pois mais de 90% do consumo de necessidades dos mineiros a capitania opulenta não produzia. Daí a importância das tropas na movimentação da produção e na integração do Estado e formação de sua história.

Talvez esteja nessa matriz histórico-cultural a origem da paixão e da identidade que o mineiro tem com o cavalo, manifestada de diversas maneiras, mas fortemente pela cultura das atividades equestres, como as cavalgadas, e pelo culto ao tropeirismo.

Mesmo no contexto atual, de uma sociedade cada vez mais urbana, o mineiro não perdeu o seu forte vínculo com o cavalo, o que mudou foi o contexto para se tornar o cavalo um animal de estimação para fins de esporte e lazer. Os inúmeros eventos equestres, como cavalgadas, tropeadas e concursos de marchas, que se realizam em todos os finais de semana confirmam essa paixão entre o mineiro e o cavalo, mesmo entre aqueles que não possuem nenhum vínculo com as atividades rurais.

As cavalgadas e tropeadas estão presentes em todas as regiões de Minas Gerais e são marcadas pela valorização cultural da atividade, tornando-se eventos equestres culturais de confraternização cívica, regional e de culto à história e a tradição mineira, organizados sem fins lucrativos e composto por voluntários.

Visando a valorização e o fortalecimento da cultura das cavalgadas e do tropeirismo no Estado do Minas Gerais, por sua importância histórica e cultural, apresento este projeto de lei e espero poder contar com o apoio dos nobres colegas deputados para a sua aprovação.

– Publicado, vai o projeto às Comissões de Justiça e de Cultura para parecer, nos termos do art. 188, c/c o art. 102, do Regimento Interno.

PL n. 2.130, de 2015[711]

Declara patrimônio cultural do Estado o processo de fazer tricô do Município de Monte Sião.

Justificação: O modo de fazer tricô do Município de Monte Sião carrega de modo marcante a história do município, transformando-se em fonte de identidade cultural para seus moradores, como reflexo de sua tradição.

A prática do tricô instalou-se no município no final do século XIX, com a vinda das primeiras levas de italianos, como atividade restrita ao âmbito doméstico. A partir da década de 1950, o tricô passou a ser comercializado em cidades vizinhas, pelas donas de casa, como forma de complementação da renda familiar. Transformou-se ao longo dos anos em sucesso de vendas, até atingir a atual escala industrial. A produção do tricô transformou-se na base da economia municipal, a ponto de elevar o Município de Monte Sião à condição de capital nacional do tricô.

Monte Sião apresenta toda a sua dinâmica sociocultural circunscrita a esse saber fazer, que ultrapassa a sua dimensão econômica para assumir a sua condição de cultura popular, compreendida como a invenção coletiva temporal "de práticas, representações, expressões, conhecimentos e técnicas – junto com os instrumentos, objetos, artefatos e lugares culturais que lhe são associados – que as comunidades, os grupos e, em alguns casos, os indivíduos reconhecem como parte do seu patrimônio cultural" (segundo definição da Convenção para a Salvaguarda do Patrimônio Cultural Imaterial – Unesco).

Diante do reconhecimento da relevância histórica e cultural do tricô, foi aprovada lei municipal considerando-o como Patrimônio Cultural Imaterial do Município de Monte Sião, Lei Municipal nº 2162, de 2014.

A partir da inciativa da Secretaria Municipal de Indústria, Comércio, Turismo e Cultura, o município fez o trabalho fundamental de conhecer para poder preservar. Foram realizadas pesquisas e entrevistas com a comunidade a respeito do tricô em Monte Sião, visando compor o documento para o registro deste bem imaterial e sua inscrição no *Livro de Registro dos Saberes*, que corresponde aos conhecimentos e modos de fazer enraizados no cotidiano das comunidades.

Este resgate e revitalização contribuem para o revigoramento da memória dos moradores contribuindo para a continuidade dessa manifestação, garantindo a permanência de suas características singulares e evitando a descaracterização dessa tradição.

O tricô assume assim a função de elo social, fazendo pertinente a mobilização política para sua proteção e preservação de sua memória, como parte da memória de constituição do Estado de Minas Gerais, da formação não apenas da economia de uma região de Minas, mas também da história de formação do próprio povo mineiro, com as suas múltiplas influências, comprovando mais uma vez a visão do poeta: "Minas são muitas".

– Publicado, vai o projeto às Comissões de Justiça e de Cultura para parecer, nos termos do art. 188, c/c o art. 102, do Regimento Interno.

---

711 Transformado em norma jurídica – Lei n. 22.457, de 2016

PL n. 2.038, de 2015.[712]

Ementa: Dispõe sobre o reconhecimento da Vesperata de Diamantina como Patrimônio Cultural do Estado.

Justificação: A Vesperata é um dos maiores atrativos ao ar livre de Diamantina. Quem é apaixonado por uma boa música com certeza vai gostar de curtir o evento que acontece na Rua da Quitanda, no centro histórico da cidade, dois sábados por mês, de março a outubro, quando não chove em Diamantina. O espetáculo é imperdível e emociona a todos.

Nas sacadas e nas janelas dos prédios históricos fica a banda composta por integrantes do 3º Batalhão da Polícia Militar de Minas Gerais e por jovens músicos da Orquestra Mirim, que são regidos por maestros que se posicionam no meio da rua, entre os espectadores. No rico repertório estão apresentações de músicas populares brasileiras e internacionais.

Sentados a mesas ou em pé, o público é atendido por garçons dos bares próximos, tornando a programação ainda mais agradável com a opção de degustar comidas tipicamente mineiras.

Ao contrário da maioria das apresentações de música instrumental, na Vesperata o público interage, canta, bate palmas e até arranja espaço para arriscar alguns passos de dança. E aí vai noite adentro, esquecendo-se até do frio. Enfim, vale tudo para curtir o evento mais tradicional de Diamantina.

Considerando justa a pretensão, contamos como apoio dos nobres deputados e deputadas à aprovação deste projeto de lei.

PL n. 1.921, de 2015

Ementa: Declara patrimônio histórico, cultural e imaterial do Estado a manifestação musical Viola Caipira Mineira.

Justificação: A proposição pretende declarar a manifestação musical Viola Caipira Mineira patrimônio cultural do Estado de Minas Gerais. Para ressaltar a importância da viola caipira na cultura mineira, consultamos o pesquisador João Araújo, que muito contribuiu com pesquisa de dados históricos para justificar a propositura e a relevância do presente projeto.

Segundo João Araújo "a viola deveria estar para Minas Gerais assim como a Bossa Nova está para o Rio de Janeiro!".

Em seu estudo, o pesquisador afirma que a viola de dez cordas – ou viola brasileira, ou ainda viola caipira, como é conhecida pela maioria das pessoas – é o instrumento mais importante para a cultura brasileira.

A viola tem atuação marcante em nossa música desde o início da colonização, quando foi trazida para o Brasil pelos jesuítas, até os dias atuais. Segundo consta, foi o primeiro elo de aproximação com os índios, que, atraídos pela sonoridade, começaram a se aproximar para depois cantar e tocar seus instrumentos juntos, estabelecendo-se, assim, o início da conexão com o homem branco que depois o colonizaria.

Um pouco adiante no tempo, a viola foi a principal companhia de desbravadores, tropeiros, tocadores de gado e bandeirantes que tocavam viola por alegria e por saudade, nos pontos de pouso e alimentação, onde nasceram grandes cidades.

No ciclo do ouro e do diamante (século XIX), quando as "minas gerais" eram o centro comercial do país, registra-se a chegada de mais violas vindas de Portugal, além de outros tocadores e fabricantes do instrumento.

No início do século XX, pelo empreendimento visionário de Cornélio Pires, que iniciou a produção fonográfica genuinamente brasileira a partir de nossas modas de viola, abriu-se um enorme filão de mercado até hoje ainda muito explorado.

---

712 Transformado em norma jurídica (LEI 22456 2016)

Apesar da grande influência estrangeira, especialmente a invasão do estilo *country* americano, a viola caipira sobrevive até hoje e influenciou carreiras respeitadas no mundo todo, ao mesmo tempo que continua praticamente intacta no interior do país por simples amor às raízes ou em manifestações folclóricas, como folia de reis, congados, marujadas e outras.

Segundo demonstra a pesquisa "Viola Urbana", nos últimos 15 anos é o instrumento que mais cresce em novos adeptos, simpatizantes, mercados e espaços de mídia no mundo inteiro.

Naturalmente que hoje em dia a nova viola está presente em quase todo o território nacional e – como não poderia deixar de ser – tem grande incidência em São Paulo, atualmente o maior centro comercial brasileiro.

O paulista Paulo Freire, um dos maiores expoentes da viola atual, não deixa de afirmar: "aprendi mesmo a tocar viola foi no interior de Minas Gerais. Fui pra lá aprender com os mestres ribeirinhos da região do Urucuia".

Em um dos mais conhecidos livros sobre o tema, *Música caipira, da roça ao rodeio*, Rosa Nepomuceno afirma: "Se São Paulo produz, grava e lança muita gente, Minas Gerais é o maior celeiro de mestres da viola".

Em termos de expoentes históricos, são mesmo de Minas Gerais os violeiros mais importantes do Brasil, excetuando-se apenas o sul-mato-grossense Almir Sater, que, por sua grande exposição na mídia televisiva, é hoje o mais conhecido violeiro brasileiro. Muito antes de Almir, o falecido Renato Andrade – considerado pela maioria o mais virtuoso entre os violeiros de todos os tempos – já corria o mundo tocando em salas de concerto com sua viola mágica, executando as mais variadas e complexas peças, desde homenagens às culturas estrangeiras até os nossos toques mais típicos, para o mundo aplaudir.

A nossa folia de reis – tradição mineira presente também em outros estados – ficou famosa com o *Cálix bento,* gravado por Mílton Nascimento a partir da adaptação do genial Tavinho Moura, um dos maiores pesquisadores e divulgadores de toques tradicionais de viola interiorana mineira, e dos que mais influenciou outras carreiras de violeiros brasileiros. Falando em influenciar outras carreiras, Tião Carreiro, o inventor do pagode de viola, hoje tem centenas de seguidores e admiradores. Téo Azevedo, com mais de 50 anos de estrada, é um dos maiores produtores do Brasil em número de lançamentos e revelou para o mundo o Beethoven do Sertão, Zé Coco do Riachão, aclamado na Europa e que recebeu destaque na importante revista americana *Guitar Player*.

Hoje, com *status* de doutorado em música, os mineiros Roberto Corrêa e Ivan Vilela têm carreiras consolidadas e respeitadas internacionalmente e podem ser considerados os maiores destaques brasileiros, pela somatória de realizações em suas carreiras, como discos, livros, palestras, participações em mídia e vários outros.

Muitos outros mineiros são motivo de orgulho para o nosso Estado pelo Brasil afora, como Braz da Viola, Moreno & Moreninho, Zé Mulato & Cassiano, Pena Branca & Xavantinho, enfim: uma grande e qualificada lista.

Infelizmente, a esmagadora maioria desses talentos teve que buscar fora de Minas Gerais o reconhecimento e a ascensão em suas carreiras, comprovadamente valiosas ao nosso Estado. Atuando em Belo Horizonte, atualmente nomes como Pereira da Viola e Chico Lobo merecem destaque por suas carreiras consistentes, inclusive com atuações fora do Brasil. Bons trabalhos vêm despontando nacionalmente sem sair de Minas, como os músicos Fernando Sodré, Rodrigo Delage, Tarcísio Manuvéi, Victor Batista e outros.

São várias participações em programas nacionais de TV, várias indicações e prêmios nacionais de música e *grammys* latinos, várias apresentações em palcos de todo o Brasil. E ações importantes em andamento continuado, como o Prêmio Rozini de Excelência da Viola – 3 edições coordenadas pelo Instituto Brasileiro da Viola Caipira, sediado em Belo Horizonte; o festival nacional Voa Viola – 2 edições coordenadas por Roberto Corrêa a partir de Brasília; o projeto Viva Viola, que reúne os violeiros mineiros Bilora, Chico Lobo, Gustavo Guimarães, Joaci Ornelas, Pereira da Viola e Wilson Dias – 2 CDs gravados e quatro anos de apresentações; e o encontro Mil Violas – coordenado pela Viola de Nóis Produções, de Uberlândia, que busca o registro no *Guiness Book,* como recorde mundial de número de violeiros juntos em uma mesma apresentação.

Os violeiros mineiros João Araújo e Chico Lobo acabam de ser receber o prêmio nacional de Profissionais da Música, respectivamente como "melhor produtor artístico" e "melhor intérprete", em premiação votada pelos próprios profissionais do segmento em todo o Brasil, infelizmente com poucos mineiros indicados.

Como demonstrado, o movimento da viola mineira tem muito mais representatividade numérica, histórica e de penetração artística do que o consagrado Clube da Esquina – o qual, por ter sido assumido e divulgado com ênfase pela nossa mídia e pelo próprio Estado, é merecidamente um dos maiores orgulhos nacionais para Minas Gerais.

E, assim como o Rio de Janeiro se orgulha da bossa nova, deveria a viola mineira ser comemorada com louvor pelos mineiros – pois falar desses movimentos é falar das carreiras de seus principais expoentes, dando reconhecimento e incentivo a todos aos seus conterrâneos.

Outros estados brasileiros jamais poderão dar o crédito correto às realizações da viola, visto que cabe primeiro a Minas Gerais valorizar as grandes realizações de seu povo.

Em vista do exposto, contamos com o apoio de nossos pares para a aprovação deste projeto.

– Publicado, vai o projeto às Comissões de Justiça e de Cultura para parecer, nos termos do art. 188, c/c o art. 102, do Regimento Interno.

PL 1.615, de 2015[713]

Declara patrimônio histórico e cultural do Estado o ofício das quitandeiras.

Justificação: A história de Minas é bem representada pela sua gastronomia e retrata uma formação étnica diversificada. A cozinha mineira construiu uma identidade única através da união das culturas indígena, africana e portuguesa, utilizando produtos e métodos de cocção regionais. Foi capaz de reunir diferentes vertentes e encontrar uma unidade, que a faz autêntica e singular. Essa identidade foi preservada e passada por gerações, tendo como princípios a hospitalidade e a simplicidade do seu povo. Hoje temos em Minas uma gastronomia de vanguarda, que no entanto continua ligada à fartura e à família, ao aconchego e ao conforto.

Em virtude da diversidade de fronteiras, nosso estado irradia cultura gastronômica, misturando-se à história do País.

Entre as diversas manifestações gastronômicas associadas à identidade mineira, a quitanda ocupa lugar de destaque. No Estado, diferentemente do restante do País, a palavra quitanda refere-se à pastelaria caseira, ou seja, a bolos, roscas, broas, biscoitos, sequilhos, etc. Nesse tipo de comércio, predominante em pequenos municípios, a venda se dá por encomendas.

Muitas tradições que envolvem o preparo e o consumo das quitandas persistem até hoje no interior do Estado. Entretanto, o ofício das quitandeiras ainda não foi registrado como patrimônio cultural imaterial, embora ele seja popularmente reconhecido como tal em manifestações culturais, como o Festival da Quitanda, que acontece há 13 anos no Município de Congonhas.

Com efeito, como símbolo do Estado de Minas Gerais, as quitandas e o ofício das quitandeiras estão diretamente associados à identidade regional, tornando-se um "monumento" da memória afetiva da região.

Faz-se necessário, portanto, tornar patrimônio os saberes e as práticas que envolvem o ofício das quitandeiras, de forma a valorizá-lo, preservá-lo e difundi-lo em seus múltiplos aspectos. Só assim estarão asseguradas as salvaguardas inerentes aos bens formalmente registrados como patrimônios culturais, garantindo-se a transmissão do saber fazer das quitandas e a consequente continuidade do ofício.

Tendo em vista o relevante interesse público envolvido, contamos com o apoio dos nobres pares, membros desta Casa, à aprovação deste projeto.

---

713 Transformado em norma jurídica (LEI 22454 2016)

PL n. 1.483, de 2015.

Ementa: Declara patrimônio turístico e cultural de natureza imaterial do Estado a Feira de Artes e Artesanato da Avenida Afonso Pena – Feira Hippie -, no Município de Belo Horizonte.

Justificação: A história de Minas é bem representada pela sua gastronomia e retrata uma formação étnica diversificada. A cozinha mineira construiu uma identidade única através da união das culturas indígena, africana e portuguesa, utilizando produtos e métodos de cocção regionais. Foi capaz de reunir diferentes vertentes e encontrar uma unidade, que a faz autêntica e singular. Essa identidade foi preservada e passada por gerações, tendo como princípios a hospitalidade e a simplicidade do seu povo. Hoje temos em Minas uma gastronomia de vanguarda, que no entanto continua ligada à fartura e à família, ao aconchego e ao conforto.

Em virtude da diversidade de fronteiras, nosso estado irradia cultura gastronômica, misturando-se à história do País.

Entre as diversas manifestações gastronômicas associadas à identidade mineira, a quitanda ocupa lugar de destaque. No Estado, diferentemente do restante do País, a palavra quitanda refere-se à pastelaria caseira, ou seja, a bolos, roscas, broas, biscoitos, sequilhos, etc. Nesse tipo de comércio, predominante em pequenos municípios, a venda se dá por encomendas.

Muitas tradições que envolvem o preparo e o consumo das quitandas persistem até hoje no interior do Estado. Entretanto, o ofício das quitandeiras ainda não foi registrado como patrimônio cultural imaterial, embora ele seja popularmente reconhecido como tal em manifestações culturais, como o Festival da Quitanda, que acontece há 13 anos no Município de Congonhas.

Com efeito, como símbolo do Estado de Minas Gerais, as quitandas e o ofício das quitandeiras estão diretamente associados à identidade regional, tornando-se um "monumento" da memória afetiva da região.

Faz-se necessário, portanto, tornar patrimônio os saberes e as práticas que envolvem o ofício das quitandeiras, de forma a valorizá-lo, preservá-lo e difundi-lo em seus múltiplos aspectos. Só assim estarão asseguradas as salvaguardas inerentes aos bens formalmente registrados como patrimônios culturais, garantindo-se a transmissão do saber fazer das quitandas e a consequente continuidade do ofício.

Tendo em vista o relevante interesse público envolvido, contamos com o apoio dos nobres pares, membros desta Casa, à aprovação deste projeto.

- Publicado, vai o projeto às Comissões de Justiça e de Cultura para parecer, nos termos do art. 188, c/c o art. 102, do Regimento Interno.

PL n. 1.466, de 2.015

Ementa: Institui a vaquejada como modalidade esportiva e patrimônio cultural do Estado.

Justificação: Este projeto de lei visa regulamentar a vaquejada como uma atividade recreativa competitiva, com características de esporte, integrando o homem com os animais - o cavalo e o boi -, estabelecendo um *ranking* por categorias atléticas - iniciante, amador e profissional -, formatando assim uma carreira que poderá gerar emprego e renda para o sustento dos competidores.

A vaquejada é uma prática que integra o homem rural ao homem urbano e que se tornou muito comum. Vários municípios possuem parque de vaquejada, onde se realiza esse tipo de evento há anos, em festejos tradicionais, culturais e regionais. Comparando-se essa atividade ao futebol, observa-se que no norte de Minas foram criados trinta novos parques de vaquejada e apenas dois novos estádios de futebol, nos últimos cinco anos.

Conhecida como uma manifestação cultural legitimamente brasileira, vale ressaltar que a vaquejada tem como norma a ser seguida pelos competidores e organizadores o cuidado com os animais; havendo maus-tratos, o peão (vaqueiro) que tenha utilizado essa prática estará automaticamente desclassificado.

Igualmente, ressalta-se que os municípios onde são promovidas as vaquejadas transformam-se em destinos turísticos pela importância do evento, o que gera emprego e renda, além de movimentar o comércio, tendo em vista que diversos tipos de profissionais precisam ser contratados. Entre eles, contam-se vaqueiros, equipes de curral, tratadores de animais, criadores, veterinários, juízes, locutores, eletricistas, motoristas, bombeiros, garçons, montadores de infraestrutura, seguranças para o evento, publicitários, músicos, artistas, dançarinos, vendedores ambulantes, trabalhadores rurais - que expõem e negociam os seus produtos, fortalecendo assim a agricultura familiar - e fotógrafos. Ressaltem-se ainda a alocação de bovinos, o comércio de rações, o aluguel de arquibancadas, alimentação, bebidas, transporte e a hotelaria local, o que gera, em cada evento, aproximadamente 200 empregos diretos e 450 empregos indiretos.

Apesar disso, os organizadores desse tipo de evento vêm encontrando diversas dificuldades devido à ausência de regulamentação da prática, o que impossibilita o pleito de recursos públicos e deveres do Estado para auxiliar os custos dos eventos.

Com cerca de 100 municípios participantes e vários eventos acontecendo anualmente, e com a participação de mais de 1.000 atletas de sela, fica evidente a grande necessidade de regulamentação e reconhecimento da vaquejada como evento esportivo e cultural de Minas Gerais, para, entre outras razões já citadas, garantir a segurança dos animais, dos atletas e do público.

Lembramos que a prática de rodeios, bem como a profissão de vaqueiro, já foram devidamente regulamentadas pela Lei Federal nº 10.220, de 11 de abril de 2001, e que o Circuito Inter TV de Vaquejada já vem trabalhando em parceria com a Promotoria Pública, IMA, Corpo de Bombeiros, Secretaria do Meio Ambiente e vários outros órgãos para esse fim.

Diante disso, peço o apoio dos nobres pares para a aprovação desta proposição, para que não haja mais informalidade e se garanta uma melhor divulgação dos nossos eventos tradicionais, a valorização do nosso turismo e da nossa cultura popular, propiciando ao homem do campo a oportunidade de mostrar suas habilidades.

- Publicado, vai o projeto às Comissões de Justiça e de Cultura para parecer, nos termos do art. 188, c/c o art. 102, do Regimento Interno.

PL n. 1.124, de 2015.

Declara patrimônio histórico, cultural e imaterial do Estado a Imprensa Oficial do Estado de Minas Gerais.

Justificação: Esta proposição objetiva declarar patrimônio histórico, cultural e imaterial do Estado a Imprensa Oficial do Estado de Minas Gerais e determina que o Poder Executivo proceda à inscrição desse bem, nos termos do Decreto nº 42.505, de 2002, que institui as formas de registros de bens culturais de natureza imaterial ou intangível que constituem patrimônio cultural de Minas Gerais.

O legislador constituinte, por meio do art. 216 da Constituição Federal, constitui como patrimônio cultural brasileiro os bens de natureza material e imaterial, tomados individualmente ou em conjunto, portadores de referência à identidade, à ação, à memória dos diferentes grupos formadores da sociedade brasileira, cabendo ao poder público protegê-lo por meio de inventários, registros, vigilância, tombamento, desapropriação e outras formas de acautelamento e preservação.

Em nível federal, o Decreto Federal nº 3.551, de 2000, instituiu o registro de bens culturais de natureza imaterial, atribuindo competência ao Instituto do Patrimônio Histórico e Artístico Nacional – Iphan - para fazê-lo. Em nível estadual, a matéria é tratada por meio do Decreto nº 42.505. Para estimular a participação e a cooperação da sociedade, o art. 2º do decreto autoriza órgãos e entidades públicas da área cultural, qualquer cidadão, sociedade ou associação civil a solicitar a instauração do processo de registro.

A história da Imprensa Oficial do Estado de Minas Gerais começa em Ouro Preto, antiga capital de Minas surgindo em meio à atmosfera política e cultural reinante no fim do século XIX. Foi criada em 1891 para ser o porta-voz dos atos governamentais, que, antes, ficavam restritos aos gabinetes e muitas vezes era um segredo entre o papel e a ponta da pena.

A instituição começou nas dependências do antigo Palácio dos Governadores, atual Escola de Minas, na Praça Tiradentes, no Centro Histórico de Ouro Preto. Em 21 de abril do ano seguinte, quando se comemorava o centenário da morte de Joaquim José da Silva Xavier, o Tiradentes, mártir da Inconfidência, teve início a publicação regular do *Minas Gerais* e dos impressos oficiais.

Seu patrimônio histórico imponente, seu barroco monumental, sua cultura ímpar, diversa, influenciada por suas fronteiras, símbolo do povo mineiro, que inspirando pela utopia iluminista da liberdade, da igualdade e da fraternidade da Inconfidência Mineira, marcaram o sentimento de liberdade pregado pela bandeira do Estado.

Como parcela do poder do Estado, incumbe ao Poder Legislativo resguardar e proteger o patrimônio cultural brasileiro de naturezas material e imaterial, indicando às autoridades competentes e ao Ministério Público que seja reconhecido como de relevância cultural as atividades praticadas pela Imprensa Oficial do Estado de Minas Gerais.

Por fim, ressaltamos que a Imprensa Oficial do Estado de Minas Gerais já é um patrimônio cultural que pertence ao povo mineiro, incumbindo ao poder público promover sua proteção.

Por essas razões, conclamo os meus nobres pares a aprovar esta proposição.

- Publicado, vai o projeto às Comissões de Justiça e de Cultura para parecer, nos termos do art. 188, c/c o art. 102, do Regimento Interno.

PL 806, de 2015

Ementa: Declara patrimônio artístico e cultural do Estado a Feira de Artes e Artesanato da Avenida Afonso Pena – Feira Hippie -, no Município de Belo Horizonte.

Justificação: A Feira Hippie surgiu em Belo Horizonte no ano de 1969, como um espaço criado na Praça da Liberdade por um grupo de intelectuais, jovens artesãos e artistas plásticos, para expor suas obras. Foram anos de expansão da feira, que conquistou a popularidade e a simpatia dos belo-horizontinos e visitantes, que foram incorporando, cada vez mais, o caráter artístico e cultural do evento, que acontecia em todas as quintas-feiras e aos domingos.

Em 1991, a feira foi transferida para a Avenida Afonso Pena, onde passou a contar com um espaço mais amplo e a oferecer uma variedade muito maior de produtos. Foi, então, oficialmente denominada Feira de Arte, Artesanato e Produtores de Variedades, incorporando aos produtos já oferecidos também alimentos, flores e outros.

Hoje, inegavelmente, a nossa "Feira Hippie" tornou-se um importante patrimônio artístico e cultural mineiro, devendo assim ser tratada e declarada. Para tanto, contamos com o apoio de nossos nobres pares para a aprovação deste projeto.

- Publicado, vai o projeto às Comissões de Justiça e de Cultura para parecer, nos termos do art. 188, c/c o art. 102, do Regimento Interno.

PL 784, de 2015[714]

Ementa: Declara a Orquestra Sinfônica da Polícia Militar de Minas Gerais patrimônio cultural dos mineiros.

Justificação: A história da Orquestra Sinfônica da Polícia Militar de Minas Gerais se confunde com a história da música erudita no Estado. De 1949 a 1977, aproximadamente, a música acontecia, na capital mineira, graças aos músicos da PMMG. Funcionavam outras orquestras no Estado, como a Orquestra Estadual e a Orquestra Sinfônica de Belo Horizonte, que posteriormente se uniram e formaram a Sociedade Mineira de Concertos Sinfônicos. Contudo, a maioria dos seus músicos eram oriundos da orquestra da PMMG ou alunos da Escola de Formação Musical, também da PMMG.

A Orquestra Sinfônica da Polícia Militar de Minas Gerais é uma das mais antigas do Estado, e a primeira apresentação se realizou em 18 de março de 1949, às 20 horas, no ginásio do Departamento de Instrução

---

714 Transformado em norma jurídica (LEI 22453 2016)

– DI. Essa apresentação teve a direção e regência do assistente do maestro Villa-Lobos, 1º-Ten.-Músico Sebastião Viana, que veio do Rio de Janeiro especialmente convidado para esse evento, e foi dedicada à imprensa da Capital pelo Cel. José Vargas da Silva, comandante-geral da Polícia Militar, com a presença dos Srs. José de Magalhães Pinto, secretário de Finanças, Abílio Machado Filho, do gabinete do governador do Estado, de oficiais da Polícia Militar, do professor Onofre Mendes Júnior, do procurador-geral do Estado, do maestro Arthur Bosmans e de importantes nomes que figuravam no cenário artístico da época.

O maestro Afrânio Lacerda, grande nome da música erudita em Minas Gerais e aluno da Escola de Formação Musical da PMMG, registra, em uma entrevista, o comentário abaixo: "Em 1948 foi formada a Orquestra Sinfônica da Polícia Militar de Minas, que teve uma história bem peculiar. Seu naipe de sopros foi imediatamente formado pelos músicos militares que atuavam por todo o Estado de Minas e que, na medida do possível, iam sendo transferidos para Belo Horizonte a fim de integrar a orquestra. Os instrumentos de cordas foram sendo assumidos gradativamente por músicos formados dentro da própria Polícia Militar - PM -, que montou uma escola em suas dependências, a qual contava com importantes músicos-professores, novamente alguns vindos do exterior. Vários músicos da orquestra da PM abasteceram de forma significativa a orquestra da SMCS (Sociedade Mineira de Concertos Sinfônicos)" (LACERDA, p 26, 2009).

A Polícia Militar presta relevante e importante serviço a seu público interno e à sociedade, com sua Orquestra Sinfônica, pois ela é o único organismo musical público que abrilhanta diversos tipos de solenidades oficiais no Legislativo, Executivo e Judiciário, assim como atende a eventos relevantes nos setores privados mais importantes do Estado.

Atualmente, no Brasil, somente a Polícia Militar de Minas Gerais possui em seus quadros uma orquestra sinfônica militar em atividade. A contribuição desse organismo musical à cultura mineira foi muito significativa e projetou a Corporação de Tiradentes no cenário nacional.

Mais informações sobre a Orquestra Sinfônica da Polícia Militar poderão ser obtidas no livro *Orquestra Sinfônica da Polícia Militar de Minas Gerais:* 60 anos de contribuição à cultura e à imagem da PMMG, de Marco Aurélio Araújo Lacerda.

- Publicado, vai o projeto às Comissões de Justiça e de Cultura para parecer, nos termos do art. 188, c/c o art. 102, do Regimento Interno.

PL 706, de 2015

Ementa: Declara patrimônio cultural, histórico e imaterial e considera de especial interesse social as comunidades quilombolas, caipiras, caboclas e de pescadores localizadas em unidades de conservação da natureza no âmbito do Estado de Minas Gerais e dá outras providências.

Justificação: Existem diversas comunidades quilombolas, caipiras, caboclas e de pescadores localizadas em unidades de conservação da natureza. São comunidades antigas, muitas vezes, anteriores a demarcação ou a criação de área de proteção ambiental, parque, etc.

Esse fato acaba por provocar uma série de impedimentos, tais como regularização da titulação das terras e restrições para práticas agrícolas, alvo de fiscalizações intensas e, às vezes, violentas.

Alguns estados já alteraram os limites de parques estaduais, excluindo as comunidades de que trata esta lei de seus limites, para garantir-lhes os direitos e evitar que sejam removidas.

A proposição objetiva garantir que essas comunidades sejam respeitadas em seu direito de permanecer em seus locais de origem, em detrimento da demarcação das unidades de conservação da natureza

- Publicado, vai o projeto às Comissões de Justiça e de Cultura para parecer, nos termos do art. 188, c/c o art. 102, do Regimento Interno.

PL 460, de 2015

Ementa: Declara patrimônio cultural do Estado o concurso Comida di Buteco.

Justificação: Há séculos o boteco faz parte da paisagem de nossas cidades. Mas por ser um espaço de comércio popular, não despertava a atenção necessária e, portanto, vivia à margem da sociedade. Quando o Comida di Buteco começou em Belo Horizonte, foi como se colocássemos um holofote sobre toda a riqueza da culinária de raiz da nossa região e desses estabelecimentos que têm, em sua maioria, uma história familiar por trás. Isso mudou a forma como as pessoas viam o boteco. Os estabelecimentos, contando com o carinho da população, também tiveram a oportunidade de se profissionalizar e de se tornarem sustentáveis, sem deixar de lado sua essência.

A paixão do carioca Eduardo Maya pela culinária começou na adolescência, quando viveu em Londres, na Inglaterra. Aos 17 anos já preparava cordeiros para a família nos finais de semana. Formou-se em matemática, voltou ao Brasil e trabalhou na área financeira da Petrobras.

Alguns anos depois, Eduardo abandonou a carreira e mudou-se para Belo Horizonte, em Minas Gerais. Na Rádio Gerais FM passou a apresentar um programa diário com informações sobre gastronomia.

Em 1999, Eduardo Maya apresentou um projeto à Rádio Gerais FM: um concurso entre botecos de Belo Horizonte. A proposta ganhou a adesão de João Guimarães - proprietário da emissora - e de Maria Eulália Araújo - diretora-executiva da rádio. Foi ela quem sugeriu o nome "Comida di Buteco".

Em 2000, ocorre a primeira edição do Comida di Buteco, com 10 botecos participantes. Logo no ano de inauguração, o concurso conquistou público e crítica.

Com o fim da Rádio Geraes FM, o concurso se tornou independente, com Eduardo e Maria Eulália à frente. O Comida di Buteco já era o maior concurso do gênero do Brasil.

Os executivos Ronaldo Perri e Flávia Rocha se associaram ao Comida di Buteco e deram andamento ao processo de expansão para outras cidades. Rio de Janeiro, Goiânia e Salvador entraram no concurso. Mais cidades passaram a participar: Ipatinga, Montes Claros, Poços de Caldas, Uberlândia, todas no interior de Minas Gerais, além de Campinas, Ribeirão Preto e Rio Preto, no interior paulista.

O Comida di Buteco chegou também a São Paulo, maior cidade do Brasil, com 50 botecos participantes, e hoje está presente em 16 cidades brasileiras, sendo amplamente reconhecido por seu papel de divulgação da cozinha de raiz, fundado em um processo estruturado de franqueamento.

Como foi Minas Gerais o berço dessa brilhante ideia, apresentamos este projeto não somente para registrar o início de um projeto de sucesso, mas também como forma de homenagear os idealizadores do evento.

Contamos com o apoio de nossos nobres pares para aprovação deste projeto.

- Publicado, vai o projeto às Comissões de Justiça e de Cultura para parecer, nos termos do art. 188, c/c o art. 102, do Regimento Interno.

PL 450, de 2015

Ementa: Declara patrimônio histórico e cultural do Estado a Banda Sinfônica do Corpo de Bombeiros Militar de Minas Gerais.

Justificação: A história das bandas de música no Brasil remonta à chegada da família real ao Rio de Janeiro. Desde então, o grupo musical que leva essa denominação vem, dentro e fora das organizações militares, se firmando como fomentador de cultura e participante efetivo da vida social de nosso povo.

Para um bom mineiro é fácil compreender o valor sociocultural e artístico das bandas de música. A formação cultural do Estado se confunde com a historia das centenas de bandas que alegraram coretos Minas afora.

Todo mineiro tem uma forte ligação com banda de música. As bandas mineiras são fonte de cultura em sua criação e preservação em sua existência.

Quantas decisões familiares, quantas famílias, quantas decisões politicas, quantas sociedades e cidades nasceram no seio de nossas bandas?! Seria difícil dizer. As bandas nos alegraram no passado e historicamente vêm se mantendo ativas na vida social das cidades.

As cidades cresceram, se modernizaram, mas as bandas se mantêm vivas pois são arquétipos de nosso "mineirês".

As bandas de música representam um fenômeno importante na história das Minas Gerais e sua existência proporciona acesso, de forma democrática, a toda a comunidade que a circunda, dando oportunidade de estudos nas áreas de instrumentos de sopro e percussão, representando um caminho certo para a propagação de uma tradição que surgiu há mais de um século.

Existem bandas que há décadas vem proporcionando esta possibilidade de aprendizado e participando dos diversos momentos festivos, cívicos e religiosos da comunidade. Um dos maiores referenciais dessas bandas em Minas Gerais são as bandas militares. As bandas militares são, na maioria das vezes, os grupos profissionais mais almejados pelos músicos das bandas amadoras civis.

Incluída nessa fascinante historia, de forma a estar sempre presente junto à sociedade mineira, temos a Banda de Música do Corpo de Bombeiros Militar de Minas Gerais - CBMMG.

Criada no ano de 1937, a Banda de Música do Corpo de Bombeiros Militar de Minas Gerais é, desde sua formação, a única banda do CBMMG, passando por muitas recolocações de corporação em face da incorporação e desincorporação do Corpo de Bombeiros da Policia Militar de Minas Gerais.

Ganhadora por várias vezes dos antigos e tradicionais festivais de bandas militares, a Banda de Música do CBMMG realizou gravações nos anos de seu apogeu, na década de 1960. Sua tradição musical é confirmada pelas mais de 200 solicitações para apresentações que recebe todos os anos.

Sua importância e valor são reconhecidos pela mídia e relatos dos que participaram de sua trajetória. Atuar na posse de governadores, dedicar composições a eles, estar presente nas manifestações religiosas mais importantes da capital, ganhar festivais e cultivar grandes nomes da música instrumental de Minas foi o papel da Banda de Música do CBMMG no decorrer de sua história.

O memorável ex-presidente e ex-governador Itamar Franco sempre citava em seus discursos que Minas é um Estado síntese, e podemos assim dizer que a Banda de Música do CBMMG sintetiza muito bem o que é ser mineiro, pois em suas fileiras temos mineiros de todos o rincões.

Indo ao encontro de seu primeiro século de existência, a Banda do CBMMG vem ano a ano buscando a excelência em atender ao povo mineiro, fazendo música e preservando nossa história

A participação desta banda na vida musical, na vida social e mesmo política de Minas é inegável e repleta de histórias que ultrapassam sua própria função junto à tropa militar de desfiles.

Existem eventos sociais de nossa capital que são agendados em função da participação da Banda do CBMMG. Na mais simplória atividade social e cultural de caráter público que se realiza em nossas praças ou nas mais pomposas solenidades que se realizam nos melhores teatros da cidade, encontramos a banda do CBMMG.

Não obstante o inegável valor cultural e de preservação de memória, as atividades da banda de música têm papel social forte, presente e necessário, embalando os encontros da melhor idade, ajudando na divulgação cívica de nossos hinos e músicas tradicionais em concertos em escolas, animando ações sociais, participando das campanhas de saúde, em especial das de vacinação, e abrilhantando os momentos religiosos mais importante da sociedade, demonstrando seu adjetivo laico. E nesses momentos que encontramos a Banda de Música do CBMMG.

Como única Banda da Corporação dos Bombeiros Militares, podemos afirmar que tudo o que já foi dito sobre suas atividades se estende por todos os rincões de Minas em que é chamada.

O Decreto-Lei nº 25, de 30 de novembro de 1937, dá, em seu art. 1º o conceito de patrimônio histórico e artístico nacional: "Constitui o patrimônio histórico e artístico nacional o conjunto dos bens móveis e imóveis existentes no País e cuja conservação seja de interesse público, quer por sua vinculação a fatos memoráveis da história do Brasil, quer por seu excepcional valor arqueológico ou etnográfico, bibliográfico ou artístico".

Dessa forma, vemos na Banda de Música do CBMMG um bem público que, por sua história e sua importância junto ao povo montanhês, se enquadra nas exigências, prerrogativas e condições prevista no parágrafo anterior.

Vemos a necessidade de atribuir a este grupo cultural com intensa vida e serviços prestados a posição de patrimônio histórico cultural dos mineiros, conforme preconiza a lei. É apenas uma forma de nossa sociedade agradecer e reconhecer sua dedicação e lhe dar o devido valor, de forma a oficialmente reconhecer como efetivos e necessários os trabalhos realizados pela Banda do CBMMG nesses quase 90 anos.

O art. 216 da Constituição Federal assim conceitua patrimônio cultural:

"Art. 216 - Constituem patrimônio cultural brasileiro os bens de natureza material e imaterial, tomados individualmente ou em conjunto, portadores de referência à identidade, à ação, à memória dos diferentes grupos formadores da sociedade brasileira, nos quais se incluem:

I - as formas de expressão;

II - os modos de criar, fazer e viver;

III - as criações científicas, artísticas e tecnológicas;

IV - as obras, objetos, documentos, edificações e demais espaços destinados às manifestações artístico-culturais;

V - os conjuntos urbanos e sítios de valor histórico, paisagístico, artístico, arqueológico, paleontológico, ecológico e científico."

Nesse conceito vemos de forma mais abrangente todos os parâmetros de importância e de responsabilidade cultural e social envolvidos nas atividades da Banda do CBMMG.

No parágrafo 1º do citado artigo, encontramos o que aqui estamos conclamando:

"§ 1º - O Poder Público, com a colaboração da comunidade, promoverá e protegerá o patrimônio cultural brasileiro, por meio de inventários, registros, vigilância, tombamento e desapropriação e de outras formas de acautelamento e preservação".

Propomos então a esta distinta Casa, em reconhecimento e no exercício de nossas responsabilidades constitucionais, o deferimento da declaração de patrimônio cultural à Banda de Música do Corpo de Bombeiros Militar de Minas Gerais e, considerando a sua nova formação, sua elevação à designação de Banda Sinfônica do Corpo de Bombeiros Militar de Minas Gerais.

- Publicado, vai o projeto às Comissões de Justiça e de Cultura para parecer, nos termos do art. 188, c/c o art. 102, do Regimento Interno.

PL 397, de 2015

Declara patrimônio cultural do Estado as Feiras Livres, a Feira Modelo e a Feira Direto da Roça, no Município de Belo Horizonte.

Justificação: A feira livre é um evento em local público em que comerciantes, em dias e épocas predeterminados, expõem e vendem mercadorias. As feiras livres de Belo Horizonte tem uma importância cultural antiga, que remonta à história mundial, a qual deve ser relembrada.

Não se sabe ao certo onde ou quando foi realizada a primeira feira da história. Existem fontes, entretanto, que permitem afirmar que, em 500 a.C., já se realizava essa atividade no Médio Oriente, nomeadamente na cidade-estado fenícia de Tiro.

As referências a feiras na Idade Antiga e na Idade Média aparecem correlacionadas a festividades religiosas e a dias santos. Nelas se reuniam mercadores de terras distantes que traziam seus produtos autóctones para troca por outros. A etimologia da palavra "feira" demonstra que a religião andou de mãos dadas com o comércio. A palavra latina *feria*, que significa "dia santo ou feriado", é a palavra que deu origem à portuguesa "feira", à espanhola *feria* e à inglesa *fair*.

Na Idade Média, com a crise do feudalismo a partir de fins do século XI, a afirmação das feiras medievais indica o momento em que ressurge o comércio na Europa, associando-se à afirmação do poder régio, à gênese dos burgos e da burguesia enquanto classe social.

Desse modo, com a reabertura do Mar Mediterrâneo a partir das cruzadas, os europeus puderam vivenciar um maior contato com o Oriente, de onde chegavam mercadorias raras e exóticas (cravo, canela, pimenta, seda, perfumes, porcelana). Registrou-se, assim, o chamado renascimento comercial, uma vez que esses produtos começaram a ser vendidos nas feiras que surgiam nas cidades que então renasciam.

Foram chamadas de burgos, em virtude de seus muros fortificados, e os habitantes de burgueses, termo que posteriormente se aplicaria especificamente aos comerciantes enriquecidos com a sua prática.

Durante a realização das feiras medievais, interrompiam-se guerras; a paz era garantida para que os vendedores, dispostos lado a lado, pudessem trabalhar com segurança. Da mesma maneira, guardas vigiavam todo o perímetro do local do evento, de modo a evitar que algum desordeiro pudesse causar incômodos àqueles que por ali passavam e desejavam efetuar suas compras. Os mercadores medievais realizavam suas transações comerciais e intermediavam trocas numa atividade eminentemente itinerante. A ocasião era aproveitada por saltimbancos e outros artistas de rua, que procuravam atrair a atenção e a generosidade da população que afluía a esses eventos, quer para comerciar, quer para simplesmente se distrair.

As feiras medievais instalavam-se em locais estratégicos, como povoações que se pretendiam desenvolver ou o cruzamento de rotas comerciais. Algumas chegaram mesmo a ter abrangência internacional.

O renascimento do comércio tornou necessário o uso da moeda, prática que havia desaparecido quase que totalmente nos séculos anteriores. Nas feiras, que atraíam pessoas de vários lugares, havia uma grande variedade de moedas em circulação, o que desenvolveu os bancos e o câmbio.

Caminhando pela história, antes de chegar à feira de Belo Horizonte, devemos passar pelas feiras em Portugal.

O crescimento econômico e demográfico dos séculos XII e XIII, no território que viria a constituir Portugal, permitiu a criação de excedentes que eram objeto de escoamento nos mercados e feiras.

Com o crescimento populacional dos centros urbanos, o consumo aumentou, acentuando-se a dependência da vila em face do extenso termo.

As feiras foram uma das mais importantes instituições do período medieval em Portugal. Como no restante da Europa, as feiras portuguesas constituíram-se num espaço de encontro de produtores, consumidores e distribuidores, realizando-se em datas e locais fixados, ao mesmo tempo em que procuravam superar as dificuldades de comunicação. A sua importância econômica é inquestionável, testemunhando-o a proteção dispensada a elas pelos sucessivos monarcas, que concediam privilégios, na vinda e na ida, aos mercadores que a elas concorressem.

Importa distinguir a feira que tinha lugar anualmente e que se destinava ao comércio grossista e de grande distância da feira voltada para o mercado retalhista. Além disso, quase todas as feiras se realizavam em épocas relacionadas com festas da Igreja Católica e, no local onde se realizavam, existia uma paz especial, a chamada "paz da feira", que proibia todos os atos de hostilidade, sob severas penas em caso de transgressão.

No território português, a feira mais antiga que se conhece é a de Ponte de Lima, instituída em 1125, seguida, ainda no século XII, pelas feiras de Melgaço e de Constantim de Panoias (Concelho de Vila Real). Posteriormente, nos inícios do século XIII, foram instituídas as feiras de Vila Nova de Famalicão e Castelo Mendo (Concelho de Almeida). A feira da última encontra-se estipulada em sua Carta de Foral, passada por Sancho II de Portugal (1223-1248) em Vila do Touro, em 15/3/1229, com indicação de que será realizada por oito dias, três vezes por ano: na Páscoa, no Dia de São João e no Dia de São Miguel. Todos os que a ela concorressem, tanto nacionais como estrangeiros, teriam segurança contra qualquer responsabilidade civil ou criminal que pesasse sobre eles.

A partir do reinado de Afonso III de Portugal (1248-1279) multiplicou-se o número das feiras no reino e ampliaram-se as garantias e os privilégios jurídicos concedidos aos feirantes. As feiras deixariam de se confinar ao espaço a norte do Rio Douro, ou próximo da fronteira do Reino de Leão. Os principais centros urbanos do Centro e Sul ganhariam igualmente as suas feiras, sobretudo nos locais mais interiores, uma vez que o litoral se manteria alheado desses encontros por algum tempo. O fomento do comércio interno por meio da instituição de feiras teve como consequência o aumento populacional de determinadas zonas até então pouco povoadas, além de aumentar os rendimentos da Coroa. Entre os privilégios que mais favoreceram o desenvolvimento das feiras portuguesas destaca-se aquele que isentava os feirantes do pagamento de direitos fiscais, nomeadamente portagens, e que caracterizava as chamadas "feiras francas".

A partir do reinado de Fernando I de Portugal (1357-1367), a situação começou a alterar-se, na medida em que as sucessivas guerras com o Reino de Castela prejudicaram grandemente o comércio ambulante. De seguida, a revolução de 1383-1385 teve como consequência um reforço da proteção real aos comerciantes das cidades e vilas em detrimento dos mercadores ambulantes.

Apesar de, em 1528, ter sido instituída uma "feira franca" em Vila Viçosa e, em 1576, na cidade do Porto, parece poder considerar-se o fim do século XV como o período de enfraquecimento da importância das feiras em Portugal. As cidades e as vilas, desenvolvendo-se e prosperando, serviam mais adequadamente os interesses e as necessidades econômicas da comunidade do que as feiras. É natural que esse declínio se acentuasse no século XVI, quando Portugal brilhou como potência marítima e ultramarina e o grande comércio se concentrou definitivamente nas cidades portuárias do litoral. A partir do reinado de Manuel I de Portugal (1495-1521) as feiras entraram numa fase de decadência.

No século XVIII ainda se instituíram feiras. Em 1720, criou-se, no Porto, uma feira franca de fazendas e animais. Em 1776, durante o governo do Marquês de Pombal, realizou-se, em Oeiras, durante três dias, uma feira a que podemos chamar a primeira feira industrial portuguesa, com representação de todos os produtos da indústria nacional da época.

Apesar de todas as vicissitudes, algumas feiras tradicionais sobreviveram até os nossos dias, como é o caso da feira de Espinho, às segundas-feiras; da feira dos Carvalhos, às quartas; ou da feira da Senhora da Hora, aos sábados.

Com a colonização do Brasil por Portugal a cultura da feira livre veio parar no Brasil Colônia. De tão tradicional que era o evento, diziam que a própria Princesa Isabel ficou famosa por chegar perto da população devido a seu costume de "fazer a feira".

Já no início da construção de Belo Horizonte foram criadas feiras a céu aberto, tendo ficado famosa a feira do Mercado Central. Como foi criado um prédio para a feira, ela perdeu sua principal característica, se tornando mais um centro comercial e perdendo o charme da feira livre.

Hoje, o papel cultural da feira livre em Belo Horizonte se perpetua através das feiras livres nos bairros e da Feira Modelo. A principal característica da feira é ser a céu aberto. Muitos e muitos frequentadores vão à feira muito mais a passeio e para lazer do que para simplesmente comprar um produto ou outro. Numa cidade carente de pontos turísticos, as feiras livres têm um papel fundamental no turismo.

Devemos lembrar que a Feira de São Joaquim, a maior feira livre da cidade de Salvador (BA), sendo a mais tradicional para a população de baixa renda, não só para os cidadãos de Salvador como para a população do recôncavo baiano, foi tombada como patrimônio imaterial. Localizada na Cidade Baixa, entre a Baía de Todos-os-Santos e a Avenida Oscar Pontes, no Bairro do Comércio, possuindo uma área de 34.000m², sua importância é vital para o comércio, a cultura e o favorecimento dos menos abastados, devido aos bons preços. A Feira de São Joaquim abriga inúmeros trabalhadores informais que descendem dos africanos escravizados, sendo o principal distribuidor dos artesanatos de barro, alguidares, cuscuzeiros, potes produzidos no recôncavo baiano, entre outros produtos.

Belo Horizonte não pode deixar que seja destruída uma cultura milenar que atravessou séculos e séculos e que tem origem, inclusive, anterior a Cristo.

A prefeitura de Belo Horizonte, com licitações de maior preço, destrói esse grande patrimônio, direito de todas as cidades do mundo. A feira deve ser preservada, não por mero capricho, e sim pela sua história e importância mundial.

Tais fatos, por si sós, justificam o tombamento das feiras livres, da Feira Modelo e da Feira Direto da Roça, no Município de Belo Horizonte.

Sendo assim, contamos com o apoio de nossos nobres pares à aprovação deste projeto.

- Publicado, vai o projeto às Comissões de Justiça e de Cultura para parecer, nos termos do art. 188, c/c o art. 102, do Regimento Interno.

PL 5.620, de 2014

Declara patrimônio cultural, histórico e imaterial e considera de especial interesse social as comunidades quilombolas, caipiras, caboclas e de pescadores localizadas em unidades de conservação da natureza no Estado e dá outras providências.

Justificação: Existem diversas comunidades quilombolas, caipiras, caboclas e de pescadores localizadas em unidades de conservação da natureza. São comunidades antigas, muitas vezes, anteriores a demarcação ou a criação de APA, parque, etc.

Esse fato acaba por provocar uma série de impedimentos, tais como regularização da titulação das terras e restrições para práticas agrícolas, alvo de fiscalizações intensas e, às vezes, violentas.

Alguns Estados já alteraram os limites de parques estaduais, excluindo as comunidades de que trata esta lei de seus limites, para garantir-lhes os direitos e evitar que sejam removidas.

A proposição objetiva garantir que essas comunidades sejam respeitadas em seu direito de permanecer em seus locais de origem, em detrimento da demarcação das unidades de conservação da natureza

- Publicado, vai o projeto às Comissões de Justiça e de Cultura para parecer, nos termos do art. 188, c/c o art. 102, do Regimento Interno.

PL 5.581, de 2014

Ementa: Declara patrimônio histórico e cultural do Estado a Banda Sinfônica do Corpo de Bombeiros Militar de Minas Gerais.

Justificação. A história das bandas de música no Brasil remonta à chegada da família real ao Rio de Janeiro. Desde então este grupo musical vem, dentro e fora das organizações militares, se firmando como fomentador de cultura e participante efetivo da vida social de nosso povo.

Para um bom mineiro é fácil compreender o valor sociocultural e artístico das bandas de música. A formação cultural do Estado se confunde com a historia das centenas de bandas que alegraram coretos Minas adentro.

Todo mineiro tem uma forte ligação com banda de música. As bandas mineiras são fonte de cultura em sua criação e preservação em sua existência.

Quantas decisões familiares, quantas famílias, quantas decisões politicas, quantas sociedades e cidades nasceram no seio de nossas bandas?! Seria difícil dizer. As bandas nos alegraram no passado e historicamente vêm se mantendo ativas na vida social das cidades.

As cidades cresceram, se modernizaram, mas as bandas se mantêm vivas pois são arquétipos de nossa "mineirês".

As bandas de música representam um fenômeno importante na história das Minas Gerais, e sua existência proporciona acesso, de forma democrática, a toda a comunidade que a circunda, dando oportunidade de estudos nas áreas de instrumentos de sopro e percussão, representando um caminho certo para a propagação de uma tradição que surgiu há mais de um século.

Existem bandas que há décadas vem proporcionando esta possibilidade de aprendizado e participando dos diversos momentos festivos, cívicos e religiosos da comunidade. Um dos maiores referenciais dessas bandas em Minas Gerais são as bandas militares. As bandas militares são, na maioria das vezes, os grupos profissionais mais almejados pelos músicos das bandas amadoras civis.

Incluída nessa fascinante historia, de forma a estar sempre presente junto à sociedade mineira, temos a Banda de Música do Corpo de Bombeiros Militar de Minas Gerais - CBMMG.

Criada no ano de 1937, a Banda de Música do Corpo de Bombeiros Militar de Minas Gerais é, desde sua formação, a única banda do CBMMG, passando por muitas recolocações de corporação em face da incorporação e desincorporação do Corpo de Bombeiros da Policia Militar de Minas Gerais.

Ganhadora por várias vezes dos antigos e tradicionais festivais de bandas militares, a Banda de Música do CBMMG realizou gravações nos anos de seu apogeu na década de 60. Sua tradição musical é confirmada pelas mais de 200 solicitações para apresentações que recebe todos os anos.

Sua importância e valor são reconhecidos por colocações da mídia e relatos dos que participaram de sua trajetória. Atuar junto à posse de governadores, dedicar composições a estes, estar presente nas manifestações religiosas mais importantes da capital, ganhar festivais e cultivar grandes nomes da musica instrumental de Minas foi o papel da Banda de Música do CBMMG no decorrer de sua história.

O memorável ex-presidente e ex-governador Itamar Franco sempre citava em seus discursos que Minas é um Estado síntese, e podemos assim dizer que a Banda de Música do CBMMG sintetiza muito bem o que é ser mineiro, pois em suas fileiras temos mineiros de todos o rincões.

Indo ao encontro de seu primeiro século de existência, a Banda do CBMMG vem ano a ano buscando a excelência em atender ao povo mineiro, fazendo música e preservando nossa história

A participação desta banda na vida musical, na vida social e mesmo política de Minas é inegável e repleta de histórias que ultrapassam sua própria função junto à tropa militar de desfiles.

Existem eventos sociais de nossa capital que são agendados em função da participação da Banda do CBMMG. Da mais simplória atividade social e cultural de caráter público que se realiza em nossas praças até as mais pomposas solenidades que se realizam nos melhores teatros da cidade, lá encontramos a banda do CBMMG.

Não obstante o inegável valor cultural e de preservação de memória, as atividades da banda de música têm papel social forte, presente e necessário, embalando os encontros da melhor idade, ajudando na divulgação cívica de nossos hinos e músicas tradicionais em concertos em escolas, animando ações sociais, participando das campanhas de saúde, em especial das de vacinação, e abrilhantando os momentos religiosos mais importante da sociedade demonstrando seu adjetivo laico. É nesses momentos que encontramos a Banda de Música do CBMMG.

Como única Banda da Corporação dos Bombeiros Militares, podemos afirmar que tudo o que já foi dito sobre suas atividades se estende por todos os rincões de Minas a que é chamada.

O Decreto-Lei nº 25, de 30 de novembro de 1937, define em seu art. 1º o conceito de Patrimônio Histórico e Artístico Nacional: "Constitui o patrimônio histórico e artístico nacional o conjunto dos bens móveis e imóveis existentes no País e cuja conservação seja de interesse público, quer por sua vinculação a fatos memoráveis da história do Brasil, quer por seu excepcional valor arqueológico ou etnográfico, bibliográfico ou artístico."

Desta forma vemos na Banda de Música do CBMMG um bem público que, por sua história e sua importância junto ao povo montanhês, se enquadra nas exigências, prerrogativas e condições prevista no parágrafo anterior.

Vemos a necessidade de atribuir a este grupo cultural com intensa vida e serviços prestados a posição de patrimônio histórico cultural dos mineiros, conforme preconiza a lei. É apenas uma forma de nossa sociedade agradecer e reconhecer a dedicação e dar a devida valoração de forma a oficiosamente reconhecer como efetivo e necessário os trabalhos realizados pela Banda do CBMMG nestes quase 90 anos.

O art. 216 da Constituição Federal assim conceitua patrimônio cultural:

"Art. 216 - Constituem patrimônio cultural brasileiro os bens de natureza material e imaterial, tomados individualmente ou em conjunto, portadores de referência à identidade, à ação, à memória dos diferentes grupos formadores da sociedade brasileira, nos quais se incluem:

I - as formas de expressão;

II - os modos de criar, fazer e viver;

III - as criações científicas, artísticas e tecnológicas;

IV - as obras, objetos, documentos, edificações e demais espaços destinados às manifestações artístico-culturais;

V - os conjuntos urbanos e sítios de valor histórico, paisagístico, artístico, arqueológico, paleontológico, ecológico e científico."

Neste conceito vemos de forma mais abrangente todos os parâmetros de importância e de responsabilidade cultural e social envoltas nas atividades da Banda do CBMMG.

No parágrafo 1º do citado artigo encontramos o que aqui estamos conclamando:

"§ 1º - O Poder Público, com a colaboração da comunidade, promoverá e protegerá o patrimônio cultural brasileiro, por meio de inventários, registros, vigilância, tombamento e desapropriação, e de outras formas de acautelamento e preservação."

Propomos então a esta distinta Casa, em reconhecimento e no exercício de nossas responsabilidades constitucionais, o deferimento de patrimônio cultural à Banda de Música do Corpo de Bombeiros Militar de Minas Gerais e, considerando a sua nova formação, sua elevação à designação de Banda Sinfônica do Corpo de Bombeiros Militar de Minas Gerais.

- Publicado, vai o projeto às Comissões de Justiça e de Cultura para parecer, nos termos do art. 188, c/c o art. 102, do Regimento Interno.

PL 5.501, de 2014

Ementa: Declara patrimônio histórico, cultural, imaterial do Estado as repúblicas federais de estudantes de Ouro Preto, de propriedade da Universidade Federal de Ouro Preto.

Justificação. A proposição em tela visa a declarar patrimônio histórico, cultural, imaterial do Estado as repúblicas federais de estudantes de Ouro Preto, de propriedade da União, que integram há mais de um século a paisagem e o acervo arquitetônico e cultural da cidade, que foi a primeira do Brasil a receber o título de Patrimônio Cultural da Humanidade, pela Organização das Nações Unidas para a Educação, a Ciência e a Cultura – Unesco –, na quarta sessão do Comitê do Patrimônio Mundial, realizada em Paris, em 1980.

Uma república destaca-se das outras casas para estudantes pelo seu objetivo de, além do estudar para disciplinas, procurar também ensinar um "saber viver"; "saber fazer" e "saber dizer" utilizando a vida boêmia e convívios para despertar o debate e reflexão por temas mais complexos. Nesse contexto, destacam-se entre muitos ex-residentes ilustres: Alberto Santos Dumont - inventor e pai da aviação; Carlos Chagas - médico sanitarista e cientista; Getúlio Vargas - ex-presidente da República; Amaro Lanari Júnior - primeiro presidente da Usiminas; Pedro Demóstenes Rache - fundador do Confea; Pandiá Calógeras - ministro e escritor de *As minas do Brasil*; João Bosco, Tunai e Rubinho do Vale - cantores e compositores.

Como se sabe, a Constituição Federal assevera em seu art. 216 que:

"Art. 216 - Constituem patrimônio cultural brasileiro os bens de natureza material e imaterial, tomados individualmente ou em conjunto, portadores de referência à identidade, à ação, à memória dos diferentes grupos formadores da sociedade brasileira, nos quais se incluem:

I - as formas de expressão;

II - os modos de criar, fazer e viver;

III - as criações científicas, artísticas e tecnológicas;

IV - as obras, objetos, documentos, edificações e demais espaços destinados às manifestações artístico-culturais;

V - os conjuntos urbanos e sítios de valor histórico, paisagístico, artístico, arqueológico, paleontológico, ecológico e científico.

§ 1º - O Poder Público, com a colaboração da comunidade, promoverá e protegerá o patrimônio cultural brasileiro, por meio de inventários, registros, vigilância, tombamento e desapropriação, e de outras formas de acautelamento e preservação.

§ 2º - Cabem à administração pública, na forma da lei, a gestão da documentação governamental e as providências para franquear sua consulta a quantos dela necessitem.

§ 3º - A lei estabelecerá incentivos para a produção e o conhecimento de bens e valores culturais.

§ 4º - Os danos e ameaças ao patrimônio cultural serão punidos, na forma da lei.

§ 5º - Ficam tombados todos os documentos e os sítios detentores de reminiscências históricas dos antigos quilombos.

§ 6º - É facultado aos Estados e ao Distrito Federal vincular a fundo estadual de fomento à cultura até cinco décimos por cento de sua receita tributária líquida, para o financiamento de programas e projetos culturais, vedada a aplicação desses recursos no pagamento de:

I - despesas com pessoal e encargos sociais;

II - serviço da dívida;

III - qualquer outra despesa corrente não vinculada diretamente aos investimentos ou ações apoiados. (Parágrafo acrescentado pelo art. 1º da Emenda Constitucional nº 42, de 19/12/2003.)".

Da mesma forma a Constituição Mineira reverbera em seus arts. 208 e 209:

"Art. 208 - Constituem patrimônio cultural mineiro os bens de natureza material e imaterial, tomados individualmente ou em conjunto, que contenham referência à identidade, à ação e à memória dos diferentes grupos formadores da sociedade mineira, entre os quais se incluem:

I - as formas de expressão;

II - os modos de criar, fazer e viver;

III - as criações científicas, tecnológicas e artísticas;

IV - as obras, objetos, documentos, edificações e demais espaços destinados a manifestações artístico-culturais;

V - os conjuntos urbanos e sítios de valor histórico, paisagístico, artístico, arqueológico, espeleológico, paleontológico, ecológico e científico. (Vide Lei nº 13.956, de 24/7/2001.)

Art. 209 - O Estado, com a colaboração da comunidade, protegerá o patrimônio cultural por meio de inventários, registros, vigilância, tombamento e desapropriação, de outras formas de acautelamento e preservação e, ainda, de repressão aos danos e às ameaças a esse patrimônio.

Parágrafo único - A lei estabelecerá plano permanente para proteção do patrimônio cultural do Estado, notadamente dos núcleos urbanos mais significativos."

Embora se possa argumentar que as repúblicas de estudantes no Brasil remontam às faculdades fundadas durante a regência de Dom João VI, como a Faculdade de Medicina em 1808, foi apenas durante o reinado de Dom Pedro II, com a fundação da Escola de Minas em Ouro Preto, em 1876, pelo cientista francês Claude Henri Gorceix que se começou a formar em Ouro Preto uma cidade universitária, com tamanho e características apropriadas, capaz de ver florescer as repúblicas de estudantes, que se tornaram o centro da vida estudantil, congregando tradição, história e costumes próprios. Ao redor da Escola de Minas foram se formando, nos mesmos moldes das repúblicas de Coimbra, as repúblicas de estudantes, em casas que eram de propriedade da escola e eram cedidas aos estudantes, a partir da transferência da capital para Belo Horizonte, em 1890.

O projeto de criação da Escola de Minas seguiu o modelo da Escola de Minas de Saint-Etiénne, que se encaixava bem às circunstâncias brasileiras. As aulas seriam em tempo integral, com aulas inclusive aos sábados e domingos, para formar profissionais em um curto espaço de tempo. Portanto não havia, em pleno século XIX, alternativa aos estudantes oriundos de diversos estados brasileiros senão residir em Ouro Preto até a formatura. Além disso, seriam ofertadas bolsas para os alunos menos favorecidos, programa que ainda hoje é mantido na escola. Chamado de "o jovem sábio" por Auguste Daubrée, Claude Henri Gorceix aceitou assinar contrato em 1874 para organizar o ensino minerário no Rio de Janeiro. Depois de meticuloso estudo, Gorceix concluiu que Ouro Preto era o local ideal para sede da escola devido à riqueza geológica da região, o que facilitaria o aprendizado dos estudantes. Em relatório enviado ao Imperador Dom Pedro II, a cidade de Ouro Preto era descrita pelo ilustre fundador da Escola de Minas da seguinte forma:

"Em muito pequena extensão de terreno pode-se acompanhar a série quase completa das rochas metamórficas que constituem grande parte do território brasileiro e todos os arredores da cidade se prestam a excursões mineralógicas proveitosas e interessantes." (Claude Henri Gorceix).

Basta a simples leitura dos ditames legais para percebermos que, além de uma medida justa e que visa reconhecer a singularidade secular destas moradias estudantis, bem como sua presteza na formação de cidadãos ilustres, fundamentais nas criações científicas, artísticas e tecnológicas do Brasil, trata-se de uma obrigação legal do Estado.

Por essas razões, conclamo meus nobres a aprovar esta proposição.

– Publicado, vai o projeto às Comissões de Justiça e de Cultura para parecer, nos termos do art. 188, c/c o art. 102, do Regimento Interno.

PL 5.340, de 2014

Ementa: Institui a vaquejada como modalidade esportiva e patrimônio cultural de Minas Gerais.

Justificação: O presente projeto de lei visa regulamentar a vaquejada como uma atividade recreativa competitiva, com características de esporte, integrando o homem com os animais - o cavalo e o boi -, estabelecendo um *ranking* por categorias atlética - iniciante, amador e profissional -, formatando assim uma carreira que poderá gerar emprego e renda para o sustento dos competidores.

A vaquejada é uma prática que integra o homem rural ao homem urbano e que se tornou muito comum. Vários municípios possuem parque de vaquejada, onde se realiza esse tipo de evento há anos, em festejos tradicionais, culturais e regionais. Comparando-se essa atividade ao futebol, observa-se que no norte de Minas foram criados trinta novos parques de vaquejada e apenas dois novos estádios de futebol, nos últimos cinco anos.

Conhecida como uma manifestação cultural legitimamente brasileira, vale ressaltar que a vaquejada tem como norma a ser seguida pelos competidores e organizadores o cuidado com os animais; havendo maus-tratos, o peão (vaqueiro) que tenha utilizado essa prática estará automaticamente desclassificado.

Igualmente, ressalta-se que os municípios onde são promovidas as vaquejadas transformam-se em destinos turísticos pela importância do evento, o que gera emprego e renda, além de movimentar o comércio, tendo em vista que diversos tipos de profissionais precisam ser contratados. Entre eles, contam-se vaqueiros, equipes de curral, tratadores de animais, criadores, médicos veterinários, juízes, locutores, eletricistas, motoristas, bombeiros, garçons, montadores de infraestrutura, seguranças para o evento, publicitários, músicos, artistas, dançarinos, vendedores ambulantes, trabalhadores rurais - que expõem e negociam os seus produtos, fortalecendo assim a agricultura familiar - fotógrafos. Ressaltem-se ainda a alocação de bovinos, o comércio de rações, o aluguel de arquibancadas, alimentação, bebidas, transporte e a hotelaria local, o que gera, em cada evento, aproximadamente 200 empregos diretos e 450 empregos indiretos.

Apesar disso, os organizadores desse tipo de evento vêm encontrando diversas dificuldades devido à ausência de regulamentação da prática, o que impossibilita o pleito de recursos públicos e deveres do Estado para auxiliar os custos dos eventos.

Com cerca de 100 municípios participantes e vários eventos acontecendo anualmente, e com a participação de mais de 1.000 atletas de sela, fica evidente a grande necessidade de regulamentação e reconhecimento da vaquejada como evento esportivo e cultural de Minas Gerais, para, entre outras razões já citadas, garantir a segurança dos animais, dos atletas e do público.

Lembramos que a prática de rodeios, bem como a profissão de vaqueiro, já foram devidamente regulamentadas pela Lei Federal n° 10.220, de 11 de abril de 2001, e que o Circuito Inter TV de Vaquejada já vem trabalhando em parceria com a Promotoria Pública, IMA, Corpo de Bombeiros, Secretaria do Meio Ambiente e vários outros órgãos; porém, as regras básicas nas competições profissionais são mantidas.

Diante disso, peço o apoio dos nobres pares para a aprovação da presente proposição, para que não haja mais informalidade e se garanta uma melhor divulgação dos nossos eventos tradicionais, a valorização do nosso turismo e da nossa cultura popular, propiciando com isso ao homem do campo a oportunidade de mostrar suas habilidades.

- Publicado, vai o projeto às Comissões de Justiça e de Cultura para parecer, nos termos do art. 188, c/c o art. 102, do Regimento Interno.

PL 5.292, de 2014

Ementa: Declara patrimônio histórico, cultural, imaterial do Estado a Festa do Carro de Bois de Congonhal e dá outras providências.

Justificação: A proposição em tela visa a declarar patrimônio histórico, cultural, imaterial do Estado a Festa do Carro de Bois de Congonhal. Como se sabe, a Constituição Federal dispõe em seu art. 216 que:

"Art. 216 - Constituem patrimônio cultural brasileiro os bens de natureza material e imaterial, tomados individualmente ou em conjunto, portadores de referência à identidade, à ação, à memória dos diferentes grupos formadores da sociedade brasileira, nos quais se incluem:

I - as formas de expressão;

II - os modos de criar, fazer e viver;

III - as criações científicas, artísticas e tecnológicas;

IV - as obras, objetos, documentos, edificações e demais espaços destinados às manifestações artístico-culturais;

V - os conjuntos urbanos e sítios de valor histórico, paisagístico, artístico, arqueológico, paleontológico, ecológico e científico.

§ 1º - O Poder Público, com a colaboração da comunidade, promoverá e protegerá o patrimônio cultural brasileiro, por meio de inventários, registros, vigilância, tombamento e desapropriação, e de outras formas de acautelamento e preservação.

§ 2º - Cabem à administração pública, na forma da lei, a gestão da documentação governamental e as providências para franquear sua consulta a quantos dela necessitem.

§ 3º - A lei estabelecerá incentivos para a produção e o conhecimento de bens e valores culturais.

§ 4º - Os danos e ameaças ao patrimônio cultural serão punidos, na forma da lei.

§ 5º - Ficam tombados todos os documentos e os sítios detentores de reminiscências históricas dos antigos quilombos.

§ 6º - É facultado aos Estados e ao Distrito Federal vincular a fundo estadual de fomento à cultura até cinco décimos por cento de sua receita tributária líquida, para o financiamento de programas e projetos culturais, vedada a aplicação desses recursos no pagamento de:

I - despesas com pessoal e encargos sociais;

II - serviço da dívida;

III - qualquer outra despesa corrente não vinculada diretamente aos investimentos ou ações apoiados. (Parágrafo acrescentado pelo art. 1º da Emenda Constitucional nº 42, de 19/12/2003.)".

Da mesma forma a Constituição Mineira reverbera em seus arts. 208 e 209:

"Art. 208 - Constituem patrimônio cultural mineiro os bens de natureza material e imaterial, tomados individualmente ou em conjunto, que contenham referência à identidade, à ação e à memória dos diferentes grupos formadores da sociedade mineira, entre os quais se incluem:

I - as formas de expressão;

II - os modos de criar, fazer e viver;

III - as criações científicas, tecnológicas e artísticas;

IV - as obras, objetos, documentos, edificações e demais espaços destinados a manifestações artístico-culturais;

V - os conjuntos urbanos e sítios de valor histórico, paisagístico, artístico, arqueológico, espeleológico, paleontológico, ecológico e científico. (Vide Lei nº 13.956, de 24/7/2001.)

Art. 209 - O Estado, com a colaboração da comunidade, protegerá o patrimônio cultural por meio de inventários, registros, vigilância, tombamento e desapropriação, de outras formas de acautelamento e preservação e, ainda, de repressão aos danos e às ameaças a esse patrimônio.

Parágrafo único - A lei estabelecerá plano permanente para proteção do patrimônio cultural do Estado, notadamente dos núcleos urbanos mais significativos.".

Basta a simples leitura dos ditames legais para percebermos que além de uma medida justa e que visa atender uma demanda da comunidade do Município de Congonhal, trata-se de uma obrigação legal do Estado.

Por essas razões, conclamo meus nobres a aprovar esta proposição.

- Publicado, vai o projeto às Comissões de Justiça e de Cultura para parecer, nos termos do art. 188, c/c o art. 102, do Regimento Interno.

PL n. 3.959, de 2.013

Ementa: Declara patrimônio cultural do Estado o concurso "Comida di Buteco".

Justificação: Há séculos o boteco faz parte da paisagem de nossas cidades. Mas por ser um espaço de comércio popular, não despertava a atenção necessária e, portanto, vivia à margem da sociedade. Quando o "Comida di Buteco" começou em Belo Horizonte, foi como se colocássemos um holofote sobre toda a riqueza da culinária de raiz da nossa região e desses estabelecimentos que têm, em sua maioria, uma história familiar por trás. Isso mudou a forma como as pessoas viam o boteco. Os estabelecimentos, contando com o carinho da população, também tiveram a oportunidade de se profissionalizar e de se tornar sustentáveis, sem deixar de lado sua essência.

A paixão do carioca Eduardo pela culinária começou na adolescência, quando viveu em Londres, na Inglaterra. Aos 17 anos já preparava cordeiros para a família aos finais de semana. Formou-se em matemática, voltou ao Brasil e trabalhou na área financeira da Petrobras.

Alguns anos depois, Eduardo abandonou a carreira e mudou-se para Belo Horizonte, em Minas Gerais. Na Radio Gerais FM passou a apresentar um programa diário com informações sobre gastronomia.

Em 1999, Eduardo Maya apresentou um projeto à Rádio Gerais FM: um concurso entre botecos de Belo Horizonte. A proposta ganhou a adesão de João Guimarães – proprietário da emissora – e de Maria Eulália Araújo – diretora-executiva da rádio. Foi ela que sugeriu o nome "Comida di Buteco".

Em 2000, ocorre a primeira edição do "Comida di Buteco", com 10 botecos participantes. Logo no ano de inauguração o concurso conquistou público e crítica.

Com o fim da Rádio Geraes FM, o concurso se tornou independente, com Eduardo e Maria Eulália à frente. O "Comida di Buteco" já era o maior concurso do gênero do Brasil.

Os executivos Ronaldo Perri e Flávia Rocha se associam ao "Comida di Buteco" e dão andamento ao processo de expansão para outras cidades. Rio de Janeiro, Goiânia e Salvador entram no concurso. Mais cidades passam a participar: Ipatinga, Montes Claros, Poços de Caldas, Uberlândia, todas no interior de Minas Gerais, além de Campinas, Ribeirão Preto e Rio Preto, no interior paulista.

O "Comida di Buteco" chegou também a São Paulo, maior cidade do Brasil, com 50 botecos participantes, e hoje está presente em 16 cidades brasileiras, sendo amplamente reconhecido por seu papel de divulgação da cozinha de raiz, fundado em um processo estruturado de franqueamento.

Como foi Minas Gerais o berço desta brilhante ideia, apresentamos este projeto não somente para registrar o início de um projeto de sucesso, mas também como forma de homenagear os idealizadores do evento.

Contamos com o apoio de nossos nobres pares para aprovação deste projeto.

- Publicado, vai o projeto às Comissões de Justiça, de Cultura para parecer, nos termos do art. 188, c/c o art. 102, do Regimento Interno.

PL n. 3.050, de 2.012

Ementa: Declara patrimônio cultural do Estado o Parque Ipanema, localizado no Município de Ipatinga.

Justificação: Com mais de 1.000.000m2, 12 mil árvores plantadas, lago com 9.347m2 e localizado bem no centro do Município de

Ipatinga, o Parque Ipanema é uma das maiores áreas verdes do País situadas dentro de um perímetro urbano. Considerado um jardim botânico, esse parque público municipal foi idealizado pelo renomado paisagista Roberto Burle Marx, sendo uma de suas últimas obras de arte.

O Parque Ipanema está incrustado na Região Metropolitana do Vale do Aço, constituída pelos Municípios de Ipatinga, Coronel Fabriciano, Santana do Paraíso e Timóteo e tendo outros 24 Municípios no Colar Metropolitano. Essa região tornou-se conhecida internacionalmente em virtude das grandes empresas que ali mantêm suas plantas industriais, a exemplo de Usiminas, Aperam e Cenibra, e desenvolve-se para constituir importante arranjo produtivo local no setor metalomecânico aproveitando as crescentes oportunidades advindas dos setores de petróleo, de gás natural e naval. Com tais fatores de atração para milhares de trabalhadores de diversas partes do Estado e do País, seu intenso crescimento populacional tornou pouco nítidas as fronteiras políticas entre seus Municípios e levou à expansão dos setores econômico e turístico, principalmente em Ipatinga, culminando por transformá-la em cidade polo de influência comercial e cultural no Leste mineiro.

Assim, em 1993 o Parque Ipanema foi inaugurado para oferecer opção de lazer à população da região, fazendo parte do complexo pista para caminhada ou corrida, lago com ilha, cataventos, brinquedos, anfiteatro, quadras poliesportivas, campos de futebol, palco de 383m2 para "shows" e espetáculos na lagoa, ciclovias, farmácia verde, horto municipal, o Centro Esportivo e Cultural 7 de outubro, o Ginásio Poliesportivo Eli Amâncio, auditório, estação meteorológica e biblioteca ecológica (ecoteca), além do Parque da Ciência, espaço informal de educação para divulgação científica. Esse Parque é um museu interativo de ciência, dirigido ao público em geral, e usa linguagem acessível, com interações lúdicas, para difundir conceitos das ciências naturais e popularizar o saber científico, tendo como principais atrações montagens que apresentam princípios ou fenômenos físicos, biológicos, químicos ou astronômicos e que podem ser vistas ou tocadas pelo visitante. O Parque promove anualmente uma mostra de ciência e o Projeto Astronomia no Parque. O espaço possui acervo com 60 montagens.

Por tais razões, solicito aos nobres parlamentares desta Casa Legislativa o apoio para a aprovação desta proposição.

- Publicado, vai o projeto às Comissões de Justiça e de Cultura para parecer, nos termos do art. 188, c/c o art. 102, do Regimento Interno.

PL n. 2.501, de 2.011

Ementa: Declara patrimônio cultural do Estado as feiras livres, a Feira Modelo e a Feira Direto da Roça, realizadas no Município de Belo Horizonte.

Justificação: A feira livre é um evento em local público em que comerciantes, em dias e épocas predeterminados, expõem e vendem mercadorias. As feiras livres de Belo Horizonte tem uma importância cultural antiga, que remonta à história mundial, a qual deve ser relembrada.

Não se sabe ao certo onde ou quando foi realizada a primeira feira da história. Existem fontes, entretanto, que permitem afirmar que, em 500 a.C., já se realizava essa atividade no Médio Oriente, nomeadamente na cidade-estado fenícia de Tiro.

As referências a feiras na Idade Antiga e na Idade Média aparecem correlacionadas a festividades religiosas e a dias santos. Nelas se reuniam mercadores de terras distantes que traziam seus produtos autóctones para troca por outros. A etimologia da palavra "feira" demonstra que a religião andou de mãos dadas com o comércio. A palavra latina "feria", que significa "dia santo ou feriado", é a palavra que deu origem à portuguesa "feira", à espanhola "feria" e à inglesa "fair".

Na Idade Média, com a crise do feudalismo a partir de fins do século XI, a afirmação das feiras medievais indica o momento em que ressurge o comércio na Europa, associando-se à afirmação do poder régio, à gênese dos burgos e da burguesia enquanto classe social.

Desse modo, com a reabertura do Mar Mediterrâneo a partir das cruzadas, os europeus puderam vivenciar um maior contato com o Oriente, de onde chegavam mercadorias raras e exóticas (cravo, canela, pimenta, seda, perfumes, porcelana). Registrou-se, assim, o chamado renascimento comercial, uma vez que esses produtos começaram a ser vendidos nas feiras que surgiam nas cidades que então renasciam.

Foram chamadas de burgos, em virtude de seus muros fortificados, e os habitantes de burgueses, termo que posteriormente se aplicaria especificamente aos comerciantes enriquecidos com a sua prática.

Durante a realização das feiras medievais, interrompiam-se guerras; a paz era garantida para que os vendedores, dispostos lado a lado, pudessem trabalhar com segurança. Da mesma maneira, guardas vigiavam todo o perímetro do local do evento, de modo a evitar que algum desordeiro pudesse causar incômodos àqueles que por ali passavam e desejavam efetuar suas compras. Os mercadores medievais realizavam suas transações comerciais e intermediavam trocas numa atividade eminentemente itinerante. A ocasião era aproveitada por saltimbancos e outros artistas de rua, que procuravam atrair a atenção e a generosidade da população que afluía a esses eventos, quer para comerciar, quer para simplesmente se distrair.

As feiras medievais instalavam-se em locais estratégicos, como povoações que se pretendiam desenvolver ou o cruzamento de rotas comerciais. Algumas chegaram mesmo a ter abrangência internacional.

O renascimento do comércio tornou necessário o uso da moeda, prática que havia desaparecido quase que totalmente nos séculos anteriores. Nas feiras, que atraíam pessoas de vários lugares, havia uma grande variedade de moedas em circulação, o que desenvolveu os bancos e o câmbio.

Caminhando pela história, antes de chegar à feira de Belo Horizonte, devemos passar pelas feiras em Portugal.

O crescimento econômico e demográfico dos séculos XII e XIII, no território que viria a constituir Portugal, permitiu a criação de excedentes que eram objeto de escoamento nos mercados e feiras.

Com o crescimento populacional dos centros urbanos, o consumo aumentou, acentuando-se a dependência da vila em face do extenso termo.

As feiras foram uma das mais importantes instituições do período medieval em Portugal. Como no restante da Europa, as feiras portuguesas constituíram-se num espaço de encontro de produtores, consumidores e distribuidores, realizando-se em datas e locais fixados, ao mesmo tempo em que procuravam superar as dificuldades de comunicação. A sua importância econômica é inquestionável, testemunhando-o a proteção dispensada a elas pelos sucessivos monarcas, que concediam privilégios, na vinda e na ida, aos mercadores que a elas concorressem.

Importa distinguir a feira que tinha lugar anualmente e que se destinava ao comércio grossista e de grande distância da feira voltada para o mercado retalhista. Além disso, quase todas as feiras se realizavam em épocas relacionadas com festas da Igreja Católica e, no local onde se realizavam, existia uma paz especial, a chamada "paz da feira", que proibia todos os atos de hostilidade, sob severas penas em caso de transgressão.

No território português, a feira mais antiga que se conhece é a de Ponte de Lima, instituída em 1125, seguida, ainda no século XII, pelas feiras de Melgaço e de Constantim de Panoias (Concelho de Vila Real). Posteriormente, nos inícios do século XIII, foram instituídas as feiras de Vila Nova de Famalicão e Castelo Mendo (Concelho de Almeida). A feira da última encontra-se estipulada em sua Carta de Foral, passada por Sancho II de Portugal (1223-1248) em Vila do Touro, em 15/3/1229, com indicação de que será realizada por oito dias, três vezes por ano: na Páscoa, no Dia de São João e no Dia de São Miguel. Todos os que a ela concorressem, tanto nacionais como estrangeiros, teriam segurança contra qualquer responsabilidade civil ou criminal que pesasse sobre eles.

A partir do reinado de Afonso III de Portugal (1248-1279) multiplicou-se o número das feiras no reino e ampliaram-se as garantias e os privilégios jurídicos concedidos aos feirantes. As feiras deixariam de se confinar ao espaço a norte do Rio Douro, ou próximo da fronteira do Reino de Leão. Os principais centros urbanos do Centro e Sul ganhariam igualmente as suas feiras, sobretudo nos locais mais interiores, uma vez que o litoral se manteria alheado desses encontros por algum tempo. O fomento do comércio interno por meio da instituição de feiras teve como consequência o aumento populacional de determinadas zonas até então pouco povoadas, além de aumentar os rendimentos da Coroa. Entre os privilégios que mais favoreceram o desenvolvimento das feiras portuguesas destaca-se aquele que isentava os feirantes do pagamento de direitos fiscais, nomeadamente portagens, e que caracterizava as chamadas "feiras francas".

A partir do reinado de Fernando I de Portugal (1357-1367), a situação começou a alterar-se, na medida em que as sucessivas guerras com o Reino de Castela prejudicaram grandemente o comércio ambulante. De seguida, a revolução de 1383-1385 teve como consequência um reforço da proteção real aos comerciantes das cidades e vilas em detrimento dos mercadores ambulantes.

Apesar de, em 1528, ter sido instituída uma "feira franca" em Vila Viçosa e, em 1576, na cidade do Porto, parece poder considerar-se o fim do século XV como o período de enfraquecimento da importância das feiras em Portugal. As cidades e as vilas, desenvolvendo-se e prosperando, serviam mais adequadamente os interesses e as necessidades econômicas da comunidade do que as feiras. É natural que esse declínio se acentuasse no século XVI, quando Portugal brilhou como potência marítima e ultramarina e o grande comércio se concentrou definitivamente nas cidades portuárias do litoral. A partir do reinado de Manuel I de Portugal (1495-1521) as feiras entraram numa fase de decadência.

No século XVIII ainda se instituíram feiras. Em 1720, criou-se, no Porto, uma feira franca de fazendas e animais. Em 1776, durante o governo do Marquês de Pombal, realizou-se, em Oeiras, durante três dias, uma feira a que podemos chamar a primeira feira industrial portuguesa, com representação de todos os produtos da indústria nacional da época.

Apesar de todas as vicissitudes, algumas feiras tradicionais sobreviveram até os nossos dias, como é o caso da feira de Espinho, às segundas-feiras; da feira dos Carvalhos, às quartas; ou da feira da Senhora da Hora, aos sábados.

Com a colonização do Brasil por Portugal a cultura da feira livre veio parar no Brasil Colônia. De tão tradicional que era o evento, diziam que a própria Princesa Isabel ficou famosa por chegar perto da população devido a seu costume de "fazer a feira".

Já no início da construção de Belo Horizonte foram criadas feiras a céu aberto, tendo ficado famosa a feira do Mercado Central. Como foi criado um prédio para a feira, ela perdeu sua principal característica, se tornando mais um centro comercial e perdendo o charme da feira livre.

Hoje, o papel cultural da feira livre em Belo Horizonte se perpetua através das feiras livres nos bairros e da Feira Modelo. A principal característica da feira é ser a céu aberto. Muitos e muitos frequentadores vão à feira muito mais a passeio e para lazer do que para simplesmente comprar um produto ou outro. Numa cidade carente de pontos turísticos, as feiras livres têm um papel fundamental no turismo.

Devemos lembrar que a Feira de São Joaquim, a maior feira livre da cidade de Salvador (BA), sendo a mais tradicional para a população de baixa renda, não só para os cidadãos de Salvador como para a população do recôncavo baiano, foi tombada como patrimônio imaterial. Localizada na Cidade Baixa, entre a Baía de Todos-os-Santos e a Avenida Oscar Pontes, no Bairro do Comércio, possuindo uma área de 34.000m², sua importância é vital para o comércio, a cultura e o favorecimento dos menos abastados, devido aos bons preços. A Feira de São Joaquim abriga inúmeros trabalhadores informais que descendem dos africanos escravizados, sendo o principal distribuidor dos artesanatos de barro, alguidares, cuscuzeiros, potes produzidos no recôncavo baiano, entre outros produtos.

Belo Horizonte não pode deixar que seja destruída uma cultura milenar que atravessou séculos e séculos e que tem origem, inclusive, anterior a Cristo.

A prefeitura de Belo Horizonte, com licitações de maior preço, destrói esse grande patrimônio, direito de todas as cidades do mundo. A feira deve ser preservada, não por mero capricho, e sim pela sua história e importância mundial.

Tais fatos, por si só, justificam o tombamento das feiras livres, da Feira Modelo e da Feira Direto da Roça, no Município de Belo Horizonte.

Sendo assim, contamos com o apoio de nossos nobres pares para a aprovação deste projeto.

PL n. 2.427, de 2.011

Ementa: declara patrimônio artístico e cultural do estado a feira de artes e artesanato da avenida afonso pena - feira "hippie", no município de belo horizonte.

Justificação: A Feira "Hippie" surgiu em Belo Horizonte no ano de 1969, como um espaço criado na Praça da Liberdade por um grupo de intelectuais, jovens artesãos e artistas plásticos, para expor suas obras. Foram anos de expansão da feira, conquistando a popularidade e a simpatia dos belo-horizontinos e visitantes e incorporando mais e mais o caráter artístico e cultural do evento que acontecia todas as quintas-feiras e aos domingos.

Em 1991, a feira foi transferida para a Avenida Afonso Pena, passou a contar com um espaço mais amplo e a oferecer uma variedade muito maior de produtos e foi oficialmente denominada Feira de Arte, Artesanato e Produtores de Variedades, incorporando aos produtos já oferecidos também os alimentos, flores e outros.

Hoje, inegavelmente a nossa Feira "Hippie" é um importante patrimônio artístico e cultural mineiro, devendo assim ser tratada e declarada. Para tanto, contamos com o apoio de nossos nobres pares para a aprovação deste projeto.

- Semelhante proposição foi apresentado anteriormente pelo Deputado Dinis Pinheiro. Anexe-se ao Projeto de Lei nº 1.057/2011, nos termos do § 2º do art. 173 do Regimento Interno.

PL n. 2.193, de 2.011

Ementa: Declara patrimônio cultural do Estado o Cenário Bíblico Monte das Oliveiras, situado no Município de Alpinópolis.

Justificação: O Cenário Bíblico Monte das Oliveiras, situado no Município de Alpinópolis, no Sudoeste mineiro, é um dos maiores atrativos religiosos do Estado. Idealizado por um historiador da cidade, ainda na década de 70, começou a ser construído em 1983. Em um espaço de 90.000m², na Semana Santa, é realizada a encenação da Paixão de Cristo, que atrai um público de mais de 15 mil pessoas.

No local, que é uma réplica da Terra Santa, estão representados o deserto, os patriarcas, as Tábuas da Lei, o Calvário, a Gruta de Belém, a Mesa dos Apóstolos e o Muro das Lamentações, entre outros. A associação filantrópica Apóstolos de Cristo, que administra o espaço, pretende ainda construir a Piscina Probática, que era usada por Jesus para curar os fiéis, a Torre de Babel e a Arca de Noé.

Em face do exposto, solicitamos aos nobres pares a aprovação deste projeto.

- Publicado, vai o projeto às Comissões de Justiça e de Cultura para parecer, nos termos do art. 188, c/c o art. 102, do Regimento Interno.

PL n. 1.494, de 2.011

Ementa: Declara como Patrimônio Histórico e Cultural de Minas Gerais os Mercados Distritais do Cruzeiro e de Santa Tereza, localizados no Município de Belo Horizonte.

Justificação : É indubitável a importância dos mercados e feiras existentes no Estado. Sobressai sua importância do ponto de vista econômico e social, mas, principalmente, do ponto de vista histórico e cultural. Os mercados, culturalmente, são pontos de encontro das famílias mineiras. É lá que os pais levam seus filhos nos finais de semana, mais que um ponto econômico, é um ponto da

amília mineira, espaço democrático que se tornou hábito de saudável convivência familiar. Mercados como os Distritais de Santa Tereza e do Cruzeiro, o Municipal de Diamantina e o Central de Belo Horizonte fazem parte da história das cidades, compondo o patrimônio cultural de nosso

povo. O Mercado de Santa Tereza, por exemplo, é citado por revistas de turismo como ponto de visita obrigatória de Belo Horizonte. A revista Viagem e Turismo, edição 138, de 1º/4/2007, ao citar o roteiro da boemia de Belo Horizonte, traça o seguinte perfil do Bairro de Santa Tereza e de seu mercado : "Mas quando se fala em boemia belo-horizontina, logo vem à cabeça o Bairro Santa Tereza. Chegando ali, tem-se a sensação de ser transportado para uma outra cidade, para um outro tempo. Logo na entrada do bairro, a praça Duque de Caxias dá o clima: crianças brincando, senhores papeando nos banquinhos, jovens bebericando, cachorros correndo com seus donos, grupos musicais desfiando seu repertório, que geralmente gira em torno do samba, do choro e, claro, do Clube da Esquina - aliás, a famosa esquina onde se encontravam Milton Nascimento, Lô Borges e `cia´ fica justamente em Santa Tereza. Santê, como carinhosamente é o bairro chamado pelos belo- horizontinos, é o ponto para onde se dirigem os que querem tomar uma cerveja despojadamente, sem a sofisticação `hype´ de Lourdes ou do Santo Antônio, outros dois redutos boêmios da capital. Os botecos dali são simples e aconchegantes. Mesas e cadeiras, na maioria das vezes, invadem as calçadas e ninguém se preocupa em vestir a melhor roupa para participar de qualquer encontro etílico

- de bermuda, camiseta e chinelo está bom demais. Como o que mais tem em Santê é boteco, vale tirar um dia para fazer uma peregrinação por eles - ou melhor, por uma parcela deles, senão não há fígado que aguente. Para começar a rota, vá ao Mercado Distrital de Santa Tereza. No meio de umas comprinhas (o forte são as frutas e as verduras), um `pit stop´ na Confraria do Velho Chico, onde há cerveja gelada, atendimento simpático e, na maioria das vezes, boa música. Os petiscos, claro, são mineiríssimos. Um prato que faz sucesso é a comida de passarinho (mini-almôndegas com jiló em conserva, ovos cozidos e pimenta biquinho)." Um povo que não cultua seu passado, sua história, não está apto a pensar em seu futuro. É imperioso que tenhamos viva em nossa memória a história de Belo Horizonte, e os mercados citados neste projeto são expressões vivas de nossa mineiridade, do ponto de encontro tão declamado por poetas e cantores mineiros. O povo mineiro marca seus encontros nos mercados, locais em que a prosa se desenvolve, em que as estórias são contadas, as tradições revividas. Conservar os mercados é conservar viva nossa história. Por isso contamos com o apoio de nossos pares para a aprovação deste projeto.

-Publicado, vai o projeto às Comissões de Justiça e de Cultura para parecer, nos termos do art. 188, c/c o art. 102, do Regimento Interno.

PL n. 1.456, de 2011

Ementa: Declara patrimônio turístico e cultural de natureza imaterial do Estado a Feira de Artes e Artesanato da Avenida Afonso Pena – Feira "Hippie" -, no Município de Belo Horizonte.

Justificação. Em 1969, ano de efervescência do movimento "hippie" no mundo, nascia em Belo Horizonte um espaço para que os artesãos (na época chamados "hippies") pudessem expor seus

produtos. Inicialmente, na Praça da Liberdade, surgia aquela que se tornaria uma das maiores feiras de artes da América Latina. Os anos foram passando e ela passou a ser reconhecida pela Prefeitura como Feira de Arte e Artesanato de Belo Horizonte. A preocupação com a preservação da praça histórica da Capital mineira levou a Prefeitura a transferi-la para a Avenida Afonso Pena. Essa mudança propiciou um conforto maior, permitiu aos visitantes um espaço de lazer melhor, e aí ela se encontra até hoje, em pleno funcionamento. Atualmente a feira recebe milhões de visitantes de todos os cantos de Minas e do Brasil todos os domingos, sendo considerada um dos maiores pontos de produtos artesanais do País. Contando com mais de 2.500 expositores divididos em alimentos, artesanato, roupas, sapatos etc., ela gera renda e trabalho para milhares de famílias. Por tudo isso, é sem sombra de dúvidas muito importante que ela se torne um patrimônio turístico e cultural da Capital, reforçando a lembrança e o carinho da mineiridade de nossa gente. Portanto, espero contar com o apoio dos nobres colegas à

aprovação deste projeto.

- Semelhante proposição foi apresentada anteriormente pelo Deputado Dinis Pinheiro. Anexe-se ao Projeto de Lei nº 1.057/2011, nos termos do § 2º do art. 173 do Regimento Interno.

PL 2193, de 2011

Ementa: Declara patrimônio cultural do Estado o Cenário Bíblico "Monte das Oliveiras", situado no Município de Alpinópolis.

Justificação: O Cenário Bíblico Monte das Oliveiras, situado no Município de Alpinópolis, no Sudoeste mineiro, é um dos maiores atrativos religiosos do Estado. Idealizado por um historiador da cidade, ainda na década de 70, começou a ser construído em 1983. Em um espaço de 90.000m², na Semana Santa, é realizada a encenação da Paixão de Cristo, que atrai um público de mais de 15 mil pessoas.

No local, que é uma réplica da Terra Santa, estão representados o deserto, os patriarcas, as Tábuas da Lei, o Calvário, a Gruta de Belém, a Mesa dos Apóstolos e o Muro das Lamentações, entre outros. A associação filantrópica Apóstolos de Cristo, que administra o espaço, pretende ainda construir a Piscina Probática, que era usada por Jesus para curar os fiéis, a Torre de Babel e a Arca de Noé.

Em face do exposto, solicitamos aos nobres pares a aprovação deste projeto.

- Publicado, vai o projeto às Comissões de Justiça e de Cultura para parecer, nos termos do art. 188, c/c o art. 102, do Regimento Interno.

PL 1494, de 2011

Ementa: Declara como patrimônio histórico e cultural de Minas Gerais os Mercados Distritais do Cruzeiro e de Santa Tereza, localizados no Município de Belo Horizonte.

Justificação : É indubitável a importância dos mercados e feiras existentes no Estado. Sobressai sua importância do ponto de vista econômico e social, mas, principalmente, do ponto de vista histórico e cultural. Os mercados, culturalmente, são pontos de encontro das famílias mineiras. É lá que os pais levam seus filhos nos finais de semana, mais que um ponto econômico, é um ponto da

família mineira, espaço democrático que se tornou hábito de saudável convivência familiar. Mercados como os Distritais de Santa Tereza e do Cruzeiro, o Municipal de Diamantina e o Central de Belo Horizonte fazem parte da história das cidades, compondo o patrimônio cultural de nosso

povo. O Mercado de Santa Tereza, por exemplo, é citado por revistas de turismo como ponto de visita obrigatória de Belo Horizonte. A revista Viagem e Turismo, edição 138, de 1º/4/2007, ao citar o roteiro da boemia de Belo Horizonte, traça o seguinte perfil do Bairro de Santa Tereza e de seu mercado : "Mas quando se fala em boemia belo-horizontina, logo vem à cabeça o Bairro Santa Tereza. Chegando ali, tem-se a sensação de ser transportado para uma outra cidade, para um outro tempo. Logo na entrada do bairro, a praça Duque de Caxias dá o clima: crianças brincando, senhores papeando nos banquinhos, jovens bebericando, cachorros correndo com seus donos, grupos musicais desfiando seu repertório, que geralmente gira em torno do samba, do choro e, claro, do Clube da Esquina - aliás, a famosa esquina onde se encontravam Milton Nascimento, Lô Borges e `cia´ fica justamente em Santa Tereza.

Santê, como carinhosamente é o bairro chamado pelos belo- horizontinos, é o ponto para onde se dirigem os que querem tomar uma cerveja despojadamente, sem a sofisticação `hype´ de Lourdes

ou do Santo Antônio, outros dois redutos boêmios da capital. Os botecos dali são simples e aconchegantes. Mesas e cadeiras, na maioria das vezes, invadem as calçadas e ninguém se preocupa em vestir a melhor roupa para participar de qualquer encontro etílico de bermuda, camiseta e chinelo está bom demais. Como o que mais tem em Santê é boteco, vale tirar um dia para fazer uma peregrinação por eles - ou melhor, por uma parcela deles, senão não há fígado que aguente. Para começar a rota, vá ao Mercado Distrital de Santa Tereza. No meio de umas comprinhas (o forte são as frutas e as verduras), um `pit stop´ na Confraria do Velho Chico, onde há cerveja gelada, atendimento simpático e, na maioria das vezes, boa música. Os petiscos, claro, são mineiríssimos. Um prato que faz sucesso é a comida de passarinho (mini-almôndegas com jiló em conserva, ovos cozidos e pimenta biquinho)." Um povo que não cultua seu passado, sua história, não está apto a pensar em seu futuro. É imperioso que tenhamos viva em nossa memória a história de Belo Horizonte, e os mercados citados neste projeto são expressões vivas de nossa mineiridade, do ponto de encontro tão declamado por poetas e cantores mineiros.

O povo mineiro marca seus encontros nos mercados, locais em que a prosa se desenvolve, em que as estórias são contadas, as tradições revividas. Conservar os mercados é conservar viva nossa história. Por isso contamos com o apoio de nossos pares para a aprovação deste

projeto.

- Publicado, vai o projeto às Comissões de Justiça e de Cultura para parecer, nos termos do art. 188, c/c o art. 102, do Regimento Interno.

PL 1456, de 2011

Declara patrimônio turístico e cultural de natureza imaterial do Estado a Feira de Artes e Artesanato da Avenida Afonso Pena – Feira "Hippie" – no Município de Belo Horizonte.

Justificação. Em 1969, ano de efervescência do movimento "hippie" no mundo, nascia em Belo Horizonte um espaço para que os artesãos (na época chamados "hippies") pudessem expor seus

produtos. Inicialmente, na Praça da Liberdade, surgia aquela que se tornaria uma das maiores feiras de artes da América Latina.

Os anos foram passando e ela passou a ser reconhecida pela Prefeitura como Feira de Arte e Artesanato de Belo Horizonte. A preocupação com a preservação da praça histórica da Capital mineira levou a Prefeitura a transferi-la para a Avenida Afonso Pena. Essa mudança propiciou um conforto maior, permitiu aos visitantes um espaço de lazer melhor, e aí ela se encontra até

hoje, em pleno funcionamento.

Atualmente a feira recebe milhões de visitantes de todos os cantos de Minas e do Brasil todos os domingos, sendo considerada um dos maiores pontos de produtos artesanais do País. Contando com

mais de 2.500 expositores divididos em alimentos, artesanato, roupas, sapatos etc., ela gera renda e trabalho para milhares de famílias.

Por tudo isso, é sem sombra de dúvidas muito importante que ela se torne um patrimônio turístico e cultural da Capital, reforçando a lembrança e o carinho da mineiridade de nossa gente.

Portanto, espero contar com o apoio dos nobres colegas à aprovação deste projeto.

- Semelhante proposição foi apresentada anteriormente pelo Deputado Dinis Pinheiro. Anexe-se ao Projeto de Lei nº 1.057/2011, nos termos do § 2º do art. 173 do Regimento Interno.

PL 1383, de 2011

Declara patrimônio cultural do estado o processo artesanal de fabricação do salgado denominado Pastel de Farinha de Milho produzido no Município de Pouso Alegre.

Justificação: O assim chamado pastel de farinha de milho difere totalmente do conhecido pastel de angu. O pastel de farinha de milho é fruto de uma adaptação culinária, ocorrida ainda na época das entradas e bandeiras, expedições que palmilharam grande parte do Sul de Minas, a partir do Rio Grande. Tais expedições propiciaram a fundação de diversas povoações, ao longo da Bacia do Rio Grande e do Rio Sapucaí, incrementadas pela descoberta de ouro no território onde hoje se localizam os Municípios de Silvianópolis, Campanha e São Gonçalo do Sapucaí.

A extração de ouro durou pouco e, a partir das descobertas das minas localizadas em Vila Rica, Sabará e Mariana, essa região do Sul de Minas passou a produzir mantimentos e gêneros alimentícios para a grande população que se concentrou para minerar ouro, naquela região, nos séculos XVII e XVIII.

As povoações sul-mineiras daquela época enfrentavam toda a sorte de provações e de dificuldades, oriundas de seu isolamento e do pequeno valor agregado dos produtos então produzidos. Gêneros importados, como a farinha de trigo, eram escassos. A partir dessa carência, e utilizando uma mistura composta por farinha de milho e polvilho, derivados de culturas locais, criou-se uma massa de pastel que, embora não fosse tão fina e leve como a massa feita com farinha de trigo, se revelou muito saborosa.

Existe uma controvérsia se a origem do pastel pode ser atribuída a Silvianópolis ou a Pouso Alegre, já que o quitute pode ser encontrado em ambas as cidades. Entretanto, foi em Pouso

Alegre que o salgado alcançou impressionante popularidade. Além de ser encontrado no mercado municipal, dezenas de vendedores ambulantes fritam e oferecem o salgado nas principais esquinas da cidade. Em alguns supermercados, o pastel de farinha de milho pode ser encontrado em embalagens hermeticamente vedadas e congeladas, produzido por uma fábrica local. Não se tem notícia de nada parecido com essa receita, nem com essa difusão culinária, em

qualquer outro lugar do Brasil.

Em razão do exposto, merece esta proposição o devido acatamento e aprovação pelos nobres Deputados da Assembleia mineira.

- Publicado, vai o projeto às Comissões de Justiça e de Cultura para parecer, nos termos do art. 188, c/c o art. 102, do Regimento Interno.

PL 1382, de 2011

Declara patrimônio cultural do Estado o queijo tipo artesanal do planalto de Poços de Caldas e dá outras providências.

Justificação: Os historiadores afirmam que o queijo vem sendo fabricado em Minas Gerais há mais de 200 anos, entretanto não há registros da crescente relevância do planalto de Poços de Caldas

para o desenvolvimento e a disseminação de tal atividade.

Conforme a história, a região recebeu seus primeiros habitantes em 1777, no fim do ciclo do ouro em Minas, tendo Caldas como a mais antiga cidade, fundada em 1813 pelo império português.

Originalmente lusitana, a cultura do queijo foi trazida da Serra da Estrela diretamente para a região do Serro, onde os pioneiros na ocupação local desenvolveram a atividade agropecuária, em especial a fabricação dessa iguaria.

Em 2001, os produtores resistiram à propaganda de que o queijo artesanal faria mal à saúde e que sua produção seria proibida. As associações se uniram com o governo do Estado e chegaram a um acordo, adotando padrões sanitários, tanto para a criação do rebanho quanto para a higiene necessária à produção.

Nos anos seguintes, o Instituto Estadual Patrimônio Histórico Artístico - Iepha -, através de lei estadual, e o Instituto Patrimônio Cultural Imaterial Brasileiro - Iphan -, por legislação federal, reconheceram o queijo artesanal como patrimônio cultural e imaterial em Minas Gerais e no Brasil, respectivamente.

Por outro lado, grande foi o esforço dos fabricantes para alcançar a mobilização da classe. Nesse contexto, foi implantado o Cadastro Municipal de Produtor Artesanal, formado hoje por 76 produtores legalizados, e fundada a Aprocaldas, que, com a união dos produtores, logrou aprovar o tombamento do queijo da região como patrimônio cultural imaterial de Caldas.

Considerando o benefício econômico e cultural que a produção do queijo artesanal tem proporcionado ao Município e à região e estando ele em concordância com os dispositivos constitucionais e legais para obter a presente distinção, espera o signatário deste projeto de lei obter sua aprovação.

- Publicado, vai o projeto às Comissões de Justiça e de Cultura para parecer, nos termos do art. 188, c/c o art. 102, do Regimento Interno.

PL 1162, de 2011

Ementa: Declara como patrimônio cultural do Estado o lago de Furnas e dá outras providências.

Justificação: A proposição em tela visa a declarar como patrimônio cultural do Estado o Lago de Furnas, chamado também de Mar de Minas, que abrange 34 Municípios mineiros e concentra um volume de água sete vezes maior que o da Baía da Guanabara, no Estado do Rio de Janeiro.

Resultado do represamento das águas dos Rios Grande e Sapucaí, a maior extensão de água do Estado de Minas Gerais e um dos maiores lagos artificiais do mundo, compõe uma paisagem surpreendente, que reúne cânions fabulosos, lagos, cachoeiras magníficas e praias artificiais.

Os balneários se espalham pelas margens da represa, oferecendo uma excelente infra-estrutura. A região é também concorrido destino para a prática da pesca e dos esportes náuticos. O imenso lago oferece inúmeras opções de lazer, além de belíssima paisagem, praias fluviais e muito peixe. A harmonia se completa com serras, cachoeiras e rios, palcos para variadas festas populares. Fazendas centenárias com produtos típicos, lavouras de café e a produção de queijos são atrações à parte.

Por causa de todo esse acervo cultural e de elevado potencial turístico, foi organizado, com o auxílio da Secretaria de Estado de Turismo, o Circuito Turístico Lago de Furnas, que congrega todos os gostos. Modernos centros urbanos, como Varginha e Alfenas, oferecem todo tipo de conforto e, bem perto, com muita água cercada pelos campos, o Circuito é o teatro ideal para esportes radicais, como "mountain-bike" e vôo livre, e a contemplação de deslumbrantes paisagens em meio à mansidão da vida rural.

Areado - a morada dos peixes - e Fama são os paraísos para pesca esportiva. Em Campos Gerais, há palcos para camping, "trekking", vôo livre e banhos em lugares paradisíacos, como a Praia das Amoras.

Em Monte Belo, está o Sítio Histórico da Casa dos Maria, uma casa colonial de fazenda do século XIX, com paredes de pau-a-pique, porão, fontes alternativas de energia hídrica, gerador, monjolo e moinho de pedra. Divisa Nova atrai pelo curioso jatobá rosa, com 25m de altura, 3m de diâmetro e aproximadamente 2 mil anos de vida. É o maior do Brasil e se encontra na Mata da Figueira, um local de visita obrigatória.

O Circuito oferece ainda as tradições culturais: grupos de folia de reis, guardas de congo e caiapós, manifestações típicas tão marcantes quanto a festa religiosa de São Benedito, em Machado, e a tradicional procissão fluvial em homenagem a São Pedro, na cidade de Fama.

São considerados patrimônios culturais imateriais as práticas, as representações, as expressões, os conhecimentos, as técnicas e também os instrumentos, os objetos, os artefatos e os lugares que lhes são associados, as comunidades, os grupos e, em alguns casos, os indivíduos que se reconhecem como parte desse patrimônio.

O patrimônio imaterial é transmitido de geração em geração e constantemente recriado pelas comunidades e grupos em função de seu ambiente, sua interação com a natureza e sua história, o que gera um sentimento de identidade e continuidade e contribui para promover o respeito à diversidade cultural e à criatividade humana. É inegável que o Lago de Furnas é dotado das características peculiares de um bem cultural que deve ser tutelado.

Ademais, conferir-lhe o "status" de patrimônio cultural de Minas Gerais divulgará em todo o País a existência desse atrativo e, por via de conseqüência, acarretará o desenvolvimento do turismo nas localidades da região, como a melhoria da rede de hospedagem e alimentação.

Como já tivemos oportunidade de afirmar em outras ocasiões, o turismo constitui-se na indústria do futuro, sem fumaça e sem poluição. Portanto, incentivar todas as formas de promovê-lo torna-se um imperativo para o Estado, que busca e precisa ampliar a sua base de arrecadação e, sobretudo, proporcionar a geração de novos empregos e de renda.

Por essas razões, conclamo os meus nobres pares a aprovar esta proposição.

- Publicado, vai o projeto às Comissões de Justiça e de Cultura para parecer, nos termos do art. 188, c/c o art. 102, do Regimento Interno.

PL 1057, de 2011

Ementa: Declara patrimônio Cultural do Estado a Feira de Arte e Artesanato da Avenida Afonso Pena, no Município de Belo Horizonte.

Instituição. O ano era 1969, e o movimento "hippie" borbulhava no planeta. Nascia um espaço em Belo Horizonte para que os artesãos (então chamados de "hippies") expusessem seus produtos. Diante do romantismo do final da década de 60, na Praça da Liberdade, surgia o que se tornaria uma das maiores feiras de artes da América Latina.

Em princípio, a Feira "Hippie" funcionava apenas aos domingos, mas o movimento era tão intenso que a Prefeitura Municipal acabou por autorizar seu funcionamento também nas noites de quinta-feira, numa tentativa de atender à demanda cada vez maior de turistas e consumidores de Belo Horizonte.

Os anos foram passando, e, em 1991, os artesãos, agora não mais chamados de "hippies", já extrapolavam todos os espaços da praça. A Prefeitura, então, preocupada com a preservação do histórico logradouro da Capital mineira, sentiu a necessidade de transferir a feira para outro espaço, propiciando maior conforto aos visitantes. Consolidou-se assim um ponto turístico da Capital, responsável também pelo sustento de centenas de famílias. A Feira "Hippie", como é chamada carinhosamente, até hoje, pelos seus freqüentadores, passou a ser reconhecida pela Prefeitura como Feira de Arte e Artesanato de Belo Horizonte.

Com o crescimento, a feira recebe novos participantes, amplia e diversifica suas atividades, tornando-se um dos maiores pontos de venda de produtos artesanais do País. Milhões de visitantes de todos os cantos do Brasil e até do exterior vêem na feira o local onde encontrarão a melhor forma de presentear seus amigos e parentes. Ela conta hoje com mais de 2.500 expositores, divididos em alimentos, artesanato, roupas, sapatos, etc. Tudo feito de forma artesanal, gerando renda e trabalho para milhares de famílias, mas ainda mantendo intacto o espírito de liberdade, alegria e criatividade que levou um grupo de jovens artesãos a criar a Feira "Hippie", nos hoje distantes anos 60.

Sem sombra de dúvida, tornou-se um patrimônio turístico da Capital, reforçando a lembrança do carinho e da mineiridade de nossa gente.

Por sua vez, a Constituição da República, em seu art. 23, inciso III, estabelece que é competência comum da União, dos Estados, do Distrito Federal e dos Municípios a proteção dos documentos, das obras e de outros bens de valor histórico, artístico e cultural, como os monumentos, as paisagens naturais notáveis e os sítios arqueológicos. O art. 24, inciso VII, conferiu à União, aos Estados e ao Distrito Federal competência concorrente para legislar sobre proteção ao patrimônio histórico, cultural, artístico, turístico e paisagístico. E § 1º do art. 216 dispõe, ainda, que o poder público, com a colaboração da comunidade, promoverá e protegerá o patrimônio cultural brasileiro, por meio de inventário, registro, vigilância, tombamento e desapropriação e de outras formas de acautelamento e preservação.

Diante do exposto, conto com o apoio dos nobres pares para a aprovação deste projeto de lei.

- Publicado, vai o projeto às Comissões de Justiça e de Cultura para parecer, nos termos do art. 188, c/c o art. 102, do

Regimento Interno.

PL 751, de 2011

Ementa: Declara patrimônio histórico e cultural do Estado de Minas Gerais a renda turca de bicos originária de Sabará.

Justificação: A renda turca é uma espécie de renda confeccionada manualmente, com o auxílio de agulhas. Em razão de suas características e do processo de sua confecção, cogita-se ser essa forma de artesanato originária da renda palestina; contudo, diferencia-se desta pela direção de seu nó.

Historiadores noticiam que a renda turca foi introduzida no País no séc. XVIII, por meio de artesãos estrangeiros que chegavam ao Brasil. Foram repassadas as técnicas às rendeiras, que exerciam o saber nos limites de suas residências, o qual foi transmitido às mulheres de todas as gerações.

Posteriormente, em meados do séc. XX, no Município de Sabará, a Sra. Nair Pinto, ampla conhecedora da técnica de confecção, agregou novos procedimentos aos já conhecidos para a feitura da renda, criando a renda turca de bicos.

No início da década de 80 do séc. XX, a criadora da nova técnica, em idade avançada e preocupada com o desaparecimento desse saber, o transmitiu à Sra. Nilza Starling Almeida. Esta última, por meio do Programa Educativo do Museu do Ouro, difundiu o conhecimento da feitura da renda turca de bicos e, conseqüentemente, preservou a técnica, transmitida a outras rendeiras locais, sendo seu processo de feitura conhecido e desenvolvido apenas no Município de Sabará.

A renda turca de bicos configura um traço distintivo do saber regional, representando importante bem do patrimônio imaterial mineiro, característico da cultura sabarense.

É relevante enfatizar que a Constituição da República, em seu art. 23, III, atribui à União, aos Estados, ao Distrito Federal e aos Municípios a competência comum de promover a proteção de documentos, obras e outros bens de valor histórico, artístico e cultural, monumentos, paisagens naturais notáveis e sítios arqueológicos. O art. 24, VII, conferiu à União, aos Estados e ao

Distrito Federal a competência para legislar sobre a proteção ao patrimônio histórico, cultural, artístico, turístico e paisagístico.

Com o escopo de promover a proteção do patrimônio cultural brasileiro, a Carta Magna, em seu art. 216, §1º, dotou o poder público de formas de acautelamento, entre as quais os inventários, os registros, a vigilância, o tombamento e a desapropriação.

O regulamento citado no projeto de lei, qual seja, o Decreto nº 42.505, de 15/4/2002, que versa sobre o processo de registro que consubstancia a proposição em tela, dispõe que o registro do

bem imaterial ocorrerá com a inscrição em um dos quatro Livros de Registro: o Livros dos Saberes, o Livro das Celebrações, o Livro das Formas de Expressão e o Livro dos Lugares.

Pacífico é o fato de a renda turca de bicos fazer parte do patrimônio cultural imaterial do Estado de Minas Gerais, visto que o referido bem é transmitido de geração em geração, originando sentimentos de identidade e continuidade, que terminam por contribuir para o respeito à cultura e à criatividade humana.

Isso posto, contamos com o apoio dos nobres pares para que a proposição em tela seja aprovada.

- Publicado, vai o projeto às Comissões de Justiça e de Cultura para parecer, nos termos do art. 188, c/c o art. 102, do Regimento Interno.

PL 744 2011

Dispõe sobre a Proteção e Preservação da Folia de Reis e Congado de Minas Gerais e dá Outras Providências.

Justificação: A proposição tem por objetivo promover o acautelamento das formas de expressão da

Folia de Reis e Congado, enraizados no cotidiano das comunidades, para fins de registro no Livro de Registro dos Saberes, nos termos do art. 1o, § 1o, I, do Decreto Federal no 3.551, de 2000, que institui o Registro de Bens Culturais de Natureza Imaterial que constituem patrimônio cultural brasileiro, cria o Programa Nacional do Patrimônio Imaterial e dá outras providências.

Folia de Reis é um festejo de origem portuguesa ligado às comemorações do culto católico do Natal que, trazido para o Brasil, mantém-se vivo nas manifestações folclóricas de muitas cidades de Minas Gerais.

Na tradição católica, a passagem bíblica em que Jesus foi visitado por "uns magos", converteu-se na tradicional visitação feita pelos três "Reis Magos", denominados Belchior, Baltazar e Gaspar, os quais passaram a ser referenciados como santos a partir do século VIII.

Na cultura tradicional brasileira, os festejos de Natal eram comemorados por grupos que visitavam as casas tocando músicas alegres em louvor aos Santos Reis e ao nascimento de Cristo. Esta tradição, oriunda de Portugal, ganhou força no século XIX, mantendo-se viva em várias regiões, sobretudo nas cidades do interior de nosso Estado.

A festa de Folia de Reis adquiriu entre nós o espírito religioso que conserva até hoje, sendo desenvolvida com características próprias e transformando-se em manifestação folclórica de rara beleza. Seu início acontece no dia 24 de dezembro, véspera de Natal, prosseguindo até o dia 2 de fevereiro, período em que grupos festivos de pessoas saem cantando ao som de violão, sanfona, cavaquinho, pandeiro, reco-reco, pistão, chocalho, triângulo, tantãs e outros instrumentos, exaltando o Deus Menino e percorrendo as casas, indo de porta em porta em busca de oferendas que podem variar de um prato de comida a uma xícara de café.

É a chamada banda de folia de reis, ou música de folia de reis. Quando ela passa por sítios e fazendas da zona rural, tem o nome de caixa de folia de reis. O chefe do grupo é denominado alferes de folia de reis, e eles seguem seu caminho representando pequenas peças teatrais e cantando à porta das casas, cujos moradores lhes oferecem comida, bebida e esmolas que serão utilizadas no dia de Reis, considerado o dia da gratidão.

Os personagens que compõem a folia somam doze pessoas, todas trajando roupas bastante coloridas, sendo elas o mestre e contra-mestre, donos de conhecimentos sobre a manifestação e líderes dos foliões; além do palhaço, dos foliões e dos três reis magos. O palhaço, usando vestimentas coloridas, deve proteger o Menino Jesus confundindo os soldados de Herodes, sendo o seu jeito alegre e descontraído motivo para distração e divertimento dos assistentes; os foliões, geralmente homens simples e de origem rural, são os participantes da festa, dando exemplo grandioso através de sua cantoria de fé; por sua vez, os três reis magos fazem uma viagem de esperança, certos de que ela os levará ao encontro de sua estrela.

Ao som dos instrumentos musicais os foliões efetuam longas caminhadas levando a bandeira, um estandarte de madeira ornado com motivos religiosos, à qual tributam especial respeito. Vão liderados pelo mestre e contra-mestre, figuras de relevância dentro da Folia por conhecerem os preciosos versos, preservados de geração em geração por tradição oral (vide "Recanto das Letras" - texto de Fernando Kitzinger Dannemann).

De origem africana, principalmente nas áreas do Congo, Angola e Moçambique, do povo bandu, o congado é uma manifestação cultural católica e africana. A história conta que Chico Rei, também um rei na África, do Congo dos Quicuios, foi trazido como escravo ao Brasil, especificamente a Vila Rica, atual Ouro Preto, junto a sua corte em meados do século XVIII. Chico Rei, como reza os casos, ficou rico por explorar uma mina abandonada e depois disso libertou vários escravos.

A partir daí surgiu a primeira irmandade de negros livres de Vila Rica. Chico Rei considerou a sua liberdade possível graças a Nossa Senhora do Rosário. Para pagar promessa à santa, ele organizou a primeira festa dos negros no Estado de Minas Gerais, na Igreja de Santa Efigênia e Nossa Senhora do Rosário de Alto Cruz, em Vila Rica, em 1747.

O congado, também chamado de congo ou congada, mescla cultos católicos com africanos num movimento sincrético. É uma dança que representa a coroação do rei do Congo, acompanhado de um cortejo compassado, cavalgadas, levantamento de mastros e música. Os instrumentos musicais utilizados são a cuíca, a caixa, o pandeiro, o reco-reco. Ocorre em várias festividades ao longo do ano, mas especialmente no mês de outubro, na festa de Nossa Senhora do Rosário. O ponto alto da festa é a coroação do rei do Congo.

Na celebração de festas aos santos, onde a aclamação é animada por meio de danças, com muito batuque de zabumba, há uma hierarquia, onde se destaca o rei, a rainha, os generais, capitães, etc. São divididos em turmas de números variáveis, chamados ternos. Os tipos de ternos variam de acordo com sua função ritual na festa e no cortejo: Moçambique, Catupés, Marujos, Congos, Vilões e outros.

Dessa forma, observa-se a necessidade de o Estado promover a identificação e o levantamento das diversas formas de expressão da Folia de Reis e Congado em todas as regiões do Estado, para fins de proteção desse importante patrimônio cultural.

Ressalte-se ainda que, a despeito de as diversas regiões de Minas Gerais realizarem festas populares da Folia de Reis e Congado, tais formas de expressão ainda não foram estudadas pelo poder público para fins de seu acautelamento.

Trata-se de medida que encontra amparo no art. 216, II, § 1o, do Texto Magno, que tem a seguinte redação:

"Art. 216 - Constituem patrimônio cultural brasileiro os bens de natureza material e imaterial, tomados individualmente ou em conjunto, portadores de referência à identidade, à ação, à memória dos diferentes grupos formadores da sociedade brasileira, nos quais se incluem:

(...) I - as formas de expressão;

(...) § 1o - O Poder Público, com a colaboração da comunidade, promoverá e protegerá o patrimônio

cultural brasileiro, por meio de inventários, registros, vigilância, tombamento e desapropriação, e de outras formas de acautelamento e preservação".

No mesmo diapasão, salientamos as normas estabelecidas nos arts. 208 e 209 da Constituição do Estado, relacionadas à proteção e preservação dos bens culturais mineiros, de natureza material e imaterial.

Desta forma, pedimos o apoio dos demais membros desta Casa para a aprovação do presente projeto de lei.

- Publicado, vai o projeto às Comissões de Justiça e de Cultura para parecer, nos termos do art. 188, c/c o art. 102, do Regimento Interno.

PL 626, de 2011

Declara patrimônio cultural do Estado a Estância Hidromineral de Caxambu e dá outras providências.

Justificação: A Creche Comunitária de Caxambu, com sede no Município de Caxambu, em pleno funcionamento desde 28/11/85, e uma entidade civil de caráter beneficente e finalidade filantrópica, sem fins lucrativos.

A entidade tem como objetivo o amparo e a proteção do menor na faixa etária até os 6 anos, oferecendo assistência médica, alimentar, atividades pedagógicas, educativas, recreativas e lições de higiene; tem entre seus objetivos expandir sua atuação com a criação de departamentos de assistência e proteção aos jovens de até 14 anos, contribuindo para sua educação e formação profissional.

Pretende-se, com este projeto, assegurar à instituição melhores condições para o desenvolvimento das suas atividades assistenciais, tendo em vista que ela atende aos requisitos constantes na Lei n° 12.972, de 27/7/98.

Esperamos contar com o apoio de nossos nobres pares à aprovação deste projeto de lei.

- Publicado, vai o projeto às Comissões de Justiça, para exame preliminar, e do Trabalho, para deliberação, nos termos do art. 188, c/c o art. 103, inciso I, do Regimento Interno.

PL 613, de 2011

Declara como patrimônio cultural do Estado o café produzido no Sul de Minas e dá outras providências.

Justificação: Esta proposição visa declarar patrimônio cultural do Estado o café produzido na região do Sul de Minas. O Estado de

Minas, além de ser o maior produtor brasileiro, é reconhecido como um dos principais expoentes nacionais do café de qualidade. O café produzido no Sul apresenta uma característica peculiar, em função do microclima da região, caracterizado por temperaturas amenas (entre 18oC e 20oC), devido às elevadas altitudes de suas cadeias montanhosas (até 1.400 metros acima do nível do mar), o que faz produzir uma bebida em geral doce e encorpada, de aroma frutado e acentuada acidez, o que é um diferencial.

A região ainda não tem demarcação regularizada para certificação de origem do café produzido, mas organizações, como a Associação dos Produtores de Café da Mantiqueira -Aprocam -, buscam essa providência em suas microrregiões, dentro da área delimitada como sul de Minas. A solicitação de indicação geográfica para os produtores da Mantiqueira, entre eles os Municípios de Carmo de Minas, Cristina e Santa Rita do Sapucaí, já foi feita ao Instituto Nacional da Propriedade Industrial e está em andamento. Outras cidades que se destacam, entre outras, na macrorregião do sul do Estado, considerando-se produtividade e qualidade, são Alpinópolis, Guaxupé, Itamogi, São Sebastião do Paraíso, São Tomás de Aquino, Três Pontas, Varginha.

Esta proposição visa estimular o setor cafeeiro do Estado, em especial o produzido na região Sul, que tem-se destacado na busca por uma melhor qualidade, além de ser um reconhecimento, por parte do Estado, à importância socioeconômica da produção cafeeira do sul de Minas e à sua singular qualidade, que tem merecido numerosas premiações em diversos concursos do país.

Por todos esses fatores, conclamo os meus nobres pares a aprovarem esta proposição.

- Publicado, vai o projeto às Comissões de Justiça e de Cultura para parecer, nos termos do art. 188, c/c o art. 102, do Regimento Interno.

PL 274, de 2011 [715]

Ementa: Declara patrimônio histórico e cultural do Estado a orquestra sinfônica do Estado de Minas Gerais.

Justificação: Para os gregos, "orkhestra" queria dizer "lugar destinado à dança". No séc. V a.C., os espetáculos eram encenados em teatros ao ar livre, e "orkhestra" era aquele espaço situado bem na boca de cena, no formato de meia-lua. E era lá que o coro participava da ação, cantando e dançando. Mas, é bom lembrar, era lá também que ficavam os músicos. Muito tempo depois, mais precisamente no início do séc. XVII, surgiria a ópera, tipo de espetáculo que logo seria comparado ao drama grego. E dessa comparação é que surgiu a ideia de denominar o espaço destinado aos músicos, entre a plateia e o palco, como orquestra. Logo, o que servia para dar nome a um espaço daria nome também ao próprio conjunto de instrumentistas.

Em seguida, seria acoplado ao termo orquestra um outro, "sinfônica", que faz referência a uma consonância de sons. Em outras palavras, uma orquestra sinfônica é um grupo de músicos que tocam juntos, em harmonia. E o que seria, então, a orquestra filarmônica? O termo "filarmônica" diz respeito ao sustento de uma orquestra: se ela é filarmônica, então é mantida por uma sociedade de amigos ou uma entidade privada. Por oposição, com o tempo, orquestra sinfônica passou a ser o nome de um grupo mantido por uma instituição pública, o governo de um país, de um Estado, a Prefeitura de uma cidade. Mas, no final das contas, uma orquestra filarmônica também é sinfônica, já que nela os músicos também tocam juntos, em harmonia.

Em países do chamado Primeiro Mundo, o culto às orquestras sinfônicas é elevado. Países como a Alemanha possuem 149 grandes conjuntos musicais subvencionados, incluindo 82 orquestras de ópera, 35 de concerto, 7 de câmara e 14 de rádio, 4 "big bands" e 7 coros de rádio.

No Brasil colonial, havia uma utilização intensa de orquestras nos cultos religiosos, todas elas subvencionadas pela Igreja Católica. Já no séc. XIX, estas orquestras foram paulatinamente substituídas pelas nossas conhecidas bandas, uma vez que o financiamento da Igreja tinha praticamente acabado.

Desta época, restaram poucas orquestras, como a famosa Ribeiro Bastos, de São João Del-Rei.

Sabemos que o repertório sinfônico cresceu enormemente a partir do séc. XIX, legando para a humanidade milhares de composições, compreendendo o repertório sinfônico propriamente dito, concertos, balés e óperas, que deveriam ser difundidas entre todas as camadas de nossa sociedade. Temos o dever de livrar a cultura da aura elitista e levar a música erudita e, principalmente, a sinfônica para toda a nossa população.

Projetos louváveis como o da Sinfônica Brasileira, de levar a música sinfônica para a população das favelas do Rio a preços populares (R$1,00), deveriam ser imitados em todo o território nacional. Pode-se perceber a grande comoção das pessoas que nunca tiveram condições de pisar no Teatro Municipal do Rio e assistir a uma orquestra ao vivo. Acreditamos que este é o papel de qualquer governo coerente e engajado com o povo, e não o de simplesmente delegar essa função a organizações privadas.

A Orquestra Sinfônica de Minas Gerais tem cumprindo este papel com propriedade, através do projeto de circulação da Fundação Clóvis Salgado. Ela tem se apresentado em várias cidades do interior de Minas, com entrada franca. Fica a nossa pergunta: ao se privatizar, ela continuará realizando este louvável projeto de descentralização?

Um dos três corpos artísticos mantidos pelo Palácio das Artes, a Orquestra Sinfônica de Minas Gerais é também a única orquestra profissional do Estado. Nos últimos anos, diversificou sua atuação e se tornou um grupo extremamente versátil, presente em óperas e balés, dando concertos, apresentando-se ao ar livre na Capital e no interior e executando um repertório que abrange todos os períodos da música sinfônica, do barroco ao contemporâneo.

Em 2004, o grupo realizou um total de 50 apresentações, algumas delas acompanhadas por grandes nomes da música nacional e internacional, como os pianistas Nélson Freire, Pavel Nercessian e Arnaldo Cohen e o trompetista russo Serguey Nakariakov. Ainda em 2004, junto com o Coral Lírico Palácio das Artes, a Orquesta Sinfônica de Minas Gerais gravou o CD "Ofício de Trevas", registro profissional da obra do padre e compositor mineiro José Maria Xavier (1819-1887), com regência de Marcelo Ramos. No mesmo ano, gravou um CD com obras do compositor Tavinho Moura, sob regência do compositor Wagner Tiso.

---

715 TRANSFORMADO EM NORMA JURÍDICA (LEI 20628 2013)

Fundada em 1977, fez seu concerto de estreia em setembro do mesmo ano, sob regência do maestro alemão Wolfgang Groth. Atualmente, tem como regente residente o maestro Charles Roussin e como regente titular o maestro Roberto Tibiriçá.

Figuram entre os regentes titulares da história da Orquestra Sinfônica de Minas Gerais os maestros Wolfgang Groth, Emilio De Cesar, Sérgio Magnani, Carlos Alberto Pinto da Fonseca, Aylton Escobar, David Machado, Afrânio Lacerda e Holger Kolodziej.

Também a regeram personalidades como Eleazar de Carvalho, Cláudio Santoro, Camargo Guarnieri, Benito Juarez, Alceo Bocchino, Marc Trautman, Roberto Duarte, Carlos Eduardo Prates, Henrique Morelembaum, Per Brevig, Roberto Schnorremberg, Johannes Hömberg, Roberto Tibiriçá, Eugene Kohne e Eraldo Salmieri, entre outros convidados. Foram solistas, entre muitos nomes de destaque, os pianistas Antônio Guedes Barbosa, Jacques Klein, Yara Bernette, Jean Louis Steuerman, Eduardo Hazan, Berenice Menegale, Roberto Szidon, Edson Elias, Frederic Meinders e Fanny Solter; os cantores Amin Feres, Maria Lúcia Godoy, Céline Imbert, Nilza de Castro Tank, Genuína Pinheiro, Paulo Fortes, Edith Mathis, Eliane Coelho, Regina Elena Mesquita e Fernando Teixeira; e os instrumentistas Maria Durek, Leopold La Fosse e Antônio Meneses.

Ressaltamos que a Orquestra Sinfônica de Minas Gerais já se tornou um patrimônio cultural do Estado, patrimônio esse que deve pertencer ao povo mineiro, e não a uma elite empresarial que passará a patrociná-la e dirigi-la para seus interesses próprios.

- Publicado, vai o projeto às Comissões de Justiça e de Cultura para parecer, nos termos do art. 188, c/c o art. 102, do Regimento Interno.

PL 4923, de 2010

Ementa: Declara patrimônio cultural do Estado o queijo artesanal do planalto de Poços de Caldas e dá outras providências.

Justificação: Os historiadores afirmam que o queijo vem sendo fabricado em Minas Gerais há mais de 200 anos, entretanto não há registros da crescente relevância do planalto de Poços de Caldas para o desenvolvimento e a disseminação de tal atividade.

Conforme a história, a região recebeu seus primeiros habitantes em 1777, no fim do ciclo do ouro em Minas, tendo Caldas como a mais antiga

cidade, fundada em 1813 pelo império português. Originalmente lusitana, a cultura do queijo foi trazida da Serra da Estrela diretamente para a região do Serro, onde os pioneiros na ocupação local desenvolveram a atividade agropecuária, em especial a fabricação dessa iguaria.

Em 2001, os produtores resistiram à propaganda de que o queijo artesanal faria mal à saúde e que sua produção seria proibida. As associações se uniram com o governo do Estado e chegaram a um acordo, adotando padrões sanitários, tanto para a criação do rebanho quanto para a higiene necessária à produção. Nos anos seguintes, o Instituto Estadual Patrimônio Histórico Artístico - Iepha -, através de lei estadual, e o Instituto Patrimônio Cultural Imaterial Brasileiro - Iphan -, por legislação federal, reconheceram o queijo artesanal como patrimônio cultural e imaterial em Minas Gerais e no Brasil, respectivamente.

Por outro lado, grande foi o esforço dos fabricantes para alcançar a mobilização da classe. Nesse contexto, foi implantado o Cadastro Municipal de Produtor Artesanal, formado hoje por 76 produtores legalizados, e fundada a Aprocaldas, que, com a união dos produtores, logrou aprovar o tombamento do queijo da região como patrimônio cultural imaterial de Caldas.

Considerando o benefício econômico e cultural que a produção do queijo artesanal tem proporcionado ao Município e à região e estando ele em concordância com os dispositivos constitucionais e legais para obter a presente distinção, espera o signatário deste projeto de lei obter sua aprovação.

- Publicado, vai o projeto às Comissões de Justiça e de Cultura para parecer, nos termos do art. 188, c/c o art. 102, do Regimento Interno.

PL 4481, de 2010

Ementa: Declara patrimônio cultural do Estado a comunidade dos Arturos, no Município de Contagem.

Justificação: A comunidade dos Arturos, no Município de Contagem, descende de Arthur Camilo Silvério e de Carmelinda Maria da Silva, que a fundaram no séc. XIX. Os Arturos são uma comunidade remanescente de quilombos e têm uma história de resistência e de preservação das referências culturais africanas, com destaque para as festas religiosas. A importância desse grupo étnico extrapolou nossas fronteiras, ganhando reconhecimento internacional.

Atualmente, a comunidade é considerada pelos estudiosos como uma das manifestações mais genuínas da cultura negra tradicional no Brasil. Dela faz parte a Irmandade dos Arturos, que presta

devoção a Nossa Senhora do Rosário, é também, frequentemente, objeto de estudos acadêmicos. Tendo em vista sua importância para a cultura do Estado, pedimos o apoio dos nobres pares para sua preservação.

- Publicado, vai o projeto às Comissões de Justiça e de Cultura para parecer, nos termos do art. 188, c/c o art. 102, do Regimento Interno.

PL 3872, de 2009

Ementa: Declara patrimônio cultural do Estado o Rádio Motobras, produzido no Município de Brazópolis, e dá outras providências.

Justificação: A proposição em tela visa a declarar como patrimônio cultural do Estado o rádio Motobras, produzido no Município de Brazópolis pela única empresa desse ramo instalada em

Minas Gerais.

A Audiomótor Comercial e Industrial Ltda., empresa fabricante de rádios receptores e autorrádios da marca Motobras, foi instalada nesse Município, em dezembro de 1992, por Carlos Donizeti de Lima, Ronald Assali e Masami Okazaki, três pessoas que tinham o sonho e a vontade de produzir rádios de qualidade e de se tornarem os maiores fabricantes de rádios portáteis do Brasil.

O sonho de produzir rádios de qualidade correspondia ao anseio de produzir um bem que ajudasse a preencher as necessidades de informação e comunicação das mais longínquas localidades do Brasil, interligando a população brasileira, para quem o rádio é um bem de primeira necessidade.

Com esse objetivo, encontraram em Brazópolis o apoio do Prefeito, Sr. José Fernandes dos Reis, que cedeu um galpão para que começassem uma pequena linha de produção para a fabricação de rádios. Este foi o início da vida da Audiomótor, que hoje se confunde com sua marca Motobras, tornando-se uma realidade o sonho dos três fundadores de alcançar a liderança no segmento de rádios

portáteis e oferecer aos consumidores produtos de qualidade.

Atualmente, com o apoio do governo de Minas Gerais, a empresa emprega 140 funcionários, sendo que 90% desses colaboradores encontraram na empresa seu primeiro emprego. São duas unidades fabris, ocupando uma área de 8.805m² em Brazópolis, e um escritório em São Paulo (SP). É a única fabricante de rádios de ondas curtas no Brasil.

A ideia de produzir rádios de ondas curtas surgiu da carência, no mercado, de um aparelho que captasse as ondas das rádios das principais cidades brasileiras e até do exterior, em todas as localidades da imensidão do território brasileiro, levando entretenimento e principalmente informações, para que as pessoas não ficassem alheias ao que acontecia fora de sua região.

O objetivo principal da empresa está sendo atingido, pois sua versatilidade vem sendo reconhecida pelos consumidores de todos os pontos do País, e ela tem recebido muitos elogios com relação ao

desempenho dos aparelhos, mesmo em regiões distantes, onde as condições de recepção são difíceis.

A Motobras prima pela qualidade de seus produtos, que utilizam uma tecnologia 100% nacional. Sua recepção e qualidade sonora são altamente reconhecidas pelos lojistas e consumidores, e a preocupação com a qualidade faz com que a empresa invista constantemente em novos processos e treinamento de mão de obra: atualmente, ela está implantando o sistema ISO 9001: 2008.

Com mais de 11 mil clientes do Oiapoque ao Chuí, possui uma extensa rede de assistência técnica espalhada por todo o território nacional, o que dá segurança aos consumidores. Hoje,

seu grande sonho é fabricar no Brasil rádios com tecnologia digital, para o que aguarda a definição do governo quanto ao sistema a ser usado no País para transmissão.

Por estas razões, conclamo os meus nobres pares a aprovarem esta proposição.

- Publicado, vai o projeto às Comissões de Justiça e de Cultura para parecer, nos termos do art. 188, c/c o art. 102, do Regimento Interno.

PL 3258, de 2009

Ementa: Declara como patrimônio cultural do estado o café produzido no sul de minas e dá outras providências.

Justificação: Esta proposição visa declarar patrimônio cultural do Estado o café produzido na região do Sul de Minas. O Estado de Minas, além de ser o maior produtor brasileiro, é reconhecido como um dos principais expoentes nacionais do café de qualidade. O café produzido no Sul apresenta uma característica peculiar, em função do microclima da região, caracterizado por temperaturas amenas (entre 18oC e 20oC), devido às elevadas altitudes de suas cadeias montanhosas (até 1.400 metros acima do nível do mar), o que faz produzir uma bebida em geral doce e encorpada, de aroma frutado e acentuada acidez, o que é um diferencial.

A região ainda não tem demarcação regularizada para certificação de origem do café produzido, mas organizações, como a Associação dos Produtores de Café da Mantiqueira -Aprocam -, buscam essa providência em suas microrregiões, dentro da área delimitada como sul de Minas. A solicitação de indicação geográfica para os produtores da Mantiqueira, entre eles os Municípios de Carmo de Minas, Cristina e Santa Rita do Sapucaí, já foi feita ao Instituto Nacional da Propriedade Industrial e está em andamento. Outras cidades que se destacam, entre outras, na macrorregião do sul do Estado, considerando-se produtividade e qualidade, são Alpinópolis, Guaxupé, Itamogi, São Sebastião do Paraíso, São Tomás de Aquino, Três Pontas, Varginha.

Esta proposição visa estimular o setor cafeeiro do Estado, em especial o produzido na região Sul, que tem-se destacado na busca por uma melhor qualidade, além de ser um reconhecimento, por parte do Estado, à importância socioeconômica da produção cafeeira do sul de Minas e à sua singular qualidade, que tem merecido numerosas premiações em diversos concursos do país.

Por todos esses fatores, conclamo os meus nobres pares a aprovarem esta proposição. - Publicado, vai o projeto às Comissões de Justiça e da Cultura para parecer, nos termos do art. 188, c/c o art. 102, do Regimento Interno.

PL 3222, de 2009

Ementa: Declara patrimônio cultural do Estado o processo artesanal de fabricação do salgado denominado pastel de farinha de milho produzido no Município de Pouso Alegre.

Justificação: O assim chamado pastel de farinha de milho difere totalmente do conhecido pastel de angu. O pastel de farinha de milho é fruto de uma adaptação culinária, ocorrida ainda na

época das entradas e bandeiras, expedições que palmilharam grande parte do Sul de Minas, a partir do Rio Grande. Tais expedições propiciaram a fundação de diversas povoações, ao longo da Bacia do Rio Grande e do Rio Sapucaí, incrementadas pela descoberta de ouro no território onde hoje se localizam os Municípios de Silvianópolis, Campanha e São Gonçalo do Sapucaí.

A extração de ouro durou pouco e, a partir das descobertas das minas localizadas em Vila Rica, Sabará e Mariana, essa região do Sul de Minas passou a produzir mantimentos e gêneros

alimentícios para a grande população que se concentrou para minerar ouro, naquela região, nos séculos XVII e XVIII.

As povoações sul-mineiras daquela época enfrentavam toda a sorte de provações e de dificuldades, oriundas de seu isolamento e do pequeno valor agregado dos produtos então produzidos. Gêneros importados, como a farinha de trigo, eram escassos. A partir dessa carência, e utilizando uma mistura composta por farinha de milho e polvilho, derivados de culturas locais, criou-se uma massa de pastel que, embora não fosse tão fina e leve como a massa feita com farinha de trigo, se revelou muito saborosa.

Existe uma controvérsia se a origem do pastel pode ser atribuída a Silvianópolis ou a Pouso Alegre, já que o quitute pode ser encontrado em ambas as cidades. Entretanto, foi em Pouso

Alegre que o salgado alcançou impressionante popularidade. Além de ser encontrado no mercado municipal, dezenas de vendedores ambulantes fritam e oferecem o salgado nas principais esquinas da cidade. Em alguns supermercados, o pastel de farinha de milho pode ser encontrado em embalagens hermeticamente vedadas e congeladas, produzido por uma fábrica local. Não se tem notícia de nada

parecido com essa receita, nem com essa difusão culinária, em qualquer outro lugar do Brasil.

Em razão do exposto, merece esta proposição o devido acatamento e aprovação pelos nobres Deputados da Assembleia mineira.

- Publicado, vai o projeto às Comissões de Justiça e de Cultura para parecer, nos termos do art. 188, c/c o art. 102, do Regimento Interno.

PL 3217, de 2009

Ementa: Declara como patrimônio cultural do estado a estância hidromineral de Caxambu e dá outras providências.

Justificação: A proposição em tela visa a declarar patrimônio cultural do Estado a Estância Hidromineral de Caxambu, que tem ao todo 12 fontes de água mineral e um gêiser, com propriedades químicas diferenciadas umas das outras. Cada uma possui uma arquitetura peculiar e todas já são tombadas pelo Instituto Estadual do Patrimônio Histórico e Artístico de Minas Gerais - Iepha.

A cidade é a única no mundo com tamanho manancial, o que merece o esforço múltiplo do poder público e da iniciativa privada em defesa desse patrimônio.

A riqueza das águas de Caxambu pode ser conferida em seu Parque das Águas, um espaço belíssimo que encanta qualquer visitante. A área verde, situada no coração da cidade, mede 210 mil metros quadrados e concentra as 12 fontes de água mineral existentes no Município.

As águas de Caxambu têm comprovado poder diurético e desintoxicante. Dessas fontes de vida e saúde brotam as águas ininterruptamente.

A Fonte Dom Pedro é a mais antiga e simbólica do Parque das Águas. O nome é uma homenagem ao Imperador D. Pedro II, representado também pela réplica da coroa imperial sobre o pilar da construção de mármore. A captação dessa fonte teria ocorrido em meados do século XIX e o atual pavilhão data de 1960. Dali brota a água rica em gás carbônico e bicarbonato de sódio, capaz de estimular as funções digestivas e eliminar perturbações gastrointestinais.

A Fonte Duque de Caxias, conhecida também como fonte sulfurosa, devido à presença de enxofre, tem esse nome em homenagem ao marido de D. Leopoldina (genro do Imperador). Seu diferencial em relação às demais seria o ponto de inalação do gás sulfídrico, que atua no aparelho respiratório desobstruindo as vias respiratórias.

Já a Fonte D. Isabel e Conde D'Eu tem uma história peculiar: "Foi bebendo águas desta fonte que, em 1868, a Princesa Isabel teria vencido as dificuldades que tinha para engravidar", diz a história. Em sinal de agradecimento e em cumprimento a uma promessa, a Princesa e o Conde D'Eu determinaram a construção, em Caxambu, da Igreja Santa Isabel, dedicada à Rainha da Hungria. Essas fontes férreas passaram a dividir o mesmo pavilhão em 1910.

Por essas razões, conclamo os meus nobres pares a aprovarem esta proposição. - Publicado, vai o projeto às Comissões de Justiça e de Cultura para parecer, nos termos do art. 188, c/c o art. 102, do Regimento Interno.

PL 3208, de 2009

Ementa: Declara patrimônio cultural do estado o cenário bíblico Monte das Oliveiras, situado no Município de Alpinópolis.

Justificação: O Cenário Bíblico Monte das Oliveiras, situado no Município de Alpinópolis, no Sudoeste mineiro, é um dos maiores atrativos religiosos do Estado. Idealizado por um historiador da cidade, ainda na década de 70, começou a ser construído em 1983. Em um espaço de 90.000m2, na Semana Santa, é realizada a encenação da Paixão de Cristo, que atrai um público de mais de 15 mil pessoas.

No local, que é uma réplica da Terra Santa, estão representados o deserto, os patriarcas, as Tábuas da Lei, o Calvário, a Gruta de Belém, a Mesa dos Apóstolos e o Muro das Lamentações, entre outros. A associação filantrópica Apóstolos de Cristo, que administra o espaço, pretende ainda construir a Piscina Probática, que era usada por Jesus para curar os fiéis, a Torre de Babel e a Arca de Noé.

Em face do exposto, solicitamos aos nobres pares a aprovação deste projeto. - Publicado, vai o projeto às Comissões de Justiça e de Cultura para parecer, nos termos do art. 188, c/c o art. 102, do Regimento Interno.

PL 3195, de 2009

Ementa: Declara patrimônio cultural do Estado a catira ou cateretê.

Justificação: Catira ou cateretê é uma dança do folclore brasileiro em que o ritmo musical é marcado pela batida dos pés e das mãos dos dançarinos.

De origem híbrida, com influências indígenas, africanas e européias, a catira (ou "o catira") tem suas raízes em Mato Grosso, Goiás e no Norte de Minas. A coreografia é executada a maioria das vezes somente por homens (boiadeiros e lavradores) e pode ser formada por 6 a 10 componentes e mais uma dupla de violeiros, que tocam e cantam a moda. Atualmente, ela é dançada também por homens e mulheres em conjunto ou só por mulheres.

É uma dança típica do interior do Brasil, principalmente na área de influência da cultura caipira (Mato Grosso, Norte do Paraná, Minas Gerais, Goiás e partes de São Paulo e do Mato Grosso do Sul).

A coreografia da catira é quase sempre fixa, havendo poucas variações de uma região para outra.

Origem: diversos autores, entre eles Mario de Andrade, nos contam que a catira se originou entre os índios e que o Padre José de Anchieta, entre os anos de 1563 e 1597, a incluiu nas festas de São Gonçalo, de São João e de Nossa Senhora da Conceição, da qual era devoto. Teria Anchieta composto versos em ritmo de catira para catequizar índios e caboclos. Há, porém, os que dizem que ela veio da África junto com os negros, e outros acham que é de origem ibérica. O certo é que ela adquiriu características desses três grupos citados, podendo até ter recebido influências de outros povos.

Evolução: a catira, em algumas regiões, é executada exclusivamente por homens, organizados em duas fileiras opostas. Na extremidade de cada uma delas fica o violeiro que tem à sua frente a sua "segunda", isto é, outro violeiro ou cantador que o acompanha na cantoria, entoando uma terça abaixo ou acima. O início é dado pelo violeiro que toca o "rasqueado", toques rítmicos específicos, para os dançarinos fazerem a "escova", o bate-pé, o bate-mão, os pulos. Prossegue com os cantadores iniciando uma moda de viola, com temática variada em estilo narrativo, conforme padrão deste gênero musical. Os músicos interrompem a cantoria e repetem o rasqueado. Os dançarinos reproduzem o bate-pé, o bate-mão e os pulos. Vão alternando a moda e as batidas de pé e mão. O tempo da cantoria é o descanso dos dançarinos, que aguardam a volta do rasqueado. Acabada a moda, os catireiros fazem uma roda e giram batendo os pés alternados com as mãos: é a figuração da "serra abaixo", terminando com os dançarinos nos seus lugares iniciais. A catira encerra com o "recortado": as fileiras, encabeçadas pelos músicos, trocam de lugar, fazem meia-volta e retornam ao ponto inicial. Nesse momento, todos cantam uma canção, o "levante", que varia de grupo para grupo. No encerramento do "recortado", os catireiros repetem as batidas de pés, mãos e pulos.

Pela importância histórica, social e cultural dessas manifestações, pedimos aos nossos pares todo o apoio à aprovação desta proposição, com a certeza de estarmos contribuindo para a perpetuação desse verdadeiro patrimônio imaterial do povo mineiro, preservando-o para que as atuais e futuras gerações possam dele tomar conhecimento e partilhar de sua riqueza, beleza e espiritualidade.

- Publicado, vai o projeto às Comissões de Justiça e de Cultura para parecer, nos termos do art. 188, c/c o art. 102, do Regimento Interno.

PL 3194, de 2009

Ementa: Declara patrimônio cultural do Estado os reisados, ternos ou folias-de-reis.

Justificação: As folias-de-reis, reisados ou ternos-de-reis são manifestações culturais festivas de caráter religioso e origem portuguesa, que aportaram no Brasil em meados do século XVIII. Com o objetivo precípuo, em Portugal, de divertir a população, sua adoção no Brasil absorveu mais profundamente a questão religiosa, perdendo em grande parte o caráter de descontração com que aqui chegou.

Recebida das mãos dos colonizadores portugueses e desenvolvida no Brasil com características próprias, a folia-de-reis é uma manifestação de rara beleza, e os preciosos versos são preservados de geração em geração por tradição oral.

No período de 24 de dezembro (véspera de Natal) a 6 de janeiro (Dia de Reis), um grupo de cantadores e instrumentistas percorre toda a cidade entoando versos relativos à visita dos reis magos - Baltasar, Melquior e Gaspar - ao Menino Jesus.

Atualmente são dramatizadas as passagens bíblicas do nascimento de Cristo, da visitação dos reis magos e da fuga da sagrada família para o Egito. Os foliões caracterizam-se como personagens das histórias (por exemplo, os palhaços barbados, que representam os soldados do governador romano Herodes), percorrem a cidade recolhendo dinheiro e comida de moradores e acompanham os tambores, cavaquinhos e pandeiros.

Na tradição católica, a passagem bíblica em que Jesus foi visitado por magos converteu-se na tradicional visitação feita pelos três reis magos, os quais passaram a ser reverenciados como santos a partir do século VIII.

Fixado o nascimento de Jesus Cristo em 25 de dezembro, adotou-se a data da visitação como sendo o dia 6 de janeiro, que, em alguns países de origem latina, especialmente aqueles cuja cultura tem origem espanhola, passou a ser a mais importante data comemorativa católica, mais importante, inclusive, que o próprio Natal. No Estado do Rio de Janeiro, os grupos realizam folias até o dia 20 de janeiro, Dia de São Sebastião, padroeiro do Estado.

Na cultura tradicional brasileira, os festejos de Natal eram comemorados por grupos que visitavam as casas tocando músicas alegres em louvor aos santos reis e ao nascimento de Cristo; essas manifestações festivas estendiam-se até a data consagrada aos reis magos. Trata-se de um tradição originária de Portugal que ganhou força, especialmente no século XIX, e mantém-se viva em muitas regiões do país, sobretudo nas pequenas cidades dos Estados de São Paulo, Minas Gerais, Bahia, Espírito Santo, Goiás, Rio de Janeiro, entre outros.

Cada grupo, chamado em alguns lugares de folia-de-reis, em outros terno-de-reis, é composto por músicos tocando instrumentos, em sua maioria de confecção caseira e artesanal, como tambores, reco-reco, flauta e rabeca (espécie de violino rústico), além da tradicional viola caipira e do acordeom, também conhecido em certas regiões como sanfona, gaita ou pé-de-bode.

Além dos músicos instrumentistas e cantores, o grupo muitas vezes se compõe também de dançarinos, palhaços e outras figuras folclóricas, devidamente caracterizadas segundo as lendas e tradições locais. Todos se organizam sob a liderança do capitão da folia e seguem com reverência os passos da bandeira, cumprindo rituais tradicionais de inquestionável beleza e riqueza cultural.

As canções são sempre sobre temas religiosos, com exceção daquelas tocadas nas tradicionais paradas para jantares, almoços ou repouso dos foliões, onde acontecem animadas festas com cantorias e danças típicas regionais, como catira, moda de viola e cateretê. Contudo, ao contrário do ocorrido com os reis da tradição, o propósito da folia não é o de levar presentes, mas de recebê-los do dono da casa para finalidades filantrópicas, exceto, obviamente, as fartas mesas dos jantares e as bebidas que são oferecidas aos foliões.

Em algumas regiões as canções de reis são por vezes ininteligíveis, dado o caos sonoro produzido. Isso ocorre quase sempre porque o ritmo ganhou, ao longo do tempo, contornos de origens africanas com fortes batidas e com um clímax de entonação vocal. Contudo, um componente permanece imutável: a canção de chegada, onde o líder (ou capitão) pede permissão ao dono da casa para entrar, e a canção da despedida, onde a folia agradece as doações e a acolhida e se despede.

Pela importância histórica, social e cultural dessas manifestações, pedimos aos nossos pares todo o apoio para a aprovação da proposição que apresentamos, com a certeza de estarmos contribuindo para a perpetuação desse verdadeiro patrimônio imaterial do povo mineiro, preservando-o para que as gerações possam dele tomar conhecimento e partilhar de sua riqueza, beleza e espiritualidade.

- Publicado, vai o projeto às Comissões de Justiça e de Cultura para parecer, nos termos do art. 188, c/c o art. 102, do Regimento Interno.

PL 3193, de 2009

Ementa: Declara patrimônio cultural do Estado o congado e seus congêneres.

Justificação: O congado originou-se na África, no Congo, inspirado no Cortejo aos Reis Congos, que era uma expressão de agradecimento do povo aos seus governantes. Com a colonização portuguesa, vários africanos foram trazidos para o Brasil como escravos e veio com eles essa tradição, que se mesclou à cultura local. Também chamada de congo ou congada, a manifestação mescla cultos católicos com africanos num movimento sincrético. É uma dança que dramatiza a coroação do rei do Congo, acompanhada de um cortejo compassado, cavalgadas, levantamento de mastros e música. São utilizados diversos instrumentos musicais na animação, sendo os mais tradicionais a caixa, o pandeiro e o reco-reco. Ocorre em várias festividades ao longo do ano, mas especialmente no mês de outubro, na festa de Nossa Senhora do Rosário. O ponto alto da festa é a coroação do rei do Congo.

O congado é uma tradição popular muito presente em Minas Gerais, com manifestações em quase todos os 853 Municípios mineiros e em centenas de Municípios de outros Estados da Federação. Na maioria das localidades de Minas, a manifestação se dá em louvor e prova de devoção a Nossa Senhora do Rosário, São Benedito e Santa Efigênia.

Na celebração de festas aos santos, em que a aclamação é animada com danças e muito batuque de zabumba, há uma hierarquia na qual se destacam o rei, a rainha, os generais, os capitães, etc. São divididos em turmas de números variáveis, chamados ternos, que variam de acordo com sua função ritual na festa e no cortejo: moçambiques, catupés, marujos, congos, vilões e outros.

Pela importância histórica, social e cultural dessas manifestações, pedimos aos nossos pares todo o apoio para a aprovação da proposição em análise, com a certeza de estarmos contribuindo para a perpetuação desse verdadeiro patrimônio imaterial do povo mineiro, preservando-o para que as atuais e futuras gerações possam dele tomar conhecimento e partilhar de sua riqueza, beleza e espiritualidade.

- Publicado, vai o projeto às Comissões de Justiça e de Cultura para parecer, nos termos do art. 188, c/c o art. 102, do Regimento Interno.

PL 3177, de 2009

Ementa: Declara patrimônio cultural do estado a bucha vegetal produzida no Município de Bonfim.

Justificação: Bonfim, Município mineiro localizado a 82Km de Belo Horizonte, é um dos maiores produtores de bucha vegetal do Estado.

A extração de bucha vegetal já é realizada há mais de 50 anos em Bonfim, mas a renda bruta obtida em 2007 pelos 92 produtores, com a venda de 110 mil dúzias do produto para os Estados de Minas Gerais, São Paulo e Espírito Santo, não ultrapassou 1 millhão de reais. Isso

ocorre porque 95% da bucha produzida ainda são vendidos "in natura" para a indústria. Há seis anos, o Sebrae acenou com a possibilidade de criar na região um Arranjo Produtivo Local (APL) para aperfeiçoar a produção da bucha, o que culminou com a criação da Associação Mineira de Produtores de Bucha Vegetal, que foi fundamental, pois antes disso os produtores vendiam o produto para atravessadores. "O brasileiro tem muita resistência ao espírito associativista, mas vamos vencendo essa barreira pouco a pouco", disse o ex-Prefeito Ermir Moreira, justificando os apenas 22 integrantes da associação.

De acordo com o seu Presidente, Adelson José da Rocha, a Associação também exerce o papel de controle de qualidade do produto, facilita sua venda para as indústrias, que só compram uma quantidade mínima de mil dúzias, e contribui para a qualificação dos trabalhadores. São muitas as instituições que colaboram com os produtores de bucha vegetal: Associação, Sebrae, Senar, Prefeitura, Emater e Embrapa. A assistência é prestada sob a forma de cursos de artesanato e "design" que têm como matéria-prima a bucha vegetal; liberação de recursos e cessão de espaço para o funcionamento da sede da Associação; aquisição de máquinas para processar a bucha no Município e tomada de providências para a criação de uma cooperativa, o que permitiria ao produtor chegar quase ao fim da cadeia de produção; incentivo à participação em feira de artesanato para divulgação da bucha artesanal com vistas à abertura de novos mercados, além de identificação da praga que atinge as plantas.

Hoje a produção de bucha vegetal é alvo de um projeto, integrado pelos Municípios de Bonfim, Betim, Brumadinho, Rio Manso e Piedade dos Gerais de Gestão Estratégica Orientada a Resultados (Geor), do Sebrae Minas.

Pelas razões aduzidas, conto com o apoio de meus nobres pares para aprovação da proposição em tela.

- Publicado, vai o projeto às Comissões de Justiça e de Cultura para parecer, nos termos do art. 188, c/c o art. 102, do Regimento Interno.

PL 3091, de 2009

Ementa: Declara patrimônio cultural do Estado o processo artesanal de fabricação do pão-de-canela produzido no Município de Lima Duarte.

Justificação: Conceição da Ibitipoca é um Distrito do Município de Lima Duarte, a 360 km de Belo Horizonte, na Zona da Mata. Nesse pequeno vilarejo, se encontra o famoso pão-de-canela,

que passa de geração em geração. A culinária local atrai milhares e milhares de visitantes e é praticamente impossível não prová-la. Na sede do Município e na zona rural, muitas famílias se dedicam à produção do pão-de-canela, que pode ganhar recheio de goiabada, dependendo do gosto do freguês. Segundo Heleuza Maria Neves Fontes, dona de um bar situado na saída para o Parque Estadual da Serra do Ibitipoca, ele é hoje a mais perfeita tradução daquela culinária. Tem gosto de tradição, de história, de vida natural. Na estrada para o Parque, são muitas as casas singelas, com placas informando: "Aqui tem pão-de-canela". A receita parece uma ciranda, pois passa de geração em geração. Heleuza aprendeu com a mãe Maria, que aprendeu com seu pai... Ninguém esqueceu a maneira correta de amassar, de enrolar o pão como se fosse rocambole, de espalhar o recheio. De acordo com uma lenda antiga, a origem dessa receita estaria no amor de um alemão por uma índia. A receita usava maçã, em vez de canela, como recheio. "Como a fruta era difícil, a moçaapelou para a canela", explica Heleuza. Pelo visto, o pão tem sabor de paixão.

Isto posto, conto com o apoio de meus nobres pares para a aprovação deste projeto.

- Publicado, vai o projeto às Comissões de Justiça e de Cultura para parecer, nos termos do art. 188, c/c o art. 102, do Regimento Interno.

PL 2975, de 2009

Ementa: Dispõe sobre a Proteção e Preservação da Folia de Reis e Congado de Minas Gerais e dá Outras Providências.

Justificação: A proposição tem por objetivo promover o acautelamento das formas de expressão da Folia de Reis e Congado, enraizados no cotidiano das comunidades, para fins de registro no Livro de Registro dos Saberes, nos termos do art. 1o, § 1o, I, do Decreto Federal no 3.551, de 2000, que institui o Registro de Bens Culturais de Natureza Imaterial que constituem patrimônio cultural brasileiro, cria o Programa Nacional do Patrimônio Imaterial e dá outras providências.

Folia de Reis é um festejo de origem portuguesa ligado às comemorações do culto católico do Natal que, trazido para o Brasil, mantém-se vivo nas manifestações folclóricas de muitas cidades de Minas Gerais.

Na tradição católica, a passagem bíblica em que Jesus foi visitado por "uns magos", converteu-se na tradicional visitação feita pelos três "Reis Magos", denominados Belchior, Baltazar e Gaspar, os quais passaram a ser referenciados como santos a partir do século VIII.

Na cultura tradicional brasileira, os festejos de Natal eram comemorados por grupos que visitavam as casas tocando músicas alegres em louvor aos Santos Reis e ao nascimento de Cristo. Esta tradição, oriunda de Portugal, ganhou força no século XIX, mantendo-se viva em várias regiões, sobretudo nas cidades do interior de nosso Estado.

A festa de Folia de Reis adquiriu entre nós o espírito religioso que conserva até hoje, sendo desenvolvida com características próprias e transformando-se em manifestação folclórica de rara beleza. Seu início acontece no dia 24 de dezembro, véspera de Natal, prosseguindo até o dia 2 de fevereiro, período em que grupos festivos de pessoas saem cantando ao som de violão, sanfona, cavaquinho, pandeiro, reco-reco, pistão, chocalho, triângulo, tantãs e outros instrumentos, exaltando o Deus Menino e percorrendo as casas, indo de porta em porta em busca de oferendas que podem variar de um prato de comida a uma xícara de café.

É a chamada banda de folia de reis, ou música de folia de reis. Quando ela passa por sítios e fazendas da zona rural, tem o nome de caixa de folia de reis. O chefe do grupo é denominado alferes de folia de reis, e eles seguem seu caminho representando pequenas peças teatrais e cantando à porta das casas, cujos moradores lhes oferecem comida, bebida e esmolas que serão utilizadas no dia de Reis, considerado o dia da gratidão.

Os personagens que compõem a folia somam doze pessoas, todas trajando roupas bastante coloridas, sendo elas o mestre e contra-mestre, donos de conhecimentos sobre a manifestação e líderes dos foliões; além do palhaço, dos foliões e dos três reis magos. O palhaço, usando vestimentas coloridas, deve proteger o Menino Jesus confundindo os soldados de Herodes, sendo o seu jeito alegre e descontraído motivo para distração e divertimento dos assistentes; os foliões, geralmente homens simples e de origem rural, são os participantes da festa, dando exemplo grandioso através de sua cantoria de fé; por sua vez, os três reis magos fazem uma viagem de esperança, certos de que ela os levará ao encontro de sua estrela.

Ao som dos instrumentos musicais os foliões efetuam longas caminhadas levando a bandeira, um estandarte de madeira ornado com motivos religiosos, à qual tributam especial respeito. Vão liderados pelo mestre e contra-mestre, figuras de relevância dentro da Folia por conhecerem os preciosos versos, preservados de geração em geração por tradição oral (vide "Recanto das Letras" - texto de Fernando Kitzinger Dannemann).

De origem africana, principalmente nas áreas do Congo, Angola e Moçambique, do povo bandu, o congado é uma manifestação cultural católica e africana. A história conta que Chico Rei, também um rei na África, do Congo dos Quicuios, foi trazido como escravo ao Brasil, especificamente a Vila Rica, atual Ouro Preto, junto a sua corte em meados do século XVIII. Chico Rei, como reza os casos, ficou rico por explorar uma mina abandonada e depois disso libertou vários escravos.

A partir daí surgiu a primeira irmandade de negros livres de Vila Rica. Chico Rei considerou a sua liberdade possível graças a Nossa Senhora do Rosário. Para pagar promessa à santa, ele organizou a primeira festa dos negros no Estado de Minas Gerais, na Igreja de Santa Efigênia e Nossa Senhora do Rosário de Alto Cruz, em Vila Rica, em 1747.

O congado, também chamado de congo ou congada, mescla cultos católicos com africanos num movimento sincrético. É uma dança que representa a coroação do rei do Congo, acompanhado de um cortejo compassado, cavalgadas, levantamento de mastros e música. Os instrumentos musicais utilizados são a cuíca, a caixa, o pandeiro, o reco-reco. Ocorre em várias festividades ao longo do ano, mas especialmente no mês de outubro, na festa de Nossa Senhora do Rosário. O ponto alto da festa é a coroação do rei do Congo.

Na celebração de festas aos santos, onde a aclamação é animada por meio de danças, com muito batuque de zabumba, há uma hierarquia, onde se destaca o rei, a rainha, os generais, capitães, etc. São divididos em turmas de números variáveis, chamados ternos. Os tipos de ternos variam de acordo com sua função ritual na festa e no cortejo: Moçambique, Catupés, Marujos, Congos, Vilões e outros.

Dessa forma, observa-se a necessidade de o Estado promover a identificação e o levantamento das diversas formas de expressão da Folia de Reis e Congado em todas as regiões do Estado, para fins de proteção desse importante patrimônio cultural.

Ressalte-se ainda que, a despeito de as diversas regiões de Minas Gerais realizarem festas populares da Folia de Reis e Congado, tais formas de expressão ainda não foram estudadas pelo poder público para fins de seu acautelamento.

Trata-se de medida que encontra amparo no art. 216, II, § 1o, do Texto Magno, que tem a seguinte redação:

"Art. 216 - Constituem patrimônio cultural brasileiro os bens de natureza material e imaterial, tomados individualmente ou em conjunto, portadores de referência à identidade, à ação, à memória dos diferentes grupos formadores da sociedade brasileira, nos quais se incluem:

(...) I - as formas de expressão;

(...) § 1o - O Poder Público, com a colaboração da comunidade, promoverá e protegerá o patrimônio cultural brasileiro, por meio de inventários,

registros, vigilância, tombamento e desapropriação, e de outras formas de acautelamento e preservação".

No mesmo diapasão, salientamos as normas estabelecidas nos arts. 208 e 209 da Constituição do Estado, relacionadas à proteção e preservação dos bens culturais mineiros, de natureza material e imaterial.

Desta forma, pedimos o apoio dos demais membros desta Casa para a aprovação do presente projeto de lei. - Publicado, vai o projeto às Comissões de Justiça e de Cultura para parecer, nos termos do art. 188, c/c o art. 102, do Regimento Interno.

PL 2719, de 2008[716]

Ementa: Declara patrimônio cultural do Estado o processo artesanal de fabricação do doce pé-de-moleque, produzido no Município de Piranguinho.

Justificação: O Município de Piranguinho, localizado no sul do Estado, ostenta o título de capital brasileira do pé-de- moleque, uma vez que apresenta uma fabricação diferenciada da iguaria. Segundo registros orais, o doce de amendoim surgiu desde os primeiros movimentos de formação do povoado, tendo recebido maior visibilidade a partir da chegada do trilhos da estrada ferroviária, em finais do século XIX. As expressões "pede ao moleque o doce" e "pede moleque, não roube" são apontadas pela cultura popular como as responsáveis pela nomenclatura dessa iguaria; dessa forma, lendas, contos e diferentes versões permeiam o imaginário coletivo, (re)criando importantes significados.

Atualmente, a produção piranguinhense envolve famílias que mantêm a tradição no fabrico do doce, sendo este vendido para todo o Brasil, às margens da rodovia (BR 369), nas famosas barracas coloridas. O objetivo da apresentação de um projeto de lei com vistas a declarar o pé-de-moleque fabricado em Piranguinho como patrimônio cultural do Estado tem por objetivo valorizar o doce,

que é um importante ícone da cultura nacional.

Destaque-se que as únicas matérias-primas que entram na composição do pé-de-moleque tradicional de Piranguinho são rapadura e amendoim. O maquinário utilizado na produção do quitute é muito simples, razão pela qual a fabricação é de fato artesanal.

Entendemos como extremamente relevante a declaração do pé-de- moleque piranguinhense como patrimônio imaterial do Estado, haja vista a simbologia, a história, qualidade e tradição da iguaria fabricada no referido Município mineiro. Mister lembrar que no ano de 2008 foi realizada a terceira festa anual do maior pé-de-moleque do mundo, evento que certamente consagra a importância do quitute na cultura local e nacional, bem como divulga a qualidade da iguaria fabricada em Piranguinho, quando vários produtores se unem para produzir o doce em dimensões nunca antes vistas em outra localidade.

Contamos com o apoio dos nobres pares na aprovação da referida proposição.

- Publicado, vai o projeto às Comissões de Justiça e de Cultura para parecer, nos termos do art. 188, c/c o art. 102, do Regimento Interno.

---

716 Transformado em Norma Jurídica – Lei n. 18.057, de 2009

PL 2603, de 2008

Ementa: Declara patrimônio cultural do Estado a feira de arte e artesanato da Avenida Afonso Pena, no Município de Belo Horizonte.

Justificação. O ano era 1969, e o movimento "hippie" borbulhava no planeta. Nascia um espaço em Belo Horizonte para que os artesãos (então chamados de "hippies") expusessem seus

produtos. Diante do romantismo do final da década de 60, na Praça da Liberdade, surgia o que se tornaria uma das maiores feiras de artes da América Latina.

Em princípio, a Feira "Hippie" funcionava apenas aos domingos, mas o movimento era tão intenso que a Prefeitura Municipal acabou por autorizar seu funcionamento também nas noites

de quinta-feira, numa tentativa de atender à demanda cada vez maior de turistas e consumidores de Belo Horizonte.

Os anos foram passando, e, em 1991, os artesãos, agora não mais chamados de "hippies", já extrapolavam todos os espaços da praça. A Prefeitura, então, preocupada com a preservação do histórico logradouro da Capital mineira, sentiu a necessidade de transferir a feira para outro espaço, propiciando maior conforto aos visitantes. Consolidou-se assim um ponto turístico da Capital,

responsável também pelo sustento de centenas de famílias. A Feira "Hippie", como é chamada carinhosa-mente, até hoje, pelos seus freqüentadores, passou a ser reconhecida pela Prefeitura como Feira de Arte e Artesanato de Belo Horizonte.

Com o crescimento, a feira recebe novos participantes, amplia e diversifica suas atividades, tornando-se um dos maiores pontos de venda de produtos artesanais do País. Milhões de visitantes de todos os cantos do Brasil e até do exterior vêem na feira o local onde encontrarão a melhor forma de presentear seus amigos e parentes. Ela conta hoje com mais de 2.500 expositores, divididos em alimentos, artesanato, roupas, sapatos, etc. Tudo feito de forma artesanal, gerando renda e trabalho para milhares de famílias, mas ainda mantendo intacto o espírito de liberdade,

alegria e criatividade que levou um grupo de jovens artesãos a criar a Feira "Hippie", nos hoje distan-tes anos 60.

Sem sombra de dúvida, tornou-se um patrimônio turístico da Capital, reforçando a lembrança do carinho e da mineiridade de nossa gente.

Por sua vez, a Constituição da República, em seu art. 23, inciso III, estabelece que é competência comum da União, dos Estados, do Distrito Federal e dos Municípios a proteção dos documentos, das obras e de outros bens de valor histórico, artístico e cultural, como os monumentos, as paisagens naturais notáveis e os sítios arqueológicos. O art. 24, inciso VII,

conferiu à União, aos Estados e ao Distrito Federal competência concorrente para legislar sobre proteção ao patrimônio histórico, cultural, artístico, turístico e paisagístico. E § 1º do art. 216

dispõe, ainda, que o poder público, com a colaboração da comunidade, promoverá e protegerá o patrimônio cultural brasileiro, por meio de inventário, registro, vigilância,

tombamento e desapropriação e de outras formas de acautelamento e preservação.

Diante do exposto, conto com o apoio dos nobres pares para a aprovação deste projeto de lei.

- Publicado, vai o projeto às Comissões de Justiça e de Cultura para parecer, nos termos do art. 188, c/c o art. 102, do Regimento Interno.

PL 2000, de 2008

Ementa: Declara patrimônio histórico e cultural do Estado de Minas Gerais a renda turca de bicos originária de Sabará.

Justificação: A renda turca é uma espécie de renda confeccionada manualmente, com o auxílio de agulhas. Em razão de suas características e do processo de sua confecção, cogita-se ser essa forma de artesanato originária da renda palestina; contudo, diferencia-se desta pela direção de seu nó.

Historiadores noticiam que a renda turca foi introduzida no País no séc. XVIII, por meio de artesãos estrangeiros que chegavam ao Brasil. Foram repassadas as técnicas às rendeiras, que exerciam o saber nos limites de suas residências, o qual foi transmitido às mulheres de todas as gerações.

Posteriormente, em meados do séc. XX, no Município de Sabará, a Sra. Nair Pinto, ampla conhecedora da técnica de confecção, agregou novos procedimentos aos já conhecidos para a feitura da renda, criando a renda turca de bicos.

No início da década de 80 do séc. XX, a criadora da nova técnica, em idade avançada e preocupada com o desaparecimento desse saber, o transmitiu à Sra. Nilza Starling Almeida. Esta última, por meio do Programa Educativo do Museu do Ouro, difundiu o conhecimento da feitura da renda turca de bicos e, conseqüentemente, preservou a técnica, transmitida a outras rendeiras locais, sendo seu processo de feitura conhecido e desenvolvido apenas no Município de Sabará.

A renda turca de bicos configura um traço distintivo do saber regional, representando importante bem do patrimônio imaterial mineiro, característico da cultura sabarense.

É relevante enfatizar que a Constituição da República, em seu art. 23, III, atribui à União, aos Estados, ao Distrito Federal e aos Municípios a competência comum de promover a proteção de documentos, obras e outros bens de valor histórico, artístico e cultural, monumentos, paisagens naturais notáveis e sítios arqueológicos. O art. 24, VII, conferiu à União, aos Estados e ao Distrito Federal a competência para legislar sobre a proteção ao patrimônio histórico, cultural, artístico, turístico e paisagístico.

Com o escopo de promover a proteção do patrimônio cultural brasileiro, a Carta Magna, em seu art. 216, §1o, dotou o poder público de formas de acautelamento, entre as quais os inventários, os registros, a vigilância, o tombamento e a desapropriação.

O regulamento citado no projeto de lei, qual seja, o Decreto no 42.505, de 15/4/2002, que versa sobre o processo de registro que consubstancia a proposição em tela, dispõe que o registro do bem imaterial ocorrerá com a inscrição em um dos quatro Livros de Registro: o

Livros dos Saberes, o Livro das Celebrações, o Livro das Formas de Expressão e o Livro dos Lugares.

Pacífico é o fato de a renda turca de bicos fazer parte do patrimônio cultural imaterial do Estado de Minas Gerais, visto que o referido bem é transmitido de geração em geração, originando sentimentos de identidade e continuidade, que terminam por contribuir para o respeito à cultura e à criatividade humana.

Isso posto, contamos com o apoio dos nobres pares para que a proposição em tela seja aprovada. - Publicado, vai o projeto às Comissões de Justiça e de Cultura para parecer, nos termos do art. 188, c/c o art. 102, do Regimento Interno.

PL 1654, de 2007[717]

Ementa: Declara como patrimônio cultural do Estado de Minas Gerais o lago de furnas e dá outras providências.

Justificação: A proposição em tela visa a declarar como patrimônio cultural do Estado o Lago de Furnas, chamado também de Mar de Minas, que abrange 34 Municípios mineiros e concentra um volume de água sete vezes maior que o da Baía da Guanabara, no Estado do Rio de Janeiro.

Resultado do represamento das águas dos Rios Grande e Sapucaí, a maior extensão de água do Estado de Minas Gerais e um dos maiores lagos artificiais do mundo, compõe uma paisagem surpreendente, que reúne cânions fabulosos, lagos, cachoeiras magníficas e praias artificiais.

Os balneários se espalham pelas margens da represa, oferecendo uma excelente infra-estrutura. A região é também concorrido destino para a prática da pesca e dos esportes náuticos. O imenso lago oferece inúmeras opções de lazer, além de belíssima paisagem, praias fluviais e muito peixe. A harmonia se completa com serras, cachoeiras e rios, palcos para variadas festas populares. Fazendas centenárias com produtos típicos, lavouras de café e a produção de queijos são atrações à parte.

Por causa de todo esse acervo cultural e de elevado potencial turístico, foi organizado, com o auxílio da Secretaria de Estado de Turismo, o Circuito Turístico Lago de Furnas, que congrega todos os gostos. Modernos centros urbanos, como Varginha e Alfenas, oferecem todo tipo de conforto e, bem perto, com muita água cercada pelos campos, o Circuito é o teatro ideal para esportes radicais, como "mountain-bike" e vôo livre, e a contemplação de deslumbrantes paisagens em meio à mansidão da vida rural.

Areado - a morada dos peixes - e Fama são os paraísos para pesca esportiva. Em Campos Gerais, há palcos para camping, "trekking", vôo livre e banhos em lugares paradisíacos, como a Praia das Amoras.

Em Monte Belo, está o Sítio Histórico da Casa dos Maria, uma casa colonial de fazenda do século XIX, com paredes de pau-a-pique, porão, fontes alternativas de energia hídrica, gerador, monjolo e moinho de pedra. Divisa Nova atrai pelo curioso jatobá rosa, com 25m de altura, 3m de diâmetro e aproximadamente 2 mil anos de vida. É o maior do Brasil e se encontra na Mata da Figueira, um local de visita obrigatória.

O Circuito oferece ainda as tradições culturais: grupos de folia de reis, guardas de congo e caiapós, manifestações típicas tão marcantes quanto a festa religiosa de São Benedito, em Machado, e a tradicional procissão fluvial em homenagem a São Pedro, na cidade de Fama.

São considerados patrimônios culturais imateriais as práticas, as representações, as expressões, os conhecimentos, as técnicas e também os instrumentos, os objetos, os artefatos e os lugares que lhes são associados, as comunidades, os grupos e, em alguns casos, os indivíduos que se reconhecem como parte desse patrimônio.

O patrimônio imaterial é transmitido de geração em geração e constantemente recriado pelas comunidades e grupos em função de seu ambiente, sua interação com a natureza e sua história, o que gera um sentimento de identidade e continuidade e contribui para promover o respeito à diversidade cultural e à criatividade humana. É inegável que o Lago de Furnas é dotado das características peculiares de um bem cultural que deve ser tutelado.

Ademais, conferir-lhe o "status" de patrimônio cultural de Minas Gerais divulgará em todo o País a existência desse atrativo e, por via de conseqüência, acarretará o desenvolvimento do turismo nas localidades da região, como a melhoria da rede de hospedagem e alimentação.

Como já tivemos oportunidade de afirmar em outras ocasiões, o turismo constitui-se na indústria do futuro, sem fumaça e sem poluição. Portanto, incentivar todas as formas de promovê-lo torna-se um imperativo para o Estado, que busca e precisa ampliar a sua base de arrecadação e, sobretudo, proporcionar a geração de novos empregos e de renda.

Por essas razões, conclamo os meus nobres pares a aprovar esta proposição. - Publicado, vai o projeto às Comissões de Justiça e de Cultura para parecer, nos termos do art. 188, c/c o art. 102, do Regimento Interno.

---

717 Transformado em Norma Jurídica – Lei n. 18058, de 2009

PL 1499, de 2007[718]

Ementa: Declara como patrimônio histórico e cultural do estado o Caminho da Fé e dá outras providências.

Justificação: A proposição em tela visa a declarar como patrimônio histórico e cultural do Estado o Caminho da Fé, concorrida rota de peregrinação religiosa que sai da cidade paulista de Águas da Prata, adentra o território mineiro a partir da cidade de Andradas, atravessa os Municípios de Ouro Fino, Inconfidentes, Borda da Mata, Tocos do Moji, Bom Repouso, Estiva, Consolação, Paraisópolis e Sapucaí Mirim, e novamente encontra o território paulista para chegar até o Santuário Nacional de Nossa Senhora Aparecida. São aproximadamente 306km, dos quais mais de 200km em território mineiro, localizados entre as montanhas da Serra da Mantiqueira.

A criação do Caminho da Fé constituiu-se decisivo incremento ao turismo regional, mas carece de incentivos para o seu efetivo desenvolvimento, a fim de dotar o trajeto de todos os itens necessários ao conforto do peregrino que, com a caminhada, exercita sua fé. Como já tivemos oportunidade de afirmar em outras ocasiões, o turismo constitui-se na indústria do futuro, sem fumaça e sem poluição. Portanto, incentivar todas as formas de promovê-lo torna-se um imperativo para o Estado, que busca e precisa ampliar a sua base de arrecadação e, sobretudo, proporcionar a geração de novos empregos e de renda.

Por essas razões, conclamo os meus nobres pares a aprovarem esta proposição. - Publicado, vai o projeto às Comissões de Justiça e de Cultura para parecer, nos termos do art. 188, c/c o art. 102, do Regimento Interno.

PL 1328, de 2007

Ementa: Declara patrimônio histórico e cultural do estado a Orquestra Sinfônica do Estado de Minas Gerais.

Justificação: Para os gregos, "orkhestra" queria dizer "lugar destinado à dança". Como assim? No séc. V a.C., os espetáculos eram encenados em teatros ao ar livre, e "orkhestra" era aquele espaço situado bem na boca de cena, no formato de meia-lua. E era lá que o coro participava da ação, cantando e dançando. Mas, é bom lembrar, era lá também que ficavam os músicos. Muito tempo depois, mais precisamente no início do séc. XVII, surgiria a ópera, tipo de espetáculo que logo seria comparado ao drama grego. E dessa comparação é que surgiu a idéia de denominar o espaço destinado aos músicos, entre a platéia e o palco, como orquestra. Logo, o que servia para dar nome a um espaço daria nome também ao próprio conjunto de instrumentistas.

Logo, seria acoplado ao termo orquestra um outro, "sinfônica", que faz referência a uma consonância de sons. Em outras palavras, uma orquestra sinfônica é um grupo de músicos que tocam juntos, em harmonia. E o que seria, então, a orquestra filarmônica? O termo "filarmônica" diz respeito ao sustento de uma orquestra: se ela é filarmônica, então é mantida por uma sociedade de amigos ou uma entidade privada. Por oposição, com o tempo, orquestra sinfônica passou a ser o nome de um grupo mantido por uma instituição pública, o governo de um país, de um Estado, a prefeitura de uma cidade. Mas, no final das contas, uma orquestra filarmônica também é sinfônica, já que nela os músicos também tocam juntos, em harmonia.

Em países do chamado Primeiro Mundo, o culto às orquestras sinfônicas é elevado. Países como a Alemanha possuem 149 grandes conjuntos musicais subvencionados, incluindo 82 orquestras de ópera, 35 de concerto, 7 de câmara e 14 de rádio, 4 "big bands" e 7 coros de rádio.

No Brasil, colonial, havia uma utilização intensa de orquestras nos cultos religiosos, todas elas subvencionadas pela Igreja Católica. Já no séc. XIX, estas orquestras foram paulatinamente substituídas pelas nossas conhecidas bandas, uma vez que o financiamento da Igreja tinha praticamente acabado. Desta época, restaram poucas orquestras, como a famosa Ribeiro Bastos, de São João del-Rei.

---

718 Transformado em Norma Jurídica – Lei n. 18058, de 2009

Sabemos que o repertório sinfônico cresceu enormemente a partir do séc. XIX, legando para a humanidade milhares de composições, compreendendo o repertório sinfônico propriamente dito, concertos, balés e óperas, que deveriam ser difundidas entre todas as camadas de nossa sociedade. Temos o dever de livrar a cultura da aura elitista e levar a música erudita e, principalmente, a sinfônica para toda a nossa população.

Projetos louváveis como o da Sinfônica Brasileira, de levar a música sinfônica para a população das favelas do Rio a preços populares (R$1,00), deveriam ser imitados em todo o território nacional. Pode-se perceber a grande comoção das pessoas que nunca tiveram condições de pisar no Teatro Municipal do Rio e assistir a uma orquestra ao vivo. Acreditamos que este é o papel de qualquer governo coerente e engajado com o povo, e não, o de, simplesmente, delegar essa função a organizações privadas.

A Orquestra Sinfônica de Minas Gerais tem cumprindo este papel com propriedade, através do projeto de circulação da Fundação Clóvis Salgado. Ela tem se apresentado em várias cidades do interior de Minas, com entrada franca. Fica a nossa pergunta: ao se privatizar, ela continuará realizando este louvável projeto de descentralização?

Um dos três corpos artísticos mantidos pelo Palácio das Artes, a Orquestra Sinfônica de Minas Gerais é também a única orquestra profissional do Estado. Nos últimos anos, diversificou sua atuação e se tornou um grupo extremamente versátil, presente em óperas e balés, dando concertos, apresentando-se ao ar livre na Capital e no interior e executando um repertório que abrange todos os períodos da música sinfônica, do barroco ao contemporâneo.

Em 2004, o grupo realizou um total de 50 apresentações, algumas delas acompanhadas por grandes nomes da música nacional e internacional, como os pianistas Nélson Freire, Pavel Nercessian e Arnaldo Cohen e o trompetista russo Serguey Nakariakov. Ainda em 2004, junto com o Coral Lírico Palácio das Artes, a OSMG gravou o CD "Ofício de Trevas", registro profissional da obra do Padre e compositor mineiro José Maria Xavier (1819-1887), com regência de Marcelo Ramos. No mesmo ano, gravou um CD com obras do compositor Tavinho Moura, sob regência do compositor Wagner Tiso.

Fundada em 1977, a OSMG fez seu concerto de estréia em setembro do mesmo ano, sob regência do maestro alemão Wolfgang Groth.

Atualmente, é integrada por 76 profissionais e está sob a direção do maestro Marcelo Ramos, desde 2002.

Figuram entre os regentes titulares da história da OSMG os maestros Wolfgang Groth, Emilio De Cesar, Sérgio Magnani, Carlos Alberto Pinto da Fonseca, Aylton Escobar, David Machado, Afrânio Lacerda e Holger Kolodziej.

Também regeram a OSMG personalidades como Eleazar de Carvalho, Cláudio Santoro, Camargo Guarnieri, Benito Juarez, Alceo Bocchino, Marc Trautman, Roberto Duarte, Carlos Eduardo Prates, Henrique Morelembaum, Per Brevig, Roberto Schnorremberg, Johannes Hömberg, Roberto Tibiriçá, Eugene Kohne e Eraldo Salmieri, entre outros convidados. Foram solistas, entre muitos nomes de destaque, os pianistas Antônio Guedes Barbosa, Jacques Klein, Yara Bernette, Jean Louis Steuerman, Eduardo Hazan, Berenice Menegale, Roberto Szidon, Edson Elias, Frederic Meinders e Fanny Solter; os cantores Amin Feres, Maria Lúcia Godoy, Céline Imbert, Nilza de Castro Tank, Genuína Pinheiro, Paulo Fortes, Edith Mathis, Eliane Coelho, Regina Elena Mesquita e Fernando Teixeira; e os instrumentistas Maria Durek, Leopold La Fosse e Antônio Meneses.

Notamos que a Orquestra Sinfônica de Minas Gerais já se tornou um patrimônio cultural do Estado, patrimônio esse que deve pertencer ao povo mineiro, e não, a uma elite empresarial, que passará a patrociná-la e dirigi-la para seus interesses próprios.

- Publicado, vai o projeto às Comissões de Justiça e de Cultura para parecer, nos termos do art. 188, c/c o art. 102, do Regimento Interno.

PL 1271, de 2007 [719]

Declara como patrimônio histórico e cultural do Estado o Caminho da Luz, rota de peregrinação que abrange os Municípios de Tombos, Pedra Dourada, Faria Lemos, Carangola, Caiana, Espera Feliz, Caparaó e Alto Caparaó.

Justificação: Para os gregos, "orkhestra" queria dizer "lugar destinado à dança". Como assim? No séc. V a.C., os espetáculos eram encenados em teatros ao ar livre, e "orkhestra" era aquele espaço situado bem na boca de cena, no formato de meia-lua. E era lá que o coro participava da ação, cantando e dançando. Mas, é bom lembrar, era lá também que ficavam os músicos. Muito tempo depois, mais precisamente no início do séc. XVII, surgiria a ópera, tipo de espetáculo que logo seria comparado ao drama grego. E dessa comparação é que surgiu a idéia de denominar o espaço destinado aos músicos, entre a platéia e o palco, como orquestra. Logo, o que servia para dar nome a um espaço daria nome também ao próprio conjunto de instrumentistas.

Logo, seria acoplado ao termo orquestra um outro, "sinfônica", que faz referência a uma consonância de sons. Em outras palavras, uma orquestra sinfônica é um grupo de músicos que tocam juntos, em harmonia. E o que seria, então, a orquestra filarmônica? O termo "filarmônica" diz respeito ao sustento de uma orquestra: se ela é filarmônica, então é mantida por uma sociedade de amigos ou uma entidade privada. Por oposição, com o tempo, orquestra sinfônica passou a ser o nome de um grupo mantido por uma instituição pública, o governo de um país, de um Estado, a prefeitura de uma cidade. Mas, no final das contas, uma orquestra filarmônica também é sinfônica, já que nela os músicos também tocam juntos, em harmonia.

Em países do chamado Primeiro Mundo, o culto às orquestras sinfônicas é elevado. Países como a Alemanha possuem 149 grandes conjuntos musicais subvencionados, incluindo 82 orquestras de ópera, 35 de concerto, 7 de câmara e 14 de rádio, 4 "big bands" e 7 coros de rádio.

No Brasil, colonial, havia uma utilização intensa de orquestras nos cultos religiosos, todas elas subvencionadas pela Igreja Católica. Já no séc. XIX, estas orquestras foram paulatinamente substituídas pelas nossas conhecidas bandas, uma vez que o financiamento da Igreja tinha praticamente acabado. Desta época, restaram poucas orquestras, como a famosa Ribeiro Bastos, de São João del-Rei.

Sabemos que o repertório sinfônico cresceu enormemente a partir do séc. XIX, legando para a humanidade milhares de composições, compreendendo o repertório sinfônico propriamente dito, concertos, balés e óperas, que deveriam ser difundidas entre todas as camadas de nossa sociedade. Temos o dever de livrar a cultura da aura elitista e levar a música erudita e, principalmente, a sinfônica para toda a nossa população.

Projetos louváveis como o da Sinfônica Brasileira, de levar a música sinfônica para a população das favelas do Rio a preços populares (R$1,00), deveriam ser imitados em todo o território nacional. Pode-se perceber a grande comoção das pessoas que nunca tiveram condições de pisar no Teatro Municipal do Rio e assistir a uma orquestra ao vivo. Acreditamos que este é o papel de qualquer governo coerente e engajado com o povo, e não, o de, simplesmente, delegar essa função a organizações privadas.

A Orquestra Sinfônica de Minas Gerais tem cumprindo este papel com propriedade, através do projeto de circulação da Fundação Clóvis Salgado. Ela tem se apresentado em várias cidades do interior de Minas, com entrada franca. Fica a nossa pergunta: ao se privatizar, ela continuará realizando este louvável projeto de descentralização?

Um dos três corpos artísticos mantidos pelo Palácio das Artes, a Orquestra Sinfônica de Minas Gerais é também a única orquestra profissional do Estado. Nos últimos anos, diversificou sua atuação e se tornou um grupo extremamente versátil, presente em óperas e balés, dando concertos, apresentando-se ao ar livre na Capital e no interior e executando um repertório que abrange todos os períodos da música sinfônica, do barroco ao contemporâneo.

---

719 Transformado em Norma Jurídica – Lei n. 18.086, de 2009

Em 2004, o grupo realizou um total de 50 apresentações, algumas delas acompanhadas por grandes nomes da música nacional e internacional, como os pianistas Nélson Freire, Pavel Nercessian e Arnaldo Cohen e o trompetista russo Serguey Nakariakov. Ainda em 2004, junto com o Coral Lírico Palácio das Artes, a OSMG gravou o CD "Ofício de Trevas", registro profissional da obra do Padre e compositor mineiro José Maria Xavier (1819-1887), côm regencia de Marcelo Ramos. No mesmo ano, gravou um CD com obras do compositor Tavinho Moura, sob regência do compositor Wagner Tiso.

Fundada em 1977, a OSMG fez seu concerto de estréia em setembro do mesmo ano, sob regência do maestro alemão Wolfgang Groth.

Atualmente, é integrada por 76 profissionais e está sob a direção do maestro Marcelo Ramos, desde 2002.

Figuram entre os regentes titulares da história da OSMG os maestros Wolfgang Groth, Emilio De Cesar, Sérgio Magnani, Carlos Alberto Pinto da Fonseca, Aylton Escobar, David Machado, Afrânio Lacerda e Holger Kolodziej.

Também regeram a OSMG personalidades como Eleazar de Carvalho, Cláudio Santoro, Camargo Guarnieri, Benito Juarez, Alceo Bocchino, Marc Trautman, Roberto Duarte, Carlos Eduardo Prates, Henrique Morelembaum, Per Brevig, Roberto Schnorremberg, Johannes Hömberg, Roberto Tibiriçá, Eugene Kohne e Eraldo Salmieri, entre outros convidados. Foram solistas, entre muitos nomes de destaque, os pianistas Antônio Guedes Barbosa, Jacques Klein, Yara Bernette, Jean Louis Steuerman, Eduardo Hazan, Berenice Menegale, Roberto Szidon, Edson Elias, Frederic Meinders e Fanny Solter; os cantores Amin Feres, Maria Lúcia Godoy, Céline Imbert, Nilza de Castro Tank, Genuína Pinheiro, Paulo Fortes, Edith Mathis, Eliane Coelho, Regina Elena Mesquita e Fernando Teixeira; e os instrumentistas Maria Durek, Leopold La Fosse e Antônio Meneses.

Notamos que a Orquestra Sinfônica de Minas Gerais já se tornou um patrimônio cultural do Estado, patrimônio esse que deve pertencer ao povo mineiro, e não, a uma elite empresarial, que passará a patrociná-la e dirigi-la para seus interesses próprios.

- Publicado, vai o projeto às Comissões de Justiça e de Cultura para parecer, nos termos do art. 188, c/c o art. 102, do Regimento Interno.

PL 1048, de 2007

Dispõe sobre a Preservação e o Tombamento do Patrimônio Cultural de origem Africana no Estado de Minas Gerais.

Justificação: Dando continuidade à luta iniciada pelo Deputado Biel Rocha na legislatura passada, reapresentamos este Projeto de Lei com o objetivo de criar mecanismos para preservação e tombamento do patrimônio cultural de origem africana em nosso Estado.

É inegável a importância do legado cultural africano na formação da sociedade brasileira. Além das políticas públicas afirmativas de promoção da igualdade racial, compete também ao poder público criar mecanismos de proteção ao patrimônio cultural material e imaterial referente à identidade, à ação e à memória de origem africana, cuja contribuição à formação da sociedade mineira é de inquestionável importância. Destarte, ao Estado, em esforço conjunto com a sociedade, incumbe o dever de preservar todas as manifestações culturais e o tombamento das obras, objetos e os sítios históricos dos antigos quilombos e terreiros de candomblé e umbanda, de modo a garantir o legado histórico da cultura africana em nossa sociedade.

Acreditamos que a sociedade mineira poderá dar grande exemplo ao País para que as gerações futuras possam entender a origem de nossa formação etno-cultural e compreender e preservar a riqueza dessa formação na busca da identidade da nação brasileira.

- Semelhante proposição foi apresentada anteriormente pelo Deputado Paulo Guedes. Anexe-se ao Projeto de Lei no 67/2007 nos termos do § 2o do art. 173 do Regimento Interno.

PL 1016, de 2007

Ementa: Declara como patrimônios históricos e culturais de Minas Gerais os Mercados Distritais do Cruzeiro e de Santa Tereza, Localizados no Município de Belo Horizonte.

Justificação: É indubitável a importância dos mercados e feiras existentes em Minas Gerais. Sobressaindo-se sua importância não só do ponto de vista econômico e social, mas, principalmente, do ponto de vista histórico e cultural.

Os mercados, culturalmente, são pontos de encontro das famílias mineiras. Mais que um ponto econômico, é um espaço democrático, para onde os pais se dirigem com os filhos nos finais de semana, hábito saudável de convivência familiar.

Mercados como os Distritais de Santa Tereza e do Cruzeiro, o Municipal de Diamantina e o Central de Belo Horizonte fazem parte da história das cidades, compondo o patrimônio cultural de nosso povo.

O Mercado de Santa Tereza, por exemplo, é citado por revistas de turismo como ponto de visita obrigatória em Belo Horizonte. Arevista "Viagem e Turismo", edição nº 138, de 1º/4/2007, ao citar o roteiro da boemia de Belo Horizonte traça o seguinte perfil do

Bairro Santa Tereza e de seu mercado:

"Mas quando se fala em boemia belo-horizontina, logo vem à cabeça o Bairro Santa Tereza. Chegando ali, tem-se a sensação de ser transportado para uma outra cidade, para um outro tempo. Logo na entrada do bairro, a praça Duque de Caxias dá o clima: crianças brincando, senhores papeando nos banquinhos, jovens bebericando, cachorros correndo com seus donos, grupos musicais desfiando seu repertório, que geralmente gira em torno do samba, do choro e, claro, do Clube da Esquina - aliás, a famosa esquina onde se encontravam Milton Nascimento, Lô Borges e cia fica justamente em Santa Tereza.

Santê, como carinhosamente é o bairro chamado pelos belo- horizontinos, é o ponto para onde se dirigem os que querem tomar uma cerveja despojadamente, sem a sofisticação "hype" de Lourdes

ou do Santo Antônio, outros dois redutos boêmios da capital. Os botecos dali são simples e aconchegantes. Mesas e cadeiras, na maioria das vezes invadem as calçadas e ninguém se preocupa em vestir a melhor roupa para participar de nenhum encontro etílico - bermuda, camiseta e chinelo está bom demais.

Como o que mais tem em Santê é boteco, vale tirar um dia para

fazer uma peregrinação por eles - ou melhor, por uma parcela deles, senão não há fígado que agüente. Para começar a rota, vá ao Mercado Distrital de Santa Tereza (Rua São Gotardo, 273). No meio de umas comprinhas (o forte são as frutas e as verduras), um "pit stop" na Confraria do Velho Chico (Loja 13, 4367-7747), onde há cerveja gelada, atendimento simpático e, na maioria das vezes, boa música. Os petiscos, claro, são mineiríssimos. Um prato que faz sucesso é a comida de passarinho (mini-almôndegas com jiló em conserva, ovos cozidos e pimenta biquinho)."

Um povo que não cultua seu passado, sua história não está apto a pensar em seu futuro. É imperioso que tenhamos viva em nossa memória a história de Belo Horizonte, e os mercados citados

neste projeto são expressões vivas de nossa mineiridade, do ponto de encontro tão declamado por poetas e cantores mineiros.

O povo mineiro marca seus encontros nos mercados, locais em que a prosa se desenvolve, em que as estórias são contadas, as tradições revividas.

Conservar os mercados é conservar viva nossa história, pelo que contamos com o apoio de nossos Pares para a aprovação deste projeto.

- Publicado, vai o projeto às Comissões de Justiça e de

Cultura para parecer, nos termos do art. 188, c/c o art. 102, do

Regimento Interno.

PL 171, de 2007

Ementa: Declara como integrante do patrimônio histórico e cultural de Minas Gerais o América Futebol Clube.

Justificação. Na Belo Horizonte do início do século passado, muito diferente da agitada Capital dos anos modernos, um grupo de garotos com idade entre 10 e 14 anos resolveu criar um clube de futebol. Na época, o grupo se reuniu no encontro das arborizadas ruas da Bahia e dos Timbiras, onde fundaram o América Futebol Clube, em 30/4/1912. Entre os garotos fundadores, encontravam-se o filho e o sobrinho do então Presidente de Minas Gerais, Silviano Brandão.

Quatro anos mais tarde, o time, que usava as mesmas cores de hoje, o verde, o branco e o preto, iniciou a maior série de títulos conquistados consecutivamente por um clube de Minas Gerais. Foi decacampeão estadual entre os anos de 1916 a 1925. Nessa saga de títulos a equipe contava com nomes como os do político Otacílio Negrão de Lima e dos médicos Mário Pena (Hospital Mário Pena) e Lucas Machado (fundador do Hospital São Lucas).

No ano de 1933, o Clube, contrário à implantação do profissionalismo no futebol, protesta e muda as cores de seu uniforme para vermelho e branco, situação que perdurou por dez anos. Só em 1943 o América aceita o profissionalismo no futebol e retoma as cores que marcaram o decacampeonato, momento em que o Clube recomeça a investir em seu patrimônio, inaugurando, em 1948, o Estádio Otacílio Negrão de Lima (Estádio Alameda).

O América possui hoje uma grande estrutura, abrangendo o Centro de Treinamento Lanna Drumond e o Estádio Independência, além da sede social e administrativa da Pampulha, entre outros imóveis. O América tem, entre seus torcedores, mineiros ilustres como Tancredo Neves, Olegário Maciel, Bias Fortes, Milton Campos, Celso Mello Azevedo, Otacílio Negrão de Lima, Eduardo Azeredo e Fernando Brant, entre outros grandes mineiros que se somam a uma massa de torcedores de brilho, que são apaixonados pelas cores do clube.

Há que se falar ainda do cabimento desta proposta. A Constituição Federal de 1988 adotou e consolidou, especialmente, o uso da expressão "patrimônio cultural" e criou novas formas de proteção, além do tradicional tombamento. A Constituição mineira, além de reproduzir e reforçar os conceitos constitucionais federais, explicita-os na Seção IV, que trata da cultura, mais especificamente nos arts. 208 e 209. Portanto, assim se fundamenta a possibilidade jurídico-constitucional do projeto que apresentamos, lembrando que a nova ordem jurídico-constitucional prevê variadas formas de proteção do patrimônio cultural.

Este projeto de lei pretende declarar o América Futebol Clube como integrante do patrimônio histórico e cultural de Minas Gerais, reconhecem nos seus aspectos históricos, culturais, na forma de expressão transmitida por seus idealizadores, no modo como foi criado e na divulgação do esporte e da recreação, de forma organizada e sistematizada, um inquestionável significado histórico, sociológico, econômico, esportivo e cultural, cuja amplitude transpõe os limites de Minas Gerais.

Assim, espero dos nobres companheiros a apreciação da propositura, requerendo, em benefício da cultura e da história mineira, que ela seja aprovada.

- Publicado, vai o projeto às Comissões de Justiça e de Cultura para parecer, nos termos do art. 188, c/c o art. 102, do Regimento Interno.

PL 170, de 2007

Ementa: Declara como integrante do patrimônio histórico e cultural de Minas Gerais o Clube Atlético Mineiro – CAM.

Justificação: Em pleno início de século, em uma Belo Horizonte de largas avenidas, muito verde, em meio aos bondes que circulavam pelos seus bairros, foi que uma turma de rapazes que se reuniam em campos de terra batida resolveram fundar um time, que mais tarde entraria para a história, e assim nasceu o Atlético Mineiro Futebol Clube, em 25/3/1908. Foi do sonho destes 22 jovens visionários no início do século que nasceu não só um time de futebol, mas uma paixão pelo esporte. Hoje, passados mais de 95 anos, se mantém a tradição de um time lutador, imponente e vencedor.

A primeira partida oficial da nova equipe ocorreu em 21/3/1909 contra o Sport Club Futebol, e o Atlético venceu por 3 x 0. Aí teve início a trajetória de glórias que firmaria o time como um dos maiores do Brasil e o tornaria "imortal". O primeiro título conquistado foi o Torneio Interclubes em 1914, época em que o nome da equipe mudou para Clube Atlético Mineiro. No ano seguinte o Alvinegro conquistou o primeiro Campeonato Mineiro a ser disputado. Com essas conquistas, cada vez mais, o Galo se tornava um time vencedor e amado pelo povo.

Já em 1929, o Atlético marca sua história com a construção do Estádio Antônio Carlos, com capacidade para 5 mil espectadores, uma loucura para a época. No ano de 1936 ganha novamente o Campeonato Mineiro e, com isso, o direito de jogar o primeiro Campeonato Interestadual de Clubes (Copa dos Campeões), organizado pela Federação Brasileira de Futebol. O Atlético fez bonito e se tornou o "Campeão dos Campeões". Nessa época, o time ganhou prestígio e se impôs no cenário nacional como uma das maiores equipes da Nação. Foi assim que em 1950 voltou vitorioso da famosa excursão à Europa e se tornou "Campeão do Gelo". Os anos se passaram, e o Atlético continuou sua trajetória de vitórias, chegando a ser pentacampeão estadual; mas a glória maior chegou em 1971, quando, na disputa do primeiro Campeonato Brasileiro de Clubes, o Galo se tornou o primeiro Campeão Brasileiro da história, vencendo o Botafogo, em pleno Maracanã. Mas as conquistas não pararam por aí, e o Galo mineiro é hoje orgulho não só de sua torcida, mas também do povo mineiro.

Há que se falar ainda do cabimento deste projeto. A Constituição Federal de 1988 adotou e consolidou, especialmente, o uso da expressão "patrimônio cultural" e criou formas de proteção, além do tradicional tombamento. Ademais, a Constituição mineira, além de reproduzir e reforçar os canceitos constitucionais federais, os explicita na Seção IV, que trata da cultura, mais especificamente nos arts. 208 e 209. Portanto assim se fundamenta a possibilidade jurídico-constitucional do projeto em epígrafe, lembrando-se que a nova ordem jurídico-constitucional prevê variadas formas de proteção do patrimônio cultural.

Este projeto de lei pretende declarar o Clube Atlético Mineiro como integrante do Patrimônio Histórico e Cultural de Minas Gerais, reconhecido nos seus aspectos históricos, culturais, na forma de expressão transmitida por seus idealizadores, no modo como foi criado e na divulgação do esporte e da recreação, de forma organizada e sistematizada, com inquestionável significado histórico, sociológico, econômico, esportivo e

cultural, cuja amplitude transpõe os limites de Minas Gerais. Assim espero dos nobres companheiros a apreciação desta proposição, requerendo, em benefício da cultura e da história mineira, que se dignem aprová-la.

- Publicado, vai o projeto às Comissões de Justiça e de Cultura para parecer, nos termos do art. 188, c/c o art. 102, do Regimento Interno.

PL 2119, de 2005

Ementa: Dispõe sobre a Preservação e o Tombamento do Patrimônio Cultural de Origem Africana no Estado de Minas Gerais.

Justificação. Apresentamos este projeto de lei com o objetivo de criar no Estado mecanismos para preservação e tombamento do patrimônio cultural de origem africana em nosso Estado.

Despiscindo fazer aqui relato sobre a importância do legado cultural africano na formação da sociedade brasileira. Entrementes, ainda não temos na legislação do Estado proteção ao patrimônio cultural material e imaterial referente à identidade , à ação e à memória de origem africana, cuja contribuição à formação da sociedade mineira é de inquestionável importância.

Destarte, ao Estado, em esforço conjunto com a sociedade, incumbe o dever de preservar todas as manifestações culturais e o tombamento das obras , objetos e os sítios históricos dos antigos quilombos e terreiros de candomblé e umbanda, de modo a garantir o legado histórico da cultura africana em nossa sociedade.

Acreditamos que a sociedade mineira poderá dar grande exemplo ao País para que as gerações futuras possam entender a origem de nossa formação etno-cultural e compreender e preservar a riqueza dessa formação na busca da identidade da nação brasileira.

- Semelhante proposição foi apresentada anteriormente pelo Deputado Adelmo Carneiro Leão. Anexe-se ao Projeto de Lei no 2.117/2005, nos termos do § 2o do art. 173 do Regimento Interno.

PL 2068, de 2005

Ementa: Declara como integrante do patrimônio histórico e cultural de Minas Gerais o América Futebol Clube.

Justificação: Na Belo Horizonte do início do século passado, muito diferente da agitada Capital dos anos modernos, um grupo de garotos com idade entre 10 e 14 anos resolveu criar um clube de futebol. Na época, o grupo se reuniu no encontro das arborizadas ruas da Bahia e dos Timbiras, onde fundaram o América Futebol Clube, em 30/4/1912. Entre os garotos fundadores, encontravam-se o filho e o sobrinho do então Presidente de Minas Gerais, Silviano Brandão.

Quatro anos mais tarde, o time, que usava as mesmas cores de hoje, o verde, o branco e o preto, iniciou a maior série de títulos conquistados consecutivamente por um clube de Minas Gerais. Foi decacampeão estadual entre os anos de 1916 a 1925. Nessa saga de títulos a equipe contava com nomes como os do político Otacílio Negrão de Lima e dos médicos Mário Pena (Hospital Mário Pena) e Lucas Machado (fundador do Hospital São Lucas).

No ano de 1933, o Clube, contrário à implantação do profissionalismo no futebol, protesta e muda as cores de seu uniforme para vermelho e branco, situação que perdurou por dez anos. Só em 1943 o América aceita o profissionalismo no futebol e retoma as cores que marcaram o decacampeonato, momento em que o Clube reco-meça a investir em seu patrimônio, inaugurando, em 1948, o Estádio Otacílio Negrão de Lima (Estádio Alameda).

O América possui hoje uma grande estrutura, abrangendo o Centro de Treinamento Lanna Drumond e o Estádio Independência, além da sede social e administrativa da Pampulha, entre outros imóveis. O América tem, entre seus torcedores, mineiros ilustres como Tancredo Neves, Olegário Maciel, Bias Fortes, Milton Campos, Celso Mello Azevedo, Otacílio Negrão de Lima, Eduardo Azeredo e Fernando Brant, entre outros grandes mineiros que se somam a uma massa de torcedores de brilho, que são apaixonados pelas cores do clube.

Há que se falar ainda do cabimento desta proposta. A Constituição Federal de 1988 adotou e consolidou, especialmente, o uso da expressão "patrimônio cultural" e criou novas formas de proteção, além do tradicional tombamento. A Constituição mineira, além de reproduzir e reforçar os conceitos constitucionais federais, explicita-os na Seção IV, que trata da cultura, mais especificamente nos arts. 208 e 209. Portanto, assim se fundamenta a possibilidade jurídico-constitucional do projeto que apresentamos, lembrando que a nova ordem jurídico-constitucional prevê variadas formas de proteção do patrimônio cultural.

Este projeto de lei pretende declarar o América Futebol Clube como integrante do patrimônio histórico e cultural de Minas Gerais, reconhecem nos seus aspectos históricos, culturais, na forma de expressão transmitida por seus idealizadores, no modo como foi criado e na divulgação do esporte e da recreação, de forma organizada e sistematizada, um inquestionável significado histórico, sociológico, econômico, esportivo e cultural, cuja amplitude transpõe os limites de Minas Gerais.

Assim, espero dos nobres companheiros a apreciação da propositura, requerendo, em benefício da cultura e da história mineira, que ela seja aprovada.

- Publicado, vai o projeto às Comissões de Justiça e de Educação para parecer, nos termos do art. 188, c/c o art. 102, do Regimento Interno.

PL 2067 2005

Ementa: Declara como integrante do patrimônio histórico e cultural de Minas Gerais o Cruzeiro Esporte Clube.

Justificação: O tempo era o início da década de 20 nos idos do século passado. Naquela época, a Capital mineira contava com uma grande colônia de imigrantes Italianos, que aqui aportaram em busca de trabalho e sucesso.

Amantes como são dos esportes os italianos resolveram, assim, fundar um Clube de Futebol, e em 2/1/21 os desportistas da colônia fundaram o Palestra Itália e adotaram as cores da bandeira da terra pátria, o verde, o vermelho e o branco. O primeiro uniforme do clube tinha camisas verdes, calções brancos e meias vermelhas.

Na época o clube era restrito à participação de italianos e seus descendentes. Somente no ano de 1925 é que foi permitido o ingresso de atletas de qualquer outra nacionalidade. O Palestra Itália caracterizava-se também por possuir atletas da classe trabalhadora de Belo Horizonte: em seu corpo social prevaleciam pedreiros, pintores, marceneiros, entre outros, que eram os filhos dos imigrantes que vieram construir a Capital do Estado, ainda no final do século XIX, e que herdaram a profissão dos pais Italianos.

No ano de 1942, o Brasil entrou na Segunda Guerra Mundial e, naquela época, foi editado um decreto-lei pelo Governo Federal que impediu o uso de termos das nações inimigas em entidades, instituições, estabelecimentos e outros. Assim, o nome Itália foi retirado do clube, cabendo à diretoria e aos sócios escolher o novo nome e o novo símbolo para o clube que já se firmara no cenário futebolístico da Capital mineira. Dez meses depois, um consenso dos Diretores adotou o nome totalmente brasileiro de Cruzeiro Esporte Clube, em homenagem à constelação do Cruzeiro do Sul, o maior símbolo da Pátria brasileira. O uniforme também mudou para camisas azuis, calções e meias brancas.

Com o passar do tempo, o Cruzeiro ganhou destaque no futebol de Minas, e se firmou como uma força do futebol brasileiro. Atualmente, é também o clube que possui mais conquistas internacionais em competições oficiais organizadas pela Confederação Sul-Americana de Futebol, e possui uma legião de apaixonados que, além de acompanhar o clube em todas as competições de que participa, é um grande patrimônio do Cruzeiro Esporte Clube.

Há que se falar ainda do cabimento desta proposta. A Constituição Federal de 1988 adotou e consolidou, especialmente, o uso da expressão "patrimônio cultural", e criou novas formas de proteção, além do tradicional tombamento. A Constituição Mineira, além de reproduzir e reforçar os conceitos constitucionais federais, explicita-os na Seção IV, que trata da Cultura, mais especificamente nos arts. 208 e 209. Portanto, assim se fundamenta a possibilidade jurídico-constitucional do projeto em epígrafe, lembrando que a nova ordem jurídico-constitucional prevê variadas formas de proteção do patrimônio cultural.

Este projeto de lei pretende declarar o Cruzeiro Esporte Clube como integrante do Patrimônio Histórico e Cultural de Minas Gerais, reconhecido nos seus aspectos históricos, culturais, na forma de expressão transmitida por seus idealizadores, no modo como foi criado e na divulgação do esporte e da recreação, de forma organizada e sistematizada, um inquestionável significado histórico, sociológico, econômico, esportivo e cultural, cuja amplitude transpõe os limites de nossa Minas Gerais. Assim, espero dos nobres companheiros a apreciação da presente proposltura, requerendo, em benefício da cultura e da história mineiras, que se dignem a aprová-la.

- Publicado, vai o projeto às Comissões de Justiça e de Educação para parecer, nos termos do art. 188, c/c o art. 102, do Regimento Interno.

PL 2066, de 2005

Ementa: Declara como integrante do patrimônio histórico e cultural de Minas Gerais o Clube Atlético Mineiro – CAM.

Justificação: Em pleno início de século, em uma Belo Horizonte de largas avenidas, muito verde, em meio aos bondes que circulavam pelos seus bairros, foi que uma turma de rapazes que se reuniam em campos de terra batida resolveram fundar um time, que mais tarde entraria para a história, e assim nasceu o Atlético Mineiro Futebol Clube, em 25/3/1908. Foi do sonho destes 22 jovens visionários no início do século que nasceu não só um time de futebol, mas uma paixão pelo esporte. Hoje, passados mais de 95 anos, se mantém a tradição de um time lutador, imponente e vencedor.

A primeira partida oficial da nova equipe ocorreu em 21/3/1909 contra o Sport Club Futebol, e o Atlético venceu por 3 x 0. Aí teve início a trajetória de glórias que firmaria o time como um dos maiores do Brasil e o tornaria "imortal". O primeiro título conquistado foi o Torneio Interclubes em 1914, época em que o nome da equipe mudou para Clube Atlético Mineiro. No ano seguinte o Alvinegro conquistou o primeiro Campeonato Mineiro a ser disputado. Com essas conquistas, cada vez mais, o Galo se tornava um time vencedor e amado pelo povo.

Já em 1929, o Atlético marca sua história com a construção do Estádio Antônio Carlos, com capacidade para 5 mil espectadores, uma loucura para a época. No ano de 1936 ganha novamente o Campeonato Mineiro e, com isso, o direito de jogar o primeiro Campeonato Interestadual de Clubes (Copa dos Campeões), organizado pela Federação Brasileira de Futebol. O Atlético fez bonito e se tornou o "Campeão dos Campeões". Nessa época, o time ganhou prestígio e se impôs no cenário nacional como uma das maiores equipes da Nação. Foi assim que em 1950 voltou vitorioso da famosa excursão à Europa e se tornou "Campeão do Gelo". Os anos se passaram, e o Atlético continuou sua trajetória de vitórias, chegando a ser pentacampeão estadual; mas a glória maior chegou em 1971, quando, na disputa do primeiro Campeonato Brasileiro de Clubes, o Galo se tornou o primeiro Campeão Brasileiro da história, vencendo o Botafogo, em pleno Maracanã. Mas as conquistas não pararam por aí, e o Galo mineiro é hoje orgulho não só de sua torcida, mas também do povo mineiro.

Há que se falar ainda do cabimento deste projeto. A Constituição Federal de 1988 adotou e consolidou, especialmente, o uso da expressão "patrimônio cultural" e criou formas de proteção, além do tradicional tombamento. Ademais, a Constituição mineira, além de reproduzir e reforçar os canceitos constitucionais federais, os explicita na Seção IV, que trata da cultura, mais especificamente nos arts. 208 e 209. Portanto

assim se fundamenta a possibilidade jurídico-constitucional do projeto em epígrafe, lembrando-se que a nova ordem jurídico-constitucional prevê variadas formas de proteção do patrimônio cultural.

Este projeto de lei pretende declarar o Clube Atlético Mineiro como integrante do Patrimônio Histórico e Cultural de Minas Gerais, reconhecido nos seus aspectos históricos, culturais, na forma de expressão transmitida por seus idealizadores, no modo como foi criado e na divulgação do esporte e da recreação, de forma organizada e sistematizada, com inquestionável significado histórico, sociológico, econômico, esportivo e cultural, cuja amplitude transpõe os limites de Minas Gerais. Assim espero dos nobres companheiros a apreciação desta proposição, requerendo, em benefício da cultura e da história mineira, que se dignem aprová-la.

- Publicado, vai o projeto às Comissões de Justiça e de Educação para parecer, nos termos do art. 188, c/c o art. 102, do Regimento Interno.

PL 1911 2004[720]

Ementa: Acrescenta artigo à lei 13949, de 11 de julho de 2001, que estabelece o padrão de identidade e as características do processo de elaboração da cachaça de Minas e dá outras providências. (concede à cachaça de alambique de Minas o título de patrimônio histórico e cultural de Minas Gerais)

Justificação: Desnecessário enfatizar o quanto a cachaça de alambique é importante para Minas e para o País, representando um produto que espelha a nossa cultura e tradição, sendo uma bebida de paladar verdadeiramente regado de mineiridade. Obra de arte marcada por segredos de fabricação e critérios de qualidade, a cachaça artesanal produzida em Minas Gerais guarda uma tradição de mais de 300 anos. Aspectos estes mais do que suficientes para demonstrar a tradição e importância do produto na economia e no mercado nacional.

Mister se faz registrar a importância da valorização da cachaça mineira conferindo-lhe o título de Patrimônio Histórico e Cultural de nosso Estado.

Em Minas Gerais só se faz cachaça de alambique, cuja qualidade é superior à da indústria, produzida em grande escala em outros Estados. A cachaça mineira não é somente uma bebida popular: possui atributos como a qualidade final do produto, envelhecido em tonéis de carvalho e outras madeiras sensoriais, o que a diferencia das demais.

A versatilidade da bebida é outra característica a ser ressaltada, pois com a cachaça podem ser feitos drinques sofisticados, consumidos em diversas ocasiões e locais e das mais variadas formas, podendo disputar mercado com outros destilados em igualdade de condições e com qualidade.

Vale registrar que, no mercado interno, a cachaça é a segunda bebida mais consumida, perdendo apenas para a cerveja. Em contrapartida, é a bebida destilada mais consumida no Brasil, representando 86% do consumo dos brasileiros. No "ranking" mundial, a cachaça ocupa a confortável terceira posição, perdendo apenas para a vodca e o soju.

A aceitação da bebida vinda do "vinho da cana" está aumentando no mercado internacional, por suas vantagens competitivas, com grande potencial de produção, o que permite atender à demanda do mercado externo, com qualidade, sendo Minas Gerais um dos Estados que mais têm potencial para se beneficiar com o incremento das exportações, pois tem cerca de 8.500 alambiques e aproximadamente 500 marcas de cachaça artesanal, que são responsáveis pela produção de 230 milhões de litros de caninha por ano, representando quase 50% do volume de aguardente artesanal produzida anualmente no Brasil.

Somos os maiores produtores de cachaça artesanal do País, sendo o produto feito a partir de receitas centenárias. Cada produtor mantém o seu segredo, seja no tempo ou nos ingredientes de fermentação, no tipo de cana, no solo ou na topografia do terreno onde é plantada a cana- de-açúcar, na época da colheita ou na madeira dos tonéis de envelhecimento.

Assim, a tradição do Estado de Minas Gerais na fabricação da cachaça artesanal e a qualidade do processo realizado em alambiques mineiros tornaram a cachaça de Minas um produto competitivo entre as aguardentes do País, tanto que o grau de interesse do mercado mundial pela cachaça tem sido responsável pelo aumento considerável do volume de exportações da cachaça de alambique de Minas.

O grande desafio dos produtores mineiros é justamente fazer com que o mercado internacional reconheça a qualidade da cachaça de alambique. Para isso, é importante que as instituições em Minas dêem seqüência a importantes projetos de pesquisa, com o objetivo de melhorar a qualidade e obter padrão, requisitos essenciais para o mercado externo. Isso requer campanhas de promoção da cachaça mineira, e é nesta ótica que apresentamos esta proposição, com o objetivo de valorizar a bebida e reconhecer sua história e o seu poder cultural.

- Publicado, vai o projeto às Comissões de Justiça e de Educação para parecer, nos termos do art. 188, c/c o art. 102, do Regimento Interno. REQUERIMENTOS

---

720 Transformado em Norma Jurídica - Lei n. 16.688, de 2007.

PL 1185, de 2003 [721]

Ementa: Declara a fábrica fiação e tecidos Santa Bárbara patrimônio histórico, cultural, paisagístico e turístico do Estado de Minas Gerais e dá outras providências.

Providências

Justificação: O projeto em tela tem por finalidade declarar aFiação e Tecidos Santa Bárbara Ltda. patrimônio histórico ecultural do Estado de Minas em face de sua rica história secular.

A Fiação e Tecidos Santa Bárbara, antiga Cia. Fiação eTecidos Santa Bárbara, teve sua fábrica construída em 1870, peloentão Conselheiro do Imperador D. Pedro II, Conselheiro João da Mata Machado. O local, Curumataí, no Município de Augusto de Lima, distando 175km de Montes Claros, foi escolhido devido à queda- d´água ao pé da serra do Espinhaço, pois era o maquinário movido a

roda-d´água. Nessa época, em que se desenrolava a Segunda Revolução Industrial, foram construídas, também em Minas Gerais, as fábricas da Cedro e Biribiri, como tantas outras pelo Brasil afora, destacando-se que, em Minas Gerais, a de Santa Bárbara foi a segunda indústria têxtil a ser implantada.

Com a queda do Império, o Conselheiro Mata Machado perdeu a fábrica, ficando todos os bens do Império para o Conde João Leopoldo Modesto de Leal, tendo em 1950 a família Paculdino, na pessoa do Sr. João Paculdino Ferreira, adquirindo a fábrica dos herdeiros do dito senhor.

Em 1962, durante uma tempestade, foi o prédio da fábrica parcialmente destruído por um raio, o que levou à construção de uma nova fábrica, onde então foram instalados equipamentos japoneses (Osaka Machine e Sakamoto) dos anos de 1954 e 1962.

De destacar mais é o fato de que essa nova unidade é a indústria têxtil mais antiga do mundo ainda em funcionamento, sendo de observar que o processo utilizado é o mesmo dos dias de

hoje, faltando apenas automação.

Com mais de um século de história, apesar de todos os percalços, seguiu a empresa firme em seu propósito principal de ser um sustentáculo social e econômico para a comunidade que se formou e se desenvolveu em seu redor, sendo de considerar que a força tida pelo empreendimento para superar as intempéries, que foram tantas e tão diversificadas no decorrer dos tempos, certamente adveio do fato dos objetivos sociais sempre terem sido colocados à frente dos intresses econômicos.

Com tal política de atuação, a indústria sempre atendeu às necessidades básicas da comunidade, como segurança, limpeza, saúde, educação e moradia, subsidiando os gastos dos seus funcionários com alimentação (carne e leite) e saúde (médicos e dentistas), mantendo sempre toda uma infra-estrutura à disposição da comunidade, envolvendo farmácia, clube recreativo, postos médico e dentário, além de escola., sendo de destacar o apoio incondicional que é dado à "associação comunitária", que funciona como elemento de direcionamento dos recursos destinados a garantir a sustentação das necessidades básicas dos membros da comunidade.

Diante do exposto, conto com o apoio dos nobres pares nesta

Casa à aprovação deste projeto de lei.

- Publicado, vai o projeto às Comissões de Justiça e de Educação para parecer, nos termos do art. 188, c/c o art. 102, do Regimento Interno.

---

721 Referenciar (cabeça faliu...)

PL 1878, de 2001

Ementa: Declara a fábrica fiação e tecidos Santa Bárbara patrimônio histórico, cultural, paisagístico e turístico do Estado de Minas Gerais e dá outras providências.

Justificação: O projeto em tela tem por finalidade declarar a Fiação e Tecidos Santa Bárbara Ltda. patrimônio histórico e cultural do Estado de Minas em face de sua rica história secular.

A Fiação e Tecidos Santa Bárbara, antiga Cia. Fiação e Tecidos Santa Bárbara, teve sua fábrica construída em 1870, pelo então Conselheiro do Imperador D. Pedro II, Conselheiro João da Mata Machado. O local, Curumataí, no Município de Augusto de Lima, distando 175km de Montes Claros, foi escolhido devido à queda- d´água ao pé da serra do Espinhaço, pois era o maquinário movido a roda-d´água. Nessa época, em que se desenrolava a Segunda Revolução Industrial, foram construídas, também em Minas Gerais, as fábricas da Cedro e Biribiri, como tantas outras pelo Brasil afora, destacando-se que, em Minas Gerais, a de Santa Bárbara foi a segunda indústria têxtil a ser implantada.

Com a queda do Império, o Conselheiro Mata Machado perdeu a fábrica, ficando todos os bens do Império para o Conde João Leopoldo Modesto de Leal, tendo em 1950 a família Paculdino, na pessoa do Sr. João Paculdino Ferreira, adquirindo a fábrica dos

herdeiros do dito senhor.

Em 1962, durante uma tempestade, foi o prédio da fábrica parcialmente destruído por um raio, o que levou à construção de uma nova fábrica, onde então foram instalados equipamentos japoneses (Osaka Machine e Sakamoto) dos anos de 1954 e 1962.

De destacar mais é o fato de que essa nova unidade é a indústria têxtil mais antiga do mundo ainda em funcionamento, sendo de observar que o processo utilizado é o mesmo dos dias de hoje, faltando apenas automação.

Com mais de um século de história, apesar de todos os percalços, seguiu a empresa firme em seu propósito principal de ser um sustentáculo social e econômico para a comunidade que seformou e se desenvolveu em seu redor, sendo de considerar que a força tida pelo empreendimento para superar as intempéries, que foram tantas e tão diversificadas no decorrer dos tempos, certamente adveio do fato dos objetivos sociais sempre terem sido colocados à frente dos intresses econômicos.

Com tal política de atuação, a indústria sempre atendeu às necessidades básicas da comunidade, como segurança, limpeza, saúde, educação e moradia, subsidiando os gastos dos seus funcionários com alimentação (carne e leite) e saúde (médicos e dentistas), mantendo sempre toda uma infra-estrutura à disposição da comunidade, envolvendo farmácia, clube recreativo, postos médico e dentário, além de escola., sendo de destacar o apoio incondicional que é dado à "associação comunitária", que funciona como elemento de direcionamento dos recursos destinados a garantir a sustentação das necessidades básicas dos membros da comunidade.

Diante do exposto, conto com o apoio dos nobres pares nesta Casa à aprovação deste projeto de lei.

- Publicado, vai o projeto às Comissões de Justiça e de Educação para parecer, nos termos do art. 188, c/c o art. 102, do Regimento Interno.

PL 1392, de 2001 [722]

Ementa: Declara o trecho mineiro do Rio São Francisco, de sua nascente até a divisa com o Estado da Bahia, Patrimônio Paisagístico e Turístico do Estado de Minas Gerais e dá outras providências.

Justificação: A situação de degradação ambiental do rio São Francisco tem sido preocupação constante da Assembléia Legislativa de Minas Gerais e nossa. Esta Casa sempre reconheceu a importância desse curso-d´água. De 1992 a 1996, participamos intensamente dos trabalhos da CIPE-São Francisco, comissão integrada também por Deputados Estaduais da Bahia, de Pernambuco, Sergipe e Alagoas, a qual propôs sugestões para os principais problemas ambientais, culturais e socioeconômicos da bacia.

Desde então, esse interesse vem sendo demonstrado por meio de ações e proposições como o projeto de lei que declarou de preservação permanente o trecho de Três Marias a Pirapora e o que criou a APA das Lagoas Marginais do São Francisco, ambos de iniciativa parlamentar e transformados em normas jurídicas, entre outros. No ano passado, a criação de uma Comissão Especial e a realização de um debate público sobre a transposição das águas do rio para o Nordeste Setentrional permitiu uma discussão aberta sobre o tema e suas implicações para Minas Gerais, com ampla participação dos diversos segmentos da sociedade ligados à questão.

Tornou-se evidente, nessas ocasiões, a necessidade de se adotarem mecanismos mais eficazes para a recuperação e proteção do trecho mineiro do Velho Chico, matriz de quase 80% das águas que nele fluem. É notável, também, a identificação e a integração cultural que o rio proporciona à população ribeirinha, traduzidas pelo modo de falar, pelos hábitos e costumes do barranqueiro.

Assim, a paisagem natural do São Francisco, associada à diversidade da ictiofauna e ao volume das águas, bem como à hospitalidade típica do povo ribeirinho, conferem um imensurável potencial turístico à região, o qual, para ser aproveitado racionalmente, deve incorporar a questão ecológica e a perspectiva do desenvolvimento sustentável.

Esses são os motivos que nos levam a propor a declaração do trecho mineiro do rio São Francisco como patrimônio paisagístico e artístico de Minas Gerais, na forma do projeto que ora apresentamos.

- Publicado, vai o projeto às Comissões de Justiça, de Turismo e de Meio Ambiente para parecer, nos termos do art. 188, c/c o art. 102, do Regimento Interno.

---

722 Transformado em Norma Jurídica – Lei n. 14007, de 2001.

PL 28, de 1999 [723]

Ementa: Declara a Cachoeira do Tombo da Fumaça Patrimônio Paisagístico e Turístico do Estado de Minas Gerais.

Justificação: Uma das principais características do vale do Jequitinhonha é sua força cultural. O povo da região tem em suas tradições um grande aliado para enfrentar as adversidades climáticas e o descaso do poder público.

Vários fatores contribuem para a formação dessa personalidade e, entre eles, está o rio Jequitinhonha. O rio é tido como uma pessoa da família de cada um dos moradores da região, mesmo daqueles que não habitam suas margens.

Nosso projeto pretende proteger um dos acidentes geográficos mais belos da região, o que para nós é positivo, tanto do ponto de vista ambiental, quanto para a auto-estima das pessoas que lá vivem.

A matéria está inserida no rol de competências dos Estados. É o que se depreende da leitura do art. 24, VII, da Constituição Federal, c/c o art. 10, XV, "g" da Carta Política mineira.

O tema inclui-se entre aqueles cuja iniciativa do processo legislativo pode ser exercida por integrantes do Poder Legislativo, já que não se encontra relacionado em nenhuma das alíneas do inciso III do art. 66 da Constituição do Estado.

Portanto, esperamos que nosso projeto receba boa acolhida por parte dos nobres Deputados.

- Publicado, vai o projeto às Comissões de Justiça, de Meio Ambiente e de Turismo para parecer, nos termos do art. 188, c/c o art. 102, do Regimento Interno.

PL 2536, de 1990

Ementa: Autoriza o Poder Executivo a Tombar o Imóvel da Antiga Estação Ferroviária da Central do Brasil do Município de Mercês.

Justificação: não disponível.

FSC
www.fsc.org
MISTO
Papel | Apoiando
o manejo florestal
responsável
FSC® C092828

@ editoraletramento   ⊕ editoraletramento.com.br

f editoraletramento   in company/grupoeditorialletramento

🐦 grupoletramento   ✉ contato@editoraletramento.com.br

🌐 casadodireito.com   f casadodireitoed   @ casadodireito

Grupo
Editorial
LETRAMENTO